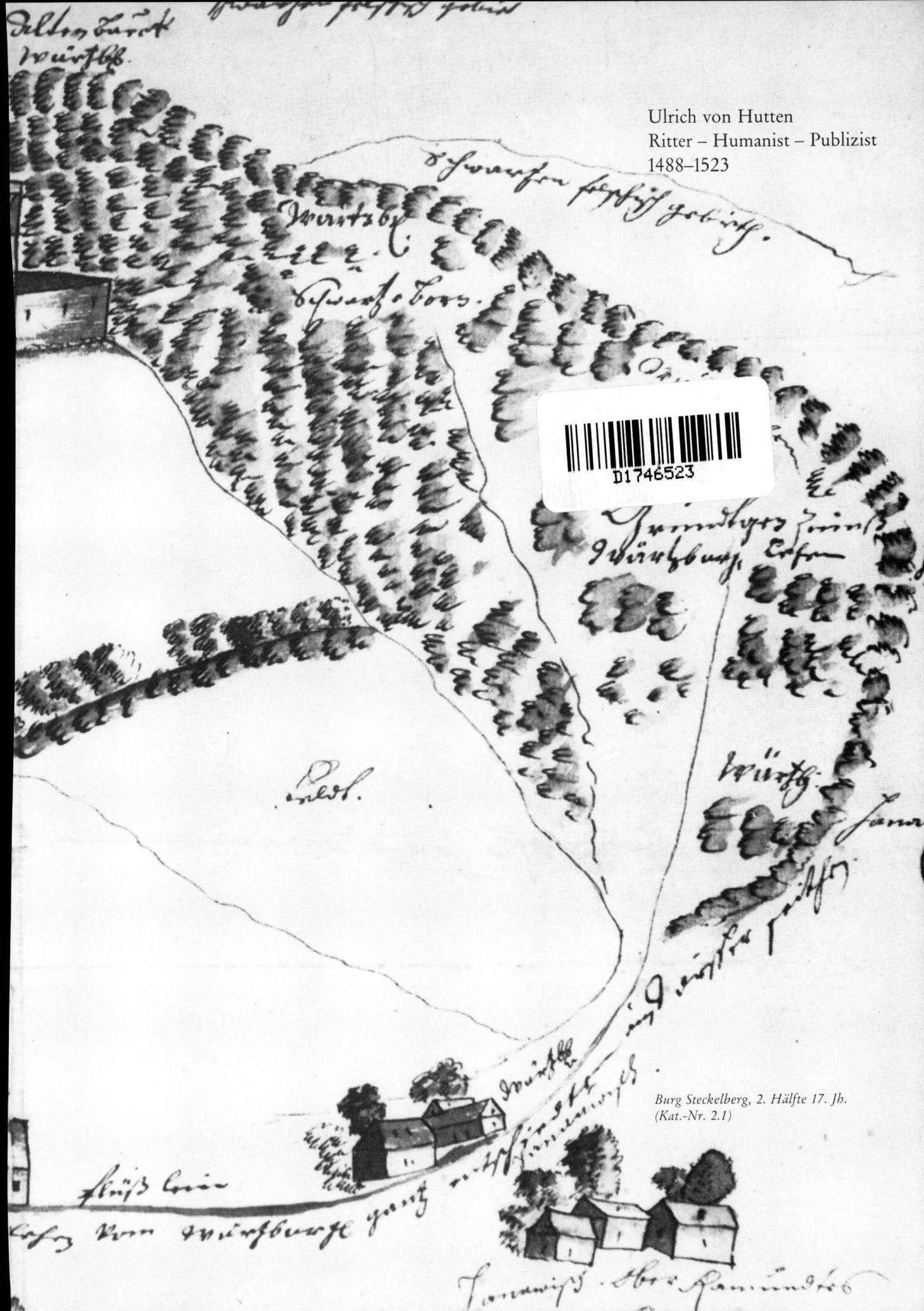

Ulrich von Hutten
Ritter – Humanist – Publizist
1488–1523

*Burg Steckelberg, 2. Hälfte 17. Jh.
(Kat.-Nr. 2.1)*

Ausstellung in Schlüchtern vom 3. Juli bis zum 11. September 1988

# Ulrich von Hutten

## RITTER HUMANIST PUBLIZIST 1488–1523

Katalog
zur Ausstellung des
Landes Hessen
anläßlich des
500. Geburtstages

bearbeitet von
Peter Laub

Herausgegeben vom Land Hessen in Zusammenarbeit mit dem Germanischen Nationalmuseum

# Grußwort

Das Land Hessen erinnert im 500. Geburtsjahr mit einer großen Ausstellung und einem umfangreichen Katalog an Ulrich von Hutten, an den Ritter, den Humanisten und Publizisten. Ein Querdenker der Zeitenwende wird gewürdigt, ein bis heute umstrittener Kopf: Den einen entschiedener Reformer und Vorkämpfer für Einheit und Freiheit der deutschen Nation, den anderen Aufrührer, Revolutionär und – in der Sprache seines Jahrhunderts – „lasterhafter Lump".

Daher konnte es nicht die Aufgabe sein, Positionen zu beziehen, sondern vielmehr Positionen in Exponat und Text darzustellen. Den Besucher erwartet folglich eine facettenreiche Ausstellung entlang der Biographie von Huttens, den Leser des Katalogs in über 30 Beiträgen ein Handbuch der Huttenforschung.

Nicht nur, um den „genius loci" des Geburtsortes einzubeziehen, sondern auch um zu zeigen, daß eine ambitionierte Ausstellung außerhalb der Großstädte möglich und sinnvoll ist, wurde Schlüchtern ausgewählt und damit ein Kontrapunkt zu den kulturellen Ballungsräumen gesetzt. Ich halte das für eine kulturpolitisch wichtige, vielleicht sogar wegweisende Entscheidung.

Das Risiko eines solchen Unterfangens konnte deshalb eingegangen werden, weil von Anfang an namhafte Museumsfachleute und Wissenschaftler, erfahrene Museen und Bibliotheken gewonnen werden konnten, die Ausstellungsvorbereitungen und die Katalogbearbeitung mit Rat und Tat zu unterstützen.

Die Hessische Landesregierung hat vielen zu danken. Der Dank gilt den haupt- und nebenamtlichen Mitarbeitern und dem wissenschaftlichen Beirat, dem Hessischen Museumsverband und der Stadt Schlüchtern, den hessischen Landesmuseen in Darmstadt und Wiesbaden sowie der Landesbibliothek in Fulda, der Dank gilt insbesondere an dieser Stelle dem Germanischen Nationalmuseum, das die Verantwortung für diesen Katalog übernommen hat.

Allen Beteiligten wünsche ich, daß die verdienstvolle Arbeit durch regen Besuch und intensive Lektüre belohnt wird.

Dr. Walter Wallmann
Hessischer Ministerpräsident

|  |  |
| --- | --- |
| Der Katalog | ISBN 3-9800508-7-4 |
|  | © Hessischer Museumsverband e.V. |
|  | Kölnische Straße 44–46, 3500 Kassel |
|  | Alle Rechte vorbehalten |
|  | Nachdruck, auch auszugsweise, nur mit Genehmigung des Verlages |
| Wissenschaftliche Bearbeitung und Redaktion | Peter Laub M. A., Germanisches Nationalmuseum |
| Umschlag und Layout | Dieter Freiherr von Andrian-Werburg, Schauenburg |
| Herstellung | Druckerei und Verlag Gutenberg, Melsungen |
| Die Ausstellung | Veranstaltet vom Land Hessen. Durchgeführt vom Hessischen Museumsverband in Zusammenarbeit mit dem Germanischen Nationalmuseum in Nürnberg, dem Hessischen Landesmuseum in Darmstadt und der Hessischen Landesbibliothek Fulda. |
| Wissenschaftlicher Beirat | Dieter Freiherr von Andrian-Werburg, Schauenburg |
|  | Prof. Dr. Karl Otmar von Aretin, Darmstadt, Technische Hochschule |
|  | Dr. Wolfgang Beeh, Darmstadt, Hessisches Landesmuseum |
|  | Prof. Dr. Gerhard Bott, Nürnberg, Germanisches Nationalmuseum |
|  | Dr. Artur Brall, Fulda, Hessische Landesbibliothek |
|  | Prof. Dr. Eckhart-Götz Franz, Darmstadt, Hessisches Staatsarchiv |
|  | Friedrich Karl Freiherr von Hutten, Lohr am Main |
|  | Prof. Dr. Barbara Könneker, Frankfurt/M., J. W. Goethe-Universität |
|  | Dr. Hans Körner, München, Bayerische Akademie der Wissenschaften |
|  | Prof. Dr. Volker Press, Tübingen, Universität |
|  | Prof. Dr. Paul Raabe, Wolfenbüttel, Herzog August Bibliothek |
|  | Dr. Fritz Wolff, Marburg, Hessisches Staatsarchiv |
|  | Leitung: Dr. Rolf Lettmann, Wiesbaden, Hessisches Ministerium für Wissenschaft und Kunst |
| Wissenschaftliche Konzeption | Peter Laub M. A., Germanisches Nationalmuseum |
|  | Renate Nettner-Reinsel M. A., Stadt Schlüchtern |
| Gestalterische Konzeption | Dr. Volker Rattemeyer, Museum Wiesbaden |
|  | Ed Restle, Gesamthochschule Kassel |
|  | Hans Uwe Schultze + Wolfgang Schulze, Architekten, Kassel |
| Ausstellungsarchitektur | Hans Uwe Schultze + Wolfgang Schulze, Architekten, Kassel |
| Baustatik | Prof. Dr.-Ing. Dieter Haberland, Kassel |
| Ausstellungsaufbau und Realisierung | Ed Restle, Kassel (Leitung) |
|  | Peter Klube, Kassel |
|  | Karl Blum, Schlüchtern |
|  | Martin Schäfer, Schlüchtern |
|  | Rudolf Bäumler, Erlangen (Bildgraphiken) |
| Beratung für elektronischen Satz | Wolfgang Sachße, Nürnberg |
| Leihverhandlungen, Versicherungs- und Transportorganisation | Karl-Georg Jung, Museum Wiesbaden |
| Restauratorische Betreuung | Dipl.-Rest. Adelheid Wiesmann-Emmerling, Darmstadt, Hessisches Landesmuseum |
|  | Günter Felderhoff, Museum Wiesbaden |
| Transport | ATI, Kunsttransporte International GmbH, Berlin |

**Leihgeber**  Arnstein, Katholische Kirchenstiftung
Augsburg, Staats- und Stadtbibliothek

Bamberg, Staatsbibliothek
Berlin, Staatliche Museen Preußischer Kulturbesitz, Kunstbibliothek
Berlin, Staatliche Museen Preußischer Kulturbesitz, Kupferstichkabinett
Berlin, Staatliche Museen Preußischer Kulturbesitz, Staatsbibliothek
Büdingen, Fürstlich Ysenburg- und Büdingensche Archivverwaltung

Coburg, Kupferstichkabinett der Kunstsammlungen der Veste Coburg

Darmstadt, Hessisches Landesmuseum
Darmstadt, Landes- und Hochschulbibliothek

Erlangen, Universitätsbibliothek Erlangen-Nürnberg
Erlangen, Universitätsbibliothek Erlangen-Nürnberg, Graphische Sammlung der Universität
Esslingen, Stadtarchiv

Familienbesitz Frhr. von Hutten
Frankfurt/M., Historisches Museum
Frankfurt/M., Kunstgeschichtliches Institut der Johann Wolfgang Goethe-Universität
Frankfurt/M., Stadt- und Universitätsbibliothek
Fulda, Hessische Landesbibliothek
Fulda, Vonderau-Museum

Gießen, Universitätsbibliothek, Handschriftenabteilung
's-Gravenhage, Koninklijke Bibliotheek

Hamburg, Hamburger Kunsthalle, Bibliothek
Heilbronn, Stadtarchiv

Köln, Kölnisches Stadtmuseum
Köln, Universitäts- und Stadtbibliothek
Kronberg i. Ts., Hessische Hausstiftung

Lauterbach, Hohaus-Museum
Lohr a. Main, Spessartmuseum

Mainz, Stadtbibliothek
Marburg, Hessisches Staatsarchiv
München, Bayerische Staatsbibliothek
München, Staatliche Graphische Sammlung
München, Staatliche Münzsammlung
München, Universitätsbibliothek

Nürnberg, Germanisches Nationalmuseum

Pforzheim, Stadtarchiv

Regensburg, Museen der Stadt Regensburg

Schlüchtern, Bergwinkelmuseum
Schlüchtern, Ludwig Steinfeld
Straßburg, Archives municipales
Stuttgart, Staatsgalerie, Graphische Sammlung

Trier, Rheinisches Landesmuseum
Tübingen, Universitätsbibliothek

Wolfenbüttel, Herzog August Bibliothek
Worms, Stadtarchiv
Würzburg, Mainfränkisches Museum

sowie ungenannter Privatbesitz

# Vorwort

Der 500. Geburtstag Ulrichs von Hutten ist eine hervorragende Gelegenheit, die historiographische Lücke, in der dieser ritterliche Humanist steht, zu schließen. Es geht um mehr, als nur das Andenken an einen bedeutenden Publizisten der Reformationszeit zu bewahren. Zu sehr war er nach seinem Tode Gegenstand konfessioneller, nationalstaatlicher, ja auch nationalsozialistischer Auseinandersetzung, als daß heute ein unbefangener Blick auf sein Wirken leicht möglich wäre. Von daher scheint es an der Zeit, eine Neubewertung dieses Zeitgenossen Martin Luthers zu versuchen.

Ausstellung wie Katalog gliedern sich im wesentlichen in drei Kapitel, die Ulrich von Hutten als Ritter, als Humanisten und als Publizisten behandeln und die damit den drei tragenden Säulen in Huttens Leben gerecht werden, einem Leben voller Widersprüche ebenso wie voller Klarheit in einer an Gegensätzen so reichen Zeit: Widersprüchlich, weil sich in Hutten auch gegeneinander gerichtete Interessen vereinigten, die ihn oft genug an der Verwirklichung seiner Ziele hinderten; klar, weil er mit erstaunlicher Konsequenz seine Wege – und seien es Irrwege – verfolgte und sich dabei von nichts und niemandem beirren ließ, nicht einmal von seiner am Ende tödlichen Krankheit.

Dabei soll es nicht Aufgabe einer Ausstellung und eines Kataloges sein, vorgefertigte Antworten zu liefern. Es kommt auch hier vielmehr darauf an, die richtigen Fragen zu stellen. Eine stattliche Reihe international renommierter Autoren hat dies für den Katalog dankenswerterweise unternommen und so die Möglichkeit geschaffen, ein auf dem Stand der Forschung angesiedeltes, differenziertes Bild Ulrich von Huttens zu entwerfen.

Das Germanische Nationalmuseum hat in seiner Ausstellungsplanung die frühe Neuzeit mit besonderer Aufmerksamkeit bedacht (1971 Dürerausstellung, 1983 zum 500. Geburtstag des Reformators „Martin Luther und die Reformation in Deutschland" und 1986 „Nürnberg 1300–1550. Kunst der Gotik und der Renaissance"). Von daher hat das Museum mit Freuden zugestimmt, als 1986 vom Land Hessen der Wunsch nach Zusammenarbeit an uns herangetragen wurde. Dieser überregionale Gedankenaustausch versprach fruchtbar zu werden, zumal er auch seinem überregionalen historischen Gegenstand angemessen schien. Es ist zu wünschen, daß eine solche Art der Kooperation Schule macht.

Für seine hervorragende Vermittlertätigkeit bedanke ich mich bei Herrn Ministerialdirektor Dr. Rolf Lettmann vom Hessischen Ministerium für Wissenschaft und Kunst, dessen Einsatz, auch in Detailfragen, dem Projekt immer wieder zum richtigen Zeitpunkt als tätige Hilfe die nötige Energie zugeführt hat.

Das Germanische Nationalmuseum hat für die Ausstellungsverbreitung, vor allem aber für die Erarbeitung des Kataloges einen eigenen Mitarbeiter, Herrn Peter Laub M. A., zur Verfügung gestellt. Er hat die Zusammenarbeit mit dem Land Hessen organisiert und durch die Erstellung der inhaltlichen Konzeption wesentlich dazu beigetragen, der Ausstellung zu ihrer Form zu verhelfen.

Dafür und für die wissenschaftliche und redaktionelle Bearbeitung des Kataloges gebührt ihm Dank, ebenso wie Herrn Dieter Freiherr von Andrian, der dem Band das „Gesicht" gab.

Ein erheblicher Teil der in der Ausstellung gezeigten Exposite stammt aus den Sammlungen des Germanischen Nationalmuseums. Der Kooperationsbereitschaft der Mitarbeiter vor allem des Kupferstichkabinetts und seines Leiters Dr. Rainer Schoch ist es zu verdanken, daß eine Reihe herausragender Kunstwerke aus unserer graphischen Sammlung gezeigt werden kann. Dies gilt ebenso für die Bibliothek des Germanischen Nationalmuseums (Bibliotheksdirektor Dr. Eberhard Slenczka und Dr. Eduard Isphording).

So ist zu hoffen, daß sowohl Ausstellung wie auch Katalog weit über Hessens Grenzen hinaus Beachtung finden, daß Ulrich von Hutten, und mit ihm eines der wichtigsten Kapitel deutscher Geschichte und Kultur, erneut im Sinne einer kritischen Würdigung ins Blickfeld gerät.

Gerhard Bott<br>
Germanisches Nationalmuseum

# Inhaltsverzeichnis

| | | |
|---|---|---|
| *Peter Laub* | Zur Konzeption der Ausstellung und zum Katalog | 17 |
| *Franz Rueb* | „Die Freiheit und das Himmelreich gewinnen keine Halben" | 19 |
| *Volker Press* | Ulrich von Hutten und seine Zeit | 25 |

### I. Spuren von Huttens Persönlichkeit

Vorbemerkung

| | | |
|---|---|---|
| *Hans Körner* | Die Familie von Hutten. Genealogie und Besitz bis zum Ende des Alten Reiches | 57 |
| *Josef Leinweber* | Ulrich von Hutten und das Kloster Fulda | 79 |
| *Berthold Jäger* | Die Beziehungen zwischen dem geistlichen Fürstentum Fulda und der Familie von Hutten | 87 |
| *Richard Schmitt* | Aus dem Zentrum des Hochstifts verdrängt. Die Herren von Hutten im Gebiet des Würzburger Bischofs | 103 |
| *Klaus Peter Decker* | Die Besitzungen der Familie von Hutten und die territoriale Situation im oberen Kinzigraum um 1500 | 113 |
| *Renate Nettner-Reinsel* | Die zeitgenössischen Bildnisse Ulrichs von Hutten | 119 |

### II. Ulrich von Hutten als Ritter

Vorbemerkung

| | | |
|---|---|---|
| *Hans Körner* | Die Anfänge der fränkischen Reichsritterschaft und die Familie von Hutten | 139 |
| *Joseph Morsel* | Die Hutten – Thüngen – Beziehungen im späten Mittelalter. Ulrich von Hutten und die Ritterschaft | 143 |

### III. Ulrich von Hutten als Humanist

Vorbemerkung

| | | |
|---|---|---|
| *Peter Laub* | Ulrich von Hutten und die Kunst? Bild und Wort in der frühen Reformationszeit | 157 |
| *Ralf-Rüdiger Targiel* | Ulrich von Hutten und Frankfurt (Oder). Zu den ersten Stationen seines humanistischen Bildungsweges | 167 |
| *Heiko Wulfert* | Ulrich von Hutten und Albrecht von Mainz | 175 |
| *Winfried Frey* | Multum teneo de tali libro. Die Epistolae Obscurorum Virorum | 197 |
| *Winfried Trillitzsch* | Der Brief Ulrichs von Hutten an Willibald Pirckheimer | 211 |

| | | |
|---|---|---|
| *Paul Gerhard Schmidt* | Ulrich von Hutten als humanistischer Dichter | 231 |
| *Klaus Arnold* | poeta laureatus – Die Dichterkrönung Ulrichs von Hutten | 237 |

| IV. | Ulrich von Hutten als politischer Publizist |
|---|---|

| | Vorbemerkung | |
|---|---|---|
| *Manfred Meyer* | Hutten und Luther | 251 |
| *Barbara Könneker* | Das Huttenbild in den Flugschriften der frühen Reformationszeit | 271 |
| *Barbara Könneker* | Germanenideologie und die Anfänge deutschen Nationalbewußtseins in der Publizistik Ulrichs von Hutten | 279 |
| *Volker Press* | Franz von Sickingen, Wortführer des Adels, Vorkämpfer der Reformation und Freund Huttens | 293 |

| V. | Ulrich von Huttens Ende |
|---|---|

| | Vorbemerkung | |
|---|---|---|
| *Michael Peschke* | Ulrich von Hutten und die Syphilis | 309 |
| *Heinz Holeczek* | Hutten und Erasmus. Ihre Freundschaft und ihr Streit | 321 |
| *Fritz Büsser* | Hutten in Zürich | 337 |

| VI. | Nachleben und Rezeption |
|---|---|

| | | |
|---|---|---|
| *Wilhelm Kreutz* | Der „Huttenkult" im 19. Jahrhundert | 347 |
| *Artur Brall* | Hutten im Epos. Problemreicher Held und problematische Gattung | 359 |
| *Heinz Rölleke* | Conrad Ferdinand Meyers Versepos „Huttens letzte Tage" | 373 |
| *Eckhard Bernstein* | Ulrich von Hutten im Dritten Reich | 383 |
| *Peter von Matt* | Der Zwiespalt der Wortmächtigen in der Geschichte. Eine Überlegung an Huttens Grab | 399 |
| *Renate Nettner-Reinsel* | Lebenslauf Ulrichs von Hutten | 405 |
| *Helmut Spelsberg* | Veröffentlichungen Ulrichs von Hutten | 412 |
| | Katalog | 442 |
| | Autorenverzeichnis | 458 |
| | Ausgewählte Literatur | 460 |
| | Personenregister | 463 |
| | Fotonachweis | 466 |

▷
*Weltgericht, aus: H. Schedel, Buch der
Chroniken, Nürnberg 1493
(Kat.-Nr. 1.9)*

*Ständeordnung, aus: H. Schedel, Buch der Chroniken, Nürnberg, 1493 (Kat.-Nr. 1.44)*

*Stammbaum des Hauses Habsburg, um 1536, Holzschnitt aquarelliert, Augsburg, Städtische Kunstsammlungen (Außer Kat.)*

¶ Zart frewlein aller eren werd
Solch grosse schön/züchtig geberd
Von frawen leib nie ward geboren
Des halb hab ich euch auß erkoren
Zu eim bůlen in trew vnd eren
Ewig mein freud mit euch zu meren
Vnd ist mein bit/mich jungen man
In solcher maß auch lieb zu han.

¶ Junckherr ich kan euch nichts zu sagen
Doch wil ich euch auch nichts abschlagen
Wann ich mein selbs nit mechtig bin
Wil auch nicht folgen eigem sin
Sonder wie dann billich sol sein
Rath haben mit den freunden mein
Eygner sin/vnd handeln vnbedacht
hat offt groß rew vnd schaden bracht.

*Rüstung und Bihänder, 16. Jh.*
*(Kat.-Nr. 1.74/75)*

◁
*Fürstenpaar, Hans Sebald Beham,*
*um 1531*
*(Kat.-Nr. 1.54)*

1466 Nov. 9.

verzichnudert und zu fisch und schloss turen

Ein theil das schloss Sterckelnberg
Und die vom Hutt andersteil

Wir hernachbenante ludwig hutt und Conrad
vom hutt gebrüder Nach dem sich gleichnung
zwischen in dem einem teil ludwig friderich
und ulrich vom hutt gebrüder an einen und Jacken
hansen frowin und ditterich vom hutt auch gebrüder
und vettern andernteil des schloß halben zu Sterckel-
berg gehalt habern wir zubest und mit der aller
teil gute frien wissen und willen zwischen ir
aller gut abgerecht und beredung haben dernach
volget Und zum Ersten so sollen ludwig friderich
ulrich vom hutt gebrüder und ir eben zu kom-
maten die es leit als man in das schloß reit zu
der lincken hant, das ulrich recht selben ingehebt
und die selbig stein von der selbs kinnaten gantz
hein hinder bis zu der rinnen nacht haben zu
ihrem alles unbetzangt und zwischindert des
schloß Jacob hansen frowin und ditterich vom
hutt und ir eben angewruck So sollen Jacob,
hans frowin und ditterich vom hutt gebrüder und
ir vettern und ir eben nacht haben, auch der
lengst stein irem recht das sie für ingehebt haben
vom dem thor hut un auch zu binnen die hin
hinter an die maueren am renny und zwey
ludwig friderich und ulrich vom hutt und
ir eben. Dazu hat ulrich vom hutt wil-
bert das er den obgdt Jacob hansen frowin und
ditterich vom hutt und ir eben knecht wan
sie einen also haben zu irer Nottruft wart
haben das sich der selbg knecht er durchan
noch des thurens einen thorwarter auch So
sollen sich auch die gemelt Jacob hans frowin
und ditterich vom hutt, ir eben und ir
knecht doselbs zu burnen und zu brennen der
welde und holtzer nach zimlicher nottruft gebruchs

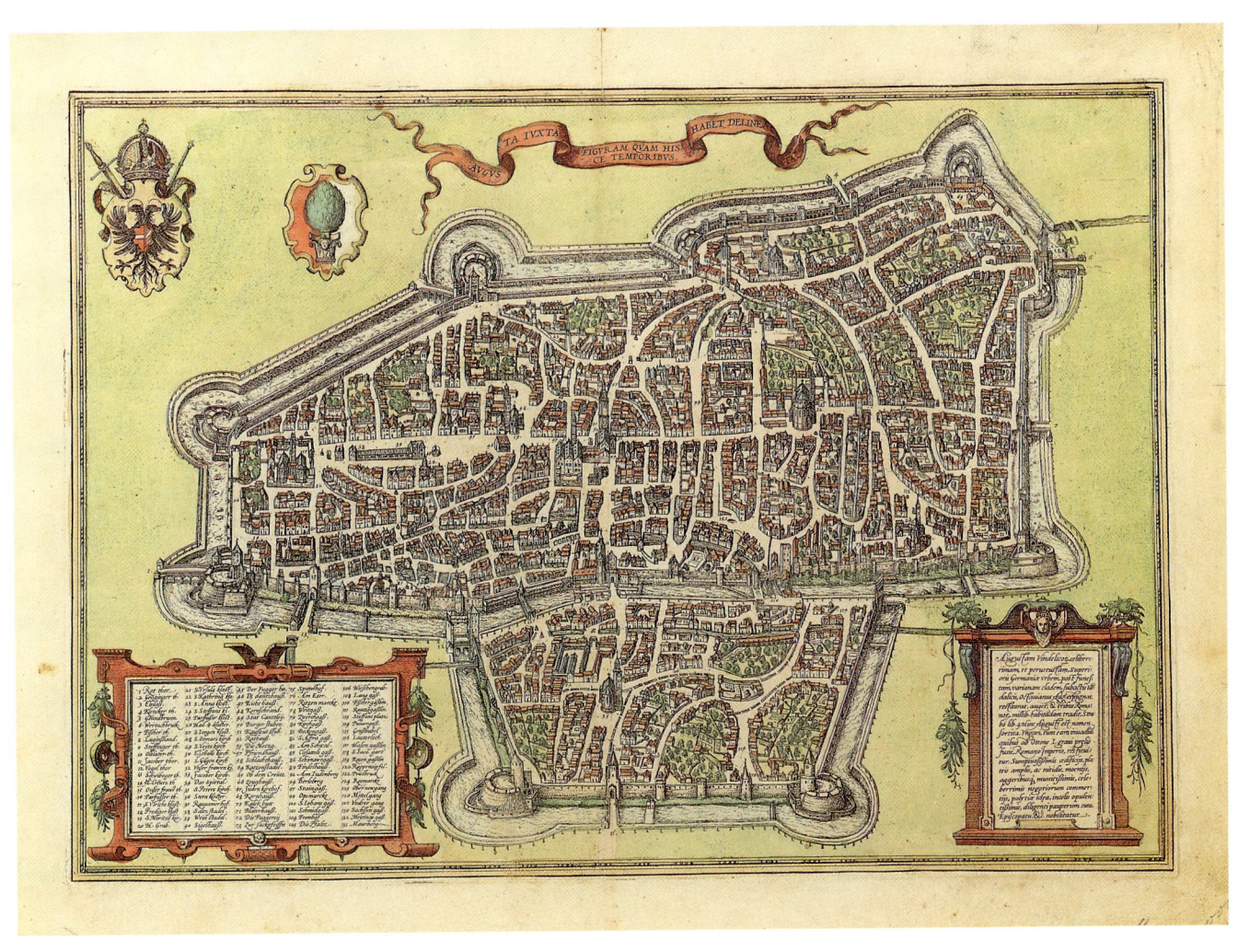

Stadtplan Augsburg aus der Vogelschau,
1550
(Kat.-Nr. 3.61)

◁◁
Ersterwähnung der Hutten
zu Steckelberg, Urkunde des Herold,
Bischof von Würzburg, um 1167
(Kat.-Nr. 1.80)

◁
Huttisches Kopialbuch, um 1530
(Kat.-Nr. 2.16)

Bildnis Ulrich von Hutten, 1521 (?)
(Kat.-Nr. 2.28)

*Insignien der Dichterkrönung,*
*Hans Burgkmair, 1504*
*(Kat.-Nr. 3.62)*

*Gesprächsbüchlein, Ulrich von Hutten,*
*1521*
*(Kat.-Nr. 4.22)*

*Spottbild auf die kampflustige Geistlichkeit, 2. H. 16. Jh. (Kat.-Nr. 4.33)*

12

*Doctoris Martini Lutheri Triumph (Det.)*
*(Kat.-Nr. 4.37)*

*Bildnismedaille Albrecht von Brandenburg, Peter Vischer, 1515 (Kat.-Nr. 4.59)*

*Sickingen-Becher, Speyer 1519, Kassel,
Staatliche Kunstsammlungen
(Außer Kat.)*

▷

*Huttens Grab, Caspar David Friedrich,
1823/24
(Kat.-Nr. 5.5)*

*Peter Laub*

# Zur Konzeption der Ausstellung und zum Katalog

Jede Ausstellung setzt sich Ziele. Besonders deutlich hat dies eine historische Ausstellung zu tun, der es, über das rein optische Ereignis hinaus, um die Vermittlung von Sinnzusammenhängen geht, die sich gewöhnlich nur sprachlich fassen lassen. In Form einer Ausstellung Geschichte darzustellen ist immer ein Wagnis. Sehr leicht wird der Zugang zur historischen „Erkenntnis" eben von der Ausstrahlung der Exposite versperrt, die ihn doch gerade aufschließen sollen; umgekehrt erdrückt ein zu hoher Sprachanteil sehr schnell die Aura des Objektes und zerstört damit die Lust am Sehen, die die Grundlage jeder Ausstellung ist.

Auch bei dieser Ausstellung galt es, die Gratwanderung zwischen diesen beiden Polen zu bestehen. Die schwierige räumliche Situation im Schlüchterner Kloster machte allerdings bereits eine Vorauswahl der Ausstellungsobjekte nach konservatorischen Gesichtspunkten notwendig. Dennoch: Ulrich von Hutten war in erster Linie Schriftsteller und seine literarischen Erzeugnisse sind das Material, mit dem er sich uns überliefert hat. Die Ereignisse, die er schreibend begleitete, werden aus diesem Grunde auch hauptsächlich im Medium Sprache dargestellt. Dies stellt an den heutigen Betrachter zwar einige Anforderungen, macht aber gleichzeitig etwas von der Atmosphäre deutlich, in der Hutten lebte: Mit seinen Schriften hoffte er die Welt, wie sie sich ihm darstellte, zu verändern.

Neben dem schriftstellerischen Werk Ulrichs von Hutten, das in seiner Gesamtheit auszustellen ohnehin ein wichtiges Anliegen war, orientierte sich die Auswahl der Exposite soweit wie möglich an der Biographie Huttens. Es war nicht daran gedacht, ein allgemeines Zeitpanorama zu erstellen. Vielmehr lag es in der Absicht, das Augenmerk auf die Person und die Motive Huttens zu richten. Der Bezug auf eine einzelne Person innerhalb der Ausstellung sollte sich darin ausdrücken, daß der Frage nachgegangen wird, in welcher Weise und in welchem Umfang die politischen und gesellschaftlichen Entwicklungen der Zeit mit Ulrich von Hutten in Zusammenhang standen. Hutten sollte also in seiner eigenen Zeit dargestellt werden, um über die Einschätzung seiner historischen Rolle einer Antwort auf die Frage näher zu kommen, welche Bedeutung er für uns heute einnehmen kann.

Die leitenden Fragestellungen waren dabei, was Ulrich von Hutten mit seinen Schriften und seinen Handlungen zu erreichen suchte, mit welchen Mitteln er diese Ziele verfolgte, was ihn dabei unterstützte und was ihn hemmte. Dies bedeutete, den Zugang zu den verschiedenen Motivebenen zu erschließen, die Hutten bestimmten: Die lebensweltlichen Bedingungen, in die er hineinwuchs (seine Familie; Kirche, Kaiser, Reich; Ständewesen) und die ihm das Material seiner späteren publizistischen Tätigkeiten lieferten; die Reichsritterschaft, der er entstammte und deren politische und soziale Interessen er zeit seines Lebens mitverfocht; der Humanismus, über den er sich die bildungsmäßigen Grundlagen verschaffte und schließlich der enorme Bedeutungszuwachs, den das gedruckte Wort zu Anfang des 16. Jahrhunderts erfuhr und innerhalb dessen sich Huttens publizistisches Engagement entfaltete.

Die Ausstellung enthält sich dabei bewußt einer wertenden Darstellung und überläßt die Beurteilung dem kritischen Betrachter. Die Präsentation von Geschichte in einer Ausstellung dürfte ihren Sinn ohnehin eher darin haben, zu Fragen anzuregen, als Antworten zu liefern.

Zu einer Ausstellung gehört ein Katalog. Dieser soll natürlich nicht den Besuch der Ausstellung ersetzen. Er ist vielmehr dazu gedacht, dem sprachlichen Anteil an der Rekonstruktion von Geschichte, der aus o. g. Gründen in der Ausstellung selbst kurz gehalten werden muß, sein volles Gewicht zu geben. Die Möglichkeiten des Kataloges setzen da ein, wo die Ausstellung aufgrund der Selbstbeschränkung, die sie sich aufzuerlegen hat, zu schweigen beginnt.

Der vorliegende Band ist denn auch nicht als kommentierender Begleiter durch die Ausstellung konzipiert, sondern will die in ihr aufgeworfenen Fragen fortführen, vertiefen und in manchen Punkten sogar anders zu stellen versuchen. In seiner Anlage folgt er dabei im Wesentlichen dem Verlauf der Ausstellung, greift dabei jedoch Einzelaspekte heraus und stellt sie in sich geschlossen dar. Ulrich von Hutten als Ritter, als Humanist und als Publizist sind drei Bereiche seines Lebens, deren Grenzen freilich fließend sind. Es handelt sich nicht um Stufen einer Entwicklung, sondern um Dimensionen seines Selbstverständnisses, aus denen er die Hauptmotive seines Denkens und Handelns schöpfte. Auf eine ausführliche Beschreibung der einzelnen Exposite wurde zugunsten dieser Gewichtung verzichtet.

Dabei erhebt diese Aufsatzsammlung – wie könnte sie das – nicht den Anspruch, Leben und Werk des ritterlichen Humanisten erschöpfend auszuleuchten. Historische Forschung ist in ihrer prinzipiellen Unabgeschlossenheit ständig erweiterungs- und revisionsbedürftig. Sie ist ein Feld, auf dem die Auseinandersetzung um die kulturelle Identität der Gegenwart ausgetragen wird, eine Auseinandersetzung, die von der Vielfalt und Unterschiedlichkeit der Standpunkte lebt. So wird denn auch in diesem Katalog von sehr verschiedenen Warten aus der Versuch gemacht, das Umfeld und das Bewußtsein Ulrichs von Hutten zu rekonstruieren, um über den Einblick in diese historische Gestalt unsere Sichtweise seiner weltgeschichtlich so bedeutenden Zeit zu vertiefen.

Dabei verlangen einige der Beiträge die volle Konzentration des Lesers. Gerade da, wo Archivmaterial aufgearbeitet wurde (und dies geschah für diesen Katalog in beträchtlichem Umfang), wird man erst bei genauem Lesen unter der dünnen Decke der Trockenheit das Lebendige wahrnehmen, das ja letztlich hinter all den leblos wirkenden Dokumenten steht.

*Franz Rueb*

# „Die Freiheit und das Himmelreich gewinnen keine Halben"

1. Unsere Zeit scheint für Hutten ungünstig, Hutten scheint für unsere Zeit beinahe bedeutungslos. Eine Feier zu seinem fünfhundertsten Geburtstag mußte geradezu reklamiert werden, zu seiner Erinnerung aber mußte weit ausgeholt werden. Gäbe es nicht des Schweizer Dichters C. F. Meyer lyrisierendes Werk „Huttens letzte Tage", das seit einem Jahrhundert in den deutschen Schulen gelesen wird, Hutten wäre wohl in der Geschichte verschollen und aus dem Bewußtsein des deutschen Volkes ausgelöscht. Noch bedenklicher: Die einzigen, die in ihre Politik und Weltanschauung heute den Ritter-Dichter einbeziehen und ihn als Vorbild auf ihren Schild heben, die also den Renaissance-Publizisten und Reichsreform-Kämpfer Hutten aktualisieren, sind die deutschnationalen Rechtsradikalen, die Rassisten und Neonazis.

Zwar handelt es sich dabei um eine freche Usurpation, um das Einspannen von Hutten vor einen Karren, den er gewiß keinen Deut vom Fleck zu ziehen bereit wäre.

Bedenkenswert aber ist, daß sich die Reaktion darauf in der Abwehr der verhaßten Nutzbarmachung erschöpft, hingegen keine gesellschaftliche Kraft in der Lage ist, eine eigene aktive, kritische Aneignung zu entwickeln.

Huttens literarisches und politisches Nachleben zeigt eindrücklich, daß sein Lebenswerk, nämlich sein leidenschaftliches politisches Leben wie seine teuflisch witzigen und hitzigen Schriften exemplarisch geeignet sind, ganze Generationen moralisch zu beflügeln, geistig anzuspornen, zum gesellschaftlichen Kampf aufzureizen.

Immer wieder feierten ihn Dichter und Künstler und deren politisch revolutionäre Truppen und erhoben ihn zu ihrem Vorbild: Die Aufklärer und Anhänger der Französischen Revolution, die Romantiker und deutschen Befreiungskämpfer gegen die napoleonische Besatzung, die Achtundvierziger Revolutionäre, aber auch die nationalistischen Bismarck-Anhänger auf ihrem Siegesmarsch zum ersten deutschen nationalen Einheitsstaat. Und, wie gesagt, die gestiefelten Germanen des Dritten Reiches.

2. Interessant sind aber auch jene Epochen, die Hutten verschwiegen, die ihn kaum lasen, nicht hörten, demnach gar nichts mit dem widersprüchlichen Freiheitskämpfer anzufangen wußten. Die Gegenreformation unterdrückte ihn, die einen aus Haß, die andern in der Angst, noch mehr Haß zu provozieren. Das siebzehnte Jahrhundert hatte ihn schon fast ganz vergessen, tauchte er doch kurz auf, so war er schnell im Konfessionenkampf zerrieben. Seit dem Zweiten Weltkrieg schmückt Hutten hüben wie drüben höchstens ein deutsches Album oder ein historisierendes Lesebuch. Unsere Zeit scheint wenig Lust zu haben, auf eine geschichtliche Figur zu schauen, die zwar viel bewegt, aber wenig erreicht hat, die viel produktiven Lärm um nichts erzeugt hat.

3. Die Bedeutung einer geschichtlichen Gestalt wird gemeinhin bestimmt von ihrer geschichtlichen Wirksamkeit. Nach diesem Prinzip muß Ulrich von Hutten also historisch unbedeutend sein. So buchhalterisch betrachtet erklärt sich, warum Hutten kaum bekannt und schon gar nicht populär ist.

Hutten hat nichts erreicht. Er war ein Gescheiterter, ein grandios Gescheiterter. Auch seine Ziele waren zum Teil grandios, zum andern Teil waren sie allerdings kläglich. Aber gerade der gescheiterte politische Visionär, der gestrandete Kämpfer ist in der Analyse seines Schiffbruchs von historischem Interesse. Vor allem dann, wenn Wille, Ziel, Energie, Phantasie und Kraft einerseits, Tragik, Krankheit, Verfolgung, Exil und früher Tod andererseits aneinander gemessen werden. Dieses Verhältnis macht die große Spannung in Huttens Leben und Wirken aus, es ist diese Kluft, die fasziniert, es ist dieser abgrundtiefe Graben zwischen zwei gewaltigen Blöcken, der den Sprung hinüber und herüber unausweichlich, ja lustvoll macht.

4. Was Hutten hinterlassen hat an Schriften, die alle sofort, teils sogar mehrmals gedruckt worden sind zeit seines Lebens, wird heute kaum noch gelesen. Da liegt also seine Wirkung nicht. In seiner Zeit war Hutten einer der meistgelesenen Autoren. Er war im Gespräch, er war prominent, ja er war berühmt, er war gefürchtet, verhaßt als gefährlicher Aufklärer, Aufwecker und Polemiker. In seiner Zeit war er zweifellos bedeutend. Hutten war ein die Welt und die Umwelt der Menschen kommentierender Intellektueller und Künstler. Doch er tat das meist in hoch entwickelten Kunstformen, in Epigrammen, in Distichen, in Dialogen. Der Jüngling entzückte die Humanisten mit der Eleganz seiner lateinischen Verse. Der junge Mann erschreckte die Scholastiker und Dogmatiker mit seinen präzisen literarischen Attacken und seinen unerschrockenen Polemiken und scharfen Invektiven. Den Kaiser und seine Ratgeber verblüffte er mit seinen politischen Ratschlägen und militärischen Aufforderungen. Seine Dunkelmännerbriefe amüsierten die gelehrte Welt. Seine Dialoge begeisterten die Intellektuellen Europas. Und sein Buch über die Syphilis wurde im Nu zum Bestseller in mehreren Sprachen. Dieses dichterische Werk blieb bestehen, die darin enthaltenen Utopien schlummern weiter. Heute sind es eher die rückwärts gerichteten Sehnsüchte Huttens, denen künstlich ein neues Leben eingehaucht wird.

5. Was aber hat Hutten zum politischen Vorbild und ideologischen Führer gemacht? Was wollte er? Er fühlte sich ausdrücklich als humanistischer Poet, als politischer Publizist und als Ritter. Aber er verwarf für sich selber die ritterlichen Lebensformen radikal. Sein Leben und Wirken war eng mit der Erfahrung und der Veränderung der gesellschaftlichen Stellung des Rittertums verbunden. Er zeigte die Widersprüche und Anachronismen seiner Klasse besonders scharf auf, indem er sie verließ und sie, in einem bereits verlorenen Prozeß, nur noch rhetorisch zu verteidigen vermochte. Dadurch wurde er der Repräsentant einer ganzen Klasse, der Modellfall für das Schicksal einer Klasse.

Für den päpstlichen Nuntius Aleander war Hutten ein „eitler Nationalheld", „ein Staatsverbesserer, der sich die Änderung der gesamten deutschen Verhältnisse" vorgenommen habe, „ein Systemveränderer". Das klingt vertraut. Die nationale Gereiztheit Huttens entstand vermutlich aus seiner eigenen entwurzelten Klassenlage. Hutten war nicht der erste und nicht der letzte, der die „Beschwerde der deutschen Nation" gegen Rom schleuderte. Er faßte sie freilich mit elementarer Kraft zusammen in einem geschichtlichen Augenblick, in dem der größtmögliche Konsens verschiedener gesellschaftlicher Kräfte auf den „deutschen Gedanken" zu vereinen war. Hutten forderte am entschiedensten die deutsche Nation. Er bediente sich der zur Verfügung stehenden Medien virtuos, setzte sie souverän ein und wurde so zu einem der einflußreichsten, gefürchtetsten wie auch gehaßtesten Publizisten des vor- und frühreformatorischen Deutschland.

Aus Italien kehrte der deutsche Humanist Hutten nicht in erster Linie mit Bildungserfahrungen und schon gar nicht mit Kunsterlebnissen nach Deutschland zurück.

Ihm wurden in Italien die Augen geöffnet über das Machtpotential und die schamlos eingesetzte Gewalt des römischen Papsttums. Daß auf diesem Kriegsschauplatz gesamteuropäische Machtpolitik ausgefochten wurde, durchschaute Hutten nicht. Für ihn kämpfte nur der deutsche Kaiser „für Gerechtigkeit", nach ihm mußte der deutsche Kaiser „der Herrscher über die Erde wie Christus über den Himmel" sein. Hier nahm sein nationales Pathos größenwahnsinnige Formen an. Die literarische Frucht der Italienreise waren die Kriegsepigramme. Aber die Einsicht in den Wolf, der behauptet, ein Hirte zu sein, war die vitale, die bleibende, die Neues belebende und Kühnes verlangende Idee, die ihn nicht mehr verließ.

Mit seinem radikalen Nationalismus und seinem fanatischen Haß gegen Rom und die Kurie, mit seinem Spott auf den Papst und seiner scharfen Kritik an der egoistischen Politik der deutschen Fürsten traf sich Hutten mit dem Denken der Humanisten und dem Empfinden des Volkes. In dieser politischen Auseinandersetzung gab er den Ton an. Er war von einem dauernden und zunehmenden Haß gegen die das deutsche Volk ausbeutenden „Römlinge" getrieben, gegen die Geld- und Handelswirtschaft, und sein besonderes Augenmerk galt den Fuggern und Welsern, die er in beinahe jeder Polemik erwähnte. Die Deutschen waren für Hutten die Opfer, die Ausgepreßten, die die Kriege des Papstes finanzieren, die Genußsucht der Römer mit Arbeit, mit Schweiß und Leiden und mit Hunger bezahlen mußten. Hutten argumentierte aus der Stellung des Opfers, es ging ihm ums Überleben des deutschen Volkes, er wollte die Deutschen wecken, sich zu wehren, die blutsaugenden Vampire aus dem Land herauszuschmeißen, er wollte einen nationalen Befreiungskampf. Seine späteren Bewunderer und „Nachfolger", die Nationalisten im zwanzigsten Jahrhundert, führten Eroberungs- und Unterdrückungskriege. Ihre Berufung auf Hutten war Entstellung und Lüge. Hutten wollte die „päpstlichen Stricke, mit denen Deutschland gefesselt war, lösen". Er wollte „die verbannte Wahrheit zurückführen ins Vaterland". Seine falschen Nachfolger versuchten, die Wahrheit aus dem eigenen Land zu vertreiben und aus dem Volk herauszuprügeln.

6. Seinen Pfaffenkrieg führte Hutten vorerst argumentativ. Verzweifelt über seine Wirkungslosigkeit schlug er wild um sich, und hätte ihm ein Heer zur Verfügung gestanden, wäre er in den Krieg gezogen. Seine Radikalisierung isolierte ihn. Er drohte mehrmals mit Waffengewalt. Schließlich tauchte er unter. Das Schlimmste für ihn war, daß er für seine Publizistik keine Drucker mehr fand, denn denen drohte die Todesstrafe.

Hutten war gestürzt, das sah er ein. Aber noch immer glaubte er an seine Mission: „Nur wieder empor nach dem Sturz aus der Höhe! Entweder fällst du dich tot oder es wachsen dir Flügel!" Aus seinem Versteck schrieb der Unverbesserliche an einen Freund: „Selbst wenn du mir raten würdest, den angebotenen Frieden nicht zurückzuweisen, so könnte ich ihn dennoch ehrenhalber nicht annehmen, solange das Vaterland sich in Knechtschaft befindet. Habe ich deshalb Deutschland durch Wort und Schrift aufgereizt, um selbst beim ersten Ansturm besiegt zu Boden zu sinken? Und ich, der ich durch ein so großes Wagnis die andern angefeuert habe, daß sie eine nicht nur notwendige, sondern auch rühmliche Sache zu führen sich unterfangen, sollte selbst ihr so teilnahmslos gegenüberstehen? Nein, Capito, nein, und wenn auch ein trauriges Ende meiner harren sollte! Aber damit du weißt, welchen Sinnes ich bin: eher werde ich alles aufs Spiel setzen, als daß ich von diesem Beginnen abstehe. Im Gegenteil, Hutten wird eher sterben, als daß er in einer Zeit, da die Kurtisanen in Deutschland und die römischen Erztyrannen es schändlich ausplündern, müßig dastehen, sein Leben in Ruhe hinbringen und Frieden halten könnte. Nicht werden meine Augen eine solche Würdelosigkeit mit ansehen, nicht diese Ohren sie zu ertragen vermögen..."

Noch war Huttens Selbstbewußtsein ungebrochen, Trotz und Wehmut und Kampfbereitschaft und Solidarität sprachen auch jetzt noch aus seinen Schriften, Flugblättern und Fehden. Er schätzte die oppositionellen Kräfte falsch ein, machte eine verkehrte Bündnispolitik, aber er war beseelt von seiner unrealistischen Überzeugung, alle Gutgesinnten würden ihm folgen, und gemeinsam Deutschland in Brand setzen. Selbst noch als Flüchtling, bereits im Exil, gab er diesen Geist nicht auf. Noch kurz vor seinem Tod, schwer gezeichnet von seiner grausamen Krankheit, war er ganz Hoffnung, Klarheit, Frische und Mut.


7.  Hier kommt jener Hutten zum Vorschein, der uns heute, in der Zeit lauwarmer Überzeugungen, mit seiner ganzen Leidenschaft anspricht.

Der päpstliche Nuntius sagte über ihn: „Die höheren geistlichen Würdenträger zittern vor der Satire dieses Starrkopfs, indessen ein Haufe verschuldeter Edelleute ihn vergöttert."

Hutten war kein Märtyrer. Obwohl er kein Glücklicher war, verließ ihn die optimistische Weltsicht nicht. Die gesellschaftliche Realität sah er schwarz, doch war er überzeugt, sie verändern zu können. „Nimm deinen Strick, Barbarei, deine Vertreibung steht bevor!"

„So lange Deutschland kein Hirn und kein Auge hat", werde er nicht aufhören, die Deutschen aufzurütteln. Er sah sich als Gewissen der Nation. Er war ein leidenschaftlicher Verteidiger der politischen Moral, ein Wahrheitssucher, Wahrheitsverfechter und Wahrheitsverteidiger. „Die Lügen wolln wir tilgen ab, uf daß ein Licht die Wahrheit hab... Die Wahrheit will ich nimmer lan."

Wo es ging, manövrierte er sich und sein Genie der Polemik und seinen Kampf in die Mitte des Geschehens. Sein persönliches Schicksal verband er kühn und großartig mit dem Schicksal Deutschlands, was ihn anziehend und abstoßend zugleich machte.

Er war ein Mensch der Tat wie auch der philosophischen und künstlerischen Reflexion. Er sprach von seinem „großen Wagnis", wollte „alles aufs Spiel setzen..., eher sterben als müßig dastehen und sein Leben in Ruhe hinbringen und Frieden halten". Dieser „ruchlose Schurke, der elende Bösewicht und Mörder, dieser lasterhafte Lump und arme Schlucker" sagte: „Die Freiheit und das Himmelreich gewinnen keine Halben." Dagegen hatte niemand etwas einzuwenden, diese Kampfphilosophie nötigte auch seinen Gegnern Respekt ab.

Das sind Überzeugungen und Haltungen von revolutionären Menschen in revolutionären Epochen. Diese bedingungslose Einheit von persönlichem Leben, politischer Überzeugung und gesellschaftlichem Handeln erscheint uns übersättigten Beherrschern fremder Erdteile und Ausbeutern der Natur äußerst fremd, dieses aufsässig dramatische Engagement macht uns lauwarme Profiteure mißtrauisch. Und weil der radikale Kampf ihn zum Untergang führte, meinen wir mit unserer hochmütigen Schlußfolgerung recht zu haben und uns kleinmütig von diesem Leidenschaftlichen abwenden zu können.

Den Gleichgültigen und den Profiteuren seiner Zeit rief Hutten zu: „Und wisset ihr, wie das Volk über die Sache denkt? Man wolle sich von euch wohl beherrschen, aber nicht verderben lassen, sagt man, und denkt auch wohl auf gewaltsame Abhülfe. In der Tat, wenn ihr kein Gehör gebet – euch meine ich, denen dergleichen zur Last fällt – so fürchte ich, wird diese Nation etwas sehen, das ihrer nicht würdig ist. Denn wenn die Sache einmal, was Gott verhüte, zum Volksaufstand kommt, dann wird man keinen Unterschied mehr machen, nicht mehr fragen, wie viel jeder, oder überhaupt, ob einer geschadet habe, und an wem Rache zu nehmen sei. Mit den Schuldigen wird es auch Unschuldige treffen, und ohne Rücksicht, blindlings, wird man wüten."

Sieben Jahre später, der Prophet Hutten lebte nicht mehr, waren die deutschen Länder von den Bauernaufständen erschüttert. Sowohl die Bauern wie die Fürsten wüteten blindlings. Nach dem Großreinemachen durch die Herrschenden, die kein Gehör hatten für die Not der Bauern, fiel Deutschland um Jahrzehnte zurück. Ulrich von Hutten war eine lange Zeit fast ganz vergessen, oder wurde im Konfessionenkrieg reduziert zum Freund oder Feind. Er, der wie kein anderer, die ganze Nation im Auge hatte.

*Auferstehungschristus, Fränkisch, 16. Jh.*
*(Kat.-Nr. 1.1)*

*Volker Press*
# Ulrich von Hutten und seine Zeit

Ulrich von Hutten[1] war der Sohn einer ritterschaftlichen Familie aus dem Lehensadel der Fürstabtei Fulda.[2] Der Name Hutten hat nicht allein durch Ulrich in der Geschichte des Reichsadels eine gewisse Bedeutung erhalten: mehrere sind zu höchster Würde in der Reichskirche aufgestiegen,[3] ganz zu schweigen von zahlreichen Domherren und Räten geistlicher und weltlicher Fürsten. Im Dienste Kaiser Karls V. hat sich ebenfalls ein Hutten einen großen Namen gemacht, der Statthalter in Venezuela wurde.[4] Wenn für Ulrich von Hutten Kaiser und Kirche zu den Polen seiner Tätigkeit werden sollten, so sind bei ihm nur in übersteigerter Schärfe die beiden traditionellen Rückhalte der reichsunmittelbaren Ritterschaft angesprochen.[5]

Ulrich von Hutten wurde 1488 in eine kritische Zeit seines Standes hineingeboren: die Folgen einer gewandelten Agrarkonjunktur und der ausgebauten Geldwirtschaft hatten die soziale Stellung des Adels unsicher gemacht. Hinzu kam, daß die veränderte Taktik der Heeresformationen nach der Einführung der Feuerwaffen die militärische Bedeutung der adeligen Lehensreiter minderte. Weiter begünstigte dies die Tendenzen des werdenden Landesstaates, den Adel seiner selbständigen Stellung zu entkleiden und ihn dem staatlichen Konzentrationsprozeß zu unterwerfen. Die gelehrten Juristen, die den Fürsten als Kenner des römischen Rechts dabei an die Hand gingen, verdrängten den Adel spürbar aus seinen traditionellen Ratspositionen an den Fürstenhöfen. Der Ausbau des Landesstaates bedeutete nicht nur die Einengung der lokalen Freiräume, sondern auch die Beseitigung der Fehden: was bisher nach ritterlichem Selbstverständnis legitime Gewaltanwendung des Adels war, wurde durch den Landfrieden zu einer kriminellen Handlung.[6] War dieser auch eine Maßnahme, die nicht zuletzt wegen adeliger Übergriffe notwendig geworden war, so stellte er doch einen tiefen Einschnitt für das Standesethos des Adels dar. Auch die Tatsache, daß die Reichsgrafen, die bislang mit den Rittern in Einungen und Bündnissen zusammengeschlossen waren, seit dem Beginn des 16. Jahrhunderts sich zunehmend vom niederen Adel lösten und sich ihrerseits dem Landesfürstentum näherten, belastete den Adel – es sollte bis zur Mitte des Jahrhunderts dauern, bis die nunmehrigen Reichsritter eigene neue Organisationsformen fanden.[7] So fühlte sich der niedere Adel, der sich in den alten Kerngebieten des Reiches, in Schwaben, Franken und am Rhein, selbständig behauptet hatte, zunehmend isoliert und bedroht.

Dabei sah die werdende Reichsritterschaft im Kaiser den stärksten Rückhalt. Der Kaiser schien ihr die einzige Autorität, dem Druck des Landesstaates entgegenzutreten. Auf den Ausbau seiner Macht setzte der Adel, zumal der Kaiser hinreichend entfernt war, um nicht allzu starke Ansprüche gegen die Ritter geltend zu machen. Er war der oberste Wahrer des Rechts im Reich und in der Lage, Übergriffe der Fürsten gegen die Kleinen im Reich abzuwehren. Diese Kleinen: Grafen, Städte, vor allem aber die Ritter, haben daher eine besondere Kaisertreue bewahrt. Darüber hinaus hatten vielfach die Dienste des Kaisers eine große Bedeutung in der Geschichte dieser Familien gehabt. Kaiser Maximilian I.[8] nun verstand es, den Reichsadel besonders anzusprechen. Er suchte ihn zu Leistungen für das Reich zu gewinnen, er hat aber darüber hinaus seinem Selbstbewußtsein großen Auftrieb gegeben.[9] Der Kaiser selbst hat sich zuweilen als Ritter stilisiert: Kaiser und Reich also waren es, die dem Reichsadel Rückhalt boten, und dieser

*Trauernde Maria, Mainfränkisch, um 1500, Fragment (Kat.-Nr. 1.2)*

selbst nannte sich einige Jahrzehnte später übertreibend „Des Reichsadlers starke Schwingen".

Daneben blieb dem Adel der Rückhalt der Kirche. Auch dem jungen Ulrich hatte die Familie offenbar eine Laufbahn in der Kirche bestimmt – da Ulrich der älteste Sohn war, könnte gesundheitliche Schwäche ein Motiv bei dieser Entscheidung gewesen sein, die Ulrich später beklagt hat. Der Huttensche Stammsitz Steckelburg war fuldisches Lehen, und die Familie war wie die übrige umliegende buchische Ritterschaft diesem alten Reichskloster aufs engste verbunden: wie viele Bistümer und Klöster im Südwesten des Reiches galt es als ein Spital des Adels, dessen Pfründen die umliegenden Stiftsritter behaupteten.[10] So ist Huttens Eintritt in die Klosterschule nicht unbedingt als harte Maßnahme der Eltern zu sehen; der Adel konnte die lebenswichtige Verbindung mit der Kirche nur bewahren, wenn er ihr begabte Kräfte stellte. Auch konnte eine Laufbahn in Fulda unter Umständen dem jungen Hutten dereinst größere Möglichkeiten bieten als die kleine Welt der heimischen Grundherrschaft; die Enge und ständige Bedrohtheit dieser Sphäre hat Hutten selbst später mit beeindruckenden Worten dem Nürnberger Patrizier Willibald Pirckheimer geschildert.[11] Allerdings hat Huttens Vater durchaus die modernen Tendenzen der Zeit erkannt. Er betrieb eine geschickte Arrondierungspolitik und scheute Kapital- und Zinsgeschäfte nicht – freilich betonte man nach außen einen bewußt „altdeutschen" Lebensstil.

1505 erfolgte der Übergang Huttens auf die Universität. Oft als dramatische Flucht aus dem Kloster stilisiert, auch gegen den Willen des offenbar karrierebewußten Vaters vollzogen, mußte dieser Schritt noch nicht den Bruch mit der kirchlichen Laufbahn bedeuten. Im Stil der Scholaren jener Zeit zog der junge Hutten von Universität zu Universität, nicht ohne daß seine Gesundheit Spuren der Strapazen zeigte: Köln, Erfurt, Frankfurt an der Oder, Leipzig, Greifswald, Rostock, Wittenberg waren seine Stationen. Doch enthielt dieser Weg nicht nur für einen Adeligen etwas Außergewöhnliches: schon frühzeitig geriet Hutten unter die Einflüsse des Erfurter Humanistenkreises.

Vielleicht ein wenig überzeichnend, hat man immer wieder den Gegensatz zwischen einer Scholastik herausgestellt, die das Systematisieren und die Kompendien liebte, und dem Humanismus, der diese vielfach erstarrende Richtung überwand.[12] Er schulte an den alten Sprachen die praktische Fähigkeit der Rhetorik und suchte in der moralischen Welt der klassischen Autoren Maßstäbe für das eigene Handeln, kurz: er entwickelte ein menschliches Bildungsideal. Dies mußte nicht den Bruch mit der Kirche bedeuten: zu den klassischen Autoren wurden natürlich die Kirchenväter gezählt. In ihren Studien sah schon Erasmus eine Grundlage wahrer Frömmigkeit.

Im deutschen Humanismus traten paganische Züge erst sehr spät hervor. Besonders der Erfurter Humanistenkreis ist hier zu nennen: Mutianus Rufus, Eobanus Hessus und Rubeanus Crotus,[13] dem Hutten lebenslang verbunden blieb. Hier überwog ein säkularisierter Geist, der sich ganz auf die Traditionen der Antike berief. Bezeichnend, daß von diesem Erfurter Kreis die schärfste Polemik gegen die Mißstände in der Kirche, teilweise gegen die Institution selbst geführt wurde! Für Hutten ist es zweifelsohne prägend geworden, daß er gerade in seinen Studienjahren mit diesem Kreis in Verbindung geriet. Gemeinsam mit den Erfurtern hat er später das große Unternehmen der Dunkelmännerbriefe herausgebracht.

Hutten war stolz darauf, zu den Humanisten zu zählen: immer wieder beschwor er die Gemeinsamkeit mit den Gesinnungsgenossen, selbst in einer so banalen Angelegenheit wie der Auseinandersetzung mit seinen Greifswalder

Gastgebern.¹⁴ Die stark rhetorisch bestimmte Form seiner Prosa hatte humanistischen Stilmitteln alles zu verdanken: Briefe, Reden und Dialoge waren seine hauptsächlichen Prosaschriften, und ihnen war ein rednerischer Stil durchaus angemessen. Keine breite Gelehrsamkeit sollte seine Schriften auszeichnen, eine starke Fixierung auf spezielle Situationen dominierte, verbunden zumeist mit einem ausgesprochen kämpferischen Pathos. All dies sollte ihn besonders qualifizieren zum politischen Publizisten. Doch darauf wird noch zurückzukommen sein.

Hutten hat sich dem Humanismus rasch und vorbehaltlos in die Arme geworfen. In seinen ersten dichterischen Versuchen wird dies ganz deutlich.¹⁵ Aber schon während seiner Studienjahre tritt auch ein anderer Zug hervor: seine ausgeprägten satirischen und polemischen Fähigkeiten, die er mitunter einzusetzen wußte in einer Weise, die dem Anlaß keineswegs entsprach. Die rhetorischen Figuren, die ihm die neue Form der Gelehrsamkeit lieferte, überhöhten oft die Auseinandersetzungen, diskreditierten den Gegner, maßen der eigenen Position einen überlegenen moralischen Standpunkt zu. In der Auseinandersetzung Huttens mit einer Greifswalder Patrizierfamilie, die ihn – wohl nicht zu Unrecht – wegen nicht erlegter Schulden pfänden ließ, zeigte sich diese Seite Huttenscher Publizistik zum ersten-, aber keineswegs zum letztenmal: der Ritter neigte zeitlebens dazu, die eigene Position zu überschätzen, und griff in seinen moralischen Ansprüchen anderen gegenüber stets sehr hoch.¹⁶

Nach den Studienjahren erwartete seine Familie die Rückkehr Huttens nach Fulda. Zunächst aber war es nicht die Kirche, sondern der Kaiser, der ihn lockte: 1511 eilte er nach Wien und fand Anschluß an den dortigen Humanistenkreis;¹⁷ dieser aber war stark durch die Gestalt Kaiser Maximilians I. geprägt. Der Kaiser hatte durchaus charismatische Züge und übte auf seine deutschen Zeitgenossen eine faszinierende Wirkung aus – er verstand es aber auch, in nie zuvor gekannter Weise die Publizistik und die neue Kunst des Buchdrucks für sich nutzbar zu machen.¹⁸ Er war ein Meister der Propaganda, und es verwundert nicht, daß die Humanisten ihm ihre Feder liehen: er war ein Mäzen der Kunst und der Wissenschaften und noch dazu ein Mann, auf den sie das aus den antiken Schriftstellern neu gewonnene Gefühl nationaler Größe konzentrieren konnten. Nicht nur die Wiener Humanisten fanden sich zur Verherrlichung von Kaiser und Reich.

Von Wien aus wandte sich Hutten 1512 nach Italien. Italien war nicht nur das klassische Land des Humanismus – in der praktischen Bedeutung für die Ausbildung deutscher Gelehrter am Beginn des 16. Jahrhunderts wog nicht minder schwer, daß Italien das Zentrum der gelehrten Jurisprudenz war, kaum irgendwo anders konnte man so profunde Kenntnisse des römischen Rechts erwerben. Es wurde schon gesagt, daß römisch-rechtlich geschulte Juristen einen wesentlichen Anteil an dem Ausbau des deutschen Landesstaates hatten und daß promovierte Söhne des Bürgertums dank dieser Rechtskenntnisse den Adel aus seinen Positionen zu verdrängen begannen. Wenn Hutten dieses Studium wählte, so war das eine Vorentscheidung für den weltlichen Fürstendienst: er war ein früher Vertreter jener Adeligen, die ihrerseits die Rechte studierten, um den Vorsprung der bürgerlichen Gelehrten an den Fürstenhöfen aufzuholen. Der Vater hat ihn wohl darauf hingewiesen, als er sah, daß die kirchliche Laufbahn des Sohnes fragwürdig geworden war.

Hutten dürften allerdings vor allem seine humanistischen Interessen nach Italien gezogen haben; aber der Aufenthalt bot ihm eine Fülle von Anregungen. Vor allem lernte er nach den Erfurter Erfahrungen den noch stärker paganisch bestimmten italienischen Humanismus kennen – seither spielte das blinde Walten

*Hl. Jacobus, Mittelrheinisch, um 1520 (Kat.-Nr. 1.3)*

der „Fortuna" in seinem Denken eine zentrale Rolle. Hutten geriet in die militärischen Auseinandersetzungen Maximilians mit Frankreich und lernte das Gegeneinander kaiserlicher, päpstlicher und französischer Politik kennen. Hier wurde wohl erstmals die antipäpstliche Einstellung Huttens laut, die für ihn später so charakteristisch sein sollte.

Die Quellen dieser Haltung sind vielfältig: positiv zunächst die Kaisertreue des Reichsritters; die Zeit war geeignet, sich an den Antagonismus zwischen Kaiser und Papst zu erinnern, der die vergangenen Jahrhunderte durchzogen hatte. Darüber hinaus aber wurden lebendig die dunklen Töne antikurialer Polemik, wie sie aus dem Geist der großen Konzilien des 15. Jahrhunderts erwachsen war, als die Kritik an den Mißständen des päpstlichen Hofes die Stellung des Papstes überhaupt in Zweifel zog. Diese Polemik war eingemündet in die großen Reformschriften der deutschen Nation[19], deren wichtigste die Reformation Kaiser Sigmunds war.[20] Von hier wurden die Klagen über die Mißstände des päpstlichen Hofes, die sogenannten Gravamina der deutschen Nation, lebendig gehalten, bis sie den äußeren Rahmen für die Reformation Martin Luthers abgaben.[21] Hinzu kommt wohl auch ein Stück Fremdenhaß, ursprünglich erwachsen aus der engräumigen Agrargesellschaft des Mittelalters, der sich bei anderen deutschen Humanisten vornehmlich auf die Italiener konzentrierte. Es bleibt festzuhalten, daß das antipäpstliche Pathos Huttens gespeist war aus einer starken Tradition und wirksam wurde in einer Welt, die dafür äußerst aufnahmebereit war. Daß der Niederadelige Hutten, der einer sozialen Umwelt entstammte, deren Existenz aufs engste mit den jeweils aktuellen politischen Problemen verbunden war, die Gravamina aufgriff und in humanistische Figuren eingoß, sollte wesentlich zu seiner volkstümlichen Stellung beitragen.

Zunächst empfahl sich der angehende Jurist dem wichtigsten geistlichen Fürsten des Reiches, dem neu gewählten Kurfürsten von Mainz, Albrecht von Brandenburg[22], mit einem Lobgedicht (1515).[23] Dieser fürstliche Vorsteher eines überwiegend niederadeligen Erzstiftes zeigte sich empfänglich. Der Dank war die Zusicherung einer Ratsstelle am Mainzer Hof nach Abschluß seiner juristischen Studien. Freilich waren es nicht nur die humanistischen Vorlieben des Erzbischofs, deren Tiefe übrigens umstritten ist, die Hutten halfen: er hatte das Glück, daß ein Kreis näherer und entfernterer Verwandter und Bekannter eine nicht unbedeutende Rolle am Hof des Kurfürsten spielte und den hoffnungsvollen Neffen protegierte. Dieses Patronats- und Klientelsystem war gängig an allen Höfen des frühneuzeitlichen Europa – Hutten hat vielfach über den Hofdienst hinaus von den Verbindungen seines reichsadeligen Familienverbandes profitieren können.[24] Hier liegt sicher eine der Ursachen, warum er mehr wagen konnte als seine bürgerlichen Humanisten-Kollegen, allen voran der vorsichtige Erasmus. Sie waren viel mehr Individuen als der Angehörige eines politischen Standes.

Bevor er zu einem Abschluß der Studien kam, sahen sich der Ritter Hutten und der Humanist Hutten auf unterschiedlichen Schlachtfeldern herausgefordert. Einmal: Herzog Ulrich von Württemberg, durchaus der Typ des gewalttätigen Landesherrn und im Konflikt mit dem Adel, der um sein Territorium saß, hatte (1515) im Verlauf einer Eheaffäre seinen Stallmeister Hans von Hutten, einen Vetter Ulrichs, erschlagen.[25] Dadurch zog er sich die Feindschaft des Huttenschen Familienverbandes zu. Ulrich von Hutten gab zwischen 1515 und 1519 der Polemik gegen den autokratischen Herzog ein publizistisches Gewand und erreichte eine beachtliche öffentliche Wirkung.[26]

Die Auseinandersetzung ist nicht nur interessant als Beispiel für das Zusammengehörigkeitsgefühl eines agnatischen Verbandes. Im Herzog von Württemberg traf Ulrich von Hutten nicht nur die Person, sondern auch das deutsche

*Johannes der Täufer, Riemenschneider-
Schule, um 1510
(Kat.-Nr. 1.4)*

Landesfürstentum als Ganzes. Wieder werden spezifisch ritterschaftliche Anliegen in eine modernere Form gegossen und zu großer Wirksamkeit gebracht – Präludien zur reichsritterschaftlichen Bewegung Sickingens. Bezeichnenderweise hatte Hutten 1519 Sickingen auf dem Kriegszug des Schwäbischen Bundes gegen Herzog Ulrich kennengelernt.

Die andere Sache ging mehr den Humanisten Hutten an. Der Jurist und große Philologe Johannes Reuchlin, Professor in Tübingen, hatte das humanistische Interesse an den alten Sprachen auch auf das Hebräische ausgedehnt. Mit Hilfe der jüdischen Schriften hoffte er dem Sinn des Alten Testaments näher zu kommen. Hier handelte es sich aber nicht nur um die Zeugnisse einer vergangenen Kultur, sondern um die einer lebendigen religiösen Gemeinschaft. Seine Forschungen stießen frontal mit Bestrebungen zusammen, die außerbiblische Literatur des Judentums zu vernichten. Daraus erwuchs ein erbitterter Streit zwischen Scholastikern und Humanisten, personifiziert in den Kölner Dominikanern und dem Hebraisten Reuchlin. Die Auseinandersetzungen gelangten vor die geistlichen Gerichte, wobei selbst der Papst lange vermied, Partei zu ergreifen. Es ging um die Frage, ob die Theologie dem Forschungsdrang des Humanismus Grenzen zu setzen vermochte, eine Frage, die von grundsätzlicher Bedeutung war. Reuchlin verteidigte sich publizistisch – seine humanistischen Genossen sprangen ihm bei.[27] Dabei bedienten sich die Erfurter Humanisten unter Führung von Huttens Freund Rubeanus Crotus der Waffe der Satire. Man fingierte Briefe an den Kölner Theologen Ortwinus Gratius, die in einem grauenvollen Latein verfaßt waren – sie sollten den Bildungsstand der dominikanischen Kontrahenten Reuchlins charakterisieren. Die Epistulae obscurorum virorum, Dunkelmännerbriefe, haben Bedeutung für die europäische Literatur erlangt und waren im Nu weit verbreitet.[28] Hutten hatte an der ersten Folge nur mitgearbeitet, die eher witzig und derb war, nach ihrem Erfolg hatte er den Hauptanteil an einer weiteren Folge. Diese aber verlor alles Spielerische und Heitere: pathetische Schärfe und Theologenhaß dominierten. Auch hier trat also Hutten heraus aus dem Unverbindlichen und gab der Sache eine Härte, die aufs Ganze zielte: nicht ein literarisches Produkt, sondern eine schneidende Waffe im Tageskampf sollte diese Schrift sein – Hutten sollte den Kampf mit aller Schärfe fortführen, bis er immer mehr in den Schatten der heraufziehenden Reformation geriet.

Der doppelte Kraftakt machte den Dreißigjährigen in ganz Deutschland bekannt. Der junge Mann aus reichsadeligem Geschlecht wurde der Liebling der Humanisten. Sogar der große Desiderius Erasmus von Rotterdam, mit dem Hutten erstmals 1514 in Mainz zusammengetroffen war, widmete ihm mehrfach ehrenvolles Lob und trug so dazu bei, Huttens Ruhm zu verbreiten. Es wurde beinahe eine Humanistenfreundschaft, bis das rücksichtslose Vorwärtsdrängen des jungen Ritters in Bereiche der praktischen Politik schließlich zum bitteren Bruch zwischen ihm und dem zögernden, skeptischen Erasmus führte.[29]

Hutten selbst hat seine persönlichen Erfolge genossen, aber auch eine grüblerische, pessimistische Komponente fehlte nicht. Gesundheitlich war er schwer mitgenommen. Der morbus Gallicus, die Syphilis, die damals Europa epidemisch erfaßte, hatte schon den Zwanzigjährigen befallen – übrigens, ohne daß man daraus, wie oft geschehen, auf einen besonders lockeren Lebenswandel schließen könnte. Trotz unglaublich harter Kuren vermochte Hutten der Krankheit nicht beizukommen: so sind die Jahre seines öffentlichen Auftretens und seines Ruhmes im Grunde auch Jahre eines raschen körperlichen Verfalls, der zu seinem frühen Tode führte. Das Bewußtsein der Diskrepanz zu seiner kämpferischen und lärmenden öffentlichen Publizistik war es wohl, das in seiner Schrift „Nemo" –

*15 Heilige, Erhard Schön, Holzschnitte (Kat.-Nr. 1.6)*

Niemand – stark resignierte Töne anschlagen ließ,[30] Klagen über die wetterwendische Fortuna,[31] Töne, die Hutten bis an sein Ende nie ganz verlieren sollte. Andererseits könnte der Blick auf seine rapide verfallene Gesundheit aber auch alle Rücksichten zurücktreten lassen und damit verschärfend auf den Stil von Huttens Polemik gewirkt haben.

Die zweite Italienreise Huttens 1515/17 hatte die antikurialen Züge zu voller Entfaltung gebracht, das persönliche Erlebnis des Papsttums hatte die Polemik nicht gedämpft, sondern angefacht. Auf dieser Reise erhielt Hutten Kenntnis von der Schrift des Lorenzo Valla, die die konstantinische Schenkung, juristische Grundlage der Existenz des Kirchenstaates, als Fälschung entlarvte – Hutten sollte sie dann in die öffentlichen Diskussionen in Deutschland werfen, wo sie in den Auseinandersetzungen um Luther nicht wenig zur Diskreditierung des Papsttums beitrug.[32] Wie in seinem Angriff auf das deutsche Landesfürstentum berief sich Hutten auch hier auf die nationale Tradition von Kaiser und Reich. Sie sollten die Ehre der deutschen Nation hochhalten, einer Nation, der bereits der große Tacitus Anerkennung gezollt hatte. Bei Tacitus entdeckte Hutten die Gestalt des Arminius, die er vor anderen Humanisten zur Symbolfigur der Deutschen machte, zur Gegenfigur nicht nur des klassischen, sondern vor allem des päpstlichen Rom; die Gestalt des Arminius sollte zu einem neuen Kampf gegen die Fremdherrschaft mahnen, die eine kirchliche war.[33] Diese publizistischen Früchte der Italienreise traten erst später hervor, aber die dunkleren Seiten seiner nationalen Begeisterung zeigten sich in einer Totschlagsaffäre in Viterbo, wo Fremdenhaß und die Überheblichkeit des Ritters zusammen mit einem Schuß Rauflust einen Franzosen das Leben kosteten.[34]

Wenn Hutten auch ohne den erhofften juristischen Doktorhut aus Italien zurückkehrte, so schien es doch, als würde sich dem jungen Ritter und Humanisten eine glanzvolle Karriere eröffnen. Einerseits begann sich immer mehr an deutschen Höfen der Brauch durchzusetzen, daß Adelige auf eine akademische Graduierung verzichten konnten, wenn sie nur das Rechtsstudium absolviert hatten. Außerdem aber wurde der Mangel dadurch ausgeglichen, daß der alte Kaiser Maximilian 1517 Hutten zum Dichter krönte.

Mit dem frischen Lorbeer trat er in Mainzer Dienste, die er ja schon länger angebahnt hatte. Kurfürst Albrecht hat den jungen Ritter zwar auch zu wichtigen und ehrenvollen politischen Aufgaben herangezogen, aber im Ganzen hat er ihn nicht übermäßig beansprucht, so daß sich ihm eine nahezu ideale Situation eröffnete: eine gute Stelle, genügend Zeit für seine publizistische Tätigkeit, hohe Achtung des Erzbischofs – die unruhigen Jahre schienen vorüber. Andererseits: bisher war Hutten ein fahrender Student aus adeligem Geschlecht gewesen, der ungehemmt publizieren konnte. Für den kurmainzischen Rat war das anders; seine Äußerungen wurden auf das Konto der kurmainzischen Politik geschrieben. Auch wenn der Kardinal Albrecht zunächst ein weites Herz hatte, waren Hutten doch Grenzen gesetzt.

Hutten trat jedoch nicht in ruhigere Zonen ein, diese letzten Jahre seines Lebens sollten die unruhigsten werden. Die publizistische Tätigkeit ging weiter und erreichte sogar ihren Höhepunkt. Nach wie vor galt sie der Verherrlichung von Kaiser und Reich, nach wie vor wandte sie sich gegen Kurie und Fürstenstaat. So war es kein Zufall, daß Hutten 1519 seine Rede an die deutschen Fürsten zum Türkenkrieg veröffentlichte.[35] Die Türkenfrage hat sich im 16. Jahrhundert geradezu zu einer deutschen Reichsideologie entwickelt. Es ist hier nicht der Ort zu diskutieren, ob die Osmanen, die schon für Ungarn ihre Verbindungslinien aufs äußerste anspannen mußten, wirklich je das Reich in seiner Existenz bedroht haben. Wie dem auch sei: durch Türkenabwehr und Türkensteuern haben die Kaiser die

*Salvator mundi, aus: Hartmann Schedel, Buch der Chroniken, 1493 (Kat.-Nr. 1.8)*

Kräfte des Reiches mobilisieren können und dadurch vielfach die deutsche Verfassungsentwicklung geprägt. Hutten hat dies alles nicht erlebt, aber er hat erkannt, daß in der Türkenabwehr große Möglichkeiten für den Kaiser steckten, wenn er die Führung übernahm, die *ihm* gebühre, und nicht den egoistischen Fürsten, nicht der korrupten Kurie. Daß dem Reichsadel eine Rolle im Türkenkrieg zukomme, war klar.

Die Polemik gegen Fürsten und Kurie ging weiter; humanistisch war dabei vor allem die Forderung nach einer Spiritualisierung der Kirche und des Papsttums, das seine Verflechtungen in der Politik aufgeben sollte. Erneut wurden die alten

*Totentanz, aus: Hartmann Schedel,
Buch der Chroniken, 1493
(Kat.-Nr. 1.10)*

Beschwerden der deutschen Nation vorgetragen.³⁶ Die allgemeine Situation war jedoch brisanter geworden. Seit dem Auftreten Luthers und den ersten Gegenmaßnahmen der Kurie büßten die Angriffe auf Rom ihre akademische Unverbindlichkeit ein. Da Hutten nicht aufhörte, Stellung zu beziehen, nahte die Stunde seines Ausscheidens aus den Mainzer Diensten, zumal die päpstlichen Dekrete gegen Luther auch den Namen Huttens zu enthalten begannen. Wahrscheinlich aus dem gleichen Grunde scheiterte 1520 eine Reise Huttens nach Brüssel, wo er sich um habsburgische Dienste bemühte – nach der Rückkehr war ihm der Mainzer Hof versperrt.

Hutten aber hatte selbst längst seine Wahl überdacht: er hatte sich die Frage vorgelegt, in welchem Verhältnis die Deklamationen des humanistischen Publizisten und die politische Praxis standen. Schon 1518, in seinem berühmten Brief an Pirckheimer, sprach er sich klar für die politische Auseinandersetzung aus. Nicht die Geborgenheit der Gelehrtenstube, nicht die Unverbindlichkeit des Akademischen – der politische Kampf war für ihn das beherrschende Ziel.³⁷ Über alles andere setzte sich nun sein kämpferischer Geist hinweg, der aus dem Standesethos erwachsen war. Während die Mehrzahl der Humanisten die offenen Auseinandersetzungen mied, suchte der Ritter Hutten den Kampf. Freilich sollte sich zeigen, daß Hutten doch mehr Gelehrter und Intellektueller als Mann der politischen Praxis war: die letzten Aktionen ließen ihn nahezu zu einem Don Quijote der deutschen Politik werden, so fern waren sie aller politischen Realität.

Zunächst aber riß ihn die große öffentliche Diskussion der „causa Lutheri" mit, die Deutschland ergriffen hatte.³⁸ Hutten schloß sich schnell dem Reformator an – wir wissen heute sogar, daß Hutten den Höhepunkt seiner Popularität zwischen 1519 und 1521 eigentlich im Soge Luthers erreichte, diesen dann jedoch früh hinter sich zu lassen trachtete. Hutten interpretierte Luther stets weltlich – er sah in ihm wohl den bedeutendsten Verfechter der alten, aus konziliarem und nationalkirchlichem Denken erwachsenen Polemik gegen die Kurie, das eloquenteste Sprachrohr der Gravamina. Es war ein gleichsam seiner ursprünglichen

*Mirakelbuch: „Wunderberliche czaychē ...", Titelholzschnitt: Michael Ostendorfer, 1522 (Kat.-Nr. 1.11)*

Religiosität entkleideter Luther, der Hutten beeindruckte. Den Kern des Lutherschen Anliegens hat er nicht begriffen. Dazu waren die humanistisch-paganischen Elemente, das Denken an die launische Göttin Fortuna, bei Hutten zu stark.

Wenn Hutten nach einigem Zögern 1519 entschieden die Partei des Reformators ergriff, so erblickte er darin wohl zunächst einen neuen Reuchlin-Streit gigantischen Ausmaßes. Freilich sah auch die Öffentlichkeit in Deutschland in diesen Sturmjahren der Reformation mehr die Gemeinsamkeit der antikurialen Polemik bei Luther und Hutten als das Trennende in ihrem zentralen Anliegen. Bezeichnend ist, daß die Bannandrohungsbulle gegen Luther Hutten namentlich nannte. Der Nachwelt war es leichter zu erklären, daß sich hier zwei unterschiedliche Strömungen nur zeitweise berührten: der alte Geist von Reichsreform und Kirchenreform bei Hutten und der Geist der Reformation bei Luther. Für die Zeitgenossen zog der gelehrte Ritter zunächst für den Reformator zu Felde. Hutten hatte für seine letzten Publikationen auch bei Luther etwas gelernt – er verwendete die Volkssprache, mit der er breiteste Schichten erreichte. Seine deutschsprachige antipäpstliche Polemik – darauf hat Josef Lortz eindringlich hingewiesen – sollte es noch auf Jahre hinaus der deutschsprachigen katholischen Publizistik ganz unmöglich machen, das Ohr des Volkes zu finden.[39] Dafür aber konnte sich Hutten nicht mehr in Mainzer Diensten halten – unter dem Druck der Kurie hatte er gehen müssen.

Seit 1519 hatte Hutten Verbindungen zu seinem kraichgauisch-rheinischen Standesgenossen Franz von Sickingen – seither werden die Namen der beiden zumeist zusammen genannt. Sickingen war vielleicht der bedeutendste deutsche Condottiere, aber auch eine Erscheinung, die schon zwanzig Jahre später nicht mehr denkbar war.[40] Durch Herkunft, Besitz und Verwandtschaft gleichermaßen der schwäbischen, fränkischen und rheinischen Ritterschaft verbunden, verstand es Sickingen, viele der Ritter an sich zu ziehen, die nach militärischen Aufgaben strebten. Andererseits zeigte sich Sickingen als ein Mann, der mit Geld umzugehen

*Das Schiff des Heils, um 1512
(Kat.-Nr. 1.14)*

*Das sinkende Schiff der katholischen
Geistlichkeit,
Hans von Kulmbach in:
Joseph Grünpeck,
Speculum naturalis…, 1508
(Kat.-Nr. 1.15)*

wußte und es vermochte, ein größeres Söldnerheer zusammenzubringen. In den meist territorial bedingten Auseinandersetzungen im süddeutschen Raum wuchs Sickingen zu einer eigenständigen politischen Kraft empor, mit der man rechnen mußte – so übte er 1519 richtiggehenden Druck auf die deutsche Königswahl zugunsten des habsburgischen Kandidaten aus. Für die Ritterschaft mußte es faszinierend sein: einer der ihren, umstrahlt vom Glanz des habsburgischen Namens, spielte eine zentrale Rolle in der Reichspolitik.

Kein Wunder, daß Hutten von diesem Mann angezogen war. 1520 begab er sich zu Sickingen auf die Ebernburg. Der erfolgreiche politische Praktiker Sickingen war für den Theoretiker Hutten die Verkörperung ritterlicher Machtentfaltung trotz des drohenden Übergewichts des Fürstenstaats. Neben der Verbindung zum Kaiser war es wohl die Abneigung Sickingens gegen die geistlichen Stifte, die Hutten beeindruckte. Damit aber war zugleich ein kritischer Punkt in der Stellung des Reichsadels angesprochen. Einerseits war der Reichsadel aufs engste verflochten mit der Reichskirche,[41] andererseits sah er sich oft genug auch durch die Territorialpolitik der Stifte bedroht. Die Bischöfe und Äbte ritterschaftlicher Herkunft konnten sich zu recht massiven Landesherren entwickeln, die zuweilen ihren reichsfürstlichen Standeskollegen in nichts nachstanden. Dieses Problem sollte sich im Lauf des 16. Jahrhunderts noch weiter auswachsen. Bis in die Tage des Dreißigjährigen Krieges überlegte sich der evangelische Adel, wie er die Stifte säkularisieren und doch als evangelische Korporationen bestehen lassen konnte.[42]

Genauso wie die Notwendigkeit des kaiserlichen Schutzes war die Frage der Stifte ein Existenzproblem des Adels.

Gerade in diesem Spannungsfeld aber erwies sich die Problematik der Position Huttens. Wir danken Barbara Könneker die Einsicht, daß der Höhepunkt der publizistischen Wirksamkeit Huttens zwischen 1519 und 1521 gekennzeichnet war durch eine anfängliche Hinwendung zu Luther, dann aber von einer Distanzierung, weil er Sickingen als Führer der Nation in seinem geplanten Pfaffenkrieg dem Reformator vorzog.[43] Der Ritter sah sich durchaus neben Luther und unterschätzte

*Bildnis Papst Leo X. und sein Bruder Giulio de' Medici, Daniel Hopfer (Kat.-Nr. 1.17)*

dessen dynamische Wirksamkeit.[44] Schon 1521 begann er den Vorkämpfer des Adels Franz von Sickingen über Luther zu stellen – von ihm erwartete Hutten den Durchbruch. Hier trat seine fast manische Pfaffengegnerschaft in den Mittelpunkt des Denkens – am Ende sollte nicht eine Bewegung der Nation stehen, sondern eine kleine Pfaffenfehde. Ihre Bedeutung setzte Hutten so hoch an, daß er auch die Städte für das Unternehmen gewinnen wollte. Damit hatte Hutten jedoch eine Sackgasse beschritten, seine eigenen Neigungen, verbunden mit dem Standesinteresse, hatten ihn von der großen Strömung der Reformation entfernt. Es ist deutlich, daß Luther kein Freund der Adelskirche war – aber eine ritterschaftliche Bewegung auf Pfaffenfeindschaft aufzubauen, war so irreal, daß sie an den konkreten sozialen Gegebenheiten der Zeit scheitern mußte. Auch ist fraglich, ob der pragmatische Sickingen Hutten hierin gefolgt wäre. Es läßt sich allerdings nicht feststellen, ob Huttens Weggang aus dem Umkreis Sickingens darin eine Wurzel hatte. Jedenfalls: während es Luther um die Religion ging, ging es Hutten um die Nation, um die Nation unter Führung des Adels.

Für Hutten bedeutete die Zeit um den Wormser Reichstag (1521)[45] somit einen Höhepunkt seiner öffentlichen Wirksamkeit. Der päpstliche Nuntius fürchtete ihn und wagte kaum gegen ihn vorzugehen. Während Luther nach Worms zog, saß Hutten bei Sickingen auf der Ebernburg und entfaltete eine starke prolutherische Wirksamkeit. Für die Grenzen der Möglichkeiten beider Ritter spricht jedoch, daß sie beinahe einem Schachzug des kaiserlichen Beichtvaters Glapion aufgesessen

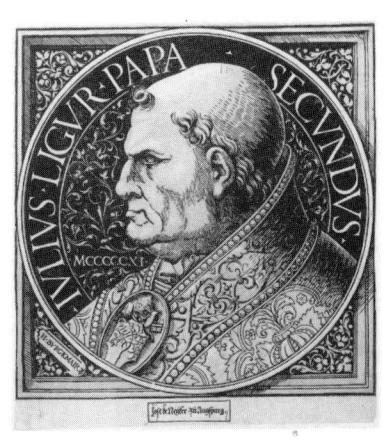

*Bildnis Papst Julius II. (Kat.-Nr. 1.16)*

*Bildnis Papst Hadrian VI., Daniel Hopfer (Kat.-Nr. 1.18)*

*Bußpredigt des Johannes von Capestrano, Titelholzschnitt zu: Berhardinus, Vita Johannis Capistrani, 1519 (Kat.-Nr. 1.25)*

wären, der Luther um sein freies Geleit gebrachte hätte. Die publizistische Tätigkeit Huttens – und hier zeigten sich ihre Grenzen – reizte zwar den Nuntius Aleander, verfehlte aber doch ihre Wirkung auf den von den Fürsten beherrschten Reichstag.

Das Wormser Edikt gegen Luther klärte die Situation – auch für Hutten. Auf den neuen König Karl V. hatte er große Hoffnungen gesetzt; wie viele Deutsche hatte er in ihm einen anderen Maximilian gesehen, eine strahlende Gestalt, in der sich der Kaisertraum des Humanisten zu erfüllen schien. Er hatte sich mit Unterstützung Sickingens, auch des Erasmus von Rotterdam sehr um die Gunst der habsburgischen Brüder bemüht, war vergebens in die Niederlande gereist, um in die

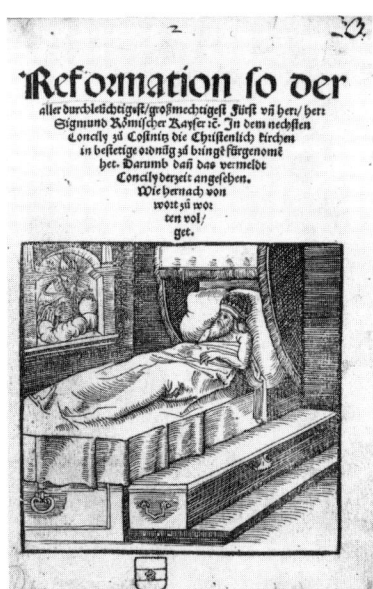

*Vision Sigmunds, Titelholzschnitt zu: Reformation Kaiser Sigismunds, 1439 (Nachdruck 1522) (Kat.-Nr. 1.35)*

*Bildnis Kaiser Maximilian I., Daniel Hopfer, 1518 (Kat.-Nr. 1.31)*

Dienste des jungen Erzherzogs Ferdinand zu treten, des nachmaligen Kaisers. Dann erhielt er doch in Worms eine Bestallung Karls V.: Hutten zog sich damit die harte Kritik seiner Freunde zu – nach dem Wormser Edikt kündigte er sie auf. Damit hatte er konsequent Position bezogen. Auf die Hoffnungen, die Hutten auf den jungen Habsburger gesetzt hatte, war schwerer Reif gefallen; die politischen Realitäten der europäischen Herrscherstellung Karls wiesen aus dem Reich hinaus in den westeuropäischen und in den mediterranen Raum und stimmten somit nicht mit den Wunschvorstellungen des für Kaiser und Reich begeisterten Ritters überein. Auch sonst stand Hutten allein: Luther hatte sich zurückgezogen, die Fronten waren formiert.

[Der Landfriede]
8º Jus. 5941.

## Disz büchlin sagt von dem
landtsryde Cammergericht Gemeynen pfening vnnd von der hanthabung des frydens rechts vnnd ordnung wie die dañ vff der versamlung des heyligen Richs tag zů wormß jm jor M.cccc.xcv. durch vnseren allergenedigistē herrn Maximilian römischer künig Die Churfürsten vñ gemein versamlung des heyligen Ryches geordnet gesetzt vnd beschlossen seint.

In dieser Situation traten nun die aggressiven Seiten der Huttenschen Publizistik grell hervor: die Abneigung gegen den Fürstenstaat wie gegen die verweltlichte Kirche vereinigten sich zu schärfster Kritik am geistlichen Fürstentum. Hutten kehrte in den Umkreis des Franz von Sickingen zurück. Auch Sickingen hatte den Rückhalt bei Karl V. verloren, der den Ritter, anders als Maximilian, eher als eine unbedeutende Schachfigur betrachtete; ein wenig erfolgreicher Feldzug hatte ihn seinen Kredit gekostet – der Kaiser war ein säumiger Schuldner, und dies belastete den Ritter auch finanziell. Längst hatte sich Sickingen der neuen Lehre angeschlossen, wohl ohne ihren tieferen theologischen Gehalt zu kennen. Doch Sickingen war zwar ein relativ ungebildeter Kriegsmann, der sich vor allem der politischen Praxis verschrieben hatte, aber es zeigte sich auch, daß er ein sehr frommer Mann war – hier lag die Diskrepanz zu Hutten. Doch in Sickingens Genossenschaft mit Hutten schienen sich Theorie und Praxis gefunden zu haben: die politische Publizistik Huttens und die politische Aktion Sickingens, die sich beide auf die geistlichen Staaten zu konzentrieren begannen.

Das Bild der Dioskuren Hutten und Sickingen ist zwar sehr vertraut, aber es trügt. Während hinter Huttens Kirchenkritik die sittlichen Vorstellungen von Reichsreform und Humanismus, verbunden mit einer rabiaten Pfaffenfeindschaft, standen, die der Ritter alle in die Tat umsetzen wollte, ging es Sickingen um handfeste Machtpolitik, wenn auch beiden eine gewisse Realitätsferne gemeinsam war. Andererseits hatte Sickingen stärker christliche Züge als der gebildetere Humanist Hutten. In seiner Herrschaft errichtete Sickingen ein frühes evangelisches Kirchenwesen, konnte er einige der nachmals bedeutenden Reformatoren um sich versammeln, wie Martin Butzer, Wolfgang Capito, Johannes Oekolampad und Kaspar Agricola – hier zeigte sich eine Diskrepanz zum stärker paganischen Denken Huttens.

Immerhin konnte Huttens Propaganda dem Condottiere Sickingen einige fränkische Ritter zubringen. Andererseits traten schon die Aktionen der beiden auseinander. In der anachronistischen Form einer Fehdeansage an die Pfaffenschaft, die nicht mehr war als ein kleinlicher Raubzug, suchte Hutten, zeitweise isoliert von Sickingen, 1521 dem verderbten Klerus zu Leibe zu rücken.[46] Aber außer zerfahrenen Einzelaktionen kam dabei nichts heraus; Huttens Pfaffenkrieg, in dem er Sickingen über Luther stellen wollte, war ein gespenstisches Unternehmen ohne Wirkung. Er wurde somit zu einem der ersten deutschen Publizisten, die, die Kraft ihres Wortes überschätzend, auf eine allgemeine Erhebung hofften. Damit aber zog er den Ruf eines Unruhestifters und eine vielfältige Gegnerschaft auf sich.

Die Pläne Sickingens waren schon konkreter; sie zielten auf einen Handstreich gegen Kurtrier, an dessen Ende ein erstarkter Sickingen, wohl schwerlich ein Reichsfürst Sickingen stehen sollte.[47] Daß man „dem Evangelium eine Öffnung machen" wollte bei diesem Unternehmen, war für Sickingen wohl ebenso sehr publizistische Begleitmusik wie die Schriften seines Freundes Hutten. Beim Angriff auf die Reichskirche aber versagte Sickingen der Adel ebenso weitgehend die Gefolgschaft wie Hutten bei seinem Pfaffenkrieg. Die realen sozialen Bindungen von Adel und Kirche hatten sich als handfester erwiesen als die utopischen Pläne Huttens und die egoistischen Ziele Sickingens. Daß Sickingen zu hoch gegriffen hatte, zeigte sich bald: die gegnerische Koalition von Landesfürsten brach schließlich 1523 mit ihren Geschützen seine Burg Landstuhl – sterbend mußte Sickingen den Siegern seine Reverenz erweisen. Es war bezeichnend, daß er an einem kriegserfahrenen Reichsritter im geistlichen Habit gescheitert war, dem Trierer Erzbischof und Rheingauer Ritter Richard von Greifenklau[48]. Hutten hatte damit seinen letzten Rückhalt verloren; der Ausflug des Dichters und Humanisten in die praktische Politik war endgültig gescheitert.

*„Disz büchlin sagt von dem landtfryde, Cammergericht Gemeynen pfening unnd von der handhabung des frydens rechts unnd ordnung …, 1495*
*(Kat.-Nr. 1.36)*

*Ehrenpforte Kaiser Maximilians I., Albrecht Dürer u. a., voll. 1517/18*
*(Kat.-Nr. 1.27)*

Schon 1522 hatte Hutten die Ebernburg verlassen. Sein Denken hatte sich zuvor noch einmal radikalisiert. Im Herbst 1522 begab er sich nach Basel, wo sich der von ihm verehrte Erasmus von Rotterdam von dem lärmenden Ritter fernhielt und sich auch deutlich von ihm distanzierte. Schon Mitte Januar 1523 wich Hutten ins elsässische Mülhausen aus, von wo er nach Zürich floh. Er war nun völlig isoliert – fortan blieb er auf der Flucht, während ihn seine Krankheit immer mehr zeichnete. Hutten hatte keinen Rückhalt mehr in seinem Stande, wie der Bruch mit Erasmus zeigte, lösten sich auch die Humanisten von ihm. Hutten akzeptierte dies nicht, und so geriet er am Ende seines Lebens in eine erbitterte und gehässige Fehde mit seinem einstigen Freund und Förderer, die – öffentlich ausgetragen – eigentlich keinem der beiden zum Ruhm gereicht hat.

Mit der Flucht nach Zürich hatte sich Hutten in die innere Schweiz zurückgezogen, die sich praktisch schon weitgehend vom Reich gelöst hatte. Zwingli vermittelte ihm bei einem heilkundigen Pfarrer am Züricher See eine letzte Bleibe, wo den Ritter schließlich seine Krankheit endgültig überwältigte. Am 29. August 1523 ist er auf der Insel Ufenau im Zürich See gestorben – 35jährig.[49]

*Reichsadler mit Wappen der Kurfürsten und Quaternionen, Hans Burgkmair, 1510 (1511)*
*(Kat.-Nr. 1.43)*

Wenn man das Leben Huttens nüchtern betrachtet, so hat er in den wenigen Jahren seines öffentlichen Wirkens ein großes Aufsehen erregt. Hier haben wir vor

*Relieftondo Kaiser Maximilian I., Süddt., 1. V. 16. Jh., Lindenholz, gefaßt, Dm. 25,0 cm*
*Nürnberg, Germanisches Nationalmuseum, Inv.-Nr. Pl. O. 15*
*(Außer Kat.)*

*Bildnis Herzog Ulrich von Württemberg, Erhard Schön, 1520*
*(Kat.-Nr. 1.50)*

allem den Blick gerichtet auf die Wirksamkeit in seiner Zeit. Noch einmal ist die Frage zu stellen: Was war hier das Typische, was das Besondere?

Seine Herkunft aus der Ritterschaft hat Hutten nie verleugnen können. Seine Biographie macht die Verankerung im ritterschaftlichen Verband ganz deutlich. Die Probleme des späteren Reichsrittertums durchziehen wie ein roter Faden sein Werk; am deutlichsten werden sie vielleicht in seinem Brief an Pirckheimer von 1518. Hier gibt er die unvergleichliche Schilderung vom rauhen und unsicheren Leben das Adels, von der Armut seiner Untertanen, von den Grenzen seiner Möglichkeiten. Er weist auf die Notwendigkeit hin, daß sich der Adel den Mächtigen anschloß, während die Städte in sich selbst ruhten. Andererseits bekannte er sich als Humanist, mußte aber eigens verteidigen, daß er als Ritter studiert hatte.

Immer wieder konnte er sich auf die sehr starken Beziehungen des Reichsadels stützen. Aber er zog auch für seinen Stand und für seine Familie zu Felde. Überhaupt scheint er mit der Härte seiner kämpferischen Haltung, mit seinem publizistischen Wagemut adeliges Standesethos in die Politik übertragen zu haben – ein Vorgehen, das auf die meist bürgerlichen Humanisten, etwa auf Erasmus von Rotterdam, befremdend und schockierend wirkte. Gegen Ende seines Lebens sagte Hutten von sich, daß er „alle Zeit her... denn eym tuglichen und rittermäßigen vom adel wol ziemlich und der Gepür, gehandelt und gewandelt hab"[50].

Auch die Situation seines Standes wirkte auf Hutten weiter. Es war humanistisches Denken, wenn er den Kaiser publizistisch verherrlichte, aber es war zugleich ein gutes Stück ritterschaftlicher Tradition. Mehr noch: in den täglichen Bedrängnissen, in den Auseinandersetzungen mit dem vordringenden Fürstenstaat bedeutete der Kaiser für die Ritterschaft die sicherste Stütze. So flossen in Huttens Verherrlichung von Kaiser und Reich auch immer wieder die Probleme und Interessen der Ritterschaft ein. Auch die Polemik gegen die Territorialfürsten sollte nicht nur dem Kaiser, sondern auch dem Reichsadel helfen – ganz deutlich sind somit die Standesinteressen zu greifen.

Allerdings wendet sich Hutten darüber hinaus in seinen Vorschlägen zur Reform des Reiches oft gegen modernisierende Entwicklungen wie die Geldwirtschaft. So tragen seine Schriften so etwas wie Züge einer rückwärtsgewandten Utopie seines Standes, über den die Tendenzen der Zeit hinweg zu gehen drohten. Es erstaunt nicht, daß sein Verhältnis zu den Städten recht ambivalent war, ganz anders als bei den meisten Humanisten. Wenn er die Venezianer als eine Vereinigung von Fischern verspottete, geißelte er nicht nur die Gegner des Kaisers, sondern bürgerlichen Handelssinn schlechthin.[51] Erst gegen Ende seines Lebens hat er daran gedacht, Städte und Ritter gemeinsam für den Kaiser, gegen die geistlichen Fürsten zu mobilisieren.[52]

Weniger als Huttens Reichspatriotismus war seine Kirchenkritik mit den Zielen der Ritterschaft zu vereinigen. Die humanistischen Forderungen nach Beseitigung der Mißstände, der weltlichen Stellung des Papstes waren für den Reichsadel akzeptabel. Aber als seine Pfaffenfeindschaft schließlich die Existenz des geistlichen Fürstentums in Frage stellte, verließ Hutten endgültig die Basis, die ihn trug. Hier versagte sich der Adel, für den die Pfründen der Reichskirche eine existentielle Bedeutung hatten. Nach einem Programm des Pfaffenkriegs, nach Sickingens Trierer Fehde stand er allein.

Es wäre recht fragwürdig, würde man in Huttens Kirchenhaß nur die Verdrängung von Jugenderlebnissen sehen. Der Reichspatriotismus des Ritters überschritt in seiner Pfaffengegnerschaft die engeren Standesgrenzen. Aber die scharfe Kritik an der Kirche wurde auch gespeist aus den Wurzeln des ethischen Rigorismus der Humanisten; auch hier verließ Hutten den engeren Kreis seines Standesdenkens.

*Theuerdank, Prachtdruck mit Holz-*
*schnitten von L. Beck, H. Schäuffelein,*
*H. Burgkmair, 1517*
*(Kat.-Nr. 1.32)*

Darnach über ein kleine zeit
Kam her aus ferren lannden weit
Ein Kürriser gar hochberümbt
Desselben lob was weyt geplümbt
Wie Er het manchen kampff gethan
Darinn Im nyemande het gesyget an
Desselben kempfers Erenhold
Rüefft aus wer mit Im kempffen wolt

Es wurde deutlich: zwar auf weite Strecken, nicht aber den ganzen Weg über konnte Hutten Humanismus und Rittertum verbinden. Sein Humanismus hatte vielfach seinen ritterlichen Anliegen einen hohen Anspruch verliehen, er hatte die Mittel humanistischer Deklamation für die ritterliche Sache eingesetzt.

Der Humanismus war aber nicht nur Fassade für sein Standesinteresse,

M D X X III
SIC·OCVLOS·SIC·ILLE·GENAS·SIC·ORA·FEREBAT·
ANNO·ETATIS·SVE·XXXIIII

ALBERTVS·MI·DI·SA·SANC·ROMANAE·ECCLAE·TI·SAN·
CHRYSOGONI·PBR·CARDINA·MAGVN·AC·MAGDE·
ARCHIEPS·ELECTOR·IMPE·PRIMAS·ADMINI·
HALBER·MARCHI·BRANDENBVRGENSIS·

◁
*Bildnis Kurfürst Albrecht von Brandenburg, Albrecht Dürer, 1523*
(Kat.-Nr. 1.51)

*Lagergewölbe eines Kaufmanns, Petrarca Meister, aus: Francesco Petrarca, „Von der Artzney bayder Glück …",  1519/20 (1532)*
(Kat.-Nr. 1.57)

*Vom Überfluß der Reichtümer, Petrarca Meister (Hans Weiditz)*
(Kat.-Nr. 1.58)

sondern echtes Anliegen. Nationales Denken, hier auf den Kaiser bezogen, und radikale Kirchenkritik waren die typischen Äußerungen. Trotz aller Tiefen der Polemik, in die sich Hutten zweifellos begab, stand dahinter auch ein hoher ethischer Anspruch.

Aber Hutten drängte von der theoretischen Forderung zur praktischen Durchführung. Er sah den humanistischen Gelehrten in der Situation des permanenten Kampfes. Er selbst hat sich so verhalten; die Mehrzahl vor allem seiner späteren Schriften hat einen recht militanten Charakter. So hat Hutten das ritterliche Denken hineingetragen in seine Wirksamkeit als Gelehrter und Publizist.

Hutten entstammte einem politischen Stand. Durch die Reichsfreiheit war dem einzelnen Ritter ein hohes Maß an eigenem Handeln auferlegt. Ihn hat es immer wieder gedrängt, seinen Ideen handelnd zum Durchbruch zu verhelfen, ganz anders als bei vielen seiner bürgerlichen Humanisten-Kollegen, die in der Stille der Gelehrtenstube und letztlich im politisch Unverbindlichen verblieben. Schließlich hatte bei Huttens öffentlichem Auftritt viel übersteigertes Selbstbewußtsein, aber auch viel naive Rauflust mitgespielt – aber er hat nie das persönliche Risiko

*Das Kirchweihfest in Mögeldorf*, Barthel Beham (Kat.-Nr. 1.62)

gescheut. So ist er dem Reformator Luther beigesprungen und hat ihn öffentlich vertreten, auch wenn er seiner Theologie fernstand. Aber er löste sich wieder von ihm, ließ Luther hinter dem Ritter Sickingen rangieren, den er für das Zugpferd des projektierten Pfaffenkrieges hielt. Der Kampf gegen die verweltlichte Kirche, zu dem er noch einmal das antiquierte Mittel der Fehde hervorholte, war jedoch ein aussichtsloses Unternehmen. Er hat ihm völlig die mit der Kirche verbundenen Standesgenossen entfremdet, es hat aber auch deutlich gemacht, daß praktische politische Ergebnisse nur gemeinsam mit einem mächtigen Verbündeten, z. B. mit dem Fürstenstaat, zu erzielen waren. Die organisierte Reichsritterschaft, die sich seit den 1540er Jahren herausbildete, folgte dieser Maxime.

Aber auch bei den Humanisten konnte er keinen Rückhalt finden. Huttens Unternehmungen entsprachen ihrem Lebensstil nicht; in der Regel standen sie – oft Inhaber kirchlicher Pfründen – den politischen Entscheidungszentren ferner. So war ihnen der besessene Kampfgeist des Ritters fremd und unheimlich; es bedeutete etwas anderes, die Kirche – wenn auch scharf – zu kritisieren, als zu direkter Aktion gegen sie zu schreiten. Sie haben eher daran gedacht, mit den Mitteln der Erziehung

*Bildnis Jakob Fugger der Reiche,*
*Hans Burgkmair, um 1511*
*(Kat.-Nr. 1.60)*

zu wirken. Nicht mit dem Schwert, sondern über die Schule wollten die Aktiveren unter ihnen ihre Ziele verwirklichen. Humanismus und Rittertum waren, trotz aller literarischen Ideale, nicht voll zur Deckung zu bringen, der Bogen, den Hutten zu spannen suchte, erwies sich als zu weit.

Hutten ist gescheitert – dennoch ist er eine der wichtigen Figuren in den Sturmjahren der Reformation. Seine Verbindung von Rittertum und Humanismus gibt ihm seine besondere Bedeutung und sein eigenwilliges Profil. Als Gelehrter war er sicher nicht sonderlich originell, mit seinen kämpferischen Schriften mit seinem

Drängen zur Aktion, mit seinem Kampfgeist ist er einer der großen deutschen Publizisten am Anfang des 16. Jahrhunderts geworden. Der frühe Tod hat vermieden, daß sein Weg als eine Sackgasse deutlich wurde. Daß er jedoch humanistisches Nationalgefühl und humanistische Kirchenkritik verkündete, hat beiden zu größerer öffentlicher Wirkung verholfen, einer Wirkung, die so beachtlich war, daß man sich in den folgenden Jahrhunderten immer wieder auf ihn berufen hat, auch wenn man die Ideen der eigenen Zeit in den Ritter hineinprojizierte.[53]

Anmerkungen

1 Die vorliegende Studie beruht auf meiner hier zitierten Arbeit von 1974. Zu Hutten: D. F. Strauß, Ulrich von Hutten, 2. verb. Aufl., 1858/60; P. Kalkoff, Ulrich von Hutten und die Reformation. Eine kritische Geschichte seiner Lebenszeit und der Entscheidungsjahre der Reformation (1517–1523), 1920; F. Walser, Die politische Entwicklung Ulrichs von Hutten während der Entscheidungsjahre der Reformation, 1928 (darin eine umfangreiche Kritik der Thesen Kalkoffs, die von der übrigen Forschung weitgehend abgelehnt wurden); H. Holborn, Ulrich von Hutten, 1929, 2. Aufl., 1968; M. Seidlmayer, Ulrich von Hutten, in: ders., Wege und Wandlungen des Humanismus, 1965, S. 197 ff.; H. Grimm, Ulrich von Hutten. Wille und Schicksal, 1971; V. Press, Ulrich von Hutten, Reichsritter und Humanist. 1488–1523, in: Nassauische Annalen 85, 1974, S. 71–86; E. Schubert, Ulrich von Hutten. 1488–1523, in: A. Wendehorst und G. Pfeiffer (Hrsg.), Fränkische Lebensbilder 9, 1980, S. 93–123; M. de Kroon, Ulrich von Hutten, in: M. Greschat (Hrsg.), Die Reformationszeit 1 (= Gestalten der Kirchengeschichte 5), 1981, S. 271–287; F. Rueb, Ulrich von Hutten. Ein radikaler Intellektueller im 16. Jahrhundert, 1981; W. Hardtwig, Ulrich von Hutten. Überlegungen zum Verhältnis von Individuum, Staat und Nation in der Reformationszeit, in: Gesch. in Wissensch. u. Unterricht 35, 1984, S. 191–206. Ein Überblick über die Huttenforschung nebst einer ausführlichen Bibliographie: W. Kreutz, Die Deutschen und Ulrich von Hutten. Rezeption von Autor und Werk seit dem 16. Jahrhundert, 1984. Als Edition der Werke nach wie vor zu benutzen: Ulrichi Hutteni Equitis Germani Opera, 6 Bde. + 2 Supplementbde., hrsg. von E. Böcking, 1859/69, Neudruck 1963 (künftig: Opera...).
2 Zur Familie: E. H. Kneschke, Neues allgemeines Adelslexikon, Bd. 4, 1863 (Neudruck: 1973), S. 533 ff.
3 Ulrichs Vetter Moritz (1503–52) war seit 1539 Bischof von Eichstätt. Vgl. K. Ried, Moritz von Hutten, Fürstbischof von Eichstätt, 1925. – Weitere Bischöfe aus der Familie Hutten: Franz Christoph, 1743–70 Bischof von Speyer, 1761 Kardinal; Christoph Franz, 1724–29 Bischof von Würzburg.
4 Philipp von Hutten, Neffe des Bischofs Moritz von Eichstätt, wirkte von 1535 bis zu seinem Tod 1546 als Conquistador in Venezuela.
5 Eine moderne Gesamtdarstellung der Reichsritterschaft fehlt. Heute veraltet: K. H. Roth von Schreckenstein, Geschichte der ehemaligen Reichsritterschaft in Schwaben, Franken und am Rheinstrome, 2 Bde., 1859/71. Neuere Darstellungen: W. R. Hitchcock, The Background of the Knights Revolt 1522–23, 1958; G. Pfeiffer, Studien zur Geschichte der fränkischen Reichsritterschaft, in: Jahrbuch f. fränk. Landesforschung 22, 1962, S. 173 ff.; H. Rössler (Hrsg.), Deutscher Adel, 2 Bde., 1965; D. Hellstern, Der Ritterkanton Neckar – Schwarzwald 1560–1805, 1971; H. von Mauchenheim, gen. von Bechtolsheim, Des Heiligen Römischen Reichs unmittelbar-freie Ritterschaft zu Franken, Ort Steigerwald im 17. und 18. Jahrhundert, 1972; V. Press, Die Ritterschaft im Kraichgau zwischen Reich und Territorium 1500–1623, in: Zeitschr. für Gesch. des Oberrheins 122, 1974, S. 35 ff.; ders., Die Reichsritterschaft im Reich der frühen Neuzeit, in: Nassauische Annalen 87, 1976, S. 101 ff.; ders., Reichsritterschaften, in: K. G. A. Jeserich u. a. (Hrsg.), Deutsche Verwaltungsgeschichte, Bd. 1, 1983, S. 679 ff.; Th. Schulz, Der Kanton Kocher der schwäbischen Reichsritterschaft 1542–1805, 1986.
6 O. Brunner, Land und Herrschaft, 5. Aufl. 1965. Vgl. auch W. Zorn, Sozialgeschichte 1500–1648, in: Handbuch der deutschen Wirtschafts- und Sozialgeschichte 1, 1971, S. 473.
7 V. Press, Kaiser Karl V., König Ferdinand und die Entstehung der Reichsritterschaft, 2. Aufl., 1980.

8 H. Ulmann, Kaiser Maximilian I., 2 Bde., 1884/91; H. Wiesflecker, Kaiser Maximilian I., das Reich, Österreich und Europa an der Wende zur Neuzeit, 5 Bde., 1971/86.
9 H. Ulmann 2, S. 589 ff.; Wiesflecker 5, S. 54 ff. Zum ideengeschichtlichen Hintergrund: W. Winkelbauer, Kaiser Maximilian I. und St. Georg, in: Mitteilungen d. österr. Staatsarchivs 7, 1954, S. 523 ff.
10 A. Hofemann, Studien zur Entwicklung des Territoriums der Reichsabtei Fulda und seiner Ämter, 1958; J. Leinweber, Das Hochstift Fulda vor der Reformation, 1972; B. Jäger, Das geistliche Fürstentum Fulda in der frühen Neuzeit: Landesherrschaft, Landstände und fürstliche Verwaltung. Ein Beitrag zur Verfassungs- und Verwaltungsgeschichte kleiner Territorien des Alten Reiches, 1986; J. Leinweber, Ulrich von Hutten – ein Fuldaer Mönch? Ein Beitrag zur Biographie des jungen Ulrich von Hutten und zur Geschichte des Klosters Fulda im Spätmittelalter, in: Würzburger Diözesangeschichtsblätter 37/38, 1975, S. 541–556.
11 Hutten an Willibald Pirckheimer, 1518X25, in: Opera I, S. 195 ff.
12 U. Muhlack, in: A. Hentschke/U. Muhlack, Einführung in die Geschichte der klassischen Philologie, 1972, S. 5 ff.
13 G. Bauch, Die Universität Erfurt im Zeitalter des Frühhumanismus, 1904; F. Benary, Zur Geschichte der Stadt und Universität Erfurt am Ausgang des Mittelalters, 1919; P. Kalkoff, Humanismus und Reformation in Erfurt, 1929. – E. Einert, Johann Jäger aus Dornheim, ein Jugendfreund Luthers 1883; F. Halbauer, Mutianus Rufus und seine geistesgeschichtliche Stellung, 1929; L. W. Spitz, The Conflict of Ideals in Mutianus Rufus, in: Journal of the Warburg ... Institutes 16, 1953, S. 121 ff.; C. Krause, Helius Eobanus Hessus, 1879.
14 Es ging um Kostgeld, das Hutten bei der Greifswalder Familie Loetze nicht bezahlt hatte. Opera III, S. 19.
15 Die poetischen Werke, in: Opera III. Vgl. H. Grimm, Ulrich Huttens Lehrjahre an der Universität Frankfurt und seine Jugenddichtungen, 1938.
16 Vgl. Anm. 14.
17 G. Bauch, Die Rezeption des Humanismus in Wien, 1903; F. von Bezold, Konrad Celtis, „der deutsche Erzhumanist", in: ders., Aus Mittelalter und Renaissance, 1918; L. W. Spitz, Conrad Celtis. The German arch-humanist, Cambridge/Mass. 1957.
18 P. Diederichs, Kaiser Maximilian I. als politischer Publizist, 1931; J. D. Müller, Gedechtnus. Literatur und Hofgesellschaft um Maximilian I., 1982.
19 E. Molitor, Die Reichsreformbestrebungen des 15. Jahrhunderts bis zum Tode Kaiser Friedrichs III., 1921; H. Angermeier, Begriff und Inhalt der Reichsreform, in: Ztschr. f. Rechtsgesch., Germ. Abt. 75, 1958, S. 181 ff.; ders., Königtum und Landfrieden im deutschen Spätmittelalter, 1966; ders., Die Reichsreform 1420–1555. Die Staatsproblematik in Deutschland zwischen Mittelalter und Gegenwart, 1984; P. Moraw, Fürstentum, Königtum und „Reichsreform" im deutschen Spätmittelalter, in: Blätter für deutsche Landesgesch. 122, 1986, S. 117–136.
20 Reformation Kaiser Sigmunds, hrsg. v. H. Koller, 1964. Dazu L. Graf Dohna, Reformatio Sigismundi, 1960.
21 B. Gebhardt, Die Gravamina der deutschen Nation gegen den römischen Hof, 2. Aufl., 1895.
22 M. von Roesgen, Kardinal Albrecht von Brandenburg. Ein Renaissancefürst auf dem Mainzer Bischofsthron, 1980; G. A. Benrath, Albrecht von Mainz (1490–1545), in: Theol. Real-Enzyklopädie 2, 1978, S. 184–187.
23 Opera III, S. 353 ff.
24 P. Kalkoff, Huttens Vagantenzeit, S. 119 ff.
25 H. Ulmann, Fünf Jahre württembergischer Geschichte 1515–1519, 1867; Chr. P. v. Stälin, Wirtembergische Geschichte 4, 1870, S. 116 ff.; P. Ukena, Marginalien zur Auseinandersetzung zwischen Ulrich von Hutten und Herzog von Württemberg, in: Wolfenbütteler Beiträge 1, 1972, S. 45–60. Zu Ulrich: V. Press, Herzog Ulrich (1498–1550): R. Uhland (Hrsg.), 900 Jahre Haus Württemberg, 3. Aufl., 1985, S. 110 ff.
26 In Ulrichum Wirtenpergensem orationes quinque (1515–1519), in: Opera V, S. 1 ff.
27 L. Geiger, Johannes Reuchlin, sein Leben und seine Werke, 1871; N. Paulus, Die deutschen Dominikaner im Kampf gegen Luther (1518–1563), 1903.
28 W. Brecht, Die Verfasser der Epistolae obscurorum virorum, 1904.
29 W. Kaegi, Hutten und Erasmus, in: Histor. Vierteljahresschrift 22, 1925, S. 200 ff., 461 ff.
30 Opera III, S. 106 ff.
31 Vgl. „Fortuna". Dialogus, in: Opera IV, S. 75 ff.
32 P. Joachimsen, Geschichtsauffassung und Geschichtsschreibung in Deutschland unter dem Einfluß des Humanismus, Teil 1, in: Beiträge zur Kulturgeschichte des Mittelalters und der Renaissance 6, 1910, S. 107.
33 „Arminius", in: Opera IV, S. 407 ff.

43 B. Könneker, Vom „Poeta laureatus" zum Propagandisten: Die Entwicklung Huttens als Schriftsteller in seinen Dialogen von 1518–1521, in: L'humanisme Allemand (1480–1540), 1979, S. 303 ff. Dazu V. Press, Reformatorische Bewegung und Reichsverfassung. Zum Durchbruch der Reformation – soziale, politische und religiöse Faktoren, in: V. Press/D. Stievermann (Hrsg.), Martin Luther. Probleme seiner Zeit, 1986, S. 11 ff.
44 Hardtwig, Hutten.
45 F. Reuter (Hrsg.), Der Reichstag zu Worms von 1521. Reichspolitik und Luthersache, 1971.
46 Walser (wie Anm. 1); Holborn, S. 156 ff.
47 K. H. Rendenbach, Die Fehde Franz von Sickingens gegen Trier, 1933.
48 ADB 28, 1889, S. 413 ff.; P. Rettberg, Studien zum Verständnis der Politik des Kurfürsten Richard von Trier in den Jahren 1519–1526, Diss. Greifswald 1901.
49 H. G. Keller, Huttens Tod, in: Arch. d. Hist. Vereins des Kantons Bern 39, 1948, S. 185 ff.; ders., Hutten und Zwingli, 1952.
50 Hutten an Bürgermeister und Rat der Stadt Zürich, 1523 VIII 15, in: Opera II, S. 257 f. Vgl. H. Grimm (wie Anm. 1), S. 133.
51 De piscatura Venetorum, in: Opera III, S. 289 ff.
52 Opera IV, S. 369 ff.; Holborn, S. 166 f.
53 Kreutz (wie Anm. 1); Press (wie Anm. 1).

# I.
# SPUREN VON HUTTENS PERSÖNLICHKEIT

*Vorbemerkung*   Es stellt ein großes Problem dar, eine historische Persönlichkeit wie Ulrich von Hutten fassen zu wollen. Gerade für den Zeitraum, den man gewöhnlich zuerst dabei heranzieht, Kindheit und Jugend, fließen die Quellen sehr spärlich. Man maß der Kindheit zu der Zeit, als Hutten heranwuchs, längst nicht die Bedeutung bei wie heute, so daß vieles undokumentiert im Dunkeln bleibt oder aus Huttens eigenen, sehr viel später entstandenen Äußerungen rekonstruiert werden muß: Sein Verhältnis als Kind zu seinen Eltern etwa ist unklar; warum ihn diese im Alter von elf Jahren ins Kloster Fulda gaben, obwohl er doch der Erstgeborene war, ob er die „professio" nun dort abgelegt hat oder nicht, unter welchen Umständen er das Kloster verließ, sind Fragen die sich heute nicht mehr eindeutig beantworten lassen. All dies spielte womöglich eine gewichtige Rolle bei seinen späteren Entscheidungen. Gerade das Verhältnis zum Vater, das sich nach Huttens Weggang vom Kloster Fulda verschlechterte, scheint ihn oft beschäftigt zu haben.

Aufgrund der Tatsache, daß sich hier die Forschung weitgehend enthalten muß, ist es sinnvoll, im näheren familiären und territorialen Umfeld Ulrichs von Hutten auf Spurensuche zu gehen: Die ständisch orientierten Verhaltensweisen der Ritterschaft, innerhalb derer Ulrich von Hutten aufwuchs, sind in einer starken familienmäßigen Bindung begründet, die – davon läßt sich ausgehen – Hutten stark geprägt hat. Als erbrechtlicher Verband hatte die Familie ein ausgeprägtes Traditionsbewußtsein. Eine Untersuchung der Genealogie der von Hutten (Körner) macht daher den Grad des Selbstwertgefühls der Familie und jedes einzelnen ihrer Vertreter deutlich.

Die Macht einer Familie lag traditionellerweise in der Verfügungsgewalt über materielle Subsistenzmittel, also Land und Menschen. Ihr Umfang (Schmitt, Decker) entschied über die Konkurrenzfähigkeit der Familien untereinander und damit über die Chance, sich im Kampf gegen eine immer weiter vordringende fürstliche Landesherrschaft zu behaupten. Auch hieraus läßt sich auf das Selbstverständnis und die Interessen des Familienverbandes schließen und so ein, wenn auch indirektes Licht auf die Persönlichkeit Ulrichs von Hutten werfen.

Über Huttens äußere Erscheinung lassen sich nur vorsichtige Äußerungen machen. Es gibt eine Reihe von sieben nachweisbar zeitgenössischen Holzschnitt-Porträts, die Renate Nettner-Reinsel erstmals in einer Zusammenschau bearbeitet hat. Diese Porträts zeigen ihn als Ritter oder als Humanisten, meistens jedoch als beides in einem. Diese Kombination, ausgedrückt durch die Attribute der Rüstung und des Lorbeerkranzes, verbildlicht die beiden Hauptaspekte, die für Ulrich von Hutten bestimmend waren. Sie charakterisiert damit die Art und Weise, wie die Zeitgenossen Hutten wahrnahmen und wie er sich selbst sah.

*Hans Körner*

# Die Familie von Hutten
Genealogie und Besitz bis zum Ende des Alten Reiches

Die Geschichte des fränkischen Adelsgeschlechts von Hutten läßt sich durch über 700 Jahre verfolgen. Sie ist noch nicht ausführlich dargestellt worden. Das kann auch hier nicht geschehen. Manches Weiterführende ist der angegebenen Literatur zu entnehmen.

Im Mittelpunkt sollte die Gestalt des Dichters Ulrich von Hutten stehen, dazu seine Herkunft und seine Zeitgenossen innerhalb der Familie. Doch wird auch die weitere Entwicklung des Geschlechtes mit seinem Besitz bis zum Ende des Alten Reiches verfolgt. Streubesitz und die vielgestaltigen Rechte können nicht berücksichtigt werden. Das Schicksal der Töchter kann nur selten angedeutet werden, ebenso die große Kinderzahl und die hohe Kindersterblichkeit. Eheschließungen fanden fast ausschließlich innerhalb des fränkischen, gelegentlich des rheinischen, Adels statt.

Lehns- und Dienstherrn waren für die Herren von Hutten die Fürstäbte von Fulda, die Fürstbischöfe von Würzburg, die Landgrafen von Hessen und die Grafen von Hanau, später auch die Markgrafen von Brandenburg-Ansbach. Viele Söhne wurden Stiftsherren in Fulda und Domherren in Bamberg, Eichstätt, Mainz, Speyer und vor allem in Würzburg. Drei von ihnen stiegen zu Fürstbischöfen und damit Reichsfürsten auf. Andere traten in den Deutschen Orden ein. Die Herren von Hutten gehörten seit der Entstehung zu Anfang des 16. Jahrhunderts der Reichsritterschaft an. Das führte sie auch in kaiserliche Militärdienste.

Das einfach gestaltete Wappen deutet auf das hohe Alter des Geschlechts hin: In Rot zwei goldene Schrägbalken. Die Helmdecken sind rot-golden. Ursprünglich bestand die Helmzier aus zwei rot-goldenen Adlerflügeln, wie sie bei den Stämmen Steckelberg und Gronau üblich blieb. Der Stamm Stolzenfels führt als Helmzier den Rumpf eines bärtigen Mannes in rotem Kleid mit rotem Spitzhut, der mit drei Hahnenfedern besteckt ist. Die Legende will ein Siegeszeichen darin sehen.

## Die Herren von Steckelberg und die Anfänge der Familie von Hutten

An der vom Fuldaer Land nach Franken führenden Weinstraße lag die alte Burg Steckelberg. Sie war Sitz eines nach ihr benannten Dynastengeschlechts, das seit 1131 nachweisbar ist. Sein Besitz erstreckte sich vom oberen Kinzigtal bis zum Joßgrund. Die Burg wurde 1276 auf Befehl von König Rudolf von Habsburg als Raubnest zerstört. Ein Teil der Herrschaft kam an die Herren von Hanau, die den Gerichtssitz auf die Burg Schwarzenfels verlegten. Die Herren von Steckelberg starben 1383 aus.

Ihr Erbe um Ramholz, Altengronau und Zeitlofs gelangte an den einheimischen Niederadel. Die Herren von Thüngen und von Hutten kauften allmählich alle Steckelberger Miterben auf. Zwischen den Thüngen und Hutten kam es zu jahrzehntelangem Streit um die umfangreiche Steckelberger Erbschaft. Schließlich behaupteten die Hutten zwei Drittel des Grundbesitzes.

Das Geschlecht von Hutten wird mit den Brüdern Erkinbert, Hermann und Johann 1274 zum ersten Male in einer Urkunde des Klosters Schlüchtern belegt. Vermutlich leitet es seinen Namen von dem Dorf Hutten bei Schlüchtern ab, das bereits 1140 urkundlich erwähnt wird. Nach 1300 konnten die Hutten ihren Besitz

TAFEL 1

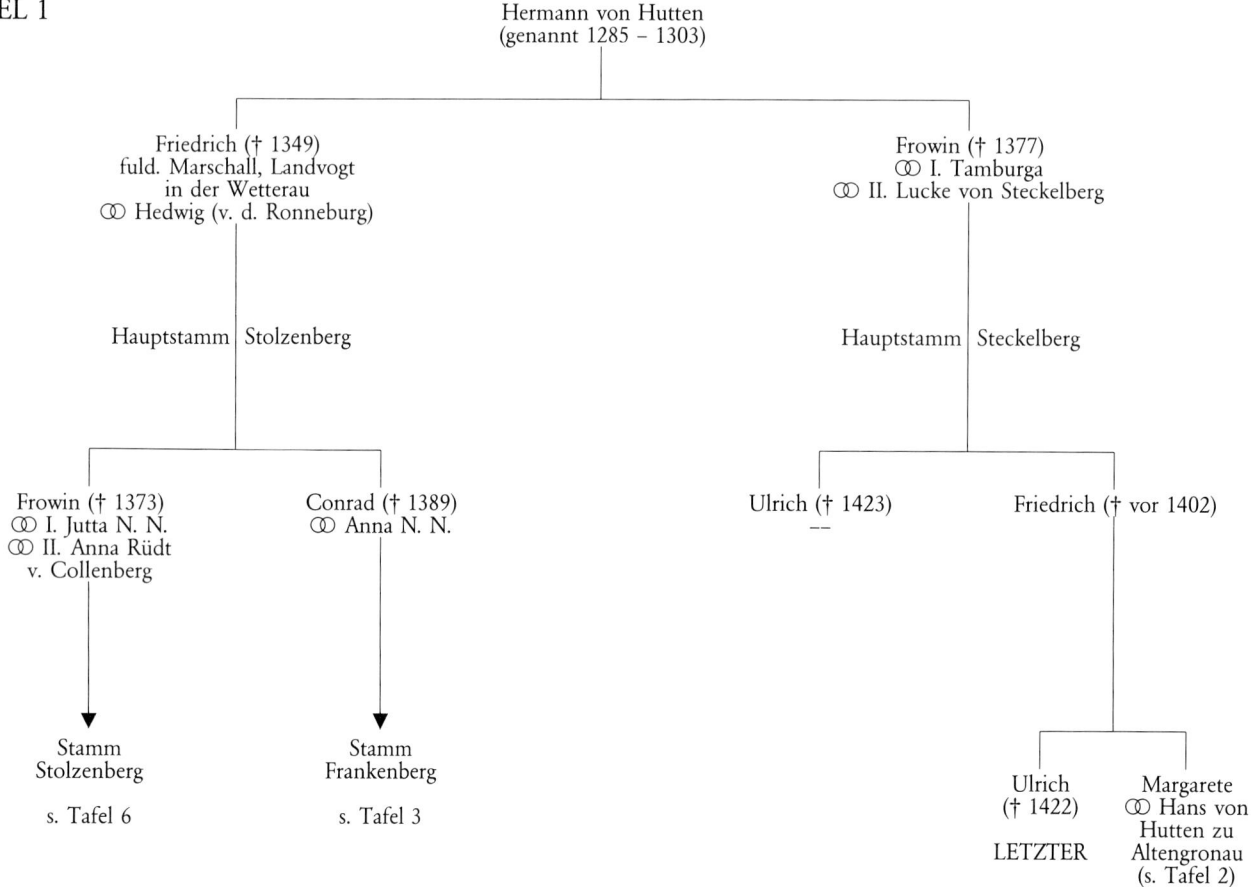

```
                        Hermann von Hutten
                        (genannt 1285 – 1303)
           ┌───────────────────────┴───────────────────────┐
   Friedrich († 1349)                              Frowin († 1377)
   fuld. Marschall, Landvogt                       ⚭ I. Tamburga
   in der Wetterau                                 ⚭ II. Lucke von Steckelberg
   ⚭ Hedwig (v. d. Ronneburg)

        Hauptstamm │ Stolzenberg                   Hauptstamm │ Steckelberg

   ┌─────────────┴─────────────┐                   ┌──────────┴──────────┐
 Frowin († 1373)       Conrad († 1389)         Ulrich († 1423)    Friedrich († vor 1402)
 ⚭ I. Jutta N. N.      ⚭ Anna N. N.                 ──
 ⚭ II. Anna Rüdt
    v. Collenberg
        │                   │                                  ┌──────────┴──────────┐
        ▼                   ▼                              Ulrich           Margarete
     Stamm              Stamm                             († 1422)        ⚭ Hans von
   Stolzenberg         Frankenberg                                          Hutten zu
                                                                           Altengronau
   s. Tafel 6           s. Tafel 3                        LETZTER          (s. Tafel 2)
```

nach dem Aussterben der Dynasten von Brandenstein erweitern. (Die heutige Familie von Brandenstein stammt nicht von diesem Geschlecht ab.)

Die Familie von Hutten tritt in drei Hauptstämmen auf: Steckelberg († 1422), Gronau († 1704) und Stolzenberg.

*Hauptstamm Steckelberg* (dazu Tafel 1)

Mit einer der Steckelberger Erbtöchter, Lucke oder Luckart, in zweiter Ehe verheiratet war Frowin von Hutten († 1377). Zusammen mit seinem Vater Hermann erhielt er 1337 die fuldische Burg Stolzenberg bei Soden zu Lehen. Er wurde hier fuldischer Amtmann, später hanauischer Amtmann zu Schwarzenfels. Mit seiner Frau Tamburga errichtete er 1351 eine Begräbniskapelle für seine Familie an der Klosterkirche in Schlüchtern; seine Frau wurde im selben Jahr hier beigesetzt. Sie diente dann 200 Jahre den Steckelberger und Stolzenberger Hutten als Erbbegräbnis.

Frowin von Hutten heiratete dann Lucke verw. Markart geb. von Steckelberg und kaufte nach und nach von den Steckelberger Miterben Teile des Besitzes ab. Mit den Söhnen seines Bruders Friedrich († 1349), Frowin und Conrad, nahm er 1364 eine Todteilung des bisher gemeinsamen Besitzes vor. An ihn fielen dabei der Hof zu Vollmerz und Güter in Herolz, Sannerz, Lindenberg, Mottgers, Zeitlofs, Schwarzenfels und Orb.

Als Hanau 1370 das Amt Schwarzenfels an Fritz von der Tann übertrug, übersiedelte Frowin von Hutten nach Vollmerz und erbaute hier 1375 ein „festes Haus", das er den Herren von Hanau als Lehen auftrug. Zwei Jahre danach ist er

TAFEL 2

# Hauptstamm Gronau

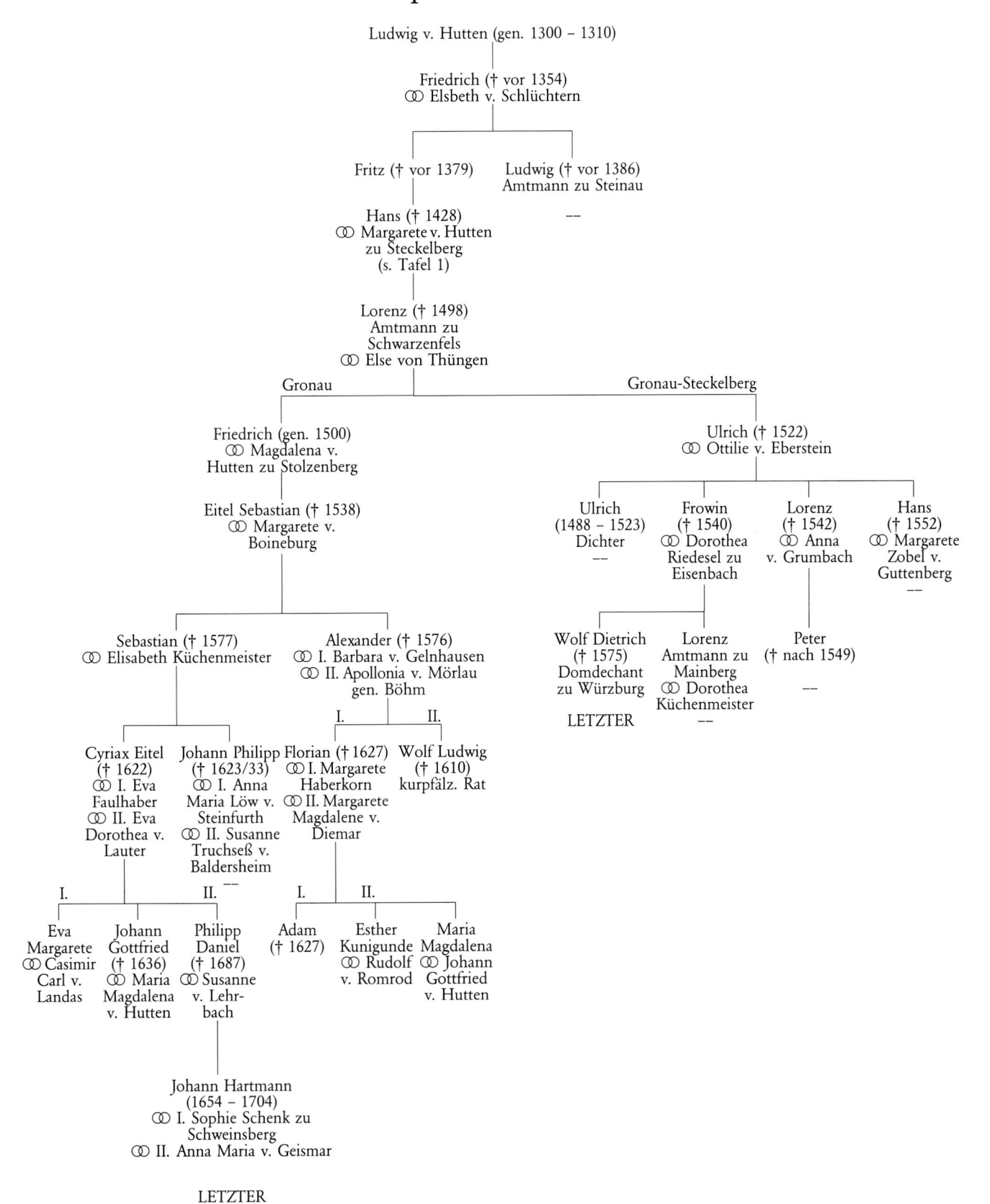

Ludwig v. Hutten (gen. 1300 – 1310)

Friedrich († vor 1354)
⚭ Elsbeth v. Schlüchtern

- Fritz († vor 1379)
- Ludwig († vor 1386) Amtmann zu Steinau — --

Hans († 1428)
⚭ Margarete v. Hutten zu Steckelberg
(s. Tafel 1)

Lorenz († 1498)
Amtmann zu Schwarzenfels
⚭ Else von Thüngen

## Gronau

Friedrich (gen. 1500)
⚭ Magdalena v. Hutten zu Stolzenberg

Eitel Sebastian († 1538)
⚭ Margarete v. Boineburg

- Sebastian († 1577)
  ⚭ Elisabeth Küchenmeister
- Alexander († 1576)
  ⚭ I. Barbara v. Gelnhausen
  ⚭ II. Apollonia v. Mörlau gen. Böhm

Sebastian's children:
- Cyriax Eitel († 1622)
  ⚭ I. Eva Faulhaber
  ⚭ II. Eva Dorothea v. Lauter
- Johann Philipp († 1623/33)
  ⚭ I. Anna Maria Löw v. Steinfurth
  ⚭ II. Susanne Truchseß v. Baldersheim --

Alexander's children:
- I. Florian († 1627)
  ⚭ I. Margarete Haberkorn
  ⚭ II. Margarete Magdalene v. Diemar
- II. Wolf Ludwig († 1610) kurpfälz. Rat

Cyriax Eitel's children:
- I. Eva Margarete ⚭ Casimir Carl v. Landas
- Johann Gottfried († 1636) ⚭ Maria Magdalena v. Hutten
- II. Philipp Daniel († 1687) ⚭ Susanne v. Lehrbach

Florian's children:
- I. Adam († 1627)
- II. Esther Kunigunde ⚭ Rudolf v. Romrod
- Maria Magdalena ⚭ Johann Gottfried v. Hutten

Johann Hartmann (1654 – 1704)
⚭ I. Sophie Schenk zu Schweinsberg
⚭ II. Anna Maria v. Geismar

LETZTER

## Gronau-Steckelberg

Ulrich († 1522)
⚭ Ottilie v. Eberstein

- Ulrich (1488 – 1523) Dichter --
- Frowin († 1540) ⚭ Dorothea Riedesel zu Eisenbach
- Lorenz († 1542) ⚭ Anna v. Grumbach
- Hans († 1552) ⚭ Margarete Zobel v. Guttenberg --

Frowin's children:
- Wolf Dietrich († 1575) Domdechant zu Würzburg
- Lorenz Amtmann zu Mainberg ⚭ Dorothea Küchenmeister --

Lorenz's child:
- Peter († nach 1549) --

LETZTER

*Ersterwähnung des Dorfes Hutten, Codex Eberhardi, um 1160 (Kat.-Nr. 1.79)* ▷

gestorben und wurde in der „Huttenkapelle" des Klosters Schlüchtern beigesetzt; der Grabstein ist erhalten.

Nur die Söhne Ulrich († 1423) und Friedrich († vor 1402) scheinen den Vater Frowin überlebt zu haben. Ulrich ist der erste Träger dieses Namens in der Familie von Hutten; er ist offensichtlich von den Steckelbergern übernommen worden.

Ulrich von Hutten baute die neue Steckelburg 1387/88. König Rudolf von Habsburg hatte vor 90 Jahren ausdrücklich angeordnet, daß die Burg „zu keiner Zeit wieder aufgebaut werden solle". Ulrich setzte sie deshalb um einige hundert Meter nach Südwesten von der früheren Stelle ab. Er behauptete sich gegen den Einspruch Hanaus und gab sie dem Hochstift Würzburg zu Lehen.

Nur der Bruder Friedrich († vor 1402) hatte Nachkommen. Mit seinem noch unmündigen Sohn Ulrich († 1422) schloß die Gesamtfamilie von Hutten 1407 einen „Burgfrieden" (Familienvertrag) über die Steckelburg ab. Mit Ulrich ist der Hauptstamm Steckelberg 1422 erloschen. Seine Schwester Margarete heiratete Hans von Hutten auf Altengronau.

*Hauptstamm Gronau* (dazu Tafel 2)

Hans von Hutten († 1428) gehörte zum Hauptstamm Gronau, der sich bis zum Ende des 13. Jahrhunderts zurückverfolgen, aber nicht mit Sicherheit an die Hauptstämme Steckelberg und Stolzenberg anschließen läßt. Jetzt hatten die Gronauer Hutten besondere Ansprüche an die Steckelburg und die dazugehörigen Erbgüter in Ramholz und Vollmerz. Die Stolzenberger Hutten erhielten deshalb bei einem Schiedsgericht nur je ein Viertel der Burg zugesprochen, Hans von Hutten dagegen alle übrigen Besitzungen seines verstorbenen Schwagers Ulrich. Das Hochstift Würzburg genehmigte das und belehnte seit 1425 die Gesamtfamilie von Hutten mit der Steckelburg.

Hans von Hutten († 1428) hinterließ drei Söhne: Eitel, Lorenz und Ulrich. Lorenz († 1498) überlebte seine Brüder und vereinigte das gesamte Gronau-Steckelberger Erbe in seiner Hand. Er war hanauischer Amtmann zu Schwarzenfels. Mit den anderen Ganerben der Steckelburg (Ludwig von Hutten zu Stolzenberg, Hans von Hutten zu Hausen, Bartholomäus von Hutten zu Arnstein und Karl von Thüngen) kam er 1452 überein, weitere Ganerben aufzunehmen: bis zu 32, doch keine Fürsten und Grafen. Jeder sollte 100 Gulden Einkaufsgeld zahlen und 5 Gulden jährlich, die für den baulichen Unterhalt der Burg verwendet werden sollten. Ferner mußte jeder neue Ganerbe vier Handbüchsen, eine Armbrust, 500 gestielte Pfeile, 20 Pfund Pulver und 20 Pfund Blei auf der Burg lagern. Diese Vorräte – auch vier Fuder Wein und Bier – sollten halbjährlich überprüft werden. Der Torwächter wurde gemeinsam besoldet. Bei Belagerung mußte jeder Ganerbe einen reisigen Knecht mit Armbrust und Harnisch schicken. Dafür erhielt jeder Ganerbe das Recht, von der Steckelburg aus Fehden zu führen und dort Schutz zu suchen. Auch Fremden durfte er die Burg gegen entsprechende Zahlung zur Verfügung stellen.

Hanau und Würzburg wollten diesen Stützpunkt adeliger Herren in ihrem Machtbereich nicht dulden. Bischof Johann von Würzburg zog 1458 mit großer Heeresmacht vor die Burg und eroberte sie nach zwölftägiger Belagerung. Doch bald wurde sie an die Hutten zurückgegeben. Mit der veränderten Waffentechnik sank der Wert einer Burg. Deshalb verzichteten immer mehr Steckelberger Ganerben auf ihre Rechte. Gegen Ende des 15. Jahrhunderts saßen die Hutten wieder allein auf ihrer Burg.

Familienältester des Hauptstammes Gronau-Steckelberg war jetzt Lorenz von Hutten (1411–1498), hanauischer Amtmann zu Schwarzenfels. Sein Enkel, der

Notum sit omnibus xpi fidelibus tam futuris quam presentibus qualiter Herekindus huius sce ecclesie ministerialis & huius fuldensis ciuitatis indigena satis nobilis & ingenuus pro medio aie sue filiique siui defuncti quoddam prediu quod iure propinquitatis heredum suorum legeque proprietatis in uilla que Hutten nuncupatur possederat beato Bonifacio martyri contradidit ea lege & condicione ut reditus eiusdem predii fratribus annuatim in usum cederet. quatenus eo libentius atque diligentius tam siui quam filii siui ceterorumque carorum suorum memores essent, quo suorum beneficiorum comodis perfruerentur.

De obt Gundelai. In Kemercella. xxxiii.

In xpi nomine notum sit uolumus omnibus fidei ortodoxe catholicis modernis atque successuris qualiter quedam matrona Ebbereil nomine huius fuldensis ciuitatis incola, comota dolore non modico de morte uiri siui Gundelahi tam ipsa quam filii siui, possessionem quam iure proprietatis in uilla Kemercella possederant ad altare sci Bonifacii patroni nostri in memoriam eiusdem Gundelahi delegauerit, ea lege & conditione ut reditus eidem possessionis fratribus in annuam seruitutem cedat, eisque caritatis munus abinde impendatur. J ab ipsorum orationibus anima eius do commendetur, ut memoria uiri in libro uite asscribatur. Testes sunt huius traditionis Trageboto. Wigand. Almun. & Berthoh jat.

De obt Herekindi In hutten.

xxxii.

iiii sot. onst.

Dichter Ulrich von Hutten, beschreibt ihn als einen reichen und angesehenen Ritter, sittenstreng und altväterlich. In sein Haus seien nie Pfeffer, Safran, Ingwer und andere fremde Gewürze gekommen. Nur einheimische Wolle habe er getragen, obwohl er oftmals kostbare ausländische Stoffe zum Geschenk erhalten habe.

Um 1485 nahm dessen Sohn Ulrich († 1522) auf der Steckelburg seinen Wohnsitz. Am 21. April 1488 wurde ihm hier von seiner Frau Ottilie geb. von Eberstein, Schwester des fehdelustigen Mangold von Eberstein auf der in Sichtweite gelegenen Burg Brandenstein, der erste Sohn geboren: Ulrich, der einmal den Namen Hutten berühmt machen sollte. Der Vater trat dann in den Dienst des Landgrafen von Hessen und zog mit diesem 1490 König Maximilian gegen die Türken zu Hilfe. Bei der Erstürmung von Stuhlweißenburg zeichnete er sich besonders aus. Auch später begab er sich noch oft in fürstlichen Dienst. Die Steckelburg hielt er gut instand und baute 1509 den Geschützturm an.

Nach ruhelosen Jahren kam der Sohn Ulrich erst 1515 auf die Burg zurück. Für seine „Studierzwecke war sie nichts weniger als geeignet", schrieb er damals einem Freund. Ausführlich schilderte er sie später in einem Brief an Willibald Pirckheimer: von engen Mauern umschlossen, eingeengt durch Viehställe und Waffenschuppen, Pulverkammern und Geschützstände, voll Pech, Schwefel und anderem Kriegsmaterial. Überall im Hause riecht's nach Pulver und Hunden samt ihren Exkrementen. Ein fortwährendes Kommen und Gehen von Bewaffneten, manchmal von zweifelhaftester Sorte, und von Bauern, die von ihrem Herren Hilfe suchen oder zu Arbeiten auf den kümmerlichen Äckern am Burgberg befohlen sind. Den ganzen Tag Lärm und Geschrei, Schafe blöken, Rinder brüllen, Hunde bellen und es ist nichts Seltenes, daß man in den benachbarten Wäldern die Wölfe heulen hört...

Die drei Brüder standen Ulrich von Hutten treu zur Seite: Frowin († 1540) war Amtmann zu Brückenau, Lorenz († 1542) half die 1525 die Marienburg in Würzburg gegen die aufständischen Bauern zu verteidigen und stand dann in kaiserlichem Kriegsdienst, ebenso sein Sohn Peter († nach 1549). Der jüngste Bruder, Hans († 1552), war zunächst fuldischer Amtmann zu Saaleck, dann würzburgischer Amtmann zu Trimberg. Von den zwei Schwestern wurde eine Dominikanerin.

Die Brüder erbten 1522 die Steckelburg. Im Bauernkrieg 1525 wurde sie vergeblich bestürmt. Hans von Hutten blieb kinderlos, die Söhne von Frowin und Lorenz hinterließen keine männlichen Erben. Wolf Dietrich, Sohn von Frowin, war Domdechant in Würzburg und starb 1575 als Letzter dieser Linie. Die Steckelburg mit Gütern und Rechten fiel 1552 an Sebastian und Alexander von Hutten zu Altengronau.

Nach dem Erlöschen der Linie Gronau-Steckelberg erbten die Brüder Sebastian und Alexander von Hutten den Besitz. Alexander von Hutten († 1576) erbaute eine neue Burg im Dorf Altengronau. Hier wohnte sein älterer Sohn Florian. Dieser starb 1627, im selben Jahr dessen Sohn Adam. Das Erbe trat Johann Gottfried, ein Enkel Sebastians von Hutten, an.

Der Halbbruder von Florian, Wolf Ludwig von Hutten, hatte das Rittergut Aura im Sinngrund geerbt. Es fiel nach seinem kinderlosen Tode 1610 an Florian, der es 1616 an Konrad von Breidenbach veräußerte. Wolf Ludwig von Hutten, kurpfälzischer Rat, war ein literarisch gebildeter Mann und verhandelte mit dem Polyhistor Melchior Goldast über die Herausgabe der Werke des Dichters Ulrich von Hutten.

Sebastian von Hutten († 1577) bezog die Wasserburg in Altengronau, die sein Vater Eitel Sebastian erbaut und 1527 unter hessischen Schutz gestellt hatte. Die auf dem Frauenberg gelegene Burg war seit ihrer Eroberung durch die Grafen von Hanau 1492 mehr und mehr verfallen. Sebastians Sohn Cyriax Eitel († 1622) saß auf dem fuldischen Lehen Sannerz, der andere Sohn, Johann Philipp († 1623/33), auf Ramholz. Dieses Gut war wirtschaftlich in bestem Zustand und beschäftigte in der Pflügeperiode allein 30 Pflüger.

Johann Gottfried von Hutten († 1636), Sohn des Cyriax Eitel aus erster Ehe mit Eva Faulhaber, erhielt von seinem Vater das ausgebrannte Schloß Vollmerz als Heiratsgut, seine Wohnung hatte er in Ramholz. Durch seine Heirat mit der Erbtochter seines Onkels Florian vereinte er noch einmal den gesamten Hutten-Besitz um Altengronau und Steckelberg in einer Hand. Da er kinderlos blieb, kam alles an seinen Bruder Philipp Daniel († 1687). Er war der letzte adelige Bewohner der Steckelburg. Die Belastungen im Dreißigjährigen Krieg führten dazu, daß er Ramholz und Vollmerz 1642 an seinen Schwager Casimir Carl von Landas, Kommandant der Festung Hanau, verpfändete, 1645 auch die Steckelburg, die er allerdings wieder einlösen konnte. Ihm drohten auch die Kosten eines Prozesses, den seine Cousine Esther Kunigunde von Romrod, Tochter von Florian von Hutten, gegen ihn führte. Philipp Daniel und Johann Gottfried von Hutten hatten sich nämlich einen Teil ihres Erbes unrechtmäßig angeeignet. 1648 verkaufte Philipp Daniel seine Besitzungen zu Altengronau, Ober- und Mittelsinn sowie im Gericht Schwarzenfels an die Landgräfin Amalie Elisabeth von Hessen-Kassel. Mit seinem Sohn Johann Hartmann starb 1704 die Linie Gronau-Steckelberg aus. Bereits seit zehn Jahren wurden von den Bauern der umliegenden Dörfer Steine aus der Steckelburg gebrochen...

Casimir Carl von Landas, selbst kinderlos, vererbte seine Pfandschaft, die von den Hutten nie eingelöst werden konnte, an seinen Bruder Johann Friedrich. Von ihm kam sie 1677 an dessen Tochter Amalie. Sie war mit Maximilian Frhr. von Degenfeld vermählt. Erst nach dem Aussterben der Frankenberger Hutten (1783) konnten die Grafen von Degenfeld die Steckelburg erwerben; Würzburg hatte stets die Gesamtfamilie von Hutten damit belehnt. Die Grafen von Degenfeld verkauften die Herrschaft Ramholz 1852 an Casimir Fürst zu Ysenburg und Büdingen. 1884 erwarb sie Hugo Frhr. von Stumm, dessen Urenkel sie heute besitzt. Alle haben viel für die Erhaltung der Ruine der Steckelburg geleistet.

*Hauptstamm Stolzenberg*
*Stamm Frankenberg* (dazu Tafel 3)

Die Nachkommen des Ritters Conrad von Hutten führten die Familie über Arnstein zum Frankenberg bei Uffenheim. Conrad wird von 1349 bis 1383 urkundlich genannt. Er war fuldischer Marschall und kurmainzischer und würzburgischer Hofmeister. Der Würzburger Bischof Albrecht von Hohenlohe ließ sich von ihm und seinem Bruder Frowin († 1373, Stammvater des Stolzenberger Stammes) 1350 ein Darlehen von 4000 Pfund Heller geben. Er versetzte ihnen dafür als Pfand Schloß und Amt Arnstein. Dabei mußten sie sich übrigens „zu getreulichem Hegen" des Gramschatzer Waldes verpflichten.

Die Nachfolger des Bischofs konnten die geliehene Summe nicht aufbringen, sondern sie borgten immer mehr Geld. Dadurch waren die Herren von Hutten durch 140 Jahre die nahezu alleinigen Herren des Amtes Arnstein. Erst Bischof Rudolf von Scherenberg löste 1489 die Schuld ein.

Die Enkel jenes Conrad, den seine Finanzgeschäfte nach Arnstein geführt hatten, waren Bartholomäus und Conrad von Hutten. Von Bartholomäus († 1452) stammt die Linie „Unterhutten" ab. Sie hatte ihren Hof an der Stelle des späteren Finanzamtes. Sie starb 1541 mit Erasmus von Hutten aus. Drei seiner Brüder waren

# Hauptstamm Stolzenberg
# Stamm Frankenberg

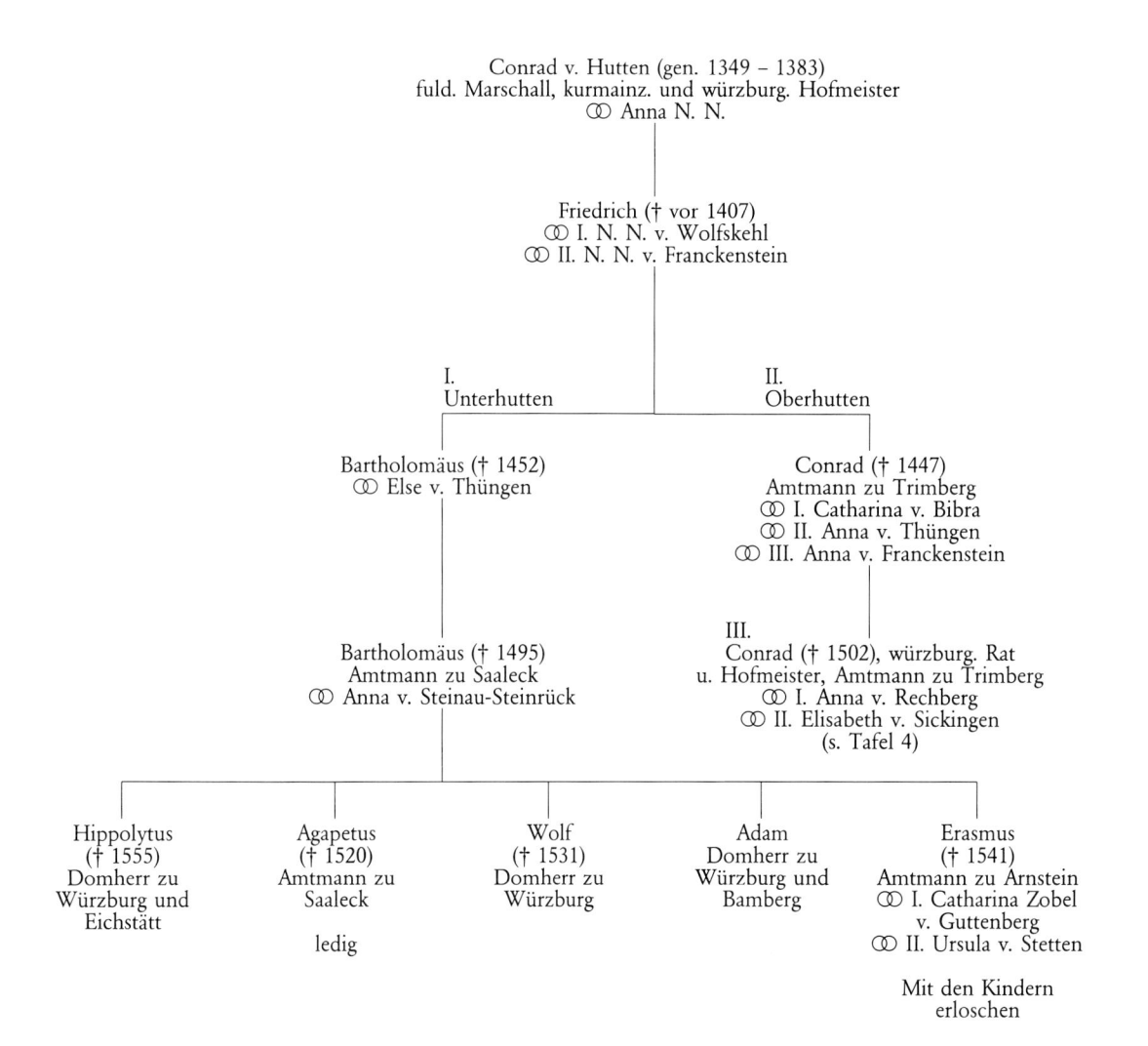

TAFEL 3

Conrad v. Hutten (gen. 1349 – 1383)
fuld. Marschall, kurmainz. und würzburg. Hofmeister
⚭ Anna N. N.

Friedrich († vor 1407)
⚭ I. N. N. v. Wolfskehl
⚭ II. N. N. v. Franckenstein

I. Unterhutten

Bartholomäus († 1452)
⚭ Else v. Thüngen

Bartholomäus († 1495)
Amtmann zu Saaleck
⚭ Anna v. Steinau-Steinrück

Hippolytus († 1555)
Domherr zu Würzburg und Eichstätt

Agapetus († 1520)
Amtmann zu Saaleck
ledig

Wolf († 1531)
Domherr zu Würzburg

II. Oberhutten

Conrad († 1447)
Amtmann zu Trimberg
⚭ I. Catharina v. Bibra
⚭ II. Anna v. Thüngen
⚭ III. Anna v. Franckenstein

III.
Conrad († 1502), würzburg. Rat
u. Hofmeister, Amtmann zu Trimberg
⚭ I. Anna v. Rechberg
⚭ II. Elisabeth v. Sickingen
(s. Tafel 4)

Adam
Domherr zu Würzburg und Bamberg

Erasmus († 1541)
Amtmann zu Arnstein
⚭ I. Catharina Zobel v. Guttenberg
⚭ II. Ursula v. Stetten

Mit den Kindern erloschen

Domherren, der vierte, Agapetus, starb schon 1520 als Amtmann zu Saaleck. Er hatte sich um den Zusammenschluß der Ritterschaft verdient gemacht. Die Erbtochter Margarete heiratete Bernhard von Liebenstein. Seitdem hieß der Hof der Unterhutten „Liebensteiner Hof". Liebenstein war Landfremder. Er saß auf Bönnigheim bei Bietigheim und war württembergischer Obervogt zu Vaihingen. Der Hof wurde deshalb 1558 für 10 000 Gulden an das Hochstift Würzburg verkauft, das die Ländereien an Bauern abgab. Nur den „Dürrhof" behielt das Hochstift zurück und wies ihn dem Keller als Teil seiner Besoldung zu („Kellereihof").

Der Halbbruder des Bartholomäus, Conrad von Hutten († 1447), Amtmann zu Trimberg, stiftete die Linie „Oberhutten". Deren Hof stand an der Stelle des heutigen Arnsteiner Pfarrhofes. Conrads gleichnamiger Sohn († 1502) war Rat, Hofrichter und Hofmeister des Bischofs Rudolf von Scherenberg sowie Amtmann zu Trimberg. Von Conrads Söhnen wurde Hans († 1505) der Schwiegervater des Wilhelm von Grumbach, der als Urheber der verheerenden „Grumbachschen Händel" 1567 in

Gotha hingerichtet wurde. Conrad († 1513) kaufte Birkenfeld und Oberlauringen, drei Söhne des Ludwig († 1517) erwarben die Herrschaft Frankenberg.

Die Arnsteiner Hutten, später auch die vom Frankenberg, bestimmten die Kirche Maria Sondheim bei Arnstein, deren Patrone sie waren, zum Erbbegräbnis. Hier liegt auch der württembergische Stallmeister Hans von Hutten begraben, den Herzog Ulrich von Württemberg 1515 auf der Jagd erschlagen hat.

Ludwig von Hutten († 1517) war ein Gönner und Wohltäter des Dichters Ulrich von Hutten. Ludwig war Amtmann zu Trimberg und erwarb Eigenbesitz um Arnstein und Brückenau. Seine Bemühungen um einen eigenen Machtbereich aus Amt, Pfandschaft und Eigengütern scheiterte schließlich, als der Würzburger Bischof das verpfändete Amt Arnstein einlösen konnte. Diese Linie der Familie von Hutten verließ deshalb Arnstein (der letzte Besitz wurde 1661 abgestoßen).

Großes Aufsehen im Reich erregte es, als Herzog Ulrich von Württemberg 1515 Ludwigs Sohn, seinen Stallmeister Hans von Hutten, aus Eifersucht auf der Jagd ermordete. Ludwig von Hutten, seine Familie und seine Freunde warben ein Heer zum Rachefeldzug gegen den Herzog. Ulrich von Hutten brandmarkte die Tat in Flugschriften. Erst das Eingreifen von Kaiser Maximilian, der die Reichsacht über den Herzog verhängte, verhinderte zunächst die bewaffnete Auseinandersetzung. Sie erfolgte erst 1519 nach des Kaisers Tode.

Ludwig von Hutten hatte als Entschädigung für den Verlust des Sohnes und die aufgewendete Rüstung 27000 Gulden erhalten. Diese Summe wurde dann nach

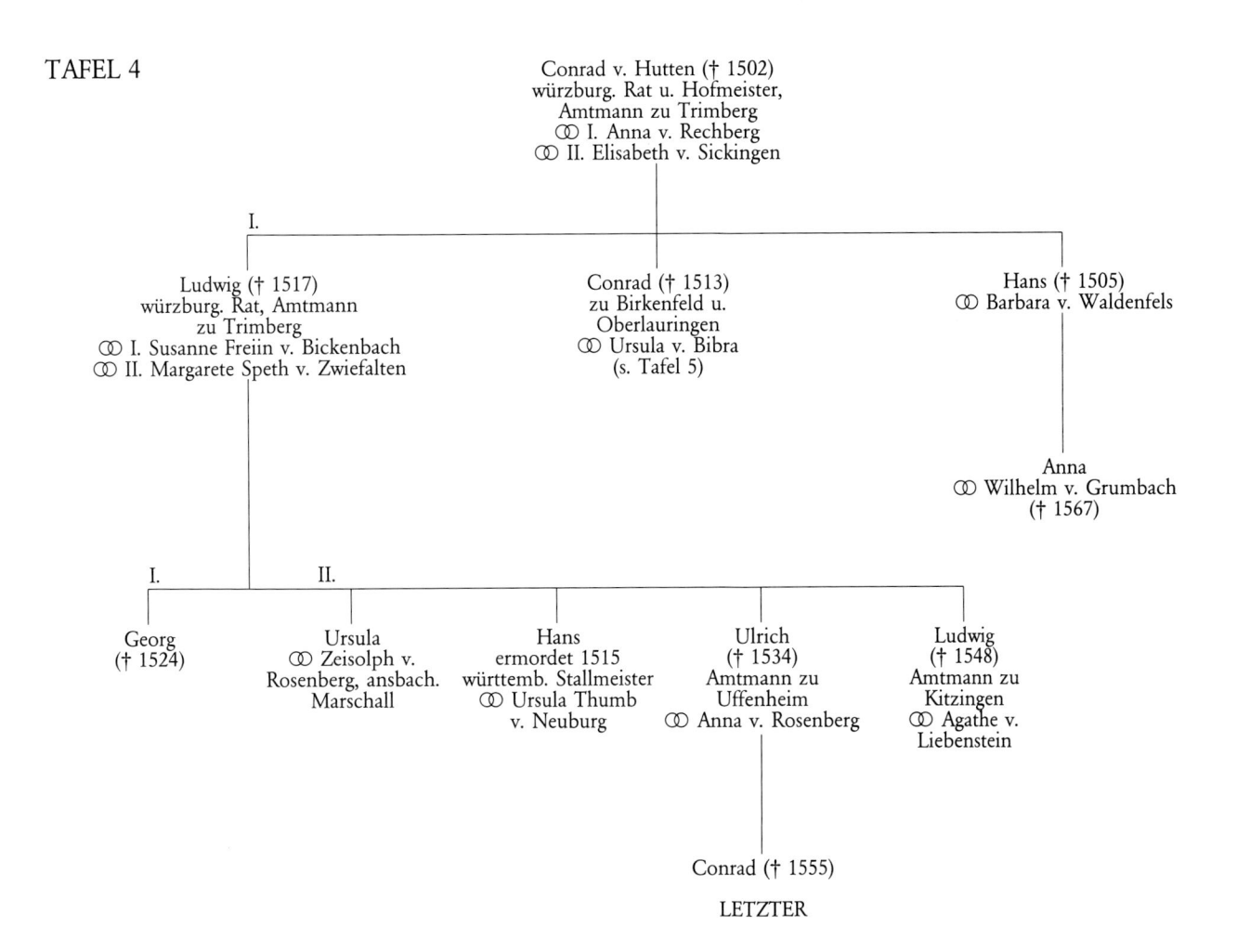

TAFEL 4

Conrad v. Hutten († 1502)
würzburg. Rat u. Hofmeister,
Amtmann zu Trimberg
⚭ I. Anna v. Rechberg
⚭ II. Elisabeth v. Sickingen

I.

Ludwig († 1517)
würzburg. Rat, Amtmann
zu Trimberg
⚭ I. Susanne Freiin v. Bickenbach
⚭ II. Margarete Speth v. Zwiefalten

Conrad († 1513)
zu Birkenfeld u.
Oberlauringen
⚭ Ursula v. Bibra
(s. Tafel 5)

Hans († 1505)
⚭ Barbara v. Waldenfels

Anna
⚭ Wilhelm v. Grumbach
(† 1567)

I.

Georg († 1524)

II.

Ursula
⚭ Zeisolph v. Rosenberg, ansbach. Marschall

Hans
ermordet 1515
württemb. Stallmeister
⚭ Ursula Thumb v. Neuburg

Ulrich († 1534)
Amtmann zu Uffenheim
⚭ Anna v. Rosenberg

Ludwig († 1548)
Amtmann zu Kitzingen
⚭ Agathe v. Liebenstein

Conrad († 1555)
LETZTER

*Eintritt des Ulrich von Hutten (Vater) in die Dienste des Pfalzgrafen Ruprecht (Kat.-Nr. 1.81)*

*Jost Fugs als Ganerbe auf  
Burg Steckelberg an Bischof  
Rudolf von Würzburg, 1466  
(Kat.-Nr. 1.82)*

TAFEL 5

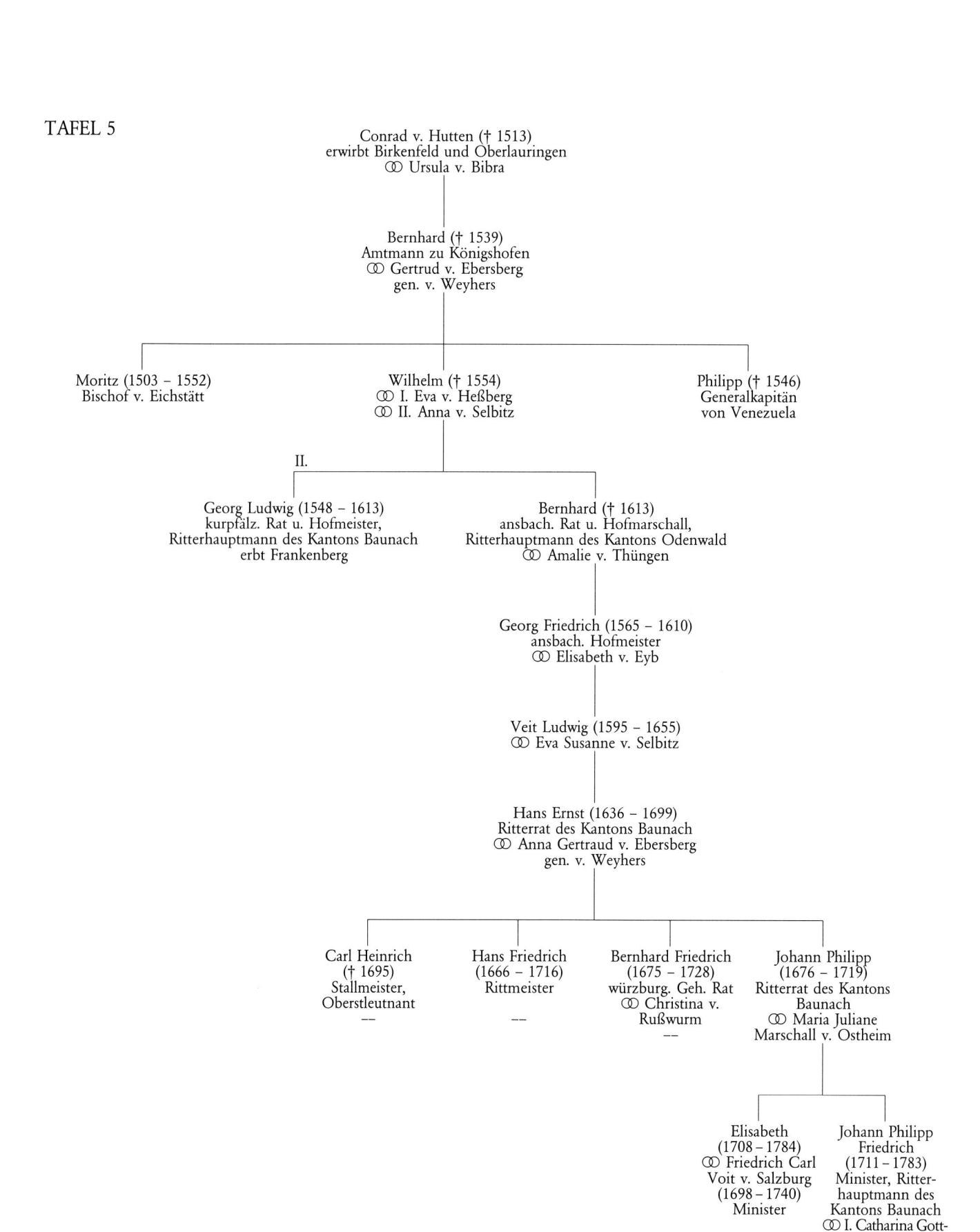

Conrad v. Hutten († 1513)
erwirbt Birkenfeld und Oberlauringen
⚭ Ursula v. Bibra

Bernhard († 1539)
Amtmann zu Königshofen
⚭ Gertrud v. Ebersberg
gen. v. Weyhers

- Moritz (1503 – 1552)
  Bischof v. Eichstätt

- Wilhelm († 1554)
  ⚭ I. Eva v. Heßberg
  ⚭ II. Anna v. Selbitz

- Philipp († 1546)
  Generalkapitän
  von Venezuela

II.

- Georg Ludwig (1548 – 1613)
  kurpfälz. Rat u. Hofmeister,
  Ritterhauptmann des Kantons Baunach
  erbt Frankenberg

- Bernhard († 1613)
  ansbach. Rat u. Hofmarschall,
  Ritterhauptmann des Kantons Odenwald
  ⚭ Amalie v. Thüngen

Georg Friedrich (1565 – 1610)
ansbach. Hofmeister
⚭ Elisabeth v. Eyb

Veit Ludwig (1595 – 1655)
⚭ Eva Susanne v. Selbitz

Hans Ernst (1636 – 1699)
Ritterrat des Kantons Baunach
⚭ Anna Gertraud v. Ebersberg
gen. v. Weyhers

- Carl Heinrich
  († 1695)
  Stallmeister,
  Oberstleutnant
  --

- Hans Friedrich
  (1666 – 1716)
  Rittmeister
  --

- Bernhard Friedrich
  (1675 – 1728)
  würzburg. Geh. Rat
  ⚭ Christina v.
  Rußwurm
  --

- Johann Philipp
  (1676 – 1719)
  Ritterrat des Kantons
  Baunach
  ⚭ Maria Juliane
  Marschall v. Ostheim

  - Elisabeth
    (1708 – 1784)
    ⚭ Friedrich Carl
    Voit v. Salzburg
    (1698 – 1740)
    Minister

  - Johann Philipp
    Friedrich
    (1711 – 1783)
    Minister, Ritter-
    hauptmann des
    Kantons Baunach
    ⚭ I. Catharina Gott-
    lieba v. d. Gröben
    ⚭ II. Anna Benigna
    Rüdt v. Collenberg

    LETZTER

Ludwigs Tode von den Söhnen für den Ankauf von Frankenberg in der Markgrafschaft Brandenburg-Ansbach verwendet.

Beziehungen zum Ansbacher Hofe bestanden seit zwei Generationen: Conrad von Hutten († 1502) und dessen Sohn Ludwig († 1517) waren Ritter des Schwanenordens gewesen, den Markgraf Albrecht Alcibiades gestiftet hatte und der seinen geistlichen Sitz in der St. Gumbertuskirche in Ansbach hatte.

*Linie Frankenberg* (dazu Tafel 4)

Die Herrschaft Frankenberg (Vorderfrankenberg) war bis 1429 in Händen der Herren von Seckendorff, die sie an das Hochstift Würzburg verkauften. Dem Würzburger Domkapitel gehörte die Burg Oberfrankenberg oder Hinterfrankenberg, auf demselben Berg gelegen. Sie wurde im Markgrafenkrieg 1554 verwüstet und nicht wieder aufgebaut. Über die Herren von Heßberg kam Vorderfrankenberg an die Herren von Absberg, die sie 1464 dem Markgrafen von Brandenburg-Ansbach als Mannlehen auftrugen. Die Nachkommen gerieten durch ihre Fehde mit der Reichsstadt Nürnberg in wirtschaftliche Schwierigkeiten und mußten Frankenberg 1520 für 28000 Gulden verkaufen.

Die drei Brüder des ermordeten Hans von Hutten waren die Käufer: Georg († 1524), Ulrich († 1534) und Ludwig († 1548). Sie wurden damit Lehnsleute des Markgrafen von Brandenburg-Ansbach, in dessen Dienst Ulrich und Ludwig als Amtleute traten. Kaiser Karl V. verlieh ihnen 1521 das Halsgericht zu Ippesheim und den Zoll zu Frankenberg. Um 1530 erbauten sie das Hauptschloß. Vom kurmainzischen Hofmarschall Frowin von Hutten zu Stolzenberg († 1529) kauften sie 1528 dessen Anteile am Joßgrund, an Salmünster, Soden und Hausen.

Georg von Hutten blieb unvermählt, Ludwig hatte drei Töchter, nur Ulrich einen männlichen Erben, Conrad, der 1555 kinderlos starb. Ihn beerbte sein Vetter Georg Ludwig von Hutten von der Linie in Birkenfeld, obwohl der Markgraf sein Lehen als erledigt einziehen wollte.

*Linie Birkenfeld* (dazu Tafel 5)

Birkenfeld (freies Eigen) bei Hofheim in den Haßbergen (Unterfranken) wurde um 1475 von Conrad von Hutten († 1513) von der Familie Zollner von Rotenstein erworben und zum Familiensitz ausgebaut (Wasserschloß von 1494). Oberlauringen (würzburgisches Lehen) wurde 1476 bis 1489 stückweise den Truchseß von Wetzhausen abgekauft. Conrads Sohn Bernhard († 1534) war Amtmann zu Königshofen im Grabfeld und erhielt einen kaiserlichen Schutzbrief mit dem Recht, Schlösser zu bauen und sich danach zu nennen, neue Höfe, Mühlen und Schenkstätten aufzurichten. 1527 kaufte er das Dorf Walchenfeld. Seine Frau Gertrud von Ebersberg gen. von Weyhers war eine Tante des Dichters Ulrich von Hutten.

Unter Bernhards Söhnen ragen zwei hervor: Moritz (1503–1552), Domherr, später Dompropst von Würzburg und seit 1539 Bischof von Eichstätt. Er galt als einer „der allerbesten und gelehrtesten Bischöfe seiner Zeit", ging scharf gegen geistliche Mißstände vor und bemühte sich um die Wiedervereinigung der Christenheit. Er rettete den zerstreuten Nachlaß des Dichters Ulrich von Hutten und veranlaßte die Herausgabe von dessen Dialog „Arminius", mit dem die Arminius-Dichtung der deutschen Literatur begründet wurde. Sein Bruder Philipp segelte mit der Welserschen Handelsgesellschaft nach Venezuela und nahm 1535 am Zug ins „Goldland" teil. Von der obersten Behörde der amerikanischen Besitzungen Spaniens wurde er zum Generalkapitän der Provinz Venezuela ernannt, 1541 von Kaiser Karl V. im Amte bestätigt. Bei einer Expedition ins Innere des Landes wurde er 1546 ermordet. Bischof Moritz ließ ihm von Loy Hering einen Denkstein in der Kirche Maria Sondheim bei Arnstein setzen, auf dem er mit seinem Bruder dargestellt ist. Die alte Verbundenheit mit Arnstein bezeugte Bischof Moritz auch durch die Stiftung eines Spitals 1546 aus seinen ererbten oberhuttischen Gütern.

Der dritte Bruder, Wilhelm († 1554), wurde evangelisch. Er übernahm den väterlichen Besitz um Birkenfeld. In Oberlauringen erwarb er 1553 noch den würzburgischen Anteil hinzu, seine Witwe, Anna geb. von Selbitz, 1560 Schloß und Dorf Nenzenheim. Er allein setzte mit sieben Kindern aus zwei Ehen die Familie im Stamm Frankenberg fort.

Von den Söhnen war Georg Ludwig (1548–1613) kurpfälzischer Rat und Hofmeister, sowie 1582 bis 1590 Ritterhauptmann des Kantons Baunach. 1587 kaufte er von den Herren von Kotzau das sachsen-coburgische Lehengut Ermershausen; er blieb unvermählt. Der andere Sohn, Bernhard († 1613), wurde Hofmarschall und Obervogt zu Ansbach. Sein Fürst schickte ihn 1589 als Kurator nach Meiningen zur Teilung der Grafschaft Henneberg zwischen den kursächsischen und herzoglich-sächsischen Häusern. Georg Ludwig und Bernhard erbten die Herrschaft Vorderfrankenberg. Mit Amalie geb. von Thüngen hatte Bernhard von Hutten fünf Söhne und vier Töchter.

Alleinerbe von Frankenberg und Birkenfeld wurde der Sohn Georg Friedrich (1565–1610). Er was ansbachischer Hofmeister und heiratete aus dem alteingesessenen Adel Elisabeth von Eyb. Deren Sohn Veit Ludwig (1595–1655) hatte im Dreißigjährigen Krieg schwer zu leiden. Frankenberg wurde vom Kaiser konfisziert und dem Bischof von Würzburg übergeben; erst 1640 bekam Veit Ludwig seinen Besitz zurück. Der Sohn und Erbe, Hans Ernst (1636–1699), war Ritterrat des Kantons Baunach. Er verkaufte Oberlauringen 1679 an die Truchseß von Wetzhausen.

Vier Töchter und elf Söhne hatte Hans Ernst von Hutten aus seiner Ehe mit Anna Gertraud von Ebersberg gen. von Weyhers. Zwei wurden herzoglichsächsische Offiziere, einer württembergischer Geheimer Rat. Nur Johann Philipp (1676–1719), vermählt mit Maria Juliane Marschall von Ostheim, hatte Nachkommen. Auch er war von seinen Standesgenossen im Kanton Baunach zum Ritterrat gewählt worden. Seine Witwe kaufte von den Grafen zu Castell das Rittergut Ippesheim und die Dörfer Geckenheim und Reusch.

Nur zwei der sieben Kinder wuchsen heran: Elisabeth, die den ansbachischen Minister Friedrich Carl Voit von Salzburg (1698–1740) heiratete und ihren Bruder nur um ein Jahr überlebte. Dieser, Johann Philipp Friedrich von Hutten (1711–1783), war der Letzte der Hutten zu Frankenberg. Er führte seine Familie noch einmal zu hohem Ansehen: als Staatsminister und Kammerpräsident in Ansbach und seit 1776 Ritterhauptmann des Kantons Baunach. In Birkenfeld ließ er durch den Ansbacher Hofbaumeister Johann David Steingruber seit 1738 ein neues Schloß bauen. Er legte dabei besonderen Wert auf die künstlerische Ausgestaltung der Innenräume im Rokokostil, die sich bis 1775 hinzog. Seine Ehen mit Catharina Gottlieba von der Gröben, dann mit Anna Benigna Rüdt von Collenberg blieben kinderlos.

Nach dem Tod von Johann Philipp Friedrich von Hutten 1783 (er wurde in seiner evangelischen Patronatskirche Reusch begraben) kam es zu langwierigen Erbauseinandersetzungen. Die Vettern von Hutten zu Stolzenberg erbten das Rittergut Walchenfeld und die würzburgischen Mannlehnstücke in Nenzenheim, Ippesheim und Geckenheim. Mit der Herrschaft Frankenberg (mit Bullenheim und Geckenheim) belehnte der Markgraf von Brandenburg-Ansbach-Bayreuth seinen Oberkammerherrn Ludwig Carl Frhr. von Pölnitz. Das Mannlehen Nenzenheim

TAFEL 6

# Stamm Stolzenberg

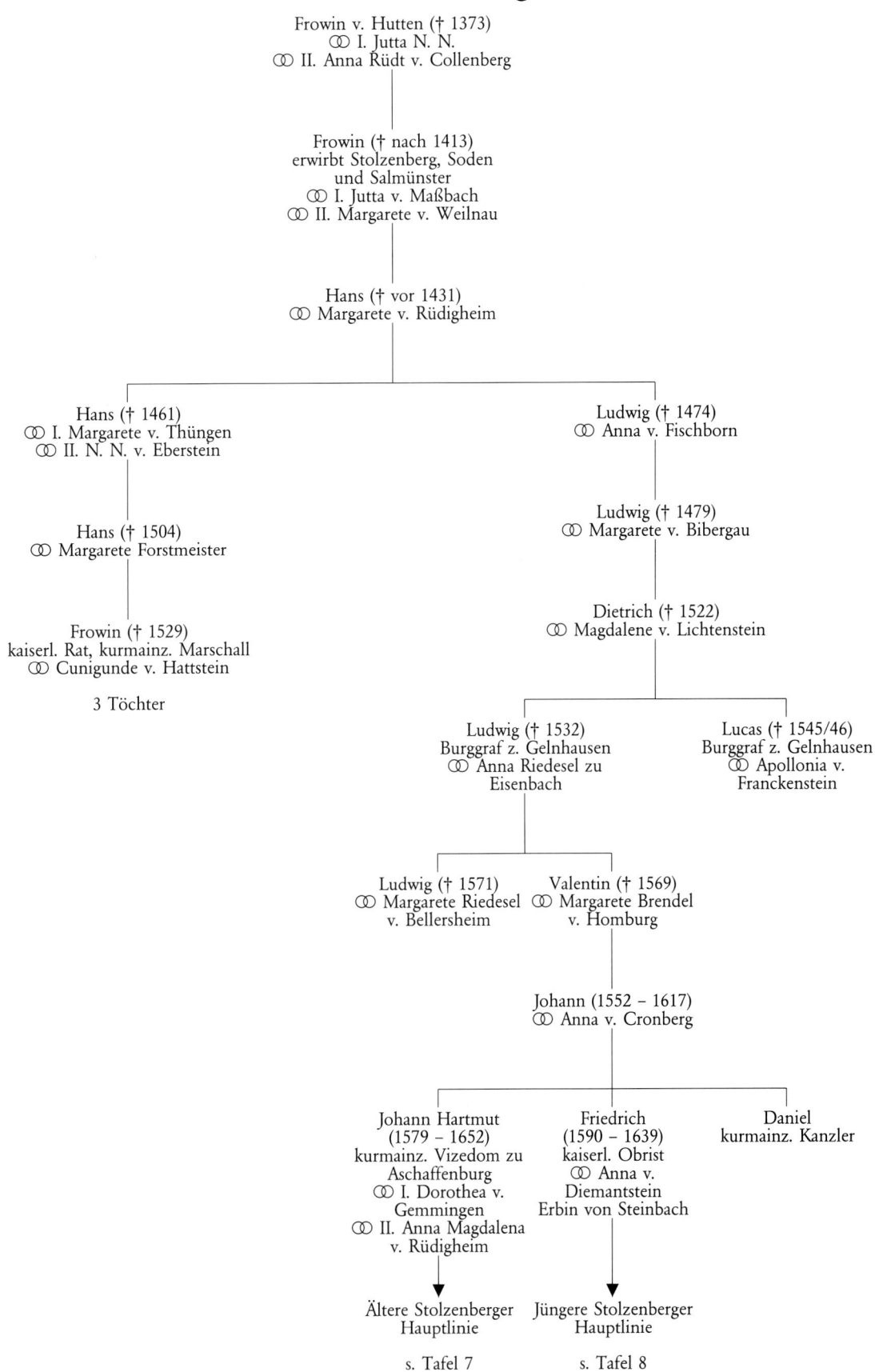

Frowin v. Hutten († 1373)
⚭ I. Jutta N. N.
⚭ II. Anna Rüdt v. Collenberg

Frowin († nach 1413)
erwirbt Stolzenberg, Soden
und Salmünster
⚭ I. Jutta v. Maßbach
⚭ II. Margarete v. Weilnau

Hans († vor 1431)
⚭ Margarete v. Rüdigheim

Hans († 1461)
⚭ I. Margarete v. Thüngen
⚭ II. N. N. v. Eberstein

Hans († 1504)
⚭ Margarete Forstmeister

Frowin († 1529)
kaiserl. Rat, kurmainz. Marschall
⚭ Cunigunde v. Hattstein

3 Töchter

Ludwig († 1474)
⚭ Anna v. Fischborn

Ludwig († 1479)
⚭ Margarete v. Bibergau

Dietrich († 1522)
⚭ Magdalene v. Lichtenstein

Ludwig († 1532)
Burggraf z. Gelnhausen
⚭ Anna Riedesel zu
Eisenbach

Lucas († 1545/46)
Burggraf z. Gelnhausen
⚭ Apollonia v.
Franckenstein

Ludwig († 1571)
⚭ Margarete Riedesel
v. Bellersheim

Valentin († 1569)
⚭ Margarete Brendel
v. Homburg

Johann (1552 – 1617)
⚭ Anna v. Cronberg

Johann Hartmut
(1579 – 1652)
kurmainz. Vizedom zu
Aschaffenburg
⚭ I. Dorothea v.
Gemmingen
⚭ II. Anna Magdalena
v. Rüdigheim

Friedrich
(1590 – 1639)
kaiserl. Obrist
⚭ Anna v.
Diemantstein
Erbin von Steinbach

Daniel
kurmainz. Kanzler

Ältere Stolzenberger
Hauptlinie

s. Tafel 7

Jüngere Stolzenberger
Hauptlinie

s. Tafel 8

zog der Markgraf ein. Die Hohe Gerichtsbarkeit und der Zoll fielen an die Fürsten zu Schwarzenberg.

Nach dem Testament des letzten Frankenberger Hutten, dessen Vollstreckung er dem Ritterkanton Baunach übertragen hatte, erbte seine Schwester Elisabeth Voit von Salzburg das Rittergut Ippesheim mit Reusch sowie die Eigengüter um Birkenfeld. Die Witwe Anna Benigna von Hutten geb. Rüdt von Collenberg bekam das Gut Asbach sowie die Allode (Mobiliar, Inventar). Nach ihrem Tode sollte mit dem Vermögen ein Fräuleinstift für den alten fränkischen Adel mit einer Äbtissin und acht evangelischen Fräulein (bevorzugt aus den Familien von Hutten und Rüdt von Collenberg) errichtet werden. Kaiser Franz II. bestätigte 1804 das Stift, später nahm es der König von Bayern unter seinen Schutz. Damit verbunden war eine Pensionsanstalt für 16 adelige Fräulein des Kantons Baunach aus evangelischen und katholischen Familien.

Elisabeth Voit von Salzburg geb. von Hutten starb 1784. Das Erbe traten ihre Töchter an. Birkenfeld kam im Erbgang (von Fitzgerald – von Woellwarth) 1841 an die Grafen zu Ortenburg.

*Hauptstamm Stolzenberg*
*Stamm Stolzenberg* (dazu Tafel 6)

Von Friedrich von Hutten († 1349), Marschall des Stifts Fulda, wurde der Hauptstamm Stolzenberg begründet. Die Stolzenburg oberhalb von Soden hatten die Hutten als fuldisches Lehen bekommen. Kaiser Ludwig der Bayer setzte Friedrich von Hutten 1341 als Landvogt in der Wetterau ein. Während seiner Amtszeit (bis 1346) mußte er als kaiserlicher Hauptmann die Fehde des Kaisers mit den Herren von Hanau austragen.

Friedrichs Söhne Frowin († 1373) und Conrad († 1389) erhielten bei der Todteilung des Familienbesitzes mit ihrem Onkel Frowin († 1377, Stammvater des Steckelberger Hauptstammes) Güter um Ramholz, Gundhelm, Kressenbach und Salmünster.

Frowin von Hutten wurde 1373 im Schlosse zu Steinau an der Straße nach einem Streit mit Ulrich von Hanau von dessen Leuten ermordet. Die Hutten-Sippe unternahm daraufhin einen Streifzug gegen den Herrn von Hanau und setzte ihn auf der Steckelburg fest. Er mußte ein Lösegeld zahlen, einen Altar im Kloster Schlüchtern (mit ewiger Messe und ewigem Licht) stiften und ein Sühnekreuz vor dem Schloß in Steinau errichten.

Von Frowins Söhnen starb Friedrich 1390 ohne Nachkommenschaft. Er war hanauischer Amtmann zu Steinau und stiftete hier 1385 das Spital. Sein Bruder Frowin († nach 1413) war wie der Großvater fuldischer Marschall. Dessen Söhne Ludwig, Frowin, Hans und Konrad kämpften 1400 auf der Seite der Stadt Würzburg gegen den Bischof und gerieten in der Schlacht bei Bergtheim in Gefangenschaft. Hans († 1425/31) war dann Amtmann zu Stolzenberg und Soden. Der Abt von Fulda belehnte ihn mit Siedhäusern in Soden. Die Salzgewinnung begründete den Reichtum der Stolzenberger Hutten. Von seinem Vetter Bartholomäus kaufte er dessen Anteile im Joßgrund, in Soden, Salmünster, Hausen und Orb.

Zu dieser Linie in Hausen gehört Frowin von Hutten († 1529), eines der herausragenden Mitglieder der Familie zu Beginn der Neuzeit. Er war Rat und Hofmarschall des Kurfürsten Uriel von Mainz und seit 1516 Rat und Diener von Haus aus Kaiser Maximilians I., der ihn wegen seiner schlichten Rittertracht den „Heckenreiter" nannte. Er unterstützte den Dichter Ulrich von Hutten. Vom Kaiser erreichte er das Recht, in Salmünster und Oberndorf einen Zoll zu erheben, über den Joßgrund erhielt er 1514 den Blutbann und das Recht, bei Hausen und

Burgjoß Stock und Galgen zu errichten. Für die Besucher seiner Hausener Schloßkapelle bekam er in Rom einen Ablaß. Im Kampf von Franz von Sickingen gegen Kurtrier, Kurpfalz und Hessen stand er 1522 auf Sickingens Seite. Der Landgraf von Hessen beschlagnahmte daraufhin Huttens Güter in Salmünster, Soden und Hausen, Er gab sie zurück, nachdem Frowin von Hutten im Bauernkrieg 1525 die Aufrührer bei Königshofen geschlagen hatte. Einen Teil seiner Güter mußte er dem Landgrafen zu Lehen auftragen. Aus seiner Ehe mit Kunigunde von Hattstein hatte er drei Töchter. 1528 verkaufte er seinen gesamten Besitz für 15940 Gulden an seine Vettern Ludwig († 1548) und Ulrich († 1531) vom Fränkischen Stamm. Er und seine Frau liegen in der Kirche von Groß-Steinheim am Main begraben; die Grabsteine sind erhalten (Epitaph in der Klosterkirche Schlüchtern).

Die nächsten Vettern aus der Linie zu Stolzenberg erhoben gegen diesen Verkauf Einspruch: Die Brüder Ludwig († 1532) und Lukas († 1545/46) – ohne Erfolg. Die Frankenberger Hutten verkauften bereits 1540 alles weiter an den Kurfürsten von Mainz für 26000 Gulden. Das wurde im folgenden Jahr von Kaiser Karl V. und von König Ferdinand bestätigt.

Die Brüder Ludwig und Lukas waren nacheinander Burggrafen von Gelnhausen. Sie schlossen sich, wie die meisten Hutten, früh der Lehre Luthers an. (Einzelne Familienmitglieder kehrten später zur katholischen Kirche zurück, vor allem die der Jüngeren Stolzenberger Hauptlinie in Steinbach.) Lukas erbaute die Talburg in Soden („Huttenschloß", Wappenstein mit Jahreszahl „1536"). Ihr Großvater Ludwig von Hutten († 1479) hatte von seinem Schwager, Giso von Bibergau, Romsthal übernommen, das dann lange bei der Familie blieb („Huttischer Grund").

Nur Ludwig von Hutten († 1532), vermählt mit Anna Riedesel zu Eisenbach, hatte Nachkommen. Drei Söhne erbauten Schlösser, die sich bis heute erhalten haben: Ludwig († 1571) des „Amtshof" in Salmünster, Valentin († 1569), der mit einer Schwester des Mainzer Erzbischofs Daniel Brendel von Homburg verheiratet war und dennoch sich zum evangelischen Glauben bekannte, das „neue Schloß" in Soden und Dietrich († 1561) den „Huttenhof" in Salmünster.

Valentins Sohn Johann (1552–1617) errichtete 1615 einen Familienvertrag, nach dem die Töchter vom Erbe abgefunden werden sollten. Er suchte die Gegenreformation zu hemmen und ließ evangelischen Gottesdienst in seiner Kapelle auf der Stolzenburg halten. Von seinen Söhnen begründeten Johann Hartmut die „Ältere Hauptlinie Stolzenberg", Friedrich die „Jüngere Hauptlinie Stolzenberg", Daniel war fuldischer Kriegskommissar, dann kurmainzischer Kanzler und erwarb durch seine Frau, Catharina von Mörle gen. Böhm, Besitz in Uttrichshausen und Niederkalbach.

*Ältere Stolzenberger Hauptlinie* (dazu Tafel 7)

Johann Hartmut von Hutten (1579–1652) war württembergischer Amtmann zu Weinsberg und Möckmühl und stand dann im Dienst des Kurfürsten von Mainz als Vizedom von Aschaffenburg. Er setzte die von seinem Vater eingeleitete Abfindung der Hutten-Töchter in Höhe von 4000 Talern fest.

Von den Söhnen wurde Oberstleutnant Friedrich († 1673) Stammvater der Linie in Salmünster, Georg Ludwig der in Soden. Die Linie Salmünster starb in der 4. Generation im Jahre 1800 aus.

Von den Mitgliedern der Linie in Soden traten einige in den Dienst der Grafen von Hanau: Georg Ludwig (der Lange) war Geheimer Rat, Obrist und Kommandant von Hanau († 1691). Aus seiner Ehe mit Brigitte Sabine von Hutten zu Frankenberg folgten ihm in Hanau Johann Reinhard († 1725) als Oberstleutnant und Georg Friedrich († 1691) als Oberforst- und Jägermeister. Der dritte Sohn,

# TAFEL 7 — Ältere Stolzenberger Hauptlinie

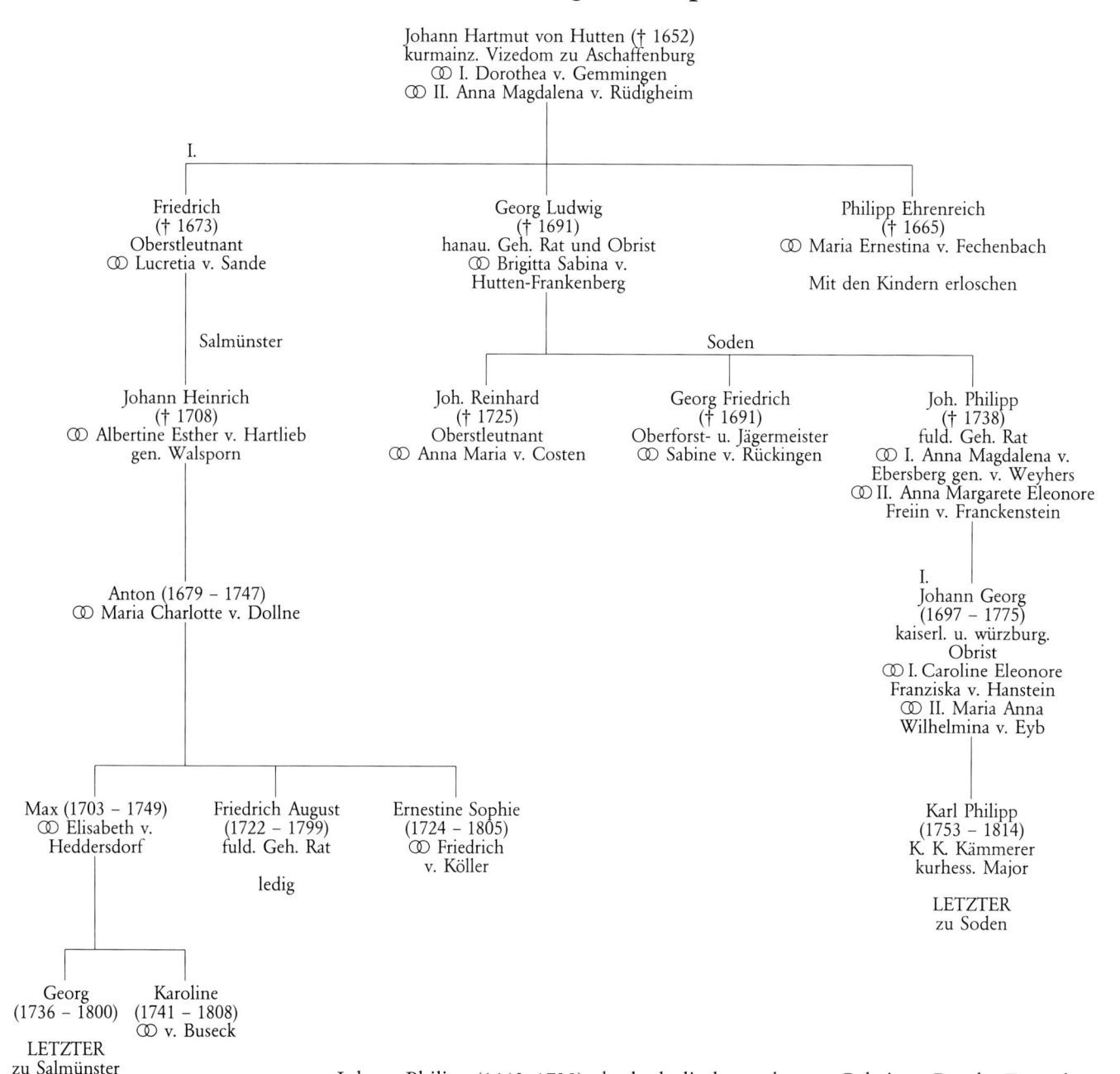

Johann Hartmut von Hutten († 1652)
kurmainz. Vizedom zu Aschaffenburg
⚭ I. Dorothea v. Gemmingen
⚭ II. Anna Magdalena v. Rüdigheim

I.

**Friedrich** († 1673)
Oberstleutnant
⚭ Lucretia v. Sande

**Georg Ludwig** († 1691)
hanau. Geh. Rat und Obrist
⚭ Brigitta Sabina v. Hutten-Frankenberg

**Philipp Ehrenreich** († 1665)
⚭ Maria Ernestina v. Fechenbach

Mit den Kindern erloschen

Salmünster

**Johann Heinrich** († 1708)
⚭ Albertine Esther v. Hartlieb gen. Walsporn

Soden

**Joh. Reinhard** († 1725)
Oberstleutnant
⚭ Anna Maria v. Costen

**Georg Friedrich** († 1691)
Oberforst- u. Jägermeister
⚭ Sabine v. Rückingen

**Joh. Philipp** († 1738)
fuld. Geh. Rat
⚭ I. Anna Magdalena v. Ebersberg gen. v. Weyhers
⚭ II. Anna Margarete Eleonore Freiin v. Franckenstein

**Anton** (1679 – 1747)
⚭ Maria Charlotte v. Dollne

I.
**Johann Georg** (1697 – 1775)
kaiserl. u. würzburg. Obrist
⚭ I. Caroline Eleonore Franziska v. Hanstein
⚭ II. Maria Anna Wilhelmina v. Eyb

**Max** (1703 – 1749)
⚭ Elisabeth v. Heddersdorf

**Friedrich August** (1722 – 1799)
fuld. Geh. Rat
ledig

**Ernestine Sophie** (1724 – 1805)
⚭ Friedrich v. Köller

**Karl Philipp** (1753 – 1814)
K. K. Kämmerer
kurhess. Major

LETZTER zu Soden

**Georg** (1736 – 1800)

LETZTER zu Salmünster

**Karoline** (1741 – 1808)
⚭ v. Buseck

Johann Philipp (1660–1738), der katholisch wurde, war Geheimer Rat des Fürstabts von Fulda und Oberamtmann zu Ürzell. Er allein setzte in zwei Ehen die Linie Soden fort. Aus seiner ersten Ehe (mit Anna Magdalena von Ebersberg gen. von Weyhers) stammt Johann Georg (1697–1775). Er war kaiserlicher Obrist, würzburgischer General-Feldzeugmeister und Stadtkommandant sowie Obrist über ein Regiment zu Fuß und Hofkriegsrat. Er führte 1738/39 das Würzburger Regiment im Feldzug gegen die Türken. Er war Ritter des brandenburgischen Roten Adler-Ordens. Sein Wappen hängt in der Ordenskirche St. Georgen bei Bayreuth, sein Porträt im Mainfränkischen Museum in Würzburg. Mit dem Sohn Karl Philipp (1753–1814), K. K. Kämmerer und kurhessischer Major, starb die Linie Soden im Mannesstamme aus. Die Familiengüter fielen an die Jüngere Stolzenberger Hauptlinie (Romsthal – Steinbach).

*Jüngere Stolzenberger Hauptlinie* (dazu Tafel 8)

Friedrich von Hutten († 1639) stiftete die „Jüngere Stolzenberger Hauptlinie". Er war kaiserlicher Obrist über ein Regiment zu Fuß und würzburgischer Amtmann zu Karlstein. Seine Frau, Anna von Diemantstein, erbte das würzburgische Lehen Steinbach bei Lohr. Ihr Vater hatte es 1610 von zwei Brüdern Voit von Rieneck gekauft. Steinbach wurde nun zum Hauptsitz dieser Linie. Der Sohn, Johann (1629–1690), war kurmainzischer und würzburgischer Rat, Assessor des kaiserlichen Landgerichts zu Franken, Oberamtmann zu Mainberg und Haßfurt und Ritterrat des Kantons Rhön und Werra. Zusammen mit seinem Vetter Johann Casimir von Hutten verkaufte er Teile der fuldischen Pfandschaft um Soden an Kurmainz, das nun vier Fünftel besaß; die Hutten behielten nur noch ein Fünftel. Von Kurmainz löste 1734 der Fuldaer Fürstabt Adolf von Dalberg die 1390 an die Hutten versetzte Ortschaften wieder ein und bildete daraus das fuldische Amt Salmünster. In der Ritterkapelle zu Haßfurt wurde Johann von Hutten ein Denkstein gesetzt.

Aus seiner Ehe mit Anna Maria Freiin von Hagen stammten 16 Kinder. Vier von ihnen stiegen zu hohen geistlichen Würden auf. Es wurde Peter Philipp (1678–1739) Domherr zu Würzburg und Oberpropst des Klosters Wechterswinkel und von Neumünster in Würzburg, in der weltlichen Regierung des Hochstifts Geheimer Rat und Kammerpräsident, Conrad Wilhelm (1684–1739) Stiftsherr zu Fulda (als „Bonifaz"), Propst zu Holzkirchen (wo unter ihm Balthasar Neumann die Klosterkirche 1730 vollendete) und zu Petersberg, sowie Elisabeth (1680–1735) Äbtissin des St. Anna-Klosters zu Würzburg. Reichsfürst wurde Christoph Franz (1673–1729): Domdechant und Propst von Stift Haug in Würzburg, wurde er hier 1724 zum Bischof gewählt. In Steinbach gründete er die Pfarrei und ließ vom Würzburger Baumeister Joseph Greising die Kirche bauen. Sein Hofbaumeister Balthasar Neumann war maßgeblich am Bau des Schlosses in Steinbach beteiligt.

Den Stamm setzte fort Franz Ludwig von Hutten (1669–1728), würzburgischer Geheimer Rat und Hofmarschall, verheiratet mit Johanna Juliane Freiin von Bicken. Unter den 13 Kindern, von denen sieben jung starben, befanden sich wieder drei geistliche Herren: Der Kardinal Franz Christoph (1706–1748) war seit 1743 Bischof von Speyer. Er ließ das Bruchsaler Schloß im Rokokostil umbauen und den Wiederaufbau des Speyerer Doms beginnen, gründete 1753 in Bruchsal ein Jesuitenkolleg und förderte das Volksschulwesen und die Bildung der Geistlichen. Wilhelm Anton (1709–1759) war Domherr zu Mainz und Würzburg und Adalbert Philipp (1713–1788) Dompropst zu Bamberg.

Wieder pflanzte nur ein einziger Sohn (zunächst Stiftsherr in Hildesheim), Philipp Wilhelm (1701–1757), die Familie fort. Auch er stand in würzburgischem Dienst, war Geheimer Rat, Hofmarschall und Oberamtmann zu Karlstadt und Veitshöchheim. Von seinen zwölf Kindern aus der Ehe mit Carolina Freiin von Rotenhan wuchsen sieben heran. Franz Philipp (1731–1790) war Domdechant zu Speyer und förderte als Ehrenmitglied der Kurpfälzischen Akademie der Wissenschaften zu Mannheim deren Bestrebungen. Joseph Carl (1740–1812) war Dompropst zu Bamberg. Philipp Ferdinand (1737–1794) war Kanonikus des Ritterstifts Comburg. Er wurde vom Papst dispensiert, trat in kaiserlichen Kriegsdienst, der von altersher vom reichsritterschaftlichen Adel bevorzugt wurde, und stieg bis zum Feldmarschall-Leutnant auf. Für seine Verdienste im Bayerischen Erbfolgekrieg wurde er mit dem selten verliehenen Ritterkreuz des Maria-Theresien-Ordens ausgezeichnet. Eine von Philipp Wilhelms Töchtern, Philippine, heiratete den „Malefizschenk", Franz Ludwig Graf Schenk von Castell, der in seinem Dorf

**TAFEL 8**

# Jüngere Stolzenberger Hauptlinie
## (Romsthal-Steinbach)

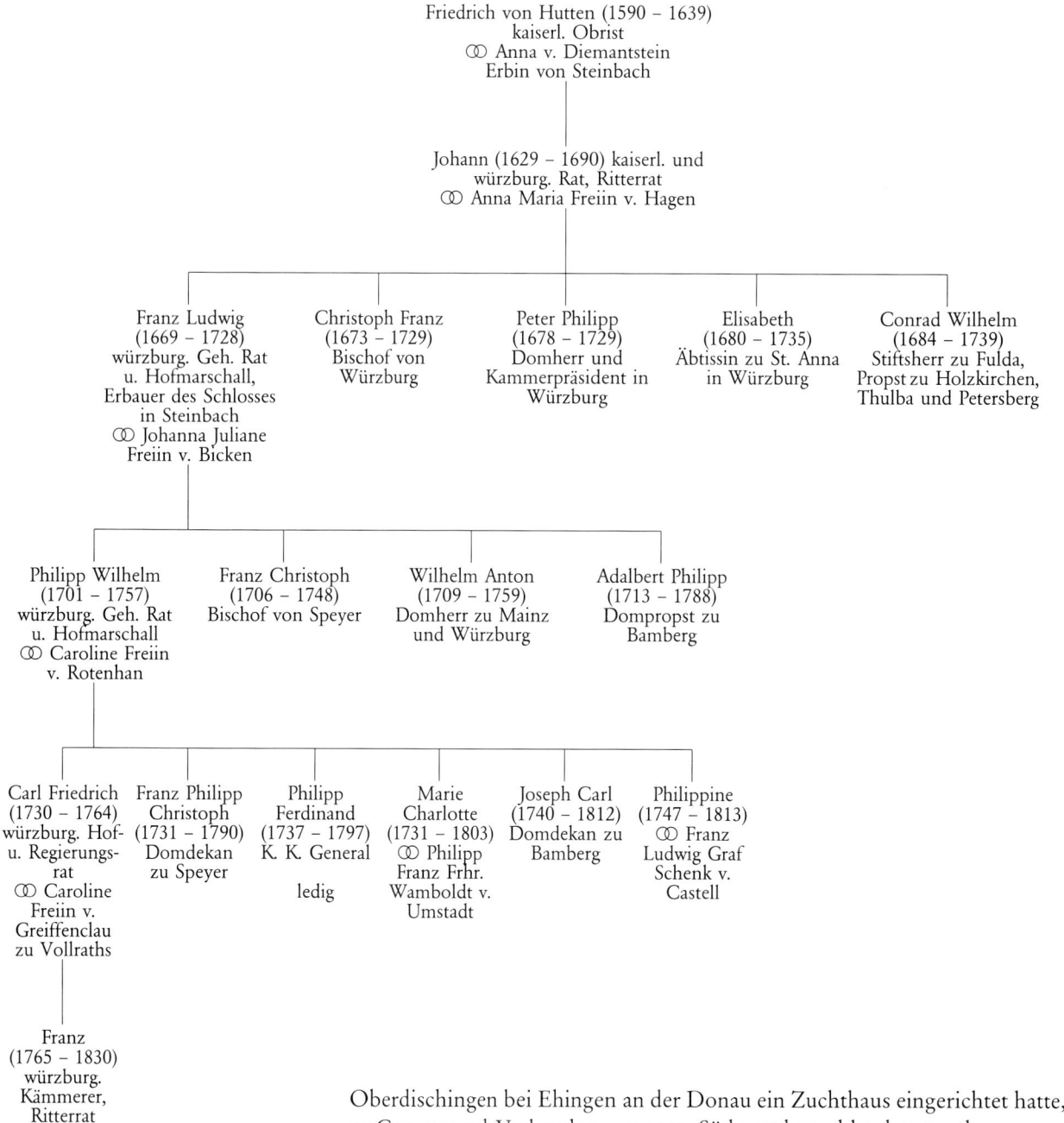

Friedrich von Hutten (1590 – 1639)
kaiserl. Obrist
⚭ Anna v. Diemantstein
Erbin von Steinbach

Johann (1629 – 1690) kaiserl. und
würzburg. Rat, Ritterrat
⚭ Anna Maria Freiin v. Hagen

- **Franz Ludwig** (1669 – 1728) würzburg. Geh. Rat u. Hofmarschall, Erbauer des Schlosses in Steinbach ⚭ Johanna Juliane Freiin v. Bicken
- **Christoph Franz** (1673 – 1729) Bischof von Würzburg
- **Peter Philipp** (1678 – 1729) Domherr und Kammerpräsident in Würzburg
- **Elisabeth** (1680 – 1735) Äbtissin zu St. Anna in Würzburg
- **Conrad Wilhelm** (1684 – 1739) Stiftsherr zu Fulda, Propst zu Holzkirchen, Thulba und Petersberg

Children of Franz Ludwig:
- **Philipp Wilhelm** (1701 – 1757) würzburg. Geh. Rat u. Hofmarschall ⚭ Caroline Freiin v. Rotenhan
- **Franz Christoph** (1706 – 1748) Bischof von Speyer
- **Wilhelm Anton** (1709 – 1759) Domherr zu Mainz und Würzburg
- **Adalbert Philipp** (1713 – 1788) Dompropst zu Bamberg

Children of Philipp Wilhelm:
- **Carl Friedrich** (1730 – 1764) würzburg. Hof- u. Regierungsrat ⚭ Caroline Freiin v. Greiffenclau zu Vollraths
- **Franz Philipp Christoph** (1731 – 1790) Domdekan zu Speyer
- **Philipp Ferdinand** (1737 – 1797) K. K. General ledig
- **Marie Charlotte** (1731 – 1803) ⚭ Philipp Franz Frhr. Wamboldt v. Umstadt
- **Joseph Carl** (1740 – 1812) Domdekan zu Bamberg
- **Philippine** (1747 – 1813) ⚭ Franz Ludwig Graf Schenk v. Castell

Child of Carl Friedrich:
- **Franz** (1765 – 1830) würzburg. Kämmerer, Ritterrat ⚭ Charlotte Freiin v. Gebsattel
  → NACHKOMMEN

Oberdischingen bei Ehingen an der Donau ein Zuchthaus eingerichtet hatte, in dem er Gauner und Verbrecher aus ganz Südwestdeutschland sammelte.

Nur ein Sohn hatte Nachkommen: Carl Friedrich von Hutten (1730–1764). Geheimer Rat, Hof- und Regierungsrat der Bischöfe von Würzburg und Speyer, aus seiner Ehe mit Caroline Freiin von Greiffenclau zu Vollraths. Deren Sohn Franz (1765–1830) erlebte die Herrschaftswechsel der Napoleonzeit: Er war würzburgischer Kämmerer, Hofrat und Oberamtmann zu Klingenberg, trat am Ende der geistlichen Herrschaft (1802/03) in bayerische Dienste, dann 1806 in die des Großherzogs Ferdinand von Würzburg, der ihn zum Kommandeur seines St. Joseph-Ordens machte, und wurde schließlich nach dem endgültigen Übergang Würzburgs an Bayern (1814) bayerischer Kämmerer. Auf dem Wiener Kongreß

*Burgruine Steckelberg, Foto 1988 (Kat.-Nr. 2.2)*

(1814/15) vertrat er, der ehemals Ritterrat des Kantons Rhön und Werra gewesen war, die Interessen der früheren Reichsritterschaft.

1814 erbte Franz von Hutten den Besitz der erloschenen Hutten-Linie um Soden und Salmünster, der zum Teil bald veräußert wurde. Das Waldgut Romsthal erwarb dann 1904 Bogdan Graf von Hutten-Czapski. Er stammte aus dem alten kleinpolnischen Adelsgeschlecht Czapski, das erst bei der Erhebung in den preußischen Grafenstand 1860 den Namen „Hutten-Czapski" erhalten hatte. Der Graf veräußerte schon 1919 Romsthal an Ludovica Freifrau von Stumm in Ramholz.

Franz von Hutten wurde 1816 mit seiner Nachkommenschaft im Königreich Bayern bei der Freiherrenklasse immatrikuliert. 1844 wurde der Freiherrenstand im Kurfürstentum Hessen anerkannt. Manche Mitglieder der Reichsritterschaft, so auch die Hutten, hatten sich gewohnheitsmäßig schon früher ohne förmliches Diplom „Freiherren" genannt.

Von Franz Freiherr von Hutten und seiner Frau, Charlotte Freiin von Gebsattel (ihr Halbbruder Lothar Anselm Freiherr von Gebsattel war der erste Erzbischof von München und Freising) stammen alle heute lebenden Hutten ab.

## Quellen und Literatur

Archiv der Freiherren von Hutten. Eigentum von Dipl.-Ing. Friedrich-Karl Frhr. von Hutten zum Stolzenberg, Steinbach bei Lohr

Biedermann, Johann Gottfried, Geschlechtsregister der Reichsfrey unmittelbaren Ritterschaft Landes zu Franken Löblichen Orts Baunach (Bayreuth 1747) Tafel 72–94 (für die ältere Zeit nicht zuverlässig)

Boyneburg s. Landau

Cauer, Burg Stolzenberg und Schloß Soden, in: Unsere Heimat, Schlüchtern, 19. Jg. (1927) S. 94–97, 109–111, 123–126.

Cramer, Claus, Artikel „Altengronau", „Ramholz", „Steckelburg", in: Handbuch der Historischen Stätten Deutschlands, Bd. 4: Hessen (Stuttgart 1960)

Engel, Wilhelm, Die Burgen Frankenberg über Uffenheim (= Veröffentlichungen der Gesellschaft für Fränkische Geschichte IX, 11, Würzburg 1956)

Engel, Wilhelm, Burgenromantik um den Frankenberg, in: Altfränkische Bilder, 56. Jg. (1957)

Freund, E., Die Steckelburg, in: Unsere Heimat, Mitteilungen des Heimatbundes, Verein für Heimatkunde und Heimatpflege im Kreise Schlüchtern, in den Jahren 1908–1912, Bd. 1, S. 18–20.

Fuchs, Damasus, Zur Genealogie der von Hutten zu Stolzenberg, in: ders., Beiträge zur Geschichte der Stadt, der Pfarrei und des Klosters Salmünster. Gesammelt und hrsg. von Pastor Fleck (Frankfurt am Main 1946) S. 71–96.

Grimm, Heinrich, Artikel „Moritz von Hutten", „Ulrich von Hutten", in: Neue Deutsche Biographie, 10. Bd. (Berlin 1974).

Jäger, Berthold, Das geistliche Fürstentum Fulda in der Frühen Neuzeit: Landesherrschaft, Landstände und fürstliche Verwaltung (= Schriften des Hessischen Landesamtes für geschichtliche Landeskunde 39, Marburg 1986)

Kellenbenz, Hermann, Artikel „Philipp von Hutten", in: Neue Deutsche Biographie, 10. Bd. (Berlin 1974)

Körner, Hans, Der Kanton Rhön und Werra der Fränkischen Reichsritterschaft, in: Land der offenen Fernen, Die Rhön im Wandel der Zeiten, hrsg. von Josef-Hans Sauer (Fulda 1976) S. 53–113.

Krollmann, C., Burg Steckelberg, die Stammburg Ulrichs von Hutten (Berlin 1901)

Landau, Georg, und Albert Frhr. von Boyneburg, Artikel „Hutten", in: Allgemeine Encyklopädie der Wissenschaften und Künste, begr. von J. S. Ersch und J. G. Gruber, 2. Sektion, 12. Teil (Leipzig 1835) S. 122–243.

Möller, Walter, Stammtafeln westdeutscher Adelsgeschlechter im Mittelalter, Neue Folge, 2. Teil (Darmstadt 1953) S. 118–121, Tafel 78 u. 79.

Praesent, Wilhelm, Die Gräber der Klosterkirche Schlüchtern, in: Vergangenheit spricht zur Gegenwart, Heimatgeschichtliche Beilage der „Volkszeitung", Fulda, 17. Jg., Nr. 4, 16. 4. 1964.

Praesent, Wilhelm, Bergwinkel Chronik. Zeittafel und Bildband zur Geschichte des Kreises Schlüchtern, 2. Aufl. (Schlüchtern 1968)

Reuschling, Heinzjürgen N., Die Regierung des Hochstifts Würzburg 1495–1642 (= Forschungen zur fränkischen Kirchen- und Theologiegeschichte 10, Würzburg 1984).

Riedenauer, Erwin, Karlstadt (= Historischer Atlas von Bayern, Teil Franken, Reihe I, Heft 9, München 1963)

Schmitt, Richard, Frankenberg. Besitz- und Wirtschaftsgeschichte einer reichsritterschaftlichen Herrschaft in Franken 1528–1806 (1848) (= Mittelfränkische Studien, Fotodruckreihe des Historischen Vereins für Mittelfranken, Bd. 6, Ansbach 1986)

Wenz, Das Geschlecht derer von Hutten in Mainfranken; in: Fränkische Heimat, Heimatbeilage zum Fränkischen und Schweinfurter Volksblatt, 72. Jg., Nr. 5 vom 23. 7. 1938 (betr. Arnstein)

Wittenberg, Hans-Werner, Die Geschichte der Herrschaft Ramholz, Diss. Mainz (Stuttgart 1959)

Zeißner, Sebastian, Haßbergland in vergangenen Tagen (Hofheim 1924) S. 27–31 (betr. Birkenfeld)

Forschungsergebnisse von Landgerichtsdirektor a. D. Hans Rademacher in Mainz.

Die Heimatliteratur, besonders die schwer erreichbaren Zeitungsbeilagen, stellte Isa von Brandenstein, Burg Brandenstein, in dankenswerter Weise zur Verfügung.

*Josef Leinweber*
# Ulrich von Hutten und das Kloster Fulda[*]

Am 21. April 1488 auf dem nahen Steckelberg geboren, wurde Ulrich von Hutten nach seinen eigenen Worten mit 11 Jahren, also im Jahre 1499, von seinen Eltern dem Kloster Fulda übergeben, damit er dort Mönch würde.[1] Damals lebte bereits ein Mitglied aus dem Geschlecht derer von Hutten, Johann, im Kloster Fulda. 1469 zum ersten Mal als Kellner des Klosters Fulda nachweisbar, war Johann von Hutten, wenn er mit Ulrich von Hutten näher verwandt war, entweder dessen Onkel oder Großonkel. In den siebziger Jahren des 15. Jahrhunderts übernahm Johann von Hutten die Propstei des fuldischen Nebenklosters Höchst im Odenwald, ohne das Amt des Kellners im Fuldaer Hauptkloster aufzugeben. 1498 verzichtete er auf die Propstei des Klosters Höchst und starb 1503 als Kellner des Klosters Fulda.[2]

Zunächst wurde der junge Hutten aufgeschworen, d. h. er hatte den Nachweis der Stiftsfähigkeit zu erbringen, was durch die Ahnenprobe geschah. Auf diese Weise suchte der Blutadel den seit den Tagen Kaiser Karls IV. immer zahlreicher werdenden Briefadel und auch das Patriziat von den Kapiteln der Dom- und Reichsstifte, in denen er seit Jahrhunderten allein saß, fernzuhalten. Die Aufschwörung selbst erfolgte unter Assistenz von vier weiteren Adeligen, die die Unvordenklichkeit der Ritterbürtigkeit des Aufzunehmenden mitzubeschwören hatten und im Fall ihres Todes durch andere zu ersetzen waren.[3] Die Aufschwörung verlieh eine Art Anwartschaft auf eine Stiftspfründe, zu deren Erlangung der Anwärter freilich noch eine Reihe von Bedingungen zu erfüllen hatte. Zunächst mußte er die Stiftsschule besuchen, die ursprünglich unter der Leitung eines Mönches, spätestens seit dem frühen 15. Jahrhundert unter der Leitung eines Weltgeistlichen stand. Als Ulrich von Hutten in das Kloster Fulda eintrat, stand dessen Schule unter der Leitung des Peter Schmerleib, der 1497 an der Universität Erfurt zum Magister artium promoviert worden war und etwa 1503 Archidiakon und Stadtpfarrer in Fulda wurde.[4] Schmerleib, der im gleichen Jahr wie Ulrich von Hutten starb, erfreute sich noch zu einer Zeit, da dieser Fulda längst verlassen hatte, seiner dankbaren Erinnerung.[5] Als Pfründschüler trug Hutten bereits ein Gewand, das sich von dem der Profeßmönche nur gering unterschied. Für Kleidung, Schuhwerk, Wäsche und Kost der Pfründschüler mußten die Eltern aufkommen. Hinsichtlich der Kost konnte der Abt jedoch eine andere Regelung treffen.[6]

Die Stiftsschule, die nur vier oder fünf Klassen umfaßte, konnten die Pfründschüler bereits mit 14 Jahren absolviert haben. Den Abschluß des Besuchs der Stiftsschule bildete die sogenannte Emanzipation oder das „aus der Schule nehmen", wie sie die spätmittelalterlichen Stiftsstatuten nennen. Dabei hatte der Pfründanwärter die erforderliche Schulbildung nachzuweisen, die er sich jedoch nicht unbedingt an der Fuldaer Stiftsschule hatte erwerben müssen.[7]

Auf die Emanzipation folgte sofort die Ablegung der Profeß, nachdem das Noviziat parallel zum letzten Jahr des Schulbesuchs gelaufen war und wie dieser mit der Emanzipation geendet hatte. Bei Pfründanwärtern, die im Knabenalter in das Stift eingetreten waren, sollte die Emanzipation und die damit verbundene Profeß nach Bestimmungen des Klosters aus dem 16. Jahrhundert nach drei Jahren

[*] Für den Katalog vom Autor bearbeitete Fassung von: Ulrich von Hutten – ein Fuldaer Mönch? Ein Beitrag zur Biographie des jungen Ulrich von Hutten und zur Geschichte des Klosters Fulda im Spätmittelalter, in: Würzburger Diözesangeschichtsblätter, 37.–38. Bd. Würzburg 1975, S. 541–556.

*Widmungseintrag Ulrichs von Hutten an den Bamberger Fürstbischof Georg Schenk III. von Limburg, 1518 (Kat.-Nr. 4.48)*

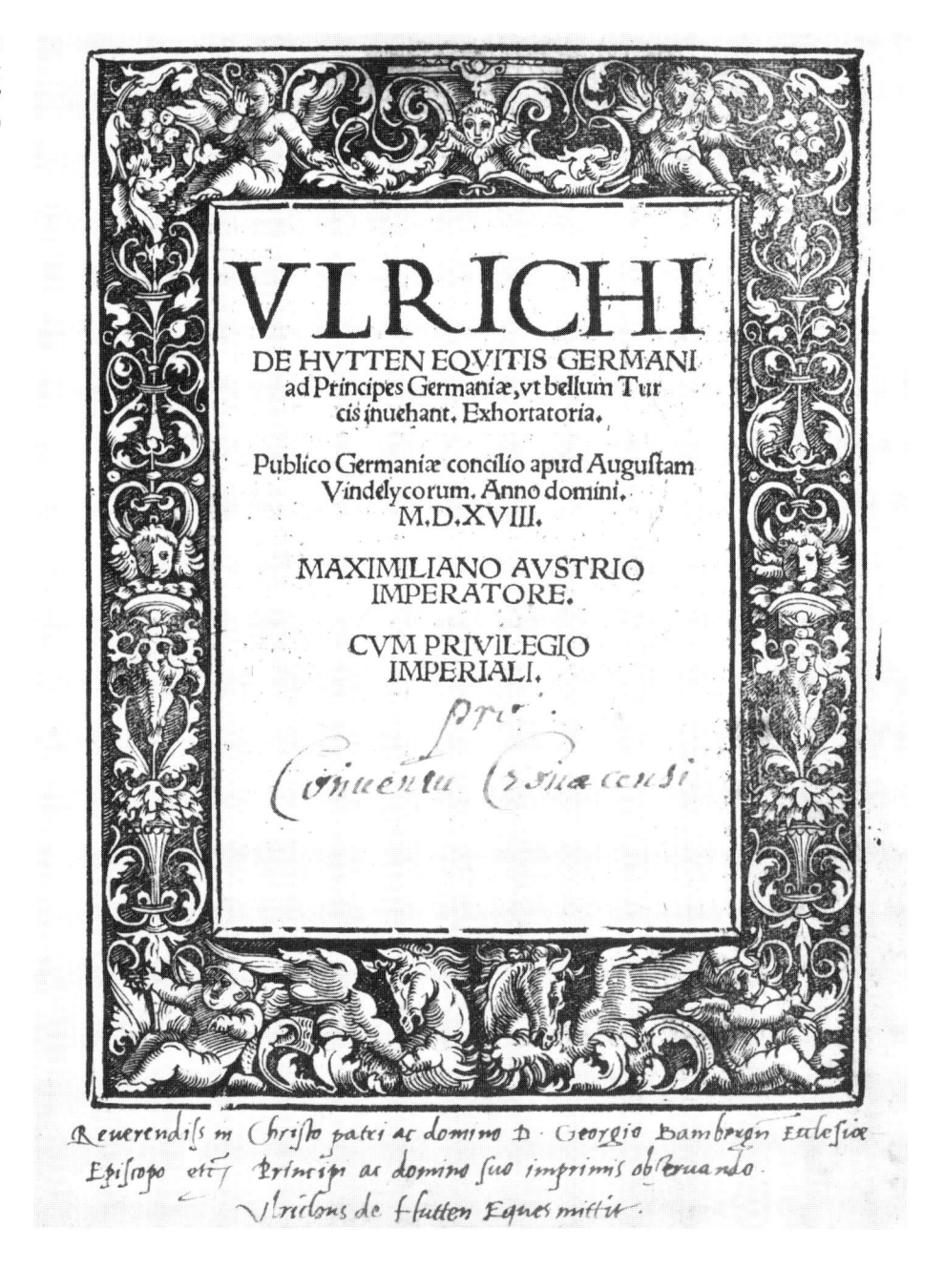

erfolgen. Da das damals geltende kanonische Recht für die Ablegung der Profeß ein Alter von 14 Jahren vorschrieb, erfüllte Ulrich von Hutten also bereits im Jahre 1502 alle erforderlichen Voraussetzungen, um sich durch die Ablegung der Profeß unwiderruflich an das Kloster Fulda zu binden. Die Eltern hatten demzufolge ihren Sohn nicht ohne Grund im Alter von 11 Jahren dem Kloster Fulda übergeben. Es war für sie der frühestmögliche Zeitpunkt gewesen, um zu erreichen, daß er spätestens mit 14 Jahren versorgt war und sie aller Kosten für ihn enthoben waren. Bei einer ganzen Reihe von Mönchen, wie z. B. bei dem mit Ulrich von Hutten fast gleichaltrigen späteren Fuldaer Abt Philipp Schenk zu Schweinsberg oder dessen fünftem Nachfolger Balthasar von Dermbach, läßt sich nachweisen, daß sie mit 14 oder 15 Jahren bereits Profeßmönche waren.[8]

Am 28. Oktober 1505 immatrikulierte sich Hutten an der Universität Köln[9], nachdem er das Sommersemester 1505 mit großer Wahrscheinlichkeit an der Universität Mainz verbracht hatte.[10] In Mainz studierte zu dieser Zeit der Fuldaer Stiftsherr Melchior Küchenmeister, der wenig älter als Hutten war, dort den akademischen Grad eines Lizentiaten der Rechte erwarb und ein Jahr vor Hutten durch ein Attentat starb. In Köln studierte um diese Zeit der schon erwähnte Fuldaer Stiftsherr Philipp Schenk zu Schweinsberg, der hier oder an der Universität Mainz ebenfalls das juristische Lizentiat erwarb.[11] Es ist nicht ausgeschlossen, daß die Beurlaubung des jungen Hutten zum Universitätsstudium nicht die ungeteilte Zustimmung des damaligen Fuldaer Abtes, des reformeifrigen Johann von Henneberg, der selbst einst unter anderem in Köln studiert hatte, fand.[12] Als dieser 1507 den Mainzer Domherrn Hartmann von Kirchberg als Koadjutor mit dem Recht der Nachfolge annehmen wollte, machte das Fuldaer Stiftskapitel dies unter anderem davon abhängig, daß Kirchberg als Koadjutor und später als Abt es nicht verhindern würde, „so ye zu ziten persone uß dem stifft umb studirens willen zu hohen schulen zyhen wulten".[13] Von diesem Zeitpunkt an erscheint dieser Punkt stets in den Kapitulationen, deren Einhaltung die Fuldaer Stiftsherren bei Abtswahlen für den Fall ihrer Wahl beschwören mußten.

Von der Kölner Universität wechselte Hutten 1506 an die Universität Frankfurt a. d. Oder über,[14] wo er am 14. September 1506 als Viertbester das philosophische Bakkalaureat erlangte.[15] Von 1507 bis 1509 studierte er in Leipzig,[16] dann in Greifswald[17] und Rostock[18]. In Rostock dichtete er seine „Querelae", die 1510 in Frankfurt a. d. Oder im Druck erschienen. In der Schlußelegie läßt er die Muse auf ihrer Wanderung auch in sein heimatliches Kloster kommen und durch sie Abt, Koadjutor und einige Personen, die ihm in der Zeit seines Aufenthaltes in Fulda anscheinend besonders nahestanden, grüßen. Dies waren die beiden Stiftsherren Franko Mörle gen. Behm und Georg von Schaumberg und der schon genannte Peter Schmerleib. Während Hutten für diese drei Worte höchsten Lobes findet, warnt er die Muse vor einem gewissen Tundalus, damit er sie nicht verletze und von dort vertreibe.[19] Man wird wohl kaum fehl gehen, in Tundalus den Fuldaer Mönch Johann Knöttel zu sehen, der sich um die Fuldaer Klosterbibliothek durch eine völlige Neuordnung verdient machte. Huttens gespanntes Verhältnis zu Knöttel mag wohl in erster Linie auf einer engen Handhabung der Benutzerordnung der Bibliothek durch den ordnungsliebenden Kustos beruht haben, die dem ungestümen und freiheitsliebenden jungen Klosterschüler und Mönch nicht paßte, dann freilich auch darauf, daß Knöttel Anhänger einer im Spätmittelalter auch in Fulda festzustellenden Klosterreform war, die Hutten wie manchen anderen adeligen Konventualen des Klosters ein Dorn im Auge war. Hutten rächte sich an Knöttel also dadurch, daß er ihn, obwohl bereits verstorben, in seiner Elegie als einen Feind der Muse erscheinen ließ. Die ganz und gar küchenlateinische Übersetzung des Namens, die an die Wortbildungen der fast gleichzeitigen Dunkelmännerbriefe erinnert, sollte dies nur unterstreichen.[20]

Ende des Jahres 1510 war Hutten in Wittenberg,[21] wo ihn ein Brief des bekannten Humanisten Crotus Rubeanus erreichte, der vom 3. Februar 1511 datiert und Auskunft über Huttens Verhältnis zu seinem heimatlichen Kloster in diesen Jahren seines beginnenden unsteten Lebens gibt.[22] Crotus Rubeanus, der wie Hutten sich im Herbst 1505 an der Kölner Universität immatrikuliert hatte, war seit 1509 Lehrer der Fuldaer Klosterschule und versah dieses Amt mit Unterbrechungen bis zum Jahre 1524.[23] Sein Brief an Hutten, der in einem sehr vertraulichen Ton geschrieben ist, setzt einen Brief Huttens an Crotus voraus, der zwar verlorengegangen ist, dessen Hauptinhalt aus der Antwort des Crotus jedoch klar ersichtlich ist: Hutten ist seit längerem in großer finanzieller Not und Crotus soll für ihn in Fulda um Unterstützung vorstellig werden. In seinem Brief berichtet Crotus über seine Bemühungen und über andere für Hutten nicht uninteressante Neuigkeiten. Er beginnt damit, daß er oft, mit Lob nicht sparend, über ihn mit den Stiftsherren gesprochen habe. Manchmal sei der Ton heftig, manchmal auch bittend gewesen. Dabei sei irgendwann das Wort gefallen, er, Hutten, wolle, ja er habe schon das Ordensgewand ausgezogen oder es angedroht. Dies alles habe er ihm jedoch schon in den beiden früheren Briefen, deren erster im vergangenen Jahr an ihn abgegangen sei, mitgeteilt. Dann kommt Crotus auch auf seinen Vater, den alten Ulrich von Hutten, zu sprechen und berichtet von ihm, daß er zwar oft nur mit Spott über die Studien seines Sohnes rede, trotzdem könne er nicht genug des Lobes über ihn hören. Er, Crotus, habe deshalb den Eindruck, die eidliche Versicherung seines Vaters gegenüber den Stiftsherren, er werde dafür sorgen, daß sein Sohn wieder in die Kukulle, d. h. ins Kloster zurückkehre, diene nur zu ihrer Beschwichtigung und sei nicht ganz ehrlich gemeint. Natürlich liege ihm sehr an der Rückkehr seines Sohnes, aber heimlich verfolge er für den Fall, daß seine Bemühungen um die Rückkehr des Sohnes ins Kloster scheitern würden, bereits einen andern Plan. Im vergangenen Jahr nämlich, fährt Crotus fort, habe er, der alte Hutten, in Fulda beim Spättrunk, als sie fast ganz allein gewesen seien, besonders offen über seinen Sohn mit ihm gesprochen. Aus diesem Gespräch sei dreierlei erwähnenswert: einmal habe er geschworen, er würde sofort 100 Gulden darum geben, daß sein Sohn nicht so viele Jahre in diesem Kloster verbracht hätte; dann habe er vom Klosterleben angefangen, das aus ihm nie einen guten Mönch machen werde; schließlich habe er erwähnt, daß ein Glied der Familie Hutten es in Italien beim Studium der Rechtswissenschaft zu etwas gebracht habe; wenn sein Sohn zurückkehre und sich dem Studium der Jurisprudenz widme, wolle er ihn zu dem erwähnten Juristen schicken; es sei besser, sein Sohn werde ein geschickter Jurist, der der Familie Hutten einmal nützlich sein könne, als ein verkehrter Mönch, der den Oberen nur schlecht gehorchen werde. Crotus bittet deshalb Hutten, auf jeden Fall zurückzukehren, aber nicht ins Kloster, sondern um über den geheimen Plan seines Vaters genaueres zu erfahren. Gegen Ende des Briefes kommt Crotus noch einmal auf seine Bemühungen für Hutten in Fulda zu sprechen, beschränkt sich aber dann unter Hinweis, daß er ihn darüber schon in den früheren Briefen informiert habe, nur noch auf die Mitteilung, daß alle im Kloster ihn lieben und große Hoffnungen auf ihn setzen würden, besonders die „Archimandriten", d. h. Abt und Koadjutor, um deren Gunst sein Vater für ihn ständig bemüht sei; Geld jedoch hätten sie dem Zonarius – es handelt sich um den aus Ingolstadt stammenden Humanisten Gürtler – für ihn nicht mitgegeben, denn die „vorsichtigen Väter" wollten nicht die Geprellten sein; sie würden sagen, daß sie aufs Beste für seine Studien sorgen wollten, sobald er sein Treueversprechen halte.

In Fulda hatte man also die Geldzahlungen an Hutten für Studium und Unterhalt, die vermutlich über die jährliche Frankfurter Fasten- und Herbstmesse abgewickelt wurden, eingestellt, nachdem man offensichtlich Bedenken bekommen hatte, ob die Ausgaben für ihn noch gerechtfertigt waren. Seit sechs Jahren Student, hatte Hutten noch nicht einmal den akademischen Grad eines Magister artium, der zum Studium an einer theologischen, juristischen oder medizinischen Fakultät berechtigte, erworben, obwohl dies in der Regel nach fünf Jahren Universitätsstudium möglich war. Sein inzwischen sechsmaliger Universitätswechsel mag in Fulda weitere Zweifel an der Ernsthaftigkeit seiner Studien hervorgerufen haben. Über seinen Freund Crotus Rubeanus bzw. dessen Einfluß in Fulda suchte er die finanzielle Absicherung seines Universitätsstudiums, die ihm als Mönch allein sein Kloster gewähren konnte, zurückzugewinnen.

**Fuldensis ciuitatis & celeberrimæ abbatiæ eius imago, hodiernum situm & figuram articulatim exprimens.**

*Stadtansicht Fulda (nach Hans Brosamer), aus: Sebastian Münster, Cosmographia, 1578 (Kat.-Nr. 3.10)*

Hutten hat zwar später mit Entschiedenheit geleugnet, jemals Mönch des Klosters Fulda gewesen zu sein. In seiner Schrift „Endtschuldigung Ulrichs von Hutten wyder etlicher unwarhafftiges außgeben von ym, als solt er wider alle geystlicheit und priesterschafft sein, mitt erklärung etlicher seiner geschrifften", die wahrscheinlich im Jahr vor seinem Tod entstand, erzählt er, daß er mit elf Jahren von seinen Eltern dem Kloster übergeben worden sei, um dort Mönch zu werden. Er habe damals auch in die Bestimmung der Eltern eingewilligt. Doch später, nachdem er das Leben ein wenig erkannt und sich eher zu einem anderen Stand berufen gefühlt habe, sei er wieder aus dem Kloster ausgetreten, an das er zudem noch nicht durch Ablegung der Profeß gebunden gewesen sei. Seine „Freunde" jedoch hätten aus seinem Aufenthalt im Fuldaer Stift, um ihn in üblen Ruf zu bringen, die Legende gemacht, er sei ein Mönch gewesen. Dies streitet er nicht nur ganz entschieden ab, sondern er fordert seine Verleumder auf, sie möchten doch Zeugen dafür beibringen, daß er Profeß abgelegt habe, bzw. sie möchten den Abt, Prior, Propst oder Dechant nennen, der seine Profeß entgegengenommen habe. Wenn ihnen dies nicht möglich sei, sollten sie nicht unwahre Dinge über ihn ausstreuen, damit er zur Wahrung seines guten Rufes nicht zum Gegenangriff veranlaßt würde.[24]

Dem steht jedoch gegenüber, daß Apollo von Vilbel, der neun Jahre älter war als Hutten und 1503 als Fuldaer Mönch das Kellnereiamt im Kloster Fulda übernahm, also zur gleichen Zeit im Kloster Fulda war wie Hutten, von diesem in seinen 1536 verfaßten privaten Aufzeichnungen sagt, er sei ein Mönch des Klosters Fulda gewesen.[25]

Steht in der Verteidigungsschrift Huttens und in den Aufzeichnungen Vilbels letztlich Aussage gegen Aussage, so läßt der oben inhaltlich wiedergegebene Brief des Crotus Rubeanus an Hutten kaum einen Zweifel daran, daß dieser dem Kloster Fulda als Mönch angehörte. Denn dort ist man, wie der Brief eindeutig erkennen läßt, wenigstens bis 1510 der Meinung, Hutten gehe noch immer im Ordensgewand, also als Mönch, seinen Studien nach. Erst 1510 hört man dort, daß er sein Ordensgewand ausziehen, d. h. dem Kloster den Rücken kehren wolle, ja, es sogar schon getan oder wenigstens angedroht habe. Es stellt sich jedoch die Frage: Konnten die Fuldaer Stiftsherren im Ernst glauben, Hutten, inzwischen 22jährig, sei noch immer im Mönchsgewand, also als Mönch, von Universität zu Universität gezogen, obwohl er weder zum Tragen des Ordensgewandes noch zu mönchischer Lebensweise verpflichtet war, wenn er nicht Profeß abgelegt hatte? Eine Antwort hierauf erübrigt sich wohl.

Der alte Hutten, dies geht weiterhin aus dem Brief hervor, gibt den Fuldaer Stiftsherren die eidliche Versicherung, daß er dafür sorgen werde, daß sein Sohn wieder ins Kloster zurückkehren werde, obwohl er inzwischen davon überzeugt ist, daß sein Sohn für das Kloster nicht taugt, und er – so unterstellt ihm jedenfalls Crotus – für den Fall, daß seine Bemühungen um die Rückkehr scheitern, im geheimen bereits andere Pläne schmiedet. Auch hier stellt sich die Frage: Wenn Ulrich von Hutten kein Profeßmönch war, warum läßt sich dann der alte Hutten den Fuldaer Stiftsherren gegenüber eidlich binden, obwohl er selbst kaum mehr an die Rückkehr seines Sohnes ins Kloster glauben kann und deshalb bereits andere Pläne mit ihm vorhat? Dies läßt sich wohl nur so erklären, daß er, wenn die Unterstellung des Crotus überhaupt zutrifft, sich wenigstens nach außen hin nicht der Klosterapostasie seines Sohnes schuldig machen wollte.

Ein weiterer wesentlicher Punkt des Briefes ist, daß Hutten vom Kloster Fulda finanzielle Unterstützung für sein Studium erwartet. Doch wie kommt er dazu, ein Kloster um Geld zur Finanzierung seines Studiums anzugehen, wenn er nicht Mitglied desselben war? Für einen Weltkleriker, ja selbst für viele Laien war der normale Weg zur Finanzierung des Studiums der Besitz einer oder mehrerer Altarpfründen. Diese hätten ihm seine in den fränkischen Domkapiteln sitzenden Verwandten und auch der Fuldaer Abt verschaffen bzw. übertragen können, wenn er nicht Mönch war. Ebenso hätte er seinen Vater um Unterstützung bitten können, der sie ihm jedoch nur gewähren durfte, wenn er nicht Mönch war. Von einer Bitte Huttens an seinen Vater um Geld hören wir jedoch nichts, obwohl er mit ihm über Crotus in Verbindung stand, sondern nur von der Bitte um Unterstützung an das Kloster Fulda, das zu seinem Unterhalt verpflichtet war, wenn er ihm als Mönch angehörte.

Im Kloster ist man, wie der Brief eindeutig erkennen läßt, gewillt, für Huttens Unterhalt während seines Studiums bestens zu sorgen, nur muß er zuvor sein Treueversprechen halten. Auf welches Treueversprechen aber konnte man im Fuldaer Stift pochen, wenn nicht auf die Profeß und die mit ihr eingegangenen Verpflichtungen? Oder sollte Hutten etwa bei Beginn seines Studiums dem Stift gegenüber versprochen haben, für die Finanzierung des Studiums nach Beendigung desselben als Weltkleriker oder als Laie in dessen Dienst zu treten? Letzteres ist kaum anzunehmen. In Fulda war man trotz der Hutten ohne Zweifel eigenen Fähigkeiten und der schmeichelnden Worte, alle würden ihn lieben und große Hoffnungen auf ihn setzen, nicht im geringsten auf ihn angewiesen. Kurz nach Beginn von Huttens Studium dürfte der Johannesberger Propst Melchior Küchenmeister als Lizentiat der Rechte von der Universität zurückgekommen sein, desgleichen Philipp von Schweinsberg, der sein Studium ebenfalls mit dem juristischen Lizentiat abschloß. Diese beiden waren es, die neben Apollo von Vilbel nach dem Scheitern der Regierung Hartmann von Kirchbergs und unter dem schwachen Johann III. von Henneberg die Geschicke des Stifts lenkten.[26] Vielmehr war Hutten auf das Stift angewiesen, das für ihn jedoch nur zu sorgen hatte, wenn er ihm nicht nur als Mönch angehörte, sondern auch den mit der Profeß übernommenen Pflichten nachkam.

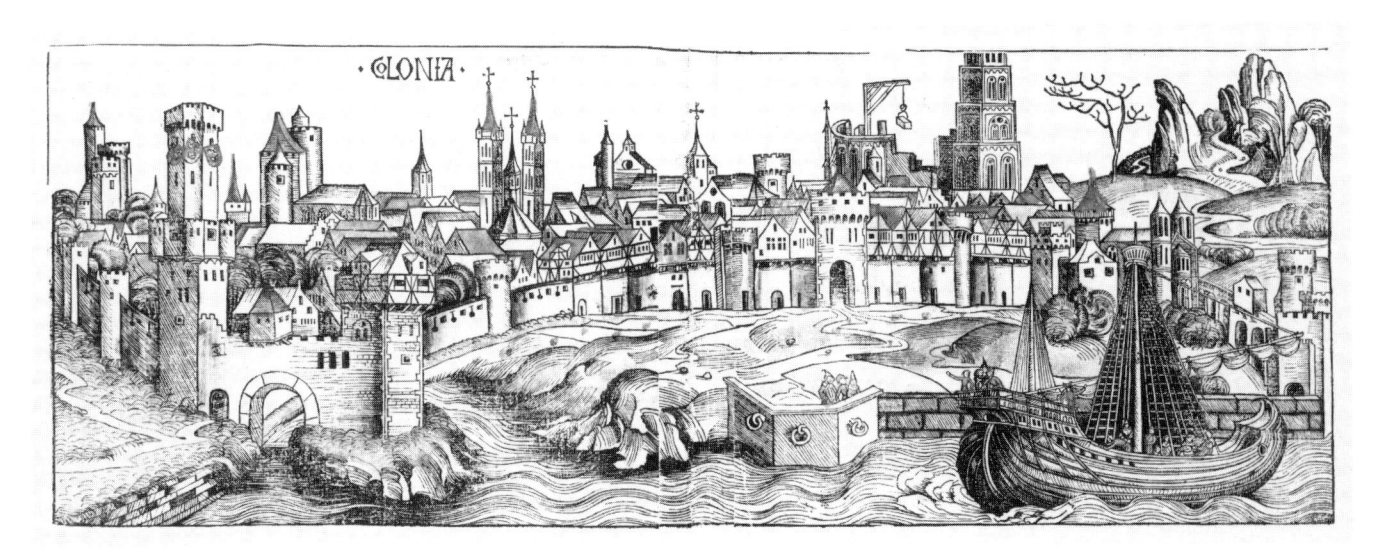

*Stadtansicht Köln, aus: Hartmann Schedel, Buch der Chroniken, Nürnberg 1493 (Kat.-Nr. 3.13)*

Hutten leugnete übrigens nicht nur, jemals Mönch gewesen zu sein, sondern stellte auch nachdrücklich in Abrede, daß er jemals Doktor, Magister oder Bakkalaureus geworden sei. Und doch läßt sich aktenmäßig nachweisen, daß er, wie schon erwähnt, in Frankfurt a. d. Oder das philosophische Bakkalaureat erworben hatte.[27] Daß man ihm keinen Abt, Prior, Propst oder Dechant nennen könne, der seine Profeß entgegengenommen habe, hatte er leicht sagen, da zur Zeit der Abfassung der „Endtschuldigung" keine der in Frage kommenden Personen mehr am Leben war.[28]

Als Hutten den Brief des Crotus Rubeanus aus Fulda erhielt, war seine Entscheidung vermutlich bereits gefallen. Im Frühjahr 1511 brach er von Wittenberg auf, jedoch nicht um in sein Kloster zurückzukehren, sondern um nach Wien zu gehen.[29] Von 1512 bis 1514 unternahm er seine erste, von 1515 bis 1517 seine zweite Reise nach Italien, doch ohne auch dort irgendeine Qualifikation an einer Universität zu erlangen.[30] 1519 scheint er von der väterlichen Burg Steckelberg aus, auf der er um diese Zeit wiederholt anzutreffen ist, zum ersten Mal wieder in Fulda gewesen zu sein. Was ihn jetzt nach Fulda zog, war wohl die dortige Klosterbibliothek, wo ihn jedoch nicht so sehr wie andere Humanisten die zahlreichen dort aufbewahrten Texte antiker Klassiker interessierten, sondern Traktate, die seinem Kampf gegen das Papsttum dienen konnten. So fand er damals in Fulda die anonyme Kampfschrift „De unitate ecclesiae conservanda" aus der Zeit des Investiturstreites, die vielleicht das bedeutendste Produkt der Publizistik gegen Papst Gregor VII. zugunsten Kaiser Heinrichs IV. darstellt. 1520 gab Hutten die Schrift in Mainz im Druck heraus. Bei einem Besuch in Fulda fand Hutten auch eine Vita Heinrichs IV., von der damals noch fünf Bücher vorhanden waren, außerdem Handschriften mit Werken von Quintilianus, Plinius und Marcellus, die er aus der Klosterbibliothek mitnahm und um die sich nach seinem baldigen Tod verschiedene Verleger bemühten.[31] Denn das „Verzeichnis der brieflichen Urkunden, so in der Reposition der Bibliotheca im Stifft zu finden 1572" vermerkt neben anderen Leihscheinen „Drey Recognitiones D. Ulrichi de Hutten über etzliche auß der Liberey empfangene Bucher".[32] Aber wie auch der Katalog der Handschriften der Fuldaer Klosterbibliothek aus der Zeit um 1560 zeigt, gelangten die Handschriften der genannten Autoren nicht mehr dorthin zurück.[33]

Auch im Herbst 1520 weilte Hutten noch einmal mehrere Tage in Fulda, wo er mit Crotus Rubeanus zusammentraf und dabei wohl mit ihm auch seine revolutionären Pläne besprach.[34] Vermutlich war es sein letzter Aufenthalt in Fulda. In der

Abtei selbst hatte man um diese Zeit andere Probleme,[35] als sich um den vagabundierenden Klosterapostaten, der in diesen Jahren keinen Einzelfall darstellte, zu kümmern.

Anmerkungen

1. E. Böcking (Hrsg.), Ulrichi Hutteni opera omnia II, Leipzig 1859, S. 130. – Im Zusammenhang mit diesem Beitrag über Ulrich von Hutten und das Kloster Fulda verweist der Verfasser auf den Aufsatz von G. Richter Ulrich von Hutten und das Kloster Fulda, in: Fuldaer Geschichtsblätter 7 (1908) SS. 33–37, 57–64, 77–80, 94–102; 8 (1909) 26–27, 33–40, 49–61 und auf den Aufsatz von J. Leinweber, Ulrich von Hutten – ein Fuldaer Mönch? in: Würzburger Diözesangeschichtsblätter 37/38 (1975) S. 541–556. Nachstehender Beitrag bietet weithin Ergebnisse aus den beiden genannten Aufsätzen und einige Ergänzungen aufgrund neuerer Archivfunde.
2. J. Rübsam, Die Chronik des Apollo von Vilbel, Fulda 1889, S. 23.
3. Vgl. Leinweber, Ulrich von Hutten, S. 544f.
4. Ebd., S. 545.
5. Böcking III, S. 72. Zu Schmerleib siehe Leinweber, Ulrich von Hutten, S. 549.
6. Leinweber, Ulrich von Hutten, S. 545f.
7. Ebd.; G. Richter, Statuta maioris ecclesiae Fuldensis (= Quellen und Abhandlungen zur Geschichte der Abtei und der Diözese Fulda 1) Fulda 1904, S. 7.
8. Leinweber, Ulrich von Hutten, S. 546–548.
9. H. Keussen, Die Matrikel der Universität Köln II (= Publikationen der Gesellschaft für Rheinische Geschichtskunde 8) Bonn 1919, S. 584.
10. H. Grimm, Ulrich von Hutten – Wille und Schicksal (= Persönlichkeit und Geschichte 60/61) Göttingen 1971, S. 33.
11. Leinweber, Ulrich von Hutten, S. 547, 550 und 555f.
12. Zur Klosterreform unter Abt Johann von Henneberg siehe J. Leinweber, Das Hochstift Fulda vor der Reformation (= Quellen und Abhandlungen zur Geschichte der Abtei und der Diözese Fulda 22) Fulda 1972, S. 285–294.
13. Richter, Statuta, S. 28. Vgl. Leinweber, Hochstift, S. 25.
14. E. Friedländer, Die Matrikel der Universität Frankfurt a. d. Oder I (= Ältere Universitätsmatrikeln 1) Leipzig 1887, S. 5.
15. H. Grimm, Ulrich von Huttens Universitätsjahre und Jugenddichtungen, Frankfurt a. d. Oder – Berlin 1938, S. 58.
16. G. Erler, Die Matrikel der Universität Leipzig I, Leipzig 1895, S. 483.
17. E. Friedländer, Universität Greifswald I (= Ältere Universitätsmatrikeln 2) Leipzig 1893, S. 166.
18. Grimm, Ulrich von Huttens Universitätsjahre, S. 45.
19. Böcking III, S. 72. Zu Franko Mörle gen. Behm und Georg von Schaumberg vgl. Rübsam, S. 25 und 43.
20. Zu „Tundalus" vgl. J. Leinweber, Die der Öffentlichen Bibliothek zu Fulda von ihrer Fertigstellung im Jahre 1778 bis zum Jahre 1802 einverleibten Bibliotheken, in: A. Brall (Hrsg.), Von der Klosterbibliothek zur Landesbibliothek. Beiträge zum zweihundertjährigen Bestehen der Hessischen Landesbibliothek Fulda, Stuttgart 1978, S. 325f. Zu Knöttel vgl. J. Leinweber, Der Fuldaer Stiftskustos Johann Knöttel, in: Fuldaer Geschichtsblätter 48 (1972), S. 126–137.
21. Grimm, Hutten, S. 42.
22. Böcking I, S. 17–21.
23. Leinweber, Ulrich von Hutten, S. 545.
24. Böcking II, S. 145f.
25. Rübsam, S. 45. Zu Apollo von Vilbel siehe J. Leinweber, Der Fuldaer Abtskatalog des Apollo von Vilbel (= Quellen und Abhandlungen zur Geschichte der Abtei und der Diözese Fulda 25) Fulda 1986, S. 26–28.
26. Vgl. hierzu Leinweber, Hochstift, S. 28f.; ders., Ulrich von Hutten, S. 555f.
27. Grimm, Ulrich von Huttens Universitätsjahre, S. 58.
28. Vgl. Leinweber, Ulrich von Hutten, S. 556.
29. Grimm, Hutten, S. 42.
30. Richter, Ulrich von Hutten (1909), S. 26 und 34.
31. Ebd., S. 35–40. Bei dem von Richter (ebd., S. 26f.) angenommenen Besuch Huttens 1514 in Fulda dürfte es sich um einen Besuch des alten Ulrich von Hutten handeln.
32. Staatsarchiv Marburg, R 75.
33. Vgl. Richter, Ulrich von Hutten (1909), S. 39.
34. Ebd., S. 49–56.
35. Vgl. Leinweber, Hochstift, S. 26–29.

*Berthold Jäger*

# Die Beziehungen zwischen dem geistlichen Fürstentum Fulda und der Familie von Hutten

Unabhängig von der vielleicht nicht mehr zu klärenden Frage, ob die Familie von Hutten ihren Namen nach dem gleichnamigen Dorfe trägt oder die Ortschaft nach dem Geschlecht benannt ist, ist die Zugehörigkeit der Familie zur Dienstmannschaft des – mit Unterstützung der Reichsabtei Fulda gegründeten[1] – Klosters Schlüchtern gesichert[2]. Allerdings haben sich die von Hutten schon sehr bald aus dem Abhängigkeitsverhältnis vom Kloster Schlüchtern gelöst und sich durch den Erwerb eigenständiger Vogteirechte und durch Pfandschaften sowie durch die Ausweitung des grundherrlichen Besitzes eine eigene Machtbasis geschaffen. Die kleinräumige „Schütterzone" zwischen Wetterau und Rhön bot hierfür nach dem Zerfall des staufischen Reichsgutsystems geradezu ideale Bedingungen – und die Herren von Hutten lavierten über Jahrhunderte hinweg äußerst geschickt und erfolgreich, bei ständiger Ausdehnung des eigenen Herrschaftsbereiches, zwischen den mächtigen Territorialherren in dieser Gegend wie dem Erzbischof von Mainz, dem Bischof von Würzburg, dem Fürstabt von Fulda, den Herren, später Grafen von Hanau und in beschränkterem Maße auch dem Abt von Schlüchtern und den Herren von Ysenburg: Anlehnung und Anpassung an die Mächtigeren, wenn dies geraten erschien, aber auch entschlossenes und konsequentes Ausnutzen der Schwächen eben dieser Mächtigen – mit jener „Ambivalenz von Konfliktbereitschaft und Kooperationsfähigkeit", die Klaus Peter Decker als kennzeichnendes Merkmal für das Verhältnis zwischen den Herren von Hanau und den von Hutten herausgestellt hat[3], läßt sich auch das Verhältnis der von Hutten zu den genannten geistlichen Territorialherren, speziell dem Fürstabt von Fulda, umschreiben.

Die Äbte des 744 von Sturmius im Auftrag des Bonifatius als normatives Benediktinerkloster gegründeten Klosters Fulda[4] hatten – auf der Grundlage eines umfangreichen, allerdings weit verstreuten Grundbesitzes, gestützt auf verschiedene königliche Privilegien und Übertragungen von Hoheitsbefugnissen, vor allem in Form von Gerichtsrechten – bereits im 12. Jahrhundert den Aufstieg in den Reichsfürstenstand erreicht; die förmliche Anerkennung erfolgte in den Reichsgesetzen Kaiser Friedrichs II. 1220 und 1231/32[5]. Der Abt wurde so vom Klostervorsteher und Grundbesitzer, der für die wirtschaftlichen Grundlagen seines Klosters Sorge trug, zum Landesherrn eines Gebietes, das (in seinen lokalen Mittelpunkten) von Vacha im Nordosten bis Hammelburg im Südosten, von Eiterfeld/Fürsteneck im Nordwesten bis Salmünster/Soden im Südwesten und von Herbstein im Westen bis Salzungen im Osten reichte, zahlreiche Exklaven nicht zu rechnen, dessen Umfang und Grenzen jedoch noch lange fließend blieben – bis Arrondierungstendenzen auf der einen, Lösungsbestrebungen und Entfremdungsversuche auf der anderen Seite zu einem gewissen Abschluß kamen.

Allgemeine Jurisdiktionsgewalt und höchste Gerichtsbarkeit, daneben auch lokale Gerichtsrechte (Hochgerichte, Niedergerichte), Lehnsherrlichkeit, Schutz- und Schirmrechte (mit der Möglichkeit, Steuern zu „erbitten"), Befestigungsrecht (Burgenbau), Herrschaft über Straßen und damit über Geleit, Zoll und Münze, Zuständigkeiten über Wald und Bergschätze u. v. a. m. verbanden sich in der landesherrlichen Gewalt[6]. Allerdings besaßen die Fürstäbte dadurch vielerorts zunächst nur einen Herrschafts*anspruch*, der gegenüber konkurrierenden Herrschaftsträgern im Lande erst noch durchgesetzt werden mußte, d. h. gegenüber dem im wesentlichen aus der Dienstmannschaft herausgewachsenen Niederadel, der sich auf seine grundherrlichen lokalen Gerichtsbefugnisse, auf einen eigenen Gerichtsstand im sogenannten „Paradiesgericht" und auf persönliche Freiheiten stützen konnte (die dem Landesherrn praktisch auch den rechtlichen und finanziellen Zugriff auf die ritterschaftlichen Untertanen verwehrten), daneben im 13. und bis zur Mitte des 14. Jahrhunderts über eine beachtliche, den Fürstäbten überlegene wirtschaftliche Potenz verfügte (die Ausfluß einer gezielten Landerwerbspolitik und des Ausnutzens günstiger Konjunkturverläufe war, ehe Agrarkrisen auch den wirtschaftlichen Rückhalt des Adels schwächten).

Dieser im 13. Jahrhundert eingeleitete Prozeß der Herrschaftsverdichtung zog sich bis ins 16., ja in Ausläufern bis ins 17. Jahrhundert hinein: Den Fürstäbten gelang es, die zur Blutgerichtsbarkeit gesteigerte Hochgerichtsbarkeit durch eigene Beauftragte ausüben zu lassen, wenngleich sich dies zunächst nur auf die unmittelbaren, eigenen Untertanen des Klosters bezog; durch den Erwerb von Zenten, d. h. lokalen Hochgerichtsrechten, erreichten sie die Ausdehnung der hohen Gerichtsbarkeit auch über die nicht zur Grundherrschaft des Klosters Gehörenden. Zugleich bildeten die alten Zentbezirke größtenteils die Grundlage für die Ämterverfassung mit knapp 30 landesfürstlichen Ämtern, deren Einrichtung um 1300 die erste Phase der Territorialisierung abschloß und die innere Durchdringung des Herrschaftsgebietes einleitete[7].

Starke Bedeutung für die Aufrichtung der Landesherrschaft kam auch einer ausgeprägten Burgenpolitik zu, mit deren Hilfe „bisherige Herrschaft über Personen in Herrschaft über Land" umgewandelt werden konnte[8]: Adlige Familien wurden gezwungen, ihre Eigenburgen dem Fürstabt aufzutragen und von diesem als Lehen wieder zu empfangen, Neubauten waren von einer Lehnsauftragung und der Zusicherung des Öffnungsrechtes abhängig; dagegen dienten vom Landesherrn selbst erbaute Burgen der fortifikatorischen Absicherung des Herrschaftsgebietes sowohl nach innen – indem sich Gerichts- und Ämterverfassung in enger Anlehnung an sie ausbildeten – als auch nach außen.

Doch auch auf dieser Entwicklungsstufe des Territorialstaates blieben die Adligen und ihre Hintersassen dem Zugriff des Landesherrn in vielerlei, vor allem gerichtlicher und finanzieller Hinsicht entzogen. Aufgrund ihrer (wenngleich immer mehr eingeschränkten) ritterlichen Dienste genossen die Niederadligen Steuerfreiheit; ihre Hintersassen waren *ihnen* zu Abgaben und Steuern verpflichtet. Die Fürstäbte erhielten die auf dem Schutz- und Schirmverhältnis gründenden, immer wieder neu zu erbittenden Steuern ebenso wie die Mehrzahl der indirekten Steuern von den Bauern und Bürgern, die auf *landesherrlichem* Grundbesitz siedelten. Doch wurde eine Ausweitung des Kreises der Steuerpflichtigen zur Finanzierung der steigenden Anforderungen, d. h. zur Durchsetzung und Aufrechterhaltung der Landesherrschaft nach innen wie nach außen und zur organisatorischen Durchdringung des Territoriums – mit der Einrichtung einer festen Zentralverwaltung (mit gelehrten „täglichen" Räten) und einer dieser nachgeordneten Lokalverwaltung in den Ämtern –, auch zur Deckung des persönlichen Bedarfs des Fürstabts und seiner Umgebung am Hof, im späten Mittelalter und in der frühen Neuzeit immer drängender, mußte aber die Reaktion der Betroffenen herausfordern. Diese im Lande Herrschaft übenden und über grundherrlichen Besitz verfügenden sowie kapitalerwirtschaftenden Kräfte (neben dem Adel auch das Stiftskapitel in seinen propsteilichen Bezirken und die Städte) konnten sehr wohl am „Prinzip der jedesmal neu zu bewilligenden Steuern"[9] festhalten und für ihre finanziellen Opfer, genauer: die ihrer Hintersassen, Gegenleistungen in Form von Mitsprache in wichtigen Landesangelegenheiten verlangen, – Mitsprache, die im 16. Jahrhundert in dem Aufbau einer landständischen Organisation mündete[10].

In diesem hier kurz skizzierten Prozeß der Herausbildung einer (wenn auch eingeschränkten) Staatlichkeit des fuldischen Gebiets, des Übergangs vom „Personenverbandsstaat" in einen „institutionellen Flächenstaat" mit starken Impulsen zur Zentralisierung, Fiskalisierung und Juridifizierung, mit der teilweisen Zurückdrängung, teilweisen Behauptung der feudalen Gegenkräfte, haben die von Hutten, neben den anderen eingesessenen Adelsfamilien, eine sowohl unterstützende als auch opponierende Rolle gespielt, waren sie sowohl „Helfer" als auch „Widerpart", halfen sie die Landesherrschaft des fuldischen Abtes einerseits abzusichern, andererseits sie abzuwehren und einen eigenen, unabhängigen Herrschaftsbereich aufzubauen und diesen gegen äußere Einflüsse abzusichern. Latente Spannungen bestanden zwischen dem immer festere Gestalt annehmenden Territorialstaat, welcher „intermediäre" Gewalten zurückdrängen mußte, und der niederadligen Familie, die sich zahlen- und gebietsmäßig immer mehr ausbreitete – letzteres vielfach auf Kosten des Stifts Fulda – und ihre grundherrlichen und niedergerichtlichen Rechte behaupten wollte; immer aber gab es auch Zusammenarbeit – nahegelegt durch wechselseitige Abhängigkeiten und Vorteile.

Auf vier Ebenen soll dies im folgenden kurz verfolgt werden:
1. Lehensbeziehungen,
2. Pfandschaften,
3. Fürstendienste und geistliche Laufbahnen,
4. Rolle der von Hutten innerhalb der fuldischen, „Buchischen" Ritterschaft.

1. Lehensbeziehungen

Wiewohl für die Landesherrschaft nicht unmittelbar konstitutiv, war die Lehenshoheit ein wesentliches Instrument zur Durchsetzung der landesherrlichen Ansprüche des fuldischen Abtes. Die Lehenvergabe erfolgte zum einen in der Frühzeit ganz gezielt (bevor die Lehen erblich wurden), zum anderen wurden schon seit dem 11. Jahrhundert Adelsfamilien zur Auftragung von Eigengütern und zum anschließenden Lehensempfang aus den Händen des Abtes gezwungen.

Allerdings nahmen die aus dem Lehensverhältnis begründeten Pflichten der Ritter im Laufe der Zeit immer mehr ab. Dennoch bildete der Lehnshof des fuldischen Abtes einen Kristallisationspunkt für den Adel der näheren Umgebung; hier konnte der Fürstabt Einfluß auf die Adligen geltend machen, fand ein Interessenausgleich statt, wurde auch einer – freilich begrenzten – Einbindung des Adels in den Territorialstaat vorgearbeitet. Gleichwohl: Lehenshoheit bedeutete noch keineswegs unumschränkte Landesherrschaft über den Adel – wie die geschichtliche Entwicklung des 16. und 17. Jahrhunderts zeigt, die 1656 zum Ausscheiden des Adels aus dem Territorialverband des Stifts Fulda führte. Daneben bildete der Lehnshof auch einen Anknüpfungspunkt für die seit dem frühen 16. Jahrhundert sich ausbildende landständische Organisation, d. h. die Interessenvertretung der politischen Stände des geistlichen Fürstentums (Stiftskapitel, Ritterschaft, Städte und zeitweilig auch Kollegiatstifte), mit dem Landtag als Forum.

Unter den umfangreichen Eigen- und Lehensbesitzungen[11] der weitverzweigten Familie von Hutten nahmen die fuldischen Lehen – überwiegend in den Händen des Stolzenberger Stammes – einen gewichtigen, wenn auch nicht den überwiegenden Teil ein. So gingen im Spätmittelalter und in der frühen Neuzeit z. B. folgende, im Herrschaftsgebiet des Stifts Fulda gelegene *Burgsitze* – mitsamt den daran hängenden größeren Besitzkomplexen, mit Gütern, Höfen, Äckern,

Wiesen, Wäldern, Gärten, vornehmlich in den fuldischen Ämtern Salmünster, Herolz, Brückenau und Neuhof, aber auch in nicht oder nicht mehr zum fuldischen Territorium gehörenden Orten wie Schlüchtern und Reichenbach sowie im eigenen Einfluß- und Herrschaftsbereich der von Hutten –, welche Herrschaft über Land und Leute, auch die Landstandschaft im Stift Fulda vermittelten, vom fuldischen Fürstabt zu Lehen:
– Stolzenberg,
– Salmünster,
– Soden[12].

Dazu kamen im 17. Jahrhundert ererbte Anteile an den Burgsitzen in Niederkalbach und Uttrichshausen[13] sowie in Dipperz[14].

2. Pfandschaften

Zur organisatorischen Durchdringung seines immer mehr feste Gestalt annehmenden und durchgegliederten Territoriums war der Abt des Klosters Fulda schon früh auf die Mitarbeit der führenden Schichten in seinem Herrschaftsbereich angewiesen. Diese Mitarbeit leisteten in erster Linie die im Einflußbereich der Abtei ansässigen niederadligen Familien, die zum Teil aus der Dienstmannschaft des Stiftes hervorgegangen waren. Sie waren dem Abt auch aus handfesten Interessen verpflichtet. Nicht nur gewährleistete das adlige Stiftskapitel die Versorgung nachgeborener Söhne, und verschiedene dem Abt unterstellte Damenstifte im fuldischen Territorium sicherten auch die der Töchter; es lockten auch der soziale Aufstieg und die Vorteile, die eine Familie erreichen konnte, wenn sie den Abt stellte. Dazu bot sich im Stiftsdienst nicht nur die Chance zu politischer Einflußnahme, zu administrativer und militärischer Betätigung, sondern vor allem die Möglichkeit wirtschaftlichen und rechtlichen Zugewinns.

Denn die Dienstleistungen, die anfangs durch die Vergabe von Lehen abgegolten wurden – welche viele Lehensträger auf dem Wege der Erblichkeit in ihren Dauerbesitz bringen konnten –, wurden im 14. und 15. Jahrhundert von den Fürstäbten fast ausschließlich durch die (grundsätzlich befristete) Verpfändung von Amtsbezirken mit deren Einnahmen, sog. Herrschaftsverpfändungen, bzw. durch Rentenanweisungen oder Rentenverpfändungen entschädigt[15].

Wesentlich bei den Herrschaftsverpfändungen waren nicht die aus der Pfandschaft zufließenden Einkünfte, sondern die Herrschaft über Land und Leute. Die Fürstäbte als Pfandgeber verfolgten dabei neben dem Aspekt schneller Geldbeschaffung – die Äbte litten im 14. und 15. Jahrhundert fast permanent unter Geldnot[16] – auch das Ziel, die Pfandnehmer für sich zu gewinnen oder sie noch fester an sich zu binden. Die Pfandnehmer wiederum sahen eine Möglichkeit, ihre politische Stellung zu festigen und/oder ihre Herrschaftsbasis zu erweitern, indem sie die ihnen verpfändeten Bezirke möglichst lange in ihrem Besitz behielten und dadurch dem Stift immer mehr entfremdeten; dazu dienten z. B. Erhöhungen der Pfandsumme, Kumulierung von Pfändern und Abmachungen, daß Einlösungen nur zu Lebzeiten des Pfandinhabers oder seiner Nachkommen oder nur mit eigenen Geldern des Landesherrn erlaubt seien.

Die Tatsache, daß die Ämter in Fulda meist nur kurzfristig verpfändet wurden – es gab allerdings gewichtige Ausnahmen –, und daß die Fürstäbte sich die Erbhuldigung vorbehielten, zeigt, daß die Äbte die Gefahr der Abhängigkeit und Entfremdung gesehen und eine voll kalkulierte Politik betrieben haben. Dem Stift gingen zwar einige Herrschaftsgebiete auf Dauer oder über lange Zeiträume verloren – vornehmlich an Pfandnehmer aus fürstlichen Häusern. Auf der anderen Seite gelang dadurch aber auch die Einbindung eines Teils des einheimischen Adels in den Territorialstaat. Denn im Zuge des Aufbaus einer Zentralverwaltung wurde die Pfandherrschaft zur Amtsausübung unter landesherrlicher Hoheit, wurden aus „selbständigen" Amtsherren landesfürstliche „Beamte". Auch Mitglieder der Familie von Hutten – die sich unter den adligen Pfandnehmern aufgrund einer beachtlichen wirtschaftlichen Potenz besonders hervortat – sind diesen Weg gegangen. Das Ziel, Pfandschaften in dauernden, in Eigenbesitz zu bringen und dadurch die eigene Herrschaftsbasis zu erweitern, wurde von ihnen nicht erreicht.

Im einzelnen gestalteten sich die Pfandnahmen durch die von Hutten folgendermaßen:

*Amt Salmünster*

Auf Burg Stolzenberg, dem ursprünglichen Zentrum des fuldischen Verwaltungsbezirks Salmünster, mit dem seiner Salzquellen wegen schon im 14. Jahrhundert begehrten Soden[17], waren seit 1328 als Erbburgmannen auch Mitglieder der Familie von Hutten, die sich dann „zum Stolzenberg" benannten, tätig und ansässig; in diesem Jahr wurde den Brüdern Friedrich und Frowin von Hutten vom fuldischen Abt Heinrich (VI.) von Hohenberg ein Teil seiner Einnahmen aus dem Amt verpfändet – einer der Brüder sollte bis zur Rückzahlung der Pfandsumme Amtmann sein[18]. Kurze Zeit später war der Verwaltungsbezirk an die von Hoelin versetzt, vor 1373[19] wurde er durch die von Hutten abgelöst, diese selbst 1384 und 1390 in ihrem Pfandbesitz bestätigt und die Pfandsumme auf 9 200 Gulden angehoben – was die Finanzkraft dieser Adelsfamilie belegt[20].

Die von Hutten haben dann der – andernorts – zum Teil virtuos gehandhabten Verpfändungspolitik der fuldischen Äbte einen herben Dämpfer versetzt, indem

*Bildnis Johann II. von Henneberg, Kopie 18. Jh. (Kat.-Nr. 2.7)*

*Bildnis Hartmann II. von Kirchberg, Kopie 18. Jh. (Kat.-Nr. 2.8)*

sie das Amt Salmünster – wie übrigens auch das ihnen ebenfalls verpfändete Amt Werberg-Motten – ohne Zustimmung Fuldas weiterverpfändeten[21], auch Pfandanteile innerhalb der Familie verkauften[22], während sie Bestrebungen anderer Herrschaftsträger, die „Hauptpfandschaft" direkt von Fulda zu erlangen, erfolgreich abwehren konnten[23].

Am folgenschwersten war die Weiterverpfändung der Hälfte der fuldischen Pfandschaft Salmünster, Soden und Stolzenberg sowie der Dörfer Salz und Ahl 1540 für 26 000 Gulden an das Erzstift Mainz (wobei Mainz die Grafen von Hanau, die seit 1538 ebenfalls mit den von Hutten über einen Ankauf verhandelt hatten, ausstach); erst 1734 konnte das Stift Fulda nach erbitterten Auseinandersetzungen den mainzischen Anteil an dieser Pfandschaft, der inzwischen auf vier Fünftel gestiegen war, für 52 500 Gulden wieder einlösen, den Huttenschen Anteil (ein Fünftel) erhielt man gar erst 1742 zurück[24].

*Gericht (Amt) Herolz*

Die von Hutten tauchen bereits 1322 als Pfandinhaber des Gerichts Herolz auf, in dem neben dem fuldischen Fürstabt vor allem das fuldische Kloster Neuenberg (bis 1546) und die Grafen von Hanau begütert und im Besitz von Schutz- und Gerichtsrechten waren; die Pfandschaft wurde 1339 vom Propst des Klosters Neuenberg mit Zustimmung des fuldischen Abtes eingelöst – der fürstlich-fuldische Anteil betrug damals die Hälfte des Gerichts[25].

In der Folgezeit gelangten neben den von Hutten auch die Herren von Hoelin in den Besitz von fuldischen, wohl auch hanauischen Pfandschaftsteilen; 1430 wurden die Anteile beider Familien wieder aufgekündigt, 1432 aber an Mangolt von Eberstein – der auch Pfandinhaber der hanauischen Burg Brandenstein war – versetzt. 1465 löste der fuldische Rat Lorenz von Hutten zu Steckelberg diese Pfandschaft ein, die 1494 seinem Sohn Ulrich (d. Ä.), dem Vater des Dichters, übertragen und jener zugleich als fuldischer Rat bestellt wurde[26].

1546 erfolgte die endgültige Einlösung des Verwaltungsbezirkes durch Fürstabt Philipp Schenck zu Schweinsberg, im gleichen Jahr auch der Eintausch der Rechte und Besitzungen des Klosters Neuenberg durch den Abt[27]. Wegen der Eigenbesitzungen und der vogteilichen Rechte (Niedergerichtsbarkeit) der von Hutten zu Steckelberg in diesem Gericht wurde 1561 ein Vergleich geschlossen, der den Adligen die Vogteiherrschaft im Dorfe Weiperz zugestand. Daneben aber waren die fuldischen Fürstäbte bemüht, adligen Grundbesitz aufzukaufen und somit das fuldische Stiftsgebiet abzurunden[28].

*Amt Neuhof*

Zwei Jahre nach der Amtmannschaft auf Stolzenburg erhielten die tatkräftigen Brüder Frowin und Friedrich von Hutten 1330 das Amt Neuhof bis zur Rückzahlung von 200 Pfund Heller. Noch im gleichen Jahr aber wurde das Amt von Fürstabt Heinrich (VI.) für 300 Pfund Heller an die von Küchenmeister und Dietrich Gutel versetzt. Doch schon 1334 erhielt Friedrich, der auch fuldischer (Hof-)Marschall war, von neuem Gericht und Amt Neuhof auf fünf Jahre für 500 Pfund Heller, jedoch ohne „Amtmanns"- und Herbergsrecht. Nach der Mitte des 15. Jahrhunderts gelangte das Amt an die Herren von Küchenmeister und von Eberstein, im Laufe des 15. Jahrhunderts gelang dem Stift die vollständige Wiedereinlösung[29].

*Amt (Hammelburg-)Saaleck*

1347 erhielt Friedrich von Hutten auch dieses zuvor an Eberhard von Steinau versetzte Amt für 1500 Pfund Heller; 1418 erscheinen wieder die von Steinau-Steinrück als Pfandinhaber, danach die Grafen von Rieneck und von Henneberg[30]. Zu Anfang des 16. Jahrhunderts läßt sich an mehreren Mitgliedern der Familie von Hutten dann der Übergang von der (Eigen-)Verwaltung des Amtes auf der Grundlage der Pfandschaft zur *amtsweisen* Verwaltung durch „Beamte", unter der Kontrolle des Fürstabts, aufzeigen. So wurden 1472 dem Konrad von Hutten zu Stolzenberg (Konradinische Linie, Zweig zu Trimberg) Schloß, Amt und Gericht Saaleck amtsweise und mit besonderen Verabredungen auf sechs Jahre für 680 Gulden überlassen, 1474 Schloß und Amt Saaleck für 2000 Gulden auf Wiederkauf an ihn verpfändet; gleichzeitig gab Fürstabt Johann (II.) von Henneberg den Brüdern Barthel (Bartholomäus) und Jost von Hutten zu Stolzenberg (Konradinische Linie, Zweig zu Arnstein und Saaleck) die Zusicherung, ihnen die Ablösung von Schloß und Amt Saaleck von ihrem Cousin (!) Konrad zu gestatten, wenn sie dies begehren würden – was dann 1475 der Fall war; jetzt erhielten die Brüder das Amt für 2000 Gulden Pfandsumme[31]. Diese Pfandsumme wurde später sogar erhöht; nachdem Barthel von Hutten 1495 gestorben war, wurden seiner Witwe 1496 4350 Gulden Pfandgelder zurückgegeben[32].

Auf die Pfandinhaber Kaspar Küchenmeister (1496–1498), Andreas (1498–1508) und Dietrich Voit von Rieneck gen. von Gemünden (1508–1512) folgte 1512 mit Agapitus, dem Sohn des Barthel, wieder ein von Hutten; ohne Rechnungslegung, lediglich bei Abgabe von 100 Gulden jährlich, sollte er die Einkünfte des Amtes genießen. Grund hierfür war ein Darlehen über 1000 Gulden, das Agapitus Fürstabt Johann (II.) und Koadjutor Hartmann Burggraf von Kirchberg gewährt hatte[33]. Auch ein Schuldbrief über 2000 Gulden, den Abt und Koadjutor 1513 der Witwe des Barthel und Mutter des Agapitus von Hutten, Amalie (geb. von Steinau-Steinrück), ausstellten mit dem Versprechen, daß ihr das Amt Saaleck unverrechnet eingehändigt werden sollte[34], dürfte im Zusammenhang mit der Amtmannschaft von Agapitus zu sehen sein.

Nach dem 1520 erfolgten Tod des Agapitus von Hutten, welcher kinderlos geblieben war, erscheint Ulrich von Hutten (zu Steckelberg?) als Pfandinhaber des Amtes, das 1523 von Fulda ausgelöst[35] und in der Folgezeit von „Beamten" verwaltet wurde, so auch 1528–1545 von Hans von Hutten zu Steckelberg, dem jüngsten Sohn Ulrichs d. Ä. und der Ottilie, geb. von Eberstein, und Bruder des „poeta" Ulrich[36].

*Amt Werberg-Motten*

1362 versetzte Fürstabt Heinrich (VII.) von Kranlucken das Schloß Werberg und das Gericht zu Motten für 6000 Gulden an die Ritter von Hutten zu Stolzenberg[37], die 1391 ohne Wissen des Abtes ein Achtel ihres Anteils an Kurmainz verkauften, was im Zusammenhang mit ebenfalls eigenmächtigen Weiterverpfändungen von Anteilen des Amts Salmünster und anderen, landfriedensbedrohenden, Übergriffen, die Fulda ebenfalls nicht hinzunehmen gewillt war, zu bewaffneten Auseinandersetzungen führte. Abt Johann (I.) von Merlau verband sich mit dem Bischof von Würzburg und dem Grafen von Henneberg und belagerte die Burg Werberg, verstand sich dann aber 1404 zu Schiedsverhandlungen. Der dem Stift Fulda durch die Huttenschen Eigenmächtigkeiten entstandene Schaden wurde von den Schiedsrichtern auf 2000 Gulden geschätzt; die von Hutten wurden angehalten, Schloß Werberg, Amt und Gericht Motten dem Abt zurückzugeben und die Entschädigung zu zahlen[38]. Doch vermochten es Frowin, Ludwig und Hartmann von Hutten, sich dem Schiedsspruch zu entziehen und sich, ebenso ihre Nachfahren, im Pfandbesitz von Salmünster und Werberg-Motten zu behaupten.

Später war die Pfandschaft überwiegend im Besitz der von Ebersberg gen. von Weyhers; doch erst 1540 kündigte Fulda auch den von Hutten ihre noch besitzenden Pfandanteile auf, und die endgültige Ablösung zog sich weitere Jahre hin[39].

*Amt Brückenau*

Als Pfandnehmer des Landgrafen von Hessen, dem seit 1427 – neben Kurmainz – ein Teil des Amtes Brückenau verpfändet war, erscheint von 1482–1500 Konrad von Hutten zu Stolzenberg (Konradinische Linie, Zweig zu Trimberg), dem 1472 Schloß, Amt und Gericht Saaleck verpfändet worden waren. Am halben Schloß Schildeck, das meist von der Hauptverpfändung ausgeschlossen war, besaßen dagegen 1441 Konrad von Hutten und 1490 Ulrich von Hutten Anteile, die später im wesentlichen der Familie von Steinau gen. Steinrück zufielen[40].

*Gericht Reichenbach*

Fuldische Pfandnehmer waren die von Hutten schließlich auch im Gericht Reichenbach, über das dem Stift Fulda nur die Lehenshoheit verblieben und welches de facto an die damit belehnten Vögte – nach den Herren von Büdingen und von Trimberg, den Grafen von Weilnau und Hanau seit 1438 die Grafen von Ysenburg – übergegangen war. Die Bestrebungen der Ysenburger, das Gericht Reichenbach in die eigene Gerichtsverwaltung zu integrieren und die fuldische Gerichtsbarkeit (Halsgericht) zurückzudrängen, führten bis ins 16. Jahrhundert hinein zu Konflikten, in denen die von Hutten die fuldische Position vertraten[41].

3. Fürstendienste und geistliche Laufbahnen

*a) Fürstendienste*

Im Mittelalter wurden die wichtigsten Regierungs- und Verwaltungsangelegenheiten, einschließlich der obersten Rechtsprechung im Territorium und der Lehnsgerichtsbarkeit, vom Fürsten mit Unterstützung der Hofleute sowie einiger weiterer „familiarii", später „consiliarii" aus dem Kreis der adligen Lehnsleute und des Stiftskapitels wahrgenommen. Unterstützt wurden sie in ihrer Tätigkeit von einer kleinen Schreibstube (Kanzlei) – getragen von Geistlichen. Der Schwerpunkt der Verwaltungstätigkeit, die Umsetzung der Herrscherentscheidungen, lag in den Händen der Lokal„beamten", der (adligen) Amtleute und der (bürgerlichen) Amtsvögte, die unterste Finanzverwaltungs- und Gerichtsinstanz zugleich waren – sofern die Ämter nicht verpfändet waren.

Im Zuge des Territorialisierungsprozesses, dem Streben nach Arrondierung des „Staats"gebietes und Schaffung eines einheitlichen, in straffer Organisation zusammengehaltenen und verstärkt zu Abgabeleistungen herangezogenen Untertanenverbandes, aber auch mit dem steigenden Bedürfnis des Landesherrn nach Ausdehnung *seiner* Rechtsprechung im Zeichen der Rechtsvereinheitlichung – für das sich das systematische Römische Recht gegenüber den herkömmlichen Gewohnheitsrechten, dem „Alten Recht", empfahl – wuchsen die Aufgaben, die durch die alten Formen der Herrschaftsausübung nicht mehr zu bewältigen waren.

Im ausgehenden 15. und im frühen 16. Jahrhundert verfestigte sich daher der Kreis der Berater des Fürstabts zu einer eigenen Behörde, einem „consilium formatum", das regelmäßig tagte, eine feste Geschäftsordnung und einen festen Aufgabenkreis besaß. Diese „Hofrat" genannte Behörde nahm die Regierungsbefugnis nach innen wahr und fungierte als oberstes landesfürstliches Gericht wie auch als Lehengericht. Die Rechtsprechung orientierte sich an römisch-rechtlichen

Grundsätzen, was entsprechend geschultes Personal — gelehrte Juristen zumeist bürgerlichen Standes, da der Adel sich dem Universitätsstudium zunächst versagte — erforderlich machte. Das adlige Element wurde dementsprechend im Rätekreis zurückgedrängt, allerdings nicht ausgeschaltet. Die Kanzlei als Schreibbüro wurde personell erheblich aufgestockt, der Kanzler als Leiter dieses Büros gewann aufgrund seiner besonderen Qualifikation und seiner intimen Kenntnis aller Verwaltungsvorgänge allmählich die bestimmende Position innerhalb des Hofrates. Die Lokalverwaltung wurde fest an die Zentrale angebunden, die alte Selbständigkeit, aber auch die unorthodoxe Amtsführung verschwand, die Amtsgeschäfte wurden umfangreicher, und auch ein eigener „Amtsapparat" bildete sich aus.[42]

Die Familie von Hutten hat auch den Dienst in der Herrschaftsverwaltung des Stifts Fulda bewußt gesucht. Der Aspekt der Einflußnahme auf den werdenden Territorialstaat verband sich dabei mit finanziellen, mit „Versorgungs"gesichtspunkten. Auf der anderen Seite war die Nutzung der militärischen und sozialen, in geringerem Maße auch der intellektuellen Potenz der Adligen für die Fürstäbte das bestimmende Moment bei der Berücksichtigung bzw. Anwerbung als Diener, Hofleute und Räte.

Am Zentrum des mittelalterlichen Regierungs- und Verwaltungsapparates des Stifts Fulda, dem Hof bzw. der Hofverwaltung des Fürstabtes — der sich von seinem Kloster räumlich abgesetzt und eine eigene Burg, später Schloß, errichtet hatte — waren die von Hutten schon früh präsent. Allerdings besaßen sie keines der Erbhofämter Truchseß, Mundschenk, Marschall und Kämmerer, die in Fulda seit dem ausgehenden 12. Jahrhundert belegt sind. Vielmehr fungierten Friedrich, der Begründer des Stolzenberger Stammes, (1334), sein Sohn Konrad, der Gründer der Fränkischen, Konradinischen Linie, (1358, 1362) und sein Neffe Frowin von Hutten als „Untermarschälle", die ihr Amt als zeitlich befristetes Lehen der eigentlichen Marschälle, der Grafen von Ziegenhain, ausübten. Da die „submarechalli" jedoch im Gegensatz zu den Stiftsmarschällen am Hofe präsent waren, konnten sie einen starken Einfluß nicht nur auf die Hofverwaltung, sondern auch auf das Militär-, Gerichts- und Lehnswesen, ja die gesamte Landesverwaltung nehmen[43]. Als im ausgehenden 15. Jahrhundert eine Trennung in Erb- und Hofmarschallamt, in Repräsentanz und Amtsführung, vollzogen bzw. das alte System unter neuer Nomenklatur fortgeschrieben und das Erbmarschallamt der Familie von Schlitz gen. von Görtz übertragen wurde, behielten die wechselnden Inhaber des Hofmarschallamts zunächst ihren starken Einfluß auf Regierung und Verwaltung des Stifts, wurden aber im Verlaufe des 16. Jahrhunderts von den bürgerlichen gelehrten Kanzlern zurückgedrängt — allerdings entstammte keiner dieser Hof-, später: Obermarschälle mehr der Familie von Hutten.

Unter den Hofräten des Stifts Fulda findet sich bereits (1448—1466) Lorenz von Hutten zu Steckelberg[44], ebenso dessen Sohn Ulrich (Vater des Dichters), der 1494 als „Hofdiener" angenommen wurde und zugleich das Amt Herolz pfandweise erhielt[45]. Als fuldischer Rat von Haus aus war er verschiedentlich in diplomatischen Missionen unterwegs: So begleitete er 1514 Fürstabt Hartmann Burggraf von Kirchberg — zur Wahrung kurmainzischer Interessen(!) — nach Erfurt[46]; 1516 übergab er zusammen mit dem Propst Melchior Küchenmeister die Beschwerdeschrift des fuldischen Kapitels gegen den wegen seiner expansiven Außenpolitik und seiner Finanzwirtschaft stark angefeindeten, im gleichen Jahr von den Landständen de facto seiner Herrschaft entsetzten Hartmann dem Bischof von Würzburg[47]. Auch Barthel von Hutten zu Stolzenberg, der Pfandinhaber des Amts Saaleck, läßt sich als fuldischer Rat — in gerichtlicher Tätigkeit — zwischen 1489 und 1492 nachweisen[48].

Nach einer zwischenzeitlich fast totalen Absenz von Fulda, im Zusammenhang des Loslösungsprozesses der fuldischen Ritterschaft vom Stift und ihrem „Aufstieg" zur Reichsritterschaft – wovon noch zu sprechen sein wird –, tauchen erst im 18. Jahrhundert, im Zuge einer Aufwertung des fuldischen Hofes als Repräsentationsinstrument, die viele fuldische und fränkische, im 16. Jahrhundert protestantisch gewordene Adelsfamilien zur erneuten Orientierung nach Fulda bewog, wieder von Hutten als fuldische Räte auf. Namhaft gemacht werden können Johann Philipp von Hutten zu Stolzenberg (Linie zu Salmünster) (1660–1738), der eine Karriere als Hofkavalier, Hofrat und Geheimer Rat durchlief und auch Oberamtmann zu Ürzell (1723–1726) war[49], Georg von Hutten zu Stolzenberg, 1757–1768 als Geheimer Rat nachzuweisen[50], und Friedrich August von Hutten zu Stolzenberg in Salmünster (1722–1799), der ebenfalls Geheimer Rat war[51]. Letztere schmückten sich allerdings nur mit dem (Ehren-)Titel, praktische Regierungsaufgaben nahmen sie nicht wahr.

Mehr als am Hof und in der Zentralverwaltung taten sich die von Hutten in der Lokalverwaltung des Stifts Fulda hervor. Wie oben gezeigt, gab es hier über die Pfandschaften die stärksten Anknüpfungspunkte. Aber auch als um 1500 die Verwaltung der Ämter den Pfandnehmern entzogen und der stiftischen Zentrale unterstellt wurde, blieben Mitglieder der Familie von Hutten als Amtleute dem Stift verbunden. Bevorzugtes Amt war Saaleck, wo Hans von Hutten zu Steckelberg, der Bruder des Dichters, als „echter" Amtmann fungierte. Frowin, ein anderer Bruder des Dichters, war dagegen Amtmann zu Brückenau (1535?–1540)[52], während im 18. Jahrhundert Johann Philipp von Hutten zu Stolzenberg, wie bereits gezeigt, als Oberamtmann zu Ürzell tätig war; damals allerdings war die tatsächliche Amtsverwaltung längst an die bürgerlichen Amtsvögte übergegangen.

*b) Geistliche Laufbahnen*

Die Unterbringung von Söhnen in Klöstern und Stiften stand für die Adelsfamilien nicht nur unter dem Aspekt der unmittelbaren „Versorgung" des betreffenden Sohnes (wofür eine erhebliche finanzielle Vorleistung zu erbringen war), sondern auch des Vorteils für die übrigen Familienangehörigen im Falle des Aufstiegs des geistlichen Sohnes zum Abt oder Bischof und damit zum Aufstieg in den Reichsfürstenstand. Die Wahl zum Abt oder Bischof bedeutete nicht nur gesteigertes Sozialprestige für die Familie, sondern führte in der Regel auch zur Versorgung anderer Familienangehörigen am Hof des Gewählten.

Die Familie von Hutten war für geistliche „Karrieren" mehr auf die rheinischen und fränkischen Erz- und Hochstifte Mainz, Speyer, Würzburg und Bamberg sowie auf Eichstätt als auf das Stift Fulda fixiert. Die Bestimmung Ulrichs von Hutten für die geistliche Laufbahn in Fulda[53] knüpfte an das Beispiel des 1503 verstorbenen Johannes von Hutten zu Stolzenberg (Frowinsche Linie, 2. Unterlinie) an. Dieser hatte es zum Kapitular, Propst in Rohr (1492–1498) und Höchst (1498–1503) sowie Cellerarius des Stifts (ab 1494) gebracht[54], wenngleich ihm innerhalb des Kapitels nicht der Sprung in die vorderen, abtsfähigen Ränge geglückt war. Mit dem Rückzug Ulrichs 1505 wurden die Bestimmungen nachgeborener Huttenscher Söhne für die geistliche Laufbahn im Stift Fulda für rund 200 Jahre unterbrochen. Und nur Bonifatius von Hutten zu Stolzenberg (Romsthal-Steinbacher Linie) (1683–1739) stieg hier noch zu höheren Würden auf, wurde 1707 Kapitular, 1724 Propst zu Holzkirchen, 1732 zu Thulba und 1738 auf dem Petersberg, wo er auch starb[55].

4. Die von Hutten als Mitglieder der Buchischen Ritterschaft und der Reichsritterschaft und deren Verhältnis zum Stift Fulda

Als Herren über ein ziemlich geschlossenes Gebiet, den später so genannten „Huttischen Grund", der unmittelbar an stift-fuldisches Territorium grenzte und in dem Fulda zwar die Zent, d. h. die Hochgerichtsbarkeit, beanspruchte (und behauptete), als fuldische Lehensleute, Pfandinhaber verschiedener Amtsbezirke und Dienstleute, aber auch als Herren über weiteren umfangreichen Eigen- und Lehnbesitz im oberen Kinzigraum (Vollmerz/Ramholz, Altengronau, Joß- und Sinngrund) sowie in Franken[56] und als Dienstleute verschiedener geistlicher und weltlicher Herrscher in Franken, Schwaben und am Rhein besaßen die von Hutten ein starkes Gewicht innerhalb des fuldischen Adels und gegenüber dem fuldischen Abt als Landesherrn – was sich auch in verschiedenen Fehden gegen den Abt, z. B. 1392 und 1403/04[57] niederschlug. Die verstreuten Besitzungen und die vielfältigen verwandtschaftlichen Beziehungen führten zur Orientierung an die Fürsten- und Bischofshöfe in Franken, Schwaben und am Rhein, ließen die Beziehungen zum Stift Fulda häufig genug in einer anderen Perspektive erscheinen, wahrten den von Hutten eine gewisse Selbständigkeit gegenüber dem mächtigeren Nachbarn.

Die von Hutten wachten streng über ihre eigenen Rechte und schlossen sich auch von den ritterschaftlichen Bewegungen im Stift Fulda nicht aus, die einerseits auf Wahrung der adligen Freiheiten und auf Mitsprache in den wichtigen Landesangelegenheiten zielten, andererseits seit der Mitte des 16. Jahrhunderts – nach dem Vorbild der Ritterschaften in Franken, Schwaben und am Rhein, denen die von Hutten mit ihren dortigen Besitzungen angehörten und von wo aus entsprechende Gedanken in den fuldischen, den sogenannten „Buchischen", Adel getragen wurden – die Reichsunmittelbarkeit, also die direkte Unterstellung unter den Kaiser, nicht unter einen Landesherrn, beanspruchten. Allerdings befanden sich die von Hutten in diesen Auseinandersetzungen mit den fuldischen Fürstäbten selten an exponierter Stelle.

Den landesherrlichen Bestrebungen nach Zentralisierung, Fiskalisierung und Juridifizierung – die den Adel am Hof und in der Lokalverwaltung entbehrlicher machten, von ihm und seinen Hintersassen den Beitrag zur Unterhaltung des Territoriums wie des Reiches verlangten sowie seine Eigen- und Schiedsgerichtsbarkeit einschränkten – setzten die fuldischen Ritter die Einung von 1510 sowie die Verweigerung von Reichssteuerlieferungen an das Stift Fulda, ja, seit 1575, die Klage vor den Reichsgerichten entgegen – letztlich, 1656, mit Erfolg[58]. Ulrich von Hutten zu Steckelberg, der Vater des Dichters, war 1510 einer von insgesamt vier Ritterräten; und Valentin Dietrich und Ludwig von Hutten zu Stolzenberg bestritten bereits 1538 die Verpflichtung zur Steuerzahlung an das Stift – unter Berufung auf angebliche Reichsunmittelbarkeit[59]. Den zwischen Landesherr und Ritterschaft 90 Jahre lang, mit Unterbrechungen, an Reichsgerichten geführten Kampf um Landsässigkeit bzw. Reichsunmittelbarkeit des Buchischen Adels, welcher von Phasen der Zusammenarbeit – getragen von den „Realpolitikern" unter den Adligen, die dem Stift durch Dienstbeziehungen verpflichtet waren – haben die von Hutten jedoch mehr begleitend als aktiv betreibend miterlebt, von dem 1656 zu Würzburg geschlossenen Vertrag mit seiner Anerkennung der ritterschaftlichen Reichsunmittelbarkeit, dem Wegfall der Reichssteuerlieferungen an das Stift Fulda, dem Verzicht des Fürstabtes auf die Gerichtshoheit über die Ritter (bei weitgehender Beibehaltung der Hochgerichtsbarkeit über ritterschaftliche Untertanen) gleichwohl profitiert und dessen Ergebnisse für ihre Besitzungen im „Huttischen Grund" durch Vereinbarungen mit Fulda, so z. B. 1765, 1766 und 1778, abgesichert[60].

Die Ambivalenz ritterschaftlicher Politik zeigte sich auch beim Aufbau einer organisierten landständischen Vertretung; die Landständische Organisation des 16. und 17. Jahrhunderts hatte ihre Wurzeln neben den Zusammenkünften der Lehensleute auf den Hoftagen und neben dem Recht des Stiftskapitels auf Mitwirkung in wichtigen Herrschaftsangelegenheiten, welches in den sogenannten „Alten Statuten" von 1395 und deren Ergänzung 1410 festgeschrieben wurde[61], in den Einungsbewegungen der Ritterschaft zur Wahrung ihrer Privilegien und Verhinderung bzw. Abwehr von Mißherrschaft und -wirtschaft der Fürstäbte, namentlich 1380, 1382 und 1384[62]. Konkrete Anstoßpunkte waren dann die Herrschaftsverdichtung am Ausgang des Mittelalters und in der frühen Neuzeit mit drastisch erhöhten finanziellen Forderungen des Landesherrn, die jedoch zu ihrer Erfüllung der Zustimmung der Betroffenen resp. ihrer Vertreter bedurften, zwei einschneidende Herrschaftskrisen 1516–1521 und – im Zuge des Bauernkrieges – 1525 (mit personellen Wechseln in der Stiftsleitung) sowie die vermehrten Reichssteuerforderungen im Zusammenhang mit den Türkenkriegen und die Umlegung der Reichssteuern von den Landesherrn auf die Untertanen. Reichs- und Landsteuern wurden das beherrschende Thema der ständischen Versammlungen des 16. und 17. Jahrhunderts, der Landtage. Die Landstände wahrten hier lange ihr Steuerbewilligungsrecht, übten dadurch eine gewisse Kontrolle der Landesherrschaft aus; durch ihre Steuerbewilligungen aber trugen sie zugleich zur Stabilisierung der Landesherrschaft bei – sie gewährleisteten die Herrschaft, bis ihr Steuerbewilligungsrecht ausgehöhlt wurde, aus prinzipiell einmaligen Abgaben regelmäßige, dauerhafte wurden[63].

Unter den fuldischen Landständen spielten die von Hutten, die – wie oben gezeigt – ihre Landtagsfähigkeit gleich von mehreren Burgsitzen ableiten konnten, keine herausragende Rolle. An vielen Landtagen haben sie gar nicht teilgenommen, so 1583, 1598, 1599, 1600, 1621[64]. Auch in den Ausschüssen, die seit den Auseinandersetzungen der Ritterschaft mit Fürstabt Balthasar von Dernbach 1573–1576 formiert wurden und die das oberste Organ der ritterschaftlichen Vereinigung bildeten (und von den Ausschüssen auf den Landtagen zu scheiden sind), finden sich die von Hutten nur ganz vereinzelt, so 1619 Daniel von Hutten zu Stolzenberg in Soden[65].

Aus bescheidenen Anfängen hat die sich weit verzweigende Familie von Hutten eine gewisse Unabhängigkeit und eigene zusammenhängende Herrschaftsgebiete erlangt und behauptet, ja in die Reichsunmittelbarkeit überführt. In Fulda war sie seit dem 13. Jahrhundert präsent, hat auf vielen Ebenen der Herrschaftsausübung und Herrschaftskontrolle mitgewirkt – persönlich wie korporativ –, und dabei nie die eigenen Vorteile aus den Augen verloren – wenn auch diesbezügliche Bestrebungen nicht immer von Erfolg gekrönt waren, wie z. B. in der Pfandschaftspolitik, wo die Pläne zur Ausweitung der eigenen Herrschaftsgebiete nicht reiften[66]. Was dann dazu führte, daß man sich neben grundherrlicher Tätigkeit auf Fürsten- und Hof-, auch geistliche Dienste einerseits, korporative ritterschaftliche Politik andererseits verlegte und im Rahmen der reichsritterschaftlichen Organisation mit ihren Kantonen und Quartieren, gar einem eigenen „Buchischen Quartier" innerhalb des Kantons Rhön-Werra, mit Ritterhauptleuten, Ritterräten und Ritterversammlungen, auch ein reiches Betätigungsfeld fand.

## Anmerkungen

1 Matthias Nisthal: Studien zur Geschichte des Klosters Schlüchtern im Mittelalter, Darmstadt/Marburg 1986 (Quellen und Forschungen zur hessischen Geschichte, 65), S. 63–79; Werner Kathrein: Die Beziehungen zwischen der Reichsabtei Fulda und dem Kloster Schlüchtern, in: Fuldaer Geschichtsblätter 61 (1985), S. 30–32.
2 Erwähnungen 1274, 1278: Heinrich Reimer (Bearb.): Urkundenbuch zur Geschichte der Herren von Hanau und der ehemaligen Provinz Hanau, I, Leipzig 1891, Nr. 480, 564.
3 Klaus Peter Decker: Die Hutten und die Grafen von Hanau und Ysenburg, demnächst in: Hess. Jahrbuch f. Landesgeschichte 38 (1988).
4 Hierzu zuletzt Karl Heinemeyer: Die Gründung des Klosters Fulda im Rahmen der bonifatianischen Kirchenorganisation, in: Hessisches Jahrbuch für Landesgeschichte 30 (1980) = Fuldaer Geschichtsblätter 56 (1980), S. 83–132.
5 Entwicklung zusammenfassend: Berthold Jäger: Das geistliche Fürstentum Fulda in der Frühen Neuzeit. Landesherrschaft, Landstände und fürstliche Verwaltung, Marburg 1986 (Schriften des Hessischen Landesamtes für geschichtliche Landeskunde, 39), S. 9–11.
6 Ebd., S. 12–14; vgl. auch S. 120–128.
7 S. dazu Anneliese Hofemann: Studien zur Entwicklung des Territoriums der Reichsabtei Fulda und seiner Ämter, Marburg 1958 (Schriften des Hessischen Landesamtes für geschichtliche Landeskunde, 25), S. 46–185.
8 Hans Patze: Burgen in Verfassung und Recht des deutschen Sprachraumes, in: Ders. (Hg.): Die Burgen im deutschen Sprachraum. Ihre rechts- und verfassungsgeschichtliche Bedeutung, Bd. I, Sigmaringen 1976 (Vorträge und Forschungen, 19), S. 430.
9 Otto Brunner: Land und Herrschaft. Grundfragen der territorialen Verfassungsgeschichte Österreichs im Mittelalter, 6. Aufl. Wien 1965, S. 296.
10 S. dazu Jäger, S. 164–182.
11 Näheres dazu in diesem Band in dem Beitrag von Klaus Peter Decker: Die Besitzungen der Familie von Hutten und die territoriale Situation im oberen Kinzigraum um 1500, S. 113–118.
12 S. Hessisches Staatsarchiv Marburg (StAM) R Ib. von Hutten, 2. Salmünster; 3. Salmünster; 8. Stolzenberg; 10. Soden; sowie R. Ib. Forstmeister, 4. Soden; 5. Soden; Johann Friedrich Schannat: Fuldischer Lehn-Hof sive de clientela Fuldensi beneficiaria nobili et equestri tractatus historico-juridicus. Accedit elenchus vasallorum, Frankfurt am Main 1726, S. 87.
13 Alter Ebersbergischer Besitz. S. dazu Jäger, S. 392f., 405f.
14 Erbe der von Gelnhausen. S. dazu Jäger, S. 380f.
15 Zur Unterscheidung s. Hans-Georg Krause: Pfandherrschaften als verfassungsgeschichtliches Problem, in: Der Staat 9 (1970), S. 387–404, 515–532; s. auch Karl Grossart: Die Landstände der Reichsabtei Fulda und ihre Einungen bis zum Jahre 1410, Diss. Marburg 1912 = Fulda 1912, S. 42–44.
16 Nachweise bei Grossart, S. 47–57.
17 Rudolf Berta: Soden-Stolzenberg. Beiträge zur Geschichte des Salzquellen-Gebietes, der Stadt und des Bades, Fulda 1906, S. 6f.; Georg-Wilhelm Hanna: Geschichte des Heilbades Bad Soden-Salmünster, Bad Soden-Salmünster 1986, S. 13f.
18 Hofemann, S. 147.
19 Im Sühnevertrag vom 5. Juli 1373 zwischen Ulrich IV. von Hanau und den von Hutten, mit dem eine beiderseits heftig geführte Auseinandersetzung ihre Beilegung fand, wurde u. a. festgelegt, daß Ulrich seinen Oheim, dem Fürstabt Konrad (IV.) von Fulda, dazu bewegen sollte, die Pfandschaft Salmünster innerhalb der nächsten drei Jahre von den von Hutten nicht einzulösen. S. Reimer, Bd. III, S. 658–661; Georg Landau: Die hessischen Ritterburgen und ihre Besitzer, Bd. III, Cassel 1836, S. 234f.
20 StAM R Ia. 1375 Nov. 30; 1384 Febr. 1; 1390 Dez. 21.
21 1390 traten sie einen Teil an Stolzenburg und Soden gegen 3000 Gulden an Hanau ab, nachdem sie schon 1387 dem Erzbischof von Mainz gegen Schutzzusicherungen und Dienstversprechen ein Öffnungsrecht an Stolzenburg, Soden und Salmünster eingeräumt hatten. 1403 konnte Frowin von Hutten zwar den Hauptanteil an dieser Verpfändung wieder einlösen, doch erwarb Hanau stattdessen Anteile von Frowins Geschwistern! (Landau, III, S. 238f.)
22 1503 genehmigte Frowin von Hutten, daß sein Bruder Jakob seinem Bruder Hans und seinem Vetter Diether den sechsten Teil der Ämter Salmünster, Soden und Stolzenberg verkaufte. StAM R IX. von Hutten, 1503 März 3 und April 10.
23 1438 z. B. wurde die Pfandschaft über eine Laufzeit von 20 Jahren erneuert (StAM R Ia. 1438 März 23); weitere derartige Verträge folgten, so daß Projekte von Kurmainz, Hanau und Ysenburg, ihrerseits diese Pfandschaft direkt von den Fürstäbten zu erlangen – etwa 1440/42, 1539 – scheitern mußten (s. dazu Decker, Hutten).
24 StAM R Ia. 1734 Mai 5; Hofemann, S. 148.

25 Hofemann, S. 121 f.
26 Ebd., S. 122.
27 Landau, III, S. 323; Hofemann, S. 122.
28 Dies gelang 1614, 1699 und 1704. S. dazu Hofemann, S. 122.
29 Vgl. Hofemann, S. 138; Landau, III, S. 229.
30 Hofemann, S. 107.
31 StAM K 436 (Fuldaer Kopiar XII), Nr. 35, 36, 42, 44, 51; Georg Landau/Albert Frhr. von Boyneburg-Lengsfeld: Hutten, in: Allgemeine Enzyklopädie der Wissenschaften und Künste, 2. Sektion, 12. Teil, Leipzig 1835, S. 219; Philipp Jacob Doell: Geschichtliche und statistische Nachrichten über die Stadt Hammelburg und Schloß Saaleck, in: Archiv des Historischen Vereins für Unterfranken und Aschaffenburg 22 (1874), H. 2/3, S. 537 f.
32 StAM K 438 (Fuldaer Kopiar XIV), Nr. 38.
33 Ebd., Nr. 349, 357.
34 Ebd., Nr. 403.
35 StAM K 440 (Fuldaer Kopiar XVI), Nr. 82.
36 Ebd., Nr. 145; Doell, S. 541.
37 StAM K 438, Nr. 386.
38 Johann Friedrich Schannat: Historiae Fuldensis libri tres. Accedit codex probationum, Frankfurt am Main 1729, CP, Nr. 193–195; Landau, III, S. 232 f., 238 f.; Konrad Lübeck: Die Fuldaer Äbte und Fürstäbte des Mittelalters. Ein geschichtlicher Überblick, Fulda 1952 (Veröffentlichungen des Fuldaer Geschichtsvereins, 31), S. 243 f.; Hofemann, S. 134 f., 148.
39 Vgl. Hofemann, S. 135.
40 Vgl. ebd., S. 60–62.
41 Vgl. Edmund Spohr: Das alte Gericht Reichenbach, in: Gelnhäuser Geschichtsblätter 1982/84, S. 153 f.; Decker, Hutten; Armin Hühn: Die alte Gerichtsstätte im ehemals fuldischen Unterreichenbach, in: Buchenblätter. Beilage der Fuldaer Zeitung für Heimatfreunde 60 (1987), S. 117 f.
42 S. dazu Jäger, S. 269–297.
43 Schannat, Historia, S. 78 f.; Konrad Lübeck: Die Hofämter der Fuldaer Äbte im frühen Mittelalter, in: Zeitschrift der Savigny-Stiftung für Rechtsgeschichte. Kan. Abt. 65 (1947), S. 191 f.; Theodor Haas: Buchische Adelsgeschlechter. I. Die Herren von Hutten, in: Buchenblätter 13 (1932), S. 116.
44 Hofemann, S. 122.
45 StAM K 436 (Fuldaer Kopiar XII), Nr. 342; Schannat, Lehn-Hof, II, Nr. 570.
46 Paul Kalkoff: Die Reichsabtei Fulda am Vorabend der Reformation, in: Archiv für Reformationsgeschichte 22 (1925), S. 214, 231; Gregor Richter: Ein Gesandtschaftsbericht des Fuldaer Fürstabts Hartmann von Kirchberg, in: Fuldaer Geschichtsblätter 8 (1909), S. 27–32.
47 August Amrhein: Reformationsgeschichtliche Mitteilungen aus dem Bistum Würzburg 1517–1573, Münster 1923 (Reformationsgeschichtliche Studien und Texte, 41/42), S. 109.
48 StAM K 433 (Fuldaer Kopiar XI), fol. 147, 248 f., 302 f.
49 StAM 90 a/350; 91/647; Damasus Fuchs: Zur Genealogie der von Hutten zu Stolzenberg, in: Ders.: Beiträge zur Geschichte der Stadt, der Pfarrei und des Klosters Salmünster, Frankfurt am Main 1946, S. 89.
50 StAM Protokolle II Fulda B 6/2, S. 19; 90 a/220.
51 Fuchs, S. 91.
52 P. Cauer: Die Familie Ulrichs von Hutten, in: Unsere Heimat (Schlüchtern) 15 (1923), S. 62–64; StAM Rechnungen II Fulda, Nr. 443, fol. 31.
53 S. dazu Josef Leinweber: Ulrich von Hutten – ein Fuldaer Mönch? Ein Beitrag zur Biographie des jungen Ulrich von Hutten und zur Geschichte des Klosters Fulda im Spätmittelalter, in: Würzburger Diözesan-Geschichtsblätter 37/38 (1975), S. 541–556; ders.: Ulrich von Hutten und das Kloster Fulda, in diesem Band.
54 StAM 90 a/247, fol. 207–222; Johann Friedrich Schannat: Dioecesis Fuldensis cum annexa sua hierarchia, Frankfurt am Main 1727, S. 177, 180, 187, 334.
55 Gregor Richter: Die adeligen Kapitulare des Stifts Fulda seit der Visitation der Abtei durch den päpstlichen Nuntius Petrus Aloysius Carafa (1627–1802), Fulda 1904, Nr. 36, S. 16; Erwin Sturm: Reihe der Pröpste auf dem Petersberg, in: Fuldaer Geschichtsblätter 61 (1985), Nr. 49, S. 176; Ders.: Die Grabdenkmäler der ehemaligen Propsteikirche auf dem Petersberg bei Fulda, in: ebd., Nr. 15, S. 154 f.
56 S. dazu die Beiträge in diesem Band von Decker, Besitzungen; Richard Schmitt: Aus dem Zentrum des Hochstifts verdrängt. Die Herren von Hutten im Gebiet des Würzburger Bischofs, S. 103–112.
57 Vgl. Haas, S. 116; Lübeck, Äbte, S. 243; Josef Leinweber: Das Hochstift Fulda vor der Reformation, Fulda 1972 (Quellen und Abhandlungen zur Geschichte der Abtei und Diözese Fulda, 22), S. 42.

58 Zur Auseinandersetzung zwischen Stift und Ritterschaft s. Jäger, S. 23–137; Rüdiger Teuner: Die fuldische Ritterschaft 1510–1656, Frankfurt am Main/Bern 1982 (Rechtshistorische Studien, 18); Hans Körner: Der Kanton Rhön-Werra der Fränkischen Reichsritterschaft, in: Josef-Hans Sauer (Hg.): Land der offenen Fernen. Die Rhön im Wandel der Zeiten, Fulda 1976, S. 53–113.
59 Jäger, S. 167, Anm. 93; S. 33, Anm. 151.
60 S. dazu Hofemann, S. 149f.; JÄGER, S. 115–119.
61 S. dazu Gregor Richter: Statuta maioris ecclesiae Fuldensis. Ungedruckte Quellen zur kirchlichen Rechts- und Verfassungsgeschichte der Benediktinerabtei Fulda, Fulda 1904 (Veröffentlichungen des Fuldaer Geschichtsvereins, 1); Grossart, S. 83–90, 106–113; Jäger, S. 160–162.
62 Grossart, S. 57–83, 91–106; Jäger, S. 162–164.
63 Zur Entstehung, Funktion und Gestalt der Landständischen Organisation s. Jäger, S. 164–264.
64 Ebd., S. 373.
65 Ebd., S. 198–202.
66 Ebenso scheiterten entsprechende Versuche in Würzburg. S. dazu Schmitt, S. 108.

**HUTTISCHER BESITZ UM 1520**

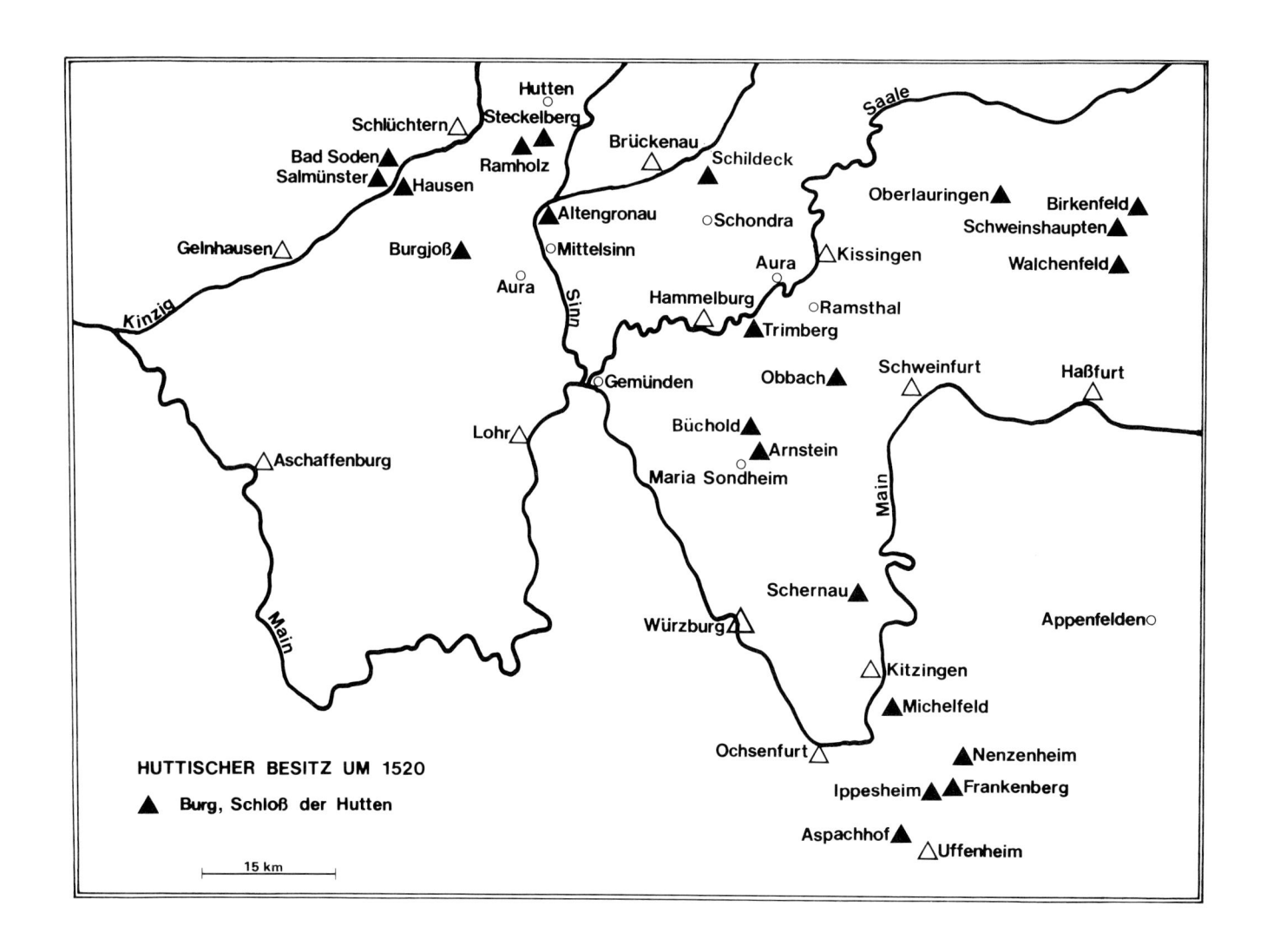

▲ Burg, Schloß der Hutten

*Richard Schmitt*

# Aus dem Zentrum des Hochstifts verdrängt
Die Herren von Hutten im Gebiet des Würzburger Bischofs

1. Die Verbindungen der mainfränkischen Hutten zu den Steckelbergern und Stolzenbergern

Wie mögen sie wohl reagiert haben, die Mitglieder des weitverzweigten Geschlechts der Hutten, als der junge Ulrich von der Steckelburg – in welcher Form auch immer – sich weigerte, Mönch in Fulda zu werden, das Kloster verließ und ein rastloses Wanderleben begann? Wir wissen es nicht, kennen lediglich die schroffe Reaktion des alten Ulrich auf der Steckelburg, doch darf man wohl Kopfschütteln, ja Entsetzen bei den nahen und fernen Verwandten des erst später zu Ruhm gelangenden jungen Adeligen vermuten. Denn schlug Ulrich nicht die Möglichkeit auf eine glänzende Karriere in der Reichskirche aus, zumindest eine sichere Pfründe, von der sich standesgemäß leben ließ? Entsprechende Vorbilder gab es um 1500 in den huttischen Reihen einige: Biedermanns – hier recht zuverlässig scheinende – Geschlechtsregister führen nicht weniger als neun Hutten an, die in jener Zeit als Domherren in Würzburg, Bamberg und Eichstätt lebten bzw. als Johanniter- oder Deutschordensritter oder einfacher „Religios" ihr Auskommen fanden. Daneben nennt Biedermann fünf Klosterfrauen aus dem Geschlecht Hutten, davon eine als Priorin von Weida in Thüringen. Auch aus der engeren Familie Ulrichs hatten einige Mitglieder die geistliche Laufbahn eingeschlagen; sein Neffe Wolf Dietrich sollte es zum Domdechanten in Würzburg bringen. Daß die Chance für Mitglieder der Sippe, in der klerikalen Hierarchie ganz nach oben zu steigen, durchaus gegeben war, beweisen die späteren Beispiele der Bischöfe Moritz (Eichstätt), Christoph Franz (Würzburg) und Franz Christoph (Speyer). Und diese Gelegenheit nahm der schwächliche Ulrich nicht wahr! Was war von der Familie, der Verwandtschaft anderes zu erwarten als Unverständnis?

Auch die Aussicht, durch erfolgreichen Abschluß seiner juristischen Studien in Italien eine leitende Stellung im Fürstendienst – ähnlich wie gleichzeitig etwa Sebastian von Rotenhan in Würzburg – zu erlangen, reizte Ulrich nicht. Dies hat seinen Vater erbost und sicherlich auch seine beiden Gönner aus dem Kreis der Familie verdrossen. Denn man kann wohl annehmen, daß die finanzielle Unterstützung, die Frowin von Hutten zu Hausen/Salmünster und wohl in noch höherem Maße Ludwig von Hutten zu Trimberg Ulrich zukommen ließen[1], weniger dessen humanistischen Neigungen als vielmehr dem Studium beider Rechte zugedacht war. Gerade Frowin als mainzischer Hofmarschall und Ludwig als führender Würzburger Rat saßen nahe genug an den Schalthebeln der Macht im Territorialstaat, um zu wissen, daß die Zukunft im Fürstendienst nicht allein dem schlagkräftigen Haudegen, sondern auch und vor allem dem juristisch gebildeten Diplomaten und Rat gehörte.

Doch nicht nur Frowin und Ludwig, die Wohltäter des Dichters in seiner Wanderzeit, werden Ulrich persönlich gekannt und sein Schicksal aufmerksam verfolgt haben. Natürlich kannten ihn auch die Mitglieder der eigenen Familie, die Steckelberger, natürlich auch die in der Nähe sitzenden Stolzenberger im Sinn- und Kinziggrund. Doch wie stand es mit den nur weitläufig verwandten Hutten, die seit langem im Mainfränkischen ansässig waren? Auf den ersten Blick verwundert es, daß – lange bevor ihm Ulrich in der Württemberger Fehde propagandistisch zu Hilfe kam – ausgerechnet Ludwig von Hutten zu Trimberg den Dichter materiell unterstützte. Das hatte wohl einen naheliegenden Grund: Ludwig war unerhört reich, wie wir noch sehen werden. Darüber hinaus aber muß die gesamte Hutten-Sippe ein ausgeprägtes Zusammengehörigkeitsgefühl besessen haben, das sich nicht nur in Krisen bewährte, sondern auch den Alltag der einzelnen Familien geprägt haben muß. Wie sahen also die Beziehungen zwischen den im eigentlichen Mainfranken lebenden Hutten zu den an Sinn und Kinzig ansässigen Zweigen des Geschlechts aus?

Erstens: man besuchte sich. Aus dem Jahr 1533 z. B. wissen wir, daß sich Eitel von Hutten-Steckelberg auf dem im Besitz Ludwigs (des Jüngeren) von Hutten befindlichen Frankenberg aufhielt[2]. In jenem Jahr empfing Ludwig auch den Besuch des Hans von Hutten (der Bruder des Dichters?) sowie der mit ihm entfernt verwandten Domherren Wolf und Hippolyt von Hutten-Frankenberg. Bei einem solchen Treffen im Jahr 1522 – wir wissen Ort und Anlaß nicht – war es zu einem merkwürdigen, aber das Wesen des spätmittelalterlichen Adels grell beleuchtenden Zwischenfall gekommen[3]. Georg von Hutten-Frankenberg hatte „aus Unschicklichkeit und Gebrechlichkeit seiner Vernunft" den Vetter Wendel aus der Steckelberger Linie erschlagen. Nun war die gesamte Familie aufgerufen, die Angelegenheit beizulegen. Frowin (zu Hausen), Bernhard (zu Birkenfeld) und Hans (zu Steckelberg? zu Hausen?), offenbar die Häupter der nicht direkt betroffenen Zweige der Sippe, handelten einen Vertrag aus, nach dem Georg, der Totschläger, an Friedrich, den Vater des Erschlagenen, 1100 Gulden zu zahlen hatte. Um dem Ganzen anscheinend ein wenig den Anstrich des puren Handels zu nehmen, sollte Friedrich für seinen getöteten Sohn eine Messe zu Altengronau, einen Jahrtag zu Ippesheim und ein „Almosen für arme Leut" stiften.

Zweitens: man war durch Besitzverflechtungen und „Geschäfte" miteinander verbunden (daneben, wenn auch selten, sogar durch Heiraten). So verkauften 1492 die Stolzenberger Brüder Jakob, Hans und Frowin ihren Anteil am Dorf Hirschfeld (bei Schweinfurt) an Konrad von Hutten-Frankenberg den Älteren[4]. Nach dem Tod des Mainzer Marschalls Frowin veräußerte dessen Witwe Burgjoß und Hausen mit Zugehörungen in Mernes, Pfaffenhausen und Alsberg an die Frankenberger Brüder Ludwig und Ulrich[5], die beide Schlösser von 1529 bis 1539 innehatten. Auch der Schaftrieb zu Salmünster befand sich offenbar in der Zeit um 1500 gemeinsam in der Hand der Stolzenberger und der Frankenberger Linie[6]. Und schließlich waren die Frankenberger Hutten von Würzburg mit einem Drittel an der Burg Steckelberg belehnt[7]. Auch hatten die Frankenberger ihre alte Verbindung zum Stift Fulda noch nicht abgebrochen, und so finden wir sie als Amtmänner und wohl auch Pfandnehmer in Saaleck/Hammelburg und Schildeck/Brückenau neben ihren Steckelberger Vettern.

Drittens: man half sich in Not und Bedrängung, wie die Anteilnahme nahezu der gesamten Familie anläßlich der Fehde gegen den Württemberger Ulrich beweist. Als Unterzeichner eines Schreibens des alten Ludwig von Hutten zu Trimberg und seiner Söhne an die württembergischen Landstände im Jahr 1515 finden wir die angesehensten Glieder der Sippe: Bernhard zu Birkenfeld, Frowin zu Hausen, Ulrich, Friedrich und Hans vom Steckelberg, Dietich zu Stolzenberg und Agapit zu Arnstein[8]. Wenn wir dazu die restlichen Brüder und Neffen rechnen, so scheint die Feststellung des Ulrich von Hutten, 30 Hutten seien im Kriegsdienst Kaiser Maximilians gestanden, kaum übertrieben zu sein.

Ohne Zweifel: die Familie Hutten galt etwas in der Zeit um 1500. Ihr Ansehen, ihr Wohlstand und das aus beidem resultierende Selbstbewußtsein mögen einer der Gründe für den Stolz des Poeten gewesen sein, für sein Streben nach Freiheit und Unabhängigkeit, für seine Abneigung, sich – modern gesprochen – zu verkaufen.

Andere Wesenszüge Ulrichs, seine Unbedingtheit und Aggressivität, seine Streitlust, sein Kampf auf eigene Faust, lassen ebenfalls den Sproß einer Ritterfamilie erkennen. Denn spurlos wird seine Erziehung auf der Steckelburg, der Umgang mit den rauhen, eigensinnigen Adeligen aus dem Umfeld der Familie nicht an ihm vorübergegangen sein. An Ritterstolz hat es ihm ganz offensichtlich nicht gefehlt.

Und dieser Blick auf die Charaktermerkmale des Dichters führt zu einer interessanten Frage: wie stand es mit der Beteiligung der Hutten an jenem Kampf, den die Ritter zur Verteidigung ihrer alten Rechte zu führen glaubten, der aber von den Städten und den meisten Fürsten als Anmaßung und Räuberei bewertet wurde? Ulrich setzte ja, wie seine Beziehung zu Franz von Sickingen offenlegt, auf militärische Aktion.

„Raubritter" im eigentlichen Sinn waren die Hutten wohl nicht, doch immerhin verstrickt in eine Reihe bekannter Raub- und Fehdeaktionen der Zeit. So etwa Dietrich von Hutten zu Stolzenberg, der 1512 dem Götz von Berlichingen auf seiner Burg Unterschlupf gewährte und einen Teil von dessen Beute aus einem Überfall auf Nürnberger Kaufleute dort versteckte[9]. Der „Hutten zu Steckelberg", wohl Ulrichs Vater, beteiligte sich 1519–1522 an der Fehde des Mangold von Eberstein gegen Nürnberg und stellte den Steckelberg für dessen Züge zur Verfügung[10]. An dem spektakulären Überfall des Götz von Berlichingen auf einen Nürnberger Geleitzug bei Forchheim im Jahr 1512 hatten Agapit und Bernhard von Hutten teilgenommen[11]. Doch Frowin von Hutten exponierte sich recht stark im Kampf gegen den Mann mit der eisernen Hand, vermutlich aber nicht aus prinzipieller Ablehnung des Faustrechts, sondern wohl eher aus persönlicher Feindschaft zu Götz. Denn die Stolzenberger scheinen relativ weit in die Sickingen-Affäre verstrickt gewesen zu sein, wurden doch im Jahr 1523 dem Frowin sowie Lukas und Raban, den Söhnen des Dietrich von Hutten, in den Quellen nicht näher bezeichnete Güter von den Siegern – Trier, Pfalz und Hessen – „weggenommen"[12]. Dies scheint darauf hinzudeuten, daß die Hutten durchaus zu den radikaleren, d.h. gewalttätigen Adelssippen gehörten; zumindest auf die im westlichen Franken ansässigen Zweige der Sippe dürfte diese Feststellung zutreffen.

Genaueres wissen wir über die Frankenberger Hutten in Mainfranken. Und hier stellen wir bei den einzelnen Mitgliedern der Familie eine bemerkenswerte Vorsicht bzw. Einsicht fest. Denn durch die Verflechtung mit benachbarten und verschwägerten Rittergeschlechtern wäre die Linie Frankenberg geradezu ausersehen gewesen für riskante Unternehmungen im Stil eines Berlichingen. Jedoch: man mischte wohl mit, ließ sich aber nicht erwischen.

Nah versippt war man mit der mächtigen Familie der Rosenberg aus dem württembergisch-fränkischen Grenzraum; Zeisolf von Rosenberg, ein Schwiegersohn des älteren Ludwig von Hutten, hatte sich durch seine Unterstützung für Götz von Berlichingen und Hans Thomas von Absberg derart kompromittiert, daß 1523 der Schwäbische Bund bei seinem Strafzug gegen die Ritter in Franken auch seine Burgen brach. Man behauptete zwar, Ludwig von Hutten zu Frankenberg (der Jüngere) habe zu den Helfern Zeisolfs gehört – beweisen konnte man es offenbar nicht[13], ebensowenig wie die Kontakte mit den verschwägerten Herren von Vellberg, die ebenfalls vom Schwäbischen Bundesheer hart geschädigt wurden, und zu Hans Thomas von Absberg den Frankenberger Hutten zum Nachteil gereichten. Der Absberger, einer der verrufensten Raubgesellen seiner Zeit, der rohe Handabhacker, der Mörder des Grafen von Oettingen, hielt sich im Jahr 1523 in der Nähe der Burg Frankenberg auf – gewiß nicht ohne Wissen und Duldung des Schloßherrn Ludwig von Hutten[14], dem jedoch auch diesmal nichts zu beweisen war. Man wird Ludwig, den Ritterhauptmann im Kanton Odenwald, ebenso wie seinen Cousin Bernhard, der im Ort Baunach die gleiche Funktion ausübte, wohl als vorsichtigen Taktierer einschätzen müssen, der eher auf dem Verhandlungsweg den fränkischen Fürsten Paroli zu bieten vermochte und das mühevolle, dreckige und gefährliche Spiel des Heckenreiters anderen überließ – und wegen seines Wohlstandes auch überlassen konnte.

2. Vom Zentrum des Hochstifts Würzburg an dessen Peripherie – die Erwerbspolitik der Hutten-Frankenberg um 1500

In jenen Jahren, als Ulrich von Hutten an die Öffentlichkeit trat, Aufsehen erregte, Ruhm errang – zwischen 1513 und 1520 also –, saßen drei verschiedene Zweige der Hutten-Frankenberg in Mainfranken. Am wenigsten wissen wir über die Sippe des 1495 verstorbenen Bartholomäus von Hutten zu Arnstein, Amtmann von Saaleck/Hammelburg. Auch Agapit, Sohn des Bartholomäus, saß als fuldischer Amtmann in Saaleck. Bedeutsamer als die Familie des Bartholomäus waren die beiden Zweige, die von den Brüdern Konrad und Ludwig von Hutten gegründet wurden; die Nachkommen des Ludwig kauften bald die Herrschaft Frankenberg im südlichen Steigerwald, Konrad erwarb um Birkenfeld in den Haßbergen umfangreiche Güter. Zum Ankauf von Frankenberg verwendete man vielleicht auch die Mittel, die man aus der württembergischen Entschädigung für den Mord an Hans von Hutten erhalten hatte.

Ohne Zweifel gehörten die Hutten zu den führenden Familien des Würzburger Stiftsadels; sie waren eng versippt mit anderen mächtigen Adelsclans des Würzburger Raumes und besaßen – bei entsprechendem Vorrat an geeigneten Bewerbern – wohl eine feste Anwartschaft auf Führungsposten in der Verwaltung des Hochstifts sowie günstige Chancen bei der Verteilung der geistlichen Pfründen.

Dennoch befand sich die huttische Sippe bereits auf dem Rückzug gegenüber dem sich allmählich konsolidierenden, den frühneuzeitlichen Territorialstaat verwirklichenden geistlichen Fürstentum am Maindreieck. Wie gut der Ruf der Familie, wie prominent einzelne ihrer Mitglieder, wie solide die finanziellen Verhältnisse, wie fest die Burgen, wie beeindruckend das kriegerische Potential, wie hilfreich die verwandtschaftlichen Bindungen an die übrigen Ritter auch immer sein mochten (jedenfalls in der Selbsteinschätzung des Adels; die Wirklichkeit sah, was die Machtstellung des niederen Adels im Vergleich zu den gefestigten Territorialstaaten betraf, anders aus, wie wir wissen) – die Hutten konnten es nicht verhindern, aus dem Zentrum an den Rand des Hochstifts abgedrängt zu werden.

Die Pfandschaft Arnstein, im Besitz des Konrad von Hutten und seiner Söhne, wurde 1489 von Bischof Rudolf von Scherenberg eingelöst[15]. Zwar verblieb den Hutten umfangreicher Besitz in und um Arnstein – Burg, Grundherrschaft, Meierhof –, aber der Zugriff auf das würzburgische Amtsschloß, die Würzburger Regalien und grundherrschaftlichen Ansprüche war für immer beseitigt. Der jeweilige Nachfolger des heiligen Kilian konnte nun über seine Stadt Arnstein und das dazugehörende Amt frei verfügen; er konnte dort einen Hutten als Amtmann einsetzen, aber er mußte es nicht – und tat es offenbar auch nicht mehr. Der Versuch der Hutten, aus einer Addition von Pfandschaft, Lehen und Eigenbesitz einen unabhängigen Herrschaftsbereich um Arnstein zu bilden, war also nach über hundertjährigen Bemühungen mißglückt.

Das muß den Hutten klar gewesen sein, und als Konsequenz aus dem Scheitern ihrer territorialen Bestrebungen im Maindreieck und an der fränkischen Saale (Trimberg) beschlossen sie offenbar, an der Peripherie des Hochstifts Ersatz für das Verlorene zu suchen. An zwei Stellen gelang es den Hutten schließlich, endgültig Fuß zu fassen. Der erste Besitzschwerpunkt lag in den Haßbergen, wo sich im Interessendreieck von Würzburg, Henneberg und Kursachsen zahllose kleinere und größere Ritterherrschaften ausgebildet hatten und zum großen Teil bis zum Ende des Alten Reiches erhalten blieben (und dieses Gebiet an der heutigen Grenze zur DDR zu einem Dorado für den Schlösser- und Burgenfreund unserer Tage werden ließen).

Zwischen 1476 und 1487 erwarb Konrad von Hutten der Jüngere die Wasserburg Birkenfeld von den Bibra, Thüngen und Zollner. 1492 erfolgte der Kauf von Burg und Dorf Schweinshaupten von den Truchseß; bereits 1476 und 1484 hatte Konrad die Anteile der Zollner und Truchseß am Rittergut Oberlauringen erkauft[16]. Während des 16. Jahrhunderts rundeten die Nachfahren Konrads den Besitz durch die Rittergüter Ermershausen und Walchenfeld ab, kurz nach 1700 kam noch Dippach dazu, so daß die Familie, obwohl Schweinshaupten und Oberlauringen wieder verkauft werden mußten, eine ansehnliche Besitzgrundlage in den Haßbergen ihr eigen nennen konnte und auf dieser Basis zu den führenden Sippen im Ritterkanton Baunach aufstieg. Dreimal waren Hutten Ritterhauptleute dieses Kantons: Bernhard (gest. 1539), Georg Ludwig (gest. 1613) und Johann Philipp Friedrich (gest. 1783).

Mit dem Erwerb der haßbergischen Besitzungen war ein erster Schritt weg von Würzburg unternommen — nicht nur räumlich. Während mit Wolf und Hippolyt aus der Unterhuttischen Linie (des Bartholomäus) zwei Mitglieder der Sippe als Domherren in Würzburg saßen, stand Konrad der Jüngere schon als Amtmann von Schmalkalden in hennebergischen Diensten, und schon 1488 finden wir ihn als „Rat" des Ansbacher Markgrafen, der in diesem Jahr mit dem Reichsheer in die Niederlande zog[17]. Die sich hier bereits andeutende Umorientierung der Familie hinsichtlich ihrer Dienstverhältnisse vollzog sich dann um die Mitte des 16. Jahrhunderts im Angesicht der konfessionellen Spaltung auch der Ritterschaft; die evangelisch gewordenen Hutten aus der Frankenberger Linie dienten in der Folgezeit an den sächsisch-thüringischen Höfen, in Heidelberg, Stuttgart und — überwiegend — in Ansbach.

Ansbach — das war der Hof, an dem sich die Mitglieder der Familie Hutten nun ausrichteten. Der spätere Mainzer Hofmarschall Frowin wird 1494 als zollernscher „Diener von Haus aus mit vier gereisten Pferden uff ein Jahr lang" erwähnt, ein Hans von Hutten ist 1494 Ansbacher „Diener"[18]. Der bereits mehrfach erwähnte Ludwig zu Trimberg kaufte sich 1506 in den Ansbacher Lehnsverband ein, als er zusammen mit Georg Truchseß von Baldersheim und Peter von Finsterlohr das Rittergut Schernau (bei Dettelbach) von Moritz von Thüngen erwarb[19]. Seine Söhne Ludwig, Ulrich und Georg vollzogen dann den Schritt, der die endgültige Zuwendung der Sippe nach Ansbach vorbereitete: vom Geschlecht der Absberg, das als Parteigänger der Zollern durch Raub, Mord, Entführung und Erpressung gegen die Reichsstadt Nürnberg offenbar nicht zu Reichtum, sondern zu einer gewaltigen Schuldenlast gekommen war, kauften sie die Ritterherrschaft Frankenberg[20] um 28000 Gulden, zwar im Zentrum Frankens gelegen, aber am südlichen Rand des Hochstifts Würzburg inmitten einer wohl aus den Trümmern staufischer Reichslandpolitik hervorgegangenen, territorial enorm zersplitterten Region.

Der Eintritt in den Ansbacher Lehnsverband — Frankenberg war 1464 von den Absberg den Markgrafen zu Lehen aufgetragen worden — brachte den anscheinend tatkräftigsten der drei Brüder, Ludwig, sehr schnell auch an den Markgrafenhof. Zeitweilig der Reformation zugetan, von der er sich schließlich wieder distanzierte, wurde Ludwig Amtmann des Markgrafen Kasimir in der wichtigen Stadt Kitzingen am Main, wo er während des Aufstandes der Bürger und Bauern 1525 eine mäßigende (oder zwielichtige?) Rolle zu spielen versuchte, später Rat und wichtiger Politiker des Ansbacher Fürsten, dem er 1527 auf einem Feldzug nach Ungarn folgte. Durch verschiedene Kauf- und Tauschgeschäfte rundete er seinen Besitz um Frankenberg planmäßig ab und schuf eines der größten Ritterterritorien Frankens.

Dennoch: trotz der territorialpolitischen Erfolge (nennen wir es ruhig so; große Ritterherrschaften wie Frankenberg etwa hatten durchaus territorienähnlichen Charakter, egal, wie der rechtliche Status auch immer sein mochte) des Ludwig von Hutten zu Frankenberg und seiner Vettern zu Birkenfeld hatten die Hutten in Mainfranken ihren Kampf gegen das Hochstift Würzburg endgültig verloren; jenen Kampf, der um die Teilhabe am und Mitsprache im Hochstift zunächst mit dem Schwert und in der Folge vor allem mit massivem Geldeinsatz geführt worden war. Die Beendigung des letztlich unsicheren und riskanten Geschäfts mit Pfandschaften, der Rückzug an die Grenzen des Hochstifts und die fast ausschließliche Konzentration der Erwerbspolitik auf die beiden Räume um Frankenberg und Birkenfeld war zugleich wohl das Eingeständnis dieser Niederlage gegen den alten Dienst- und Lehnsherrn Würzburg. Die Zeiten, in denen der Geldmangel den Würzburger Bischof zu umfangreichen Verpfändungen gezwungen hatte und zeitweise nahezu der gesamte hochstiftische Besitz in die Hände des Stiftsadels gelangen konnte[21], waren vorüber. Der Zug des Schwäbischen Bundes gegen die Nester des fränkischen Raubadels 1523 zeigte den fränkischen Rittern, wer nun das Ruder in der Hand hielt und es für Jahrhunderte nicht mehr loslassen würde: der Fürstenstaat. Sich in die neuen Verhältnisse fügend, konnte die Reichsritterschaft zum Teil überleben, darunter auch die mainfränkischen Hutten. Wenn aber noch im Jahr 1783 zwei „Gemälde" (wohl Stiche) von Ulrich von Hutten und Franz von Sickingen im Frankenberger Schloß hingen[22], wenn der junge Johann Philipp Friedrich von Hutten als Student in Leipzig „Schriften Ulrichs von Hutten" erwarb[23], so mag dies als Zeugnis zu interpretieren sein, daß man sich in der Familie noch immer an ihr wohl berühmtestes Mitglied erinnerte und ebenso an die Epoche adeliger (Selbst-)Herrlichkeit.

## 3. Besitz und Vermögen der Hutten-Frankenberg um 1500

Ein einziges Beispiel soll genügen, um zu zeigen, wie wohlhabend der Frankenberger Zweig der Hutten um das Jahr 1500 offensichtlich war, und es mag zugleich demonstrieren, in welch gemachtes Nest sich damals ein junger Hutten setzen konnte, der – anders als der unstete „poeta laureatus" – im Lande blieb und sich auf altfränkische Art redlich (oder auf andere Weise) zu nähren versuchte.

Konrad von Hutten zu Trimberg, Würzburger Hofmarschall, hatte neben seinen Söhnen Konrad und Ludwig, denen er bereits 1473/74 seine Besitzungen und Pfandschaften um Arnstein und Trimberg vermacht hatte, einen weiteren, im Jahr 1500 noch unverheirateten Sohn namens Hans. In Konrads Testament wurde vor allem die Versorgung dieses Sohnes geregelt, dem folgende Erbschaft zugedacht war[24]: 24000 Gulden an Bargeld, ausgeliehen an diverse Fürsten, Grafen, Herren und Städte, der überwiegende Teil der huttischen Gülten und Zinsen sowie der fahrenden Habe in Arnstein, der große Meierhof Rupertzaint bei Arnstein, grundherrliche bzw. hoheitliche Rechte im Raum Schweinfurt/Arnstein (Hirschfeld, Obbach, Bergrheinfeld, Hergolshausen, Schwemmelsbach, Heugrumbach, Gänheim). Alles in allem ein Vermögen von schätzungsweise 35000 Gulden – eine Summe, die sehr hoch anzuschlagen ist, deren genaueren Wert jedoch erst eine noch ausstehende wirtschaftsgeschichtliche Untersuchung über die ökonomische Lage der Ritterschaft im ausgehenden Mittelalter klären könnte.

Konrads gleichnamiger, wohl ältester Sohn, der bereits 1473 mit Gütern im Wert von 7850 Gulden ausgestattet worden war (Pfandschaft Arnstein) und sich inzwischen in den Haßbergen eine ansehnliche Grundherrschaft zusammengekauft hatte, besaß nur einen einzigen Sohn – Bernhard –, und da er, so schrieb der Vater in seinem Testament, keine weiteren Kinder mehr zu erwarten hatte, erhielt er lediglich noch 1600 Gulden an Bargeld.

Ludwig, der dritte Sohn des Konrad, ebenfalls 1473 mit Gütern im Wert von 7850 Gulden versehen (der Pfandschaft Trimberg und Kissingen, ferner Einkünften in Ramsthal, Euerdorf, Engenthal und Altbessingen), hatte fünf Söhne und eine Tochter zu versorgen, so daß sein Erbteil stattlicher ausfiel: 8000 Gulden, die in Trimberg und Schweinfurt deponiert waren, die Hälfte am Rittergut Büchold bei Arnstein, ein Viertel an der fuldischen Pfandschaft Schildeck und Brückenau sowie wertvolle Gült- und Zehntrechte im nördlichen Maindreieck (Obbach, Oerlenbach, Wasserlosen, Rannungen, Hungers (Wüstung bei Bad Kissingen), Arnstein, Elfershausen, Westheim/Saale, Schondra). Hinzu kamen weitere 3800 Gulden, die an verschiedene Adelige ausgeliehen worden waren.

Wenn wir den Wert des gesamten Besitzes, den der alte Konrad seinen drei Söhnen hinterlassen konnte, grob überschlagen – Eigengüter, Lehnsbesitz (meist von Würzburg), Pfandschaften, Kapitalien –, so kommen wir auf ungefähr 70000 Gulden, wobei die fahrende Habe nicht mitgerechnet wurde. Daß auch diese bei den Hutten recht stattlich sein konnte, beweist ein kurzes Verzeichnis des Ulrich von Hutten-Frankenberg über die Schäden, die ihm während des Bauernkrieges in seinem Schloß in Arnstein zugefügt worden waren[25]. In Ulrichs Herrenhaus befanden sich damals 12½ Fuder Wein, 6 Ochsen „ann durren fleysch", 10 Schweine, „Schweins Fleisch vonn 8 sewen", 3 große Zelte, 22 „Hackenpuchsen", Zinngeschirr, Bettwäsche, Tischtücher, Kleider usw. für 430 Gulden, 18 Hasengarne, 2 Rüstwägen, 21 Malter Hafer und 11 Malter Roggen, die von den Bauern verzehrt bzw. verfüttert wurden. Ulrich erwähnt ferner, er sei, nachdem ihn die Bauern samt Frau und Gesinde aus Arnstein vertrieben hätten, mit 14 Pferden im Dienst des Würzburger Bischofs gestanden.

Einen letzten schlaglichtartigen Eindruck von der Vermögenslage des Frankenberger Zweiges der Hutten vermag ein Blick auf die Lebensgeschichte des jüngeren Ludwig zu Frankenberg geben, der, fünf Jahre vor dem Dichter Ulrich geboren, geschickt und mit Erfolg auf all jenen Hochzeiten tanzte, die die Ritterschaft damals besuchte. Seine Herrschaft Frankenberg, die immerhin über ein Halsgericht, Zoll- und Geleitrechte verfügte, erweiterte er zielstrebig durch Zukäufe, die auf Kosten benachbarter, offenbar weniger finanzkräftiger Adelsgeschlechter gingen. Um 1540 gehörte Frankenberg mit rund 270 bäuerlichen Grundholden zu den großen fränkischen Rittergütern, und Ludwig dürfte damit einer der reichsten niederadeligen Grundherren in Franken gewesen sein.

Der weitgehend erhaltene Neubau des Schlosses Frankenberg in Übergangsformen von Gotik und Renaissance (1526–1550) zeugt noch heute vom Reichtum dieses Mannes, der als zuerst markgräflich-ansbachischer und später würzburgischer Rat an herausgehobener Stelle im Fürstendienst stand, zugleich als Ritterhauptmann des Orts Odenwald die Interessen seiner Standesgenossen gegen die Forderungen der größeren Territorien vertrat, sich eine kostspielige Dauerfehde gegen Friedrich von Schwarzenberg und eine kleine Landsknechtsschar leistete und zugleich Geld in Hülle und Fülle an den fränkischen Adel ausleihen konnte. Bereits sein Vater, Ludwig zu Trimberg, hatte immense Geldsummen verliehen (etwa 10000 Gulden an Ulrich von Württemberg[26] oder zum Erwerb von Pfandschaften eingesetzt. Und Ludwig zu Frankenberg führte die Tradition der Familie als

Geldgeber für Fürsten und Adel weiter. Aus den unvollständigen Schuldnerlisten aus der Zeit um 1540[27] geht immerhin hervor, daß Ludwig mehr als 20000 Gulden ausgeliehen hatte; hinzu schuldete ihm Württemberg noch immer 1200 Gulden von der Entschädigungssumme für seinen 1515 ermordeten Bruder Hans.

Wie passen nun diese zwar punktuellen, aber dennoch aufschlußreichen Beobachtungen, die die Frankenberger Hutten als eine steinreiche Familie erscheinen lassen, in das Bild, das man gemeinhin vom niederen Adel um 1500 hat?

„Ratzen und meus / flöch und leus / Angst und sorgen / wecken mich all morgen." So lautete angeblich das Klagelied des Jörg von Rosenberg, Mitglied einer angesehenen Rittersippe[28]. Enge, Kälte, Bescheidenheit innerhalb der angesichts der neuartigen Feuerbüchsen nutzlosen und oft baufälligen Burgen, prunkvolles Auftreten und selbstbewußter Adelsstolz nach außen, jedoch mit geborgtem Geld finanziert – so stellt man sich doch wohl die Lage eines „sterbenden Standes" an der Wende zur Neuzeit vor. Und so ähnlich wird es wohl auch gewesen sein, trotz mancher Ausnahmen, zu denen eben auch die drei Generationen der Hutten zu Frankenberg gehörten, die wir kurz betrachtet haben. Schon Fellner beobachtete, daß in der Zeit um 1500 auch Angehörige sehr angesehener Adelsgeschlechter des Ritterorts Gebirg (z.B. Schaumberg, Rotenhan, Egloffstein, Aufseß usw.) beim Verkauf ihrer Güter ausdrücklich vermerkten: „aus Notdurft"[29]. Und ein zufällig entdecktes Verzeichnis ritterschaftlicher Besitzungen nach dem Bauernkrieg (zum Zweck der Brandschatzung)[30] läßt erkennen, daß es mehr kleine als große Grundherrschaften gegeben haben muß – und die Grundherrschaft war doch wohl in der Regel die sicherste und wichtigste Basis des adeligen Einkommens. So verfügte zwar damals Jörg von Bibra über 264 Hintersassen und Wilhelm von Grumbach über 211, aber bereits Bernhard von Hutten zu Birkenfeld, immerhin einer der Wortführer des Adels an der Baunach, konnte nur 93 bäuerliche Stellen vorweisen, Ulrich von Hutten zu Arnstein und Schernau besaß 94, Esrom von Hutten zu Arnstein und Michelfeld 48 Hintersassen. Philipp von Riedern gar war nur Herr über 18 Bauern. Ähnlich kleine Grundherrschaften dürften bei den Rittern an der Tagesordnung gewesen sein; ihr Nutzen für den Eigentümer war oft wohl gering und zur standesgemäßen Lebensführung unzureichend. Zudem war in vielen Fällen die ritterschaftliche Grundherrschaft eher eine Herrschaft über Leute als über das Land und seine agrarischen Produkte, denn die Gülten und Zehnten aus den wohlhabenden Dörfern im mainfränkischen Altsiedelland befanden sich oft in der Hand geistlicher Institutionen, während den später als die kirchlichen und weltlichen Großen in den Wettstreit um die Verteilung des Landes eingetretenen Ministerialen oft nur der Zugriff auf karges Rodungsland oder auf kleinere Nachsiedelstellen in den alten Dörfern blieb. Dies mag mit dazu geführt haben, daß ritterschaftliche Grundherrschaften im Spätmittelalter häufig recht klein und zersplittert waren.

So wird es verständlich, daß Leute wie Ludwig von Hutten – Vater und Sohn –, indem sie Geld verliehen und gelegentlich verarmte Adelige als Reisige beschäftigten und ihnen so unter die Arme griffen, sich ihre Standesgenossen zu Dankbarkeit und Hilfe verpflichteten. Ein Schreiben des Hans Jörg von Absberg, Amtmann im markgräflichen Lobenhausen bei Crailsheim, belegt dies[31]: Absberg bittet für Stefan Zobel von Giebelstadt, der von Ludwig Geld geliehen habe, jedoch illiquid sei. „Lieber, er ist dem und dem schuldig und ist ein armer gesell und hat nichts, wo wil er dich bezalen? Dar umb entschlagt dich sein, wie dann die grossen Hanssen uns arme gesellen drucken, der umb dut eben samb hett Irs dem wolffen von velberg oder dem wilhelm von grumbach dar gelihen. Ich versich mich aber, Ir soldt es an mir armen fill bas an legen." Absberg bittet weiter, Hutten solle für ihn eine Bürgschaft übernehmen; wenn Absberg „solches wider verdinen kann" – also Ludwig einen Gefallen tun, d. h. wohl auch, militärische Hilfe leisten könne –, „soldt Ir mich willig finden." Vielleicht spielten auch Bindungen und Abhängigkeiten dieser Art eine Rolle – neben Verwandtschaft, Zusammengehörigkeitsgefühl und Hoffnung auf Abenteuer und Gewinn –, daß Ludwig von Hutten der Ältere rund 1200 Reiter für seinen Rachefeldzug gegen den Württemberger Herzog um sich scharen konnte.

Für den Frankenberger Zweig der Hutten mochte es in jenen Jahren nach 1515, als auch der Dichter Ulrich von der Steckelburg den Kampf seiner Vettern gegen Herzog Ulrich mit der Feder vorantrieb, als es der Sippe gelang – wenngleich erst im Verein mit dem Bayernherzog –, einen Reichsfürsten durch die Drohung mit militärischen Maßnahmen zum Nachgeben zu zwingen, als die finanziellen Mittel der Familie schier unerschöpflich waren, so scheinen, als sei der glanzvolle Höhepunkt in der Geschichte des Geschlechts erreicht worden. Vielleicht war dem tatsächlich so; wahrscheinlich aber war die huttische Fehde von 1516, jene eindrucksvolle Machtdemonstration des niederen Adels in Franken, nur mehr ein letztes Aufflackern eigenständiger, autonomer Herrenstellung, ein mit leuchtender Tinte gezogener Schlußstrich am Ende einer Epoche, in der der Ritterstand aus und mit eigener Kraft Recht zu setzen vermochte (bzw. das, was er dafür hielt). Denn von nun an bestimmte der Fürstendienst auf der einen, die Mitarbeit in der jetzt straffer organisierten Ritterschaft auf der anderen Seite über das Maß an Ansehen, das die Familie genoß. Tatsächlich gelang es immer wieder einzelnen Mitgliedern der huttischen Sippe, hohe Stellungen an Fürstenhöfen zu erringen; von dem bereits erwähnten Ludwig dem Jüngeren (gest. 1548) in Ansbach und Würzburg über Bernhard (gest. 1613) in Ansbach und Georg Ludwig (gest. 1613) in Heidelberg bis hin zum letzten der Frankenberger Linie, Johann Philipp Friedrich (gest. 1783), dem Ansbacher Minister. Nicht zu vergessen sind die Brüder Philipp (gest. 1546) und Moritz (gest. 1552), Konquistador in Südamerika der eine, Eichstätter Bischof und damit Reichsfürst der andere.

Doch kann dies nicht darüber hinwegtäuschen, daß im Gegensatz zur rasanten Expansion des Geschlechts im 14., 15. und frühen 16. Jahrhundert nun die Weichen auf Rückzug, im besten Fall auf Bewahrung des Erreichten gestellt waren. Die Finanz- und Besitzlage der Frankenberger Hutten verschlechterte sich bis zum Jahr 1700 allmählich und unaufhaltsam. Wertvoller Allodialbesitz mußte veräußert oder verpfändet werden bzw. kam auf dem Erbweg an andere Geschlechter. Der Fürstendienst brachte offenbar recht hohe Belastungen mit sich; man denke an den steigenden Luxus, das Repräsentationsbedürfnis der damaligen Höfe und an die Klage des Bernhard von Hutten aus dem Jahr 1610: „Gott weiß, was ich in 39 Jahren an diesem Fürstlichen Hoff, uff Reiches tägenn, Fürstlichen Hochgezeitten und andern vilfeltigl. Raißen und uffwartten, habe eingebuest."[32]

Fast dauernd waren so im 17. und 18. Jahrhundert die huttischen Besitzungen in Mainfranken hoch verschuldet; von der Rolle des Geldgebers, die die Familie in der ersten Hälfte des 16. Jahrhunderts eingenommen hatte, war sie in die des Schuldners und säumigen Zahlers geraten. Dabei haben sicher die Ereignisse und Folgen des dreißig Jahre währenden Mordens, Sengens und Plünderns samt der begleitenden und anschließenden Agrarkrise, die die Rendite der adeligen Güter stark beeinträchtigte und ihre grund- und zehntherrlichen Einkünfte im Wert minderte, eine Rolle gespielt. Daneben aber war maßgeblich beteiligt an der kritischen Finanzlage der Familie und den über 100 000 Gulden Schulden der Familie wohl vor allem der hohe standesgemäße Aufwand, zu dem eine Familie wie die Hutten ganz einfach gezwungen war, der zum adeligen Selbstverständnis gehörte und die ständische Position eines elitären reichsadeligen Geschlechts augenfällig demonstrierte und zugleich absicherte. Das barocke Huttenschloß in Birkenfeld kündet davon, welch starke Veränderungen die Ritterschaft in den Jahrhunderten nach der unruhigen Zeit um 1500 erlebte.

Anmerkungen

1 Vgl. D. F. Strauß, Ulrich von Hutten, Leipzig 1858, S. 25, S. 50
2 Archiv Schloß Frankenberg, Jahresrechnung 1532/33, Getreideregister (Ausgaben für Gastpferde)
3 Staatsarchiv Würzburg, rep. 113/III a, „Alte Dokumente", Tom. II, S. 70f.
4 Ebd., Tom. I, S. 178 ff.; Schloßarchiv Frankenberg, B 40, S. 121
5 Staatsarchiv Würzburg, rep. 113/III a, „Schuldensachen", fasz. 1; ebd., 113/III b, „Burgjoß"
6 Ebd., WK Adel, Nr. 7306
7 Ebd., Nr. 7316
8 K. H. Roth von Schreckenstein, Geschichte der ehemaligen freien Ritterschaft..., Bd. 2, Freiburg und Tübingen 1871, S. 177
9 H. Ulmschneider, Götz von Berlichingen, Sigmaringen 1974, S. 64
10 L. F. von Eberstein, Die Fehde des Götz von Berlichingen mit... Nürnberg und... Bamberg, Dresden 1879, S. 6
11 J. Kamann, Die Fehde des Götz von Berlichingen mit... Nürnberg, Nürnberg 1893, S. 25
12 Archiv Schloß Frankenberg, A 5/756
13 Gedrucktes Ausschreiben des Friedrich von Schwarzenberg gegen Ludwig von Hutten, verfaßt von Christoff Hos, o. O. 1534, S. 4 (Staatsbibliothek München)
14 J. Baader, Verhandlungen über Thomas von Absberg und seine Fehden gegen den Schwäbischen Bund 1519–1530, Tübingen 1873, S. 141, S. 472
15 Vgl. S. Zeißner, Rudolf von Scherenberg, 2. Aufl. Würzburg 1952, S. 39
16 Zu den huttischen Erwerbungen jener Jahrzehnte siehe die Bestände im ehemaligen Birkenfelder Archiv, die sich nun im Staatsarchiv Würzburg befinden (rep. 113/III a, Urkundenkarton II; „Alte Dokumente", Tom. II, S. 41 ff.)
17 Staatsarchiv Nürnberg, rep. 117/I, S. 43
18 Ebd., S. 58f.
19 Schloßarchiv Frankenberg, B 41/736
20 Ebd., U 122
21 R. Fellner, Die fränkische Ritterschaft von 1495–1524, Berlin 1905, S. 59
22 Staatsarchiv Nürnberg, rep. 310, Nr. 411
23 Staatsarchiv Würzburg, rep. 113/III a, „Hutten", fasz. 14, 39
24 Ebd., „Alte Dokumente", Tom. I, S. 178 ff.
25 Schloßarchiv Frankenberg, R/a 1
26 D. F. Strauß, Ulrich von Hutten, S. 5
27 Staatsarchiv Würzburg, rep. 113/III a, „Schuldensachen", fasz. 1, 9, 10
28 Nach J. Frey, Die Fehde der Herren von Rosenberg... mit dem Schwäbischen Bund, Tübingen 1924, S. 3, Anm. 10
29 R. Fellner, Die fränkische Ritterschaft von 1495–1524, S. 142f.
30 Staatsarchiv Würzburg, rep. 113/III a, „Untertanen", fasz. 1
31 Ebd., „Schuldensachen", fasz. 1
32 Ebd., „Schuldensachen", fasz. 1

*Klaus Peter Decker*

# Die Besitzungen der Familie von Hutten und die territoriale Situation im oberen Kinzigraum um 1500

Der Versuch einer umrißartigen kartographischen Darstellung der Territorialverhältnisse um das Jahr 1500 soll nicht die Vorstellung von flächenmäßig klar beschreibbaren Herrschaftsräumen und exakt abgrenzbaren Einheiten erwecken. Allzu häufig durchdringen sich noch Zuständigkeiten, Rechte und konkurrierende Organisationsformen von Herrschaft, zumal von einheitlichen „Landeshoheiten" kann nicht die Rede sein. Vor allem die Elemente des Lehens und der Pfandschaft erschweren oft die eindeutige Zuordnung. Dennoch ist eine Darstellung im zeitlichen Querschnitt hilfreich, die sich an der realen Ausübung landesherrlicher Funktionen orientiert, mag auch der Organisationsgrad von Landesherrschaft zwischen den ritterschaftlichen Kleinterritorien und dem bereits zentral verwalteten Fürstenstaat mit Ämterstruktur beträchtliche Unterschiede aufweisen.

In den vorausgegangenen Jahrhunderten bildete das Kinziggebiet machtmäßig eine extrem labile Zone, die das Entstehen kleiner Herrschaftszellen begünstigte. Um 1500 sind die größeren Fürstentümer, wie das Kurfürstentum Mainz, die

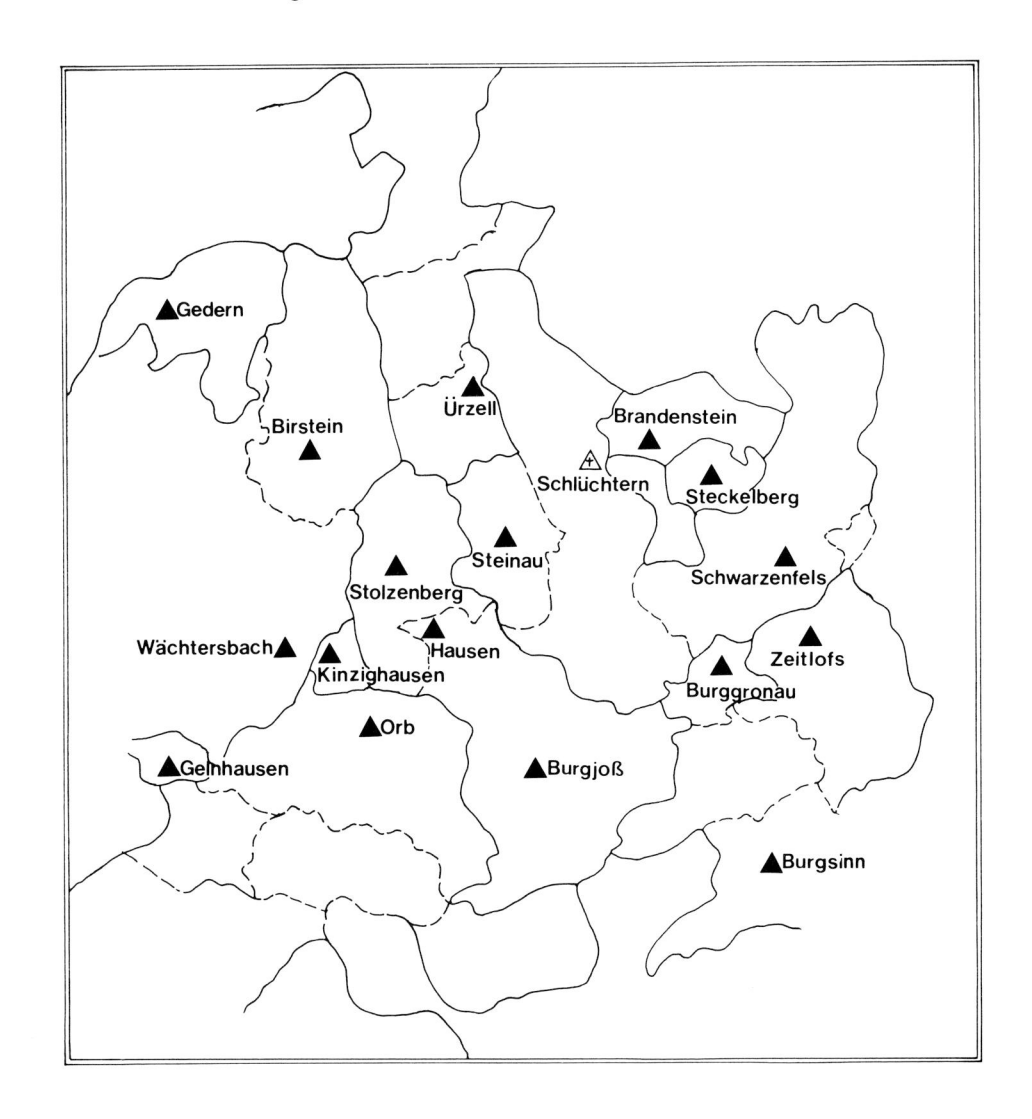

*Grenzkarte Hutten – Hanau,
2. Hälfte 16. Jh.
(Kat.-Nr. 2.18)*

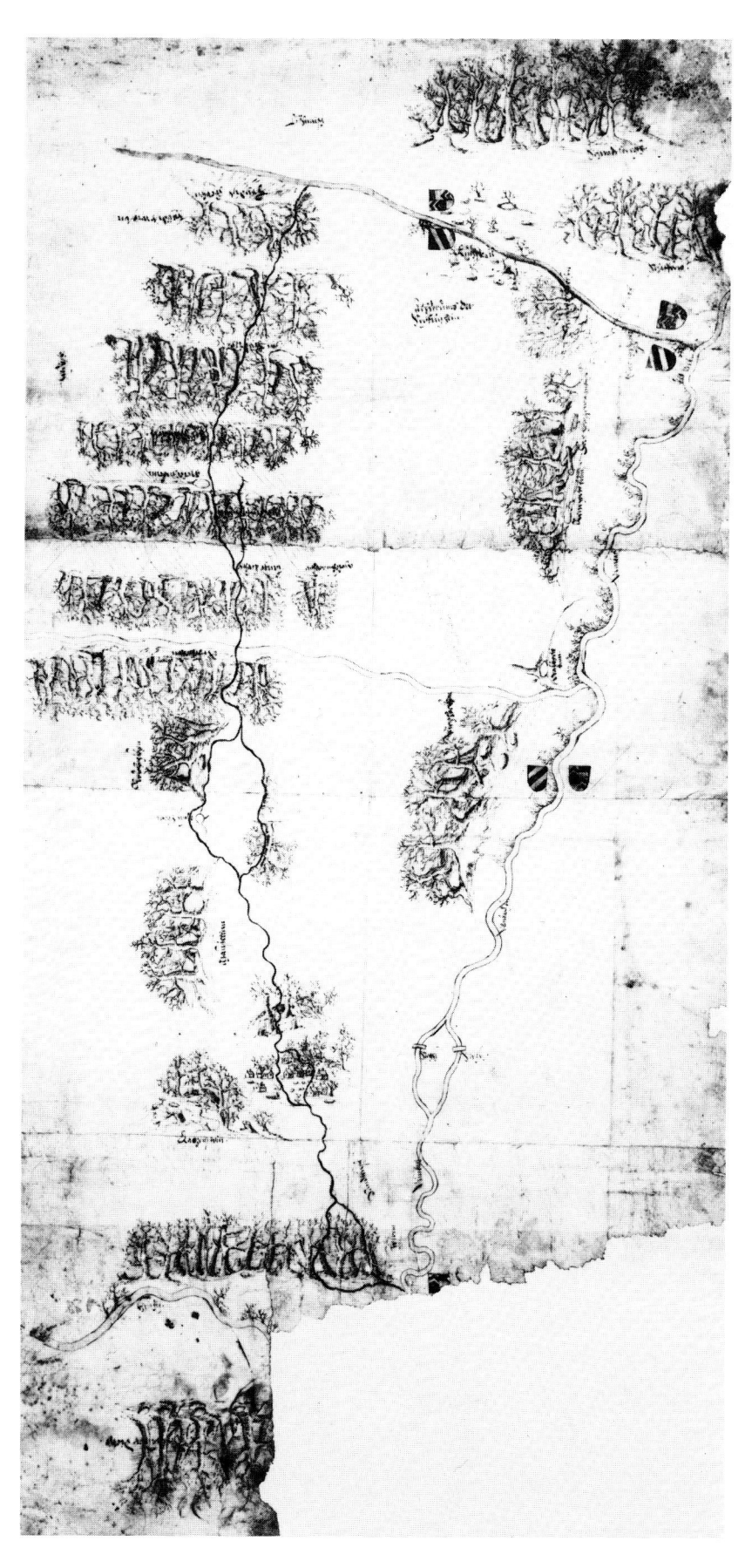

Landgrafschaft Hessen oder das Hochstift Würzburg, nur randlich herangerückt oder haben, wie die Reichsabtei Fulda, selbst territoriale Einbußen hinnehmen müssen. Die unter den Staufern begonnene Reichsgutverwaltung, mit einem Netz von Reichs- bzw. Freigerichten, löste sich im Interregnum wieder auf. Viele der alten kleineren Dynastengeschlechter zeigten Abstiegserscheinungen durch die Auflösung der ausgedehnten Grundherrschaften und Verlust der Einflußbasis, manche glitten in den Niederadel ab, andere starben aus (Herren von Steckelberg, von Jossa-Brandenstein, von Trimberg). Anderen Familien aber gelang ein bisweilen atemberaubender Aufstieg, so vor allem den Herren von Hanau und von Ysenburg, die im 15. Jahrhundert zu Reichsgrafen erhoben wurden. Sie gehören zu den bestimmenden Elementen der Territorialentwicklung bis in die Neuzeit hinein, während vergleichbare Häuser aus dem Spiel der Kräfte wieder ausschieden, wie die Grafen von Rieneck oder die Grafen von Weilnau.

Nicht zuletzt aber gelang es vielerorts dem Kleinadel aus Ritterschaft und Ministerialität am Prozeß der Herrschaftsbildung mitzuwirken. Im Verbund von Eigengut, Lehen, Pfändern, Ämtern und Rechten entstanden seine Kleinterritorien, die von Burgen oder festen Häusern aus unmittelbar zu verwalten waren. Die Familie von Hutten bildet eines der aufschlußreichsten Beispiele für die Möglichkeit der Selbstbehauptung gegenüber größeren Nachbarn durch flexible Politik, das Ausspielen gegnerischer Kräfte oder die entstehenden Formen ritterschaftlicher Einung.

Nach größeren Verschiebungen, wie der Besitzvermehrung Hanaus und Ysenburgs durch die Falkensteinische Erbschaft, oder Kräfteverlusten, wie der Mainzer Stiftsfehde, war gegen Ende des 15. Jahrhunderts im Besitzgefüge eine gewisse Ruhe und Konsolidierung eingetreten. Erst einige Jahrzehnte später kam es in diesem Raum wieder zu verstärkten Bewegungen, auch durch die Krise der Ritterschaft, die Grafen und Fürsten mancherorts Gelegenheit zur territorialen Arrondierung verschaffte.

*Die Besitzungen der Hutten*

Der Besitz der Hutten in ihren verschiedenen Zweigen, die jedoch familien- und erbrechtlich vielfach verknüpft waren (die fränkische Linie bleibt hier außerhalb der Betrachtung), ging auf unterschiedliche Wurzeln zurück. Dazu gehörte Allodialgut, das um 1300 sehr bescheiden war, aber seitdem durch Erbschaft, Kauf und sonstige Erwerbungen beträchtlich vermehrt werden konnte, Besitz aus Vasallität und Vogteirechten des Klosters Schlüchtern, Anteile aus dem vielfältig zusammengesetzten Steckelberger Erbe, schließlich Fuldische, Hanauer und Würzburger Lehen und Pfandschaften. Hinzu kommt relativ ausgedehnter Streubesitz in Gebieten anderer Landesherren (der in der Karte nicht dargestellt ist). Im einzelnen gehören dazu:

HU 1 Das Gericht Vollmerz (später Herrschaft Ramholz), mit Vollmerz und Ramholz als hanauischem und der Steckelburg als würzburgischem Lehen. Zum ursprünglich kleinen Eigenbesitz, der durch Käufe vermehrt wurde, und dem Gut aus dem Steckelberger Erbe kamen Gerichts- und Vogteirechte. Die Steckelburg befand sich 1500 nur noch im ganerbschaftlichen Besitz der Huttenlinien Steckelberg/Altengronau und Stolzenberg. Von den Hutten kam die Herrschaft Ramholz über die Freiherrn von Landas an die Freiherrn (später Grafen) von Degenfeld-Schonburg und wurde 1698 von Hanau als Lehnsherrn als reichsritterschaftliches Gebiet anerkannt.

HU 2 Das Gericht Herolz in Pfandbesitz, mit den Orten Herolz, Sannerz und Weiperz. Aus einer alten Villikation hervorgegangenes fuldisches Gericht, an dem sich Hanau zeitweise Anteile verschaffen konnte. 1465 an den fuldischen Rat Lorenz von Hutten, 1494 an seinen Sohn Ulrich von Hutten d. Ä. verpfändet. 1564 von Fulda wieder eingelöst, wobei die Hutten Güter und Rechte in Sannerz und Weiperz sowie ein festes Haus behielten, die erst 1704 an Fulda übergingen, das 1735 die Probstei Sannerz einrichtete.

HU 3 Das Gericht Altengronau (Burggronau), ursprünglich im Besitz der Herren von Steckelberg als fuldische Vögte. Es ging den Steckelberger Erben in der Auseinandersetzung mit den Herren von Hanau verloren, die einen Teil dem Gericht Schwarzenfels zuschlugen, den Südteil mit Burg Altengronau aber an die Hutten verpfändeten und 1478 als Mannlehen überließen.

HU 4 Besitz im Sinngrund, Kondominium mit den von Thüngen als würzburgisches Lehen. Die Anteile an den Kondominatsdörfern Obersinn, Mittelsinn und Aura bildeten mit Altengronau (und einigen Weilern im Joßgrund) einen Verwaltungsbezirk, der später als reichsritterschaftliches Amt der von Hutten erscheint. 1648 an Hessen-Kassel verkauft.

HU 5 Joßgrund, mit den Burgen Burgjoß und Hausen, ein ausgedehntes, aber dünn besiedeltes Gebiet (Alsberg, Burgjoß, Mernes, Oberndorf und Pfaffenhausen, Dittenbrunn kommt zu Altengronau). Ursprünglich im Besitz der Herren von Jossa, dann eine komplizierte gemischte Herrschaft, mit Anteilen von Mainz, Ysenburg und Hanau, den v. Küchenmeister, v. Thüngen und v. Hutten. Die Hutten setzen sich allmählich durch und verdrängen vor allem Hanau aus den Gerichtsrechten, so daß sie um 1500 als die tatsächlichen Besitzer gelten können. 1515 und 1521 erreicht Frowin von Hutten die kaiserliche Verleihung der hohen Gerichtsbarkeit. Verwaltungssitz der Hutten zum Stolzenberg wird die Wasserburg Hausen, wo sich zeitweise auch eine Nebenlinie etabliert. 1528 an die Hutten zu Frankenberg veräußert, von diesen 1540 an Kurmainz verkauft, das daraus die Amtsvogtei Burgjoß im Oberamt Orb bildet.

HU 6 Die Herrschaft Salmünster der Hutten zum Stolzenberg als fuldische Pfandschaft. Alter fuldischer Bezirk als Rest des Großkirchspiels Salmünster. Seit 1328 Pfandanteile der von Hutten, die 1373 vermehrt werden; auch Hanau verschafft sich Anteile an den Burgen Stolzenberg und Soden. 1390 und 1438 wird die Pfandschaft für die Hutten erneuert, der Bezirk wird umschrieben mit Burg Stolzenberg, der Vest Soden, Stadt und Gericht Salmünster (unter Einschluß von Salz und Ahl). 1497 interne Teilung unter die Stolzenberger Hutten. 1528 verkauft der Mainzer Hofmeister Frowin von Hutten seinen Anteil, die halbe Herrschaft, an die fränkische Linie, diese veräußert ihn am 22. 5. 1540 mit dem Joßgrund an Kurmainz. Fulda als Pfandherr erwirbt den Bereich erst 1734 zurück und errichtet das Amt Salmünster (verbunden mit der Probstei Sannerz).
Der Nordteil bleibt als „Huttischer Grund" mit den Dörfern Eckardroth, Kerbersdorf, Marborn, Romsthal und Wahlert im Besitz der Hutten zum Stolzenberg (– Steinbach); später als reichsritterschaftliche Herrschaft Romsthal im Kanton Mittelrhein der rheinischen Ritterschaft.

*Weitere ritterschaftliche Besitzungen*

Eberstein

EB Herrschaft (Amt) Brandenstein, als Hanauisches Lehen von 1424 bis 1540 im Besitz der Herren von Eberstein aus der Rhön.

Thüngen

TH 1 Zeitlofs.

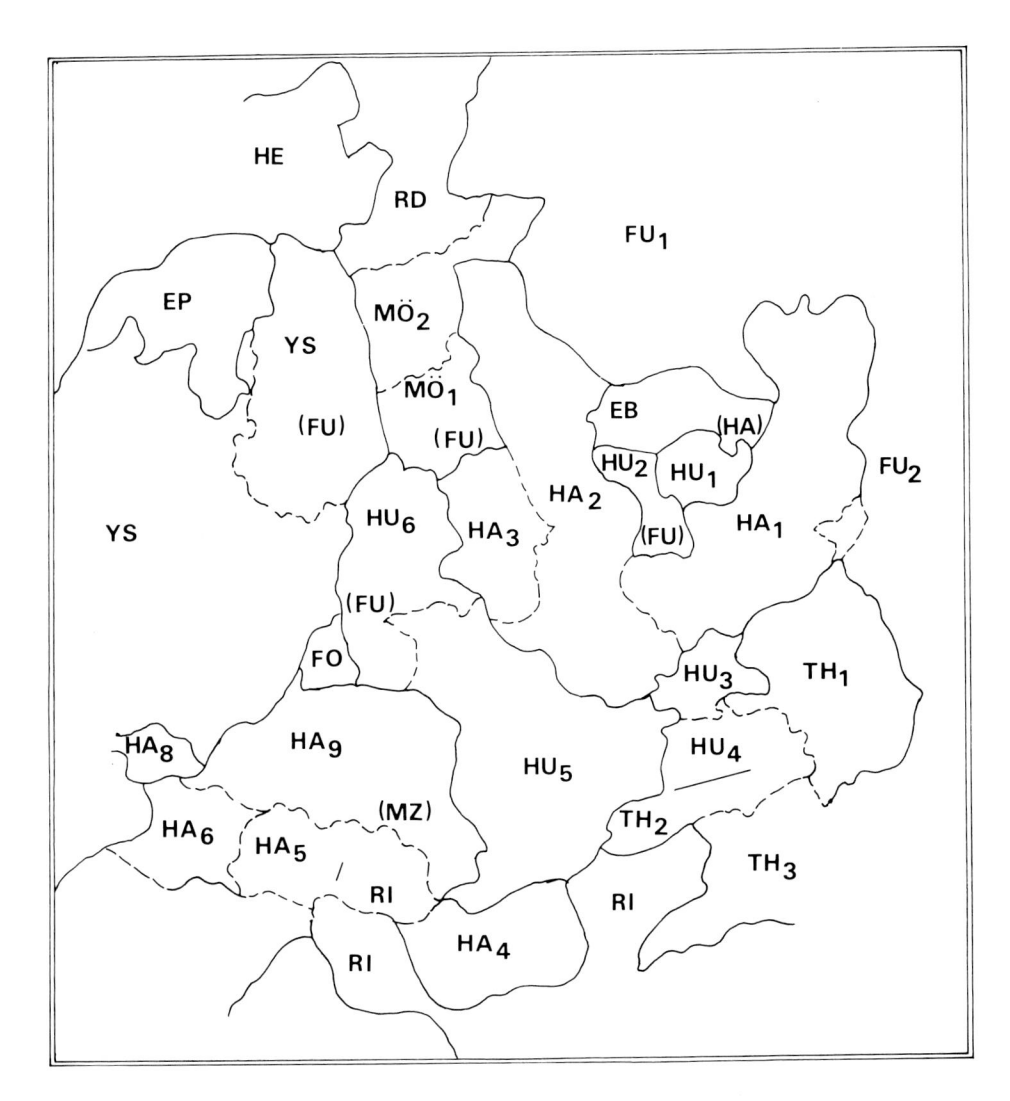

TH 2  Zehnt Mittelsinn im Kondominium mit den v. Hutten (siehe HU 4).
TH 3  Burgsinn.

Forstmeister von Gelnhausen

FO  Herrschaft Aufenau, mit Aufenau, Neudorf, Hof und Schloß Kinzighausen. Als Lißbergisches, dann Rodensteinsches Lehen an das Geschlecht der Forstmeister von Gelnhausen. Später reichsritterschaftliche Herrschaft, die 1787 an Kurmainz fällt.

Mörle gen. Böhm

MÖ 1  Ürzell      als Hälften des Gerichts Ulmbach. Lehen des Stifts Fulda
MÖ 2  Ulmbach   bzw. der Probstei Neuenberg an die von Mörle gen. Böhm. 1569 von Fulda eingelöst, seit 1699 fuldisches Amt Ürzell.

Riedesel

RD  Gerichte Freiensteinau und Moos im Besitz der Riedesel zu Eisenbach.

*Herren bzw. Grafen*

Hanau-Münzenberg

HA 1  Amt Schwarzenfels (mit dem halben Ort Züntersbach).
HA 2  Vogtei über Kloster Schlüchtern und seinen Bezirk. Regelung der Schutz- und Gerichtsbefugnisse durch Vertrag von 1496. Die Verwaltung erfolgt von Steinau aus.

| | | |
|---|---|---|
| | HA 3 | Amt Steinau, mit Schloß Steinau als Amts- und Verwaltungssitz, der Stadt Steinau und Seidenroth. Fuldisches Lehen. |
| | HA 4 | Amt Lohrhaupten, mit Lohrhaupten, Kempfenbrunn und Flörsbach, aus der Rienecker Erbschaft von 1333. |
| | HA 5 | Amt Bieber, mit 8 Dörfern, im Kondominium mit den Grafen von Rieneck, deren Teil 1559 an Kurmainz fällt. |
| | HA 6 | Gericht Altenhaßlau mit 5 Dörfern, von den Herren von Trimberg 1362/1377 als Lehen des Stifts Würzburg erworben. |
| | HA 7 | Freigericht Alzenau, in Gemeinschaft mit Kurmainz. 1500 als Reichslehen bestätigt. |
| | HA 8 | Stadt und Burg Gelnhausen, als Reichspfandschaft seit 1439 in Gemeinschaft mit Kurpfalz. |
| | HA 9 | Amt Orb, als Kurmainzer Pfandschaft von 1428 bis 1565 im Besitz der Grafen von Hanau. |
| | | Rieneck |
| | RI | Spessartbesitz der Grafen von Rieneck, zumeist als Mainzer Lehen, das nach dem Aussterben 1559 an Kurmainz zurück fällt. |
| | | Ysenburg |
| | YS | Territorium der Herren, seit 1442 Grafen zu Ysenburg und Büdingen. Im Ostteil das Gericht Reichenbach als Lehen des Stifts Fulda. |
| | | Eppstein-Königstein |
| | EP | Gericht Gedern, aus dem Besitz der Trimberger 1376 an die Herren, seit 1505 Grafen von Eppstein-Königstein. 1535 an die Grafen von Stolberg. |
| *Geistliche und weltliche Fürsten* | | Fulda |
| | FU | Besitz der Reichsabtei Fulda, mit den Ämtern Neuhof (1) und Brückenau (2). |
| | | Mainz |
| | MZ | Besitz des Kurfürstentums Mainz. |
| | | Hessen |
| | HE | Gericht Crainfeld, im Besitz des Landgrafen von Hessen. |

Literatur  Geschichtlicher Atlas von Hessen. Text und Erläuterungsband. Hrsg. von Fred Schwind, Marburg/Lahn 1984; mit Karte 18: Hessen um 1550, von Friedrich Uhlhorn und Willi Görich (1975).
Bayerischer Geschichtsatlas. Hrsg. von Max Spindler, München 1969; mit Karte 25: Franken um 1500, bearb. von G. Diepolder.
Handbuch der historischen Stätten Deutschlands IV: Hessen. Hrsg. von G. W. Sante, 3. Aufl., Stuttgart 1976.
Cramer, Klaus, Landesgeschichte der Obergrafschaft Hanau, masch. Diss. Marburg 1944.
Hofemann, Anneliese, Studien zur Entwicklung des Territoriums der Reichsabtei Fulda und seiner Ämter, Marburg/Lahn 1958.
Maldfeld, Georg, Über die territoriale Zusammensetzung und die alten Herrschaftsverhältnisse des Kreises Schlüchtern, in: Hessenland 41, 1930, S. 261–270.
Maldfeld, Georg, Der Huttische Grund, in: Die Heimat, Gelnhausen 1927, Nr. 5 und 8.
Philippi, Hans, Territorialgeschichte der Grafschaft Büdingen, Marburg/Lahn 1954.
Wittenberg, Hans-Werner, Die Geschichte der Herrschaft Ramholz (Diss. Mainz 1958), Stuttgart 1959.
Zimmermann, Ernst J., Hanau Stadt und Land, Hanau 1919.

*Renate Nettner-Reinsel*

# Die zeitgenössischen Bildnisse Ulrichs von Hutten

Bis zum Ausgang des Mittelalters hatte es in der Kunst vor allem ein Bildthema gegeben, die Verherrlichung Gottes und die Darstellung religiöser Ereignisse. Erst im Laufe des 15. zum 16. Jahrhundert enstand das Bildnis, das den Einzelmenschen als selbständige Erscheinung wiedergibt. Es erlebte in den Jahrzehnten nach 1500 seine höchste Blüte.

Der mittelalterliche Glaube an die kirchlichen Glaubenssätze wurde durch das neue, der Wirklichkeit zustrebende Bildungsideal der Renaissance in seinen Grundfesten erschüttert. Dichter und Philosophen des Altertums, ihre Bildung und ihr Wissen, waren die Vorbilder der Humanisten. Deren Auffassung von der Würde des Menschen, durch Tugend und Geist gottebenbildlich[1] zu werden, hatte zur Folge, daß Kritik an den Mißständen der mittelalterlichen Kirche und Forderungen nach einer Reform auf neuer Grundlage laut wurden. Auch soziale Veränderungen, wie das Erstarken des Bürgertums und der Machtverlust des niederen Adels stellten den „ordo" des Mittelalters in Frage.

Die neuen gesellschaftlichen Verhältnisse gaben auch dem Buchdruck neue Aufgaben. Anstelle der Buchillustration, die in ihren Bildnisdarstellungen oftmals denselben Holzstock für die Darstellung unterschiedlicher Personen verwandte, wurde das Streben nach Individualisierung erkennbar. Unmittelbar damit ist auch die neue Stellung des Künstlers als Bildschöpfer und die Ausprägung seiner individuellen Handschrift verknüpft.

Der Wunsch, bedeutende Persönlichkeiten in ihrer äußeren Erscheinung festzuhalten, ihr Abbild zu besitzen oder sich selbst der Nachwelt zu überliefern, zeugte von einem neuen Selbstbewußtsein. Zu den Schriften der Autoren, sozusagen zu ihrer geistigen Existenz, wollte man nun auch ein Abbild ihrer äußeren Erscheinung besitzen.

Die Bildnisse Ulrichs von Hutten, die zu seinen Lebzeiten entstanden sind, waren in der Hauptsache als Autorenbildnisse in seine literarischen Werke eingebunden. Ob allerdings dabei die Reihe der uns heute bekannten vollständig ist, läßt sich nicht genau sagen. Ein Hauptanliegen Huttens war es, den Ritterstand zu stärken. Um diesem Anspruch Nachdruck zu verleihen, wurde er auch in seinen Bildnissen meistens als Ritter dargestellt. Anknüpfend an diese Bildnisse rief ihn sein Freund Eobanus Hessus 1521[2] auf, die Waffe in die Hand zu nehmen und zu kämpfen, da er nicht nur als Dichter sondern auch als Krieger in Deutschland bewundert werde und als solcher auch im Bild dargestellt worden sei. Hessus forderte mit Nachdruck, auch in die Praxis umzusetzen, was Hutten mit seinen Schriften ausdrücken wollte. Dieser Brief liefert uns den Hinweis dafür, daß die Hutten-Bildnisse vor dem Hintergrund seiner jeweiligen Lebenssituation in Verbindung mit seinem literarischen Werk gesehen werden müssen, ein Kontext, aus dem heraus sie ursprünglich auch entstanden sind.

1. Bildnis Ulrich von Hutten unter einem Baldachin.

Holzschnitt 13,5×9,8 cm
Erstmals erschienen in seiner Schrift:
PHALARISMVS DIALOGVS HUTTENICVS (Tyrannentum in der Art des Phalaris. Ein Huttenscher Dialog)
Mainz: Johann Schöffer (März) 1517
Vgl. Spelsberg-Nr. 28; Benzing[3] Nr. 52

Wiederholt in:
a) „Ulrichi de Hutten Eq. de guainaci medicina..."
Mainz: Johann Schöffer (April) 1519
Benzing Nr. 103
b) „Hoc in volumine haec continentur..."
Mainz: Johann Schöffer (September) 1519
Benzing Nr. 120
c) „Hie nach volget ein scharffes..."
Speyer: Jakob Schmidt nicht vor 1521
Benzing Nr. 57

Nach Röttinger[4] stammt das Bildnis vom Petrarcameister, den er als Hans Weiditz ausweist. In seiner letzten Arbeit[5] beschreibt er es als „Huttens Bildnis nach der Natur, erschienen 1519 in den Schriften Huttens bei J. Schöffer in Mainz".

Musper[6] ordnet das Porträt dem Petrarcameister zu, allerdings nicht ganz ohne Zweifel. Benzing sieht den Autor ebenfalls im Petrarcameister, analog zum Titelholzschnitt der Schrift (Ermordung des Hans von Hutten durch Herzog Ulrich von Württemberg), der nach Benzing „durch Huttens Vermittlung an Schöffer in Mainz gelangte"[7].

Solms-Laubach[8] schreibt ihn dem Petrarcameister, alias Hans Brosamer zu. Seine Annahme, daß der Holzschnitt nach dem angeblich von Hans Brosamer 1515 gefertigten Leinwandgemälde im Historischen Museum Hanau entstanden ist, wird von mir nicht geteilt.[9]

Der Holzschnitt zeigt ein Brustbild Ulrichs von Hutten in Edelmannstracht, leicht nach rechts gewandt unter einem tempelartigen Baldachin.[10] In den oberen Zwickeln befinden sich rechts das Wappenschild der von Eberstein, links das der von Hutten (abweichend hat das Huttenwappen hier Schräglinksbalken. Eine genaue Beschreibung der Wappenschilde erfolgt unter Nr. 3).

Unterhalb der Brüstung auf schwarzem Grund der weiße Schriftzug „VLRICHVS · DE · HVTTEN EQ · [VES] · GERMA [NIAE]" (Ulrich von Hutten, Ritter Deutschlands). In der Kleidung eines Edelmannes mit Barett, den großgliedrigen Ketten über seiner Brust, sieht man den gewichtigen Vertreter einer adligen Familie. Auf den ritterlichen Stand Huttens verweist die Inschrift, aber auch die rechte Hand, die einen Knauf, möglicherweise den eines Schwertes, umfaßt.

Charakteristisch ist die gerade Nase, das spitze Kinn, die stark geformten Lippen, die starken Brauen, die offenen Augen, die den Blick nach außen richten und der kleine Oberlippen- und Backenbart. Hier zeigt sich Hutten als selbstbewußter, aufstrebender junger Mann. Das Gehäuse ist aus Architekturmotiven des antiken Tempels zusammengesetzt. Die beiden vorderen Säulen, die die Familienwappen tragen, sprechen die traditionelle Formensprache der Zeit, während die hinteren Viereckpfeiler korinthische Kapitele tragen. Die Brüstung mit ihrer schwarzen Schrifttafel verleiht der Figur skulpturale Schwere. Mit dem antiken Ambiente wird die Zugehörigkeit Huttens zu der humanistischen Bewegung ausgedrückt.

Schon 1515 beschloß das ausgedehnte Geschlecht der Hutten Rache zu nehmen für die Ermordung des Hans von Hutten durch Herzog Ulrich von Württemberg. Der literarisch gebildete Ulrich von Hutten beteiligte sich von Anfang an mit seinen Klagschriften an diesem Vorhaben. Innerhalb seiner Familie wurde ihm dadurch eine Aufwertung zuteil. Der „Niemand und Nichts" erlangte Anerkennung, vertrat er doch immerhin weite Teile der west- und süddeutschen Ritterschaft, die sich gegen die Willkür der Fürsten zusammengeschlossen hatten.

*Bildnis Ulrich von Hutten als Edelmann unter Baldachin, in: Ulrich von Hutten, Phalarismus, 1517 (Kat.-Nr. 2.23)*

Von Kaiser Maximilian erwartete man die Unterstützung des Ritterstandes und die Bestrafung Ulrichs von Württemberg. Nachdem sich fast zwei Jahre wenig getan hatte, drängte nun Ludwig von Hutten, der Vater des Ermordeten und Gönner Ulrichs, sowie weite Teile des Rittergeschlechts auf eine Entscheidung durch den Kaiser. Im Vorfeld dazu erschien während Huttens Aufenthalt in Italien bei dem Drucker Schöffer erstmals im März 1517 der „Phalarismus" mit Huttens Brustbild, „womit Schöffer dem führendsten Mann des im Kampf mit dem Württemberger Herzog liegenden Geschlechts Hutten, dem Mainzer Hofmeister Frowin von Hutten eine Reverenz erwies."[11] Eine Klärung des Falles durch ein Vergleichsangebot des Kaisers ließ nach Erscheinen der Schrift nicht lange auf sich warten. Zusätzlich stand die Krönung Huttens zum Dichter bevor, die nach Grimm[12] „wohl weit mehr noch ein diplomatischer Akt (war), der vom Kaiser im Rahmen des von ihm gleichzeitig beabsichtigten Sühneausgleich zwischen den Hutten und Herzog Ulrich von Württemberg vorbereitet worden war."

In dem Bildnis, das Ulrich von Hutten unter dem Baldachin zeigt, drückt sich das Selbstverständnis des Ritters aus, der die Unterstützung seiner ganzen Sippe hat und als humanistisch gebildeter, selbstbewußter Intellektueller mit seinen Fähigkeiten in der Dichtkunst gebraucht wird.


2. Bildnis Ulrich von Hutten in ganzer Figur als Edelmann

Holzschnitt 9,0×10,2 cm
Erstmals erschienen in seiner Schrift:
VLR. DE HVTTEN EQ. ad Caesarem Maximil. vt bellum in Venetos coeptum prosequatur. Exhortatorium (Des Ritters Ulrichs von Hutten Ermahnung an Kaiser Maximilian, den begonnenen Krieg gegen Venedig fortzusetzen)
Augsburg: Johann Miller (2. Januar) 1519
Vgl. Spelsberg Nr. 15; Benzing Nr. 89
Enthält 11 weitere Holzschnitte in gleicher Größe, entstanden 1518

Röttinger[13], Musper[14] und Benzing weisen die Holzschnitte dem Petrarcameister (bei Röttinger alias Hans Weiditz) zu. Geisberg[15] nennt Hans Burgkmair, wie auch Könnecke,[16] der es als „das künstlerisch wohl bedeutendste Bildnis Huttens" bezeichnet.

Der Holzschnitt zeigt Ulrich von Hutten in ganzer Figur zwischen dem kaiserlichen Adler und dem gallischen Wappenschild. Er ermahnt in dem dazugehörigen Epigramm[17] den Adler zum Angriff auf den Schild. Übergroß ist das Wappenschild dargestellt. Es zeigt eine kinderfressende Schlange, das Wappen der Visconti und gleichzeitig Wappen von Mailand, sowie drei Lilien, das Wappen der französischen Könige. Daß es sich bei dieser Darstellung um Hutten handelt, wird aus der Analogie zum vorhergehenden Bildnis (Nr. 1) deutlich.

In Form einer Allegorie wird das italienpolitische Ereignis im Jahre 1515/16 dargestellt: Kaiser Maximilian I. führte seit 1508 Krieg in Oberitalien. 1515 siegte König Franz I. von Frankreich über die Schweizer, den Verbündeten Maximilians und wurde Herr über Mailand und einen maßgeblichen Teil Oberitaliens. Hutten fordert in seinem Epigramm den Kaiser auf, den Kampf gegen die Franzosen wieder aufzunehmen, um seinen Gebietsanspruch als römischer Kaiser durchzusetzen.

Dieses Epigramm – Epigramme nannten die Humanisten jede kleine Versdichtung – entstand vor dem Hintergrund seines ersten Italienaufenthaltes zusammen mit etwa 120 weiteren. Sie beschäftigen sich mit den Themen Kaiser und Reich, den oberitalienischen Kriegen einschließlich Huttens eigener Erlebnisse. Sie erschienen wenige Tage vor Maximilians Tod. Huttens Einsatz für den Kaiser entsprach um diese Zeit der Gesinnung breiter, gerade humanistischer Kreise.


3. Bildnis Ulrich von Hutten im Lorbeerkranz

Holzschnitt 11,0×11,7 cm
Erstmals erschienen in seiner Schrift:
...VLRICHI De Hutten, Equitis Germani, ad Carolum Imperatorē, aduer = sus intentatam sibi a Romanistis vim & iniuriam, Conquestio (...) (Ein Klage des deutschen Ritters Ulrich von Hutten an Kaiser Karl über die Gewalt und das Unrecht, die ihm von den Romanisten angedroht worden sind)
Straßburg: Johann Schott (nach dem 28. September) 1520
Vgl. Spelsberg Nr. 47; Benzing Nr. 132

*Bildnis Ulrich von Hutten in ganzer Figur als Edelmann, in: Ulrich von Hutten, Augsburger Sammlung der Epigramme, 1519 (Kat.-Nr. 2.24)*

⁋ INSCRIPTIO GALLICI CLYPEI AD AQVILAM

Quos tandem in populos, aut quo se hæc lilia pandent?
    Aut quas hic serpens inuoluetur opes?
Inspice res Aquila, tibi luditur. Erige pennas.
    Nunq̃ cura tibi maior habenda fuit.
Effice cristati marcescant lilia Galli.
    Et sit qui Serpens debuit esse tuus.

⁋ DE GALLO AD AQVILAM.

Ambitionis agrum circumuolitabat apertum
    Gallus, vt hinc auido carperet ore cibum.
Visa est imperij species quasi rege vacantis.
    Inuasit totis viribus impar onus.

Wiederholt in:
a) „Clag und vormanung gegen..."
Straßburg: Johann Schott (Okt./Nov.) 1520
Benzing Nr. 144
Unbekannter Künstler

Der Holzschnitt zeigt Ulrich von Hutten inmitten eines großen Lorbeerkranzes, der sich auf seinem Kopf wiederholt. Ober- und unterhalb liest man: Dirvmpamvs vincvla eorvm, et proiiciamvs a nobis ivgvm ipsorvm (Laßt uns ihre Fesseln zerreißen und ihr Joch von uns werfen). Die schmächtige Brust steckt in einer Rüstung und seine Hände blättern in einem großen Buch. Der vergleichsweise

*Bildnis Ulrich von Hutten im Lorbeerkranz, in: Ulrich von Hutten, Conquestio, 1520 (Kat.-Nr. 2.25)*

DIRVMPAMVS VIN,
CVLA EORVM,
ET PRO,

IICIAMVS
A NOBIS IVGVM
IPSORVM,

große Kopf zeigt ihn mit der kinnlangen Haartracht, einer geraden langen Nase, spitzem Kinn, stark geformten Lippen, einem vollen Oberlippen- und Backenbart.

Die Augen sind offen, wobei das linke merkwürdig verdreht ist. Der große Lorbeerkranz mit den vier Wappenschildern gibt dem Bildnis Halt und Rahmen.

Es ist das erste Mal, daß er in Rüstung mit Schwert, das offen und sichtbar getragen wird, abgebildet ist. Dies ist auch die einzige uns bekannte Bildnisdarstellung, in der er mit den Attributen der Rüstung für den Ritter, dem Dichterlorbeer für den Humanisten und dem Buch für den Publizisten auftritt.

*Die vier Familienwappen in den Bildnisdarstellungen Huttens.*[18]

Das obere Wappen, direkt über seinem Kopf stellt das Familienwappen der von Hutten dar: Auf rotem Grund zwei goldene Schrägrechtsbalken.

Links daneben das Wappen der von Eberstein, der Familie von Huttens

Mutter: Auf blauem Grund ein weißes auf der Spitze stehendes Dreieck mit Lilien.

Das untere Wappen ist das der von Stein zum Liebenstein aus der Linie der Mutter (Die Großmutter Ulrichs von Hutten war eine von Stein): Auf silbernem Grund zwei blaue Schrägrechtsbalken.

Das rechte Wappen ist das der von Thüngen aus der Linie des Vaters (Die Großmutter Ulrichs von Hutten war eine von Thüngen): Auf silbernem Grund, ein roter horizontaler Balken mit drei gewellten goldenen Pfählen.

Mit seiner „Conquestio", die als politische Propaganda gegen den bevorstehenden Reichstag in Worms gerichtet war, wandte sich Hutten von der Prosa der Humanisten ab. Er prangert darin die Gewalttaten und das Unrecht an, das die Römische Kirche an ihm verübte. (Hutten wurde als Ketzer verfolgt und fand bei Sickingen auf der Ebernburg Schutz). Hutten versucht mit dieser Schrift die Landesfürsten und ganz besonders Friedrich von Sachsen, der Luther unterstützte, für seinen Kampf gegen Rom zu gewinnen. In dem Brief an Friedrich von Sachsen entwickelte er seine politischen Vorstellungen: Rom müsse dem Kaiser zurückgegeben werden, der römische Bischof sei den übrigen Bischöfen gleichzustellen, die Zahl der Geistlichen sei zu vermindern, ihre Einkünfte müßten beschnitten werden, das Mönchstum gelte es abzuschaffen.

Diese Schrift ist der Beginn einer umfangreichen literarischen Produktion auf der Ebernburg; die deutsche Übersetzung erschien postum beim selben Drucker in Straßburg.

Hutten hatte Freunde in Straßburg. Bekannt sind seine Beziehungen zu dem Juristen und Literaten Nikolaus Gerbel,[19] der wahrscheinlich die Kontakte zwischen Hutten und dem Drucker Schott herstellte (In Mainz konnte er nach dem Verbot seiner Schriften und der Verhaftung seines Druckers nichts mehr publizieren).

Da der Drucker als Auftraggeber für die Holzschnitte zu dieser Zeit allgemein angenommen werden kann, wird in Absprache mit Gerbel und unter Verwendung des schon publizierten Bildnisses im Baldachin (s. Nr. 1), dieses gänzlich neue Hutten-Bild entstanden sein.

Mit den Attributen des Ritters, des Dichters und des Publizisten versehen, wurde er als gereifter Mann, dem Ruhm und Ehre zuteil wurden, dargestellt. Hutten wollte um Vertrauen für die Lutherische Sache im Kampf gegen die Vertreter der römischen Kirche werben.

4. Bildnis Ulrich von Hutten in einer Nische

Holzschnitt 15,7×11,5 cm
Erstmals erschienen in seiner deutschen Übersetzung der „Conquestio". (siehe Nr. 3)
In dißem Buchlin findet man Hern Wlrichs von Hutten Vber vnd gegen vorgewaltigung des Bapsts, vnnd der Romanisten, klagschrifft an Keyserliche maiestat.
Straßburg: Johann Schott (November/Dezember) 1520
Vgl. Spelsberg Nr. 48; Benzing Nr. 138

Wiederholt in:
a) „Gesprächbüchlin"
Straßburg: Johann Schott (nach 1. Mai) 1521
Benzing Nr. 125
b) „Hulderichi ab Hutten Eq. Germ. in Hieronymum Aleandrum..." (Invektiven an Aleander)
Benzing Nr. 174

*Bildnis Ulrich von Hutten in Nische, in: Ulrich von Hutten, Invectivae..., 1521 (Kat.-Nr. 2.26)*

c) „Ulrichi ab Hutten cum Erasmo... Expostulatio."
Straßburg: Johann Schott (Anfang Juni) 1523
Benzing Nr. 186
d) „Beklagunge der Freistette..."
Erfurt: Michael Buchführer (Herbst) 1522
Nachschnitt nach Benzing Nr. 138, 125, 174, 186, jedoch ohne Nische
Benzing Nr. 182

Zeitweise wurde der Holzschnitt Hans Baldung gen. Grien zugeschrieben.[20] Hase[21] beschreibt ihn als Nachschnitt eines Einblattholzschnittes, der sich als Unikum im Berliner Kupferstichkabinett befindet und dort den fraglichen Baldung-Blättern zugeordnet ist. Im Ausstellungskatalog „Hans Baldung Grien"[22] wird er in die Nähe von Hans Weiditz verwiesen. Röttinger[23] schreibt ihn 1904 Hans Weiditz zu, 1925[24] an Baldung. In seinem Aufsatz von 1942[25] wird er nicht mehr erwähnt.

Kurze Zeit nach dem Bildnis im Lorbeerkranz wird Hutten in diesem Holzschnitt als Ritter in Rüstung, die rechte Hand am Schwertgriff dargestellt. Der Dichterlorbeer ziert seinen Kopf. Die Gestalt wird von einer Nische umgeben, die nach vorne durch eine Brüstung begrenzt ist. Die vier Wappenschilde sind in den Ecken angebracht und beherrschen das Bild nicht mehr so stark wie im vorigen Bildnis.

Hutten wirkt energisch und zielstrebig. Unverkennbar ist die Physiognomie wie in den vorigen Darstellungen. Er war, als die Schrift erschien, mit 32 Jahren auf dem Höhepunkt seiner Popularität und begann neben dem Lateinischen auch in Deutscher Sprache zu veröffentlichen.

Sein Drucker Johann Schott, der damals eine der zwei großen Offizinen besaß, ging bei dem Besuch Huttens vom Oktober 1520[26] ganz auf dessen literarischen „Propagandafeldzug" vor dem Beginn des Wormser Reichstags ein und druckte fast pausenlos Huttensches. Mit Schöffer stand Hutten seitdem in einer Art persönlicher Verbindung und es ist anzunehmen, daß er auch auf die Gestaltung seiner Schriften Einfluß nehmen konnte. In diesem Bildnis, das unmittelbar nach Huttens Besuch veröffentlicht wurde, gewinnt das Schwert gegenüber dem Buch an Gewicht und läßt ihn als entschlossenen Vertreter seines Standes auftreten.

Heinrich Grimm vermerkt, daß als Unterschrift unter diesem Bildnis meist seine Losung „Jacta est alea" (siehe auch den Titel dieser Schrift) oder seine freie Übersetzung der Cäsarenworte in „ich habs gewagt" steht. Hutten wußte, daß es für ihn kein zurück mehr gab. Das Bildnis gibt seine Entschlossenheit wieder, den begonnenen Kampf fortzusetzen.

## 5. Ulrich von Hutten als Ritter in ganzer Figur

Holzschnitt 6,2×3,1 cm
Im zusammengesetzten Titelrahmen, der aus zwei Leisten oben und unten und aus dem Bild Luthers links, und Huttens rechts, besteht.
Erstmals erschienen auf dem Titelblatt seiner Schrift:
Gespräch bůchlin herr Vlrichs von Hutten. Feber das Erst. Feber das Ander. Wadiscus. oder die Roemische dreyfaltigkeit. Die Anschauenden
Straßburg: Johann Schott (Anfang) 1521
Vgl. Spelsberg Nr. 53; Benzing Nr. 125

Wiederholt in:
a) „DIALOGI HVTTENICI..."
Straßburg: Johann Schott (nach 23. Januar) 1521
(mit Bildumschrift)
Benzing Nr. 161
b) „Concilia wie man die halten sol..."
Straßburg: Johann Schott (nach 20. Februar) 1521

Zuschreibung an Hans Baldung gen. Grien[27]

Die Holzschnitte bilden die Umrahmung für den Titel. In der oberen Leiste sind König David und Grottvater als Halbfiguren in Wolken dargestellt. Gottvater hält einen Pfeil, David eine Tafel mit der Inschrift: „Exaltare qui iudicas terram, redde retribut. superbis." Oben rechts und links die Familienwappen der Hutten und der Eberstein.

*Bildnis Ulrich von Hutten in ganzer Figur als Ritter, in: Ulrich von Hutten, Gesprächsbüchlein, 1521 (Kat.-Nr. 2.27)*

Die linke Seite zeigt in der Mitte einen Mönch in ganzer Figur. Darunter die Inschrift: „Veritatem meditabitur guttur meum". die rechte Seite einen Ritter in Rüstung, darunter die Inschrift: „Perrumpendum est tendem perrumpendū est". Die darüberliegende Schrift macht sie als Martin Luther und Ulrich von Hutten kenntlich.

Eine Schar von Geistlichen, an ihrer Spitze der Papst, wird auf der unteren Titelleiste von Landsknechten und Rittern zurückgedrängt. Unten rechts und links die Familienwappen der Thüngen und der Stein zum Liebenstein (siehe Nr. 3). Der unteren Bildleiste zugeordnet ist die Inschrift: „Odini ECCLESIAM malignantium".

Die Figur Ulrichs von Hutten ist auf die Darstellung eines Ritters mit Rüstung und Schwert reduziert. Hier geht es nicht so sehr um ein genaues Abbild seiner Person als vielmehr um sein gemeinsames Auftreten mit dem Reformator. Er unterstützt die lutherische Sache und ist bereit, sie gegen den Papst mit Waffengewalt zu verteidigen. Hutten stellte sich auf die Seite Luthers, weil er ihn als Bundesgenossen in seinem Kampf gegen die Kirche ansah. Er hoffte auf die Unterstützung seiner Sippe, wie seinerzeit, als Herzog Ulrich von Württemberg Hans von Hutten ermordet hatte. Huttens schriftstellerische Polemik verhalf damals der Sache und ihm zum Erfolg. (siehe Nr. 1).

In der Erwartung des Wormser Reichstages, der zuerst Anfang 1521 eröffnet werden sollte, waren seine Veröffentlichungen dazu gedacht, den Kaiser für die Idee zu gewinnen, eine von Rom unabhängige religiöse Erneuerung durchzuführen, die, wenn es sein mußte, auch mit Gewalt durchzuführen wäre.

Seine Hoffnungen zerschlugen sich jedoch schon bald mit der Veröffentlichung des Ediktes von Worms am 29. April 1521 und der Aussöhnung Kaiser Karls V. mit dem Papst. Hutten und mit ihm seine Anhänger gerieten ins politische Abseits.


6. Bildnis Ulrich von Hutten mit Szepter in einer Nische

Holzschnitt, koloriert, 18,0 × 12,5 cm
Wahrscheinlich Einblattdruck, 1521.
Unterhalb des Bildnisses sechs Reimpaare. Privatbesitz (als Depositum im Germanischen Nationalmuseum in Nürnberg, Kupferstichkabinett).
Ein weiteres Exemplar, unkoloriert, besitzen die Staatlichen Museen Preußischer Kulturbesitz, Kupferstichkabinett, Berlin (West).
Beide Exemplare haben eine unbedruckte Rückseite, sind in späterer Zeit ausgeschnitten und aufgeklebt worden, sodaß die Vermutung, daß es sich um einen Einblattholzschnitt handelt, nicht belegt werden kann. Das Berliner Blatt ist ohne Reimpaare. Röttinger[28] hat bei seiner Zuschreibung ein unkoloriertes Blatt mit Reimpaaren aus Berlin vorgelegen.

Die Zuschreibung von Röttinger,[29] Geisberg[30] und Friedländer[31] an Erhard Schön ist umstritten.[32]

In diesem Holzschnitt ist Hutten im Brustbild, leicht nach links gewandt, in voller Rüstung, mit den Attributen der Dichterkrönung, dem Lorbeer und Szepter vor einer Bogenöffnung, die oben angeschnitten ist, zu sehen. In den vier Ecken die Familienwappen Ulrichs von Hutten. (siehe Nr. 3)

Sein linker Arm stützt sich auf die Brüstung, unterhalb derer der Schriftzug „Ulrich von hutten" zu lesen ist. Seine rechte Hand umfaßt das Szepter in dessen Medaillon die Buchstaben „IHE/ H.V / NS / A" erscheinen. Die ersten drei Buchstaben könnten sich auf das Zeichen Christi beziehen.[33] Die folgenden vier bedeuten die Abkürzung für „Huttenus". Ob sich damit eine Losung verbindet, ist nicht bekannt. Möglicherweise bezieht das Kürzel sich auf seinen festen Glauben an Gott, den er ja niemals aufgegeben hatte.

Zur Datierung liefert der darunterstehende Text einen wichtigen Hinweis: Die Anklage gegen seine Verfolgung durch die Vertreter der Kirche hat er in seinen Schriften Ende 1520 formuliert. Mit der „Churtisanen buberey" (Zeile 6) kann die Absprache gemeint sein, die er mit den kaiserlichen Gesandten im April 1521 auf der Ebernburg getroffen hatte, keine neuen Publikationen gegen den Papst zu veröffentlichen, wenn er der Sache Luthers dienen wolle. Gleichzeitig boten sie ihm eine Stellung in den Diensten des Kaisers an. Durch sein Wohlverhalten, das allerdings weder ihm noch Luther etwas einbrachte, schadete er sich letztendlich

*Bildnis Ulrich von Hutten mit Szepter und vier Wappen in Nische, Erhard Schön (?), 1521 (?) (Kat.-Nr. 2.28)*

Ulrich von Hutten ꝛc

Mich nennt den Hutten yederman.
Zů schimpff/zů ernst ich fechten kan/
Schwert/feder halt in gleicher macht
Mein gmüt gots huld halt hoher acht.
On einich ansehen schreib ich frey
Der Churtisanen buberey/
Wie sye Teütsch landt berauben gantz/
Durch jr pfründ tuschen vnd finantz.
Des mich verfolgt der Bapst on recht/
Vnd thůt gwalt mir edelknecht.
Das klag ich gott/vnd Carle glich.
Ich habs gewogt/Rom sich für dich.

selbst. Nach der Niederlage Luthers vor dem Reichstag und seiner Entscheidung, die Stellung beim Kaiser nicht anzunehmen, begann er seinen „Pfaffenkrieg".

In diese Zeit fällt wahrscheinlich das vorliegende Bildnis. Es ist auch die Zeit, in der Eobanus Hessus Hutten aufruft, das Schwert zu ergreifen und darauf verweist, daß er als Krieger im Bild dargestellt worden sei (s. o.).

Wenn man einen Einblattdruck vermutet, so wird er in die Zeit nach dem April 1521 zu datieren sein. Hier fällt die zeitliche Nähe zu einem anderen Einblattdruck auf, der das einzige (?) Lied Ulrichs von Hutten enthält. „Ain new lied..." (Spelsberg Nr. 59) wurde im Sommer 1521 in Schlettstadt bei Nikolaus Küffer verlegt. „Es gehört in seiner volkstümlichen Sprache und leicht singbaren Fassung zum Besten, was Hutten in seiner Muttersprache geschrieben hat".[34] Sein Lied gibt die Stimmung wieder, in der sich Hutten nach dem Verlassen der Ebernburg befand (im Mai 1522 kehrte er wieder auf die Ebernburg zurück) und zeigt damit auch Verwandschaft zu dem vorliegenden Holzschnitt.

Noch auf dem Höhepunkt seiner Popularität, doch schon mit den Erfahrungen aus dem Wormser Reichstag und der festen Entschlossenheit, für seine Sache zu kämpfen, mag das Bildnis als Einblattdruck entstanden sein. Falls dies der Fall ist, kann man von einer weiten Verbreitung des Bildnisses ausgehen, das dann nicht nur relativ wenigen über seine Schriften zugänglich war, sondern breite Bevölkerungskreise erreichte. (Analog zu dem Einblattdruck von 1522 – Spelsberg Nr. 61 – der zum Aushang in den Städten bestimmt war.)

## 7. Bildnis Ulrich von Hutten im Medaillon

Holzschnitt, Durchmesser 4,3 cm
Bildnisumschrift: VLRICHUS-AB HUTTEN EQ.
Erstmals erschienen als Titelholzschnitt in seiner Schrift:
VLRICHI AB HVTTEN cum ERASMO Roterodamo, Presbytero, Theologo, EXPOSTVLATIO.
(Beschwerde Ulrichs von Hutten über Erasmus von Rotterdam, den Priester und Theologen)
Straßburg: Johannes Schott (Anfang Juni) 1523
Vgl. Spelsberg Nr. 65; Benzing Nr. 186

Wiederholt in:
a) Sabinus, Georg: Descriptio Reditis...
Wittenberg 1523
Benzing Nr. 48
b) „Vlrichi ab Hutten... Expostulatio." (2 Auflagen)
Straßburg: Johann Schott (zw. 19. 1. und 17. 3.) 1524
allein abgebildet, ohne Umschrift
Benzing Nr. 187 und 189

Röttinger[34] schreibt diesen Holzschnitt dem Petrarcameister, alias Hans Weiditz zu, der es „nach der Natur" gefertigt hätte. Dieser Annahme folgt Benzing.[35] Nach Geisberg und Curjel[36] stammt es aus der Umgebung des Hans Baldung gen. Grien.

Der Titelholzschnitt zeigt zwei Medaillons mit den Bildnissen Ulrichs von Hutten und Erasmus' von Rotterdam, die einander zugewandt sind, sowie ein leeres Medaillon, das ursprünglich ein Doppelbildnis von Martin Luther und Philipp Melanchthon enthielt, wie an den Bildnisumschriften zu erkennen ist.

Das nicht mehr erkennbare Doppelbildnis erregte ehedem den Unwillen Melanchthons, dem die „Expostulatio" mißfiel.[37] Wahrscheinlich sind die Köpfe aus diesem Grund unkenntlich gemacht worden. Als Vorlage für das Bildnis des Erasmus diente eine Medaille des Quentin Massys (1519).[38]

*Bildnis Ulrich von Hutten im Medaillon, in: Ulrich von Hutten, Expostulatio cum Erasmo, 1523 (Kat.-Nr. 2.29)*

Das Medaillon mit dem Bildnis Huttens zeigt seinen Kopf leicht nach links gewandt, mit Lorbeerkranz und kräftigem Oberlippen- und Kinnbart. Er ist hier nur als Dichter dargestellt. Sein Kopf ähnelt dem, im November 1520 bei Schott in Straßburg erschienenen Bildnis in Nische (Nr. 4). Das Gesicht ist diesem gegenüber etwas hagerer, der Bartwuchs üppiger. Selbstbewußt tritt er neben Erasmus von Rotterdam auf.

Zu dem Zeitpunkt des Erscheinens seiner Schrift befand sich Hutten in Emigration in der Schweiz. Seine Pläne, zusammen mit Franz von Sickingen die Lutherische Sache voranzubringen und die Vorherrschaft des Landesfürstentums zu brechen, waren gescheitert.

Hutten suchte nach seiner Flucht wieder Anschluß an die Humanisten, vor allem an Erasmus von Rotterdam, dem er seit 1514 freundschaftlich verbunden war. In Basel kam es zum Bruch zwischen den beiden. Hutten warf Erasmus Verrat an der Lutherischen Sache vor und holte in seiner letzten Schrift zum literarischen Schlag gegen Erasmus aus.

Die Schrift wurde kurz vor seinem Tode von dem persönlichen Vertrauten, dem Drucker Schott in Straßburg herausgebracht, nachdem Heinrich Eppendorf im Mai 1523 das Manuskript überbracht hatte.

In der Emigration wollte sich Hutten wieder seinen Studien widmen und schrieb an seinen Freund Eobanus Hessus aus Zürich: „...in dieser Hinsicht hat sich Fortuna um mich einen Verdienst erworben, daß sie mich aus großen und wichtigen Stürmen zur stillen Ruhe der Studien zurückführt."[40] Um diese Hinwendung muß auch Schott bei der Auswahl des Bildnisses gewußt haben und hat von daher Hutten ebenbürtig neben Erasmus plaziert.

Die Bildnisse Ulrichs von Hutten in Verbindung mit ihrem erstmaligen Auftreten in seinen Schriften, spiegeln das wechselvolle Leben des Autors wider. Anfangs steht der Humanist ritterlicher Herkunft im Vordergrund, dann der polemisierende Publizist und Ritter, zum Schluß der Humanist.

Wie eingangs erwähnt, ist das am Anfang des 16. Jahrhunderts einsetzende Streben nach Individualisierung doppelt bestimmt: einmal von der Stellung des Künstlers, der als Bildschöpfer durch die individuelle Ausprägung seiner Handschrift im Holzschnitt neue Ausdrucksmöglichkeiten findet, zum anderen von der Einzigartigkeit der Person, die dargestellt wird.

Die Abkehr von der Typisierung, das Streben nach Individualität wird im Holzschnitt durch Differenzierung in der Kopf- und Körperhaltung, in der Haar- und Barttracht und durch Attribute erkennbar. Mit dem Einfluß neuer Kunstideale wurde die „Handschrift" eines Künstlers leichter erkennbar, etwa durch eine kräftigere Binnenmodellierung oder durch dichtere Schraffuren, mit denen der Künstler eine neue Bildlebendigkeit und malerische Wirkung erzielte. Seinen Höhepunkt erreichte das graphische Bildnis mit der Kunst Albrecht Dürers, der es zum selbständigen Kunstwerk machte mittels vollkommenen Einsatzes graphischer Techniken.

Auftraggeber für die Hutten-Bildnisse werden die verschiedenen Drucker gewesen sein, die ein Interesse daran hatten, den vielgelesenen Autor durch sein Bild zu vergegenwärtigen, um dem gedruckten Wort mehr Gewicht zu verleihen. Durch Huttens gute Beziehungen zu seinen Druckern könnten in Absprache mit ihnen die jeweiligen Formen der Darstellung entwickelt worden sein. Die architektonische Rahmung, die wiederkehrende Brüstung und die bergende Nische sind nicht nur als gestalterische Elemente, sondern auch als Symbole der Festigkeit und hohen Moral des Dargestellten zu sehen. Die altüberlieferte Rundform der Medaille deutet durch die umlaufende Inschrift das Prinzip des ständigen Kreislaufs und damit das der Vollkommenheit an.

Da sich die Physiognomien in allen Bildnissen trotz der verschiedenen Altersstufen Huttens stark ähneln, läßt sich fragen, ob wir es tatsächlich mit einem genauen Abbild Huttens zu tun haben.

Am ehesten weist der sogenannte Einblattholzschnitt von Erhard Schön von 1521 (Nr. 6) in diese Richtung. Hier tritt das Bildnis gegenüber dem Text in den Vordergrund und verleiht der Persönlichkeit Huttens greifbaren Ausdruck. Die doppelte Symbolik durch das umfassen des Szepters/Schwertknaufs als Dichter und Ritter wird so als doppelte Bestimmung Huttens auf eindrucksvolle Weise vermittelt: „...die schwungvollste Zeichnung des streitbaren Dichters".[41]

Die individualisierende Charakteristik ist in den anderen Holzschnitt-Bildnissen zwar unverkennbar, doch fehlt ihnen zumeist die individuelle Handschrift des Künstlers, der durch seine Schöpfung den Dargestellten in seiner Einmaligkeit sinnlich erfahrbar macht.[42] Sie lassen das Individuelle der Person Huttens weitgehend vermissen.

Zusammenfassend kann gesagt werden, daß die zeitgenössischen Bildnisse Ulrichs von Hutten noch den älteren Formen der Autorenbildnisse verpflichtet sind, die als Brustbild von architektonischen Formen mit dekorativen oder bildfestigenden Aufgaben umgeben waren. Das Streben nach Individualität im Ausdruck ist dabei unverkennbar. Ein Porträt, wie es von Holbein für Erasmus von Rotterdam[43] geschaffen wurde, war von Hutten weder beabsichtigt noch im Rahmen des gedruckten Autorenbildnisses möglich und sinnvoll.

Die Darstellung Huttens als kämpferischer Ritter in seinen zeitgenössischen Bildnissen, auch in den Nachschnitten, fand auch nach seinem Tode noch lange Zeit Verwendung und wurde auch als ikonographischer Topos zur Darstellung gänzlich anderer Personen herangezogen.

Anmerkungen

1 Ausstellungskatalog: Köpfe der Lutherzeit, Hamburger Kunsthalle. München 1983, S. 23
2 Vgl. Spelsberg Nr. 60,
3 Josef Benzing: Ulrich von Hutten und seine Drucker, Wiesbaden 1956, Nr. 52. Alle folgenden, mit Benzing Nr. bezeichneten Hutten-Drucke beziehen sich auf diese Publikation.
4 Heinrich Röttinger: Hans Weiditz, der Petrarcameister, Straßburg 1904, S. 65
5 Heinrich Röttinger: Hans Weiditz, in: Thieme-Becker XXXV, 1942
6 Theodor Musper: Die Holzschnitte des Petrarcameisters, München 1917, S. 35
7 Benzing, a. a. O., S. XIII, siehe auch Röttinger 1904, a.O., S. 65, Musper 1917, a. a. O., S. 35 Nr. 4
8 Vgl. Ernstotto Graf zu Solms-Laubach: Ein Jugendbild Ulrichs von Hutten. In: Hanauer Geschichtsblätter Bd. 24, Hanau 1973
9 ebenda, Solms-Laubach schreibt den Holzschnitt dem Petrarcameister, alias Hans Brosamer zu. Seine Behauptung, daß der Holzschnitt nach dem (seiner Meinung nach) von Hans Brosamer 1515 gefertigten Ölgemälde auf Leinwand (Historisches Museum in Hanau) entstanden ist, ist nicht wahrscheinlich. Von Brosamer sind vor 1520 keine Gemälde nachweisbar. Die Verwendung des Leinwandgrundes macht eine Datierung in die 1. Hälfte des 16. Jahrhunderts unwahrscheinlich. Die Farbigkeit und Malweise sind außerdem nicht charakteristisch für Hans Brosamer. Vgl. Irene Kunze: Der Meister HB mit dem Greifenkopf. Ein Beitrag zur Brosamerforschung, in: Zeitschrift des Deutschen Vereins für Kunstwissenschaft, Bd. 8. 1941. Es handelt sich meiner Meinung nach um ein Werk des 18. Jahrhunderts, da zu dieser Zeit die Rezeption Ulrichs von Hutten verstärkt einsetzt. Dazu auch: Jacob Burckhard: De Ulrici de Hutten fatis ac meritis commentarius, 3 Bde. Wolfenbüttel, 1717–1723, Frontispitz (Kat.-Nr. 5.10). Vgl. Ausstellungskatalog: Köpfe der Lutherzeit, a. a. O., Nr. 123
10 Vgl. Benzing a. a. O., Nr. 52: „Im Baldachin"; vgl. Musper, a. a. O., S. 35 L 4a: „in einem architektonischen Gehäuse"
11 Heinrich Grimm: Ulrich von Hutten und seine Drucker. In: Festschrift für Josef Benzing, Wiesbaden 1964, S. 142
12 Heinrich Grimm: Ulrich von Hutten, Wille und Schicksal, Göttingen 1971, S. 73
13 Vgl. Röttinger 1904, a. a. O. und Röttinger 1942 a. a. O.
14 Musper, a. a. O., Nr. L 52
15 Vgl. Max Geisberg: Der deutsche Einblatt-Holzschnitt in der ersten Hälfte des XVI. Jahrhundert, München 1930
16 Gustav Könnecke: Bilderatlas zur deutschen Geschichte, Marburg 1895, S. 134
17 INSCRIPTIO GALLICI CLYPEIA A AQVILAM in: Hrsg. Eduard Böcking: Ulrich von Hutten, Schriften, Vol 1–5, Neudruck Aalen 1963, Vol 3, S. 236
18 Annemarie Deegen: Die Hutten-Bildnisse der Herzog-August Bibliothek, Wolfenbüttel
19 Grimm, 1964 a. a. O., S. 151
20 H. W. Singer: Neuer Bildniskatalog, Leipzig 1937, Nachdruck Stuttgart, 1967, Nr. 16425
21 Martin von Haase: Johann Michael gen. Michael Buchführer alias Michael Kremer, Straßburg 1928, S. 62 und Deegen, a. a. O., S. 161.
22 Ausstellungskatalog: Hans Baldung Grien, Kunsthalle Karlsruhe, Karlsruhe 1959, S. 370
23 Röttinger 1904, a. a. O., Nr. 53
24 Heinrich Röttinger: Erhard Schön und Niklas Stör, der Pseudo-Schön, Straßburg 1925
25 Vgl. Röttinger 1942 a. a. O.
26 Benzing 1956, a. a. O., S. XIII
27 Ausstellungskatalog Karlsruhe 1959, a. a. O., S. 370; Benzing 1956 a. a. O., Nr. 225; Singer 1937 a. a. O., keine Zuschreibung. Dazu auch: Maria Oldenbourg-Consuelo: Die Buchholzschnitte des Hans Baldung Grien, 1962
28 Röttinger 1925, a. a. O., Nr. 282, Zuschreibung an Erhard Schön und dem Hinweis auf Berlin.

29 Röttinger 1904, a. a. O., Nr. 53
30 Geisberg 1930, a. a. O., Nr. 1297 und Max Geisberg: Der deutsche Einblattholzschnitt: 1500–1530, überarbeitet von Walter L. Strauss, New York 1974
31 Max Friedländer: Der Holzschnitt, 4. Aufl. Berlin 1970, S. 70: „Eindeutig E. Schön"
32 Ausstellungskatalog Hamburg 1983, a. a. O., Nr. 109 a
33 ebenda
34 Röttinger 1942 a. a. O.
35 Benzing 1956 a. a. O., Nr. 186
36 ebenda
37 ebenda, S. 108
38 Röttinger 1942 a. a. O.
39 Grimm 1964 a. a. O., S. 152
40 ebenda, S. 154
41 Ausstellungskatalog Hamburg 1983 a. a. O., Nr. 109a
42 Vgl. Hermann Deckert: Zum Begriff des Porträts, Marburger Jahrbuch für Kunstwissenschaft, Band 5, 1929, S. 261–282
43 Vgl. Erwin Treu: Die Bildnisse des Erasmus von Rotterdam, Basel 1959, S. 19

# II.

# ULRICH VON HUTTEN
# ALS RITTER

*Vorbemerkung*    Ein Kapitel, das es sich zur Aufgabe macht, Ulrich von Hutten als Ritter in den Blick zu nehmen, muß naturgemäß vergleichsweise kurz ausfallen. Streng genommen hat er nur zwei Mal in seinem Leben – bei seiner Teilnahme am Feldzug gegen Ulrich von Württemberg und in seinem „Pfaffenkrieg" – als Ritter im eigentlichen Sinn gehandelt. Gedacht freilich hat er unablässig in ritterlichen Kategorien. Er selbst hat sich zeit seines Lebens als Ritter gefühlt und verstanden: In den Titeln der meisten seiner Schriften bezeichnet er sich als „eques Germanus" und so wird er auch im Bilde vorgestellt. Man kann also davon ausgehen, daß die Interessen seines Standes auch die seinen waren. Und die Ritterschaft war in einer schwierigen Lage. Sie drohte sich aufzureiben im Kampf gegeneinander und gegen das erstarkende Landesfürstentum. Bürgerliche Rationalität verdrängte allmählich das ritterliche Dienstverhältnis aus den fürstlichen Verwaltungen, die Mechanisierung der Kriegsführung besorgte den Untergang des ritterlichen ‚Kampfesethos', die Monetarisierung aller gesellschaftlicher Verhältnisse zwang zum Umdenken in einer immer noch auf Naturalabgaben basierenden Wirtschaftsform. Die alten Abhängigkeitsverhältnisse, innerhalb derer das Rittertum groß geworden war, wurden komplizierter, oder, wie Norbert Elias dies sehr treffend ausdrückte, die „Interdependenzketten" wurden länger. Allerorts wird der Hang zu Versachlichung der Beziehungen spürbar, zur Auflösung der rein personalen Bindungen. Die politische Rolle, die das Rittertum innerhalb des mittelalterlichen Lehenswesen gespielt hatte, war in Auflösung begriffen und damit ein ganzer Stand in seiner gesellschaftlichen Existenz bedroht.

Diese Situation hat Huttens Denken entscheidend geprägt. Zwar bezieht er sich in seinen Schriften selten ausdrücklich darauf, aber dennoch liegt etwa in seinen enormen Hoffnungen, die er in Kaiser Karl V. setzte, viel von den Sehnsüchten seines Standes, der in einem starken Kaiser den einzigen Garanten für den politischen Funktionserhalt der Ritterschaft sah. Ulrich von Hutten konnte, wie Morsel zeigt, die Ritterschaft nicht politisch oder geistig vertreten, vermutlich wollte er dies auch gar nicht, aber der Wunsch nach einem starken, reichsunmittelbaren Rittertum (etwa nach ottonischem Vorbild) durchzog sein ganzes Leben. Hutten behielt sich immer die konkrete Tat, das politische Handeln vor und vollzog sie in seinen letzten Jahren auch, selbst wenn dabei nur eine fehdeartige Aktion herauskam. In der Bereitschaft, aus der politischen Argumentation heraus in die auch kriegerische Auseinandersetzung zu treten, drückt sich ebenfalls die ritterliche Gesinnung Ulrichs von Hutten aus.

*Hans Körner*

# Die Anfänge der Fränkischen Reichsritterschaft und die Familie von Hutten

Die Reichsritterschaft entwickelte sich aus Bündnissen von Edelfreien und ritterlichen Dienstleuten. Ein förmlicher genossenschaftlicher Zusammenschluß des Adels war in der Goldenen Bulle, dem Reichsgrundgesetz von 1356, verboten worden. Die Ritterbünde wurden nur auf eine bestimmte Zeit und nur für einen bestimmten Zweck geschlossen.

Neben reinen Turniergesellschaften gab es im 14. und 15. Jahrhundert in Franken die Gesellschaft mit dem Greifen von Odenwälder Rittern, einen Adelsbund an der Baunach, die Gesellschaft zum Bären, in die Conrad von Hutten zu Arnstein aufgenommen wurde, eine Fehdegesellschaft im Hennebergischen und zu ähnlichem Zweck die Ganerbschaft auf der Huttenschen Steckelburg.

Einflußreich war auch die „Große Einung" von Schweinfurt aus dem Jahre 1402, in der sich gegen den Bischof von Würzburg 113 Grafen und Herren, Ritter und Knechte zusammenschlossen, die man damals als „Ritterschaft" verstand.

Andere Gesellschaften strebten eine Reform des Rittertums nach seinen ethischen Werten an, so die Bruderschaft der Fürspänger, benannt nach der Gürtelspange Marias in der Nürnberger Frauenkirche, der Ansbacher Schwanenritter-Orden, die Ritterbruderschaft im Haßgau und der Simplicius-Orden im Fuldischen.

Kaiser Sigmund förderte solche Einungen im Zuge der Reichsreform und gab 1422 der „Ritterschaft in Teutschen Land Macht und Gewalt, daß sie sich miteinander verbinden und vereinigen sollen und mögen". Er stärkte damit seinen Einfluß im Reich gegen die mächtig gewordenen Landesfürsten. Damals bildete sich die schwäbische Gesellschaft St. Jörgenschild.

Auf dem Reichstag zu Worms von 1495 wurde die „Ritterschaft" als Gesamtheit angesprochen: Ihr Fehderecht wurde aufgehoben und der „Ewige Landfriede" verkündet. Ein unabhängiges Reichskammergericht wurde errichtet, finanziert durch eine allgemeine Reichssteuer, den „Gemeinen Pfennig". Die Ritterschaft gab das Recht zur Fehde, die althergebrachte adelige Selbsthilfe, ungern auf. Sie wollte auch nicht den „Gemeinen Pfennig" (1 Gulden von 1000 Gulden) zahlen. Sie hatte nämlich bisher Steuerfreiheit genossen und dafür Kriegsdienst geleistet.

Auf den Reichstagen war die Ritterschaft nicht vertreten. Mit ihr sollten nun die Bischöfe von Würzburg und Bamberg und der Markgraf von Brandenburg gesondert über die neuen Gesetze verhandeln. Sie beriefen zum 14. Dezember 1495 die „gemeine Ritterschaft im Lande zu Franken" in die Reichsstadt Schweinfurt zu Beratungen ein. 188 Adelige stehen auf der Einladungsliste, darunter die Herren von Hutten. Als besonderer Förderer der ritterschaftlichen Bewegung wird Agapetus von Hutten zu Arnstein hervorgehoben.

Die Bemühungen der Fürsten blieben ohne Erfolg. Die Ritterschaft ließ den Kaiser bitten, sie bei dem alten Herkommen und ihren Freiheiten zu belassen und sie „zu des Reiches Dienst wie ihre Voreltern" zu gebrauchen. Die Ritterschaft wurde dann auch nicht zum „Gemeinen Pfennig" veranlagt.

Die Ritter brachten in Schweinfurt ihre Organisation einen Schritt weiter. Sie setzten sechs Bezirke fest: Odenwald mit Kocher und Jagst; Saale, Rhön und Werra; am Steigerwald; an der Baunach; an der Altmühl; Gebirg und Vogtländer. Die Bezirke (später „Ort" oder „Kanton" genannt) wurden von einflußreichen

*Raubritter überfallen einen Kaufmann, Petrarca Meister, aus: Francesco Petrarca, „Von der Artzney bayder Glück ...", 1519/20 (1532)*
*(Kat.-Nr. 1.66)*

Rittern als Hauptleute geleitet. Für „Saale, Rhön und Werra" waren das Conrad von Hutten und Antoni von Bibra. Auf Rittertagen wurden die gemeinsamen Anliegen besprochen und über rechtlichen Austrag von Streitigkeiten beraten. Der Bischof von Würzburg protestierte erfolglos gegen diese „unbefugten Konvente".

Der fuldische oder „buchische" Adel schloß 1510 einen Beistandspakt auf fünf Jahre. Er wollte damit Angriffe abwehren, die gegen die einzelnen Rittergenossen gerichtet waren. Ihm traten auch Mitglieder der Familie von Hutten bei. Dem Obmann standen vier „beigeordnete Ritterräte" zur Seite, einer war Ulrich von Hutten zu Steckelberg, der Vater des Dichters.

In Schwaben und am Mittelrhein sammelte sich die Ritterschaft im Landauer Bund unter Führung von Franz von Sickingen gegen die Landesherren. Ulrich von Hutten unterstützte den Bund mit Propagandaschriften. Die fränkische Ritterschaft erkannte zwar die Gefahr, die ihr von einer erstarkten Fürstenmacht drohte, versagte aber dennoch 1523 dem Landauer Bund eine aktive Hilfe.

Im Bauernaufstand von 1525 stärkte die gemeinsame Abwehr das Gefühl der Zusammengehörigkeit bei der Ritterschaft. Rückhalt fand sie bei Kaiser Karl V., besonders bei König Ferdinand. Dafür bewilligte der fränkische Adel 1528 den „gebetenen Reutersdienst": 1960 Reiter und 7500 Fußknechte. Seitdem bildete sich das besondere Verhältnis zwischen Kaiser und Ritterschaft in Franken – auch in Schwaben und am Rhein – immer stärker aus. Die Verbindung lief über den „Ort" oder „Kanton", in dem seit der Erhebung der Türkensteuer von 1542 die Reichsritterschaft fest organisiert war. Sie setzte die Steuer nach eigener Einschätzung fest und führte sie direkt an den Kaiser ab. Die Steuern der Reichsstände dagegen gelangten

*Geschützfeuer einer festen Stadt, Leonhard Beck, aus:* Theuerdank *(Kat.-Nr. 1.70)*

in die Kassen des Reiches, über die der Kaiser nicht verfügen konnte. Die freiwillige Rittersteuer wurde zur „Säule, auf welcher die ritterschaftliche Verfassung ruhet", schrieb später ein Jurist.

Viele Adelige schlossen sich der neuen Lehre von Martin Luther an, auch Angehörige der Familie von Hutten. Dadurch ging ihnen die Anwartschaft auf Sitze in Dom- und Stiftskapiteln verloren, auch die Ausbildungs- und Versorgungsmöglichkeit in den Mönchs- und Nonnenklöstern. Eine Umwandlung war ihnen nicht gelungen. Im weltlichen Hof- und Verwaltungsdienst blieb der evangelisch gewordene Adel den geistlichen Fürsten weiterhin verbunden.

Die Reichsritterschaft konnte sich nur an den Nahtstellen von vielen kleineren Territorien ausbilden. Die Abhängigkeit von den verschiedenen Lehnsherren (in Franken von den Bischöfen von Würzburg und Bamberg, dem Abt von Fulda, den Landgrafen von Hessen, den Herzögen von Sachsen, den Grafen von Hanau und den Markgrafen von Brandenburg) blieb bestehen. Sie wurde durch den Glaubenswechsel und den Status als Reichsritter nicht berührt. In den kaiserlichen Privilegien war das Fortbestehen der „Dienst- und Lehnspflicht" ausdrücklich verlangt worden. Der genossenschaftliche Verband der Reichsritterschaft galt allerdings mehr als die lehnsrechtliche Bindung. Auf dem Reichstag zu Augsburg 1555 wurde sie erstmalig als Korporation behandelt, als ihr auf Betreiben des sächsischen Rates Eberhard von der Tann die Religionshoheit (wie den Reichsständen) zuerkannt wurde.

Im Fränkischen Ritterkreis gab es sechs Kantone: Odenwald, Gebirg, Rhön und Werra, Steigerwald, Altmühl und Baunach. An der Spitze stand der Ritterhauptmann, der von Ritterräten, dem Ausschuß und dem Truhenmeister unterstützt wurde. Die Verwaltungsgeschäfte wurden seit dem 17. Jahrhundert in eigener Kanzlei (mit Syndikus, Advokat, Archivar und Schreiber) erledigt.

Die Familie von Hutten war in drei Kantonen begütert: Zum Kanton Baunach, dem kleinsten, gehörten ihre Rittergüter in und um Birkenfeld und Oberlauringen in den Haßbergen. Hier war Georg Ludwig von Hutten von 1582 bis 1590 Ritterhauptmann. Schon vorher hatte man ihn 1577/78 an den Kaiserhof nach Wien geschickt, um alte Privilegien bestätigen zu lassen. (Für seine Reisekosten verrechnete er 1259 Gulden 18 Kreuzer.) Später war der ansbachische Minister Johann Philipp Friedrich von Hutten, mit dem der Stamm Frankenberg-Birkenfeld 1783 ausstarb, Ritterhauptmann von 1776 bis zu seinem Tode.

Der Kanton Odenwald war der größte im Fränkischen Ritterkreis. Hier waren die Frankenberger Hutten immatrikuliert. Bernhard von Hutten wurde 1596 zum Ritterhauptmann gewählt, im folgenden Jahr wurde er turnusmäßig „Direktor aller sechs Orte".

Im Kanton Rhön und Werra besaßen die Hutten Güter vor allem in Vollmerz, Ramholz und Altengronau. Sie wurden 1642/48 verkauft. Zum Mainquartier dieses Kantons gehörte die „Jüngere Stolzenberger Hauptlinie", seitdem der kaiserliche Obrist Friedrich von Hutten um 1625 die Erbtochter der Familie von Diemantstein geheiratet und damit Steinbach bei Lohr erworben hatte.

Schwierig war die Lage des Adels im Stift Fulda, wo die alten Stammgüter der Hutten zu Stolzenberg lagen. Im 16. Jahrhundert gehörten die etwa 25 Geschlechter des Stiftsadels noch fest zum Lehnsverband des Abtes. Ihnen war er der „gnädige Herr Fürst des Landes" und sie „des Landes Untersassen". Zur Reichsritterschaft zu gehören, gaben sie Anfang der 1570er Jahre an, als es zur Auseinandersetzung zwischen Abt und Landständen kam. Aber erst nach über 80 Jahren schlossen sie sich als „Buchisches Quartier" dem Kanton Rhön und Werra an.

150 Jahre später hörte mit dem Ende des Alten Reiches die Reichsritterschaft auf zu bestehen.

Literatur

Hofmann, Hanns Hubert, Unterfranken und Aschaffenburg am Ende des Alten Reiches (= Historischer Atlas von Bayern, Teil Franken, Reihe II, Heft 1a, München 1956, Kartenbeilage: Reichskreis und Ritterkreis Franken am Ende des Alten Reiches).

Körner, Hans, Der Kanton Rhön und Werra der Fränkischen Reichsritterschaft, in: Land der offenen Fernen, Die Rhön im Wandel der Zeiten, hrsg. von Josef-Hans Sauer (Fulda 1976) S. 53–113.

Pfeiffer, Gerhard, Studien zur Geschichte der fränkischen Reichsritterschaft, in: Jahrbuch für fränkische Landesgeschichte 22 (1962) S. 173–280.

Press, Volker, Kaiser Karl V., König Ferdinand und die Entstehung der Reichsritterschaft (= Institut für Europäische Geschichte Mainz, Vorträge Nr. 60, Wiesbaden 1976).

Sprandel, Rolf, Die Ritterschaft und das Hochstift Würzburg im Spätmittelalter, in: Jahrbuch für fränkische Landesforschung 36 (1976) S. 117–143.

Stetten, Wolfgang von, Die Rechtsstellung der unmittelbaren freien Reichsritterschaft, ihre Mediatisierung und ihre Stellung in den neuen Landen. Dargestellt am fränkischen Kanton Odenwald (= Forschungen aus Württembergisch Franken 8, 1973).

Tenner, Rüdiger, Die fuldische Ritterschaft 1510–1656 (= Rechtshistorische Reihe 18, Frankfurt a. M. 1982).

*Joseph Morsel*

# Ulrich von Hutten und die Ritterschaft
Die Hutten-Thüngen-Beziehungen im späten Mittelalter

Wie jede Gesellschaft so war auch die feudale von Konflikten und Spannungen gekennzeichnet, die ziemlich genau den Kontaktlinien zwischen den verschiedenen Sozialgruppen folgten, die aber weder ihrer Beständigkeit und Gewaltsamkeit nach noch in ihrer Wirkung auf die Gesamtheit des gesellschaftlichen Systems dasselbe Gewicht hatten.

Der Feudalismus stützte sich auf einen starken sozio-ökonomischen Gegensatz, nämlich den zwischen Herren und Abhängigen, d. h. hauptsächlich zwischen dem Adel und den bäuerlichen Arbeitern. Diese Gesellschaftsordnung hatte sich allmählich verkompliziert, zuerst mit der Ausdehnung der kirchlich-herrschaftlichen Besitzungen, dann mit der Entwicklung der Städte und der städtischen Bevölkerung während der letzten Jahrhunderte des Mittelalters. Immerhin blieb dieses Machtverhältnis („dominium" genannt) weitgehend unangetastet. Neben ihm entstanden – jeweils abhängig von den Verhältnissen der herrschaftlichen Machtaneignung – weitere Nebengegensätze, etwa zwischen Adeligen und Städten, Adeligen und Landesherren oder Adeligen untereinander, um nur einige zu nennen. Diese Nebengegensätze waren in Südwestdeutschland besonders stark vertreten, wo mächtige Reichsstädte, anspruchsvolle Landesherren und nach Selbständigkeit trachtende Niederadelsgeschlechter sich ständig untereinander bekämpften.

Die Kombination dieser verschiedenen Nebengegensätze untereinander führte zu höchst verschiedenen und wechselhaften politischen Haltungen innerhalb des Adels (um sich auf diesen einmal zu beschränken), doch diese Verschiedenheiten verschwanden fast völlig, wenn der Hauptgegensatz des Feudalismus, das „dominium", in Gefahr geriet, was sich am deutlichsten im Bauernkrieg ausdrückte.

Ulrich von Hutten ist oft als geistiger Vertreter der Ritterschaft vorgestellt worden.[1] In der Tat hat er in seinen Schriften grundsätzlich die Werte des Ritteradels verteidigt: Das Fehderecht, die Freiheit usw.[2], gar nicht zu reden von seiner Haltung in der Sickinger Fehde. Die Ritterschaft fühlte sich allerdings keinesfalls in ihrer Gesamtheit von seinen Theorien betroffen. Bedingt durch die fehlende Einheitlichkeit der Ritterschaft diesen Fragen gegenüber – zumindest solange das „dominium" nicht berührt wurde –, stimmte sie geradezu grundsätzlich nicht mit seinen Gedanken überein.

Diese fehlende Geschlossenheit der Ritterschaft dürfte Hutten sehr wohl bewußt gewesen sein, denn das Huttensche Geschlecht hatte sie oftmals in seiner Geschichte erlebt, insbesondere die Steckelberger Linie, der Ulrich angehörte.

Als treffendes Beispiel der schwankenden Einigkeit innerhalb der Ritterschaft sind die Hutten-Thüngen-Beziehungen zu nennen. Die verschiedenen Linien des Huttenschen Geschlechtes (Fränkische, zu Gronau, zu Steckelberg, zu Stolzenberg) sind mit den zwei Linien des Thüngenschen Geschlechtes (Andeasische und Lutzische) sehr häufig und auf sehr unterschiedliche Weisen in Verbindung getreten. Dies gilt besonders für die Steckelberger und die Lutzische Linie, deren Besitzungen anfangs vermischt, dann benachbart waren; aber auch die anderen Huttenschen und Thüngenschen Linien hatten des öfteren miteinander Kontakt: deshalb verging seit dem Ende des 14. Jahrhunderts kaum ein Jahr, in dem die Hutten und die Thüngen kein gemeinsames oder gegeneinander gerichtetes Unternehmen betrieben. Im 14. und 15. Jahrhundert sind ohne Zweifel beide Geschlechter füreinander die wichtigsten.

Der Grund für das Bestehen des Adels war die Ausübung der weltlichen Macht, die allen Sozialgruppen gegenüber ausgesprochen wurde und die demnach nur als Beziehung faßbar ist. Da die Ursprungsquelle der Macht aus den materiellen bzw. symbolischen Vorteilen und Hilfsmitteln besteht, mit denen das Ergebnis einer Machtbeziehung gesichert wird[3], gab es um diese Machtmittel, d. h. um die Machtbeweise, eine heftige Konkurrenz innerhalb der herrschenden Klasse selbst, die bis zum Krieg führen konnte. Diese Konkurrenz hatte also ihre Wurzeln im feudalen Machtsystem selbst und ist deshalb nicht angemessen erfaßt, wenn man sie mit Begriffen wie Habgier oder pure Kriegslust beschreibt.

Die Geschichte der Hutten-Thüngen-Beziehungen ist an Kämpfen um diese Machtmittel besonders reich. Der dauerhafteste Kampf ist zweifellos der um das Steckelbergische Erbe gewesen. Die Herren von Steckelberg verfügten über beträchtliche, hauptsächlich allodialische Besitzungen im Kinzig-Sinn-Gebiet. In diesem strittigen Grenzgebiet zwischen den entstehenden mainzischen, würzburgischen, fuldischen und hanauischen Territorien stellte ihr Erbe ein willkommenes Hilfs- und sogar Kampfmittel für nach Selbständigkeit strebende Geschlechter dar.

Am 13. Dezember 1345, wahrscheinlich kurz nach dem Tode ihres einzigen Sohnes Hermann (VI.), stellte die Witwe Hermanns (V.) von Steckelberg, Petrissa, eine Erbschaftsanordnung aus: Ihre drei Töchter und die Tochter ihres verstorbenen Sohnes sollten mit ihren Ehemännern (d. i. Jutta mit Ludwig von Thüngen, Luckart mit Gottfried Markart, Else mit Heinrich Marschalk von Wallbach und „Peterlin" mit Berthold von Bibra) je ein Viertel ihres Steckelbergischen Erbteils erhalten[4]. Dann, zwischen 1354 und 1358, heiratete Luckart nach dem Tode Gottfrieds in zweiter Ehe Frowin von Hutten, der schon seit mindestens 1347 in Verbindung mit dem Steckelberger Geschlecht stand[5]. Somit gründete Frowin von Hutten die Hutten-Steckelbergische Linie.

Am 19. Juni 1358 erscheint er mit seiner Gemahlin in einem Zwist auf der Seite des Herrn Ulrich von Hanau gegen die drei anderen Erben der Petrissa und deren Gemahlinnen[6]. Die Ursache dieses Zwistes bildete wahrscheinlich das Gericht und Burggut zu Gronau. Vielleicht gründete der Streit in Schwierigkeiten, die die anderen Erben dem Frowin machten, als er nach seiner zweiten Ehe versuchte, über sein Erbteil zu verfügen. Er könnte deswegen seinen Herrn um Hilfe gebeten haben, da er hanauischer Vogt in Schwarzenfels war.

Wahrscheinlich wurde ein Vertrag zwischen den Parteien geschlossen, der allerdings nicht direkt erhalten ist[7]. Immerhin scheint der Helfer aus seinem Eingriff mehr Vorteile gezogen zu haben, als Frowin es wohl erwartet hatte, da am 10. Dezember 1358 die vier Erben und deren Frauen dazu gebracht wurden, einen beträchtlichen Teil ihres Erbes an Ulrich von Hanau zu veräußern[8].

Dieser Vorfall führte wohl zum Schutz- und Beilegungsbündnis vom 19. Januar 1360 zwischen den Hutten und den Thüngen[9]. Daran nahmen Mitglieder aus drei Huttenschen Linien (die Fränkischen, die zu Steckelberg und die zu Stolzenberg) und aus den zu dieser Zeit bestehenden drei Thüngenschen Linien teil. Drei erwählte Obermitglieder sollten alle eventuellen Streitigkeiten beilegen, und das Bündnis sollte jedem Mitglied Beistand im Falle einer Fehde gewährleisten.

Das Merkwürdige dieses Bündnisses besteht darin, daß kein Bibra und kein Marschalk daran teilnahm, was seinen Grund wahrscheinlich darin hatte, daß das Kinzig-Sinn-Gebiet für die Hutten und die Thüngen geopolitisch interessanter war, als für die beiden anderen, deren Stammgebiete weiter entfernt lagen. Dies scheint dadurch bestätigt zu werden, daß die Bibra 1362 ihren Erbteil dem Frowin von Hutten verkauften[10] und ebenso die Marschalk um 1387 dem Dietrich (V.) von Thüngen (Lutzische Linie) ihren Teil veräußerten[11]. Im Spätherbst dieses Jahres

*Drei Landsknechte, Hans Schäuffelein
(Kat.-Nr. 1.72)*

1387 begann Ulrich von Hutten (ältester Sohn aus zweiter Ehe Frowins) heimlich mit der Errichtung einer neuen Burg auf dem Steckelberg, wo nur noch Trümmer der früheren übriggeblieben waren. Kurz danach empfing er diese Burg als würzburgisches Lehen, um den feindlichen Reaktionen der Herren von Hanau vorzubeugen[12]. All dies weist darauf hin, daß ein wachsendes Interesse von beiden Seiten an diesem Gebiet vorhanden war.

Die Spannung war um so größer, als Mitglieder anderer Huttenschen Linien ebenfalls an diesem Gebiet Interesse hatten, vor allem die Linie zu Gronau. So entstand um 1394[13] ein Streit zwischen oben genanntem Dietrich von Thüngen und Ludwig von Hutten (wohl Gronauer Linie). Dietrichs Klageschrift ist erhalten[14], worin man neben anderen Rechtsklagen erfährt, daß Ludwig sich mit einem Gut von Hanau habe belehnen lassen, das eigentlich dem Dietrich als sein Steckelbergisches Erbe zugerechnet wurde. Außerdem habe Ludwig auch ehedem marschalkische, dem Dietrich durch Erbe oder Kauf zugefallenen Güter diesem entzogen.

Anscheinend dauerte diese Feindseligkeit noch bis 1398 fort[15], die offenbar auch Anlaß zum ebenso rachsüchtigen wie auch strategischen Kauf der Thüngenschen Burg Sodenberg durch die Hutten gab (Ludwig nebst Ulrich aus der Steckelberger Linie), eine Burg, die vom Würzburger Bischof erobert worden war.[16]

Nach der Versöhnung vor dem Erzbischof von Mainz 1398 scheint der Friede etwa zwanzig Jahre gedauert zu haben bis man erfährt, daß um 1420 Streifzüge Ulrichs von Hutten (des letzten männlichen Vertreters der Steckelberger Linie) Thüngensche Gebiete und seine Nichtanerkennung etlicher Rechte der Thüngen am Steckelberg zu einer Fehde zwischen Ulrich und Dietrichs Sohn Karl geführt haben[17]. 1422 kam es zu einem Vergleich: Den Brüdern Karl und Konrad von Thüngen wurden Gerichtsleute und Güter zu Zeitlofs endgültig abgetreten, während sie etliche andere Güter dem Ulrich zuerkannten[18]; die eventuellen Ansprüche auf Zeitlofs von Hans von Hutten (Gronauer Linie) und dessen Frau Grete, Schwager bzw. Schwester des obigen Ulrich und als solche Steckelbergische Erben, waren aber ausdrücklich mit diesem Vergleich nicht geregelt, was um so problematischer wurde, als Ulrich kurz darauf unvermählt und kinderlos starb und vom Hutten-Gronau-Steckelbergischen Paar beerbt wurde.

Die Stellung der Thüngen im Sinngrund hatte sich jedoch durch den Kauf des Markartschen Teils 1422 und dann 1424 des Brendeschen Teils am Steckelbergischen Erbe[19] erheblich verstärkt. Wohl aus diesem Grunde kam es am 1. August 1426 zu einer Beilegung des Konfliktes zwischen Hans von Hutten zu Gronau-Steckelberg und dessen Gemahlin auf der einen bzw. Karl und Konrad von Thüngen auf der Gegenseite: Die Hutten verzichteten auf alle Ansprüche auf das Gericht, die Leute und die Güter zu Zeitlofs und erhielten dafür etliche Güter zwischen der Jossa, der Kinzig und der Sinn; die Thüngen verzichteten auf alle Ansprüche auf den Steckelberg und andere Steckelbergische Güter[20].

Auffallend ist, daß im selben Jahr die Thüngen-Andeasische Linie mit der Hutten-Stolzenbergischen Linie im Joßgrund dergestalt verglichen hat, daß die Thüngen auf Burgjoß und Hutten im Sinngrund auf etliche Güter verzichteten[21]. Ob es allerdings irgendeine Verbindung zwischen den beiden Beilegungen gibt, läßt sich nicht belegen. Immerhin war von diesem Zeitpunkt ab der gesamte Sinngrund verhältnismäßig eindeutig von den zwei Thüngenschen Linien sowie von der Hutten-Steckelbergischen und -Stolzenbergischen Linie besetzt, was (später?) als „Vierherrschaft" bezeichnet wurde.

Alle Reibungen wurden damit aber nicht endgültig beigelegt, wie die die Burg Gronau betreffende Fehde um 1428 zeigt[22]. Dies war auch bei der Fortdauer der Besitzvermischung unmöglich: gab es doch immer noch keine klaren Grenzziehungen; fast jede der Linien besaß Enklaven im Gebiet der jeweils anderen. So hatte z. B. Hans von Hutten zu Steckelberg einen Hof in Detter (also südöstlich von Zeitlofs), den er am 15. Juli 1428 einem Dritten verpfändete[23]; oder etwa obengenannter Karl von Thüngen, der nach 1425[24] (höchstwahrscheinlich nach 1426) das Achtel des Hans von Hutten (Gronauer Linie, des Schiedsrichters vom 1. August 1426) an der Burg Steckelberg gekauft hatte, so daß er in jene Gnadenschrift des Würzburger Bischofs miteingeschlossen wurde, die wegen wertvoller Dienstleistungen Hans dem Älteren und Hans dem Jüngeren von Hutten (Stolzenberger Linie) und Karl von Thüngen die Steckelburg als Allod wiedererstattete[25].

Im Ganerbschaftsvertrag vom 12. Mai 1452 wurde die Anzahl der Besitzer der Steckelburg erweitert: Die Stolzenberger Linie besaß daran die Hälfte, die Steckelberger ein Viertel, die Fränkische ein Achtel und Karl von Thüngen noch sein Achtel[26]. Dieser behielt es wahrscheinlich bis zur Eroberung der Burg durch den Bischof von Würzburg am 23. März 1458, der sie dann am 11. April 1459 den Hutten allein als Lehen und mit Öffnungsbeschränkungen zurückgab[27].

Die Beziehungen zwischen den Hutten zu Steckelberg oder zu Gronau und den Thüngen Lutzischer Linie scheinen sich dennoch während etwa fünfundvierzig Jahre (um 1428 bis um 1473) beinahe friedlich gestaltet zu haben, bis im letzten Viertel des 15. Jahrhunderts wieder Streitigkeiten aufflackerten.

Der erhaltene, ausführliche Briefwechsel zwischen Lorenz von Hutten zu Steckelberg und Werner von Thüngen (Lutzischer Linie) zwischen Ende 1473 und Anfang 1474 berichtet über Grenzstreitigkeiten: Werner habe Lorenzens Recht an Sinnorten verletzt, was Werner leugnete. Schließlich wandte sich letzterer an den Grafen von Hanau[28]. Der Ausgang dieses Streites ist unbekannt, scheint aber zu der Fehde des Jahres 1482 geführt zu haben, in der Neithard von Thüngen vergebens versuchte, die Burg Gronau in einem Überfall zu erstürmen[29] und die Hutten sich mit zehn nicht Huttenschen Adeligen gegen die Thüngen verbündeten[30]. Ein Brand, den diese in den Besitzungen Lorenz von Huttens anrichteten, löste abermals einen regen Briefwechsel aus[31], wobei man erfährt, daß Fulda die ganze Sache regeln sollte. Ein Schreiben Lorenz von Huttens zeigt die Kontinuität zwischen den Problemen von 1473–74 und denen von 1482 und bestätigt, daß es sich ja um Grenzprobleme handelte[32]. Ein Ausgleich dürfte wohl kurz danach (von Fulda?) erreicht worden sein, denn die Abmachung vom 30. November 1486 spricht nicht von der Fehde 1482 und den Beteiligten. Diese Abmachung betraf Ludwig und Friedrich von Hutten (Lorenzens Söhne) und Werner von Thüngen und sollte neben anderen Bestimmungen die Grenze zwischen den jeweiligen Gebieten und auch innerhalb des Schloßhofes von Burg Gronau festsetzen[33].

Sie scheint endgültig den Frieden geschaffen zu haben, da danach nichts mehr von Streitigkeiten zwischen den Thüngen Lutzischer Linie und den Hutten zu Steckelberg zu hören ist. Die Beilegung wurde 1506 bestätigt und durch weitere gegenseitige Verzichte befestigt[34]. 1517 wurde sie abermals ergänzt, aber nur in sekundären Punkten[35].

Dieses hier ziemlich umständlich vorgestellte Beispiel des Steckelberger Erbes zeigt sehr gut die Verwirrungen, zu denen die Eigeninteressen der einzelnen Geschlechter führen konnten, zumal sie durch Rechtsunsicherheiten begünstigt wurden. Dies half natürlich den Landesherren, in die ritterschaftlichen Geschäfte einzudringen und dies um so mehr, als es Geschlechter gab wie das der Hutten, die, wenn auch nicht systematisch, so aber doch schnell um die Hilfe des Landesherrn, in diesem Falle Hanau, als einer Rechtsinstanz baten, was die Lutzische Linie normalerweise nur ungern tat.

Die Beziehungen zwischen einzelnen ritterlichen Geschlechtern konnten also durch konkurrierende territoriale Ausdehnungsversuche geschädigt werden, wie das Steckelberger Beispiel zeigt. Dies könnte man ebenso an den schwankenden Beziehungen zwischen der Huttenschen Linie zu Stolzenberg und der Thüngen-Andreasischen Linie aufzeigen: Als Einsatz gab es hier den Joßgrund und das Gericht Mittelsinn. Die Auseinandersetzungen waren aber in diesem Fall nicht so heftig wie im Norden des Sinngrunds[36].

Im ganzen gesehen könnten all diese Konkurrenzen, Feindschaften und sogar kriegerischen Auseinandersetzungen Anlaß geben zu glauben, daß die Hutten und die Thüngen geradezu Erbfeinde, mindestens aber sich die unerwünschtesten Nachbaren waren. Bemerkenswert ist aber, daß Zeiten der Feindschaft fast immer von solchen der Zusammenarbeit begleitet wurden, so daß Feindschaft und Zusammenarbeit als zwei Seiten nur einer einzigen sozio-politischen Wirklichkeit anzusehen sind.

Zunächst gibt es hier zu sagen, daß die verschiedenen Linien beider Geschlechter mehrmals untereinander verschwägert waren: Berücksichtigt man die relative Häufigkeit dieser Verschwägerung, so ergibt sich, daß die Hutten das von den Thüngen am häufigsten erheiratete Geschlecht darstellen, was umgekehrt genauso gilt[37]. Sehr bedeutend aber für die Heiratspolitik dieser Geschlechter ist, daß diejenige Huttensche Linie, die sich am häufigsten mit den von Thüngen ehelich verbunden hat, auch genau diejenige ist, die am wenigsten Probleme mit ihnen hatte, nämlich die Fränkische Linie: Konrad hatte in erster Ehe Katharina von Bibra (Witwe Hildebrands I. von Thüngen!) dann in zweiter Ehe Anna von Thüngen (Andreasischer Linie, Nichte des ebengenannten Hildebrand) geheiratet[38]; umgekehrt wurde die Tochter (aus einer dritten Ehe) dieses Konrads mit Hildebrand III. (Andreasischer Linie) vermählt[39]. Zur selben Generation in der Mitte des 15. Jahrhunderts gehört auch die Heirat des Bartholomäus (Konrads Neffe) mit Else von Thüngen (Lutzischer Linie, Tochter des obengenannten Karl).[40]

Darüber hinaus muß man feststellen, daß die Andreasische die einzige Thüngensche Linie ist, die mit den drei weiterblühenden Huttenschen Linien Ehebünde gestiftet hat: Zwei Ehen mit der schon angesprochenen Fränkischen Linie, eine mit der Linie zu Gronau-Steckelberg (obengenannter Lorenz heiratete Else, Tochter Dietrichs VI. von Thüngen[41]) und eine mit der Stolzenberger Linie (Johann heiratete Margarete, Tochter obengenannten Hildebrands I. von Thüngen und seiner Frau, Katharina von Bibra, die ebenso wie die gerade genannte Anna von Thüngen eine Kusine Dietrichs VI. von Thüngen war!)[42].

Im Gegensatz dazu erscheint keine Eheverbindung zwischen der Thüngen-Lutzischen Linie und der Huttenschen Linie zu (Gronau-)Steckelberg. All dies zeigt, in welchem Maße die Konnubiumspolitik das Netz der wirtschaftlichen und politischen Interessen widerspiegelt.

Der Ehebund ist aber, soziologisch gesehen, nur ein spezifischer Bestandteil eines größeren Geflechtes gesellschaftlicher Beziehungen, das nämlich der „praktischen" Beziehungen, die besonders durch die Auswahl der Mitglieder einer gesellschaftlichen Gruppierung nach den spezifischen Interessen des Momentes gekennzeichnet sind[43]. In diese „praktischen" Beziehungen werden gleichermaßen Patenschaft – worüber im Falle der Hutten und Thüngen nichts bekannt ist – aber auch Vasallentum, Brüderschaften oder Rittercliquen[44] miteingeschlossen, und dies war besonders der Fall bei Turnier- oder Rittergesellschaften; bei diesen ging es um den Erhalt eines gesellschaftlichen Ideals, desjenigen nämlich einer mächtigen Ritterschaft[45], und die innere Struktur solcher Gesellschaften konnte oft „per analogiam" in den Verwandtschaftsbeziehungen wiederkehren.

An diesen pseudoverwandtschaftlichen Beziehungsformen haben unsere beiden Geschlechter teilgenommen: Am 8. Januar 1486 gab es in Bamberg ein Turnier, woran Eustachius von Thüngen (Lutzischer Linie) zusammen mit Jacob von Hutten (Stolzenberger Linie) in der Gesellschaft der Bären, Dietrich VIII. und Neithard I. von Thüngen (beide Lutzischer Linie), Moritz, Philipp und Sigmund III. von Thüngen (Andreasischer Linie) in der Gesellschaft des Einhorns und Hildebrand III. von Thüngen ohne Mitgliedschaft teilnahmen[46]. Im Vorjahr hatten die beiden Geschlechter auch an dem Turnier in Ansbach teilgenommen[47]. 1479 hatte ein gleiches Turnier in Würzburg stattgefunden, an dessen Berufung zwar Konrad von Hutten (Fränkischer Linie) teilgenommen hatte[48], bei dem die Hutten jedoch nicht vertreten waren[49].

Ebenso wissen wir, daß Mitglieder beider Geschlechter am Ende des 15. Jahrhunderts der Sankt-Georgsschild-Gesellschaft angehörten[50]: Ludwig von Hutten (wohl Fränkischer Linie) und Sigmund II. von Thüngen (Andreasische Linie).

Mit dieser Sankt-Georgsschild-Gesellschaft drängten Motive politisch-militärischer Einung in den Vordergrund. Die Einbeziehung beider Geschlechter darin ist mit ihrer Teilnahme an anderen Rittereinungen nahe verwandt: Schon 1402 hatten die Hutten und die Thüngen bei der Schweinfurter Einigung mitgemacht[51], die 1410 verlängert wurde; diesmal gehörte Ludwig von Hutten (wohl Fränkischer Linie) den fünf Obermitgliedern an, denen Dietrich (wohl V., Lutzischer Linie) von Thüngen bei der Versiegelung der Verlängerungsurkunde beigesellt wurde[52]. 1423 schlossen die „graven, herren, rittere und knechte der eynunge zu Franken" einen neuen Vertrag, diesmal zusammen mit der Reichsstadt Schweinfurt, an welchem die Hutten und die Thüngen teilnahmen[53]. Viel später erscheinen beide Geschlechter abermals gemeinsam in Schweinfurt in der Einung von 1470, namentlich die Fränkische (Konrad mit dessen Sohn Konrad und Neffen Bartholomäus) und Stolzenbergische (Ludwig) Linie nebst Andreasischer (Hildebrand III.) und Lutzischer Linie (Dietrich VIII.)[54]. Nochmals waren sie im Jahre 1489 hier. An der Versammlung der Ritterschaft in Königsberg (Franken) in den Jahren 1507 und 1508 beteiligten sie sich ebenfalls gemeinsam[55].

Besonders berühmt sind die Schweinfurter Ritterversammlungen und -einungen aus den Jahren 1522 und 1523 wegen ihres Zusammenhanges mit den politisch sehr interessanten revolutionären Entwicklungen (Schwäbischer Bund, Sickinger Fehde, Bauernkrieg). Diese Versammlungen waren zielbewußt an der Verteidigung gegen die Städte und, wie üblich, gegen die feindlichen Fürsten orientiert.

*Zug der Landsknechte mit Troß (Det.), Hans Sebald Beham (Kat.-Nr. 1.73)*

1522 erschienen 17 Mitglieder des Huttenschen Geschlechtes (Fränkische Linie: 8; zu Gronau-Steckelberg: 5; zu Stolzenberg: 4) und 16 bzw. 17 Mitglieder des Thüngenschen Geschlechtes (Andreasischer Linie: 10 bzw. 11; Lutzischer Linie: 6)[56]. Am Großen Schweinfurter Rittertag (ab Januar 1523) dagegen nahmen weniger Mitglieder teil, auch wenn wiederum alle Linien vertreten waren (Hutten in Franken: 3; zu Gronau-Steckelberg: 4; zu Stolzenberg: 2. Thüngen-Andreasische Linie: 5; Lutzische Linie: 7)[57].

Eng an die Vereinigungen war die im August 1522 begonnene und Anfang Mai 1523 tragisch abgeschlossene Sickinger Fehde gebunden, an der Mitglieder der Huttenschen und der Thüngenschen Linien beteiligt waren, wenn sie auch namentlich im einzelnen nicht vollständig bekannt sind: Natürlich war da Ulrich von Hutten, der Genosse Franz von Sickingens, höchstwahrscheinlich auch Frowin und Ludwig zu Stolzenberg[58], dann auch Friedrich VI. von Thüngen (Lutzischer Linie) als Hauptmann[59] und gewiß andere.

Unabhängig von diesen die Ritterschaft umgreifenden Bewegungen hatten die beiden Geschlechter mehrmals die Gelegenheit zu gemeinsamem Handeln, entweder nur zu zweit (etwa 1395 gegen die Partenstein, um 1425 gegen die Mörle, genannt Böhm, 1451 gegen die Herren von Hanau, 1472 gegen die Grafen von Henneberg, vor 1492 gegen die Marschalk, 1525 auf dem Sodenberg gegen die aufständischen Bauern)[60] oder innerhalb ausgedehnterer Bündnisse (etwa 1394 gegen Schweinfurt, 1403 gegen die Grafen von Henneberg, 1435 gegen den Bamberger Bischof, 1449 gegen Nürnberg, 1494 gegen die Guttenstein, 1505 gegen Maximilian von Österreich usw.)[61].

Auffällig ist jedoch, daß bei diesen kooperativen Beziehungen die überwiegende Mehrheit die Hutten-Fränkische und die Thüngen-Andreasische Linie betraf, was den engen Zusammenhang zwischen politischen Interessen und Konnubiumspolitik nur bestätigt: Nicht nur haben sich diejenigen zwei Linien am häufigsten verschwägert, die am wenigsten Probleme miteinander hatten. Sie waren es auch, die am häufigsten zusammengearbeitet haben.

Auffallend ist auch, daß umgekehrt rein wirtschaftliche Beziehungen (Verpfändungen, Ver- bzw. Ankäufe usw.) sehr selten gerade zwischen diesen beiden Linien auftraten. Diese Zusammenarbeit, die wirtschaftlich und politisch durch relativ viele Ehebünde gesichert war, ist also hauptsächlich politisch zu fassen und an der Verteidigung von Machtmitteln orientiert.

Daraus, daß diese Linien auch diejenigen ihrer Geschlechter sind, die sich am wenigsten dem Landesherren, dem Würzburger Bischof, widersetzt haben, kann man vielleicht schließen, daß sie zum würzburgischen, bischöflichen Klientelnetz zählten, das von Lehens-, Amts-, Verwandtschafts- und mehreren anderen Beziehungsformen gebildet war, wobei allerdings der rein wirtschaftliche Austausch sekundär war. Die eigentliche Stellung beider Linien während des Großen Schweinfurter Rittertages ist nicht bekannt; von diesem Rittertag wissen wir nur, daß die Geschlechter, die dem Würzburger Hof angehörten oder nahestanden, sich dort von den Sickinger Plänen abwandten[62]; besonders sei bei diesen Linien auf die starke Verkleinerung ihrer Mitgliederzahl zwischen 1522 und 1523 hingewiesen.

Selbst wenn diese beiden Linien auch nach Selbständigkeit trachteten, scheint ihre politische Haltung nicht so sehr auf die Erhaltung ritterschaftlicher Ideale gerichtet gewesen zu sein wie bei den anderen Linien; offenbar handelte es sich also nicht um einen fürstenfeindlichen, sondern um einen Verteidigungskampf gegen die Elemente, die ihre Machtbasis bedrohten: Die Würzburger Bischöfe[63], vor allem aber die gewalttätigen Herren von Hanau.

Kurzum, es zeigt sich eine starke Differenzierung innerhalb der ritterlichen Geschlechter der von Hutten und der von Thüngen: Von einer generellen gemeinsamen Handlungsweise aller Linien jedes Geschlechtes und noch mehr beider Geschlechter zusammen kann man in keinem Fall sprechen. Zwischen der Huttenschen Linie zu Steckelberg und der Thüngen-Lutzischen Linie gab es wegen des Steckelbergischen Erbes ebensoviele Feindseligkeiten, wie es Friede und Zusammenarbeit zwischen der Fränkischen und der Andreasischen Linie gab; die Steckelbergische Linie rief mehrmals nach der Hilfe der Herren von Hanau, während die Stolzenbergische und die Andreasische jahrelang gegen diese Herren kämpfte; die Andreasische Linie wiederum pflegte fast vollkommen friedliche Beziehungen mit dem Würzburger Bischof, dem auch die Hutten zu Steckelberg manches Mal halfen, während besagter Bischof in der Lutzischen Linie mehrere scharfe, als „Raubritter" verschriene Feinde hatte, obwohl diese Linie dem Bistum sogar einen Bischof stellte.

Diese innere Spaltung der Ritterschaft bezogen auf die Stellung, die den Landesherren oder gar den anderen ritterlichen Geschlechtern gegenüber eingenommen werden sollte, war auch während der Sickinger Fehde überdeutlich geworden. Es ist also ganz und gar nicht möglich, von einem einheitlichen ritterschaftlichen Willen oder gar einer gemeinsamen Utopie der Ritterschaft zu sprechen. In diesem Sinne war es auch nicht möglich, daß Ulrich von Hutten zum Vertreter der gesamten Ritterschaft wurde, auch wenn er es gewollt hätte.

Anmerkungen

1 Schon Friedrich Engels beschrieb Ulrich von Hutten als „theoretischer Repräsentant des deutschen Adels": Der deutsche Bauernkrieg (K. Marx und F. Engels, Werke, Bd. 7), Berlin, 1978 (7. Aufl.), S. 373. Näher sieht z. B. Volker Press in Ulrich von Hutten, ein Vertreter der „ritterschaftlichen Utopien": „Adel, Reich und Reformation", in: Stadtbürgertum und Adel in der Reformation..., hrsg. von W. J. Mommsen, P. Alter und R. W. Scribner, Stuttgart, 1979, S. 344.
2 Ulrichi Hutteni, Equitis Germani, opera quae reperiri potuerunt omnia, Bd. IV, hrsg. von E. Böcking, Leipzig, 1860, S. 366; in seinem Dialog Aula gegen das Hofleben (ebd. S. 46 ff.) führt Ulrich neben moralischen Gemeinplätzen wie Oberflächlichkeit, Neid, Schmeichel usw. vor allem höfische Verhaltensweisen wie Unfreiheit und höfische Servilität, Jagd nur nach fürstlicher Gunst an.
3 Über den Machtbehauptungsprozeß vgl. J. Morsel, „Pour une étude du pouvoir de la noblesse à la fin du Moyen Age", Bulletin d'Information de la Mission Historique Française en Allemagne (Göttingen), 11, 1985, S. 4–27.
4 Thüngensches Archiv in Burgsinn (ThAB), Zeitlofser Salbuch, f°21r; es siegeln Petrissa, ihr Bruder Johann Küchenmeister, Otto Küchenmeister, Ludwig von Hutten (Gronauer Linie) und Otto von Bastheim: Johann Küchenmeister und Ludwig gehörten auch, mit Ludwigs Sohn Ludwig und Ludwigs Vetter (?) Frowin von Hutten, zu den Bürgen der Petrissa bei ihrem Anleihevertrag den Ludwig von Thüngen und dessen Frau gegenüber (11. März 1347): ThAB, Zeitlofser Salb., f°21v. Das andere Steckelbergische Erbteil gehörte einem Vetter, Ruprecht von Steckelberg, und dessen Verwandten: Urkundenbuch zur Geschichte der Herren von Hanau... (Hessisches Urkundenbuch, II), hrsg. von H. Reimer, Bd. 3, Nr. 273.
5 Vgl. Anm. 4; nach W. Möller, Stammtafeln westdeutscher Adelsgeschlechter im Mittelalter, NF, Bd. 2, Darmstadt, 1951, Tafel 78 ist er 1354 Witwer geworden. Dem Erbvertrag mit den Erben Gottfrieds nach (23. März 1365), beerbte er nur die fahrende Habe und ein Viertel des Grund- und Rechtsbesitzes: UB Hanau, III, Nr. 494.
6 UB Hanau, III, Nr. 264: Versöhnung durch den Würzburger Bischof.
7 Die Bündnisurkunde vom 19. Januar 1360 (s. u.) erwähnt die „sündbrieff, die wir einander darüber gegeben vnd versiegelt haben...": es kann also sich nicht vom in der Anm. 6 erwähnten Sühnebrief handeln, der nur vom Bischof gesiegelt wurde.
8 UB Hanau, III, Nr. 278.
9 ThAB, Zeitlofser Salb., f°22v.

10 Staatsarchiv Würzburg (StaW), Thüngen-Archiv Lutzischer Linie (ThAL), U 2282 (17. Juli 1362); zu dieser Zeit kauft Frowin weitere Objekte in der Gegend: vgl. Isenburger Urkunden. Regesten zur Urkundenbestände und Kopiaren der fürstlichen Archive in Birstein und Büdingen (947–1500), hrsg. von F. Battenberg, Darmstadt/Marburg, 1976, Nr. 687, 689, 690, 696, 699 usw.

11 Rudolf, Freiherr von Thüngen, Das reichsritterliche Geschlecht der Freiherren von Thüngen... (Lutzische Linie), Würzburg, 1926, Bd. I, S. 90–91.

12 H. Grimm, Ulrich von Hutten, Wille und Schicksal, Göttingen, 1971, S. 15–16.

13 Datum nach G. Landau, Die hessischen Ritterburgen und ihre Besitzer, Cassel, 1836, Bd. III, S. 304.

14 StaW, ThAL, B 9, f°102.

15 Monumenta Boica, Bd. 44 (Monumenta episcopatus Wirziburgensis), München, 1833, Nr. 148: Sühnebrief vom Mainzer Erzbischof (20. April 1398).

16 Alte Geschicht zwuschen dem Stift Würtzburg vnd denen von Thüngen, hrsg. von A. Tausendpfund („Adelsinteressen im Spannungsfeld von landesherrlicher Politik und landständischer Organisation", Würzburger Diözesangeschichtsblätter, 42, 1980), S. 73: der Kauf geschah am oder nach dem 28. Februar 1395 und Reinhard Voit von Rieneck war daran beteiligt.

17 StaW, ThAL, B 9, f°173.

18 StaW, ThAL, U 2284; Isenburger Urkundenregesten, Nr. 1243 (12. März 1422).

19 Markart: früher im Zeitlofser Salb. (ThAB) vorhanden, dann zerstört und nur noch als Regest bei R. von Thüngen, zit., erhalten, S. 119 (2. Februar 1422). Brende: StaW, ThAL, U 830 (31. Januar 1424): die Brende hatten das Erbe des kinderlos gestorbenen Sohns des in Anm. 4 erwähnten Ruprechts von Steckelberg beerbt.

20 StaW, ThAL, U 2209 (= B 9, f°136); Büdinger Urkundenregesten, Nr. 1324.

21 StaW, Mainzer Urkunden, Nr. 77/55.

22 Büdinger Urkundenregesten, Nr. 1374: Schiedsspruch vom 1. Januar 1429.

23 Früher im Zeitlofser Salb. (ThAB) dann abgerissen und deshalb nur als Regest bei R. von Thüngen, zit., erhalten, S. 129: der Siegler war Karl von Thüngen.

24 Datum nach G. Landau, zit., III, S. 203.

25 StaW, ThAL, B 9, f°165 ff.; seit 1407 waren alle Huttensche Linien auf die Burg Steckelberg angenommen worden: Büdinger Urkundenregesten, Nr. 1090, 1092.

26 Staatsarchiv Marburg (StaM), K 372, f°67; Büdinger Urkundenregesten, Nr. 1920. Kurz darauf verkaufte die Fränkische Linie den Stolzenbergern ihren Teil: StaM, K 372, f°10v.

27 Die Rats-Chronik der Stadt Würzburg (XV. und XVI. Jh.), hrsg. von W. Engel (Quellen und Forschungen zur Würzburger Geschichte, 2), Würzburg, 1950, Nr. 51; Lorenz Fries, Geschichte, Namen, Geschlecht, Leben, Thaten und Absterben der Bischöfe von Würzburg..., hrsg. von A. Drößler (Bonitas-Bauer-Ausgabe), Würzburg, 1924, Bd. I, S. 698–699; G. Landau, zit., III, S. 203 ff. Ich halte den Bassenheimschen Auszug für irrig, worauf R. von Thüngen sich stützt (zit., S. 551) und wonach Karl seinen Teil 1452 verkauft hätte: nach dem sogenannten Verkaufsdatum erscheint er abermals im Besitze seines Teils: StaM, R IX, Hutten, 1452/V/26.

28 StaW, ThAL, B 9, f°111 (Briefe vom 31. Dez. 1473 bis zum 3. März 1474).

29 Vgl. Briefwechsel zwischen Neithard und Ludwig und Ulrich von Hutten, Lorenzens Söhnen: StaM, H 181ab, Nr. 66, 67, 68, 69 (Regesten).

30 StaW, ThAL, B 9, f°156–163 (Fehdeansagebriefe im Oktober und November 1482).

31 ebenda, f°118–127.

32 ebenda, f°149.

33 StaW, ThAL, U 791 (= B 9, f°209); Büdinger Urkundenregesten, Nr. 3199.

34 StaW, ThAL, U 1181 (= B 9, f°213).

35 StaW, ThAL, U 792 (= B 9, f°222).

36 Zur Geschichte der Hutten-Thüngen Beziehungen im Joßgrund sei verwiesen auf: Regesten der Erzbischöfe von Mainz (1289–1396), hrsg. von E. Vogt, Bd. I, Nr. 5938; UB Hanau, IV, Nr. 844; StaW, MU 77/55; Pf. Kallenbach, „Die Grafen von Loon und Ryneck", Archiv des historischen Vereins für Unterfranken und Aschaffenburg (AUFr), 19/III, 1868, S. 110; StaM, O II e 18 1443; StaM, Best. 95, Nr. 1825; StaW, ThAL, B 1, f°54v; Büdinger Urkundenregesten, Nr. 1662; StaM, K 372, f°17; Büdinger Urkundenregesten, Nr. 1751; StaM, H 181ab, Nr. 108.

37 Nach R. von Thüngen, zit., Stammbäume, gab es 7 Vermählungen zwischen den beiden Geschlechtern. Dabei muß W. Möller, zit., ergänzt werden, unter anderen mit Humpracht, Stammtafeln der rheinischen Ritterschaft, Frankfurt, 1707, S. 168, auch mit der mittelalterlichen Ahnenprobe vom Staatsarchiv Meiningen (DDR), Gemeinschaftlich-hennebergisches Archiv (GHA), bei K 1921, f°4. Das den Hutten folgende Geschlecht ist, der Heiratszahl nach, das der Ebersberger (4 Ehen), für die Thüngen das der Voit von Rieneck (5 Ehen): selbst wenn man die zwei Thüngenschen Ehen mit der wenig bekannten, ungewissen und wohl früh ausgestorbenen Linie Hutten zu Elm (Elkem) nicht mitberücksichtigt, bleiben die beiden Geschlechter die wichtigsten.

38 G. Landau, zit., III, Stammbaum zur Fränkischen Linie, von W. Möller dann übernommen.
39 Vgl. StaW, Würzburger Urkunden (WU), 117/106 (= StaM, R IX Thüngen, 1469/VII/24).
40 R. Frhr. von Thüngen, zit., S. 161 f.
41 Vgl. StaW, ThAL, U 1665.
42 Vgl. StaM, K 372, f°8v; StaM O II b 1445; StaMeiningen, GHA, bei K 1921, f°4. Hinzuzufügen wären die beiden Ehen der Linie von Hutten-Elkem, die gerade mit der Andreasischen Linie geschlossen wurde.
43 Vgl. darüber Pierre Bourdieu, Le sens pratique, Paris, 1980, bes. S. 281 ff. Zur Trefflichkeit des Begriffs „praktische Beziehung" für die mittelalterliche Gesellschaft, vgl. J. Morsel, zit., S. 9 ff.
44 Vgl. J. Le Goff, Le rituel symbolique de la vassalité, Pour un autre Moyen Age..., Paris, 1977, S. 349–420; J. Bieniack, Clans de chevalerie en Pologne du XIII° au XV° siècle, Famille et parenté dans l'Occident médiéval, hrsg. von G. Duby und J. Le Goff, Roma, 1977, S. 321–333 usw.
45 Vgl. Heinz Lieberich, Landesherren und Landleute. Zur politischen Führungsschicht Bayerns im Spätmittelalter, München, 1964, S. 17 ff.; Werner Meyer, Turniergesellschaften. Bemerkungen zur sozialgeschichtlichen Bedeutung des Turniers im Spätmittelalter, Das ritterliche Turnier im Mittelalter... (Veröff. des Max-Planck-Instituts für Geschichte, 80), hrsg. von J. Fleckenstein, Göttingen, 1985, S. 500 ff.
46 L. A. Frhr. von Gumppenberg, „Nachrichten über die Turniere zu Würzburg und Bamberg in den Jahren 1479 und 1486", AUFr, 19/II, 1868, S. 194–204.
47 Oskar von Schellerer, „Die Stiftsmäßigkeit des gegenwärtig in Bayern immatrikulierten Adels...", AUFr, 21/I–II, S. 189 und 220.
48 StaW, LdF 15, S. 348.
49 Rats-Chronik, zit., Nr. 114; L. A. von Gumppenberg, zit., S. 192: ausgeschlossen wurde Ludwig (wohl Fränkischer Linie), während Dietrich (VIII.) Lutzischer Linie, Reinhard, Philipp, Moritz und Hieronymus (?) von Thüngen (alle Andreasischer Linie) daran beteiligt wurden (Gumppenberg, S. 181).
50 StaMeiningen, GHA, Hennebergica aus Magdeburg, Akt QIA 1, f°7 ff.
51 O. Lünig, Die Freye Reichs-Ritterschaft in Schwaben, Franken... Des Teutschen Reichs-Archiv, Bd. XI, Leipzig, 1713 (zit. von R. von Thüngen, zit., S. 88): 15. November.
52 J. F. Schannat, Sammlung alter historischer Schriften, Frankfurt, 1717, I. S. 99 f.
53 Monumenta Castellana. Urkundenbuch zur Geschichte... der Grafen und Herren zu Castell, hrsg. von P. Wittmann, München, 1890, Bd. I, Nr. 521. Über die Umstände dieser Einung, vgl. Angela Kulenkampff, „Einungen und Reichsstandschaft Fränkischer Grafen und Herren 1402–1641", Württembergisch Franken, 55, 1971, S. 23–25. Daran beteiligten sich Konrad von Hutten, Fränkischer Linie, und Dietrich (VI.) von Thüngen, Andreasischer Linie).
54 StaMeiningen, GHA, Sektion II, Nr. 180, f°1.
55 ebenda, Nr. 181/11, dann Nr. 184.
56 ebenda, Sektion III, Nr. 589, f°1–2, 7, 25; dazu, StaM, Best. 109, Nr. 185.
57 StaM, Best. 109, Nr. 186, f°3, 6, 8, 11–14.
58 Manfred Meyer, „Sickingen, Hutten und die reichsritterschaftlichen Bewegungen in der deutschen frühbürgerlichen Revolution", Jahrbuch zur Geschichte des Feudalismus, 7, 1983, S. 222 f.; derselbe, „Zur Haltung des Adels im Bauernkrieg...", Jahrbuch für Regionalgeschichte, 4, 1972, S. 200. Deshalb wurde die Huttensche Burg zu Salmünster von der fürstlichen Gegenfehde erobert: StaM, K 373, f°46v.
59 R. von Thüngen, zit., S. 189–190.
60 Jeweils: StaW, ThAL, B 9, f°154; StaM, O II b 1440/IV/5; Weißtum der Zent Burgjoß, Fränkische Bauernweistümer, hrsg. von K. Dinklage, Würzburg, 1954, Nr. 1: gegen die Herren von Hanau fand eine dauernde gemeinsame Auseinandersetzung statt von seiten der Hutten-Stolzenberg und Thüngen-Andreasischen Linie aus (vgl. StaM, Best. 81 E 163, Nr. 32); Nikolaus Sprenger's Annalen von Schweinfurt, Monumenta Suinfurtensia Historica... (MS), hrsg. von F. Stein, Schweinfurt, 1975, S. 364; Julius-Spital-Archiv zu Würzburg, B 105, S. 43 ff.; R. von Thüngen, zit., S. 193.
61 Jeweils: MS, Urkunde 187; Diplomatische Geschichte des gräflichen Hauses Henneberg, hrsg. von J. A. Schultes, Leipzig, 1788, Bd. I, S. 508 f.; Chronik des Bamberger Immunitätsstreites von 1430 bis 1435, Chroniken der Stadt Bamberg, hrsg. von A. Chroust, Bd. I, S. 278; Erhard Schürstab der elter, Nürnbergs Krieg gegen den Markgrafen Albrecht von Brandenburg 1449 und 1450, Die Chroniken der fränkischen Städte – Nürnberg, Bd. II (Die Chroniken der deutschen Städte vom 14. bis ins 16. Jh., 2), Leipzig, 1864, S. 428, 429, 432; Lorenz Fries, zit., I, S. 728 (vgl. auch Deutsche Reichstagsakten unter Kaiser Maximilian I. (Mittlere Reihe, 5), hrsg. von H. Angermeier, Göttingen, 1981, Nr. 1181); Monumenta Castellana, zit., Nr. 645.
62 M. Meyer, „Sickingen...", zit., S. 242 ff.
63 L. Fries, zit., S. 729.

# III.
# ULRICH VON HUTTEN
# ALS HUMANIST

*Vorbemerkung* Der Humanismus Ulrichs von Hutten ist in hohem Maße vielschichtig und kompliziert. Er läßt sich nicht mit Eindeutigkeit einer literarischen, wissenschaftlichen oder historiographischen Richtung zuordnen. Sehr früh bereits wird bei Hutten der Drang deutlich, Partei zu ergreifen, Stellung zu nehmen und sich nicht, wie die meisten seiner Kollegen, im Elfenbeinturm der Gelehrsamkeit zurückzuziehen. Freilich, auch er begann als Literat, doch die humanistische Bildung führte bei ihm direkt in die politische Argumentation. Daß er als Poet eine große Begabung besaß, steht dabei außer Zweifel (Schmidt). Seine „ars versificandi" zeugt davon. Er fühlte sich auch durch und durch als Humanist und dem Kreise der humanistisch Gebildeten zugehörig. Dennoch überschätzte er den Humanismus, wenn er in ihm eine Bewegung sah, die die Kraft hätte, das Lehrgebäude der Spätscholastik zum Einsturz zu bringen. Doch gab ihm das Gefühl der Zugehörigkeit zu der humanistischen Bildungselite und das der Solidarität unter ihren Mitgliedern einen Rückhalt, ohne den er wohl kaum seinen Kampf gegen die römische Kirche mit dieser Konsequenz hätte aufnehmen können. Die Dichterkrönung durch Kaiser Maximilian I. (Arnold) tat ein übriges, um den Glauben in seine Position zu festigen. Wie sehr er dabei – und dies gilt beinahe für alle Humanisten – zu Kompromissen gezwungen war, wie schwierig der Weg zwischen Engagement und Anpassung war, belegt sein Verhältnis zu Kurfürst Albrecht von Brandenburg (Wulfert), der es seinerseits durchaus verstand, den Humanismus für seine Machtpolitik zu nutzen.

 So ist es eines der Grundprobleme Huttens, das ihn zeit seines Lebens verfolgte, einen Mittelweg zu finden zwischen seiner Sehnsucht nach einem beschaulichen, humanistischen Leben, um seine Studien treiben zu können, und seinem Drang, an die Öffentlichkeit zu kommen, um seine Kritik lautstark zu formulieren. Der berühmte Brief an Willibald Pirckheimer (Trillitzsch) legt davon eindrucksvoll Zeugnis ab.

 Als Bildungsbewegung beteiligte sich der Humanismus an der Entstehung einer neuen Form der Kritik, indem er sich dem Studium und der Geschichte der Sprache zuwandte (Laub). Durch die Bildung in den „humaniora" erwarb sich Hutten das rhetorische und methodische Material, aus dem er seine literarischen Waffen schmiedete.

*Peter Laub*

# Ulrich von Hutten und die Kunst?

Bild und Wort in der frühen Reformationszeit

> „... unser moderner Apelles Albrecht Dürer...; die Italiener, die doch bei sich nicht so leicht etwas Deutsches gelten lassen... sie bewundern ihn so, daß sie ihm nicht nur aus freien Stücken den Vorrang einräumen, sondern daß sogar manche, um ihre Werke leichter verkaufen zu können, seinen Namen daruntersetzen."[1]

Dies ist die einzige bekannte Äußerung Ulrichs von Hutten zur Kunst. In all seinen Schriften nimmt er nicht Stellung zu der Frage, die so viele seiner Zeitgenossen beschäftigte, nämlich nach Sinn und Aufgabe des Bildes, Abbildes: Bilderstreit, Bilderstürme. Kaum vorher ist „Kunst" so massiv unter Beschuß geraten, wie zu Lebzeiten Ulrichs von Hutten[2], kaum vorher allerdings ist auch so viel Kunst produziert worden. Nichts deutet darauf hin, daß Hutten sich damit näher auseinandergesetzt hätte. Zumindest hat er sich nicht öffentlich dazu geäußert. Gibt es einen Grund dafür?

Wir stoßen mit einer solchen Frage unweigerlich an die Grenze des Beschreibbaren. Der Historiker stellt fest, was vorhanden war, er registriert Realien, beschreibt und interpretiert sie und überbrückt damit die „Löcher", die sich zwischen all dem auftun, was sich anhand der Quellen genau belegen läßt. Aber auch das Unkonkrete, das, was nicht vollzogen oder gedacht wurde, ist beizeiten nachweisbar, weil es oft genug gute Gründe dafür gab, daß es unkonkret blieb: Ulrich von Hutten hielt es offenbar nicht für notwendig, öffentlich zur Kunst Stellung zu nehmen. Die Auslassung bedarf unserer Aufmerksamkeit; denn ein Verhältnis zur bildenden Kunst zu haben, war zu Beginn des 16. Jahrhunderts nicht nur eine theoretische Möglichkeit. Sollte man nicht meinen, daß es für einen Intellektuellen, und ein solcher war Hutten zweifellos, schon geradezu schwierig war, keines zu haben? Überschätzen wir die Bedeutung, die die Kunst dieses Zeitraumes für seine Zeitgenossen einnahm? Übersah Ulrich von Hutten etwas Wichtiges, wenn er der Kunst seiner Zeit kaum Beachtung schenkte? Er hatte als Dichter doch ausgesprochen künstlerische Ambitionen.

Wir stoßen auf zwei Dinge: Die Kunst und die Sprache, das Bild und das Wort, auf den Künstler und auf den Humanisten. Was wollen die Künstler, was wollen die Humanisten? Und was können sie?

Eines zumindest wollen beide: Die Wahrheit. Beiden geht es um die Erkenntnis, um die Freilegung der Wirklichkeit, wie sie sie hinter der harten Kruste der Traditionen vermuten. Die Realität der Natur beim Künstler, die der Geschichte beim Humanisten. Die Wege, die zur Erkenntnis führen, haben jedoch begonnen sich zu trennen. Dachte sich der mittelalterliche Mensch die Natur und die Geschichte gleichermaßen als Bestandteile ein und desselben göttlichen Schöpfungsplanes, den der Mensch als Einzelner wie auch in der Gemeinschaft lediglich zu erfüllen hatte, so tritt uns mit der Renaissance erstmals in Mitteleuropa eine „Arbeitsteilung" in Sachen Welterkenntnis gegenüber. Freilich lebten dabei die alten Vorstellungen weiter, doch es gab von nun an mehrere Möglichkeiten, sich diesen zu nähern. Die Naturwissenschaft rückte mit der Kunst ganz eng zusammen, ihrer beider Grenzen sind in diesem Entwicklungsstadium fließend, Naturbeobachtung ist ihrer beider Grundlage, ohne allerdings noch in offenen Widerspruch mit den traditionellen Denkformen zu geraten.

Anders der philologisch ausgerichtete Humanismus: In ihm spiegelt sich die Entdeckerfreude einer Zeit, die sich darüber bewußt ist, daß sie langsam aber sicher den alten Sachwaltern der Weltanschauung die Macht über die Definitionen entreißt. Der Rekurs auf die antiken Autoren ist der Versuch, sich gegen den erbitterten Widerstand der Spätscholastik eine Sprache zu schaffen, die den neuen Erfordernissen der Erkenntnisarbeit gerecht wird. Denn daß Erkenntnis individuelle Arbeit voraussetzt und keinesfalls pure Glaubensangelegenheit ist, stellt eine ebenso wichtige Einsicht der Humanisten dar[3] wie es eine der Künstler ist, die Kunst auf die Darstellung der sicht- und erfahrbaren Natur zu beziehen und nicht mehr nur auf die biblischer Ereignisse, auf die Verherrlichung Gottes. Die Kunst hat damit eines fest in ihrem Zentrum: Den Menschen.

In dem historischen Moment rückte der menschliche Körper in den Mittelpunkt des künstlerischen wie des wissenschaftlichen Interesses, als das Körperverständnis des mittelalterlichen Menschen und die Kultur, die um dieses herum gewachsen war, problematisch wurde. Von der „Entdeckung des menschlichen Körpers" als innovativer Leistung der Renaissance zu sprechen, beruht auf einem Mißverständnis; denn entdeckt war er längst, vollständig und unhinterfragt[4] eingebunden in praktische Handlungsbezüge, durch und durch subjektiv, aber dadurch nicht weniger präsent oder „entdeckt"[5]. Die Renaissance hat vielmehr ein neues Verhältnis zu ihm erfunden auf der neuen Ebene künstlerischer und wissenschaftlicher Reflexion: Auch der menschliche Körper hat sich seitdem an den Kategorien des Rationalen und des Objektiven zu messen. Er wird hervorgeholt aus den Abgründen dumpfer Nur-Existenz und in die Lichtflut der neuen Denk- und Darstellungsweisen gehoben. Es sind die Gebildeten, die ihn endlich neu erschaffen, indem sie ihn zum zentralen Thema werden lassen; die göttliche Schöpfung wiederholt sich gleichsam in den gemalten und gehauenen Realitäten der Kunst-Welt. Der Kult um das künstlerische Genie nimmt auch von diesem Schöpfungsgedanken seinen Ausgang.

Was demnach Hutten tut, wenn er über die Guajak-Kur schreibt, und was Dürer tut, wenn er den menschlichen Körper auf der Grundlage proportionaler Vermessung malt oder sticht, sind nur zwei Seiten ein und derselben reflektorischen Hinwendung zum Körperlichen: Der menschliche Körper wird Gegenstand intensiver Beobachtung. Malen und Schreiben ist natürlich nicht dasselbe, aber an diesem Punkt, dem menschlichen Körper, liegen beide Behandlungsformen innerhalb derselben Tendenz.

Auch Erasmus von Rotterdam beteiligt sich an der längst fälligen Um- und Neudeutung des Körperlichen, wenn er seine Verhaltensmaßregeln veröffentlicht[6]. Das neue Menschenbild zeichnet sich dabei wie erwähnt nicht durch ein intensiveres, sondern allein durch ein reflektierteres Verhältnis zum Körper aus. Reflexion ist eine Denkmethode der Distanz, die auf Individualität beruht. Sie ist das philosophische Pendant zum beobachtenden Blick des Künstlers auf die Natur. Beides ist der erste Schritt heraus aus der Umklammerung durch das theologische Absolutheitskorsett, das immer den g a n z e n Menschen in sich behalten wollte. Die Thematisierung des menschlichen Körpers ist ein Schritt auch zur politischen Emanzipation, die ihre Grenzen allerdings in der Tatsache hat, daß sie das Korsett nicht sprengt, ja nicht einmal sprengen will, sondern nur bestrebt ist, sich Bewegungsfreiheit innerhalb der Korsage zu verschaffen. Sie muß das Körperliche aus der Sphäre des Dunklen und Unbewußten erst herauslösen, muß es objektivieren, um es in die Form einer neuen Subjektivität zurückbetten zu können. Die Individualität des Menschen gründet nunmehr darauf, daß er sich seiner Subjektivität b e w u ß t ist.

Die Kunst der Renaissance schwelgt dabei, ebenso wie die Wissenschaft und der Humanismus, im Bewußtsein, daß ihre Erkenntnismittel allumfassend und

*Roswitha von Gandersheim, Werke, lat., Conrad Celtis (Hrsg.), 1501 (Kat.-Nr. 3.1)*

OPERA HROSVITE ILLVSTRIS VIR
GINIS ET MONIALIS GERMANE GEN
TE SAXONICA ORTE NVPER A CONRA
DO CELTE INVENTA.

In hoc libro hæc cõtinent̃.
Comedie sex in emulatiõem Therencii
Prima Galliranus.
Secunda Dulcicius.
Tercia Callimachus
Quarta Abraham.
Quinta Paffnucius
Sexta Fides & Spes.

Octo sacræ hystorie uersu hexa. & pẽtha.
Hystoria beate Marie uirginis
Hystoria Resurrectionis domini
Hystoria & uita sancti gangolfi
Hystoria sancti Pelagii
Hystoria cõuersionis sancti Theophili
Hystoria Proterii & sancti Basilii
Hystoria passionis sancti dyonisii
Hystoria passionis sancte agnetis.

Panegiricus uersu hexametro in laudẽ &
gesta Oddonis magni primi in germania
impatoris

unbegrenzt seien. Doch bereits hier vollzieht sich etwas Folgenschweres: Die Sprache beginnt, um ihre Macht nicht zu verlieren, die sie gerade erst gewonnen hat, das Sinnliche aus ihren Bezirken auszugrenzen, bildreiche Assoziationen zu verbieten; die Spreache soll den unvisionärsten Teil des menschlichen Erkenntnisvermögens darstellen, sie ist — in der Trias von Gedacht, Gesprochen, Geschrieben — in höherem Umfang R e s u l t a t als das von seiner Labilität getragene Kunstwerk. Sie wird zum Medium der neuen Rationalität. Im Wort liegt seither in jeder Hinsicht die eigentliche Wahrheit. Wenn Ulrich von Hutten sich von der lateinischen Poetik hinentwickelt zur deutschen Prosa-Polemik, so dokumentiert

*Lukian von Samosata, Der Fischer, Willibald Pirckheimer (übers. und Widmungsvorrede), 1517 (Kat.-Nr. 3.2)*

sich auf dieser biographischen Ebene nur jene allgemeine Tendenz, die sich auch an der neuen Gewichtung des Wortes in der Lehre Martin Luthers ablesen läßt. Seither hat das Wort jedenfalls nicht abgelassen, das Bild überholen zu wollen[7], eben auch oder gerade da, wo beide m i t e i n a n d e r antreten, um die Lust am Durchschauen, am Darstellen, Entlarven, kurz die Lust an der Wahrheit zu üben. Und gerade diese ist typisch für das gesamte, nicht nur das populäre Schrifttum der Reformationszeit.

Dabei freilich müssen wir uns vor Augen führen, welche Bedeutung gerade der illustrierenden Druckgraphik zukommt, ob sie als „Kunst" verstanden wurde analog zu den anderen zweifellos akzeptierten Kunstgattungen. Die Beantwortung dieser Frage ist um so schwieriger, als wir kaum zeitgenössische Äußerungen, geschweige denn theoretische, zur Illustration besitzen. Aber bereits dieses Fehlen mag uns einen Hinweis geben auf die Bedeutungsdimension: Jene Buch- und Blattillustrationen hatten den Charakter von Ergänzungen, die nicht so sehr an ihrer künstlerischen Originalität gemessen wurden, als vielmehr daran, inwieweit sie das geschriebene Wort auch auf der bildmäßigen Ebene unterstützen, hervorheben, verdeutlichen konnten. Notwendig jedenfalls schienen sie nicht zu sein: Ein und dasselbe Werk konnte einmal mit, das andere Mal ohne Illustrationen aufgelegt werden. Als Kunst kamen sie, wohl auch von seiten ihrer Hersteller, kaum in Betracht. Deswegen sind sie auch so gut wie nie signiert. Der Glaube an die mystischen Qualitäten des Bildes war noch nicht erloschen. Er lebte weiter in den „Wort-Bildern", die die Druckerzeugnisse des 16. Jahrhunderts vo hervorragend kennzeichnen. In ihnen lebt die alte Verbindung von Sprache und Bild fort.

An dieser Stelle wird schon deutlich, daß es keineswegs zwingend für einen Gebildeten war, sich mit Kunst auseinanderzusetzen. Der Gedanke, daß Kunst ein wesentlicher Bestandteil von Bildung sei, ist erheblich jünger: er ist eine Idee der Aufklärung. Außerdem stellt das 15. und 16. Jahrhundert auch die Zeit der Individualisierung der Kunstrezeption dar, die erste Etappe der „Verbürgerlichung" der Kunst. Das geschriebene Wort hatte dagegen eine ungeheure, aufs Kollektive angelegte Konjunktur[8]. Erstmals wird das Wort zum Medium massenhafter Kommunikation und der Humanismus hat durch seine literarische Produktion daran nicht unerheblichen Anteil.

Man wird sich dennoch davor hüten müssen, die geistesgeschichtliche Bedeutung des deutschen Humanismus zu überschätzen[9]. Gar von einer „Bewegung" zu sprechen, verbietet schon das Wissen um die Elitärheit humanistischer Zirkel[10]. Die Humanisten schufen kein neues weltanschauliches System, das die überkommenen Denkformen hätte ersetzen können. Aber sie unterstützten die Tendenz, die allerorts dem Sprachlichen sehr günstig war.

Die Kunst dagegen hatte an diesem Trend nur eingeschränkt Anteil. Sie schlug vielmehr einen Weg ein, der sie gerade von der Sprache wegführte. Eben als eine Kommunikationsform von großer Breitenwirkung kam sie von daher nicht mehr in Frage. Malerei wie Bildhauerei wurden nördlich der Alpen mit der Kunst eines Albrecht Dürer so vieldeutig wie kaum zuvor. Das mittelalterliche Kunstwerk war noch getragen vom Glauben in seine Sinnbild-Funktion, in seine Möglichkeit, etwas anschaulich zu machen, das jenseits jedes einzelnen Menschen, ja auch jenseits des Abgebildeten selbst stand. Dieser Idee diente die Farbe und die Form ebenso wie das Material[11]: Symbolhaft und daher eindeutig in einer Weise, die für uns heute kaum mehr nachvollziehbar ist. Die Malerei eines Lucas Cranach hat noch viel von der didaktischen Ambition mittelalterlicher Bildwerke, wenn sie b u c h s t ä b l i c h ein Bildprogramm der reformatorischen Lehre Luthers entwirft.

Was die Kunst der Druckgraphik anbelangt, so ist es schwierig, hier eine klare Grenze zu ziehen zwischen der Illustration und dem eigenständigen Bild. Gerade

*Margarita philosophica*, Gregor Reisch, 1504
(Kat.-Nr. 3.11)

die reformatorische Bildpropaganda weist eine so enge Verbindung von Wort und Bild auf, daß man in ihr tatsächlich eine Art Illustration, nämlich der reformierten Weltsicht, sehen möchte, auch wenn ihr kein eigener Textteil anhängt. Dabei ist es auffällig, daß die Häufigkeit der Künstlersignaturen zunimmt, je weiter sich das Bild von seinem Sprachbezug entfernt, je weiter es also Anspruch auf eigenständige Geltung erhebt. Und: Je eigenständiger das Bild zu sein beansprucht, um so mehr

*De arte versificandi (über die Verskunst),*
*Ulrich von Hutten, 1513*
*(Kat.-Nr. 3.19)*

**Ulrici Hutteni de Arte Versificandi Liber vnus Heroico carmine ad Joannem et Alexandrū Osthenios Pomeranos Equites.**

**Philippus Engelbrechtus** Hutteni cōiuratus ad Lectorem.

Nobilis eoo petitur smaragdus ab orbe
Et magno exiguus venditur ere lapis.
Exilis Phario reperitur in equore gemma /
Et precium modico corpore grande facit.
Sic liber Hutteni / fuluo preciosior auro
Archetypis laudem vendicat iste nouis.
Qui tibi dat breuibus tornatos edere versus:
Et struere ad dulcem carmina docta chelim.
Quare age / fac / habeas operoso hūc marte libellū:
Inq; sinus condas interiora tui.
Nam si magna licet paruis componere rebus:
Non minor Attalicis est liber hic opibus.

Dijs auspicibus.

begibt es sich auch der Schärfe der Kritik. Die Druckgraphik ist eben erst im Begriff, sich als selbständige Kunstform zu etablieren, eine Entwicklung, an deren Spitze Albrecht Dürer steht. Dabei wäre es freilich unsinnig anzunehmen, Hutten hätte sich für jene propagandistischen Bildwerke nicht interessiert, kamen sie doch ihrem Inhalt und ihrer Schärfe nach seinen eigenen kritischen Positionen sehr nahe. Aber sie illustrierten eben nur, was er mit seiner Sprache mindestens ebenso deutlich auszudrücken dachte.

Der Herkunft aus dem Sprachlichen beginnt sich sonst allerorts die Kunst zu entziehen ebenso wie sie sich auch zunehmend der Möglichkeit widersetzt, in

*Bambergische Halsgerichtsordnung,*
*Johann von Schwarzenberg, 1507*
*(Kat.-Nr. 3.14)*

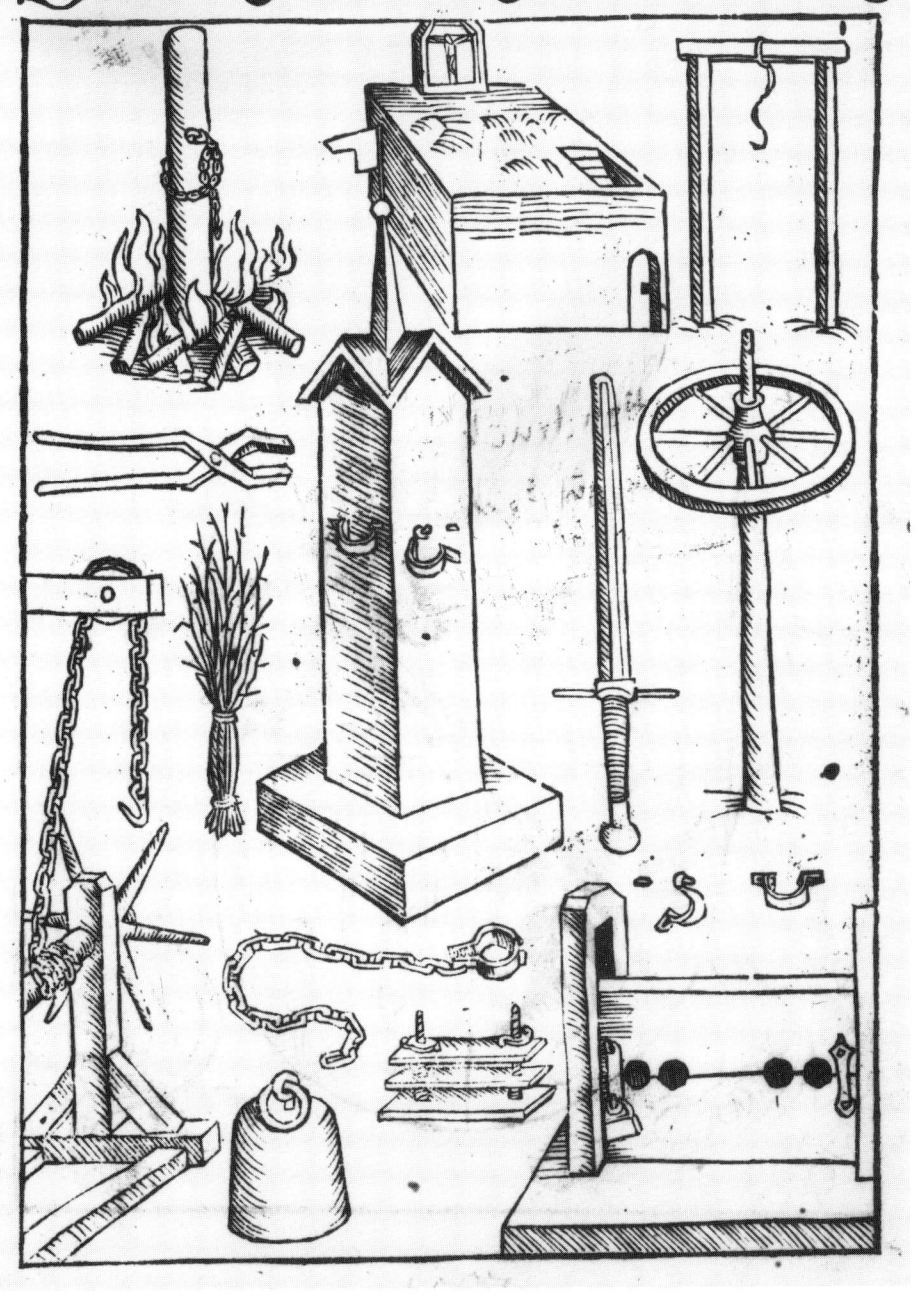

Sprache rückübersetzt zu werden. Die Malerei entwirft ihre eigenen Gesetze, sehr wohl auch theoretische wie die der Perspektive, aber im bloß Theoretischen bleibt sie nicht. Die Durchdringung von Kunst und Wissenschaft findet durch die Sprache statt (nie vorher haben Künstler über sich und ihr Werk soviel gesprochen wie in der Renaissance). So hatten sich auch ehedem Kunst und Theologie durchdrungen (und taten es auch zu Beginn des 16. Jahrhunderts noch teilweise). Doch war dort die Sprache ein Mittel der Gotteserfahrung, während nun das individuelle ästhetische Erleben, das „Schöne", Gegenstand rationalster Erörterungen wird. Dürer hatte sich unter dem Einfluß der Kunsttheorien Albertis und Leonardo da Vincis an jener

„ästhetischen Anthropometrie"[12] versucht, die das Schöne am menschlichen Körper auszumessen und mit Zirkel und Lineal nachzuschaffen strebte. Er wandte sich später jedoch davon weitgehend wieder ab, weil seine Figuren, wie er selbst sagt, „so steif aufgerichtet, wie sie sind, zu nichts zu gebrauchen sind"[13], ihnen also das Moment der Bewegung und damit des individuellen Ausdrucks abging.

Der Blick auf Dürers Kunsttheorie zeigt dabei, wie sehr zu Beginn des 16. Jahrhunderts die künstlerische Gestaltung als Gegenstand ausführlichster wissenschaftlicher Reflexion aufgefaßt werden konnte und sich das Individuelle der Künstlerpersönlichkeit dadurch im Kunstwerk Geltung verschaffte, auch wenn dabei die traditionellen Themen der Kunst formal erhalten blieben. Durch die Reflexion des Künstlers kam jene Vieldeutigkeit zustande, die seither auch vom Betrachter wiederum Reflexion zu ihrem Verständnis verlangt und nicht mehr nur den Nachvollzug überkünstlerischer und überpersönlicher Wahrheiten: Die Wahrheit beginnt Sache persönlicher Auffassung, Mitteilung und Aufnahme zu werden.

Im Gegensatz zu dieser Verästelung der Bedeutungen steht Huttens Neigung zur Eindeutigkeit. Insbesondere in seinen späten Schriften tritt uns eine Klarheit in seiner Parteinahme entgegen, die ihn von all seinen humanistischen Freunden unterscheidet – und ihnen letztlich entfremdet. Dabei war Huttens Denken immer programmatisch. Er arbeitete an den ganz großen übergreifenden Linien. Es lag ihm nicht, sich mit Kleinigkeiten und Details aufzuhalten. Vielleicht auch deshalb hat er kein reines Gelehrtendasein gewählt: Mühevolle philologische Kleinarbeit schien ihm zumeist angesichts der großen Gedanken, die er hatte, wohl unangemessen. Er wollte ein ganzes Volk aufrütteln und brauchte dazu eine plakative Sprache, die es ihm ermöglichte, die vermeintlich Schuldigen anzugreifen, vor sein Gericht zu stellen und erbarmungslos abzuurteilen. Überall, wo die Kritik am Alten lautstarke Wellen schlug, sprang Hutten helfend zur Seite. So war es auch bei Martin Luther[14]. Huttens Verhältnis zu dem Reformator zeigt, daß er sich an Luther als den Auslöser einer Bewegung hielt, ohne seine Inhalte und deren Tragweite recht zu begreifen. Er sah Luther als jemanden, der für dieselben Ziele stritt wie er selbst und solidarisierte sich mit ihm gegen den großen gemeinsamen Feind. Die Bildprogrammatik, die dieses Verhältnis begleitete, verdeutlicht dies, wenn sie Luther und Hutten gemeinsam als „Vorkämpfer christlicher Freiheit" feiert, Luther in geistiger, Hutten in weltlicher Hinsicht: Hutten läßt sich als derjenige darstellen, der den Lutherischen Ideen zum Durchbruch verhilft. Er beschäftigte sich offenbar wenig mit den Inhalten der reformatorischen Lehre. Das Neue, das mit ihr entstand, schien ihm gut mit seinen eigenen Vorstellungen zusammenzugehen, insbesondere was das kritische Verhältnis zur römischen Kirche anbelangte[15]. Die theologischen Implikationen der neuen Lehre interessierten ihn dabei kaum; eine Reformation des Glaubens hatte Hutten nicht im Sinn, ihm ging es um eine „reformatio" der apostolischen Kirche.

Auch von dieser Warte aus wird nunmehr verständlich, daß die Kunst für Hutten keine Rolle spielen konnte. Er gab sich nicht mit feinsinnigen Interpretationen ab, gar etwas wie Erbauung lag ihm angesichts der sich zuspitzenden nationalen Situation fern. Sein Blick war auf das Ganze gerichtet und er glaubte sich im Besitz der ganzen Wahrheit. Sich mit Kunst im weiteren Sinne zu beschäftigen hätte bedeutet, die Glaubenskämpfe von ihrer inhaltlichen Seite her zu nehmen und sich damit an dem Streit zu beteiligen, der allerorts darüber entbrannte, was denn die Wahrheit sei. Die Unfähigkeit, Stellung zu beziehen in den Fragen, die die i n h a l t l i c h e Orientierung innerhalb der antiklerikalen Strömungen betrafen, teilte er mit allen anderen Humanisten. Ein Jahrhundert früher hätte es ihn noch interessieren müssen, welche Rolle der Kunst zukommt. Doch in einer Zeit, in der

*Gericht und Folter, Hans Weiditz (Kat.-Nr. 3.14.a)*

die Bildnerei den **offenen** Zusammenhang mit der Praxis der Herrschaft aufzulösen begann, konnte Hutten darüber hinwegsehen: Nicht mehr der Kunst kam die zentrale Funktion der Vermittlung zu, sondern der Sprache. Diesen sprachlichen Anteil zog er aus allen Bewegungen, die sich um ihn herum vollzogen, soweit sie mit seinen eigenen Vorstellungen übereinstimmten. Hutten dachte zu pragmatisch, um von einer Kunst etwas zu erwarten, die sich von ihrer öffentlichen Rolle zunehmend entfernte[16] und die immer höhere Ansprüche an ihr eigenes Verständnis stellte. Für ihn war die Sprache das Mittel zur Findung und Darstellung der Wahrheit, und als er sah, daß diese nicht griff, schritt er zur Tat, nicht zur Kunst. Es war die Graphik, die sich am Feldzug gegen die römische Kirche beteiligt hatte und diese fand als illustrierende Eingang in die Drucke seiner Werke, auch wenn nicht bekannt ist, welchen Einfluß Hutten selbst auf deren Gestaltung nahm.

Anmerkungen

1 Winfried Trillitzsch, Ulrich von Hutten: Der Brief des Ritters Ulrich von Hutten an den Nürnberger Patrizier Willibald Pirckheimer..., in diesem Band S. 216; Eduard Böcking (Hrsg.), Opera omnia Hutteni, 5 Bde. u. 2 Suppl.bde., Leipzig 1859/70. Neudr. Aalen 1963, I, S. 195–217.
2 Werner Hofmann, Die Geburt der Moderne aus dem Geist der Religion, in: Werner Hofmann (Hrsg.), Luther und die Folgen für die Kunst, Hamburg 1983, S. 23–71; Karl-Adolf Knappe, Bilderstürmerei. Byzanz – Reformation – Französische Revolution, in: Kunstspiegel 4/1981, S. 265–285; Horst Bredekamp, Kunst als Medium sozialer Konflikte. Bilderkämpfe von der Spätantike bis zur Hussitenrevolution, Frankfurt/M. 1975; Martin Warnke, Bildersturm, München 1973.
3 Robert Weimann (Hrsg.), Realismus in der Renaissance. Aneignung der Welt in der erzählenden Prosa, Berlin und Weimar 1977, S. 278ff.

4 wenn man von den älteren Formen mönchischer Askese absieht
5 vgl. Johan Huizinga, Herbst des Mittelalters, Stuttgart 1975 (1. dt. Aufl. 1923), S. 10ff.
6 Erasmus von Rotterdam, De civilitate morum puerilium, 1530; Norbert Elias, Über den Prozeß der Zivilisation, 2 Bde., Frankfurt/M. 1980 (2. Aufl. 1969) Bd. 1, S. 67ff.
7 Werner Hofmann, a. a. O., S. 23: „*Das Wort siegt über das Bild*, es liefert die Kennmarke, die dessen Wert und Gewicht festlegt". (Hervorh. im Original).
8 vgl. dazu Winfried Schulze, Deutsche Geschichte im 16. Jahrhundert, Frankfurt/M. 1987, S. 121–127.
9 Gerhard Ritter, Die geschichtliche Bedeutung des deutschen Humanismus, in: Histor. Zeitschr. 127, 1923, S. 393–453 (Nachdr. Darmstadt 1963).
10 Arnold Hauser, Sozialgeschichte der Kunst und Literatur, München 1975 (1. Aufl. 1953), S. 360ff.
11 Rosario Assunto, Die Theorie des Schönen im Mittelalter, Köln 1982 (1. Aufl. 1963), S. 31.
12 Erwin Panofsky, Das Leben und die Kunst Albrecht Dürers, München 1977 (1. Aufl. 1943), S. 351.
13 Zit. nach ebd., S. 355.
14 Manfred Meyer, Hutten und Luther, in diesem Band, S. 251–270.
15 Luther gingen die Ambitionen Huttens freilich erheblich zu weit: „Was Hutten wünscht, siehst Du. Ich will nicht, daß mit Gewalt und Töten für das Evangelium gestritten wird, so habe ich an ihn geschrieben", teilte er Georg Spalatin in seinem Brief vom 16. 1. 1521 mit. Martin Luther, Briefe. Eine Auswahl hrsg. von Günther Wartenberg, Wiesbaden 1983, S. 56.
16 Ein Prozeß, der als „Autonomisierung der Kunst" beschrieben wurde. Horst Bredekamp, Autonomie und Askese, in: Michael Müller et al., Autonomie der Kunst. Zur Genese und Kritik einer bürgerlichen Kategorie, Frankfurt/M. 1974, S. 88–172.

*Ralf-Rüdiger Targiel*

# Ulrich von Hutten und Frankfurt (Oder)
Zu den ersten Stationen seines humanistischen Bildungsweges

1. Im Jahre 1506 traf Ulrich von Hutten in Frankfurt (Oder) ein. Bis dahin hatte der Achtzehnjährige schon einige Etappen seines auf der väterlichen Steckelburg begonnenen Bildungsweges durchlaufen. Mit elf Jahren von seinen Eltern in die Klosterschule Fulda gegeben, führte ihn der Weg wahrscheinlich spätestens im Frühjahr 1503 nach Erfurt, wo er möglicherweise ein vom Kloster bewilligtes zweijähriges Normstudium absolvierte. An der Erfurter Universität[1] fand der junge Hutten die Verbindung zu den hier wirkenden Vertretern des Renaissancehumanismus. Hutten lernte ein für ihn entscheidendes neues, im Diesseits begründetes Welt- und Menschenbild kennen. Sein eigentlicher Lehrer in Erfurt war Crotus Rubeanus, woran Hutten sich später im zweiten Buch seiner „Klagen"[2] dankbar erinnerte. Mit Rubeanus verband ihn eine lange währende Freundschaft. Hier befreundete sich Hutten auch mit dem fast gleichaltrigen Helius Eobanus Hessus, der seit 1504 in Erfurt war.[3] Im Juli 1505 brach die Pest in Erfurt aus. Viele Lehrer und Studenten, unter ihnen auch Hutten, verließen die Universitätsstadt und zogen an andere Hochschulen. Ulrich von Hutten begab sich nach Mainz, wo Verwandte von ihm lebten, die in hohen Rängen der erzbischöflichen Verwaltung standen. Unter diesen war auch sein Vetter Frowin. Während seines Mainzer Aufenthaltes im Sommersemester 1505 war Ulrich von Hutten Schüler des Humanisten Johannes Rhagius Aesticampianus,[4] der seit 1502 an der Mainzer Universität Rhetorik, Poetik und Moralphilosophie lehrte. Es wird angenommen, daß Hutten hier in Mainz, vielleicht im Kreise seines Vetters Frowin von Hutten, von dem Plan der in Frankfurt (Oder) zu eröffnenden Universität erfuhr.[5] Der brandenburgische Kurfürst Joachim I. und in seinem Gefolge Dietrich von Bülow, seit 1490 Bischof von Lebus sowie nach der Eröffnung der Frankfurter Hochschule ihr erster Kanzler, nutzten ihre Reise zum Kölner Reichstag zum Aufenthalt in Mainz, um auch hier für die märkische Alma mater zu werben. Es ist möglich, daß der junge Hutten den Bischof hier selbst kennenlernte und von ihm eine erste Vorstellung von der Mark Brandenburg erhielt.[6] Joachim I. und Dietrich von Bülow gelang es, den nicht nur in Mainz angesehenen Aesticampianus für Frankfurt (Oder) zu gewinnen. Aesticampianus, der nach seiner Zusage selbst für die neue Hochschule warb, reiste dann im Frühjahr 1506 nach Frankfurt.[7]

Hutten indessen zog von Mainz weiter an die Kölner Universität, in deren Matrikel er am 28. Oktober 1505 eingetragen wurde. Hier traf er Crotus Rubeanus wieder,[8] der aber bald nach Erfurt zurückging, wo inzwischen die Pest erloschen war. Auch Hutten weilte im Frühjahr 1506 noch einmal in Erfurt bei seinen humanistischen Freunden, bevor er nach Frankfurt (Oder) weiterzog. Zum Abschied widmete er dem Dichter Hessus eine Elegie[9] von 18 lateinischen Distichen. Sein Freund nahm Huttens Arbeit in seine 1507 bei Wolfgang Stürmer in Erfurt gedruckte Lobpreisung der Erfurter Universität auf. Mit einer „aus dem Stegreif"[10] gegebenen Antwort dankte Hessus dem Freund für seine Elegie. Darin heißt es unter anderem:

> „Darum lebe wohl für lange Zeit, Hutten, die Götter seien Dir gewogen,
>     Der allgemein verehrte Apollo möge Deine Seele begeistern.
> Du gehst fort von hier, Dich, den Dichter erwartet Dein Frankfurt."[11]

2. Die Pläne zur Schaffung einer Universität in der Mark Brandenburg reichten weit in das 15. Jahrhundert zurück. Als diese unter Kurfürst Johann Cicero konkrete Gestalt annahmen, bewarb sich Frankfurt (Oder) und begann 1499, unter der Leitung des Ratsherren Stephan Hundertmarck, in der nordöstlichen Ecke der Stadt mit dem Bau des Universitätsgebäudes. Frankfurt (Oder) wurde nicht von ungefähr als Sitz der Universität ausgewählt. Sie war die größte und bedeutendste märkische Handelsstadt mit umfangreichem Landbesitz in der Umgebung. Als Emporium im mittleren Oderwirtschaftsgebiet knüpfte Frankfurt (Oder) weitreichende Handelsbeziehungen. Am Schnittpunkt wichtiger Handelsstraßen gelegen, besaßen ihre jährlichen drei Großhandelsmärkte eine nicht geringe Bedeutung im Rahmen des mitteleuropäischen Handels. Die ökonomisch starke Stadt bot also eine gute Gewähr zur Schaffung der für die Universität notwendigen äußeren Bedingungen, wie sie diese auch finanziell mittragen konnte.[12] Die treibenden Kräfte der Universitätsgründung waren unter Johann Cicero und seinem Nachfolger Joachim I. der kurfürstliche Rat Eitelwolf vom Stein und Dietrich von Bülow. Berührt vom humanistischen Gedankengut suchten sie die Alma mater Viadrina zu einer humanistischen Universität auszugestalten. An ihr sollte, entsprechend den praktischen Bedürfnissen des Staates – gleichsam nach bolognesischem Vorbild – die Ausbildung von Juristen eine große Rolle spielen. Sie warben in Leipzig, Köln, Mainz und Erfurt und verpflichteten einen Lehrkörper für die Oderstadt, der die Humanisten nach Frankfurt (Oder) blicken ließ. Sehr werbewirksam waren sicher auch die Gründungsausschreiben. Schon im ersten vom 4. Oktober 1505[13] standen die humanistischen Studien im Vordergrund. Nach der Ausschreibung sollte die Universität „eine Stätte der feinen Bildung und der vielgliedrigen Wissenschaft, eine tägliche Gemeinschaft des Lernens und Lehrens"[14] werden. Für die Erlangung der wissenschaftlichen Grade wurde für drei Jahre Gebührenfreiheit zugesagt. Auch wurden schon vor der Eröffnung der Hochschule Vorlesungen in Sprachlehre und Redekunst angekündigt. So begann am 22. Januar 1506 der wenige Tage vorher in Frankfurt angelangte Publius Vigilantius Axungia[15] im Rathaus mit seiner humanistischen Eröffnungsrede über des Horaz „Ars poetica" den Lehrbetrieb.

Am 26. April 1506 wurde in Anwesenheit des Kurfürsten und seines Bruders Albrecht sowie von Johannes Trithemius[16], Eitelwolf vom Stein und dem Lebuser Bischof die nach dem Leipziger Vorbild geschaffene Universität feierlich eröffnet.[17] Im Eröffnungszug schritten nach dem Rektor, dem aus Leipzig gewonnenen scholastischen Theologen Konrad Wimpina, die beiden öffentlichen Redner und Dichter Axungia und Aesticampianus. Axungia hielt dann die offizielle Festrede.

Die Universität begann hoffnungsvoll mit der bis dahin höchsten Immatrikulationsziffer einer deutschen Universität. Etwa 950 Studenten aus vielen deutschen Territorien, den skandinavischen Ländern und Polen ließen sich 1506 hier einschreiben.[18]

Unter ihnen war auch Ulrich von Hutten. Im Frühjahr des Jahres 1506, bald nach der Eröffnung der Viadrina, könnte er in Frankfurt (Oder) angelangt sein und sich an der Universität angemeldet haben.

Während wir für Erfurt eine Einschreibung nicht schlüssig nachweisen können, haben wir für seine Frankfurter Immatrikulation gleich zwei Belege durch die zwei Fassungen der Matrikel.[19] Ein Eintrag lautet:
„Udalricus de Hutten ex buchonia X [totum]".[20]

Die andere Fassung vermerkt:
„Ulricus de Hutten ex buchonia X [insignis poeta]".[21]

Bei seiner Anmeldung gab er seinen Namen sowie als seine Herkunftslandschaft Buchen an. Wie aus der Matrikel ersichtlich ist, zahlte er die Studiengebühren in der vollen Höhe von 10 Groschen und hatte damit das Recht, nach der Erfüllung des vorgeschriebenen Pensums, einen wissenschaftlichen Grad zu erwerben.

Zur Vorbereitung wird er das gesamte verbleibende Sommersemester verwandt und sich an den offiziellen Lektionen der artistischen Fakultät beteiligt haben.

Die für ihn wichtigen Lehrer in der Oderstadt waren Axungia und Aesticampianus. Sie gehörten jedoch als besoldete Lehrer für Poetik und Rhetorik nicht zum offiziellen Lehrkörper. Vergeblich sucht man in der Matrikel ihre Namen. Es ist anzunehmen, daß sie die humanistischen Studien nach der Universitätseröffnung mehr im Kreis ihrer Hausschüler und Vertrauten betrieben, aus dem sich die erste Frankfurter Dichterschule herausbildete.[22] Zu dieser rechneten Huttens Studienfreunde Arnold Glauberg,[23] Heinrich Brumann,[24] Joachim von Bülow[25] und Dietrich von Maltzan,[26] Johann Huttich,[27] Wolfgang Angst,[28] Matthias von Ilow,[29] Valentin von Stojentin,[30] die Brüder von der Osten[31/32] und Fabian Gürtler.[33]

Wohl eine diesem Kreis verpflichtete Frucht ist Huttens zweite bekannte Jugendarbeit, sein lateinisches „Lobgedicht auf die Mark". Er steuerte es neben Aesticampianus, Brumann und Joachim von Bülow – einem Neffen des Bischofs und Universitätskanzlers – zu der „Descriptio urbis Francophordiane ad Oderam"[34] bei, einer Beschreibung von Frankfurt (Oder) in Gestalt eines Spazierganges sowie der Universitätseröffnung, die sein Lehrer Axungia verfaßt hatte. Hutten bezeichnete sich in diesem Lobgedicht als „Johannis Rhagij Aesticampiani discipulus", als Schüler des Aesticampianus. In 20 Distichen beschrieb Hutten die Universitätsstadt und ihre Umgebung und drückte zugleich seine Hoffnung aus:
„Pfeiler und Bögen zu richten zum Baue der Akademie
    Dort, wo Stadt Frankfurt gelegen, zwischen Bergen und Strom
Heimstatt edler Künste entfalt' dich, auf daß dorten findet
    Phöbus der göttlichen Lieder Weisheit deutende Schar!"[35]

Eine Zäsur in seiner Studienzeit ist mit dem 14. September 1506 gegeben. An diesem Tage fand das zweite Baccalaureatsexamen der artistischen Fakultät unter dem Vorsitz von Johannes Lindholtz, Dekan der Fakultät, und vier beisitzenden Magistern statt. Ulrich von Hutten legte die Prüfung ab und wurde als vierter der 13 „Baccalaureandi" in das Promotionsregister der Fakultät eingeschrieben.

„4. Udalricus Hutten de Buchen [poeta insignis]".[36]

Damit hatte Hutten die Berechtigung erlangt, selbst zu lehren. Nach seinem Examen wird er sich wohl noch enger an seine humanistischen Lehrer und besonders an Aesticampianus angeschlossen haben.

Einiges, worüber dieser Hutten unterrichtete, kann seinen für den Studiengebrauch gedruckten Werken entnommen werden. Im Jahre 1507 erschienen aus der gemeinsamen Druckerei von Nicolaus Lamperter und Balthasar Murrer[37] in der Oderstadt unter anderem:

„Tabula Cebetis philosophie socratici..."[38]

„Grammatica Martiani foelicis Capelle..."[39]

In seine Veröffentlichungen zur Grammatik des Martianus Capella sowie zur pseudolukianischen Tafel des Philosophen Cebes von Theben nahm Aesticampianus literarische Beigaben von Hutten auf.[40] Der Beitrag Huttens zu den Cebes-Tafeln war die Dichtung „De virtute exhortatio", seine „Ermahnung zur Tugend". Hier beschwor Hutten die Tugend und die Vergänglichkeit des Menschen in einer brüchigen Welt.

Einer der wichtigsten Lehrgegenstände für Ulrich von Hutten waren die Schriften des Griechen Lukian von Samosata, einem Meister des Dialogs. Die Behandlung der „Totengespräche" des Lukian durch Aesticampianus und die wohl dafür bei Lamperter und Murrer um 1507 nachgedruckten Lukian'schen Dialoge in der Fassung des Aurispa[41] waren sicher eine Entdeckung für den jungen Hutten. Er übernahm diese literarische Form, die sich dann in vielen seiner wirkungsvollen Schriften wiederfindet. Ebenso wichtig waren Aesticampianus' Ausführungen über die „Germania" des römischen Geschichtsschreibers Cornelius Tacitus, durch die Huttens Interesse für die nationale Geschichte angeregt wurde. Aesticampianus, Schüler von Celtis, kannte sicher dessen Germania-Ausgabe und ließ 1509 bei Melchior Lotter in Leipzig selbst eine Ausgabe unter dem Titel „Cornellij Taciti Illustrissimi historici de situ, moribus et populis Germanie"[42] erscheinen.

Im Kreise seiner humanistischen Freunde verfaßte Ulrich von Hutten in seiner Frankfurter Zeit neben kleineren Arbeiten, darunter eine an Trebelius gerichtete Elegie, die er dem Freund nach Eisenach schickte,[43] auch schon Dichtungen, die später eigenständig veröffentlicht wurden. Wohl Ende 1507 entstanden die Verse des „Vir bonus"[44] (Der Biedermann). Hierin beschrieb Hutten die Eigenschaften eines inmitten tobender Laster stehenden, tugendhaften Mannes, der nach Gerechtigkeit strebt. Eine weitere Dichtung, die noch in der Oderstadt entstanden sein kann, war sein „Nemo" (Niemand) in der Urfassung.[45] Dabei verarbeitete Hutten ältere Quellen, u. a. Homers „Odyssee" und eine Legende vom „heiligen Niemand". Huttens „Niemand" – der als Person existiert, jedoch sich selbst verneint – kann sich nicht verteidigen und ist der Sündenbock für andere. Seiner Dichtung mit den zweideutigen Wortspielen ist ein Epigramm an Fabius Zonarius beigegeben, der dann wohl auch für die spätere Drucklegung des „Nemo" in Erfurt sorgte.

Inzwischen begann sich an der Frankfurter Universität der scholastische Lehrbetrieb unter Wimpina, Lindholtz, aber auch Petrus Meyer[46] voll auszuprägen, gegen den sich die humanistischen Lehrer, trotz der Fürsorge des dem Humanismus aufgeschlossenen Bischofs Dietrich, nicht durchsetzen konnten. So trennte sich Rhagius Aesticampianus von Frankfurt (Oder) und ging nach Leipzig. Ihm folgten, wahrscheinlich im Frühjahr 1508, seine engsten Schüler, zu denen auch Ulrich von Hutten gehörte.

3. In Leipzig wurde Hutten unter dem Rektor Ludwig Satoris von Görlitz an der Universität eingeschrieben.[47] Er gehörte hier zur bayerischen Nation. Aesticampianus, angestellt als Professor rhetoricae artis, zählte zur meißnischen Nation. Im Frühjahr 1509 verließ Hutten die Stadt wieder, an deren Universität er erstmals mit Erfolg selbst doziert hatte. Er verließ aber auch den Ort, wo er sich wohl mit der Syphilis infiziert hatte. Hier in Leipzig muß es kurz vorher zu einem Bruch mit Aesticampianus gekommen sein, denn er würdigt seinen Lehrer, dem er fast fünf Jahre nahe war, in seinen „Klagen" nur mit den fast unpersönlichen Zeilen:
„Rhagius bildet daselbst nicht Jünglinge bloß
    auch Bejahrte
Bildet der Mann, und er sorgt auch für das
    zarte Gemüth."[48]

Nach einem Zwischenaufenthalt in Frankfurt (Oder), bei Axungia und dem inzwischen hier lehrenden Hermann Trebelius, zog Hutten weiter in Richtung Norden. Bei seinem Versuch, „die bei Tacitus genannte sagenhafte Insel Thule ausfindig zu machen... muß er Schiffbruch erlitten haben."[49] Mittellos kam er in Greifswald an und wurde im Sommersemester 1509 als Poeta ohne Gebührenzahlung an der Greifswalder Universität eingeschrieben.[50] Hier unterstützten ihn der Jurist Henning Loetz und dessen Vater Wedeg, ein reicher und einflußreicher Kaufmann und Greifswalder Bürgermeister. Bei Huttens beabsichtigter Weiterreise nach Rostock im Dezember 1509 kam es zum bekannten Konflikt. Ulrich von

Hutten wurde unterwegs wegen des ihm von den Loetzes geliehenen Geldes – nach Hutten war es ihm jedoch gestundet – seiner gesamten Habe beraubt. Darunter war auch ein

„.... Bündelchen... gepackt
mit mässigen Schriften,
Viel vom eigenen Geist war in demselben verwahrt"[51],

dessen Verlust ihn besonders schmerzte. Zum Anfang des neuen Jahres langte Ulrich von Hutten in Rostock an und fand hier bei Egbert von Haarlem, einem Professor der Rostocker Universität, Aufnahme. „Seinem Wirt zu Rostock" dankte Hutten mit einer Elegie.[52] Während seines über ein halbes Jahr währenden Aufenthaltes in Rostock hielt Hutten Vorlesungen über Poetik und schrieb das Manuskript seiner „Querelae"[53], seiner Klagen, mit denen er die Loetzes wegen des ihm zugefügten Unrechts öffentlich anprangern wollte. In dem ersten der zwei Bücher dieser „Klagen" mit jeweils 10 Elegien beschrieb Hutten die Schandtat und beklagte er sein Schicksal. In beiden Büchern wurden verschiedene Personen, neben dem Herzog von Pommern auch Dietrich von Bülow, Rubeanus, Hessus und sein alter Freund Valentin von Stojentin, angerufen, ihm zu seinem Recht zu verhelfen. Die umfangreichste Elegie, die 10. des zweiten Buches, „Ad Poetas Germanos", ist ein Loblied auf den Humanismus, dessen bedeutendste Vertreter er vor dem Leser seiner „Klagen" vorüberziehen läßt.

Im Spätsommer des Jahres 1510 brachte Hutten das Manuskript nach Frankfurt (Oder), um es hier drucken zu lassen. Von Axungia und Trebelius unterstützt, die auch selbst das Wort an den Leser richteten, führte Johannes Jamer, genannt Hanau, den Druckauftrag aus. In jenen Tagen baten ihn seine Frankfurter Freunde, besonders die Brüder von der Osten, um die Abfassung einer Einführung in die Regeln der Verskunst.[54] Hutten begann wohl noch in der Oderstadt, auf der Grundlage seiner bisherigen Vorlesungen, diese Schrift zu erarbeiten.

Von Frankfurt (Oder) zog Hutten Ende 1510 nach Wittenberg weiter, wo er das Werk beendete. Er widmete es Alexander und Johannes von der Osten und ließ es unter dem Titel „Vlrici Hutteni de Arte Versificandi..."[55] in der ersten Hälfte des Jahres 1511 bei Wolfgang Stöckel in Leipzig drucken. Von Wittenberg führte Huttens Weg über Wien nach Italien, wo er seine Studien fortsetzte.

4. Mit seinem dritten Besuch in Frankfurt (Oder) endeten die direkten Beziehungen Ulrichs von Hutten zur Alma mater Viadrina. Manches bleibt in dem behandelten Zeitraum seines Bildungsweges lückenhaft und unklar.

Hutten, der bis zum Ende seines nur kurzen Lebens konsequent seine humanistischen Anschauungen vertrat und sich zum politisch profiliertesten Kopf unter den Humanisten entwickelte,[56] war in Frankfurt (Oder) noch Lernender. In der Oderstadt vervollkommneten Lehrer wie Aesticampianus und Axungia sein humanistisches Wissen und führten ihn an die antiken Quellen heran. In Frankfurt (Oder) wurden seine ersten dichterischen Versuche gedruckt. Hier lernte er Menschen kennen, denen er lange in Freundschaft verbunden war oder die in seinem weiteren Leben einen Platz einnahmen, wie Albrecht von Brandenburg, in dessen Dienste er später trat. Hutten lernte hier auch hartgesottene Vertreter der Scholastik kennen, mit denen er sich später auseinandersetzte.

Die Frankfurter Universität erinnerte sich oft ihres einstigen Studenten. Seinen Einschreibungen in einem Exemplar der Matrikel und im Promotionsregister wurde der Fakt seiner Krönung als Dichter angefügt.[57]

Anmerkungen

1 Das Original der Erfurter Universitätsmatrikel befindet sich im Stadtarchiv Erfurt. Darin findet sich nicht Huttens Name. Sollte dieser von der Anmeldung bis zur Einschreibung „verlorengegangen" sein?
2 Ulrichi Hutteni Opera quae reperiri potuerunt omnia. Hrsg. E. Böcking, Bd. III, Leipzig 1862, S. 21 ff., S. 69; Dt. Übers. G. Mohnicke, Ulrich Hutten's Klagen gegen Wedeg Loetz und dessen Sohn Henning. Greifswald 1816, S. 273.
3 H. Grimm, Ulrichs von Hutten Lehrjahre an der Universität Frankfurt (Oder) und seine Jugenddichtungen, Frankfurt (Oder)/Berlin 1938, S. 106.
4 G. Vogler, Ulrich von Hutten – Ritter, Reformer, Rebell? In: Ulrich von Hutten. Katalog zur Ausstellung anläßlich seines 500. Geburtstages. Frankfurt (Oder), 1988, S. 9.
5 H. Grimm, Dietrich von Bülow, Bischof von Lebus in seinem Leben und Werk. In: Wichmann Jahrbuch, XI./XII. Jg., 1957/58, S. 33.
6 Ebd.
7 Ders., Mainzer Studenten ziehen im Frühjahr 1506 an die Universität Frankfurt (Oder). In: Mainzer Almanach, 1966, S. 115 f.
8 H. Entner, Ulrich von Hutten. Sein Aufenthalt an der Viadrina im Zusammenhang mit seiner Jugendgeschichte. In: Die Oder-Universität Frankfurt. Beiträge zu ihrer Geschichte. Weimar 1983, S. 26; Grimm, Lehrjahre, S. 47.
9 Böcking, Opera, Bd. I, Leipzig 1859, S. 3 ff.
10 K. Romeick, Ulrich von Hutten und Erfurt. In: Aus der Vergangenheit der Stadt Erfurt. Bd. 1, Heft 4, Erfurt 1955, S. 103.
11 Dt. Übers. nach Romeick. Ebd.
12 Weiteres dazu bei G. Mühlpfordt, Die Oder-Universität 1506–1811. In: Die Oder-Universität Frankfurt, S. 32; E. Müller-Mertens, Gründung und Entwicklung der Stadt Frankfurt an der Oder – Klassenkämpfe im 14./15. Jahrhundert. In: Frankfurter Beiträge zur Geschichte. Heft 1, Frankfurt (Oder) 1976, S. 33; Grimm Lehrjahre, S. 28 f.
13 G. Bauch, Die Anfänge der Universität Frankfurt a. O. und die Entwicklung des wissenschaftlichen Lebens an der Hochschule (1506–1540). Texte und Forschungen zur Geschichte der Erziehung und des Unterrichts in den Ländern deutscher Zunge. Bd. 3, Berlin 1900, S. 8.
14 Dt. Übers. nach Fr. Schilling. Ms. um 1950.
15 Publius Vigilantius Axungia (Schmerlin) war im Sommersemester 1505 an der Erfurter Universität eingeschrieben worden. Vgl. H. Junghans, Der junge Luther und die Humanisten. Weimar 1984, S. 85.
16 Der umfassend gebildete Geistliche Johannes Trithemius, Sept. 1505 – Mai 1506 am kurfürstlichen Hof, setzte sich ebenfalls für die neue Universität ein.
17 Zu den Eröffnungsfeierlichkeiten wird auf die ausführliche Schilderung bei Bauch, Anfänge, S. 22 ff., verwiesen.
18 Aeltere Universitäts-Matrikeln. I. Universität Frankfurt a. O. Hrsg. E. Friedlaender, Bd. 1, Leipzig 1887, S. 17. Darin 1506 928 Einschreibungen. Friedlaender lag von den vorhandenen zwei Ausfertigungen des ersten Bandes nur ein Exemplar vor (Nr. 56). G. Bauch, dem beide Exemplare vorlagen (Nr. 55, Nr. 56) machte auf die großen Differenzen zwischen beiden aufmerksam und ergänzte für 1506 9 weitere Namen (vgl. Das älteste Decanatsbuch der philosophischen Fakultät an der Universität zu Frankfurt a. O. Hrsg. v. G. Bauch, Teil 1, Breslau 1897, S. 5). Grimm, Lehrjahre, S. 33, nennt für das Jahr 1506 941 Personen. Dazu auch Mühlpfordt, Die Oder-Universität, S. 25.
19 Vgl. Anmerkung 18. Die beiden im Staatsarchiv Potsdam (im folg. STA Potsdam) vorhandenen Ausfertigungen unter der Sign.: STA Potsdam, Pr. Br. Rep. 86 Universität Frankfurt Nr. 55/Nr. 56. Bei der Frage, welche die ältere Fassung ist, sollte auch daran gedacht werden, daß beide noch 1506 angelegt und – zumindest für die erste Zeit – im Zeitraum des jeweiligen Rektorates fortgeführt sein können. Eine fast gleichzeitige, unabhängig gefertigte Abschrift der Inskriptionsliste würde die vielen Differenzen für 1506 erklären (vgl. Bauch, Decanatsbuch, S. 4). Jedes der beiden Exemplare zeigt eine andere Handschrift, bei Nr. 55 besteht Ähnlichkeit mit der Handschrift von Konrad Wimpina. 1507 haben, den Handschriften nach, zwei weitere Personen die Bände weitergeführt. In Nr. 56 steht hinter Huttens Namen, wie auch bei anderen Studenten, das Wort „totum". Dieses steht nach Bauch, ebd., S. 5, „in ursächlichem Zusammenhang mit dem Examen" und könnte bei der Schlußabrechnung der Dekane vor dem Rektor in die Matrikel nachgetragen worden sein. Im Band Nr. 56 erscheint dieser Eintrag weit häufiger als in Nr. 55, dort fehlt die Eintragung auch bei Hutten. Das Exemplar Nr. 55 ist gegenüber Nr. 56 kostbarer ausgeführt. Handelte es sich bei Nr. 56 um das „Verwaltungsexemplar" und bei Nr. 55 um das vom Rektor geführte „Repräsentationsexemplar"?
20 STA Potsdam, Pr. Br. Rep. 86 Univ. Frankfurt, Nr. 56, Bl. 3 r. [ ] späterer Zusatz.
21 STA Potsdam, Pr. Br. Rep. 86 Univ. Frankfurt, Nr. 55, Bl. 4. [ ] späterer Zusatz.

22 Vgl. dazu u. a. Grimm, Lehrjahre, S. 78 ff.; Bauch, Anfänge, S. 66; H. Grimm, Mainzer Studenten, S. 118, 120 f. Einige seiner Studienfreunde kannte Ulrich von Hutten schon vor Frankfurt (Oder). Seine mittelbaren und unmittelbaren Verbindungen zu seinen humanistischen Freunden reichten weit über die Zeit in Frankfurt (Oder) hinaus und können in dem vorliegenden Beitrag nur angedeutet werden.
23 Friedlaender, Universitäts-Matrikeln, S. 2 (1506).
24 Ebd., S. 3 (1506).
25 Ebd., S. 9 (1506).
26 Ebd., S. 18 (1507).
27 Ebd., S. 5 (1506).
28 Ebd.
29 Ebd., S. 10 (1506).
30 Ebd., S. 18 (1507).
31 Ebd.
32 Ebd.
33 Ebd., S. 19 (1507).
34 Axungias „Descriptio" druckte der Buchdrucker der Universität Konrad Baumgarten im Februar 1507. In dem Exemplar der Bibliothek der Universität Wrocław befindet sich Huttens Gedicht auf den Seiten 18 r/19 v.
35 Dt. Übers. nach Grimm, Lehrjahre, S. 113.
36 STA Potsdam, Pr. Br. Rep. 86 Univ. Frankfurt, Nr. 26, Bl. 2.
37 Lamperter und Murrer druckten in Frankfurt gemeinsam 1507/1508. Danach ging Lamperter, evtl. im Gefolge von Aesticampianus, nach Leipzig. Diese Druckerei, in der auch Huttens Freund Wolfgang Angst Korrektor war (H. Grimm, Die Matrikel der Universität Frankfurt/Oder aus den Jahren 1506 bis 1648 als urkundliche Quelle für die Geschichte des Buchwesens. In: Archiv für Geschichte des Buchwesens, Bd. 3, 1960, Sp. 407), war die von den Frankfurter Humanisten in jener Zeit bevorzugte Druckerei.
38 H. Grimm, Altfrankfurter Buchschätze aus der Zeit vor dem Dreißigjährigen Krieg. Frankfurt (Oder) 1940, S. 22, Nr. 20.
39 Ebd., S. 23, Nr. 21.
40 J. Benzing, Ulrich von Hutten und seine Drucker. Wiesbaden 1956, S. 127, Nr. 229 f., dort auch weitere Angaben. Eine andere Beigabe von Hutten − entstanden Ende 1506 − enthält der in Leipzig bei Lotter 1507 herausgebrachte Druck „Epigrammata Johannes Aesticampiani", vgl. dazu Benzing, Drucker, S. 127, Nr. 228.
41 Grimm, Buchschätze, S. 23, Nr. 24.
42 Ders., Lehrjahre, S. 92.
43 Diese neun Distichen umfassende Elegie nahm Hermann Trebelius, der 1508 als Lehrer nach Frankfurt (Oder) kam, in seiner Dietrich von Bülow gewidmeten und um 1510 bei Johannes Hanau in der Oderstadt gedruckten Gedichtsammlung auf. Abgedr. bei Böcking, Opera, Bd. I, S. 8 f.
44 Abgedr. bei Böcking, Opera, Bd. III, S. 11 ff. Dt. Übers. bei E. Münch, Ulrich von Huttens Jugend-Dichtungen. Stuttgart 1838, S. 161 ff. Den ersten nachweisbaren Druck (vgl. Benzing, Drucker, S. 35, Nr. 38) führte Johannes Knappe 1513 in Erfurt aus. Das einzige in der DDR nachgewiesene Exemplar dieses Druckes befindet sich im Stadt- und Kreisarchiv Mühlhausen. (Vgl. Verzeichnis der in den Archiven, Bibliotheken und Museen der DDR vorhandenen Hutten-Drucke (bis 1600). Bearb. H.-J. Rehfeld. In: Katalog zur Ausstellung, S. 100, Nr. 16).
45 Abgedr. bei Böcking, Opera, Bd. III, S. 107 ff.
46 Magister Peter Meyer aus Walldürn bei Würzburg. Meyer kam von Leipzig 1506 nach Frankfurt (Oder) und wurde hier 1508 zum Doktor der Theologie promoviert. Hutten muß ihn gekannt haben, da er nach Lindholtz Dekan der artistischen Fakultät war (vgl. Bauch, Decanatsbuch, S. 15). Meyer stellte sich im Pfefferkornstreit gegen Johannes Reuchlin. Gegen Meyer schrieb Hutten u. a. seinen Brief vom 3. April 1518 an den Grafen Hermann von Neuenar.
47 Archiv der Karl-Marx-Universität Leipzig. Inv.-Nr.: Rektor Matrikel A" (1409−1536), 197. Rektorat, Bayrische Nation Nr. 30. Neben Huttens Eintrag steht der Zusatz von späterer Hand „poeta et orator eloquentismus qui obiit... anno XXIIII."
48 Zit. nach Mohnicke, Klagen, S. 271.
49 Vogler, Ulrich von Hutten, S. 10.
50 Archiv der Ernst-Moritz-Arndt-Universität Greifswald, Matrikel der Universität Greifswald, Bd. 1 (1456−1598), Bl. 113 b. Die Einschreibung lautet: „Vlricus Huttenus poeta clericus Herbipolensis gratis intitulatus quia spoliatus omnibus bonis."
51 Mohnicke, Klagen, S. 43.
52 Ebd., S. 182.

53 „... Vuedegum Loetz Consulem Gripesualdensem in Pomerania et filium eius Henningum... Querelarum libri duo..." Frankfurt (Oder), J. Hanau, 1510. Ein von Hutten selbst korrigiertes Exemplar des Erstdruckes befindet sich in der Bibliothek der Ernst-Moritz-Arndt-Universität Greifswald.
54 Grimm, Lehrjahre, S. 149.
55 Abgedr. bei Böcking, Opera, Bd. III, S. 93 ff.
56 Vogler, Ulrich von Hutten, S. 32.
57 Hutten war am 12. Juli 1517 in Augsburg zum Dichter gekrönt worden. Nach Bauch, Decanatsbuch, S. 3, stammt ein Teil der nachträglichen Eintragungen in der Matrikel von dem Viadrina-Professor Wolfgang Jobst. Er war der Verfasser der 1561 gedruckten ersten Frankfurter Stadtgeschichte, in der er ebenfalls „Ulricus von Hutten/ein Ritter" als Student der Viadrina erwähnt.

*Heiko Wulfert*

# Ulrich von Hutten und Albrecht von Mainz

Von den Beziehungen Huttens zu Albrecht von Mainz wissen die Hutten- und Albrechtbiographen gleichermaßen zu berichten. Hutten stand in Albrechts Diensten, gehörte zu den Dichtern und Künstlern am Hof des Renaissancefürsten und zeigt sich ihm in einigen seiner Werke verbunden. Doch neben diesen Feststellungen blieben bisher noch viele Fragen unbeantwortet. Unsicherheit herrschte darüber, wann Hutten zum ersten Mal mit Albrecht in Verbindung trat[1] und wie sich seine Stellung bei dem Fürsten nach der Rückkehr von Huttens zweiter Italienreise gestaltete.[2] Undeutlich sind schließlich der Zeitpunkt und die näheren Umstände der Trennung Huttens von Albrechts Hof sowie das Verhältnis zu Albrecht nach der Trennung.[3]

Zunächst möchte ich daher der Frage nach dem Eintritt Huttens in Albrechts Dienste nachgehen, wobei die Person des Ritters Eitelwolf vom Stein einigen Aufschluß geben soll. Anhand der uns erhaltenen Quellen soll sodann ein Bild des Dienstverhältnisses Huttens an Albrechts Hof gezeichnet werden, wonach Huttens Beziehung zu Albrecht, von Hutten aus gesehen, als Mäzenaten- und Freundesverhältnis erscheint. Schließlich wird es nötig sein, die Motive darzustellen, die zur Lösung dieses Verhältnisses führten und zu Huttens Weg in die Vereinsamung beigetragen haben.

1. Eine genaue Datierung der ersten Begegnung Huttens mit Albrecht von Brandenburg ist nach den uns erhaltenen Quellen nicht möglich. Zwar verbindet Hutten seinen Panegyricus auf den Einzug Albrechts in Mainz im November 1514[4] mit dem Beginn engerer Beziehungen zu dem Kurfürsten[5], andere Quellen weisen aber auf ältere Kontakte hin. Zu nennen ist hier nicht nur Huttens „Exclamatio in sceleratissimam Ioannis Pepericorni vitam"[6], die auf Geschehnisse im August und September 1514 Bezug nimmt, sondern auch Huttens Aussage[7], Albrecht sei ihm schon zugetan gewesen, bevor er Erzbischof oder Kardinal geworden sei. Dies weist auf den Zeitraum vor Albrechts Wahl zum Erzbischof von Magdeburg im Oktober 1513 hin. Der früheste Hinweis auf eine Begegnung Huttens mit Albrecht deutet aber möglicherweise noch weiter zurück auf das Jahr 1506. Die Namen Huttens und Albrechts finden sich nämlich in der Matrikel der neugegründeten Universität von Frankfurt an der Oder[8]. Hutten selbst berichtet zwar nirgends, schon dort in Verbindung mit Albrecht getreten zu sein, aber unwahrscheinlich ist eine solche Begegnung nicht. In seinem Gedicht zum Lobe der Mark Brandenburg[9], das im übrigen ganz bucolisch gehalten ist, erwähnt Hutten immerhin Albrechts Bruder, Joachim I., als Gründer der Universität in Frankfurt an der Oder.

Eine sichere, obschon zeitlich nicht genau fixierbare Datierung des Beginns der Beziehungen Huttens zu Albrecht von Brandenburg wird indessen durch die Person des Ritters Eitelwolf vom Stein möglich. In dem kleinen literarischen Denkmal, das Hutten dem verstorbenen Eitelwolf in seinem Brief an Jakob Fuchs errichtet hat[10], nennt er Eitelwolf als denjenigen, der ihn an Albrecht empfohlen hatte. Eitelwolf, der als Minister in den Diensten Joachims I. von Brandenburg stand, war es, der es verhinderte, daß die Eltern Huttens ihren Sohn in den Benediktinerorden eintreten ließen. Hutten berichtet darüber, daß er dem dies betreibenden Abt[11] sagte: „Wilst Du etwa dieses Talent zugrunderichten?"[12] Selbst ein gebildeter Latinist[13], verband Eitelwolf Rittertum und humanistische Gelehrsamkeit, was Hutten immer voll Bewunderung vermerkte[14]. Zu seinen Freunden gehörten Mutianus Rufus, Eobanus Hessus, Rhagius Aesticampianus und selbst Reuchlin[15]. Die Gründung der Universität Frankfurt a. O. durch Joachim I. dürfte vor allem ein Werk Eitelwolfs gewesen sein. Der junge Albrecht von Brandenburg stand unter dem Einfluß dieser humanistischen Kreise, zu denen auch sein Lehrer Dietrich von Bülow, Bischof von Lebus, gehörte. Unter diesen für sein ganzes weiteres Leben bestimmenden Einfluß geriet aber auch der junge Hutten, nachdem er im Sommer 1505 Fulda verlassen hatte. Den Mauern des Klosters entronnen, genoß er nun die Freiheit der Wissenschaft, aber auch die persönliche Freiheit: über Köln, wo er zu einem begeisterten Schüler Aesticampians wurde, führte ihn sein Weg zusammen mit seinem Freunde Crotus zu dem Kreis um den genialen Mutianus Rufus nach Erfurt[16]. Im Winter 1506/07 übersiedelte Hutten zu seinem Lehrer Aesticampian nach Frankfurt a. O. und damit in die Nähe Eitelwolfs. Hier blieb er ein ganzes Jahr. Er erwarb unter dem Dekanat des Johannes Lindholz den untersten Grad der Artistenfakultät, den Baccalaureus[17]. Daß er schon hier den zwei Jahre jüngeren Albrecht kennenlernte, ist mit hoher Wahrscheinlichkeit anzunehmen[18].

Im Winter 1507/08 brach Hutten dann zu seiner Wanderschaft durch Deutschland und Italien auf, von der er erst im Jahre 1513 zurückkehren sollte. Auf eine neuerliche Beziehung mit dem Brandenburger Hof weist seine „Exclamatio in sceleratissimam Ioannis Pepericorni vitam"[19] vom Herbst 1514 hin. Strauß[20] hatte dies in Verbindung mit dem „Erphurdianus Antiquitatum Variloquus" zum Jahre 1514[21] und von Böcking nachträglich edierten deutschen Briefen eines Ulrich von Hutten[22] auf eine Tätigkeit unseres Hutten als gerichtlicher Kommissar in Halle und Erfurt gedeutet. Danach wäre die Verurteilung und Verbrennung des getauften Juden Johannes Pfefferkorn in einem Hostienschändungsprozeß Hutten zur Last zu legen. Szamatólski[23] führte dagegen durch einen Handschriftenvergleich den Nachweis, daß die von Böcking edierten deutschen Briefe nicht unserem Ulrich von Hutten, sondern dessen Vater gleichen Namens zuzuschreiben sind, der als mainzischer Kommissar in Erfurt tätig war[24]. Demnach sah Kalkoff[25] in Ulrich von Hutten dem Älteren den Richter im Hallenser Hostienschändungsprozeß, in dessen Sohn aber nur den Verfasser des „ungeheuerlich rohe(n) Gedicht(es) über die Hinrichtung des von seinem Vater verurteilten Juden Pfefferkorn". Grimm[26] schließlich gelang der Nachweis, daß keiner der beiden Hutten an dem Hallenser Urteil gegen Pfefferkorn beteiligt war. Als mainzischer Kommissar hatte Ulrich von Hutten der Ältere weder Vollmachten noch eine Veranlassung, in Halle Recht zu sprechen. Sein Sohn aber gehörte nicht zu den Richtern von Halle – und nur diese sprachen das Urteil gegen Pfefferkorn.

Welche Veranlassung hatte Hutten dann aber zur Abfassung seiner „Exclamatio"? Vielleicht hat ihn die Namensgleichheit Pfefferkorns mit dem Kölner Gegner Reuchlins gereizt, zumal es sich bei beiden um getaufte Juden handelte[27]. Vermutet man aber hierin den einzigen Anlaß, dann muß es doch verwunderlich sein, warum Hutten so ausführlich auf die Anklage der Hostienschändung eingeht, die sonst gewiß nicht sein Thema war. Schon im Jahre 1510 hatte es einen Hostienschändungsprozeß in der Mark Brandenburg gegeben, der zur Verbrennung von 38 Juden in Berlin am 19. 7. 1510 geführt hatte[28]. Der Hallenser Prozeß gegen Pfefferkorn ist als Gegenstück zur brandenburgischen Judenpolitik Joachims I. zu sehen. Joachims Bruder Albrecht verfolgte als Erzbischof von Magdeburg ähnliche Ziele. Grimm[29] sieht demnach in Huttens „Exclamatio in sceleratissimam Ioannis Pepericorni vitam" einen Auftrag des Fürstenhauses, der an Hutten durch Eitelwolf vermittelt sein könnte. Ein Vergleich mit der bei Böcking edierten „Geschicht und Bekanntnuß des getaufften Juden Johannes Pfefferkorn"[30] mit Huttens Gedicht läßt darauf

*In Laudem ... Alberthi Archepiscopi (Lobgedicht auf Erzbischof Albrecht [von Brandenburg]), Ulrich von Hutten, 1515 (Kat.-Nr. 3.24)*

schließen, daß Hutten lediglich diese „Geschicht" oder ein ähnliches Flugblatt zur Information über den Prozeß diente.[31] Obwohl sich also für Hutten zu dieser Zeit keine Stellung am Hofe Albrechts in Magdeburg nachweisen läßt, bestehen doch zumindest Beziehungen zu diesem. Eitelwolf vom Stein konnte aber nur wenig Interesse daran haben, seinen Schützling Ulrich von Hutten allzu eng an den Magdeburger Hof zu binden. Er hatte etwas ganz anderes mit ihm vor.

Am 9. März 1514 wählte das Mainzer Domkapitel Albrecht von Brandenburg, den Erzbischof von Magdeburg und Administrator des Bistums Halberstadt, zum Erzbischof und Kurfürsten von Mainz.[32] Eitelwolf, der Albrecht nach Mainz folgte, plante hier eine umfassende Universitätsreform im Sinne des Humanismus.[33] Es war deshalb sein Anliegen, einen großen Kreis von Literaten in Mainz zu sammeln, unter denen auch Hutten seinen Platz haben sollte. In Mainz fand Hutten zudem Unterstützung bei dem Mainzer Marschalk und späteren Hofmeister Frowin von Hutten, dem Familienoberhaupt der Stolzenberger Linie derer von Hutten.[34] Der prunkvolle Einzug Albrechts in Mainz am 6. 11. 1514 war die entscheidende

Gelegenheit, die Eitelwolf nützte, um seinen Schützling dem Mainzer Hof und seinem Fürsten zu empfehlen. Er forderte Hutten auf, anläßlich des großen Ereignisses einen Festgesang zum Lobe Albrechts zu dichten. In dem Widmungsbrief an Eitelwolf vom Stein[35], der dem Panegyricus „In laudem reverendissimi Alberthi Archiepiscopi Moguntini"[36] voransteht, betonte Hutten, das Anliegen seines Werkes sei es nicht, um Gewinnes willen Komplimente zu machen: „Von Schmeichelsucht ist mein Charakter immer so frei geblieben, daß es nichts gibt, was ihm fremder wäre: das weißt Du ja und hast es nun seit über fünf Jahren angesichts meiner wechselvollen Schicksale erlebt."[37] Ja, beinahe hätte Hutten wegen seiner derzeitigen Umstände den Wunsch Eitelwolfs abgelehnt.[38] Wenn er dennoch Eitelwolfs Anregungen nachkomme, so schreibt er weiter, geschehe dies einerseits aus Dankbarkeit gegen Eitelwolf, andererseits aber besonders wegen der hervorragenden Tugenden Albrechts. Ihn müsse man nicht ermahnen, den Weg der Tugend einzuschlagen, habe ihn doch schon die Natur mit den schönsten Eigenschaften des Charakters geziert; „er ist von sich aus, was er sein soll, und was zu sein bisher nur wenigen gelungen ist, besitzt er doch alle hervorragenden Gaben der Natur, die Zierden der Fortuna in Fülle."[39] Der Panegyricus solle andere zum Lobpreis Albrechts ermuntern, denn gepriesen müsse werden. Das Bild, das Hutten im folgenden von der deutschen Ritterschaft zeichnet, steht in einem scharfen Kontrast zu der idealisierten Beschreibung Albrechts. Die deutschen Ritter seien doch ein Geschlecht von Zentauren, die die schönen Künste verachten und zurückweisen, „törichte Bauern, auf das Tägliche nur denkend."[40]

Die Gegnerschaft der höheren Stände gegenüber dem Humanismus, die Hutten am eigenen Leibe erlitten hatte, muß man als die negative Folie bei der Abfassung des positiven Panegyricus in Betracht ziehen. May sieht im Panegyricus den poetischen Ausdruck „von bangem Fürchten und Hoffen"[41] der Mainzer Bevölkerung beim Empfang des neuen Fürsten. Dabei darf aber nicht vergessen werden, daß Hutten es war, der diesen Ausdruck in vollendete lateinische Hexameter gebracht hat. Albrecht erscheint hier geradezu als Lichtbringer und Friedefürst, dem die Seinen einen triumphalen Empfang bereiten. Die Erwartungen des Dichters an diesen Fürsten erscheinen allerdings mehr in der Form als in dem Inhalt dieser 1300 Verszeilen: Albrechts Einzug in Mainz erhält die Farben des Triumphzuges eines siegreichen römischen Feldherrn. Alle umliegenden Völker kommen, um ihm ihre Tribute zu zollen. In einem Rückblick auf Albrechts Familiengeschichte läßt Hutten Germania erscheinen, die sich bei ihrem Vater, dem Gott Mars, über den Tod des kriegerischen Großvaters Albrechts, Albrecht Achilles, beklagt. Mars tröstet sie durch den Hinweis auf den jungen Albrecht. Dieser gelangt auf dem Rhein nach Mainz, begleitet von dem Flußgott selbst, der ein Festmahl für alle deutschen Flußgottheiten veranstaltet. In den prunkvollen Mantel des Rhenus haben die Nymphen die ganze deutsche Geschichte hineingewoben; die Darstellung dieser Geschichte soll Albrecht an seine historische Verpflichtung diesem Lande gegenüber erinnern. Die antikisierende Form deutet auf mehr als nur den humanistischen Autor. In Albrecht begrüßte Hutten den Humanisten auf dem Fürstenthron, der nun im Sinne der Wissenschaften regieren werde; in ihm verkörperte sich für Hutten das Gegenbild zu jenen Zentauren, die der Literatur die Jagd und das Waffenhandwerk vorzogen, das Gegenbild aber auch zu jenen Bischöfen, die statt der Tugenden dem Wein, den Gelagen und den Spielen der Venus huldigten. Von ihnen entwirft Hutten im Panegyricus ein schonungsloses Bild, das er mit den Worten abschließt:

„Kann ich leben doch nicht die Guten und schützen, was recht ist,
ohne zu hassen die Bösen und zu verfolgen das Unrecht."[42]

*Beglaubigungsschreiben Albrechts von Brandenburg für den diplomatischen Auftrag Ulrichs von Hutten für Franz I. vom 12. Oktober 1517 (Kat.-Nr. 3.25)*

Das positive Gegenbild, das er daraufhin von Albrecht zeichnet[43], lobt zunächst die Frömmigkeit und Freigiebigkeit, die Tugenden des geistlichen Fürsten, und danach die Milde und die Mäßigkeit zum Zorn, die Tugenden des weltlichen Fürsten. Zwischen beiden Teilen gab Hutten seiner Erwartung an den jungen Fürsten mit überschwenglichen Worten Ausdruck:

„Tugenden alle, so weit verstreut, o kehret zurück,
menschlichen Umgangs erfreut Euch! Unermeßliche Gaben
schenkt er dem Würdigen. Ungebeugt erhebet das Haupt,
lange verachtete Studien, ergreifet den blühenden Palmzweig."[44]

Albrechts Regierung sollte eine Blütezeit der Wissenschaften werden, sein Hof ein Zufluchtsort der Literaten, er selbst das leuchtende Vorbild für alle geistlichen und weltlichen Fürsten.[45]

Die positive Aufnahme des Panegyricus bei Albrecht entsprach ganz Huttens Erwartungen. Rückschauend schrieb er darüber zur Jahreswende 1518/19 an Albrecht[46]: „Der erste Beweis hierfür (d. h. für das Lob Albrechts als Patron der Literaten) in Deutschland war ich. Als Du mich als ersten in Deinen vertrauten Umgang (familiaritas), ja in Deine enge Freundschaft (sinus) aufnahmst, konntest Du kaum ahnen, was die Erwartung der Gebildeten war, was ihre Meinung, was ihr Urteil, und hörbar sprachst Du jenen Vers Vergils aus: ‚solcher Ruhm mag Dir zum Heile gereichen.'" Was Hutten hier schilderte, ist allerdings nicht so zu verstehen, als hätte Albrecht ihn sofort und persönlich schon im Jahre 1514 am Mainzer Hof aufgenommen. Vielmehr erhielt er durch Eitelwolf die Zusage eines Geschenkes des Fürsten in Höhe von zweihundert Gulden mit den Worten: „Dies schenkt Dir der Fürst für Deine Verse." Damit verbunden war die Einladung an Hutten, an den Mainzer Hof und in Albrechts Dienste zu kommen, sobald er seine juristischen Studien in Italien beendet haben würde.[47] Bevor Hutten daraufhin nach Italien zurückkehrte, um das ungeliebte juristische Studium wieder aufzunehmen, zwang ihn seine Krankheit zu einer Kur in Bad Ems. Hier erfuhr er zu Beginn des Jahres 1515 von zwei Trauerfällen, die er in jenem Brief an Jakob Fuchs vom 13. 6. 1515 beklagte: die Ermordung seines Vetters Hans von Hutten durch Herzog Ulrich von Württemberg und den Tod seines Gönners Eitelwolf vom Stein, der den Folgen eines Steinleidens erlag, an dem er seit langem gelitten hatte. Infolge dieser Ereignisse scheint der Hof Albrechts für einige Zeit aus Huttens Gesichtskreis entschwunden zu sein. In dem Brief an Erasmus, den er von seiner Reise nach Italien mit der Bitte um Empfehlungen an italienische Humanisten schickte, findet sich jedenfalls keine Erwähnung des Mainzer Hofes.[48] Dennoch wußte Erasmus von einer Verbindung Huttens mit Albrecht. In seinen Anmerkungen zum ersten Thessalonicherbrief vom Frühjahr 1516 stellte er Albrecht als nachahmenswertes Beispiel eines Literaten dar.[49] Allerdings muß offen bleiben, woher Erasmus von dieser Verbindung Kenntnis hatte. Hutten nannte er einen „Liebling der Musen" und Albrecht den „der Unsterblichkeit würdigen Erzbischof von Mainz", der sich bei der Nachwelt durch seine Unterstützung Huttens großen Ruhm erwerben werde. Der Briefwechsel der Humanisten hatte die Verbindung Huttens mit Albrecht von Mainz also schon zu jener Zeit bekannt gemacht. Huttens eigene Darstellungen[50] hatten daran gewiß keinen geringen Anteil.

2. Erst gegen Ende Juni 1517 brach Hutten wieder von Italien auf.[51] Er erreichte am 8. Juli Augsburg, wo ihn Kaiser Maximilian I. am 12. 7. 1517 zum Dichter krönte.[52] Hutten erhielt damit auch das Recht, den Titel eines Dr. legum und eines Eques auratus zu führen. Gleichzeitig ernannte ihn Maximilian zum kaiserlichen Orator unter dem besonderen Schutz des Kaisers und des Reiches.[53] Dem also Geehrten standen nun mehrere Türen offen: Sein Augsburger Freund Konrad Peutinger und die humanistisch gesinnten kaiserlichen Räte Jakob Spiegel und Johann Stab versuchten, ihn in die Dienste des Kaisers zu ziehen, andere erinnerten ihn an Mainz, auch in Bamberg schienen sich ihm Möglichkeiten zu bieten. Von Augsburg berichtete Hutten über seine Italienreise und über seine Dichterkrönung an Erasmus.[54] Es zog ihn zurück an Albrechts Hof, wobei die wirtschaftliche Versorgung nicht die vordringliche Frage war. Auch die verwandtschaftlichen Beziehungen zu Frowin von Hutten gaben nicht den Ausschlag. Dasselbe, was Hutten, als er später Mainz und Albrechts Hof verlassen mußte, am meisten vermißte, war es auch, was ihn ursprünglich zu Albrecht hinzog: die Gemeinschaft mit den Humanisten an Albrechts Hof und der Humanist auf dem Fürstenthron selbst, zu dem Hutten eine so enge Verbundenheit empfand.

Der erste Auftrag Albrechts, der uns bekannt ist, führte Ulrich von Hutten auf die Bühne der europäischen Politik. Im August und September 1517 hatte Franz I. von Frankreich durch einen Gesandten an Albrechts Hof über einen Vertrag verhandeln lassen, der ihm die Unterstützung des Mainzer Kurfürsten bei der Wahl zum römischen und deutschen Kaiser verschaffen sollte.[55] Am 20. 9. 1517 erteilte Albrecht alle Vollmachten an Ulrich von Hutten, um zur Ratifizierung dieses Vertrages mit Franz I. nach Paris zu reisen. Albrecht bezeichnete in diesem Dokument[56] Hutten als „Consiliarius", „Eques auratus" und „Doctor"[57] und gab ihm die Vollmacht, in seinem Namen zu handeln, mit dem Versprechen, sich an die Ergebnisse der Verhandlungen zu binden.[58] Wie Kalkoff[59] wohl mit Recht betont hat, hatte Huttens diplomatische Mission trotz dieser hohen Titel keine allzu große Bedeutung, waren doch die Einzelheiten des Vertrages schon längst mit Albrecht ausgehandelt. Für Hutten selbst war die mit dieser Reise gegebene Möglichkeit viel wichtiger, mit den Kreisen der Humanisten in Frankreich und besonders am Hof Franz I. Kontakt aufzunehmen. Hier entstanden die Bekanntschaften Huttens mit Guillaume Budé, Faber Stapulensis und den humanistisch gebildeten Ärzten Guillaume Cop und Ruellius.[60] Von den Verhandlungen erfahren wir nichts. Hutten

*Bildnis Eobanus Hessus, Hans Brosamer (Kat.-Nr. 3.27)*

selbst, der den Auftrag seines Fürsten pflichtgemäß erledigt haben dürfte, war über die Verhandlungen Albrechts mit Frankreich vielleicht nicht sehr erfreut. Seine politischen Sympathien galten den Habsburgern, für die er sich dann 1518 in Augsburg einsetzte. Nachdem sich auch Albrecht später auf die Seite der Habsburger stellte, war es erneut Hutten, der, nun wohl auch mit innerer Überzeugung, in Albrechts Auftrag Joachim von Maltzan aufforderte, die früheren Vereinbarungen des Mainzer Kurfürsten mit Franz I. zu annullieren.[61]

Noch bevor Hutten im Dezember 1517 seine Reise nach Frankreich angetreten hatte, erreichte den Hof Albrechts ein Schreiben, das größte geschichtliche

Bedeutung gewinnen sollte: Luthers 95 Thesen mit dem Begleitbrief des Reformators an Erzbischof Albrecht.[62] Hutten maß ihnen, falls er überhaupt schon damals von den Thesen erfuhr, keine Bedeutung bei. In seinem Brief an Graf Hermann von Neuenar vom 3. 4. 1518[63] sprach er von der Luthersache noch als von einem bloßen Mönchsgezänk, bei dem sich die scholastischen Gegner des Humanismus hoffentlich gegenseitig zerfleischen mochten. Für die Sache des Humanismus aber wandte sich Hutten nun immer mehr und immer heftiger gegen Rom. Kurz vor seiner Rückkehr aus Italien hatte er noch eine Schrift kopieren lassen, auf die er ausgerechnet im Haus des Johannes Cochlaeus gestoßen war. Es war Lorenzo Vallas Abhandlung „De donatione Constantini", die Hutten mit einer Vorrede an Papst Leo X. herausgab.[64] Diese Vorrede minderte die Schärfe des Vallaschen Angriffes auf die weltliche Herrschaft des Papstes keineswegs, sie versah deren argumentative Kraft vielmehr noch mit einer ironischen Spitze. Eine Reaktion Roms auf diese Ausgabe und auf Huttens Vorrede ist nicht bekannt. Roms Angriff auf Hutten erfolgte erst fast drei Jahre später. Er entzündete sich an anderen Schriften. Für die Beziehung Huttens zu Albrecht erscheint es aber bezeichnend, daß Hutten in seiner Stellung an Albrechts Hof keinen Hinderungsgrund für die Veröffentlichung dieser und seiner folgenden Schriften gegen Rom fand. Albrecht fühlte er sich als einem Humanisten verbunden. Seine hohe kirchliche Position trat für Hutten dahinter zurück. Auch an den Stellen, an denen Hutten Albrecht als Kirchenfürsten rühmte, geschah dies stets nur mit der Betonung des Vorbildes und der Einzigartigkeit Albrechts den anderen Bischöfen gegenüber.[65] Gern wüßte man, wie Albrecht die Valla-Ausgabe Huttens und insbesondere deren Vorwort aufgenommen hat – falls er überhaupt von dem Anfang 1518 in der Schöfferschen Offizin zu Mainz gedruckten Werk etwas wußte.[66]

Wie Huttens Stellung an Albrechts Hof schon Ende des Jahres 1517 von der humanistischen Welt aufgefaßt wurde, erhellt aus einem Brief des Erasmus an Albrecht[67]. Im Widmungsbrief seiner „Ratio seu studium verae theologiae" berichtete er: „Diesen meinen Plan unterbreitete ich in Briefen einem jungen Mann, Ulrich von Hutten, der nicht weniger durch seine Erziehung als durch seine Abstammung berühmt ist, dabei aber von so einzigem Adel, daß Euer Gnaden ihn unter die vornehmsten und engsten Kreise des Hofes zählen."[68] Obwohl Albrecht später Rom gegenüber bestritten hat, Hutten in seine unmittelbare Umgebung aufgenommen zu haben,[69] setzt Erasmus dies hier voraus, ja er tat noch mehr als dies. Die ihm von Stromer übermittelte Bitte Albrechts, Erasmus möge in seinem Stile für Albrecht Heiligenviten dichten,[70] lehnte er mit einem Bescheidenheitsgestus ab. Er verwies auf die Vielzahl guter Dichter in Deutschland und fügte hinzu „.... aber Du hast ja Hutten bei Dir, den Liebling der lateinischen Sprachkunst."[71] Abgesehen davon, daß die dichterische Darstellung von Heiligenviten nicht unbedingt ein Thema für Hutten bildete, wird aus diesem Brief des Erasmus deutlich, daß Huttens Stellung am Mainzer Hof bereits Ende des Jahres 1517 den humanistischen Kreisen nicht unbekannt war.

Im Frühjahr 1518 verließ Albrecht Mainz und zog nach Halle. In seinem Gefolge befand sich auch Hutten. Dieser kehrte aber am 3. 4. 1518 schon wieder nach Mainz zurück, wo er am 12. 4. vor dem Domkapitel zusammen mit Frowin von Hutten und dem Dekan des Domkapitels in Albrechts Namen mehrere Punkte vorbrachte, darunter die Bitte des Fürsten um 3 000 Gulden für den für den Sommer anberaumten Augsburger Reichstag, die das Domkapitel allerdings nicht bewilligen konnte.[72] Gerade in Mainz angekommen, gewissermaßen noch mit einem Fuß im Steigbügel, schrieb Hutten an den adligen Reuchlinfreund Graf Hermann von Neuenar.[73] Anlaß seines Schreibens war ein Brief Hermanns, aus dem Hutten von der Anklage des Ketzermeisters Hochstraten gegen Reuchlin und seine Freunde erfahren hatte. Huttens Stellungnahme zu dieser neuen Wendung der Reuchlinistenfehde wirft ein bezeichnendes Licht auf seine Beurteilung der Zustände am Mainzer Hof: Für Hutten schieden sich die Geister an Reuchlin, ging es doch in diesem Falle um die entscheidende Auseinandersetzung zwischen Scholastikern und Humanisten. Hutten zählte in seinem Brief an Hermann von Neuenar die bedeutendsten Vertreter der humanistischen Sache in Deutschland und Frankreich auf.[74] Hierbei kommt er auf den Mainzer Hof (apud nostrum autem) zu sprechen und nennt den Fürsten selbst. Albrecht stehe auf der Seite Reuchlins, da er ganz den Studien ergeben sei und sich immer wieder mit den Schriften des Erasmus beschäftige. Alle Schriften des Erasmus begrüße er mit Freuden, und mit Begierde greife er nach ihnen. Zu Albrechts Hochschätzung für Reuchlin konnte Hutten sogar eine eigene kleine Begebenheit mitteilen, die er von seinem Freunde Heinrich Stromer erfahren hatte: Als Albrecht eine der Schriften Pfefferkorns gegen Reuchlin gelesen hatte, habe er sie mit den Worten verbrannt „Mögen so zugrunde gehen, die also reden."[75] Heinrich Stromer, der als Leibarzt in Albrechts Diensten stand, nannte Hutten bei dieser Gelegenheit einen „vortrefflichen Liebhaber der Literatur und der Literaten und mir deshalb besonders teuer".[76] Hutten war mit Stromer seit dem Anfang seines Dienstes an Albrechts Hof eng befreundet,[77] habe dieser sich doch in all dem schwindelerregenden Getümmel des Mainzer Hofes ein ruhiges und aufrichtiges Gemüt bewahrt. Er spielte für Hutten in den Sommermonaten des Jahres 1518 eine um so größere Rolle, als Stromer es war, der ihm zu der Guajak-Kur geraten hatte und ihn während der Kur betreute.[78] Stromer war es auch, der Hutten die Anregung für seinen Dialog „Aula" gab.[79]

Als Quelle für Huttens Zeit am Hof Albrechts gibt dieser Dialog allerdings nur wenig Auskunft. Der Dichter schilderte hier weniger seine eigenen Erfahrungen, sondern arbeitete nach klassischen Vorlagen.[80] Stromers Anliegen bei seiner Aufforderung an Hutten, den Dialog über das Hofleben zu schreiben, war es sicherlich, seinem Patienten während der sechswöchigen Guajak-Kur in der heißesten Zeit des Jahres, eingeschlossen in seinem Krankenzimmer, eine geistige Beschäftigung zu verschaffen. Hutten selbst erwähnt die Hitze der Hundstage und das Gedränge in Augsburg während des Reichstages in der Widmung seines Dialoges an Stromer.[81] Spaßhaft spricht er aber noch von einer ganz anderen Beunruhigung: Würden nach der Lektüre des Dialogs nicht andere Höflinge den „Schreiberling" aus dem Bett ziehen und ihm Schäden zufügen, die auch mit Stromers Medizinen nicht mehr zu heilen wären? Hutten malte das Negativbild eines Hofes, an dem dichtende Literaten verachtet und verlacht werden. Diesem Bild konnte er dann das Lob des Hofes Albrechts entgegenhalten, an dem sich kein Literat zu schämen brauchte. Der gütigste Fürst begünstige hier die schönen Künste auf die großzügigste Weise. Am Mainzer Hof sei es erlaubt, einen Dialog wie den „Misaulus" (= „Aula") zu schreiben.

Die Guajak-Kur, deren Hutten sich während des Reichstags in Augsburg unterzog, hatte Albrecht selbst empfohlen und ermöglicht. Ihm widmete Hutten aus Dankbarkeit für die vermeintlich wiedererlangte Gesundheit seine Beschreibung der Kur.[82] In dem Widmungsschreiben an Albrecht stellte Hutten seine Verbindung zu ihm aus seiner Sicht dar. Hutten sah in Albrecht den großen Fürsten, der, mit vielerlei Aufgaben betraut, die unbesiegbaren Sachsen regiere und zugleich den großen Humanisten, der die Wissenschaften nach Mainz gebracht habe. Hutten schätzte sich glücklich, das Wohlgefallen dieses Fürsten erworben zu haben, dessen Gunsterweise größer seien als Huttens Verdienste. Nachdem ihn Albrecht so aufgenommen habe, möchte er sich seiner nicht unwürdig erweisen,[83] könne es doch einem Literaten nirgends besser ergehen als bei Albrecht, dem Förderer der Literaten, dem Zufluchtsort der Guten.[84] Alle sollen ihn preisen.

Von den Geschehnissen des Augsburger Reichstages selbst, die er größtenteils vom Krankenbett aus beobachten mußte, berichtete Hutten in einem Brief an Julius Pflug vom 24. 8. 1518.[85] Zum Erstaunen aller habe Leo X. die Kardinalsinsignien an Albrecht kostenlos übergeben lassen, ja der Kaiser selbst habe ihn zum Dom geführt und reich beschenkt. So viele Ehrungen in so kurzer Zeit seien doch Zeichen des besonderen göttlichen Segens über Albrecht.

Der Tod Kaiser Maximilians I.[86] und der Feldzug gegen Ulrich von Württemberg nach dessen Eroberung der Freien Reichsstadt Reutlingen[87] bestimmten die erste Hälfte des Jahres 1519. Huttens Tätigkeiten am Mainzer Hof wurden durch die Teilnahme an dem Feldzug im April und Mai unterbrochen. Noch im März verfaßte Hutten sein Vorwort zu der bei Schöffer in Mainz erscheinenden Livius-Ausgabe,[88] das wieder an den Humanisten auf dem erzbischöflichen Stuhl gerichtet war: kein würdigerer Name als der Albrechts könne am Anfang des Livius-Textes stehen, der seinen Ruhm nur noch vermehren könne. Eine Menge von Gelehrten lebe am Mainzer Hof und empfange die Wohltaten dieses Fürsten. Diesmal nannte Hutten auch Namen: Lorenz Truchseß, Dietrich Zobel, Marquard von Hattstein seien den schönen Künsten ergeben. Hutten betonte, daß diese Mainzer Kanoniker schon seit sechs Jahren auf der Seite des so umkämpften Reuchlin ständen. Seit dem Frühjahr 1519 erscheint Hutten dann auch als der beauftragte Korrespondent Albrechts mit Erasmus. Offensichtlich hatte Stromer diese Aufgabe bis hierhin geführt, bis er im März 1519 nach seiner Heirat aus Albrechts Diensten ausschied.[89] Schon am 6. 3. 1519 wandte sich Hutten mit Nachrichten aus Mainz an Erasmus[90] und berichtete ihm, wie sehr Albrecht seine Schriften schätze. Die Bemerkungen des Erasmus zum Mäzenatentum und das Lob der Förderung Huttens[91] habe Albrecht sehr gut aufgenommen, verfolge er doch Hutten mit seinen Zuwendungen geradezu.[92] Nach seiner Teilnahme am Feldzug gegen Herzog Ulrich übermittelte Hutten Erasmus schließlich einen silbernen Becher als Ehrengeschenk seines Fürsten und malte dabei ein äußerst positives Bild des Mainzer Hofes. Dahinter stand wohl Albrechts Interesse, Erasmus nach Mainz zu holen, hatte er ihm mit dem Geschenk doch zugleich das Versprechen weiterer Zuwendungen machen lassen, falls sich Erasmus entschließe, an seinen Hof zu kommen. Albrecht selbst schilderte er erneut als Beschützer der Humanisten und als seinen Förderer.[93]

Erasmus seinerseits vergaß das Lob Huttens in keinem seiner Briefe an Albrecht in den Jahren 1519/20.[94] Seine Bemerkungen spiegeln immer wieder die Beziehungen Albrechts zu Hutten. Albrecht hatte Erasmus am 13. 6. 1519 aus Frankfurt/M. geschrieben,[95] wo er sich, mit Hutten in seinem Gefolge,[96] zur Kaiserwahl aufhielt: „Unseren Hutten lieben wir nicht nur deswegen, weil wir ihn von Dir geliebt wissen."[97] In seinem Antwortschreiben,[98] in dem Erasmus die Kaiserwahl Karls V. und die politische Situation kommentierte, dachte er schließlich wieder an Hutten, dessen Ironie dem weise abwägenden König der Humanisten im übrigen so fremd bleiben mußte. Erasmus beruhigte sich in diesem Punkt allerdings noch durch Huttens „Jugend": „.... ihn sehe ich in meinem prophetischen Geiste als große Zierde für unser Deutschland, wenn er unter Gottes Schutz weiterlebt und nicht aus der Gunst Eurer Gnaden fällt; die Ungebundenheit des Geistes, um es so zu nennen, wird das zunehmende Alter schon hinreichend zähmen."[99] Derlei Bemerkungen des Erasmus werden zu Albrechts positiver Haltung gegenüber Hutten das ihre beigetragen haben, obwohl Albrechts Hoffnung, Erasmus vielleicht durch Hutten nach Mainz zu ziehen, fehlschlug.

Nach der Wahl Karls V. trat noch einmal eine für Hutten höchst positive Wendung ein, von der er Hessus und Eberbach am 3. 8. 1519 berichtete[100]: Hutten schied zwar aus dem aktiven Dienst eines Rates bei Albrecht aus, tatsächlich blieb er aber zur Förderung des literarischen Lebens weiterhin in Mainz tätig, wofür ihm Albrecht eine regelmäßige Unterstützung gewährte. Es wäre also falsch, schließen zu wollen, daß Hutten damit ganz aus Albrechts Diensten ausgeschieden wäre.[101] Grimm[102], der von einem „Sprung Huttens in die praktische Politik, wie er ihn mit seinem Ausscheiden aus der angesehenen Stellung eines kurfürstlichen Rates tat", spricht, dürfte damit über das Ziel hinausschießen. Mit seinem Scheiden aus dem Getümmel des Hoflebens, das seinem Wunsch, sich wieder mehr seinen Studien widmen zu können, entgegenkam, gewann Hutten allerdings nicht die Freiheit zu reden und zu schreiben, was er wollte. Er hatte auf den Kurfürsten noch immer Rücksicht zu nehmen. Noch am 26. 10. 1519 schrieb er an Hessus[103], er wage es Albrechts wegen nicht, sich öffentlich an Luther zu wenden, obwohl er diese Einstellung Albrechts bedaure. Wenn Hutten von seiner Stellung in Mainz gewisse Früchte für „unsere Studien" erwartete,[104] so deutete er damit entweder auf seine eigene Arbeit oder auch auf bestimmte Aufträge Albrechts, etwa im Sinne der Mainzer Universitätsreform. Letzteres scheint ein Brief des Mosellanus an Pflug zu bestätigen, der berichtet, Hutten richte in Mainz eine Schule der drei Sprachen ein.[105]

Die Gewährung der Unterstützung an Hutten fiel zeitlich ungefähr mit der Aufnahme des Basler Humanisten Wolfgang Fabricius Capito am Mainzer Hof zusammen.[106] Hutten und Stromer hatten ihn an Albrecht empfohlen, um mit dem Erasmus-Schüler einen neuen humanistischen Verbündeten zu gewinnen. Die Vermittlungstätigkeit der Freunde und den Empfang in Mainz beschrieb Capito im Widmungsschreiben seiner Ausgabe der „Paraenesis prior divi Joh. Chrysostomi ad Theodorum lapsum"[107] an Albrecht.[108] Albrecht habe ihn, einen doch unbedeutenden und unbekannten Mann, empfangen und seiner Bitte um eine Stellung in Mainz Gehör geschenkt. Das habe er, Capito, nur den Musen und Grazien zu verdanken: „Nicht als ob ich mit ihnen so gar vertraut geworden, nein, sondern weil dieselben Huttens Herz und Busen sich zur Wohnstätte erkiest und weil sie in der Seele Heinrich Stromers, des ebenso evangelisch erleuchteten Christen als hochgelehrten Arztes, die lieblichste Beherbergung gefunden. So haben diese beiden denn auch Capito als Gast freundlich aufgenommen."[109] – Diese Verknüpfung klassischer und christlicher Motive in der Darstellung seiner Aufnahme in Mainz weist darauf hin, daß auch Capito, wie Hutten, in Albrecht in erster Linie den Humanisten auf dem Fürstenthron erblickte. Diese Einstellung mag er sogar von Hutten übernommen haben, dessen bevorzugte Stellung an Albrechts Hof er in überschwenglichen Worten beschrieb. Nach einem Lob Huttens, „der von frühester Jugend an so trefflich und so erfolgreich unterrichtet, und sich schon als Jüngling allen Glanz und alle Anmuth beider Sprachen angeeignet hat", nun auch noch „die dornverschanzte Burg beider Rechte genommen" habe,[110] bekundete Capito sein Vertrauen in Huttens Vermittlung: „Hutten endlich benachrichtigte mich, daß ich von Deiner Churfürstlichen Gnaden wegen dieses Amt... annehmen möge: ein Mann, der zuverlässig zu sein pflegt und darüber Gewisses sagen kann, da Du Dich seiner als einer Deiner vertrautesten Rathgeber bedienst..." Wenn diese Worte Capitos im November 1519 die Beziehung Huttens zu Albrecht auch etwas überhöhten, so kann doch von einem Ende ihrer Beziehungen nach der Kaiserwahl und nach Huttens Ausscheiden aus der engeren Umgebung Albrechts nicht gesprochen werden. Vielmehr muß man schließen, daß Hutten weiterhin im Auftrage Albrechts, wenn auch nicht mehr als sein Rat, in Mainz tätig war.

3. Zu Beginn des Jahres 1520 steigerte sich Huttens Kampf gegen Rom. Hutten war der Meinung, damit auf Luthers Seite zu stehen. Es ist, als hätte er den Streit um Luther als Fortsetzung der Reuchlinfehde verstanden. Nachdem er in diesem Sinne auch Franz von Sickingen auf Luthers Seite gezogen hatte, ließ dieser durch Hutten sein Schutzangebot an Luther übermitteln, das Hutten allerdings, wohl Albrecht zuliebe, nicht unmittelbar an Luther, sondern an Melanchthon richtete.[111] Hier wies er Melanchthon darauf hin, wie Sickingen auch schon Reuchlin geschützt habe. Dasselbe wolle er nun auch für Luther tun. Als das Schreiben, ohne Melanchthon erreicht zu haben, an Hutten zurückkam, schickte es dieser mit einem zweiten Brief erneut an Melanchthon.[112] Dieser Brief erscheint für Huttens Pläne in diesen Tagen bezeichnend. Sickingens Angebot an Luther solle geheim bleiben, Hutten wolle mit ihm gegen „die Barbaren und gegen alle, die das römische Joch herbeitragen"[112] vorgehen. Weitere literarische Kampfhandlungen kündigte er ebenfalls an: die Dialoge „Trias Romana" und „Inspicientes",[113] die er dann zu Beginn des Jahres 1520 beendet hatte.

Tatsächlich befand sich Hutten nach einem längeren Aufenthalt auf der Steckelburg im März 1520 wieder in Mainz, wo er seine neuesten Schriften bei der Schöfferschen Offizin in den Druck gab. Dies war zunächst seine Ausgabe der Schrift des Bischofs Walram von Naumburg, „De unitate ecclesiae conservanda", die dieser während des Investiturstreites zugunsten König Heinrichs IV. gegen Papst Gregor VII. verfaßt hatte. Hutten hatte sie im Kloster Fulda in einer alten Handschrift entdeckt und veröffentlichte sie nun zusammen mit einem antipäpstlichen Vorwort an den Erzherzog Ferdinand.[114] Im April 1520 folgte, gleichfalls bei Schöffer in Mainz, eine Sammlung Huttenscher Dialoge,[115] die, ausgenommen der Dialog „Fortuna", sämtlich durch einen äußerst scharfen antirömischen Ton bestimmt waren. In der Vorrede zur „Trias Romana" an Sebastian von Rotenhan[116] stellte Hutten nochmals die Motive seines Handelns dar, die Zurückgewinnung der deutschen Freiheit aus der römischen Tyrannei: „.... Unsere Freiheit war gefesselt und mit des Papstes Stricken gebunden: ich löse sie. Verbannt war die Wahrheit, verwiesen über die Garamanten und Inder hinaus: ich führe sie zurück. Einer solchen und so großen Tat mir bewußt, mache ich auf keine öffentliche Belohnung Anspruch. Das nur wünsche ich, daß, wenn mich jemand deswegen verfolgen sollte, alle Guten die Verteidigung meiner Sache übernehmen mögen. Das soll der Lohn dieser Arbeit sein..."[117] Im Eifer des Kampfes gegen Rom verschmolzen vor Huttens geistigem Auge Wunschtraum und Wirklichkeit. Es waren Worte der Kraft, des Freiheitssinnes und des nationalen Selbstgefühls.

Nachdem sich Hutten einige Zeit mit der Auseinandersetzung zwischen Erasmus und Eduard Lee beschäftigt hatte,[118] erhielt sein Kampf gegen Rom im Mai 1520 eine erneute Spitze: er gab eine Sammlung von Dokumenten aus der Zeit des großen abendländischen Schismas unter dem Titel „De schismate extinguendo" mit einem Vorwort an alle freien Deutschen heraus.[119] Dieses Vorwort bezeichnete er in seinem Schreiben an Philipp von Fürstenberg als „Brief gegen die Theologisten".[120] Auch seine Quellenforschung im Rahmen der humanistischen Studien bezeichnete er hier als Mittel für den Kampf um die deutsche Freiheit. Das Schlachtfeld, auf dem dieser Kampf ausgefochten wurde, hatte sich nun erweitert, wenn nicht sogar auch verlagert. Nun bezeichnete Hutten als seine Gegner die Theologen: „Die alten Theologen ließen sich durch das Gewissen leiten: heute sind es lauter Schmeichler und Wohldiener...", seinen Angriff richtete er „wider die schädlichen Kurtisanen, die abscheulichen Simonisten und die gottlosen Ablaßkrämer..."[121] Seine optimistischen Erwartungen faßte er nunmehr auch in biblische Wendungen: „... soviel ich sehe, wird ihre Tyrannei die längste Zeit gedauert haben, und, wenn mich nicht alles trügt, bald vernichtet werden. Denn gelegt ist bereits, ja gelegt ist an die Wurzel der Bäume die Axt, und ausgerottet wird jeder Baum, der nicht gute Frucht bringt, und des Herrn Weinberg gereinigt werden. Das solltet Ihr nicht mehr hoffen, sondern nächstens mit Augen sehen. Inzwischen seid guten Mutes, Ihr deutschen Männer, und muntert Euch wechselseitig auf. Nicht unerfahren, nicht schwach sind Eure Führer zur Wiedergewinnung der deutschen Freiheit. Beweiset nur Ihr Euch unerschrocken und erlieget nicht mitten im Kampfe. Denn durchgebrochen muß endlich werden, durchgebrochen; besonders mit solchen Kräften, so gutem Gewissen, so günstigen Gelegenheiten, einer so gerechten Sache, und da das Wüten dieser Tyrannei aufs Höchste gestiegen ist. Das tut und gehabt Euch wohl. Es lebe die Freiheit! Ich hab's gewagt!"

Inzwischen aber begann sich das Blatt für Hutten bereits zu wenden. Es wurde ruchbar, Eck, der in diesen Frühsommertagen des Jahres 1520 aus Rom zurückkehrte,[122] habe dort Hutten als Parteigänger Luthers denunziert. Hutten, der sich von da an nicht mehr verpflichtet fühlte, zu Luther Distanz zu halten, wandte sich nun erstmals mit einem Brief unmittelbar an den Reformator.[123] Den Vorwurf, sich schon früher mit Luther verschworen zu haben, spricht er dort offen aus, er bezeichnet ihn aber als Verleumdung Ecks, da er sich erst jetzt an Luther wende. Er mahnte Luther zur Vorsicht, würde doch sein Verlust der gemeinsamen Sache großen Schaden zufügen. Einen Angriff gegen sich selbst erwartete Hutten nun mit Sicherheit: „Auch mir stellt man Fallen. Ich werde mich nach Möglichkeit in acht nehmen. Wenn sie mit Gewalt einbrechen, sind Gewalten gegen sie vorhanden, nicht nur gleich starke, sondern auch, wie ich hoffe, überlegene." Ob Hutten mit diesen Gewalten (vires) einen Bund der Ritter gegen die Gewalt des Papstes meinte, muß hier unklar bleiben. Wichtiger erscheint, daß er sich nun ganz als Luthers Verbündeten betrachtete: „Mich hast Du zum Mitgenossen, komme, was da wolle. Deshalb kannst Du es in Zukunft getrost wagen, mir alle Deine Pläne anzuvertrauen. Erkämpfen wollen wir die allgemeine Freiheit, befreien wollen wir das lange unterdrückte Vaterland. Wir haben Gott auf unserer Seite, wenn aber Gott für uns ist, wer mag wider uns sein." Die Reise zu Erzherzog Ferdinand nach Brüssel, die er Luther ankündigte, trat Hutten in diesen Tagen an. Dort wollte er dem Fürsten seine Sache vortragen, um ihn für seinen Freiheitskampf zu gewinnen.

Hutten kehrte unverrichteter Dinge zurück. Roms Gegenangriff formierte sich. Ein am 6. 6. 1520 datiertes Breve Leos X.[124] kündigte Albrecht die Entsendung des Nuntius Caracciola wegen der Luthersache an; der Nuntius sollte Albrecht bei dieser Gelegenheit die goldene Rose als Ehrengeschenk für seine Treue und Verbundenheit mit dem Papst überbringen. Doch schon knapp einen Monat später berichtete der Gesandte des Mainzer Hofes in Rom, Valentin von Tetleben, an seinen Fürsten von dem Auftrag des Papstes an Aleander, der mit anderen Verhandlungsgegenständen zu Albrecht kommen sollte.[125] Die Luthersache berührte Tetleben dabei nur in einem Halbsatz, die Meinung des römischen Stuhles hierüber war Albrecht ja bekannt. Eine weit längere Passage des Briefes beschäftigte sich indessen mit Hutten. Die Punkte, die er hierbei nennt, entsprechen der Darstellung, wie sie der Papst selbst in einem weiteren Breve an Albrecht vom 12. 7. 1520 beschrieb:[126] Leo X. sei ein von Hutten verfaßtes oder veröffentlichtes Buch in die Hände gefallen,[127] dessen Vorwort die schlimmsten Schmähungen gegen den apostolischen Stuhl enthalte. Zur großen Überraschung des Papstes hätten Nachforschungen nicht nur ergeben, daß Mainz der Druckort dieser Schrift sei, sondern auch, daß Hutten zum Hof Albrechts gehöre. Zu seinem Besten wolle der Papst annehmen, Albrecht habe nichts von der Sache gewußt; er erwarte nun aber von Albrecht die entsprechenden Konsequenzen: die Übeltäter sollten gemaßregelt oder bestraft werden.[128] Die Verteidigung Albrechts, die Tetleben in Rom vortrug, nahm Albrechts noch nicht vollzogene Maßnahmen in der Theorie bereits voraus. Tetleben betonte, Hutten gehöre nicht zum engsten Kreise des Mainzer Hofes, die genannten Bücher seien ohne Albrechts Wissen und Genehmigung erschienen, vielmehr sei Albrecht in ganz Deutschland immer ein Schutzschild für den apostolischen Stuhl gewesen und habe dessen Freiheit und Ehre bewahrt. Die Verurteilung Huttens, des Freundes Capitos, entsprach Tetlebens eigener Kampfstellung.[129]

Albrecht erhielt das Schreiben des Papstes, ebenso die Vollmachten für Caracciola und Aleander und eine besondere Anweisung, wie gegen die reformatorische Bewegung vorzugehen sei, erst am 25. 10. 1520.[130] In seinem Bericht an Leo X. über seine Begegnung mit dem Erzbischof in Aachen ist Aleander des Lobes für Albrecht voll. Dem Anliegen des Papstes habe Albrecht schon längst Genüge getan, gegen die lutherischen Irrtümer und gegen die Lügen Huttens habe er sich aufs schärfste gewandt: „Hutten aber, sagte er (Albrecht), habe er sogleich nach der Kaiserwahl (i. e. 28. 6. 1519) weit von sich und seinem Hof verbannt, doch auch schon früher habe er ihn niemals unter seinen geheimen Räten gehabt, ja er habe ihm noch nicht einmal in seinem Gefolge Unterstützung gewährt, wie er feierlichst versicherte, außerdem habe er jenen Drucker, der, ich weiß nicht welchen Dialog Huttens in Mainz gedruckt hat, einige Zeit im Gefängnis des Kardinals gefangen gehalten..."[131] Wie wenig diese Darstellung Albrechts der Wahrheit entsprach, soweit sie Hutten betraf, ist aus dem oben Gesagten ersichtlich. Dennoch stammte diese Darstellung von Albrecht selbst. In seinem Auftrag richtete Capito nach dem 25. 10. 1520 einen Brief an Leo X., der in gleicher Form Albrechts Treue zum Papst durch erhebliche Beschönigung, wenn nicht krasse Unwahrheiten bestätigt.[132]

Dabei muß offen bleiben, inwieweit Capito selbst auch der Urheber dieser Gedanken war. Seine Vermittlerrolle an Albrechts Hof bleibt zweideutig (s. u.). In Albrechts Namen bestätigte Capito den Empfang der päpstlichen Breven und dankte für das Ehrengeschenk der goldenen Rose. Dadurch werde Albrecht mit neuen Banden der Loyalität an den Papst gebunden, was ihn nun noch sorgfältiger in seinen Pflichten mache. Albrecht trachte mit großem Fleiß danach, die Bücher Huttens aus dem Verkehr zu ziehen und auch gegen die Lutheraner vorzugehen, die ganz Deutschland entflammt haben.[133] Hutten, der Albrecht teuer gewesen sei, habe er schon damals von seinem Dienst ausgeschlossen, als er gegen Cajetan geschrieben hatte. Damit kann nur der Dialog Febris I gemeint sein, der bereits im Frühjahr 1519 bei Schöffer gedruckt worden war.[134] Hutten habe sich daraufhin von Albrechts Magdeburger Hof nach Mainz begeben, wo er weitere Schriften von einem Bürger der Stadt habe drucken lassen. Diesen Drucker habe Albrecht inhaftieren lassen, Huttens aber könne er nicht habhaft werden, da er sich auf feste Burgen zurückgezogen habe[135] und jederzeit eine Reiterschar um sich sammeln könne. Albrecht habe aber die Verbreitung von Huttens Schriften verboten. Nun suchte er nach einem Konsens mit den übrigen Fürsten, um weiterhin für den Papst gegen die reformatorische Bewegung vorzugehen.

Wenn Albrechts Darstellung zuträfe, müßte man sich fragen, warum Hutten seiner scheinbar so schroffen Entlassung durch den Erzbischof nicht eine „expostulatio cum Albertho" folgen ließ. Hutten hat auch nach seinem Fortgang aus Mainz Albrecht nicht angegriffen, sondern ihn vielmehr verteidigt. Schon am 8. 8. 1520 berichtete Hutten Capito von dem Schreiben des Papstes an Albrecht.[136] Er begann seinen Brief mit den ungewollt prophetischen Worten: „Jetzt hat endlich dieses Feuer zu brennen begonnen, und es sollte mich wundern, wenn es nicht schließlich durch meinen Untergang gelöscht werden müßte."[137] In einer Nachschrift bat er

Capito, sich für den inhaftierten Schöffer einzusetzen, der demnach schon im August 1520 festgenommen war. Hier, wie in seinem Brief an Erasmus vom 15. 8. 1520,[138] wird in Huttens Darstellung deutlich, daß er auch in seiner jetzigen Lage den Papst als den eigentlichen Gegner ansah. Der Papst habe Albrecht schwere Strafen angedroht, wenn er nicht gegen Hutten vorgehe, der Papst habe einen Gesandten bei Karl V., der gegen Hutten agieren solle, der Papst fordere Hutten gebunden nach Rom.

Huttens Fortgang aus Mainz erscheint in diesem Zusammenhang also noch immer nicht als Entlassung durch seinen Mäzen. Mainzer Freunde waren es, die ihm rieten, die Stadt zu verlassen.[139] Die Namen dieser Freunde nannte Hutten nicht. Auch die Motive seines Abschieds von Mainz sind unklar. Immer wieder ist von Gift die Rede.[140] Hutten war sich darüber im klaren, daß er von Albrecht keinen Schutz mehr zu erwarten hatte, da dieser, um seine Stellung als Kardinal nicht zu gefährden, den Wunsch des Papstes, Strafaktionen gegen Hutten zu unternehmen, nicht einfach zurückweisen konnte. Daß Hutten dem Verhalten Albrechts, das sich nun gegen ihn wenden mußte, dennoch Verständnis entgegenbrachte, erscheint gegenüber seiner sonstigen Verhaltensweise dennoch als Einzelfall.

Die Stellung Capitos, der Hutten weiterhin als Verbindungsmann zum Mainzer Hof diente, läßt sich nicht bis ins letzte klären. Herrmann[141] und Kalkoff[142] erblickten in Capito den heimlichen treuen Anhänger Luthers, dessen erstes und vornehmstes Ziel die Förderung der lutherischen Sache und die Behinderung staatlicher Repression der evangelischen Sache gewesen sein soll.[143] Die neueren Arbeiten von Beate Stierle[144] und James Kittelson[145] beurteilen die Position Capitos, unabhängig voneinander, anders. Ihnen zufolge huldigte Capito als Schüler des Erasmus den Idealen der „Philosophia Christi" und machte sich dessen Reformvorschläge zu eigen,[146] in deren Sinn er auch an Luthers Sache Anteil nahm. Anhand einer Untersuchung von Capitos Gesetzesbegriff ist Kittelson der Nachweis gelungen, daß Capito das theologische Anliegen Luthers zunächst ebenso wenig rezipiert hat wie eine ganze Reihe anderer Humanisten. Capito bemühte sich um eine friedliche Reform innerhalb der römischen Kirche. Erst die persönliche Begegnung mit Luther setzte bei Capito einen Prozeß in Gang, der ihn schließlich ganz auf die Seite der reformatorischen Bewegung brachte.[147] Für seine Haltung in der Lutherfrage während seiner ersten Zeit in Mainz ist der Brief bezeichnend, den er am 20./21. 12. 1521 an Luther richtete.[148] Er habe sich, schrieb er, lange nicht mehr an Luther gewandt, einerseits, um den Lauf der Dinge nicht zu hemmen, andererseits, weil seine Vorgehensweise eine andere sei als die Luthers. Er arbeite in Mainz für Luther nach der Art der Kaninchen.[149] Darunter ist, nach der Sprichwörtersammlung des Erasmus, ein Verfahren zu verstehen, das nicht offen in den Lauf der Dinge eingreift, sondern ihr Ziel durch unsichtbare, geschickte List erreicht.[150] Des weiteren wies Capito auf seinen großen Einfluß auf Albrecht hin, dem Luther doch vertrauen möge, ohne Albrecht durch allzu große Heftigkeit vor den Kopf zu stoßen. Luther nahm diese Selbstdarstellung Capitos durchaus nicht so positiv auf, wie dieser es sich vielleicht gewünscht hatte. So schrieb er an Melanchthon:[151] „.... Wenn der Brief des Mainzers [Albrechts] der einzige geblieben wäre, so hätten sie gesiegt, da aber der des Fabricius[152] beigefügt war, haben sie ihre Tücke und Falschheit offenbart, was mir an Fabricius außerordentlich mißfällt." Capitos Gestalt bleibt schillernd, auch was sein Verhältnis zu Hutten angeht. Einerseits war er Huttens Verbindungsmann am Mainzer Hof, durch den er seine Nachfragen und Aufträge weitergab. Andererseits war es derselbe Capito, der am 21. 6. 1521 Aleander vor Hutten warnte, der in seinem Wahnwitz allen Klerikern nachstelle und ihnen den Tod angedroht habe.[153] Huttens Briefe an

Capito, in denen er immer wieder nach Nachrichten aus Mainz fragt, verraten seine Meinung über den Theologen: Hutten benutzte Capito als Kontaktmann, warf ihm aber zugleich seine allzu schwache Parteinahme vor. Am 16. 1. 1521 schrieb er ihm von der Ebernburg,[154] Sickingen bitte ihn, Albrecht zu veranlassen, sich beim Kaiser für Reuchlin einzusetzen. Dazu genüge schon ein einziges Wort. Dann heißt es dort weiter: „Aber es ist nicht nötig, daß die Mehrzahl Dich Höfling so übertönt, daß Du Deinen Freunden noch nicht einmal drei Worte schreibst, so sehr bist Du mit großen Dingen beschäftigt. Aber auch diese drei Worte schreibst Du nicht unmittelbar, sondern Du fügst den Zettel einem Brief anderer bei, so sehr schämst und ärgerst Du Dich über uns." Hier ist die Enttäuschung Huttens über Capito vollkommen.

Hutten war nun für immer aus Mainz geschieden. Mag er sich auch auf den Burgen seines Freundes Sickingen sicher gefühlt haben, war er doch nun ein Angeklagter und Verfolgter. Seine Briefe, die er von der Ebernburg aus an Friedrich von Sachsen, an Kaiser Karl V. und schließlich an alle freien Deutschen richtete[155], geben Zeugnis von der zunehmenden Vereinsamung Huttens, aber auch von dem Mut seiner Hoffnung und der ungebeugten ironischen Kraft des seinem Untergange zueilenden Mannes. In der Gewißheit, nicht mehr nach Mainz zurückzukehren, nahm Hutten mit einem Brief am 13. 9. 1520 von der Ebernburg aus Abschied von Albrecht.[156] Von anderen habe er erfahren, was der Papst Albrecht befohlen habe. Trotz dieser Forderung aus Rom habe ihn Albrecht nicht gewarnt, wohl deswegen, wie Hutten jetzt formulierte, weil er dem Papst vielleicht unterwürfig sei (obnoxius). Obwohl Hutten Albrecht wünsche, daß seine Treue gegenüber dem Papst ihm zum besten diene, fürchte er doch, daß sich Rom eines Tages gegen die Bischöfe und den ganzen Klerus wenden könne. Hutten leide unter der Trennung von Albrecht, ja unter nichts leide er mehr. Von den Höfen und Städten, ja überhaupt von jeder menschlichen Gemeinschaft fühlte Hutten sich nun ausgeschlossen. Lügen und Schandtaten könne man ihm nicht nachweisen, der nur die Wahrheit gesagt und zu allem Guten geraten habe. Ohne ihn angehört, ja ohne ihm etwas vorgeworfen zu haben, fordere man ihn nach Rom, um ihn hinzurichten. Jeder, der nur einen Tropfen deutschen Blutes in seinen Adern habe, müsse über eine solche Anmaßung empört sein. Der Papst rufe nun den weltlichen Arm gegen Hutten an, als wolle er alle Kräfte auf einmal gegen Hutten einsetzen. Frevel und Irrsinn müßte man das nennen, wären es nicht gerade die „Heiligsten", die dies tun. Nun appelliere Hutten an Albrechts bischöfliches Gewissen: es sei doch nicht möglich, daß ein christlicher Bischof – gemeint ist natürlich der Papst – den weltlichen Arm anrufe, als ob er an der Macht Christi zweifle, dessen Reich doch nicht von dieser Welt sei. Hutten genüge es, allein auf Gott zu vertrauen. Nun mißfalle er, weil er die Wahrheit sage, aber das wolle er auch, solange seine Hilfe bei Gott stehe, dessen Wahrheit Hutten erwählt habe. Die römischen Päpste können Hutten mit ihren Fabeln nun nicht mehr schrecken, denn das Gesetz Gottes laute anders. Der Papst drohe zuerst mit dem Schwert, dann mit dem Bann und mit Gift, schließlich fordere er seine Gegner als Gefangene nach Rom. Dem müsse man wehren. Hutten wünsche Albrecht daher zuerst, daß er durch die Berührung mit solchen Übeln nicht selber Anteil daran bekomme. Davor möge ihn Christus bewahren.

Knapp zwei Monate später richtete sich Huttens Blick noch einmal nach Mainz. Hier fand Ende November auf Veranlassung Aleanders jene Verbrennung lutherischer Schriften statt, die Hutten zu seiner „In incendium lutherianum exclamatio" veranlaßte.[157] Als Hutten im März 1521 seine Invektiven gegen Aleander, Caracciola und die Luthergegner herausgab, fügte er ihnen seinen letzten

Brief an Kardinal Albrecht bei:[158] Er wolle Albrecht nicht an die Verehrung erinnern, die er, Hutten, für ihn empfinde. Ihn, Albrecht, seinen schändlichen Gegnern zu entziehen, sei Huttens Wunsch. Hinterlist habe Albrecht von den besten Studien und von der Sache der öffentlichen Freiheit abspenstig gemacht. Hutten wolle weiterhin das Beste für Albrecht, er vermehre seinen Ruhm, er verteidige seinen Ruf. Doch solle Albrecht auch wissen, daß die Wahrung von Wahrheit und Freiheit Hutten mehr bedeuten müßten als seine Freundschaft und daß Albrechts Stellungswechsel ihm bittere Schmerzen bereite. Aus Liebe und Verehrung für Albrecht wünsche er ihm nun, daß er diesen Rat der Bösewichter verlasse, zur Einsicht komme und nicht mehr bei den Gottlosen sitze. Wenn Hutten dies mit dem Opfer seines Blutes erwirken könne, wolle er es tapfer und eilends tun. „Lebe wohl und wende doch endlich Deinen Blick von diesen Antichristen und dieser häßlichen Lügenbrut ab auf die Wahrheit und Christus hin."

Spätestens hier wird es klar, daß Hutten mit Albrecht mehr verbunden hatte als nur ein Dienstverhältnis. Für Hutten war es die Freundschaft zweier gleichgesinnter Humanisten im Gegensatz gegen die Welt der Unbildung und des Aberglaubens. Doch nun triumphierten die Dunkelmänner. Der Ausgang war für Hutten noch ungewiß — oder war er es vielleicht schon nicht mehr?

## Anmerkungen

1 1506? 1513?; 1517?
2 Begleiter des Hofes oder Vertrauter des Fürsten?
3 1519?; 1520?
4 Drucklegung Anfang 1515, s. Eduard Böcking (Hg.), Hutteni Opera omnia, Bd. I–V, Suppl. I + II, 1859–1861 ND, Aalen 1963–66 (= Bö.), Bd. I, S. 353–400.
5 Hutten an Albrecht, Jahreswende 1518/19, Bö. I, 226–230.
6 Bö. III, 345–348.
7 Hutten an Albrecht, Jahreswende 1518/19, Bö. I, S. 226–230.
8 Bö. I, S. 5 f.
9 In laudem Marchiae carmen, Bö. III, S. 5 f.
10 Hutten an Jakob Fuchs, 13. 6. 1515; Bö. I, S. 40–45. Zu Eitelwolf vgl. auch: F. Falk, Der Mainzer Hofmarschall Eitel Wolf von Stein: Historische Blätter für das katholische Deutschland, Bd. 111 (1893), S. 877–894.
11 Johann II. von Henneberg.
12 Bö. I, S. 44, Z 25.
13 Eitelwolf lernte bei Philipp Beroaldus in Bologna sein Latein, wurde aber, bevor er auch ein Studium des Griechischen abschließen konnte, von seiner Familie nach Deutschland gerufen, wo er in die Dienste Johann Ciceros von Brandenburg, des Vaters Joachims I. und Albrechts trat.
14 Hutten an Eitelwolf, Frühjahr 1515; Hutten an Jakob Fuchs, 13. 6. 1515.
15 Vgl. Peter G. Bietenholz/Thomas B. Deutscher, Contemporaries of Erasmus. A Biographical Register of the Renaissance and Reformation, Vol. 1–3, Toronto/Buffalo/London, 1985–1987 zu den genannten Personen.
16 Hier entstand seine erste Elegie: In Eobanum Hessum vivacissimi ingenii adolescentem Ulrichi Hutteni elegia; Bö. I, S. 3 f.
17 s. Bö. I, S. 5 ff.
18 Jakob May spricht in seinem Buch „Der Kurfürst, Cardinal und Erzbischof Albrecht II. von Mainz und Magdeburg" (Bd. 1, München 1865) von dem Beginn einer Freundschaft Albrechts mit Hutten in der Zeit in Frankfurt a. O. (S. 327). Nach den uns erhaltenen Quellen läßt sich diese Annahme allerdings nicht belegen.
19 Bö. III, S. 345–348.
20 David Friedrich Strauß, Ulrich von Hutten, Leipzig ³1914 (= Strauß), S. 66 f.
21 die betreffende Stelle bei Bö. I, S. 32 f.
22 Bö. Suppl. II, S. 785 ff.
23 Siegfried Szamatólski, Ulrichs von Hutten Deutsche Schriften, Straßburg 1891, S. 120–123.
24 vgl. auch: Die Protokolle des Mainzer Domkapitels seit 1450, in Regestenform ediert von Fritz Herrmann; Bd. III, 1514–1545, Paderborn 1929; zum 10. 4. 1514; 19. 1. 1516, 19. 3. 1516.
25 Paul Kalkoff, Ulrich von Hutten und die Reformation, Leipzig 1920, S. 56.

26 Heinrich Grimm, Ulrich von Hutten und die Pfefferkorn-Drucke: Zeitschrift für Religions- und Geistesgeschichte, 8 (1956), S. 241–250. ders., Ulrich von Hutten. Wille und Schicksal, Göttingen, 1971, S. 49f.
27 Auf das Thema des „Iudaeus tinctus" geht Hutten in der Exclamatio mit beißender Ironie ein.
28 Zu Hergang und Hintergründen des Prozesses s.: A. Ackermann, Der märkische Hostienschändungsprozeß vom Jahre 1510: Monatsschrift für Geschichte und Wissenschaft des Judentums, NF 13 (1905), S. 167–182. 286–299. – Dem Verfasser aus der Jüdischen Bibliothek Mainz freundlich zur Verfügung gestellt.
29 Heinrich Grimm, Ulrich von Hutten und die Pfefferkorn-Drucke, s. o. Anm. 26.
30 Bö. III, S. 347ff.
31 zu den verschiedenen Flugblatt-Drucken vgl. Grimm, s. o. Anm. 26.
32 Zur Mainzer Bischofswahl und den Verhandlungen mit Rom vgl.: Josef Gass, Zur Mainzer Bischofswahl vom Jahre 1514: Der Katholik 74 (1894) 2. Hälfte, S. 9–96.
Heinrich Schrörs, Leo X., die Mainzer Bischofswahl und der Ablaß für St. Peter im Jahre 1514: Zeitschrift für katholische Theologie 31 (1907).
33 s. Hutten an Jakob Fuchs, 13. 6. 1515; Bö. I, S. 45.
34 Hutten berichtet in seinem Brief an Jakob Fuchs vom 13. 6. 1515, wie Eitelwolf und Frowin beide darauf bestanden, ihn als „Huttenus meus" (mein Hutten) zu bezeichnen.
35 Hutten an Eitelwolf, Anfang 1515; Bö. I, S. 34–37.
36 Bö. III, S. 353–400.
37 Bö. I, S. 35 Z 22f.
38 Er beschreibt seine Lage mit dem Homerzitat (Odyss. VII 307): „verhasst sind wir bei allen Menschen auf Erden". Damit umschrieb er vermutlich die familiären Auseinandersetzungen nach der Rückkehr von seinem ersten Italienaufenthalt. –
39 Bö. I, S. 36 Z 1f.
40 Homer, Odyss. XXI 85: Bö. I, S. 36 Z 5f.
41 Jakob May, Der Kurfürst, Cardinal und Erzbischof Albrecht II. von Mainz und Magdeburg, Bd. 1, München 1865, S. 33.
42 Bö. III, S. 398f. (V. 1236f.): Non possum laudare bonos rectumque tueri, non odisse malos crimenque incessere lingua.
43 Bö. III, S. 398f. (V. 1250–1254).
44 Surgite, virtutes, experrectaeque reverti/ Usibus humanis gaudete! Immensa merenti
Praemia proposuit. Despecta, attollite rectas/ Cervices, studia, et redivivam apprendite palmam!
45 Hutten selbst beurteilte Albrecht öfter nach diesen und ähnlichen Motiven: vgl. Hutten an Eitelwolf, Frühling 1515 (Bö. I, S. 34–37); Hutten an Jakob Fuchs, 13. 6. 1515 (Bö. I, S. 40–45); Hutten an Peutinger, 25. 5. 1518 (Bö. I, S. 173f.) e. a.
46 Bö. I, S. 226–230 (228 Z 4–7).
47 So dargestellt in: Hutten an Jakob Fuchs, 13. 6. 1515 (Bö. I, S. 40–45). Die 200 Gulden wurden offenbar nicht sofort ausgezahlt, sondern durch Frowin von Hutten portionsweise an seinen Vetter überwiesen (s. Frowins Quittung über 50 Gulden vom 22. 7. 1516, Bö. I, S. 105). Die Anweisung, das Rechtsstudium zu Ende zu führen, entsprach nicht nur dem Wunsch der Familie Huttens, sondern kam zudem einer eventuellen späteren Verwendung in diplomatischen Diensten zugute.
48 Hutten an Erasmus, 24. 10. 1515; Bö. I, S. 102f.
49 Frühjahr 1516 (?); Bö. I, S. 106f.
50 Wie z. B. in seinem Brief an Jakob Fuchs, 13. 6. 1515 (Bö. I, S. 40–45).
51 vgl. Cochläus an Pirckheimer, 26. 6. 1517; Bö. I, S. 141f. Hier beklagte auch Cochläus Huttens Ergehen: „Hutten..., den die Deutschen vernachlässigten, die Italiener beraubten, die Franzosen verwundeten."
52 Wie Grimm (Ulrich von Hutten. Wille und Schicksal, Göttingen 1971, S. 73f.) sicherlich richtig feststellte, muß man hinter dieser hohen Ehrung nicht nur die Anerkennung für Huttens dichterische Leistungen sehen. Maximilians Anliegen richtete sich wohl auch darauf, die Familie derer von Hutten nach der Fehde gegen Ulrich von Württemberg günstig zu stimmen.
53 vgl. die kaiserliche Verleihungsurkunde, Bö. I, S. 143f.
54 Hutten an Erasmus, 21. 4.1517, Bö. I, S. 146ff.
55 Zum historischen Hintergrund vgl. Karl Brandi, Kaiser Karl V., München 1937, Darmstadt ⁸1986, S. 82–94.
56 Bö. V, S. 507f.
57 Die beiden letzteren Titel standen Hutten aufgrund seiner Dichterkrönung zu.
58 Ein zweites, erst 1896 aufgefundenes Handschreiben Albrechts an den französischen König

ähnlichen Inhaltes s. bei Abel Lefranc, Bulletin de la société de l'histoire du protestantisme francais, T 39/1896, S. 181–189.
59  Ulrich von Hutten und die Reformation, Leipzig 1920, S. 577.
60  vgl. Guillaume Budé an Erasmus, 26. 12.1517; Bö. I, S. 162; ders. an dens., 12. 4. 1518; Bö. I, S. 171.
61  Albrecht hatte sich von dem kaiserlichen Rat Villinger bestimmte Versprechungen machen lassen: Albrecht wollte Karl wählen, wenn drei der sieben Kurfürsten vor ihm das gleiche täten, dafür sollte er 31000 Gulden, ein Goldgeschenk, eine jährliche Pension von 10000 Gulden, bzw. eine gleichwertige Pfründe, und Karls Einwirken auf den Papst erhalten, Albrecht zum Legaten a latere zu machen. Vgl.: DRTA.JR I, S. 99. 142–147.
62  Luther an Albrecht, 31. 10. 1517; WA.B 1, S. 110f.
63  Bö. I, S. 164–168.
64  Ulrichi Hutteni in libellum Laurentii contra efficatam et ementitam Constantini donationem ad Leonem X. pontificem maximum praefatio d. d. Steckelberg, 1. 12. 1517.
65  So z. B. Hutten an Eitelwolf, Frühling 1515 (Bö. I, S. 34–37); Hutten an Jakob Fuchs, 13. 6. 1515 (Bö. I, S. 40–45); Hutten an Hermann von Neuenar, 3. 4. 1518 (Bö. I, S. 164–168); Hutten an Peutinger, 25. 5. 1518 (Bö. I, S. 173f.); Hutten an Stromer, Sept. 1518 (Bö. I, S. 217–220), dabei immer wieder die Bezeichnung Albrechts als columen episcoporum.
66  Die Huttenbiographen (Strauß, Kalkoff, Grimm e. a.) betonen immer wieder, Albrecht habe keinen Grund gehabt, allzu sehr für Leo X. einzutreten, an den er gerade die hohen Summen der Palliengelder zahlen mußte. Dem steht allerdings Albrechts Ehrgeiz entgegen, der Leos Wohlwollen zur Erlangung weiterer Würden bedurfte (Kardinal, Legatus a latere).
67  Erasmus an Albrecht, 22. 12. 1517; Allen III (1913), S. 176ff.
68  Hunc animum meum litteris significarem iuveni non minus eruditione quam imaginibus claro, Udalrico Huttenо, sed hoc unice nobili, quod tua dignitas illum inter principuos ac interiores officiarios complectitur.
69  s. u., Albrecht an Leo X., nach 25. 10. 1520; Bö. I, S. 363ff.
70  Stromer an Erasmus, 24. 7. 1517; Allen V (1924), S. 31f.
71  ... non desunt autem vel apud germanos qui mea sentenia cumulate valeant tuis sanctissimis votis satisfacere: vel Huttenum habes domi, linguae latinae delicium.
72  Mainzer Domkapitelprotokolle zum 12. 4. 1518.
73  Hutten an Hermann von Neuenar, 3. 4. 1518; Bö. I, S. 164–168.
74  Er nannte Pirckheimer, Peutinger, Cuspinian, die kaiserlichen Räte Jakob von Bannisis, Jakob Spielgel und Johann Stab, in Frankreich Guillaume Budé, Copus und Faber Stapulensis.
75  Sic pereant, qui sic loquuntur Bö. I S. 168 Z. 18
76  Candidissimus literarum ac literatorum amator, ac mihi ob id summe carus Bö. I, S. 168 Z. 4f.
77  hierzu und zum Folgenden vgl.: Hutten an Julius Pflug, 25. 8. 1518; Bö. I, S. 173f.; Jacques V. Pollet, Julius Pflug – Correpondance, Tome I: 1510–1539, Leiden 1969, S. 74ff.
78  vgl.: Hutten an Albrecht, Jahreswende 1518/19 (Bö. I, S. 226–230); Ulrichi de Hutten de guaiaci medicina et morbo gallico liber unus (Bö. V, S. 397–497).
79  Ulrichi de Hutten equitis ad Henrichum Stromerum Ausbacchum medicum in aulam suam praefatio (Bö. I, S. 217–220); Misaulus sive aula (Bö. IV. S. 43–74).
80  Den „Libellus aulicorum miserias copiose exponens" des Aeneas Sylvius hatte Stromer selbst erst ein Jahr zuvor in Mainz herausgegeben. Strauß (S. 207) vermutet als zweite Vorlage einen Dialog Lukians.
81  Bö. I, S. 217–220.
82  vgl. Georg Sticker, Ulrich von Huttens Buch über die Franzosenseuche als heimlicher Canon für die Syphilistherapie im 16. Jahrhundert: Archiv für Geschichte der Medizin 3 (1910), S. 197–222.
83  ... nec me indignum quem tu sic complecteris...; Bö. I, S. 227 Z. 31.
84  bonorum asylum; Bö. I, S. 228 Z. 17.
85  Bö. I, S. 184–187. Die Wiedergabe des ganzen Briefes sowie eine Darstellung von Huttens weiteren Werken, die während des Sommers 1518 unter dem Eindruck des Reichstages und für diesen entstanden, verbietet die Kürze der Darstellung. Es sind dies vor allem: Ad principes germanos ut bellum Turcis inferant exhortatoria (Bö. V, S. 98–300, mit diesbezüglichen Dokumenten); Febris I (Bö. IV, S. 27–42 – gegen Cajetan).
86  am 12. 1. 1519.
87  am 21. 1. 1519.
88  Hutten an Albrecht, März 1519 (Bö. I, S. 249ff.). Zur Frage der Datierung vgl. Böckings Index bibliographicus, Bö. I, S. 39*.
89  Hutten an Erasmus, 5. 6. 1519 (Bö. I, S. 273–276). Stromer diente auch seinem nächsten

Dienstherren, Georg von Sachsen, als Korrespondent mit Erasmus (vgl. Stromer an Erasmus, 1. 5. 1524; Allen V, S. 449f.).

90 Bö. I, S. 248.
91 Bö. I, S. 103f.
92 Impetrasse videor a principe, ut ubiubi sim, stipendio me prosequatur...; Bö. I, S. 248 Z. 14f.
93 Hutten an Erasmus, 6. 5. 1519 (Bö. I, S. 273–76): Albertus cardinalis strenue nos tuetur, meque adhuc habet liberaliter,... (S. 275 Z. 4f.)
94 Erasmus an Albrecht, 20. 5. 1519 (Allen III, S. 593f.); 15. 8. 1519 (Allen IV, S. 56f.); 19. 10. 1519 (Allen IV, S. 96–107); 15. 5. 1520 (Allen IV, S. 259f.).
95 Albrecht an Erasmus, 13. 6. 1519 (Allen III, S. 617f.).
96 DRTA.JR, 765.
97 Huttenum nostrum, vel idcirco quia amari abs te intellegimus, libenter diligimus.
98 Erasmus an Albrecht, 15. 8. 1519 (Allen IV, S. 56f.).
99 De quo sic mihi praesagit animus, hominem aliquando magnum ornamentum nostrae Germaniae futurum, si modo et dei praesidium vita suppetat et tuae celsitudinis favore non destituatur; nam hanc ingenii lasciviam, ut ita loquar, satis per se corriget aetatis accessio (Allen IV [1922], S. 57 Z. 68–71).
100 Hutten an Hessus und Eberbach, 3. 8. 1519; Bö. I, S. 301ff.
101 Diesen Anschein möchte Albrecht Leo X. gegenüber wohl in seinem Schreiben vom 23. 10. 1520 (Bö. I, S. 363ff.) erwecken, in dem er behauptete, zu Hutten nach der Kaiserwahl keinen Kontakt mehr gehabt zu haben.
102 Ulrich von Hutten, Göttingen 1971, S. 79.
103 Hutten an Hessus, 26. 10. 1519; Bö. I, S. 313 Z. 7–11.
104 Hutten an Hessus, 3. 8. 1519; Bö. I, S. 301ff. (S. 302 Z. 30–33).
105 Mosellanus an Pflug, 6. 12. 1519; Jacques V. Pollet, Julius Pflug. Correspondance, Tome I: 1510–1539, Leiden, 1969, S. 86, Z. 17f.
106 Capito erschien wahrscheinlich im September in Mainz.
107 Basel 1519.
108 Capito an Albrecht, 3. 11. 1519. S. in: Johann Wilhelm Baum, Capito und Butzer, Straßburgs Reformatoren: Leben und ausgewählte Schriften der Väter und Begründer der Reformierten Kirche III, Elberfeld 1860, S. 38–41.
Oliver Millet, Correspondance de Wolfgang Capiton (1478–1541). Analyse et index; Publications de la Bibliothèque nationale et universitaire des Strasbourg VIII, Straßburg 1982, S. 11.
109 Zitiert nach der Übersetzung Baums, s. o. Anm. 108.
110 durch die Dichterkrönung.
111 Hutten an Melanchthon, 20. 1. 1520; Bö. I, S. 320f.
Zu Sickingen und dem Schutzangebot der Ritter vgl.: Heinrich Steitz, Franz von Sickingen und die reformatorische Bewegung: Ebernburg-Hefte, 2. Folge 1968, S. 19–28; Martin Brecht, Die deutsche Ritterschaft und die Reformation: Ebernburg-Hefte, 3. Folge 1969, S. 27–37.
112 Hutten an Melanchthon, 28. 2. 1520; Bö. I, S. 324f.
113 Bö. IV, S. 145–308.
114 Hutten an Erzherzog Ferdinand, März 1520; Bö. I, S. 325–334). Wahrscheinlich an dieser Schrift entzündete sich der Angriff des Papstes auf Hutten.
115 Fortuna, Febris I, Febris II, Trias Romana, Inspicientes.
116 Hutten an Sebastian von Rotenhan, 13. 2. 1520; Bö. I, S. 322f.
117 Nach der Übersetzung von Strauß.
118 Vgl. hierzu Hutten an Amorbach, 4. 5. 1520 (Bö. I, S. 344f.); Hutten an Eduard Lee, 20. 5. 1520 (Bö. I, S. 346ff.).
119 Hutten an die Freien in Deutschland, 27. 5. 1520; Bö. I, S. 349–352.
120 „Habes epistolam meam in theologistas": Hutten an Philipp von Fürstenberg, Juni 1520; Bö. I, S. 354f. (S. 355 Z. 1f.).
121 Nach der Übersetzung von Strauß.
122 Vgl. Paul Kalkoff, Zu Luthers römischem Prozeß: ZKG 25 (1904), S. 90–147.
123 Hutten an Luther, 4. 6. 1520; Bö. I, S. 355f.
124 Leo X. an Albrecht, 6. 6. 1520; Bö. I, S. 357.
125 Valentin von Tetleben an Albrecht, 5. 7. 1520; Bö. I, S. 360f.
126 Leo X. an Albrecht, 12. 7. 1520; Bö. I, S. 362f.
127 Strauß (S. 293ff.) nimmt an, es handle sich hierbei um „De unitate ecclesiae conservanda". Der Papst könnte die Schrift durch Eck erhalten haben.
128 Fritz Herrmann („Die evangelische Bewegung zu Mainz im Reformationszeitalter", Mainz 1907) sah in diesem Angriff auf Hutten einen Versuch, Albrecht von seiner lutherfreundlichen Umgebung

zu isolieren, während Capito durch römische Gunsterweisungen zum Schweigen gebracht werden sollte (S. 73–105). Huttens Meinung, Leo X. habe Albrecht in mehreren Briefen befohlen, ihn gebunden nach Rom zu schicken (s. u.) traf also nicht ganz den Sachverhalt.

129 Tetleben stand Capito wohl auch als dessen Konkurrent um die Straßburger Thomas-Propstei feindlich gegenüber. Ein Schlag gegen Capitos Freundeskreis, Capitos Isolierung am Mainzer Hof kam Tetlebens Bestrebungen entgegen. Seit dem Frühjahr 1520 wurde er zum Vertrauensmann des Papstes gegen die reformatorische Bewegung. Als er 1523 Generalvikar des Erzbischofs von Mainz wurde, brachte dies eine Wende in Albrechts Politik, die Capitos Fortgang vom Mainzer Hof noch beschleunigte.
130 Vgl. Aleanders Bericht an Leo X. vom 25. 10. 1520 (DRTA.JR 2, S. 457ff.).
131 ... Uttenum vero statim post electum cesarem a se et sua aula prorsus relegasse (dixerit), quem tamen antea numquam non solum a secretis habuisse, sed ne in sua quidem familia aluisse sanctissime asseveravit; illum praeterea bibliopolam, qui Utteni nescio quem dialogum Moguntiae impressit, dicit se cardinalis carceri aliquod tempus mancipasse... (s. o. Anm. 130).
132 Albrecht an Leo X., nach 25. 10. 1520; Bö. I, S. 363ff.).
133 Luther berichtet in einem Brief an Spalatin vom 11. 9. 1520 (WA.B 2, S. 184ff.) davon, Albrecht habe in Predigten (per conciones) Kauf und Verkauf der Bücher Huttens und ähnlicher Werke verboten.
134 Bö. IV, S. 27–42.
135 Die Herbergen der Gerechtigkeit Franz von Sickingens.
136 Hutten an Capito, 8. 8. 1520; Bö. I, S. 367.
137 Iam tandem ardere incipit hoc incendium, quod mirum est, in mea tandem ruina extingui oportebit. (Bö. I, S. 367 Z. 4f.).
138 Hutten an Erasmus, 15. 8. 1520; Bö. I. S. 367ff.
139 so Hutten an Erasmus, 15. 8. 1520; Bö. I, S. 367ff. Hutten nennt keine Namen. Aus dem oben erwähnten Brief an Capito ist zu schließen, daß dieser nicht dazugehörte.
140 Auch Luther befürchtete, von Hutten gewarnt, in diesen Tagen ein Giftattentat. S. Luther an Spalatin, 11. 9. 1520 (WA.B 2, S. 184ff.).
141 s. o. Anm. 128.
142 Paul Kalkoff, W. Capito im Dienste Erzbischof Albrechts von Mainz... (1519–1523), Berlin 1907.
143 Kalkoff: (S. 6): „Um seiner Aufgabe, der Verhinderung jäher und gewaltsamer Repression, möglichst lange dienen zu können, mußte er bei jedem Einschreiten gegen die Lutheraner den Schein loyaler Erfüllung seiner amtlichen Pflichten wahren und die tatsächlich bewiesene Schonung seinen Vorgesetzten als die zweckmäßigste Politik empfehlen,..."
144 Beate Stierle, Capito als Humanist, Gütersloh 1974 (QFRG XLII).
145 James A Kittelson, Wolfgang Capito. From Humanist to Reformer, Leiden 1975 (SMRT XVII).
146 Vgl. Cornelis Augustijn, Erasmus von Rotterdam. Leben – Werk – Wirkung; München 1986, S. 66–81; Ernst-Wilhelm Kohls, Die Theologie des Erasmus, Basel 1966 (ThZ, S. 1,1).
147 Es hieße das Allzu-Menschliche vernachlässigen, wollte man ganz vergessen, daß Capito auch wegen seines Prozesses um die Straßburger St. Thomas-Propstei gewisse Rücksichten zu nehmen hatte, die ihn auch zu dem heutigen Betrachter fast unglaublichen Zugeständnissen an Aleander brachten.
148 WA.B 2, S. 416–419.
149 Iccirco putavi per cuniculos vobis utcumque subsidio esse. (WA.B 2, S. 416 Z. 5).
150 Erasmus (ed. Clericus, Tom. 2), Adagiorum 1, 7, 61: „Cuniculis bellare, dicitur, qui non aperta vi, sed dissimulanter ac dolis rem gerit."
151 Luther an Melanchthon, 13. 1. 1522 (WA.B 2, S. 424–428).
152 Wolfgang Fabricius Capito.
153 Capito an Aleander, 21. 6. 1521 (ZKG 16, 1896, S. 496f.).
154 Hutten an Capito, 16. 1. 1521; Bö. II, S. 5.
155 Hutten an Friedrich von Sachsen, 11. 9. 1520; Bö. I, S. 383–399; Hutten an Karl V., Sept. 1520; Bö. I, S. 371–383; Hutten an alle Freien in Deutschland; Bö. I, S. 405–419.
156 Hutten an Albrecht, 13. 9. 1520; Bö. I, S. 400–403.
157 Zum Problem der genauen Datierung der Bücherverbrennung vgl. Fritz Herrmann, Die evangelische Bewegung zu Mainz im Reformationszeitalter (Mainz 1907), S. 115–122. S. auch Paul Kalkoff, Die Depeschen des Nuntius Aleander vom Wormser Reichstage 1521, Halle 1886 (SVRG 4, 17). Eine genaue Darlegung der Probleme des Huttenschen Gedichtes (Abfassungszeit, Verhältnis der lateinischen zur deutschen Version, etc.) verbietet die Kürze der Darstellung (s. Bö. III, S. 460–469).
158 Hutten an Aleander, März 1521; Bö. II, S. 12–16; Hutten an Caracciola, März 1521; Bö. II, S. 17–21; Hutten an die Luthergegner, März 1521; Bö. II, S. 21–34; Hutten an Albrecht, 25. 3. 1521; Bö. II, S. 21–34.

*De rudimentis hebraicis  
(Grundbegriffe des Hebräischen),  
Johannes Reuchlin, 1506  
(Kat.-Nr. 3.35)*

*Winfried Frey*

# Multum teneo de tali libro
# Die Epistolae Obscurorum Virorum

Magister Philippus Schlauraff schickt dem Kölner Magister Ortvin Gratius ein „Carmen rithmicale". Es sei ein Gedicht, schreibt er, „quod compilavi de ambulatione mea hincinde per Almaniam, quando visitavi universitates, habens mandatum a theologis, quod debui seminare favorem eorum contra Ioannem Reuchlin", („das ich über meine Wanderung durch verschiedene Gegenden Deutschlands gemacht habe, als ich im Auftrage der Theologen die Universitäten besuchte, um sie günstig für uns zu stimmen wider Johannes Reuchlin"), und es berichte über seine Erlebnisse mit „Poeten" vor allem in Oberdeutschland, die ziemlich rauh mit ihm verfahren seien: „fui ibi tribulatus a poetis, qui sunt hincinde" („ich wurde von den dortigen Poeten mißhandelt"). Man könnte meinen, die Poeten hätten ihn in weiser Voraussicht bestraft, denn Schlauraff kümmert sich in seinem Gedicht eingestandenermaßen weder um „quantitates" („Silbenlängen") noch um „pedes" („Versfüße"), da er solche „poetria" (in typischer Weise verwendet er ein Wort, das sowohl „Dichtkunst" als auch „Dichterin" bedeuten kann) nicht gelernt habe und sich (deshalb!) auch nicht darum schere. Und was widerfährt ihm nicht alles!

Nach einigen unerquicklichen Erlebnissen in Sachsen, Rostock, Frankfurt an der Oder, Wien, Ingolstadt, Nürnberg, „Ubi quidam Pirckheymer, / qui non est magister, // Fecit mihi instantiam" („Wo ein gewisser Pirckheimer, der nicht einmal Magister ist, mich sehr bedrängte") und Leipzig, verfügt er sich nach Erfurt. Aber dort hetzt Eobanus Hessus, der berühmte Schulrektor, Dichter und spätere Marburger Professor, unter Beifall des Crotus Rubeanus den Straßenmob zwei-, dreimal auf Schlauraff mit dem Ruf: „Frangatis ei dentes, // Quia theologicus / et Reuchlin est inimicus" („Schlagt ihm die Zähne ein, denn er ist ein Theolog und Feind Reuchlins"). Von der Gefolgschaft des Mutianus Rufus und des Aesticampian ziemlich verbeult, kommt Schlauraff im Erzgebirge an – nur um erneut verprügelt zu werden. Franken passiert er sehr schnell, weil Ulrich von Hutten angedroht hat – aber das sollte man lateinisch lesen:

„... Tunc ivi ad Franconiam, //
Ubi est fluvius Moenus; / ibi Ulrichus Huttenus
Iuravit levatis digitis, / quod vellet me percutere virgis,
Si vellem ibi stare. / Tunc cogitavi meum salutare..."

(„Darauf ging ich nach Franken, wo der Main fließt. Dort schwor Ulrich Hutten mit erhobener Hand, daß er mich mit der Rute schlagen würde, wenn ich dort Station machen sollte. Da beschloß ich mich zu retten...")

Also kehrt er sich nach Schwaben. Zwar wandert er an Stuttgart vorbei, „quia habet ibi stantiam // Reuchlin, ille haereticus, / qui fuit mihi suspectus," („... weil dort der Ketzer Reuchlin seinen Sitz hat, der mir nicht geheuer war"), aber auch in Tübingen gibt es nicht nur den schrecklichen Melanchthon, sondern auch Heinrich Bebel und andere, wie z. B. Paulus Vereander, „die [vor lauter Aufregung und Reimnot fällt Schlauraff für einen Moment ins ihm viel vertrautere Deutsche] schworen alle mit einander, // Quod vellent me percutere, / si non vellem recedere." („... daß sie mich verhauen wollten, wenn ich mich nicht davonmachte.") Also flüchtet er aus dem Tübinger Regen in die Straßburger Traufe, denn Sebastian Brant, „der nam mich bei der hant, // Dicens: ‚Mihi sequere: / nos volumus navigare // Ab hinc in Narragoniam / propter tuam stultitiam'." („... und sagte:

*Bildnis Johannes Reuchlin, 18. Jh. (Kat.-Nr. 3.33)*

‚Folge mir, wir wollen mit dem Schiff ins Narrenreich fahren, weil du gar zu dumm bist'."). In Schlettstadt sieht er den armen Wimpheling, und der ist, vielleicht weil er so arm ist, der einzige, der ihm nichts tut. Jakob Spiegel nennt ihn einen „daubengigel" (wohl: einen „versoffenen Narren") und eine „bestia" (ein „Vieh"), Beatus Rhenanus haut ihm allein schon auf die Mitteilung, er sei (wie Ortvin Gratius auch) aus Flandern, zwei mächtige Ohrfeigen herunter. In Hagenau geht es ihm nicht besser, in Freiburg „multi nobiles, / armati et horribiles, // Reuchlin defenderunt / et mihi mortem minaverunt" („verteidigten viele schreckliche und dazu noch bewaffnete Adelige diesen Reuchlin und drohten mich zu töten"), in Basel kann er sich eben noch vor Erasmus blamieren, bevor er in des berühmten Verlegers Froben Haus die Hucke voll kriegt. Er nimmt auf dem Rheinschiff Reißaus nach Worms, wo er im Streit mit einem humanistischen Arzt nach bester Slapstick-art eine Portion Käse ins Gesicht geklatscht bekommt. In Mainz kriegt er eine Sitzbank über den Kopf, nur weil er einen Bauchwind hat fahren lassen, und hat es nur der Großmut Thomas Murners zu verdanken, daß er nicht in den Rhein geworfen wird. So flüchtet er schließlich zu den Dominikanern nach Köln und lebt dort, wenn auch nicht ganz ungefährdet, in Freuden: „steti cum theologis / et vixi in laetitiis." (Alle Zitate aus Brief II, 9)

Auch dem lateinkundigen Leser wird es heutzutage schwer fallen, in dieser kruden Mischung aus schlechtem Latein, bombastischer Koryphäenrevue und aufdringlichem Grobianismus „das lauteste Aufjauchzen der satirischen Lust" zu erkennen, wie Huttens begeisterter Biograph David Friedrich Strauß in der Euphorie der Reichsgründung 1871, oder „ein kristallhelles und wohllautendes Gelächter, kindlich harmlos, Überschwang einer fröhlichen Stunde", wie Ricarda Huch, deren nicht nur ästhetisches Urteil sonst sicherer war. Es fällt heute überhaupt schwer, diese Satire, die berühmteste der frühen Neuzeit mit Nachwirkungen bis ins 20. Jahrhundert, als jenes Glanzstück deutschen Humors zu erkennen, als das es doch allenthalben gilt. Diese Schwierigkeiten haben ihre Gründe. Es ist kaum mehr möglich, die tiefere Bedeutung von Scherz, Satire und Ironie in den „Dunkelmännerbriefen" ohne weiteres Vorstudium zu erkennen.

Das fängt schon beim Titel an. Denn diese fingierten Briefe, deren erster Teil Ende 1515 erschien und Ende 1516 mit einer Appendix von sieben Briefen versehen wurde, deren zweiter Teil im Frühjahr 1517 (ausgerechnet in Köln!) das Licht der literarischen Welt erblickte, tragen keinen ad hoc erfundenen Titel. Was da gravitätisch und lächerlich zugleich als

„EPISTOLAE OBSCVRORVM VIRORVM AD VENERABI
lem virum Magistrum Ortuinum Gratium Dauentriensem
Coloniae Agrippinae bonas litteras docentem:
varijs & locis & temporibus missae:
ac demum in volumen
coactae."

(so der Titel der Editio princeps von Teil I, 1515) daherkommt („Briefe der Dunkelmänner an den verehrungswürdigen Herrn Magister Ortvin Gratius aus Deventer, Lehrer der schönen Wissenschaft zu Köln, von verschiedenen Orten und zu verschiedenen Zeiten abgeschickt und endlich in einem Band vereint"), ist die satirische Reaktion auf eine andere Briefsammlung, die Anfang 1514 erschienen war, und den nicht weniger gespreizten, aber ganz ernsthaft gemeinten Titel

„CLARORVM VIRORVM EPISTOLAE
latinae graecae & hebraicae uariis temporibus missae
ad Ioannem Reuchlin Phorcensem
LL. doctorem"

*Der Handspiegel,
Johannes Pfefferkorn, 1511
(Kat.-Nr. 3.36)*

> **HAndt Spiegel.**
> Johannis Pfefferkorn/wider vnd gegē die Jüden/vnd
> Jüdischen Thalmudischen schrifftenn So/sie vber das
> Cristenlich Regimēt/singen vn̄ lesen Welche pillich Gots
> lesterer/ketzer vnd aberglauber/des altē Newen, vnd des
> Natürlichen gesetzen gezelt/geheissen/verthümbt vn̄ ab-
> gethan/werden mögen. Darumb sich etliche cristen wider
> mich setzen/anfechten Solliche artickel zū widlegen Dar-
> gegen ich antwurdt vn̄ mit bescheidene redē vffgelöst hab.
>
> Welcher daß püchlein lesen will Der thū nit wie der hann
> So er vber die glüende kolen flüiche Vill gelesen/vnd we-
> nig verstanden ist besser vnterlassen.

trug („Briefe glänzender Männer in lateinischer, griechischer und hebräischer Sprache, zu verschiedenen Zeiten an den Doctor beider Rechte Johannes Reuchlin aus Pforzheim abgesandt"). Darin hatte Reuchlin selbst eine Anzahl von Briefen zusammengestellt, in denen ihm seine Humanisten- und Juristenkollegen und -freunde mit allem Pomp ihrer Gelehrsamkeit im Streit mit Pfefferkorn und den Kölnern zu Hilfe geeilt waren.

Damit ist der Punkt erreicht, von dem alles ausging. 1505 war ein Jude namens Joseph Pfefferkorn unter nicht ganz zu klärenden Umständen „.... mitsampt weib vnd kynderen zu dem Crestelichen glauben komen..." und hatte den Taufnamen Johannes angenommen. Ein getaufter Jude zu sein, war in dieser Zeit kaum angenehmer als ein Jude zu sein, denn die Christen waren gegenüber ihren neuen Glaubensgenossen, die oft genug unter Zwang konvertiert waren, äußerst mißtrauisch und interpretierten jede unübliche Haltung als Rückfall in den alten Glauben. Und die Konvertiten wußten, was ihnen drohte, wenn sie als ‚Ketzer' angeklagt wurden: der Tod. Kein Wunder, daß sich die meisten der ‚bekehrten' Juden unter den Schutz der Kirche stellten, gar selbst Priester wurden, um dem ungeheuren Druck zu entgehen. Verständlich auch, daß viele den Zwang verspürten, den Christen die Zweifellosigkeit ihres neuen Glaubens, die große seelische Ruhe nach den ‚Verirrungen' des Jüdisch-Seins zu demonstrieren und zu beweisen. Pfefferkorn ging diesen Weg, indem er sich in den Schutz der Kölner Dominikaner begab (deren bedeutendster, Jakob van Hochstraten, war seit 1507 Inquisitor der Kirchenprovinzen Köln, Mainz und Trier) und mit ihrem Einverständnis als Missionar seines neuen Glaubens auftrat, seine Glaubensfestigkeit dadurch unter Beweis zu stellen versuchte, daß er sie mit dem hartnäckigen ‚Unglauben' seiner früheren Glaubensgenossen kontrastierte. In zunehmend giftiger und brutaler werdenden Schriften griff er die Juden und ihren Glauben an. Das scheint seine Position innerhalb des Christentums bald gefestigt zu haben, denn schon 1509 erlangt er von Kaiser

Maximilian ein Mandat, das den Juden des Reiches befahl, alle ihre heiligen Schriften dem ‚Spezialisten' Pfefferkorn zur Prüfung und eventuellen Beschlagnahmung auszuliefern. Für die Juden — und das sollte bei der Betrachtung der Folgen dieses Vorgangs nie außer acht gelassen werden — ging es dabei um nichts Geringeres als um ihre religiöse Identität und damit um die Existenz als Minderheit im Römischen Reich.

Reuchlin, der große Humanist, Dichter und Jurist, wurde als der herausragende Hebraist seiner Zeit in die Sache verwickelt, als er (die Juden hatten sich gegen das Mandat gewehrt, und der Kaiser hatte Gutachter bestellt, u. a. die Universitäten Köln, Mainz, Erfurt und Heidelberg, den Ketzermeister Hochstraten, den konvertierten Juden und Priester Viktor von Carben und eben Reuchlin) in seinem Gutachten für den Kaiser nicht zu dem erwarteten Schluß gekommen war, Pfefferkorn recht zu geben. Er wollte den Talmud nicht verbrannt sehen und plädierte gleichzeitig als Jurist für die rechtliche Gleichheit der Juden mit allen anderen Bürgern im Reich: „. . . . das wir vnd sie ains ainigen römischen reichs mit burger synd / vnd in ainem burgerrecht vnd burckfriden sitzen. wie künden wir dan fiendt sein."

*. . . warhafftige entschuldigung gegen und wider ains getaufften iuden genant Pfefferkorn (Augenspiegel), Johannes Reuchlin, 1511 (Kat.-Nr. 3.37)*

Das paßte überhaupt nicht in das Konzept Pfefferkorns und der Kölner Dominikaner. Also überzogen sie den zwar reformwilligen, aber kirchentreuen Reuchlin, obwohl er dem Predigerorden schon öfter nur für Gotteslohn und gute Worte als juristischer Ratgeber gedient hatte, mit einem Verfahren wegen Ketzerei. Nun wurde es nicht nur ungemütlich für den alternden Reuchlin, der sich nichts sehnlicher wünschte als seine Ruhe, es wurde gefährlich, lebensgefährlich. Denn Hochstraten, vor dessen Ketzergericht Reuchlin geladen wurde (er erschien erst zur zweiten Sitzungsperiode persönlich und mit Unterstützung durch Beamte des Herzogs von Württemberg, in dessen Diensten er bis vor kurzem als Richter des Schwäbischen Bundes gestanden hatte), hatte im Jahr zuvor, 1512, einen Arzt als rückfälligen Ketzer auf den Scheiterhaufen gebracht und damit gezeigt, daß er es mit seinem Amt und mit seiner Macht blutig ernst meinte.

Es ist hier nicht der Ort, den Verlauf des Prozesses mit all seinen Wechselfällen und Absonderlichkeiten nachzuzeichnen. Es kam zu einem Freispruch Reuchlins, zur Appellation seiner Gegner an den Papst, es kam zu Bücherverbrennungen, Fürsten aus halb Europa engagierten sich beim Papst für oder gegen Reuchlin, die gelehrte Welt der Zeit stand fast ganz auf seiner Seite und ließ ihn das auch wissen. Das Ergebnis waren die schon genannten „Clarorum virorum epistolae". Es ging nun im Bewußtsein der Zeitgenossen mehr und mehr um einen Streit zwischen zwei Lagern, die wir mit heutigen Begriffen, ohne die Sache damit genau zu treffen, als die ‚Konservativen' und die ‚Fortschrittlichen' bezeichnen könnten. Bei den ‚Konservativen' fanden sich vor allem die Kräfte zusammen, die angesichts der gefährlich gärenden Zeit am Alten, Sicheren, Gottgegebenen festhalten wollten, an der Macht der römischen Kirche und am vermeintlich sicheren einen Glauben, die deshalb mit allen Mitteln, von der Predigt bis zum Ketzergericht, das Überkommene verteidigen wollten. Bei den ‚Fortschrittlichen' versammelten sich die Reformwilligen, die Humanisten, die Aufklärer, die Kunstliebenden, die Poeten, die sich an die antiken Vorbilder hielten, und alle, die Deutschland von politischer und religiöser Bevormundung befreien wollten. Daß es dabei zu uns heute fremden und befremdlichen Konstellationen kam, sei nur am Rande erwähnt. Albrecht von Brandenburg zum Beispiel, seit Anfang 1514 Erzbischof von Mainz, in der Historiographie vor allem als Ablaßprofiteur und uneinsichtiger Gegner Luthers dargestellt, vertrat durchaus auch Positionen des ‚fortschrittlichen' Lagers im Sinne einer von Rom unabhängigeren deutschen Kirchenorganisation (nicht ohne damit

*Brantspiegel, Johannes Pfefferkorn, 1512*
*(Kat.-Nr. 3.38)*

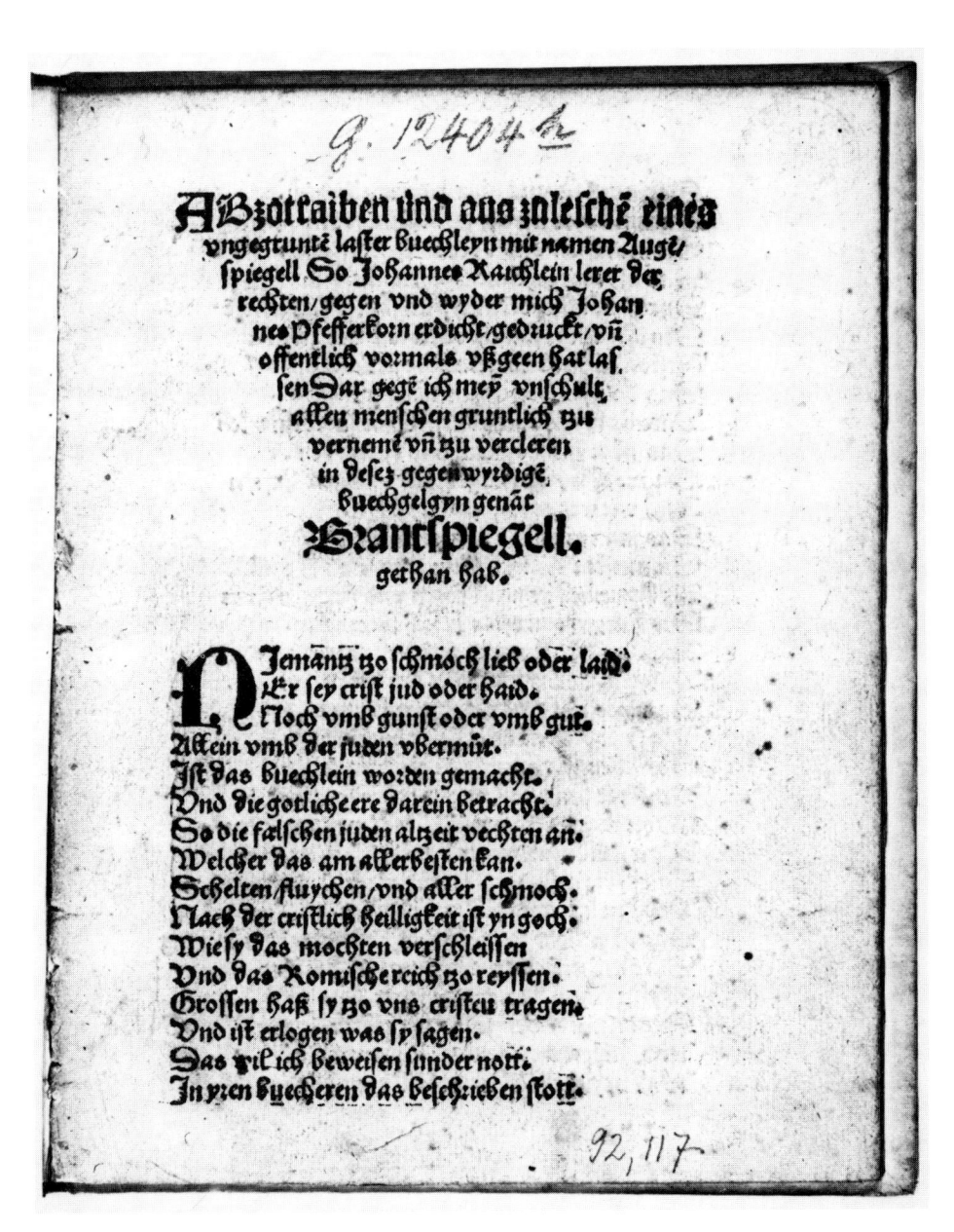

spezifisch Brandenburgische Interessen zu verknüpfen...). Ulrich von Hutten hatte ihm zum Einzug in Mainz ein Preisgedicht von über 1000 Versen geschrieben und dafür die stolze Summe von 200 Gulden erhalten. Kurze Zeit später trat er in den Dienst des Erzbischofs – allzuweit lagen die Positionen der Lager wohl nicht auseinander, die sich kurz darauf in einer Weise bekämpften, als gäbe es nur Weiß oder Schwarz, die viri clari oder die viri obscuri.

Dennoch, für Ulrich von Hutten gab es kein Zögern, wo er zu stehen hatte. Begabung, Herkunft, Werdegang (,Wille und Schicksal', wie es in der Unterzeile des Titels einer jüngeren Biographie heißt) und seine bislang veröffentlichten Werke wiesen ihm seinen Ort zu: auf der Seite der Humanisten, auf der Seite des Reiches (wie sehr er auch dessen Rolle mißverstehen mochte), gegen die Kurie in Rom und gegen die ,Romanisten' und ,Kurtisanen'! (Das Schicksal der Juden bekümmerte ihn überhaupt nicht!)

Indessen scheint die Idee zu den Dunkelmännerbriefen nicht von Hutten selbst ausgegangen zu sein, sondern von seinem alten Freund und Lehrer aus Fuldaer, Kölner und Erfurter Zeiten, Crotus Rubeanus, der wieder in Fulda untergekommen war, aber weiterhin engen Kontakt mit dem Erfurter Humanistenkreis um Mutianus Rufus hatte – und natürlich mit Hutten selbst. Von Crotus Rubeanus (so hatte er seinen Namen Johannes Jäger [aus Dornheim] kompliziert latinisiert, einer weit verbreiteten Mode folgend) stammen, so hat die Forschung herausgefunden, die meisten Briefe des ersten Teils (andere rühren von Hermann von dem Busche her, I, 1 vielleicht von Hutten), von Hutten die Appendix zum ersten Teil und die meisten Briefe von Teil II, wie nicht zuletzt die ‚Schauplätze' Rom und Bologna und eine Reihe biographischer Reminiszenzen belegen.

Auch Inhalt und Sprache bestätigen diese Verteilung der Autorzuweisung, wenngleich die Unterschiede nicht so gravierend sind, wie man lange Zeit gemeint hat. Huttens Briefe sind zupackender, aktueller, ‚politischer' als die des Crotus Rubeanus, diese sind feiner in der Charakterisierung der verkommenen Spätscholastik und ihrer Adepten, geschliffener in der Sprache (beides schließt Grobheiten und Obszönitäten keineswegs aus! Hutten selbst war darob entsetzt, wenigstens scheinbar: „dii boni, quam non illiberales iocos" – „Gute Götter, was sind das so anständige Witze", schrieb er am 22. 8. 1516 an seinen Freund Richard Crocus) und treffender in ihrer hintergründigen Bosheit.

Crotus schrieb aus seiner täglichen Erfahrung am ‚lebenden Objekt' der Erfurter und vor allem Fuldaer Kleriker, die seinen Spott schon seit längerem herausgefordert hatten, Hutten ließ seine wissenschaftlichen, politischen, militärischen Einsichten aus Bologna und Rom einfließen.

Beide aber standen darüberhinaus aufgrund des weitgehend gemeinsamen Bildungsganges und -weges in der Tradition der spätmittelalterlichen Universitätssatire, in der wesentliche Teile der Dunkelmännerbriefe vorgebildet waren, und als Literaten kannten sie Fastnachtspiele und die Narrenliteratur.

Wie sehen die Briefe nun aus? Der Reisebericht des Philipp Schlauraff ist zwar ein Glanzstück der Sammlung, aber nicht kennzeichnend für den Durchschnittsbrief des Durchschnittsdunkelmannes.

Der Dutzenddunkelmann vor allem des ersten Teiles der Briefe sitzt irgendwo in der Provinz des Römischen Reiches, in Leipzig, Wittenberg, Mainz, Nürnberg, Freiburg, Tübingen, Frankfurt a. M., Trier, Münster, Zwolle, Magdeburg, Augsburg, Miltenberg, Heidelberg, Basel, Straßburg, Bonn, Erfurt, Frankfurt a. d. O. (Ulrich von Hutten erweitert den Wirkungsbereich schon in der Appendix, dann auch im zweiten Teil um den Schauplatz Italien, manche Briefe stammen angeblich direkt aus der Kurie, einzelne kommen nun auch aus Löwen, Antwerpen und aus Paris.) – oder auch in Köln und schickt Briefe an den wie eine Spinne im Netz zu Köln residierenden Ortvinus Gratius (in der außersatirischen Realität ein Priester, Humanist, Verlagslektor in Köln, Helfer der Dominikaner im Pfefferkorn-Reuchlin-Streit, üblichen Zuschnitts, aber keineswegs so beschränkt, wie ihn die Briefe darstellen), der ihm in allem ein unerreichbares Vorbild ist, von dem er Ratschläge erwartet (und in rebus amatoriis auch erhält), und dem er von den Zuständen an den Hohen Schulen berichtet, vor allem von den Bedrängungen durch die neulateinischen, humanistischen Poeten, die – wie es Magister Philippus Sculptoris in I, 25 stellvertretend für alle markant zusammenfaßt – „vexant nos omnes, qui tenemus cum Antiquis" („... die uns alle miteinander, die wir es mit den Alten halten, so quälen.") Die Dunkelmänner tragen zumeist, ihrem Anspruch gemäß, zu den gelehrtesten Köpfen der Welt zu zählen, latinisierte Namen, und da haben Johannes Jäger und Ulrich von Hutten ihrer Phantasie kaum Grenzen des

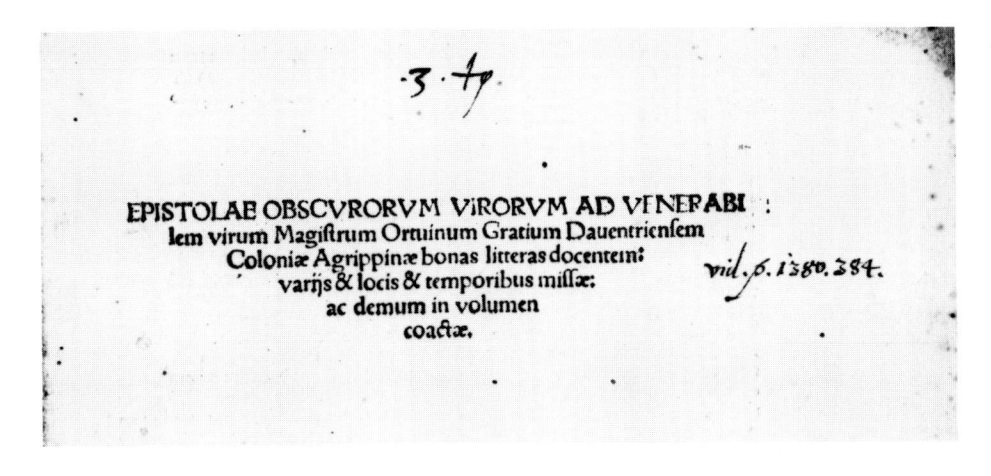

*Epistolae obscurorum virorum (Briefe der Dunkelmänner), Ulrich von Hutten et al., 1516 (Kat.-Nr. 3.41)*

Anstands wie des Juxes gesetzt, Satire darf bekanntlich alles. Sculptoris ist da sicher noch harmlos – der latinisierte Steinmetz, nicht auffälliger als die noch heute vorkommenden Namen Molitor (Müller), Sutor (Schuhmacher), Pistor (Bäcker), Piscator (Fischer). Pellifex (Pelzmacher) und Plumilegus (Federleser) sind schon weniger ‚normal', ihre Namen sind ohne viel Federlesens neu geschaffen. Bei Buntemantellus und Langschneyderius hat es offenbar nicht mehr zum vollen lateinischen Ausdruck gereicht, ebenso bei Hafenmusius oder Genselinus. Hutten bevorzugt eher sprechende Namen wie Romedelantis (Räum das Land), Storati (der Name riecht etwas nach Weihrauch...), Kuckuck, Lamp, Hemerlin, Steynhart oder Simon Worst; Philippus Schlauraff wurde schon zu Anfang genannt, und sein durch den Namen vorweggenommenes Schicksal auch. Hutten steigert das Spiel hie und da bis zur Zungenbrecherei: Coclearilignaeus (Holzlöffel), Cribelinioniacius und Flersklirdrius, scheut andererseits auch vor banalsten Steigerungen nicht zurück: Henricus Schluntz ist der Schreiber von Brief II, 52, Brief II, 53 stammt dann von Ioannes Schluntzick.

Daß ein Daubengigelius (s. Schlauraffs Brief), ein Dollenkopfius (wiewohl noch heute honoriger Familienname), ein Mistladerius aus der Sicht der Satiriker nicht gerade für Höhepunkte europäischer Literarizität (so eine ebenbürtige Wortschöpfung neuesten Datums, 1980!) stehen können, leuchtet allen Lesern sofort ein.

Daß einer mit dem schönen Vornamen Mammotrectus (ein Verballhornung von mammothreptus [„von der Amme ernährt"]: „von Brüsten angezogen") Schwierigkeiten in der Liebe haben muß, ebenso. Aber muß er sich gleich beim Nebenbuhler Rat holen? Den Vogel schießt in dieser Hinsicht Ulrich von Hutten ab, der einem Dunkelmann den Namen Marquardus Fotzenhut gibt. (Bömer zitiert zur Erklärung das Grimmsche Wörterbuch: „cunni pileus – ein untüchtiger, das ausschweifende leben seiner ehefrau deckender hahnrei"; dezenter kann man es kaum ausdrücken!).

Und wie sie heißen, so traktieren sie auch die lateinische Sprache. Wie Schlauraff wenig auf die Regeln der Metrik gibt, so seine Konsorten wenig auf die der Grammatik. Es ist allerdings schwer, den aus der ars poetica Maccaronea (nach einer italienischen Knödelart des späten Mittelalters) entstehenden Sprachwitz zu vermitteln – keine Übersetzung kann ihn bewahren, und des Lateinischen sind heute nur noch wenige so mächtig, daß sie über Sätze wie „ego volo sibi super cutem" („ich will ihm an den Kragen"), I, 48, oder „multum teneo de tali libro" („ich halte viel von diesem Buch"), II, 28, spontan lachen können. Man kann vielleicht eine Vorstellung von der sprachlichen Verwendung der Barbarolexis der

Satiriker vermitteln, wenn man sie mit dem sogenannten Lübke-Englisch vergleicht, jenen sattsam bekannten Verirrungen des „Equal goes it loose" oder „He is heavy on wire". Was da aber unfreiwillig komisch ist, wurde dort mit großer Kunst auf die Spitze getrieben: die also mit dem Latein umgehenden Möchtegernkoryphäen werden schon durch ihre groteske Sprachverwendung der Lächerlichkeit preisgegeben. So klagt Magister Conradus Unckebunck im 46. Brief des zweiten Teils, natürlich über die ‚Poeten' und die schlimmen neuen Zeiten: „Credo quod diabolus est in illis poetis. Ipsi destruunt omnes universitates; et audivi ab uno antiquo magistro Lipsensi..., quando ipse fuisset iuvenis, tunc illa universitas bene stetisset, quia in XX miliaribus nullus poeta fuisset. Et dixit etiam, quod tunc supposita diligenter compleverunt lectiones suas formales et materiales seu bursales; et fuit magnum scandalum, quod aliquis studens iret in platea et non haberet Petrum Hispanum aut Parva logicalia sub brachio." Auf ‚Lübke-Englisch' könnte sich das vielleicht so lesen: „I believe that the devil is in these poets. They destroy all universities. And I have heard from a old Master of Arts of Leipzig, that when he young was, then this university were orderly, because in 20 miles around not one poet were. And he said too, that then the inferior students had hard-working outworked their general educating and the specific and the in the hostel hold forereadings. And it were a great shame, when somebody student would on the street go and had not the Petrus Hispanus or the Parva logica under the arm." (Kongenialität mit Crotus oder Ulrich ist nicht angestrebt bei dieser ‚Übersetzung'!)

Man stelle sich vor, daß ‚Wissenschaftler', die das Englische derart kujonieren, in diesem ihrem Englisch über Shakespeare, Newton oder Shaw räsonieren und judizieren, dann hat man vielleicht eine Vorstellung vom Wesen und Treiben der Dunkelmänner.

Und wie ihre Namen, wie ihre Sprache, so auch die Art der Gegenstände, über die sie mit den bösen Humanisten in Streit geraten — oder auch untereinander.

Es fängt an mit der ‚Vergöttlichung' des (in den Briefen) unsäglichen Ortvin Gratius durch Thomas Langschneyderius: „... vos estis mihi quodammodo Deus, quia dedistis mihi initium sapientiae" („... Ihr seid für mich gewissermaßen wie Gott, weil ihr mir den Eingang in die Weisheit gewährt habt", — wobei Hutten, dem wir den Brief I, 1 möglicherweise auch verdanken, den Dunkelmann das bekannte „Initium sapientiae timor Domini" ins Absurde verkehren läßt!), wo der so überhöhte dann doch nur in der wichtigen Streitfrage um sein Urteil gebeten wird, ob einer, der Doktor der Theologie werden kann, „magister nostrandus" oder

*Triumphus Capnionis, 1518 (Kat.-Nr. 3.44)*

„noster magistrandus" heißen müsse, worüber man sich bei einem „prandium Aristotelis" („aristotelische Schlemmerei") in die Haare geraten sei.

Es führt über die ebenso hochmütige wie dummdreiste Ablehnung der neuen Studien des Griechischen und Hebräischen, durch die Erasmus und Reuchlin berühmt geworden waren, wie sie Petrus Lapp, ausgerechnet „sacrae paginae licentiatus" („Licentiat der Heiligen Schrift"), in Brief II, 33 formuliert: „Et si dicunt, quod sciunt litteras Graecas et Hebraicas, habetis respondere, quod tales litterae non curantur a theologis. Quia Sacra scriptura sufficienter est translata et non indigemus aliis translationibus." („Und wenn sie [i. s. die Humanisten] sagen, daß sie Griechisch und Hebräisch können, so müßt Ihr [i. e. Ortvin] ihnen antworten, daß sich Theologen nicht um solche Sprachen kümmern. Denn die Heilige Schrift ist zur Genüge übersetzt, und wir brauchen keine weiteren Übersetzungen."). Einen Gipfelpunkt dieses Hochmutes stellt die Dummfassung der Ilias durch Petrus von Worms, Brief II, 44, dar, der gar nicht glauben kann, daß es einen griechischen Homer gibt und den lateinischen selbstverständlich vorzieht: „Quid mihi cum Graeco?... Ille latinus est melior..." („was soll ich mit dem griechischen Homer? Der lateinische ist besser...").

Es führt schließlich, nachdem sich die Dunkelmänner in allen sieben Todsünden so kannibalisch wohlfühlten wie 500 Säue, zu jenem barbarischen und grausamen Scherz, daß Hutten über einen Dunkelmann mit dem lieblichen Namen Petrus Charitatis ein Gerücht verbreiten läßt, demzufolge Ortvin Gratius Bankert eines Priesters und Neffe eines Halberstädter Henkers sei, nach dem er sich auch nenne (Brief II, 61; vgl. Brief I, 16). Und den Schluß der Sammlung bildet dann ein Brief eben dieses Henkers an seinen Neffen, in dem die Aktivitäten Ortvins, Hochstratens, Pfefferkorns und eben dieses Henkers ineins gesetzt werden: „... per Deum, ego valde laudo tam bona facta vestra, quae pertinent omnia ad meum artificium." („... bei Gott, ich lobe sehr solche Eure guten Taten, die alle in meinen Tätigkeitsbereich fallen.")

Hier ist wieder jener Name gefallen, mit dem alles begann: Johannes Pfefferkorn. Er ist, zusammen mit – oder besser gesagt: als Kontrastfigur zu – Johannes Reuchlin die heimliche Hauptperson der Briefe. Die Auseinandersetzungen der beiden Lager haben in ihnen ihre Protagonisten, und kaum ein Brief, der nicht Reuchlins gedächte, wenn auch – in der verkehrten Welt der Satire verständlich – als Oberketzer der ‚Poeten', den man auf den Scheiterhaufen wünscht: „.... volumus facere, quod isti iuristae non audent dicere unum verbum, quando sunt cum theologis. Quia timebunt, ne mittant super eos inquisitorem et comburant eos pro haereticis. Sicut nunc spero, quod fiet Ioanni Reuchlin adiuvante Deo, cuius nos sumus iudices." („Wir wollen es dahin bringen, daß jene Juristen kein Wort zu sagen wagen, wenn sie mit Theologen zusammen sind, und zwar weil sie fürchten müssen, daß jene den Inquisitor gegen sie hetzen und sie als Ketzer verbrennen, genau so, wie ich nun hoffe, daß es mit Gottes Hilfe dem Johannes Reuchlin geschehen möge, dessen Richter wir ja sind."). So jedenfalls bringt Magister Henricus Cribelinioniacius die Sache in Brief II, 32 auf den Punkt. Man könnte nun meinen, daß nach dem gleichen Schema Johannes Pfefferkorn in den Himmel versetzt würde. Aber keineswegs, ganz abgesehen davon, daß dieser Platz schon von Ortvinus besetzt ist. Pfefferkorn macht eine merkwürdige Figur. Er und seine Frau sind einmal, und vor allem im ersten Teil, Objekte sehr derber obszöner Erzählungen und Anspielungen (I,13; I,21; I,23; I,34; I,36; I,37; I,40; II,14; II,18; II,37; II,39), zum andern aber wird Pfefferkorn, was zwar im ersten Teil schon angelegt ist, aber von Hutten im zweiten Teil zum Hauptthema gemacht wird, zum Gegenstand immer wiederkehrender Erörterungen, ob er denn durch die Taufe auch

*Triũphus Doc. Reuchlini,
Ulrich von Hutten, 1518
(Kat.-Nr. 3.45)*

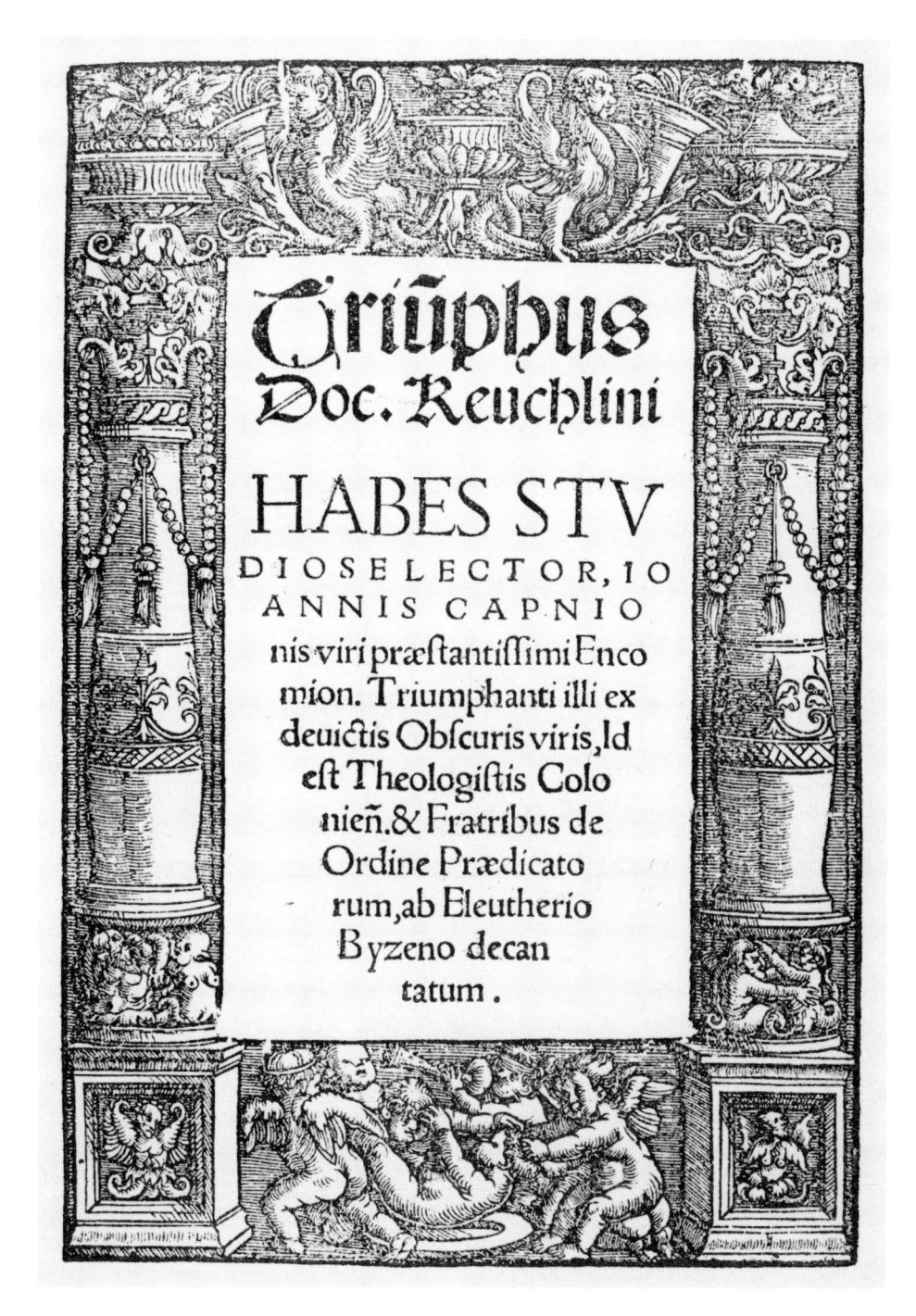

innerlich ein Christ geworden sei (I,10; I,18; I,23; I,36; I,47 (6); I, 48 (7); II,3; II,14; II,25; II,30; II,37; II,47; II,54; II,61). Damit bringt Hutten, grausam und geschickt zugleich, den Konvertiten in die schlimmste Lage, die nur möglich ist. Denn gegenüber Neuchristen genügt auch nur die Ahnung eines Verdachtes, sie seien nicht durch und durch rechtgläubig, um sie vor das Ketzergericht zu bringen. Um diesen Druck noch zu verstärken, ‚erfindet' Hutten eine Art Doppelgänger Pfefferkorns, den ‚Pfaffen' Rapp, der – unter tatkräftiger Hilfe der Familie Hutten! – tatsächlich am 4. September 1514 in Halle nach furchtbaren Torturen verbrannt und von Ulrich von Hutten mit dem Namen Pfefferkorn begabt wurde. (Sein unter der Folter erpreßtes und von Hutten propagandistisch verwertetes Geständnis, in dem er vom Hostienfrevel bis zum Ritualmord alle üblicherweise den Juden zugeschriebenen Verbrechen gestanden hatte, wurde bis weit in das 17. Jahrhundert in antijüdischen Hetzschriften wieder und wieder abgedruckt!).

Für Pfefferkorn war mithin diese Satire kein purer Wortkampf, ihn traf sie im Kern seiner Existenz, kein Wunder, daß er auf sie – unter anderm – mit einer Kampfschrift reagierte, die den Titel trägt: „Beschyrmung Johannes Pfefferkorn (den man nyt verbrant hat)..."

Und Reuchlin? Genützt hat ihm die Satire, so wohlgemeint sie war, in der Sache nichts, er wurde am Ende seines Lebens vom päpstlichen Gericht zu ewigem Stillschweigen verurteilt. Er war auch, nach dem Zeugnis des Joachim Camerarius, nicht eben begeistert von den Dunkelmännerbriefen und hielt sie eher für den Ausdruck jugendlichen Leichtsinns.

Was bleibt von den Dunkelmännerbriefen?

Gegenüber den Jubeltönen aus dem 19. und dem beginnenden 20. Jahrhundert hat sich eine nüchterne Betrachtung durchgesetzt. Max Wehrli, der die Briefe auch heute noch für ein „humoristisches Meisterwerk" hält, sieht auch die Kehrseite der Medaille: „Diese Hatz wäre an sich in ihrer Vermischung von Tratsch, Verleumdung und grundsätzlichen Zielen unschön und heute geradezu kriminell." Nimmt man dieses Urteil ernst, dann kann es sich angesichts unserer historischen Erfahrungen nur auf die Zeichnung Pfefferkorns beziehen. Denn Pfefferkorn wird nicht als Individuum angegriffen, sondern als Prototyp. Wie er im Lager der Dunkelmänner nur akzeptiert wird als getaufter Jude und daher brauchbarer Kronzeuge gegen die Juden (wie aus seinen Schriften leicht zu entnehmen ist), so wird er von den Autoren der Dunkelmännerbriefe, und da insbesondere von Hutten, als Prototyp dargestellt: er ist profitsüchtig, verlogen, lüstern, ein unwandelbarer Feind Christi und seiner Kirche, stinkend, des Teufels (I,2; I,36; I,38; I,46 (5); I,47 (6); I,48 (7); II,3; II,25; II,47) – der ‚ewige Jude', der ‚von Natur' aus so ist, wie ihn die Autoren schildern. „Sicut iste lapis nunquam fit mollis apud ignem, ita etiam nunquam aliquis Iudaeus fit recte Christianus. Sed faciunt hoc propter lucrum vel propter timorem vel propterea, quod possint facere unam proditionem." – („Wie dieser Stein im Feuer niemals gar wird, so wird auch niemals irgendein Jude ein richtiger Christ. Sie machen das nämlich nur aus Profitgier oder aus Angst oder um einen Verrat begehen zu können"), läßt Ulrich von Hutten in Brief II, 47 einen getauften Juden auf dem Sterbebett bekennen, wo der Mensch bekanntlich die Wahrheit sagt. In das „lauteste Aufjauchzen der satirischen Lust" ist schon die Bitternis des beginnenden Antisemitismus eingeflossen. Aus Reuchlins Kampf für die jüdischen Schriften und für die Judenheit ist im literarischen Freundesdienst seiner Humanistenkollegen ein antijüdisches Pamphlet geworden. Und niemand kann am Ende des 20. Jahrhunderts noch unbeschwert lachen über Schlauraff und Konsorten.

Durfte man es je?

Literatur  Amelung, Peter (Hrsg.). Briefe der Dunkelmänner. Vollständige Ausgabe, übersetzt von Wilhelm Binder, revidiert, mit Anmerkungen und einem Nachwort versehen von P. A., München 1964
Becker, Reinhard Paul. A War of Fools. The Letters of Obscure Men. A Study of the Satire and the Satirized (= New York Univ. Ottendorfer Series, NF 12), Bern/Frankfurt a. M./Las Vegas 1981
Bömer, Aloys (Hrsg.). EPISTOLAE OBSCURORUM VIRORUM. 2 Bde (= Stachelschriften, Ältere Reihe I, 1 und I, 2), Heidelberg 1924
Brecht, Walther. Die Verfasser der Epistolae obscurorum virorum (= Q.F. 93), Straßburg 1904

Brod, Max. Johannes Reuchlin und sein Kampf. Eine historische Monographie. Stuttgart/Berlin/Köln/Mainz 1965

Chomrat, Jacques. Les hommes obscurs et la poésie. In: L'humanisme allemand (1480–1540), XVIII$^e$ colloque international de Tours (= Humanist. Bibl., Reihe I, Bd. 38), München/Paris 1979, S. 261–282

Frey, Winfried. Die ‚Epistolae obscurorum virorum' – ein antijüdisches Pamphlet? In: Jahrbuch 1, 1985: Probleme deutsch-jüdischer Identität, hrsg. v. N. Altenhofer und R. Heuer, Frankfurt a. M. 1986, S. 147–172

Gerschmann, Karl-Heinz. ‚Antiqui-Novi-Moderni' in den ‚Epistolae obscurorum virorum'. In: Archiv f. Begriffsgesch. XI, 1967, S. 23–36

Grimm, Heinrich. Ulrich von Hutten. Wille und Schicksal (= Persönlichkeit u. Gesch. 60/61), Göttingen/Zürich/Frankfurt 1971

Hess, Günter. Deutsch-lateinische Narrenzunft. Studien zum Verhältnis von Volkssprache und Latinität in der satirischen Literatur des 16. Jahrhunderts (= MTU 41), München 1971

Huch, Ricarda. Deutsche Geschichte, 2. Band: Das Zeitalter der Glaubensspaltung. Nachdruck 1954

Kisch, Guido. Zasius und Reuchlin. Eine rechtsgeschichtlich-vergleichende Studie zum Toleranzproblem im 16. Jahrhundert (= Pforzheimer Reuchlinschriften 1), Stuttgart 1961

Kreutz, Wilhelm. Die Deutschen und Ulrich von Hutten. Rezeption von Autor und Werk seit dem 16. Jahrhundert (= Veröff. d. Histor. Inst. d. Univ. Mannheim 8), München 1984

Leinz-v.Dessauer, Antonie (Hrsg.). Johannes Reuchlin, Gutachten über das jüdische Schrifttum, hrsg. u. übers. von A. L.-v.D. (= Pforzheimer Reuchlinschriften 2), Stuttgart 1965

Löfstedt, Bengt. Zur Sprache der ‚Epistolae obscurorum virorum'. In: Mittellatein. Jahrb. 18, 1983, S. 271–289

Rogge, Helmut. Fingierte Briefe als Mittel politischer Satire. München 1966

Rupprich, Hans. Vom späten Mittelalter bis zum Barock, 1. Teil: Das ausgehende Mittelalter, Humanismus und Renaissance 1370–1520 (= Geschichte der deutschen Literatur, Bd. IV, 1), München 1970, v. a. Kap. VI

Wehrli, Max. Geschichte der deutschen Literatur vom frühen Mittelalter bis zum Ende des 16. Jahrhunderts (= Geschichte der deutschen Literatur von den Anfängen bis zur Gegenwart, Bd. 1), Stuttgart 1980, v. a. S. 907 ff.

Wunderlich, Werner. Das Schlaraffenland in der deutschen Sprache und Literatur. Bibliographischer Überblick und Forschungsstand. In: Fabula, 27, 1986, Heft 1/2, S. 54–75

BILIBALDI·PIRKEYMHERI·EFFIGIES
·AETATIS·SVAE·ANNO·L·III·
VIVITVR·INGENIO·CAETERA·MORTIS·
·ERVNT·
·M·D·XX·IV·

*Winfried Trillitzsch*

# Der Brief Ulrich von Huttens an Willibald Pirckheimer*

Huttens berühmter Brief an Pirckheimer ist eines der bedeutendsten Selbstzeugnisse des deutschen Humanismus; der ritterliche Humanist erhebt sich darin über die Vorurteile seiner adligen Standesgenossen gegenüber gelehrter Bildung und läßt als wahren Adel nur den des Charakters und der Vorzüge des Geistes gelten. Insgesamt ist das Schreiben ein mutiges Bekenntnis zu kämpferischer Aktivität im Geiste der humanistischen Ideen. Nach zwölfjähriger entbehrungsreicher Wanderzeit (1505–1517) war Hutten in den Dienst des Erzbischofs Albrecht von Mainz getreten, der den mit kaiserlichem Dichterlorbeer gekrönten Humanisten förderte und unterstützte. Hutten folgte ihm im Sommer 1518 auf den Reichstag nach Augsburg, wo der vorliegende Brief geschrieben ist. Soeben (am 17. September 1518) war von Hutten der Dialog „Aula" („Das Hofleben") erschienen, der das Leben bei Hofe kritisierte, und Pirckheimer hatte die Schrift brieflich als unausgereift bezeichnet und dem Freund vom weiteren Hofdienst abgeraten. Als Gegenbeweis dient Hutten Pirckheimers eigene langjährige politische Tätigkeit im Nürnberger Rat.

Pirckheimer hatte seinen Neffen, den Söhnen Martin Geuders, persönlich Lateinunterricht erteilt und sich um die Ausgestaltung des Nürnberger Schulwesens verdient gemacht. – Einer der besten Gönner Huttens war der Ritter Eitelwolf von Stein, Hofmeister des Erzbischofs von Mainz; er starb 1515, ohne seine Absicht, in Mainz eine Universität zu gründen, verwirklichen zu können. – Eine der bedeutendsten Fragen, die auf dem Augsburger Reichstag behandelt wurden, war der Türkenkrieg. Hutten verfaßte dazu 1518 in Augsburg eine „Mahnrede an die deutschen Fürsten, daß sie gegen die Türken Krieg führen sollen", die er Pirckheimer gleichzeitig übersendet. – Eine früher (1515) verfaßte Schrift Huttens in Distichen, der „Nemo" („Niemand"), deren Vorrede sich gegen die römischen Juristen und scholastischen Theologen wandte, erschien 1518 bei Froben in Basel im Druck.

Am Schluß seines Briefes geht Hutten auf persönliche Beziehungen zu befreundeten Humanisten und auf seine Krankheit ein. Augsburg war ein Zentrum der humanistischen Bewegung und Treffpunkt vieler Humanisten. Hutten erwähnt eine ganze Anzahl von ihnen namentlich, mit denen er in Augsburg verkehrte, als er eine Radikalkur gegen sein Syphilisleiden durchführte. Als bestes Heilmittel gegen diese zu seiner Zeit außerordentlich verbreitete Krankheit betrachtete man einen Aufguß des von den Fuggern aus Übersee importierten Guajakholzes; Hutten berichtete danach (1519) in einer Schrift von seinen Erfahrungen damit als Heilmittel gegen die Franzosenkrankheit.

Der Exkurs über die Wolga und die hyperboreischen Berge, zu deren Erklärung er sich den persönlichen Bericht des bekannten Rußlandreisenden Sigmund von Herberstein einholte, zeigt die Weite der Huttenschen Interessen. Das bestätigt auch seine wache Anteilnahme an den Arbeiten der großen Humanisten: die erneute, verbesserte Herausgabe des griechischen Neuen Testaments durch Erasmus (1518); die Kommentierung der Pandekten durch den französischen Humanisten

---

* Veröffentlicht in: W. Trillitzsch, Der deutsche Renaissancehumanismus, Leipzig/Frankfurt/M. 1981, S. 611–613 u. S. 450–480.
Abdruck mit freundlicher Genehmigung des Verlages Philipp Reclam Jun. Leipzig.

◁
*Bildnis Willibald Pirckheimer,
Albrecht Dürer, 1524*
(Kat.-Nr. 3.28)

Wilhelm Budäus, der eine neue Ära der Rechtswissenschaften einleitete und gegen die scholastischen Anhänger der mittelalterlichen Juristen Bartholus und Accursius auftrat; die antischolastische Aristoteleserklärung des Pariser Theologen Faber Stapulensis (Lefèvre d'Etaples); schließlich die Bemühungen der Ärzte Wilhelm Copus und Joachim Ruellius um eine neue, gegen das galenische Lehrsystem gerichtete medizinische Praxis.

Hutten hat nach humanistischem Brauch häufig antike Zitate in seine Darlegungen eingeflochten. Dabei erwähnt er namentlich zwei Stellen aus Vergils „Aeneis" (1,203 und 2,322), eine Stelle aus Ciceros „Schrift vom Redner" (De oratore 1,24) sowie ein Wort aus Senecas „Moralischen Briefen" (Epistulae morales 1,3f.); dazu kommen Reminiszenzen an Plinius d. Ä., Horaz, Persius u. a.

Übersetzungsgrundlage: Eduard Böcking, Ulrich von Huttens Schriften, Bd. I, Leipzig 1859, S. 195–217 (Nr. 90).

*Ulrich von Hutten*

Brief des Ritters Ulrich von Hutten an den Nürnberger Patrizier Willibald Pirckheimer, worin er über sein Leben Rechenschaft ablegt

Bis heute stimme ich mit dir in allem überein, mein Willibald, und meine Meinung von dir, wonach ich dich für einen offenen, aufrichtigen und freimütigen Mann gehalten habe, brauche ich auch nicht zu bereuen. So hast du auch dein Urteil über meinen Dialog „Aula" ehrlich und ohne Umschweife ausgesprochen. Aber sag mir, wenn du in diesem Dialog meine Unreife bemängelst, weil ich schon etwas über das Hofleben geschrieben habe, kaum daß ich den Hof von der Schwelle aus begrüßt habe (wie du sagst) – warum willst du mich daher nicht ebenfalls am Hofe zur Reife gelangen lassen, sondern willst mich gleich unmittelbar beim Eintritt zur Umkehr bewegen und wegreißen? Oder geht es dir etwa ähnlich mit mir wie einst dem Sokrates, der den Glaucon, den Bruder Platons, glaube ich, für zu ungeschliffen hielt, als daß er sich nach seiner Meinung für eine öffentliche Berufslaufbahn eignete, und ihn daher von seinem Vorhaben abhielt, eine politische Stellung zu bekleiden, während er den Charmides von sich aus dazu ermunterte, eine solche anzunehmen, weil er ihn dafür als geeignet ansah? Hast du etwa eine ähnliche Meinung von mir, ein zweiter Sokrates? Sicherlich: Du hältst mich für ungeeignet für das höfische Leben und willst aus Freundesliebe den vielen Unannehmlichkeiten, die mich hierin erwarten, zuvorkommen, und vielleicht hast du mit deiner Mahnung recht. Darum bin ich dir dankbar, „denn mir scheint dieser Rat richtig zu sein". Ich will aber dennoch den Hofdienst, den ich anderen zu fliehen rate, selbst kennenlernen. Was soll ich denn anderes tun, da ich doch überhaupt etwas tun muß? Denn ich weiß nicht, ob du meiner Natur damit Rechnung trägst, wenn du mich so früh in die Verborgenheit und in das Gelehrtenleben rufst, und ob du meine Jugend berücksichtigst, die diese Stille noch nicht verträgt. Könnte ich denn dieses jugendliche Alter in den vier Wänden verborgen halten und mich in diese Einsamkeit und Stille vergraben, ehe ich noch den Trubel der Welt kennengelernt und ihre Unruhe gespürt hätte? Und sollte ich meinen Bekannten und Freunden – wie auch mir selbst – das tätige Leben entziehen, das sie selbst verlangen und das auch ich empfehlen kann, um vielmehr – wie du mahnst – nur mir selbst und meinen Studien zu leben? Womit soll ich mich beschäftigen, wenn ich dir folge und mich völlig in dieses stille Gelehrtendasein vergrabe, mich ganz den Studien und dem Bücherschreiben hingebe, wofür ich dir irgendwie geeignet scheine – ich bitte dich, was werde ich aufzuweisen haben, um mich dereinst mit meinen Studiengenossen in

*Brief an Willibald Pirckheimer,*
*Ulrich von Hutten, 1518*
*(Kat.-Nr. 3.31)*

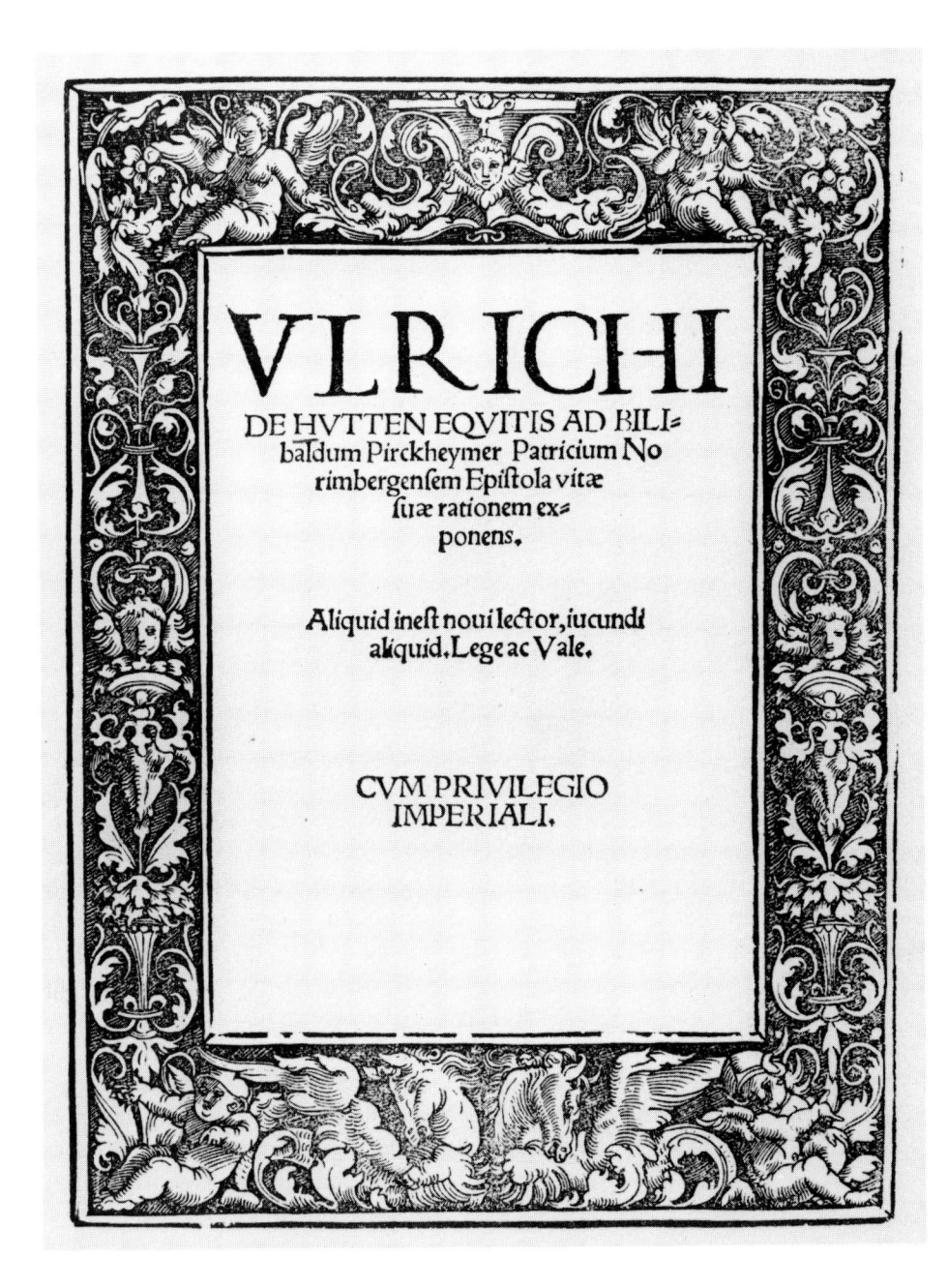

angenehmer Weise auszutauschen, wenn wir uns einmal entspannen wollen? Welche Begebenheiten und welche Themen soll ich dann einflechten, da ich dann nichts erlebt habe? Denn auf jener bisherigen zwölfjährigen Wanderschaft, in der ich viel gesehen und kennengelernt habe, habe ich nichts geleistet und vollbracht und mich noch nicht zufriedengestellt; es bleibt mir, glaube ich, noch übrig, erst einmal zu leben anzufangen. Denn dies war irgendwie erst ein Vorspiel des Lebens und „eine Vorübung der eigentlichen Tragödie" – wenn du mich nicht in die Einsamkeit verstößt und aus dem Umgang mit den Menschen verbannst oder jene Mahnung des großen Helden (Aeneas) im Unglück geringachtest:

„Dereinst werd' ich auch dessen mit Freude gedenken."

Außerdem kennst du meinen Charakter nicht, wenn du glaubst, mich aus dem geselligen Verkehr mit den Menschen absondern zu können, der ich so weit für die

Beschäftigung mit den schönen Künsten aufgeschlossen bin, daß ich dennoch dabei häufigen angemessenen Verkehr und Geselligkeit, auch bisweilen im Umgang mit ungleichen Menschen, nicht verachte. Und wenn du mich richtig kennenlernen willst: Ich ertrage viel leichter dieses geräuschvolle Leben, diesen Verkehr mit fremden Menschen, in dem ich mich zuweilen ganz für mich allein halte, als daß ich einsam sein kann; daher glaube ich, daß ich diese beiden Standpunkte insgesamt recht glücklich werde vereinigen können. Und wie ich mir bewußt bin, in der Wissenschaft schon etwas geleistet zu haben, wie gering es auch sein mag, so darf ich auch in großen Dingen nicht vergeblich auf Ruhm hoffen. Und ich widme mich gern diesen (beruflichen) Aufgaben, obwohl ich mir keineswegs vornehme, meinen überaus angenehmen Studien dabei völlig Lebewohl zu sagen, die mich – solange ich vernünftig bleibe – nicht nur eine Zeitlang, sondern immer und ewig, auch mitten im größten Trubel beschäftigen werden. Darin haben sich meine Freunde in Deutschland sehr getäuscht, wenn sie meinten, ich würde meine Studien aufgeben, nachdem ich einmal in den Hofdienst gewilligt habe. Daher kommt es, daß diejenigen, die mir bei meinem früheren Italienaufenthalt ganze Bündel Briefe – und zwar sehr häufig – zu schicken pflegten, nun so weit verstummt sind, daß keiner einmal dem Hutten drei Worte schreibt, da er nicht mehr – ich glaube, so sagen sie – ein Mensch ihrer Art ist. Wenn sie jedoch auch bisweilen so meiner gedächten, wie ich keinen von ihnen jemals vergesse, dann käme ein sprühender brieflicher Austausch zwischen uns – herüber und hinüber – zustande, im Vergleich zu dem ich nicht wüßte, was ich für humanistischer halten oder woran ich mich mehr erfreuen könnte. Du bist mir noch nicht untreu geworden, weshalb ich dich sehr schätze und meinerseits noch mehr liebe, als ich den Grafen Hermann von Neuenar verehre, der mir bisweilen recht ausführlich schreibt. Jenen mißtrauischen falschen Freunden aber zürne ich, insofern sie sich zu diesem hochmütigen Benehmen gegen mich berechtigt fühlten, zürne ich wegen ihres Hochmutes, wegen ihrer hochmütigen Aufgeblasenheit und weil sie sich zu etwas verleiten ließen, was unserer Wissenschaft unwürdig ist. Denn wenn die Liebe zur Wissenschaft in Wahrheit bedeutet, gelehrt zu sein, dann brauche ich darin hinter niemanden in Deutschland zurückzustehen, besonders da ich dies unter so großen Schwierigkeiten tue. Als Beweis dafür mag dienen, daß ich an der Verteidigung des Reuchlinschen Streites noch zäh festhalte. Du bringst davon eine Erwähnung in deinem Brief, indem zu schreibst, daß die Theologen ihr Geschrei gegen mich irgendwie verstärkt erhoben hätten. Noch weiß ich nicht, ob es angebrachter ist, ihre Unverschämtheit eher zu verachten als zornig zu ahnden und zu bestrafen; denn die Frechheit dieser verdorbenen Gesellschaft wächst ins ungemessene. Neulich schien es (jedoch) angebracht, vor nichts die Augen zu verschließen, nichts zu verheimlichen und nichts zum Vorteil der Sache, die wir einmal mit solchem Eifer zu verteidigen unternommen hatten, aus mangelndem Pflichtgefühl zu übergehen. Ich meinerseits werde mit Eifer diese Mühe auf mich nehmen, selbst wenn ihr nicht so denkt. Wir sehen, wie wichtig es ist, daß dieses Unkraut ausgerottet und dieser Lolch mit der Wurzel ausgerissen wird, damit sich die glückbringende und schon hervorsprossende Pflanze der echten Wissenschaften erhebe und möglichst ausbreite. Ich sage: Vernichtet und vertrieben sollen die werden, die sich der schon aufgehenden Sonne rechter Bildung als mißgünstige Wolken entgegenstellen und die das strahlende Licht des wahren Glanzes in seinem Aufgang verdunkeln oder gar auslöschen und zertreten wollen. Die wahre Wissenschaft soll wieder aufleben, die Gemeinschaft in beiden Sprachen muß uns mit Griechenland und Italien vereinen, Deutschland muß sich Bildung aneignen, und die Barbarei muß bis zum fernen Afrika und zum Baltischen Meer mit Schimpf und Schande vertrieben werden.

Schon zweimal haben die Finsterlinge ihre Pfeile unter dem Namen des Juden Pfefferkorn auf mich abgeschossen; diese haben mich zwar nicht schmerzhaft getroffen oder vielmehr überhaupt nicht getroffen, und ich habe die Angelegenheit bisher nicht beachtet, aber einmal werden sie doch sehen, wen sie angegriffen haben. Wenn sie bisher glaubten, sich alles erlauben zu dürfen, so haben sie nicht danach gefragt, gegen wen sie etwas unternehmen. Deshalb haben die leichtsinnigen Verleumder noch gar nicht gemerkt, welch einer jetzt zum Kampfe (gegen sie) antritt. Dabei darf man, glaube ich, nicht auf die hören, die den Rat geben, daß wir uns keinen Haß zuziehen sollen; von dieser Furcht bin ich so frei, daß ich ihren Haß nicht nur verachte, sondern ihn sogar noch selber schüren werde. Mögen sie nur hassen, ich werde indessen bemüht sein, daß sie mich zugleich dereinst auch fürchten; denn dazu bin ich entschlossen, wenn sie uns nicht in Ruhe lassen, sie nun künftig nicht mehr mit heimlichem Spott zu verfolgen, sondern gegen sie im mutigen Angriff offen vorzugehen. Ich weiß, daß auch du das gleiche willst, und sehe, daß du es tust, einer von wenigen außer mir. Wenn du daran beständig festhältst, werden wir dereinst, glaube ich, viele verderben und dadurch vielen helfen. Und uns soll auch die lange Zeitdauer nicht schrecken; denn wenn auch langsam voranschreitet, was wir vorhaben, voran geht es dennoch und wird dereinst zwangsläufig und nicht ohne allgemeinen Nutzen zum Ziele führen. In der Zwischenzeit wollen wir es dem Palmbaum gleichtun; je mehr sie uns niederdrücken, um so kräftiger wollen wir empordrängen und uns gegen die lästigen Unterdrücker mit unbeugsamem Trotz erheben. Um das zu vollbringen, müssen wir den Mut unserer Zeitgenossen wecken – du schon als erfahrener Veteran und verdienstvoller Kämpfer, der dieses weite Schlachtfeld bereits durchschritten hat und den anderen voraneilt, ich noch als Rekrut und in voller Mannesskraft, der zu jedem Vorgehen rasch und mit Begeisterung bereit ist. Ich möchte das aber von dir nicht so aufgefaßt wissen, daß du etwa glaubst, es wäre nur mein Wunsch, mich unbesonnen in die Schar derer zu drängen, die die (alten) Sprachen bei den Deutschen bereichern können, sondern ich möchte nur nicht als ungeeigneter und zu schwacher Anhänger einer derartigen Bewegung erscheinen, auf daß dereinst, wenn mit deiner und anderer Hilfe diejenigen vertrieben sind, die uns die Saat der besten Feldfrucht abweiden, jene Früchte reifen, deren Anbau ihr gelehrteren Männer in unserem Vaterlande eingeführt habt. Ihr laßt diesen Weinberg nicht durch wilden Wein verunkrauten und verwildern, sondern indem ihr das Feld der schöneren Literatur bestellt, scheut ihr keine Mühe und keine Schwierigkeit; darin seid ihr wie der fleißige Bauer und sorgsame Winzer pflichtbewußt auf euer Werk bedacht, und nicht ohne Erfolg, wie man sieht. So hat doch schon am ganzen Rhein entlang Erasmus die Kenntnis der griechischen wie der lateinischen Literatur verbreitet und den gesamten deutschen Niederrhein durch Weckung von Begabungen derart gefördert, daß er schon selbst mit Italien keinen Vergleich mehr zu scheuen braucht. Und wie Reuchlin sein Schwaben gefördert und geziert hat, so hast du die Jugend deiner Stadt – guter Gott, wie geschickt! – zu solcher Bildung geführt. Das kann man an deinen Verwandten, den Geuders, sehen, die dank deinem Einfluß Griechisch und Latein verstehen, und zwar vorzüglich; du hast sie zuerst in deinem Hause unterrichtet und dich als Patrizier nicht gescheut, den Knaben diese Speise mundgerecht einzuflößen; danach hast du sie sogar nach Italien geschickt. Das sahen deine Mitbürger und machten es selbst ebenso, indem sie sich an dir ein Beispiel nahmen, wie wichtig es ist, sich richtig zu bilden und richtig zu lernen. Und dies geschah ganz nach deinem Wunsche, wobei ich es zu deinem besonderen Glück rechne, daß du in einer Stadt geboren bist, die einerseits von allen deutschen Städten am meisten mit schönen Talenten ausgestattet ist und beständig solche aufweist; und andererseits weiß sie diese auch gebührend zu schätzen und war stets in einzigartiger Weise jedweden schönen Künsten zugetan, und lange war sie es einzig und allein. Denn bereits zu Zeiten unserer Väter hat sie als einzige den Johannes Regiomontanus, meinen Landsmann, hoch geachtet, mit Geldmitteln versehen und mit dem Bürgerrecht beschenkt, während die anderen darin blind waren und die Vorzüge dieses Mannes nicht erkannten – ihn, der in der Beherrschung der Mathematik nach dem allgemeinen Urteil sogar dem Archimedes die Siegespalme entriß und als einer der ersten in unserer Zeit nicht nur in Deutschland, sondern der ganzen Welt rein und ohne Fehler griechisch und lateinisch gesprochen und geschrieben hat, als zu damaliger Zeit die Wissenschaften eben erst wieder auflebten.

Und in den letztvergangenen Jahren hat es den Dichter Conrad Celtis in Ehren gehalten – zu einer Zeit, als die Bezeichnung „Dichter" in Deutschland noch unbekannt war – und mit Geldmitteln unterstützt und auch zahlreiche andere ehrenvoll aufgenommen und großzügig gefördert, was wohl, wie ich glaube, in Venedig zu dem Sprichwort Anlaß gegeben hat, alle anderen deutschen Städte seien blind, nur Nürnberg allein sähe auf einem Auge. So heißt es nämlich dort, vielleicht aus dem genannten Grunde, vielleicht auch, weil eure Bürger an Geistesschärfe und einzigartiger Tüchtigkeit alle erstaunlich überragen. Das ist zum Beispiel an den handwerklichen Erzeugnissen zu sehen; denn das ist schon allen ein Begriff, daß eure Arbeiten hervorragend sind und mehr als bei anderen den menschlichen Wünschen entsprechen; ferner genießt ihr den Ruf, daß bei euch nichts verfälscht wird. Zu dieser hohen Meinung hat in Italien besonders unser moderner Apelles Albrecht Dürer durch seine Malkunst beigetragen; die Italiener, die doch bei sich nicht so leicht etwas Deutsches gelten lassen – mag es aus Mißgunst sein, woran jenes Volk besonders leidet, oder weil dort im Volke schon die Ansicht eingebürgert ist, daß wir zu allem, was Begabung erfordert, zu stumpf und zu schwerfällig seien –, sie bewundern ihn so, daß sie ihm nicht nur aus freien Stücken den Vorrang einräumen, sondern daß sogar manche, um ihre Werke leichter verkaufen zu können, seinen Namen daruntersetzen. Auch in unseren Stand dringt der neue Geist ganz allmählich ein, wo es hartnäckig so lange Jahre viele für eines Ritters unwürdig hielten, literarisch gebildet zu sein. Nichts anderes zog dem hervorragenden Ritter Eitelwolf (von Stein) mehr oder eher den Haß unter den Unseren zu als der Umstand, daß er vor allem dieses Vorzugs wegen so hervorragte und so bedeutend war. Er gewährte mir, der ich schon bekannt zu werden begann, durch Rat und Tat, so gut er konnte, seine Unterstützung; und dazu gewannen wir den Fürsten, der weit über die herkömmliche Auffassung seines Standes hinaus Begabung und Wissen förderte und den du, mein Willibald, zu recht bewunderst: Albrecht (von Mainz). Und schon war ich im Begriff, durch Eitelwolfs Unterstützung und die Großzügigkeit dieses besten Fürsten mich emporzuringen, da starb der Ritter, ach, da starb er! Mit größter Berechtigung nämlich betraure ich seinen Tod, da er mich in meinem Leben so gefördert hat, obwohl Eitelwolf nicht in erster Linie zu meinem persönlichen Nachteil starb, sondern vor allem zum allgemeinen Schaden der Wissenschaften und aller Gebildeten. Denn er bereitete schon etwas vor, womit er uns einen hervorragenden Dienst erwiesen hätte, wenn nicht der allzu frühe Tod die hochherzigen Absichten dieses Mannes zunichte gemacht hätte.

Aber ich schweife in meinem Schmerz zu weit ab. Diesem bedeutenden Manne also erzeugte seine literarische Bildung Mißgunst – so verhärtet sind noch die Herzen der Unseren gegenüber der humanistischen Bildung, so unvernünftig sind die noch, die am ehesten vernünftig sein müßten. Allerdings scheinen die vornehmsten Räte des Kaisers unserer Bewegung sehr günstig gesinnt zu sein, ebenso die bei den anderen Fürsten, die nicht ganz rückständig sind, und selbst einige Fürsten sind uns gewogen. Diese preisen wir des öfteren in hohen Tönen und bezeichnen sie bisweilen sogar als Mäzene und Männer wie Augustus, nicht etwa, weil ihre Vorzüge dies irgendwann verdienten, da einige sogar eher des allgemeinen Hasses als der persönlichen Verehrung wert sind, sondern um in ihnen die Hoffnung zu wecken, es der Großzügigkeit jener Alten gleichtun zu können. Wenn wir uns in unserer Meinung nicht ganz und gar getäuscht haben, so haben wir nämlich einige schon veranlaßt, uns anstandshalber zu begünstigen; und wenn nichts anderes, so haben sie doch das schon begriffen, daß die Förderung der Wissenschaften einen Fürsten auszeichnet. Deshalb ist es mein Rat, das Wohlwollen dieser Männer auf jede Weise zu erlangen zu suchen und, wo immer es angängig ist, die Gunst der Fürsten zu gewinnen; deswegen muß man sich ihnen anschließen und ohne Zögern Staatsdienste annehmen, um dort mit den anderen zu konkurrieren, besonders da wir sehen, daß auch die Juristen und die sogenannten Theologen auf keinem anderen Wege emporkommen, die auch alle der Staatsdienst ernährt.

Und indem ich das versuche, protestierst du und rufst mich zurück wie einen, der einen Irrweg geht. Als ob man nicht beides zugleich tun könnte! Oder hast du etwa damals deine Studien aufgegeben, als du dich einstmals an dem allerturbulentesten Hof hin und her schicken ließest und von Sorge und Unruhe zermürbt wurdest oder als du seinerzeit sogar Kriegsdienste tatest und die Truppen deiner Vaterstadt befehligtest – hast du dich da nicht bisweilen auch diesen lockenden Studien zur Entspannung hingegeben? Oder sollte es daran bei mir fehlen und meine Veranlagung zu schwach erscheinen, daß sie nicht beides bewältigen könnte? Es müßte dir denn als etwas Neues erscheinen, unter Amtsgeschäften die Wissenschaften und neben den Wissenschaften die Amtsgeschäfte zu betreiben; dafür brauchst du keine Beispiele, weil du sehr wohl weißt, wie viele und wer alles diese Dinge erfolgreich miteinander vereinigt hat, und wie verachtet ferner diejenigen einst waren, geschweige denn es bei uns heute sind, die so der Muße leben, daß sie nicht wenigstens für bestimmte Zeitabschnitte einmal Amtsgeschäfte auf sich nehmen.

Ich zähle mich jedoch nicht unter die hervorragendsten Geister, sondern mein Charakter, mein Alter kann das häusliche Leben, die stille Verborgenheit wohl einfach nicht ertragen oder noch nicht ertragen. Laß diese Glut sich abkühlen, diesen unruhigen und beweglichen Sinn ein wenig müde werden, bis er diese Ruhe verdient, zu der du mich vor der Zeit, wie es scheint, ermahnst. Wenn du Rechenschaft über das Leben forderst, daß ich bei dem Fürsten führe, so glaube mir: Nirgendwo bin ich mehr zum Studieren gekommen, da der Fürst mir dazu genügend Ruhe läßt; denn er in seiner Güte hat mir die völlige Befreiung von den gewöhnlichen Beratungen und dem niedrigen Hofdienst zugestanden. Diese Zeit verwende ich auf die gelehrten Studien, mit Ausnahme der Mußestunden, die ich mit anderen gemeinsam verbringe. Daher trage ich meistens eine Handbibliothek, die die besten Autoren enthält, mit mir herum, und wo immer es angängig ist, lese ich, bisweilen schreibe ich auch etwas, und oft bin ich mitten im Trubel für mich allein; und das kann man auch sein.

Jetzt suche ich mir einen Vorleser, einen jungen Mann mit guten Anlagen, der in der Wissenschaft schon etwas mehr bewandert ist als der Durchschnitt, der fließend lesen kann und mit rascher Handschrift leicht dem Diktat folgt; er soll mir bei meinen Studien helfen und mir etwas Arbeit abnehmen. Scheine ich dir nun noch immer mein Leben nicht richtig einzurichten, und wiederholst du mir immer noch diese alte Leier: „Du bist es wert, vor dem mühseligen Dienst bei Hofe bewahrt zu werden!"? Ich erkenne deine Fürsorge mir gegenüber an. Du gibst deinem Freund heilsame Ratschläge, wenn du ihn nicht noch härteren Unannehmlichkeiten – denn das muß man hierbei sehen – aussetzt, indem du mich aus diesen befreien willst. Und sage mir, hast du dir überlegt, wovon du mich zurückhältst und wohin du mich stellen willst? Oder vergleichst du meine Verhältnisse mit den deinen? Ihr in den Städten – euch fällt es leicht, nicht nur ein friedliches, sondern auch ein geruhsames Leben zu führen, wenn das eurem Wunsche entspricht; glaubst du etwa, wenn ich es wollte, ich würde jemals unter meinen Rittern die Ruhe dazu finden? Hast du denn vergessen, welchen Störungen und welcher inneren Beunruhigung die Menschen unseres Standes ausgesetzt sind? Denke nicht (weiter) so und beurteile mein Leben nicht nach dem deinigen.

Bei uns verhält es sich so: Mag ich auch ein noch so prächtiges Erbteil besitzen, so daß ich von meinem Vermögen leben kann – dennoch sind die Beunruhigungen derart (groß), daß sie mich nicht zur Ruhe kommen lassen. Man lebt auf dem freien Lande, in den Wäldern und auf diesen Burgbergen. Diejenigen, die uns ernähren, sind ganz arme Bauern, denen wir unsere Felder, Weinberge, Wiesen und Wälder zu Lehen geben. Was an Ertrag davon eingeht, ist im Verhältnis zu der Mühe, die darauf verwendet wird, gering und spärlich, doch ist man mit großer Sorgfalt und großem Fleiß darauf bedacht, daß er möglichst reich und lohnend ist; denn wir müssen als Haushälter sehr sorgfältig sein. Sodann müssen wir uns dem Dienst irgendeines Fürsten verdingen, von dem wir uns Schirmherrschaft erhoffen; wenn ich das nicht tue, glaubt jeder, daß er sich mir gegenüber alles erlauben dürfe, und auch wenn ich es tue, ist diese Zuversicht mit Gefahr und täglicher Furcht verbunden. Denn wenn ich aus dem Haus gehe, muß ich befürchten, denen in die Hände zu fallen, mit denen mein Fürst, mag er sein, wer er will, Händel oder Fehde hat. An seiner Stelle überfallen sie mich und schleppen mich fort, und wenn einen das Mißgeschick trifft, zahlt man leicht die Hälfte seines Vermögens als Lösegeld; und so erwächst mir Feindschaft, wovon ich mir Schutz erhofft hatte. Daher halten wir uns zu diesem Zweck Pferde, schaffen uns Waffen an und umgeben uns mit zahlreichem Gefolge, alles unter großen und drückenden Kosten. Bisweilen reiten wir wohl sogar nicht zwei Morgen weit ohne Waffen aus; kein Dorf kann man unbewaffnet besuchen; auf die Jagd, zum Fischen darf man nur in Eisen gepanzert gehen. Außerdem kommen häufig gegenseitige Streitigkeiten zwischen fremden und unseren Hörigen vor, und es vergeht kein Tag, an dem man uns nicht irgendeinen Streitfall berichtet, den wir sehr vorsichtig schlichten müssen; denn wenn ich zu ungestüm das Meinige in Schutz nehme oder etwa das Unrecht ahnde, entsteht eine Fehde; wenn ich aber zu geduldig Nachsicht übe oder gar von meinem Recht abgehe, dann bin ich sogleich dem Unrecht aller ausgesetzt, denn was man dem einen zugestanden hat, das wollen dann alle als Zugeständnis für eigenes Unrecht eingeräumt haben. Und unter welchen Leuten geschehen derartige Sachen? Nicht etwa unter Fremden, mein Freund, sondern unter einander Nachstehenden, unter Verwandten und Angehörigen einer Familie, ja sogar unter Brüdern kommen sie vor.

Nun, das sind unsere Annehmlichkeiten auf dem Lande, das ist unsere Muße und Ruhe! Die Burg selbst, ob sie nun auf einem Berg oder in der Ebene liegt, ist nicht zur Behaglichkeit, sondern zur Sicherheit erbaut, mit Graben und Wall umgeben, im Inneren eng, durch Stallungen für Klein- und Großvieh im Platz begrenzt; daneben finstere Kammern, die mit Kanonen, Pech und Schwefel und dem übrigen Gerät an Waffen und Kriegsmaschinen angefüllt sind; überall der Geruch nach dem Pulver der Kanonen; dann die Hunde und der Hundedreck – auch das ist ein unangenehmer Duft, denke ich! Reiter kommen und gehen, unter ihnen Räuber, Diebe und Mörder; denn meistens stehen unsere Häuser allen offen, da wir entweder nicht wissen, wer der Betreffende ist; oder auch nicht viel danach fragen. Es ist das Blöken der Schafe, das Brüllen der Rinder und Bellen der Hunde zu hören, das laute Schreien der Arbeiter auf dem Felde, das Quietschen und Rattern der Karren und Wagen, ja bei uns zu Hause sogar das Heulen der Wölfe, weil die Wälder ganz nahe sind. Den ganzen Tag gibt es Mühe und Sorge für den folgenden Tag, unablässige Geschäftigkeit und beständige Unruhe: Die Äcker müssen gepflügt und wieder bestellt werden, in den Weinbergen muß gearbeitet, Bäume müssen gepflanzt und Wiesen trockengelegt werden, man muß eggen, säen, düngen, ernten und dreschen; da rücken schon wieder die Ernte und die Weinlese heran. Wenn nun ein Jahr einmal schlechten Ertrag bringt, wie es bei dem unfruchtbaren Klima häufig der Fall ist, dann tritt entsetzliche Not und Armut ein, so daß immer etwas da ist, was einen aufregt, stört, beunruhigt, zermürbt und aufreibt, was einen herbeiruft, wegruft oder hinaustreibt. In solch ein Leben, das zum Studieren geeignet sein soll, rufst du mich vom Hofdienst zurück, weil er zum Studium ungeeignet sei, und stellst und verankerst mich dort mit Wissen und Willen als in einen erwünschten Lebenshafen; und indem du das tust, glaubst du mich in die Ruhe und Stille zu bringen; oder wenn du es nicht glaubst, verbirgst du mir die Absicht, mit der du mir diesen Rat gibst.

Denn was soll ich dir schreiben, wie deine Verhältnisse gegenwärtig beschaffen sind und inwiefern man sie mit den meinigen vergleichen darf, ferner wie sehr dein Leben von dieser Geschäftigkeit frei ist (und) wie gesichert und gefeit gegen diese Aufregung und Unruhe – da es nicht meine Absicht ist, dich zu lehren, was du selber weißt, sondern nur auszusprechen, was ich nach deiner Meinung nicht erkenne. Ich habe dir, denke ich, schon genügend bewiesen, daß mich keine Charakterschwäche, keine sinnliche Verlockung oder Neugier an den Hof treibt, sondern daß mich die Notlage dazu zwingt. Du brauchst mir also durchaus nicht vorzuwerfen, daß ich nach deiner Meinung in dem höfischen Netz verstrickt und gefangen bin oder an den Angelhaken des Hofes angebissen habe. Denn erstens habe ich an keinen Angelhaken angebissen, sondern ich zupfe nur den Köder von der Angel und benage ihn vorsichtig, jedoch ohne Risiko und Gefahr. Ferner gestehe ich, daß ich zwar in einem Netz sitze, aber mit der Gewißheit, daraus zu entschlüpfen, da ich die Mahnung des Dädalus beherzigt und vorher einen Ausweg erkundet habe, wie man aus diesem Labyrinth entrinnen kann. Daher sei guten Mutes, ich bin mir sicher und bleibe mir treu. Es ist nicht der Ehrgeiz, der mich verführt, sondern eine lautere Absicht, die mich die nötige Ämterlaufbahn durchlaufen läßt. Ich habe doch auf meinen Ruf zu achten und meine Würde zu wahren, der Tüchtigkeit meiner Vorfahren nachzueifern und das Ansehen der Familie, das mir meine Verwandten zugute halten, zu erhöhen sowie den Glanz des Geschlechts zu vermehren. Wenn ich davon abgehe, dann werde ich mir selber und den Wissenschaften untreu: Bezüglich meiner Person kümmert mich das freilich wenig; für die Wissenschaften aber bin ich bei meinen Stammes- und Standesgenossen in jeder Beziehung bemüht, Gunst zu wecken und ihr Geltung zu verschaffen.

Übrigens blickt mein ganzer Stand auf mich: Alle meine Vorhaben, geschweige erst meine Taten beobachten die Menschen. Man verlangt von mir nicht in erster Linie, daß ich meine Schuldigkeit tue, sondern was ihnen als Forderung in den Sinn kommt. Sie erwarten Großes und denken noch Größeres von mir und leiten diese Meinung aus dem Ruhm meines Namens her, den sie nicht richtig einschätzen. Wenn ich da nichts versuche und nichts leiste, dann werden alle, die so denken, oder zumindest manche, die klarer urteilen, oder überhaupt welche sagen: „Wozu hat er das mit solcher Mühe, solchen Kosten und solchem Aufwand gelernt?" Und dann werden sie teils aus eigener Auffassung glauben, teils durch andere sich davon überzeugen lassen, daß die Menschen durch das Studium der Wissenschaften faul und träge, dumm und schwerfällig, weichlich und schlaff werden; und daher werden sie ihren Kindern davon abraten und sie davon fernhalten, als wäre es etwas, was zu unseren Vorfahren, unserem Adel und unseren großen Vorbildern überhaupt nicht paßte; sie werden glauben, wenn sie das nicht täten, würden jene bei solcher Ausbildung alle Sorge um die Ihrigen und das Menschengeschlecht aufgeben und völlig unnütz leben.

Aus diesem Grunde muß ich gegenwärtig dem Willen der Menschen gehorchen und das tun, was sie von mir erwarten, so gut ich kann. Ich hoffe aber, daß ich dies nicht nur für die Wissenschaften zufriedenstellend, sondern auch zu ihrem Vorteil tun kann, ohne mein Ansehen einzubüßen, sondern es im Gegenteil noch zu vermehren. Außerdem habe ich mir diesen Dienst, wie ehrenvoll und großzügig er auch sein mag, nur auf Zeit und nicht für immer vorgenommen. Schließlich verspricht er mir Ehren und Aufstieg zu höherem Glanz und höherer Stellung. Also halte mich nicht für töricht, wenn ich nach Ehren strebe, oder für verdorben, wenn ich in dem höfischen Treiben mein Ansehen zu vermehren trachte, sondern bedenke vielmehr die Zeitverhältnisse und die allgemeine Auffassung der Menschen oder besser noch das, was zu allen Zeiten gerade die berühmtesten Männer getan haben. Wenn du dann noch ein anderes angemesseneres Leben kennst, so weise mich darauf hin, belehre mich und zeige es mir, nimm mich beim Ohr und führe mich eigenhändig zu jenem Ort, der für Störungen unzugänglich ist. Mir freilich, dem jene tagtägliche Wanderschaft ein gewisses Urteilsvermögen verschafft und manche Illusion genommen hat, scheint alles von Hast und Unruhe, ja auch von Elend und Tragödien aller Art durchtränkt und erfüllt zu sein. Wohin ich mich wende, sehe ich nichts Sicheres und Ruhiges vor mir: Da sind die Ämter, die Dienste, die Gerichtstage, die Versammlungen, die Gefolgschaften, da gibt es Sorgen, Aufregungen, Arbeiten und Widerwärtigkeiten, sodann (unglückliche) Zufälle und überall das drohende Walten des Geschicks, Krankheiten und Leiden. Und nicht allein der Hof ist voll von diesen Dingen, die ich in jener Fahrt beschrieben habe; wo mir vielleicht die Worte fehlten, fehlte es doch nicht an den Tatsachen. Diese Geschichte erfordert einen beredten Mann, der alles noch ausführlicher darstellen und damit vielleicht der Wirklichkeit sprachlich gerecht werden kann. Mir scheint, es herrscht überall die gleiche Unruhe wie bei Hofe. Falls du aber doch etwas gefunden hast, verrate und zeige es mir bitte, damit du mich nicht nur von hier wegnimmst, ohne mich anderswohin zu führen – ich will alles nach deinem Rat tun. Wenn du zauderst und zögerst, rufe und dränge ich (mit Vergil):

„Wie steht's um den Hauptkampf, Willibald?
Welche Festung besetzen wir?"

Du hast schon gehört, wie sehr ich vor diesem ungebundenen Leben zurückschrecke und daß ich mir vorgenommen habe, etwas zu leisten, ehe ich mich in die Verborgenheit zurückziehen werde. Nicht daß ich etwa vorhabe, in den Tag hineinzuleben, oder daß ich mein Leben den Zufallsgeschehnissen anheimstellen und mich von einer Laune ins Ungewisse tragen lassen möchte, sondern weil das noch nicht erreicht ist, was zu jenem gleichmäßigen Leben gehört, und um mir selbst treu zu bleiben. Noch ist nämlich mein Geist der völligen Ruhe, geschweige denn der Schlaffheit und Trägheit nicht fähig; noch habe ich mich nicht bezähmt, noch die Glut meines Alters nicht gemildert, noch habe ich es nicht verdient, mich wie Epikur in die Verborgenheit zurückzuziehen; dieser lädt zwar zur Muße ein, aber ohne Zweifel nur den, der der Muße fähig ist, so daß er – wenn er heute wieder lebendig werden und mich zum Schüler nehmen könnte – mich wohl nicht eher in jene Verborgenheit entführen würde, als bis ich etwas gelernt und etwas geleistet hätte. Das mußt du wissen, daß ich nicht ziellos dahintreibe und in verschiedener Richtung hin und her schwanke, sondern daß ich mir etwas vorgenommen und ein Ziel gestellt habe, das ich verfolge und wonach ich meine Lebensbahn richte und wohin ich aus freiem Entschluß gelangen will, aber das ich ohne fremde Hilfe niemals erreichen kann. Daher hole ich mir aus jenem Netz die nötige Wegzehrung für diese Reise, mein Willibald; denn ich brauche fremden Erwerb, um mich über Wasser zu halten. Wie das bei Hofe möglich ist und wie leicht oder wie schwer mir das fällt, ist hier nicht der Ort darzulegen; doch soll es dir nicht verborgen bleiben, wie ich meinen Lebensunterhalt erwerbe, denn ich werde es dir später einmal erzählen, nicht durch Übermittlung oder brieflichen Austausch, sondern unter vier Augen. Für den Augenblick laß dir genügen zu wissen, was ich so oft wiederhole: Ich bin durch die Notwendigkeit dazu gezwungen, Hofdienste zu leisten. Dann werde ich mich ausführlich rechtfertigen, sobald ich die – hoffentlich nicht allzu ferne – Gelegenheit dazu erhalte, und mich kurz und bündig behaupten und verteidigen. Wenn es dir aber scheint, als hätten sich meine Stellung verändert und meine Verhältnisse gewandelt, dann brauchst du dir das nicht als Veränderung meiner Geisteshaltung zu deuten; denn ich werde mich bemühen, daß ich immer der Hutten bleibe und daß man niemals finden soll, ich hätte mich selber im Stich gelassen, sondern will gleichmäßig die wechselvollen Lebensakte durchlaufen.

Laß mich daher im Augenblick den Höflingen dienen, laß mich ein Weilchen töricht sein – diese Vergunst erbittet sich auch jener Mann bei Cicero –, laß mich also den Zeitumständen gehorchen. Wenn du das nicht zugibst, bin ich gezwungen, gegen den Befehl des Feldherrn meinen Posten zu verlassen. Doch ich glaube, du wirst es zulassen oder mir sogar den Rat geben, mich dahin tragen zu lassen, wohin mich mein Geschick oder besser: das Schicksal führt. Ich lasse mich führen, aber mit vollem Verstand und nicht aus irgendeiner Laune, und ich lasse mich nicht so weit tragen, daß ich nicht den Fuß zurückwenden kann, sobald ich will oder die vernünftige Lebensführung den Rückzug befiehlt, wenn ich diese Dinge satt habe, um mich in die Stille zurückzuziehen und von dieser Fahrt in einen Hafen einzulaufen. Übrigens sind diese Stürme nicht von der Art, daß ich diese Aufregungen der Ruhe vorziehe, sondern ich gedenke sie nur vorher kennenzulernen. Was sage ich: „gedenke"? Ich bin vielmehr, wie ich schon sagte, notwendigerweise dazu gezwungen, denn ich habe den Auftrag, einige Ehrengrade zu durchlaufen, ehe ich mich diesem Trubel entziehen kann. Wenn dabei irgendwelche Beschwerlichkeiten auszukosten sind, so habe ich mir schon Geduld anbefohlen, und ich werde das, was ich in der Schule und unterwegs gelernt habe, wie aus einer Vorratskammer hervorholen und anwenden, um alles gleichmütig zu ertragen und nicht bei jeder anders verlaufenden Entwicklung außer Fassung zu geraten. Das habe ich mir angewöhnt und anerzogen: Ich weiß Anwürfe und selbst Beleidigungen zu ertragen und bin auch nicht unerfahren darin, schlechte Behandlung auszuhalten; ich habe mich in der Gewalt und habe Gelassenheit gelernt. Wenn ich schon den Unannehmlichkeiten entfliehen könnte, welchen wollte ich dann lieber entgehen als denen des Körpers, ich meine den Krankheiten, die mich bisweilen belasten, aber niemals erdrücken. Denn wenn sie den Geist erschüttern könnten, hätten sie mir schon alles Interesse an den Studien genommen. Ich habe mir nämlich ein Magenleiden zugezogen – nicht infolge unmäßiger Lebensführung, wie alle wissen, die mit mir verkehren, sondern durch mein Studium und meine Wanderschaft – und eine körperliche Anfälligkeit geholt, wohl auch weil ich auf der Wanderschaft viele Entbehrungen, bald allzu heftige Kälte und Hitze, bald häufigeren Hunger und Durst auf mich nehmen mußte und unterwegs zuweilen an größter Erschöpfung litt. Hierzu kam außerdem eine körperliche Entkräftung infolge allzu großen Blutverlustes aus meinen Wunden und eine Verringerung meiner angeborenen Körperkraft. Die Schrecknisse, die du mir sonst noch entgegenhältst berühren mich nicht; wer Gefaßtheit besitzt, der hat überall Ruhe, Alleinsein und Einsamkeit. Denn was (laut) an unsere Ohren schlägt, dringt nicht an unseren Geist. Deshalb wird es mir inmitten des höfischen Trubels, glaube ich, an tiefster Ruhe zuweilen nicht fehlen. Um dich durch noch mehr Beweise zu überzeugen, so wisse, daß mir hier in diesem Jahr kein Vorzug mehr gefehlt hat als die Ruhe zum Studieren und daß ich dennoch sehr viel studiert habe. Trotzdem hatte dieses Jahr viel Sorge und Aufregung, denn ich muß mich kleiden und putzen, das Hofzeremoniell erlernen und die höfische Zucht in mich aufnehmen, ich muß mich den Hofbräuchen anpassen, mit Pferden und Waffen versehen und deswegen überall Freunde und Verwandte belästigen und alle mögliche Hilfe erbitten und muß selber hierhin und dorthin eilen. Daher fürchte ich nicht, daß mir die Folgezeit viel von meinem Studium rauben wird. Zumindest ist es bisher gut gegangen, denn ich habe Briefe an meine Freunde geschrieben, habe gelesen und auch, wie du siehst, einige kleine Schriften verfaßt, von denen ich dir anbei meine Mahnrede an die Fürsten sende, die jetzt erschienen ist. „(Genauso,) wie du sie geschrieben hattest?", fragst du. Nein, und das bedauere ich, daß ich gegenwärtig nicht sagen und schreiben darf, was am dringendsten notwendig wäre. Diese unglückliche Rede ist daher unvollständig und hat bei Gott ihren besten Teil verloren, was besonders bedauerlich ist; doch ist es nicht meine Schuld, sondern die derer, die nicht einmal ihre eigene Sache freimütig vertreten lassen – so verhaßt ist heute die Freiheit der Rede, so sehr hat Deutschland aufgehört, deutsch zu sein! Jetzt wird der am liebsten angehört, der am meisten in allem zustimmen kann; wer dagegen die Wahrheit vertritt, scheint hassenswert. Ich aber halte die Unwahrhaftigkeit für die Sache eines unedlen Mannes, wenn es auch große Gefahr bringt, die Wahrheit zu sprechen. Aber wenn ich Ansehen und Lebensunterhalt haben will, ist es mir nicht vergönnt, die Pflicht eines edlen Mannes zu erfüllen.

Aber ich habe schon mehr als genug von den Dingen gesprochen, die meinen Schmerz wieder aufwühlen; und wenn ich mich noch tiefer in ihre Betrachtung versenke, werde ich nicht nur zugeben, was du mir rätst, ich solle mir selbst und den schönen Künsten leben, sondern werde es ohne Zögern und sobald als möglich angreifen. Damit du indessen deutlich verstehst, was ich sagen will: ich erwarte mir immerhin noch etwas Ruhe und Muße für meine Studien. Ich bin weit davon entfernt, daß ich unter den höfischen Ohrenbläsern alt zu werden gedenke, wovor du mich in deinem Brief warnst, und nicht das allein, sondern auch dort allzu lange zu bleiben, wie ich beschlossen habe. Dabei gestehe ich, liegt es auch etwas mit am Schicksal, wie überall und bei allen Dingen. Wenn es mir auch übelwill, so wird mich das trösten, daß ich mit diesem Entschluß nichts Gefährlicheres getan habe, als wenn ich mich für eine andere Lebensform entschieden hätte. Mir geht es hierin wie denen, die beim Würfelspiel gegen Gewinn und Verlust gefeit sind, weil nichts oder nur wenig vorhanden ist, was sie verlieren können. „Aber Zeit wirst du verloren haben!" sagst du. Nicht mehr, als wenn ich umherwandern würde, oder sogar etwas weniger; denn da ging alles mit Unruhe und nichts ohne Besorgnis ab: Bald mußte ich voller Sorge an das Reisegeld denken, bald unter Gefahren mein Leben führen, das ich häufig zu Lande und zu Wasser bedroht sah; bisweilen kam es so weit, daß ich nicht wußte, was ich essen, geschweige denn wovon ich mich kleiden sollte. Du könntest ein erstaunliches Trauerspiel vernehmen, obwohl du gelegentlich einen Teil der Geschichte gehört hast. Aber wenn ich dir der Reihe nach erzählen wollte, was ich seinerzeit anderwärts, vor allem damals in Italien, an Entbehrungen erduldet habe – wo ich aus Mangel am Nötigsten sogar Kriegsdienste annehmen mußte –, dann könntest du eine erstaunliche und unglaublich traurige Tragödie hören. Wenn du das wüßtest und die Sache betrachtetest, wie sie ist, dann würdest du mir wohl nicht so dringend vom Hofleben abraten, da mein Sinn durch so viele Leiden abgehärtet ist. Und ich beanspruche nicht, so weise zu sein, daß ich nicht in das Schicksal einige Erwartung setzen möchte. Denn schon werde ich von ihm schwebend erfaßt, und ich habe mich auf das Glücksrad geworfen, um mich tragen zu lassen, (und bin) voller Erwartung, wohin es mich trägt. Gewiß wird es mich emporheben oder doch nicht hinabschleudern. Denn wohin könnte es mich bringen, besonders da ich mir aus dem, was es mit mir vorhat, nichts mache, da es mir das nicht nehmen kann, was wahrhaft mir gehört? Scheint dir das nicht ein hinreichend starker Trost in der Ungewißheit zu sein? Verleiht es nicht eine große Zuversicht, daß man viel gewinnen, aber nichts verlieren kann? Denn wie meine Möglichkeiten auch beschaffen sind, so glaube ich doch nicht, daß mir allzuviel verlorengegangen ist, wenn sie sich gar zerschlagen sollten. Ich beurteile sie so, daß es mir gleichgültig ist, ob sie gänzlich zunichte werden oder sich nicht vergrößern, weil das eine gewiß ist, daß ich größerer bedarf und die vorhandenen nicht ausreichen, obwohl auch diese nicht ganz gering sind. Aber mein Geist reicht weiter als diese Sorgen. Da nun also mein ganzes Ansehen aus dem Geist kommt und auf dem Geist beruht, so weiß ich aus Erfahrung, daß die Gewalt des Schicksals nichts dagegen vermag. Meinen Adel kann es zwar wunderbar erhöhen, ihn aber zu vermindern vermag es nicht. Du siehst, auf welcher Basis ich stehe und auf welche Zuversicht ich baue, mit welcher Schutzwehr ich mich umgebe und mit welchen Mitteln ich mich waffne. „Aber was das Schicksal gab, das nimmt es meist auch zurück!" Ganz recht, und nicht allein das, sondern auch was wir nicht zugeben, von ihm empfangen zu haben. Ich sehe, daß alles, was uns Menschen an äußerlichen Besitz gehört, den Zufällen unterworfen ist. Da strebe ich nach Ehrenstellen, die ich nach Möglichkeit ohne Mißgunst, andernfalls aber trotzdem erlangen möchte. Dann erfaßt mich ein nicht geringer Durst nach Ruhm: Ich möchte möglichst berühmt werden. Doch ist es schlecht um mich bestellt, Willibald, wenn ich mich für adelig halte, mag ich auch aus diesem Stand und solcher Familie und von adligen Eltern abstammen, wenn ich mich nicht durch eigene Tüchtigkeit selber darin bewiesen habe. Denn ich habe größere Pläne, mir schwebt ein höheres Ziel vor – nicht etwa, daß ich eine gehobenere Stellung in einer erlauchteren Familie einnehmen will, sondern weil ich anderswo eine Quelle suche, woraus ich meinen Adel schöpfen kann. Glaube mir, daß ich nicht nur nach meinen adligen Vorfahren beurteilt werden will oder mich damit begnüge, was ich meinen Ahnen verdanke, sondern ich möchte dem Erbe, das durch mich an die Nachwelt gelangt, etwas hinzugefügt haben. Obgleich hierbei nicht alles dem Schicksal unterliegt, so hat es doch dabei einen gewissen Einfluß und vielleicht sogar einen sehr großen. Du siehst ja, durch welche Hilfsmittel manche bisweilen berühmt werden; und wenn das auch meist nicht ohne Schaden der Tugend abgeht, so entgeht es doch der öffentlichen Anklage. Aber diese Art von Vornehmheit, die ganz von der Schicksalsgöttin abhängt, suche ich nicht, weil sie ohne Wert ist, und ich habe dafür keinen Bedarf. Es gibt aber auch manches, dem selbst die Tugend nicht zum Siege verhilft, wenn das Geschick ungünstig ist. Und dort wünschte ich, daß sich das Glücksrad dreht, auf diese blinde Glücksgöttin schaue ich, diese unvernünftige Lenkerin und Königin jeden Wandels und jeder Veränderung, die sich unversehens einstellt, unstet verweilt, die so launisch und unbeständig, so wandelbar und veränderlich, unzuverlässig und unsicher und so treulos ist und was man zu ihrer Verunglimpfung noch alles ersinnen kann. Hierbei, meine ich, brauche ich einen glücklichen Zufall, eine zweite Drehung des Rades, um empor- und vorwärtszukommen. Und darauf richte ich meinen Eifer und verwende ich meine Mühe; in diesem Bewußtsein unterscheide ich mich von denen, die sich damit zufriedengeben, wie es gerade kommt, denn ich gebe mich damit nicht zufrieden.

Wenn ich dir hier ganz freiwillig und unaufgefordert ein Bekenntnis meines eigenen Strebens gegeben habe, so bin ich doch auf die nicht neidisch, denen es trotz niederer Abstammung gelang, über meine Stellung hinauszukommen. Ich denke hierin ganz anders als meine Standesgenossen, die diejenigen zu verachten pflegen, die es trotz niedriger Herkunft nur aufgrund ihrer Tüchtigkeit zu Ruhm und Ansehen gebracht haben. Sie werden uns mit vollem Recht vorgezogen, da sie die Gelegenheit zum Ruhme, von der wir keinen Gebrauch gemacht haben, ergriffen und genutzt haben, mögen sie auch die Söhne von Handwerkern und Tagelöhnern sein; denn sie haben unter größeren Schwierigkeiten als wir ihr Ziel erreicht. Der Ungebildete, der den Gebildeten beneidet, ist nicht nur dumm, sondern auch bemitleidenswert, ja im höchsten Grade zu bemitleiden. An diesem Fehler leidet unser Adel ganz besonders, daß er sich gegenüber derartiger Auszeichnung ablehnend verhält. Aber was kann es da, bei Christus, deswegen für Mißgunst geben, daß einer das besitzt, was wir vernachlässigt haben? Warum haben wir denn die Rechte, die Wissenschaften und die schönen Künste nicht selbst studiert, so daß es dahin kommen konnte, daß uns Schuster, Gerber und Zimmerleute darin voraus sind? Warum haben wir ihnen den Platz eingeräumt, warum haben wir die Freien Künste so schmählich zum Vorrecht der Knechtschaft und des niederen Standes werden lassen? Ganz mit Recht haben sich daher gerade die Tüchtigsten das ehemalige und von uns vernachlässigte Vorrecht des Adels angeeignet und durch ihren Fleiß zu eigen gemacht; wir sind die Bemitleidenswerten, da wir das preisgeben, was jeden Niedrigstehenden über uns hinauszuheben vermag. Lassen wir daher unsere Mißgunst, und gehen wir lieber selber an das, was zu unserer größten Beschämung der Vorzug anderer geworden ist. Denn was freigegeben und jedem zugänglich ist, das gehört allen. Wieviel leichter fiele es uns als ihnen, das zu erwerben, wenn wir nicht selber den Ruhm ausschlagen wollten und uns nicht mit anderen, nichtigeren Dingen beschäftigen würden oder nicht in Stumpfsinn und Lethargie verfallen wären. Doch jedes Streben ist ehrenvoll, jedes Bemühen um Tugend ist zu loben; allerdings hat auch jeder Stand sein Ansehen und trägt die ihm eigene Zier. Daher sind auch die Ahnenbilder nicht gänzlich zu verachten; es sind Stammbäume, die keine Auszeichnung verleihen. Alles, was an ihnen ist, gehört uns nicht, wenn wir es uns nicht durch unser eigenes Verdienst zu eigen machen. Der Adel haftet uns nicht an, wenn er nicht den ihm entsprechenden Charakter vorfindet. Daher kannst du beobachten, daß dir ein träger und dummer Hausherr all die Standbilder seiner Ahnen vergeblich vorführt, wenn er selber dagegen verkommen ist und mehr einem Holzklotz ähnelt, als daß er mit denen vergleichbar wäre, die durch ihre Tugend hervorleuchteten. Soviel also von meinem Streben, über das ich dir ausführlich und offenherzig Rechenschaft abgelegt habe.

Es bleibt mir nur übrig, dich zu bitten, mich erst als reifen Mann vom Hofe wegzureißen und abzuziehen, da du doch wünschtest, auch mein Dialog „Aula" wäre reif gewesen, ehe er mir aus den Händen geglitten sei; du solltest doch über mein Vorhaben positiver denken und mich in der Blüte meiner Jahre etwas leisten lassen und solltest dabei auch die Meinung der Menschen in Rechenschaft ziehen, die mir meine Muße falsch auslegen würden, wenn ich sie vor der Zeit beginnen wollte. Daher könnte ich nicht untätig sein, selbst wenn ich es vorhätte, und zwar aus vielerlei Gründen, von denen ich dir kaum die Kernpunkte dargelegt, ja kaum die Stichwörter genannt habe. Erwäge doch auch, mein Willibald, was für einen anderen Menschen und was für mich paßt. Ferner sollte man das Wort Senecas nicht außer acht lassen, wenn er sagt: „Der in Ruhe Lebende soll tätig sein, und der Tätige soll ausruhen können." Wer wollte heute etwa die alten Stoiker nachahmen, die sich vor aktiver Tätigkeit wie vor einem unheilvollen Dasein scheuten, und wollte sich in eine solche tiefe und unfruchtbare Ruhe nicht nur zurückziehen, sondern geradezu vergraben? Oder wer könnte so denken wie einige Kyniker, die beim Studium der Philosophie den Verstand verloren? Willst du mir gebieten, so gefühllos zu sein, während du so viele hoffnungsvolle junge Männer in meinem Alter aus allen Ständen kennst, die sich mühen, Ruhm zu erwerben, und du weißt, daß du mir selbst darin mit gutem Beispiel vorangegangen bist – sollte ich da nicht meinerseits das Verlangen haben, es ihnen gleichzutun, sollte mich da nicht die Sehnsucht nach wahrem Ruhm ergreifen? Damals hättest du deine weise Mahnung brauchen sollen, als du sahst, wie ich fast vier Jahre in Italien zubrachte und zum großen Schaden des rechten Studiums den Essig des (Rechtsgelehrten) Accursius trank und so meine Zeit verlor. Aber damals kanntest du mich noch nicht so gut und warst noch nicht so mit mir vertraut; ich lasse diese Entschuldigung gelten und verzeihe dir diesen Irrtum und erst recht diese Schuld unter der Bedingung, daß auch du mir deinerseits meinen Ehrgeiz und meine Torheit nachsiehst und mich wenigstens ein paar Jahre am Hofe zubringen läßt, von dessen Innerem du mich wie von etwas Verbotenem abhältst. Diese deine Strenge bitte ich dich zu mildern. Ich werde mich in dieser neuen Umgebung vorsichtig bewegen, daran zweifle nicht, und so vorgehen, daß ich mich nicht unbedachtsam auf gefährliche Höhe begebe, sondern lieber auf der Ebene bleibe; wo es am ungefährlichsten ist, dort will ich mich, soweit es geht, aufhalten. Darin habe ich schon Festigkeit gewonnen und mich gewappnet. Willst du noch etwas Großartiges hören? Auch wenn du es nicht willst, werde ich es dir sagen, da du mit deinem aufrichtigen Brief so leicht alles aus mir herausholst; also ich will es dir sagen: Ich glaube, ich kann gleichzeitig nach Ehrungen trachten und sie verachten. Da hast du den Kernsatz; dem läßt sich nichts hinzufügen. Sobald sich diese Glut gelegt hat, von der du mich entflammt siehst, und ich auch (meinerseits) dieser Notwendigkeit genügend entsprochen habe, die ich so oft erwähne, und schon etwas geleistet ist, was von meinem Leben Zeugnis ablegen kann, dann will ich deinem Rat folgen und der Vergessenheit der Menschen anheimfallen, dann will ich nach Ruhe und Stille streben, wenn der Himmel will, dann will ich mich in einen Winkel zurückziehen, in eine stille Höhle verkriechen, von wo aus ich die Sorgen und das Treiben der Menschen beobachten kann. Ich werde wie du diese von Dünkel und Hochmut aufgeblasenen Höflinge, diese auf ihren Stammbaum pochenden Adligen, diese mit einem Haufen Bücher sich brüstenden Rechtsgelehrten und diese sich wegen Nichtigkeiten bewundernden Theologen verlachen. Ihre jetzt gegen mich gerichteten Anspielungen verstehe ich recht gut, und ich brauche für das gallige Benehmen eines Mannes keinen Dolmetscher; wenn dieser wüßte, wie wenig er damit ausrichtet und daß diese Schmähungen mein Inneres nicht zu kränken und aufzuregen vermögen, würde er nicht soviel Mühe darauf verschwenden und soviel Aufwand damit treiben, da er sähe, daß alles vergeblich ist. Hier zerreißen mich einige Rechtsgelehrte, das heißt die sich für solche halten, diese verrückten und dummen Menschen, wegen meiner Schrift „Nihil und Nemo". O wenn du hören könntest, welche Reden und welche Geschichten über mich umlaufen, wie der unselige Nemo gar ganze Mahlzeiten, die bisweilen zu regelrechten Gelagen verlängert werden, für sich in Anspruch nimmt! Die Dummköpfe haben geschworen, sich fernerhin mit mir nicht mehr abzugeben, so übelgenommen haben sie diese Dichtung. Ich weiß, daß auf gewissen Gastmählern einige Leute in meiner Abwesenheit sehr dreist gegen mich losgegangen sind. Diesen Unverständigen gegenüber tippe ich mir mit dem Finger an die Stirn, daß sie diese Kleinigkeiten so dramatisieren. Oder hältst du den für vernünftig, der sich wegen einer solchen Bagatelle so aufregt? Es sind wirkliche Gelehrte zu mir gekommen – gelehrter als die, die ich eben erwähnt habe – und haben mir gesagt, daß sie bei der Lektüre des „Nemo" beinahe bersten wollten vor Lachen. Diese sind vernünftig und denken nicht, daß etwas ihnen gilt, was ich gegen die Unsitten der Zeit vorgebracht habe. Wenn du bei euch Leute in unversöhnlichen Zorn geraten siehst, dann erhebe Einspruch, erbitte für mich Armen Straffreiheit und sage: Niemand hat diesen Sumpf aufgerührt und dieses Blitzmal berührt; was hat Hutten damit zu tun, sollst du sagen, wenn Niemand die Autorität des Jason in Frage stellt oder gegen den Accursius losgeht und wenn irgendein Nichts vor dem Grabmal des Bartholus nicht die Knie beugt? Du wirst mir mit Leichtigkeit das Leben retten oder Straffreiheit erwirken; denn wenn sie auf Majestätsbeleidigung erkennen und mich wegen Hochverrats belangen wollen, dann stelle die Frage, ob sie wohl glauben, daß Accursius verstanden habe, was Hochverrat für ein Verbrechen ist. Wenn du diese Frage aufgeworfen hast, dann werden sie die Klage gegen mich fallenlassen und auf deine Anregung hin umständlich hunderttausend einzelne Glossen als Beweise anführen. Doch ich will diese Schwätzer beiseite lassen und auf die übrigen Teile deines Briefes eingehen.

Du bist nicht im Irrtum, wenn du schreibst, in meiner Schrift „Aula" sei es zu merken, daß ich bisweilen meine sehr gereizte Galle wider Erwarten zur Ruhe gezwungen habe, wo ich schon im Begriff stand, heftiger vorzugehen. Du hast recht: Ich habe mich zurückgehalten, einmal weil ich sehe, daß man sich gegenwärtig allerseits und überall gegen die Freiheit verschworen hat, andererseits aber weil ein Scherz keinen schärferen Tadel verträgt.

Du bedauerst es zu recht, daß der Arzt Stromer auf seiner Durchreise nicht deine Gastfreundschaft wahrgenommen hat. Er ist ein vortrefflicher, angenehmer und rechtschaffener Mann; wer diesen Mann schätzt, der soll wissen, daß er auch von mir sehr geschätzt wird. Ich habe die Briefe Hermann von Neuenars empfangen; dabei hast du mich erheitert, wenn du dich stellst, als ob du lispeltest, und bei manchen Wörtern den Buchstaben „r" ausläßt. Mit dem, den ich dir zu meiden riet, will ich dich nicht aufhalten. „Jener ist nun einmal so". Aber ich habe dich in bester Absicht gewarnt, ihm allzu unvorsichtig etwas anzuvertrauen, weil ich nicht weiß, ob du ihn richtig kennst. Aber nun zu dem, was du vermutlich wissen willst.

Das Konzil hier ist aufgelöst, und ich weiß nicht, ob es etwas gebracht hat, was die Menschen von ihm erwarten durften; aber das weiß ich ganz genau: Es hat nichts hervorgebracht. Der päpstliche Legat (Cajetan) geht wie ein reißender Wolf von dannen und bringt aus Deutschland kein Geld mit heim. Während ich das für richtig halte, mißbillige ich es sehr, daß sich niemand um den Türkenkrieg kümmert. Nun denn, bewahre mich der Himmel, daß ich wünschte, wir brächten die Türken bis unmittelbar an die Schwelle Deutschlands, damit diese Zauderer einmal erwachen würden.

Über meinen Gesundheitszustand vernimm folgendes: Sehr wirksam ist die Medizin aus einem Holz, von dem wir noch nicht wissen, wie es heißt; in vielem ist es dem Ebenholz ähnlich, in manchem dem Buchsbaum. Doch ist es kein Ebenholz, das wissen wir genau. Wunderbarerweise genese ich – zuerst danke ich es der Hilfe Christi, sodann den Fuggern oder wer immer die waren, durch deren Vermittlung wir dieses Heilmittel gegen eine so verheerende und schon so viele Jahre den Ärzten spottende Krankheit bekommen haben. Unter strengster Enthaltsamkeit an Speise und Trank und nicht nur aller Genußmittel, sondern auch aller Stärkungs- und Kräftigungsmittel führen wir diese Kur durch. Außerdem ist jeder Luftzug so streng zu vermeiden, daß alle Ritzen des Raumes, in dem man sich aufhält, verstopft werden müssen. Ich bin schon einen ganzen Monat nüchtern; um Monatsmitte herum erhielt ich täglich ein halbes Hähnchen zu Mittag, zum Abend nichts; später dann gab es etwas reichlicher die andere Hälfte zum Abendessen. Brot bekommt man nicht mehr als fünf Unzen pro Tag. Ich esse alles, selbst das Geringste, ohne Salz und trinke keine andere Flüssigkeit als den Aufguß jenes Holzes. Indessen bin ich dir wohl noch immer nicht geschwächt genug, da du mich mahnst, mich „der Liebesfreuden zu enthalten"; doch würdest du an so etwas nicht denken, wenn du sehen könntest, wie bleich, abgemagert und kraftlos ich bin. Um meine Krankheit will ich mich aber künftig nicht allzuviel kümmern, wenn nur die anderen Dinge mir wunschgemäß vonstatten gehen. Dazu wünschst du mir alles Gute, worüber ich mich außerordentliche freue; denn ich halte es für eine ziemliche Ehre, von einem so vortrefflichen und so bedeutenden Mann, wie du es bist, geliebt zu werden.

Hier besuchen mich viele berühmte und vornehme Männer; unter ihnen ist der Graf Ulrich von Helfenstein, der weniger wegen seines alten Adels als vielmehr durch seine Kenntnis der Wissenschaften bekannt ist; ferner Jakob von Banisien, ein hochgelehrter und sprachgewandter Mann, von dem ich die gleiche Meinung gewonnen habe wie Agamemnon von Nestor: ich wünschte nämlich, daß der Kaiser zehn solche Ratgeber hätte; wenn mir von Christus dieser Wunsch erfüllt werden könnte; dann brauchte ich mir nicht mehr viel Sorge zu machen, wie Deutschland in die beste Verfassung gebracht werden könnte. Außerdem kamen gewöhnlich mehrere andere zu mir, ehe der Konvent der Hofleute sich auflöste. Viel ist auch Jakob Spiegel bei mir, ein auch bei anderen gern gesehener und mir sehr angenehmer und sympathischer Mann; dann Konrad Peutinger, mit dem mich schon, wie du weißt, eine alte Freundschaft verbindet. Allerdings rauben und entziehen ihn mir seine Verpflichtungen, von denen dieser Mann, der unter allen Gelehrten sonst und besonders unseres Standes der eifrigste ist, sehr in Anspruch genommen wird. Ich genieße die Gastfreundschaft des angesehenen Kanonikers Georg Gros, in dessen Haus mich während seiner Abwesenheit mein Verwandter Johannes von Wirsberg, ebenfalls ein Kanoniker und Beamter, eingeführt hat, da sein eigenes Haus für einen Gast zu klein war. Dieser schätzt mich außerordentlich, und zwar besonders, weil ihm einmal meine Schriften von Andreas und Jakob Fuchs, den beiden vortrefflichen und bekannten Männern, empfohlen worden sind und dann, weil ich im vergangenen Jahr zusammen mit Georg von Streitberg, dem Ritter und Rechtsgelehrten, aus Italien kommend zufällig in seinem Haus abstieg. Du glaubst nicht, wie willkommen ihm dies war; daher pflegt und versorgt er mich noch in einzigartiger Weise. Daß dies bei ihm von Herzen geschieht, davon bin ich schon deswegen überzeugt, weil er Prahlerei und jenes gemeinhin übliche, großartig verhüllende Gerede abgelehnt und sich durch die Tat als Freund beweist. Häufig war er in meinem Krankenzimmer bei mir, auch dann, wenn ich von der abscheulichen Krankheit ekelhaft stank. Er hat oft stundenlang bei mir gesessen, hat mich auf seine Weise mit angenehmen Geschichten unterhalten und dabei mit größter Sorgfalt darauf geachtet, daß alles Nötige reichlich zur Verfügung stand. In diesem Sinne wirst du mir einen Gefallen tun, wenn du den Mann einmal in einem Briefe von mir grüßt. Er schätzt alle trefflichen Männer, besonders die Humanisten, und hat vielen in Italien meine sämtlichen Schriften, besonders aber jenen noch ganz neuen und etwas verfrühten Dialog („Aula") geschickt. Ihn also empfehle ich dir, damit auch du ihn den Deinen empfiehlst, nämlich den Musen und den Wissenschaften. Außerdem besuchen mich häufig der Augsburger Egidius Remus (Rehm), mit dem ich seinerzeit in Pavia studiert habe, als wir damals von demselben Magister in das Studium der griechischen Literatur eingeführt wurden, und der Italiener

Trebatius Vicentius, ein im Griechischen und Lateinischen hervorragend gebildeter Mann, dem nur das eine abgeht, durch sein Wissen nicht aufgebläht zu sein, ferner Johannes Foeniseca (Mader), der durch seine Kenntnis der okkulten Künste und der Geheimwissenschaft hervorragt. Es wird uns gerüchtweise hierher berichtet, das Neue Testament sei von Erasmus erneut durchgesehen und wiederum überarbeitet worden, und auch einige andere kleine Werke seien von ihm neu erschienen. Ich wundere mich, daß die Neuigkeiten auf dem Büchermarkt so spät hierhergelangt. Den Julius Pollux, den Hesychius und die anderen von dir übersandten Bücher habe ich empfangen. Ich habe daraus deine Fürsorge bezüglich meiner Person ersehen.

Als ich dies schrieb, ist mir ein zweiter Brief von dir überbracht worden, worin du dich nach dem Wolga-Fluß erkundigst, wie ihn der Verfasser des Büchleins über die beiden Sarmatien nennt. Da dieser nämlich schreibt, das sei ein riesiger Fluß, noch viel größer als der Tanais (Don), und er durchfließe einen ungeheuren Teil Asiens und münde schließlich in das Schwarze Meer, so möchtest du wissen, welchen von den Flüssen, die die alten Autoren erwähnen, man darunter vermuten dürfe. Mit ist neulich bei der Lektüre dieses Büchleins dasselbe Problem aufgetaucht. Als ich der Sache ernsthafter, als ihrer Bedeutung angemessen ist, nachging, da ergab es sich zufällig, daß ich mit dem berühmten Ritter Sigmund von Herberstein, einem kaiserlichen Ratsherrn, bekannt wurde. Dieser war nämlich im vergangenen Winter als Gesandter des Kaisers beim Moskauer Zaren und hat einen Teil von Skythien bereist, und er ist auch bis nach dem eigentlichen Asien und in babarisches Gebiet gelangt. Der hat mir jetzt gesagt, was ich vorher zwar schon vermutete, aber nicht beweisen konnte, daß es sich um denselben Fluß handelt, den die Moskowiter an seiner Quelle Wolga nennen und der bei Ptolemaios „Rha" heißt. Aber der Verfasser der Beschreibung Sarmatiens sei in dem Punkte im Irrtum, daß der Rha nicht in das Schwarze, sondern in das Kaspische Meer fließe; er selber habe im ungarischen Buda in die Bibliothek des Königs Matthias (Corvinus) eine mit sehr alten Schriftzeichen geschriebene griechische Handschrift der Geographie des Ptolemaios gesehen, in der nicht „Rha", wie der Übersetzer es wiedergegeben hat, sondern Rha potamos" steht. Der gleiche Sigmund hat mir in dem Büchlein über Sarmatien die merkwürdige Tatsache nachgewiesen und mich beinahe überzeugt, daß es keine ryphäischen und keine hyperboräischen Berge gibt. Dies fiel mir deshalb leicht zu glauben, weil Sigmund die Sprache der Moskowiter versteht, die mit der Sprache sehr vieles gemeinsam hat, die andernorts die Illyrer und gewisse Leute in Krain sprechen, wo jener herstammt; er hat die Angelegenheit eingehend untersucht und dank seiner sprachlichen Verständigung mühelos nachforschen können und dürfte sich schwerlich täuschen, zumal da er in den verschiedensten Gegenden darüber viele Erkundigungen einziehen konnte und bei den meisten keine voneinander abweichenden Angaben vorfand. Dazu kommt noch, daß er selber die Quellen des Don bereiste und bis zur Wolga vordrang, jedoch keine Berge sah und auch auf einer nahezu zweihundert deutsche Meilen im Umkreis unternommenen Erkundungsfahrt von solchen nichts hörte, wo dies doch den Moskowitern nicht unbekannt sein konnte, wenn es sie irgendwo gäbe; denn sie reisen sehr weit herum und machen in kurzer Zeit ganz plötzlich die größten Reisen, und das Moskauer Reich ist so groß, daß jene Berge größtenteils zu ihm gehören müßten. Jedenfalls versichert er ganz bestimmt, daß in der Hauptstadt, wo er vieles erfuhr, was er in seinen Reisebeschreibungen berichtet, alle Moskowiter sagten, es sei unwahr und erfunden, was die Menschen über jene Berge dächten und die alten Autoren darüber berichteten; denn alle diese Gebiete seien flach, und es begegneten nirgendwo Berge, soweit man auch nach Norden zöge; höchstens könnte man einige niedrige Hügel, die auch Sigmund von Herberstein selber gesehen hat, unter die Berge rechnen. Das hat mich maßlos in Staunen versetzt, als ich das hörte: daß eine so fest in der Meinung der Menschen eingebürgerte Sache, die von den berühmtesten Männern in ihren Schriften so oft nachgesprochen worden ist, ins Reich der Fabel und der Ammenmärchen gehört, daß es sie gar nicht gibt und sie sich schließlich in Nichts auflöst. Der du Zeit hast, da du vom Hofleben frei und der Verpflichtung ledig bist, schlage eine Menge Bücher nach und erforsche und erkläre uns jene ryphäischen und hyperboräischen Berge.

Gestern suchte mich, aus Basel kommend, Oekolampad auf, ein scharfzahniger Theologe, den ich vorher noch nicht kannte und den jene zahnlosen Leute um seine scharfen Zähne beneiden, mit denen er die Schriften aller drei Sprachen gierig verzehrt. Er sagte mit, Erasmus sei nach seinem Brabant zurückgekehrt, und mein „Nemo" sei in der Frobenschen Offizin erneut im Druck erschienen. O diese arg geschäftigen Drucker, dieser leichtsinnige Menschenschlag! Nun werden meine Spielereien in ganz Westeuropa verbreitet und jenen Theologen, die krankhaft überempfindlich und bei jeder leichten Berührung verletzt sind, vor die Augen gehalten werden. Da wird es dem Hutten schlecht ergehen, o weh mir, ich bin verloren, es ist aus! Diese Angelegenheit ist mir jetzt in die Glieder gefahren, dieser Spaß wird wir teuer zu stehen kommen. Schlage dich ins Mittel, Willibald: ich brauche einen Freund, einen Ratgeber.

Eck hat meinen Landsmann Karlstadt, einen tüchtigen Theologen, heruntergerissen; dieser hat Streit mit Luther, Luther mit vielen anderen – du siehst, wie die Theologen sich ineinander verbeißen und sich gegenseitig zerreißen. Dem Erasmus gibt Eck viele gute Ratschläge, worauf dieser – was sollte er anderes tun? – ganz den Erasmus herauskehrt. –

Kürzlich haben mich die Ärzte purgiert, das setzt meiner Kur ein Ende; denn danach wird mir frische Luft gestattet und Wein, wenn auch nur sehr verdünnt, zu trinken erlaubt und ein etwas reicheres Mittagsmahl vorgesetzt, obwohl wir uns mit unserem Appetit noch ziemlich in Grenzen halten müssen, damit man nicht durchfällig wird. – Oekolampad läßt dich grüßen. Ich glaube, er wird hier Prediger werden. Wilhelm Budaeus, der gelehrteste Adlige und edelste Gelehrte in ganz Frankreich, setzt seine Anmerkungen zu den Pandekten fort. Ich geriet außer mir vor Freude, als ich es hörte. Da hast du gleich zwei Herkulesse auf einmal als Bekämpfer der entsetzlichsten Übel und „sozusagen dreifache Abwehrer des Bösen", den Budaeus und den Erasmus, ich würde alles andere eher tun, als daß ich es wagen wollte, zwischen ihnen einen Vergleich anzustellen. Der eine hat in Frankreich die Brut des Accursius bekämpft und das Geschlecht der Bartholisten ausgerottet, der andere die Barbaren, die blauen Dunst der Theologie vormachen, mit entschlossenem Angriff besiegt und die Heilige Schrift wieder an den Tag gebracht und Licht in sie gebracht. Nimm noch den Faber (d'Étaples) hinzu, der mit seiner Aristoteleserklärung die Philosophie ausgezeichnet etabliert hat; ferner denke an Copus und Ruellius; der eine hat den Dioskorides, der andere den Galen erklärt. –

O Jahrhundert! O Wissenschaften! Es ist eine Lust zu leben, wenn man auch noch nicht ausruhen darf, Willibald. Die Studien blühen auf, die Geister regen sich. He du, Barbarei, nimm ein Strick und erwarte deine Verbannung!

Nun ist der Umfang meines Briefes so angeschwollen, aber er ist deshalb so in die Länge geraten, weil du nicht begreifst, wie sehr ich wünschte, von dir recht lange Briefe zu erhalten. Tue mir dies zu Gefallen, und grüße deine Mitbürger von mir, besonders die, mit denen ich bekannt bin, aber auch „alle, die es wert sind", leb du selbst wohl und so, wie du es verdienst: Du verdienst es ja aufs beste.

Augsburg, am 25. Oktober 1518                                                                                        Ende

# ΟΥΤΙΣ · NEMO

*Paul Gerhard Schmidt*

# Ulrich von Hutten als humanistischer Dichter

Das Ansehen und der Ruhm Ulrich von Huttens beruhen nicht auf seinen Dichtungen, aber seine Dichtungen haben zu seinem Ruhm beigetragen. Hutten verstand sich selbst als orator und poeta, als Redner und Dichter; die Krönung zum poeta laureatus durch Kaiser Maximilian im Juli 1517 hat er als Auszeichnung empfunden, als eine Ehrung, auf die er begründeten Anspruch erheben konnte. In einem Dankesgedicht an den Herrscher spricht er von der Vergänglichkeit im Reich der Natur, vom Verblühen der Blumen und vom fallenden Laub der Bäume. Dem Lorbeer des Dichterkranzes spricht er dagegen immerwährenden Bestand zu und dem eigenen Werk prophezeit er Unsterblichkeit[1].

Die Huttenforschung des vorigen Jahrhunderts hat dem Publizisten und politischen Schriftsteller, dem Satiriker und Mitautor an den Dunkelmännerbriefen, dem in seiner Muttersprache schreibenden Ritter und Parteigänger Martin Luthers mehr Beachtung geschenkt als dem lateinischen Dichter. Trotz dieses Desinteresses haben sich einige Gedichte Huttens als so lebenskräftig erwiesen, daß sie noch in der Gegenwart in den meisten neulateinischen Anthologien berücksichtigt sind[2]. Aufnahme fanden u. a. einige Epigramme aus dem Kaiser Maximilian gewidmeten Zyklus, in dem die Kämpfe in Italien im Vordergrund stehen, die Belagerung von Padua z. B., bei der Hutten in höchste Gefahr geriet; Spottgedichte auf die wie Frösche im Sumpf lebenden Venezianer und auf den französischen König sind darunter, eine Grabinschrift, die Hutten sich selbst verfaßte, dann in Rom niedergeschriebene Satiren über die Käuflichkeit der päpstlichen Kurie, das Gedicht Nemo, Auszüge aus dem Panegyrikus auf den Mainzer Erzbischof Albrecht von Brandenburg und aus dem Triumph Reuchlins und schließlich der poetische Aufschrei Huttens über die 1520 erfolgte Verbrennung der Schriften Martin Luthers. Die Anthologien haben bei ihrer Auswahl den Schwerpunkt auf solche Dichtungen gelegt, die Huttens Stolz auf die eigene Nation und ihre Geschichte erkennen lassen und ihn als engagierten Parteigänger Reuchlins und als Anhänger reformatorischer Gedanken ausweisen. Nicht berücksichtigt sind Huttens frühe Dichtungen, die während seines Aufenthalts an deutschen Universitäten entstanden. Hutten schrieb sie im Umfeld und unter dem Einfluß humanistischer Dichter. Seine ersten Werke verfaßte er als Achtzehnjähriger 1506, im Jahre seines Bakkalaureats an der Universität Frankfurt (Oder). Einer seiner Lehrer war Johannes Rhagius Aesticampianus, der seit 1501 an der „Juristen- und Poetenuniversität" Frankfurt[3] lehrte und seinerseits bei Conrad Celtis in Krakau studiert hatte, so daß man Hutten als Enkelschüler des deutschen Erzhumanisten bezeichnen könnte. Freundschaftliche Beziehungen pflegte Hutten mit dem gleichaltrigen, gleichfalls aus Hessen stammenden Eobanus Hessus, dessen poetisches Ingenium er in seiner wohl frühesten Dichtung preist, wobei er ihn in etwas schematischer Weise der Reihe nach mit Vergil, Ovid, Tibull und Martial vergleicht[4]. Bald darauf konnte er in einer Publikation des Frankfurter Professors der Beredsamkeit Publius Vigilantius Axungia[5] sein Lob der Mark Brandenburg veröffentlichen. Das nur 40 Verse umfassende Gedicht[6] preist Klima und Reichtum der Landschaft um die Oder, bewundert deren Fischreichtum, durch den sie Flüsse wie den Xanthos, den Orontes oder den Tiber in den Schatten stellt, und kommt nach dieser bildungsbefrachteten Einleitung auf Frankfurt und die Gründung der Universität durch Joachim I., der Musen und Wissenschaften in diese Stadt führte. Das Gedicht ist

*ΟΥΤΙΣ · Nemo (Niemand), Ulrich von Hutten, 1518 (Kat.-Nr. 3.53)*

eher eine schulmäßige Übung und Werbeschrift für die neugegründete Viadrina, in der für individuelle Äußerungen eines Dichters kein Raum blieb.

Persönlicher ist ein bald danach in Greifswald entstandener Zyklus von 20 Elegien. Er enthält in vielfältiger Variation Huttens Klagen über die seiner Meinung nach ungerechte und grausame Behandlung, die ihm Mitglieder der Bürgermeisterfamilie Lötz zuteil werden ließen[7]. Der Streit, über den wir leider nur Huttens Darstellung, nicht aber die seiner Kontrahenten kennen, ist für Hutten Anlaß, in einer der Elegien über sein Leben zu reflektieren. Er verweist auf seine vornehme Herkunft und auf den Reichtum seiner Familie; dagegen setzt er eine andere Art von Reichtum, die er vorzieht, nämlich reisend die Welt zu erkunden, Erfahrungen und Wissen zu gewinnen. Hutten beschreibt hier das vom mittelalterlichen clericus vagus verkörperte Ideal, für den der Aufenthalt in der Fremde Voraussetzung und Mittel der Wissensaneignung war. Er beruft sich aber nicht auf mittelalterliche, sondern auf antike Vorbilder und nennt Pythagoras und Platon, die auf Reisen ihr Wissen erweiterten. Die letzte seiner Klageelegien über die Übergriffe der Lötzfamilie läßt er selbst auf Reisen gehen. Wie Ovid die erste Elegie der Tristienbücher nach Rom sandte, so forderte Hutten sein Gedicht zu einer Reise auf. Es soll von Stadt zu Stadt ziehen und die Dichter Deutschlands über Huttens Mißgeschick in Greifswald informieren. Da er für jede Etappe der Elegie die Namen der jeweils zu besuchenden Dichter nennt, entsteht ein Panorama humanistischer Dichtung Deutschlands. Kaum ein Name von Rang fehlt darunter, um der Systematik willen sind auch Poeten geringerer Größe erwähnt. Der Geist der von Celtis angeregten Sodalitates, das für die lateinischen Dichter der Zeit charakteristische Gemeinschaftsgefühl, spricht aus diesen Versen. Anders als die Dichter des Mittelalters stehen die Humanisten in regem Austausch untereinander, begrüßen die neuen Werke der mit ihnen befreundeten Dichter und überhäufen sie mit Lobsprüchen. Diese intensive Kommunikation fördert und begünstigt die Verbreitung literarischer Moden. Bestimmte Formen und Themen werden fast gleichzeitig von vielen Dichtern aufgegriffen und gestaltet, wobei die Imitatio wohl auch mit dem Wunsch nach Überbietung des Vorbilds einhergeht. So hat Hutten seine Ars versificandi[7] sicher mit dem Blick auf ähnliche Werke des Laurentius Corvinus und Konrad Celtis verfaßt. In dem bis zur Mitte des 16. Jahrhunderts oft nachgedruckten Lehrgedicht handelt Hutten von Quantitäten lateinischer Wörter und dem Bau des Hexameters. Es ist ein spröder Gegenstand, der an ähnliche Versifikationen des 13. Jahrhunderts über Prosodie und Metrik erinnert. Es wäre nicht überraschend, wenn sich herausstellen sollte, daß Hutten für diesen Verstraktat auf mittelalterliche Vorlagen zurückgegriffen hat, wie man das kürzlich für Celtis nachweisen konnte, dessen Ars teilweise eine Kompilation aus älteren Quellen ist[8].

Bisher nicht beachtete Verbindungen mit mittelalterlicher Literatur weist der Nemo Huttens auf[9]. Es ist ein längeres Scherzgedicht, das die Allmacht des Nemo preist. Dieser Niemand ist mächtig, weise und unsterblich, was sich leicht beweisen läßt. Niemand nämlich kann alles und weiß alles. Niemand entgeht dem Tod. Niemand kann die Sterne am Himmel und die Tropfen im Meer zählen. Niemand kann Geschehenes ungeschehen machen. Niemand ist treu in der Liebe und so mächtig wie Gott. Hutten legte eine falsche Spur, als er in dem Gedicht den Namen des Odysseus nannte, der im Zyklopenabenteuer der Odyssee unter dem Namen Niemand den Polyphem überlistete und so sein Leben rettete. Huttens Gedicht geht in erster Linie nicht auf diesen Einfall der griechischen Dichtung, sondern auf eine mittelalterliche Tradition zurück, auf die parodistische Verwendung von Bibelstellen. Der auch von Hutten zitierte Satz des Evangeliums (Matthäus 6, 24) „Niemand kann zwei Herren dienen" wurde von einem unbekannten Theologen

*De arte versificandi carmen Heroicum (Heroisches Gedicht über die Verskunst), Ulrich von Hutten, 1547 (Kat.-Nr. 3.55)*

## HVLDERICHI HVTTENI, DE ARTE VERSIFICATOria, Carmen Heroicum.

Qvis modꝰ, et quæ sint seruādo in carmine leges,
Et quo quæꝗ; suum distendat syllaba tempus,
Littera quas uires habeat, quoꝗ; ordine mutet,
Omnia discutiam paucis: huc læta Iuuentus
Verte animi uotum, sitibundasꝗ; imbue fauces.
Non, quia præterea scriptum nihil utile dicam,
Sed quia munus habes animo gratante profectum.
Improbet ista licet, cui mentem insana libido
Carpendi studio uexat, mihi fama trahatur.
Inꝗ; dies mihi perstet honos, mihi gloria surgat:
Qui uelit inuideat, seꝗ; hoc mœrore fatiget.

*Beneuolentiæ captatio*

Litera apud Latios isto discrimine fertur.
Vocalis Criticos, quòd uoces integra reddat:
Tales quinꝗ; putant, y Græca exinde retracta.
Consona, quòd uoces nil mutans adiuuat ipsas,
In se nulla tamen, nisi uocibus addita rectis.
Harum aliquæ nobis uanos referuntur ad usus,
Quæ sint, disce breui, quibus e non assonat ipsis.

*Litteræ. Vocales. Consonantes.*

a 2   O tamen

des 13. Jahrhunderts mit anderen biblischen Sätzen über Nemo verbunden und zu einer scherzhaften Vita des Heiligen Nemo ausgestaltet. Der Einfall fand Nachahmer, die ähnliche Aussagen über Niemand kombinierten; im 15. Jahrhundert waren mehrere Fassungen davon im Umlauf[10]. Hutten steht mit seinem Nemogedicht weitgehend in der Nachfolge dieser mittelalterlichen Parodien, hat aber in eine spätere Bearbeitung seines Gedichts kritische Äußerungen über den Papst, Italien und das Hofleben eingehen lassen.

Während längerer Aufenthalte in Italien entwickelte Hutten ein ausgeprägtes Nationalbewußtsein. Den italienischen Kriegsschauplatz mit seinen wechselnden Allianzen nahm er zum Anlaß, in zahlreichen Epigrammen die Kämpfe Maximilians

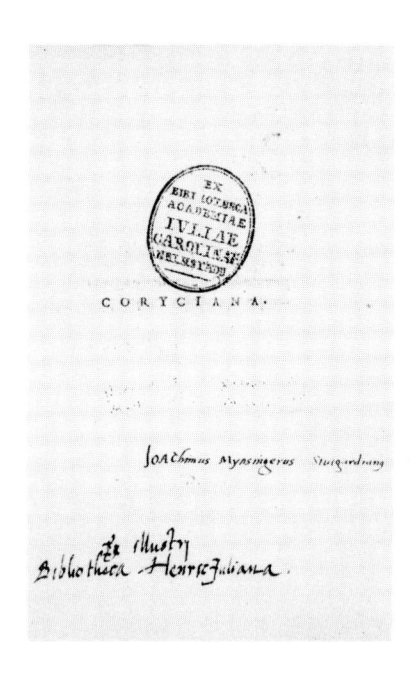

*Huttens Epigramme an den Altar des Corycius Ulrich von Hutten, in: Palladius Blossois (Hrsg.) Coryciana, 1524 (Kat.-Nr. 3.59)*

gegen die Venezianer, an denen er selbst teilnahm, zu verherrlichen, den deutschen Kaiser als Adler zu preisen, seine Gegner, den gallischen Hahn und die venezianischen Frösche, mit allen Mitteln der Rhetorik zu verspotten. Es sind parteiische Invektiven mit den gattungstypischen Überzeichnungen und Übertreibungen, in denen die schon im Greifswalder Streit bewiesene Heftigkeit Huttens erneut an den Tag tritt. Seine Klagen über den Zustand Italiens hat er in gemäßigter Form in einer poetischen Epistel zusammengefaßt, die er das Land Italia an Maximilian richten läßt[11]. In stetem Rückgriff auf die antike Dichtung beschwört Italia den Herrscher, der Unordnung und dem sittlichen Verfall durch sein Kommen ein Ende zu setzen. Vorbild dieser literarischen Fiktion sind die Heroides Ovids, die gerade in dieser Zeit häufig nachgeahmt und aus dem Bereich der heroischen Liebesdichtung auf andere Ebenen übertragen wurden. Es ist kein Zufall, daß Eobanus Hessus, der seinerseits die Jungfrau Maria einen Brief an Gottvater schreiben ließ, die Anregung aufnahm und Huttens Epistel mit einem poetischen Sendschreiben Maximilians an Italia beantwortete.

Dem Vergleich zwischen Italien und Deutschland widmete Hutten ein anderes Gedicht[12], in dem er über den Mangel an deutscher Geschichtsschreibung in vergangenen Jahrhunderten klagt. Es ist ein Text, der die Fixierung Huttens auf wenige Themen besonders deutlich erkennen läßt. Viele Bereiche der neulateinischen Dichtung – etwa die Liebesdichtung – fehlen in Huttens Oeuvre, Stolz auf seine Heimat läßt er nie vermissen. So stellt er fest, daß die Germanen zwar zu siegen verstanden, es aber unterließen, der Nachwelt von ihren Siegen zu berichten. Man kennt nur die von römischen Geschichtsschreibern überlieferten Kämpfe der Zimbern und den Sieg des Arminius über die Römer, nicht aber ihre anderen Ruhmestaten, die man nur e silentio erschließen kann: Deutschland fiel nicht in die Hände des Islams oder einer anderen fremden Macht. Inzwischen gründen die Deutschen nach italienischem Vorbild Akademien und fördern die Wissenschaften. Es sind ihnen zwei Erfindungen gelungen, die als neue Künste ihresgleichen suchen und die Überlegenheit Deutschlands festigen; Hutten meint das Schießpulver mit seinen kriegstechnischen Anwendungsmöglichkeiten und die Erfindung der Buchdruckerkunst. In seinen Augen übertrifft der Buchdruck alle anderen Künste. So läßt er das Gedicht mit einem begeisterten Lob auf die neue Technik ausklingen, die zur Verbreitung der Bildung beiträgt und den Deutschen die kulturelle Vorrangstellung vor anderen Nationen sichert.

Einen Grundriß der deutschen Geschichte hat Hutten selbst verfaßt. Er bildet das Zentrum des mit ungezügelter Rhetorik prunkenden Epos, mit dem er den neuen Mainzer Erzbischof Albrecht von Brandenburg bei seinem Einzug in die Stadt begrüßte[13]. Der Panegyrikus schildert die Feiern, den Jubel der Mainzer und er bezieht in den Kreis der Jubelnden auch die deutschen Flüsse ein, die sich unter der Führung des Rheins versammeln. Vater Rhein trägt einen von Nymphen kunstvoll gefertigten Mantel, auf dem hervorragende Gestalten der deutschen Geschichte eingewebt sind. Nach dem Vorbild der Schildbeschreibung in Vergils Aeneis charakterisiert Hutten die Taten und Personen der mit den Zimbern und Arminius einsetzenden Bilderfolge, die über Totila, Karl den Großen, die Ottonen, Friedrich Barbarossa und Friedrich II., über Heinrich VII. bis hin zu Maximilian und Albrecht von Brandenburg führt. Das deutsche Mittelalter erscheint hier in einem verklärten Licht, umstrahlt von Glanz und Größe. Es dient der Vorbereitung und Einstimmung auf eine noch größere Epoche, auf die Regierungszeit des neuen Erzbischofs. Erzbischof Albrecht hat – wie einst Herkules am Scheidewege – vor der Wahl zwischen Tugend und Laster gestanden. Seine Entscheidung für die Virtus ist Anlaß für Jubel und Festfreude. Mit diesem von humanistischen Dichtern gern verwendeten Bild von der Wahl des Herkules[14] schließt Hutten das für seinen Gönner und Förderer bestimmte Werk. Wie er seine Dichtung selbst einschätzte, kann man daran ersehen, daß er seiner Veröffentlichung nur zögernd zustimmte.

Nach der Dichterkrönung von 1517 löst sich Hutten allmählich von der Dichtung in lateinischer Sprache. Er gibt noch einige seiner frühen Gedichte in sprachlich geglätteten und erweiterten Fassungen neu heraus, wie auch andere Humanisten die Neuauflagen ihrer Werke dazu nutzten, prosodische und grammatische Ungeschicklichkeiten zu bessern. Insgesamt treten aber bei Hutten die deutschen Schriften in den Vordergrund. Gegen die Verbrennung der Schriften Luthers protestiert er 1520 noch einmal in erregten lateinischen Versen, die voll Pathos dem ruchlosen Rom vorwerfen, daß es die heiligen Schriften des wahrheitskündenden Luthers vernichtete. Um aber ein größeres Publikum zu erreichen, verfaßte er auch in deutscher Sprache „Eyn Klag über den Luterischen Brandt in Mentz". Unter beide Gedichte setzte er seinen Wahlspruch „Iacta est alea – Ich habs gewagt"[15].

Versucht man Huttens Leistung als lateinischer Dichter zu beurteilen, wird man noch heute Georg Ellingers Worten über Hutten zustimmen: „Die feineren Wirkungen werden von den rhetorischen Mitteln übertäubt... Aber was diesen dichterischen Gebilden an Mannigfaltigkeit fehlt, wird reichlich durch die leidenschaftliche Energie des Geistes ersetzt"[16].

Anmerkungen

1 Ulrichs von Hutten Schriften, hrsg. von E. Böcking, Leipzig 1859, I, S. 145.
2 H. C. Schnur, Lateinische Gedichte deutscher Humanisten. Ausgewählt, übersetzt und erläutert, Stuttgart 1966, S. 220–237; P. Laurens, Musae reduces. Anthologie de la poésie latine dans l'Europe de la Renaissance, Leiden 1975, 1, S. 343–377; A. Perosa/J. Sparrow, Renaissance Latin Verse. An Anthology, London 1979, S. 429–431.
3 H. Entner, Ulrich von Hutten. Sein Aufenthalt an der Viadrina im Zusammenhang mit seiner Jugendgeschichte, in: Die Oder-Universität Frankfurt. Beiträge zu ihrer Geschichte, Weimar 1983, S. 232–238 (hier: 236).
4 Böcking, I, S. 3–5.
5 Zu Axungia vgl. D. Wuttke, Ist Gregorius Arvinianus identisch mit Publius Vigilantius?, in: Festschrift Otto Schäfer, Stuttgart 1987, S. 43–77.
6 Böcking, III, S. 5f. Den lateinischen Text und eine deutsche Übersetzung bietet H. Grimm, Ulrich von Hutten. Lehrjahre an der Universität Frankfurt und seine Jugenddichtungen. Frankfurt (Oder)/ Berlin 1938, S. 108–113.
7 Böcking, III, S. 89–106.
8 F. J. Worstbrock, Die „Ars versificandi et carminum" des Konrad Celtis. Ein Lehrbuch eines deutschen Humanisten, in: Studien zum städtischen Bildungswesen des späten Mittelalters und der frühen Neuzeit, hrsg. von B. Moeller, H. Patze und K. Stackmann, Göttingen 1983, S. 462–498 (hier: 469).
9 Böcking, III, S. 108–118.
10 P. Lehmann, Die Parodie im Mittelalter. Stuttgart ²1963, S. 176–180.
11 Böcking, I, S. 106–113.
12 Böcking, III, S. 331–340 (Quod ab illa antiquitus Germanorum claritudine nondum degeneraverint nostrates).
13 Böcking, III, S. 353–400.
14 D. Wuttke, Die Histori Herculis des Nürnberger Humanisten und Freundes der Gebrüder Vischer, Pangratz Bernhaupt gen. Schwenter. Materialien zur Erforschung des deutschen Humanismus um 1500, Köln/Graz 1964.
15 Böcking, III, S. 452–459.
16 G. Ellinger, Geschichte der neulateinischen Literatur Deutschlands im sechzehnten Jahrhundert. Berlin/Leipzig 1929, 1, S. 480f.

**MAXIMILIANVS** Diuina fauente clementia electus **R**omanoru Imperator semper augustus ac Germanie **H**ungarie Dalmatie Croatie &c **R**ex
Archidux Austrie Dux Burgundie Brabantie &c Comes palatinus &c. Honorabili nro & sacri Imperij fideli nobis dilecto Vdalrico de Hutten Poete & Oratori Gratiam nram Cesaream & omne
bonum. Consonum Cesareę clementię maxime rati honoribus augere eos quoru virtutis aliqua apud bonos Viros testificatio sit q hec ueluti stimulo ad optima studia capessenda plurimi incitent
deinde sic putantes ad nram quoq gloriam pertinere, si optimi cuiusq uitia nra inprimis testimonio probet. Vnde te Vdalricum prefatu ex nobili Equitum Familia comendatum nobis a probatis
hominibus Iuuenem scientes, q amore literaru exul factus magna Europe perlustrata parte, multa dura & acerba tuleris, etiam uite pericula uberis idq assecutus sis, ut iam tua scripta in manibus haberent te doctissimus quisq per Italiam pariter & Germaniam ob ingenium ac politiorem eruditione familiarissime complecteretur ac interim clarissimoru hominum publice edita
extarent Testimonia, quibus inter raros te collocarent. Et quia tu ad Generis claritudine optimis studijs quęstam nobilitate adiecisti dignum putauimus qui nro quoq calculo probareris
Te igitur Vdalrici coram nra Maiestate & illustri Aulicorum nrorum Cetu constitutum motu proprio ex certa scientia & Auctoritate nra Cesarea Laurea Corona donauimus exornauimus,
aureoq insuper Annulo uireq & usu aurei Annuli ob facundiam & eloquentiam tuam decorauimus Laureatumq & Poetam & Vatem & Oratorem dysertum pronuntiauimus prout tenore presen-
tium te Laurea Corona per sacras Manus nras decoratum, exornatum annuloq aureo decoratu Poetam & Vatem & Oratorem facundu dicimus & pronuntiamus. Dantes & concedentes tibi &
hoc Cesareo nro statuentes edicto quod de cetero in quibuscuq studijs & generalibus prercipue tam in arte Poetica q in Oratoria legere docere profiteri & interpretari ac insuper omnibus Priuilegijs
immunitatibus Indultis honoribus preeminentijs gratijs & Libertatibus libere uti frui & gaudere debeas & possis, quib ceteri Poetę a nobis Laureati ac Oratores freti sunt Quisi fuerunt seu quo-
modolibet gaudent consuetudine uel de iure. Et amplius ut uberiori gratia nra te prosecutum sentias Te eundem Vdalricum cum omnibus Bonis rebus actionibus & Iuribus tuis tam presentibus q futuris in nram & sacri Imperij protectione tuitionem & Saluaguardiam assumpsimus & accepimus prout tenore presentiu expresse assumimus & accipimus, concedentes tibi & elargien-
tes ut apud nullu alium Iudicem q apud Nos & Successores nros Romanoz Reges & Cesares & Consilium nrm & eorum in Ius uocari & Iuri stare possis & debeas. Mandantes icciro uni-
uersis & singulis sacri Ro: Imperij Principib tam ecclesiasticis q secularibus Comunitatibus Vniuersitatib' Collegijs & Subditis quorumcuq locorum per uniuersum nrm Romani Imperium
sitorum cuiuscuq sint conditionis gradus ordinis & status ut te hac nra quam tibi largiti sumus dignitate ac omnibus Prerogatiuis & insignibus eius qualiacuq de iure & consuetudine ser-
uent uti frui gaudere & potiri permittant neconon te contra predictam nram protectionem impulsare aut molestare ullatenus presumant directe uel indirecte sub pena indignationis nre gra-
uissime ac quindecim Marcharu Auri puri quas contrafacientes totiens quotiens contrafactu fuerit ipso facto incurrisse declaramus per presentes. Quaru quidem medietatem Erario nostro
Cesareo, reliquam uero parte tui Vdalrici passi iniuriam usibus decernimus applicandam. Haru testimonio literarum Sigilli nri appensione munitarum. Datum in Ciuitate nra Impriali
Augusta die Duodecima Mensis Iulij Anno domini Millesimo quingentesimo Decimoseptimo Regnorum nrorum Romani Tricesimosecundo Hungarie uero Vicesim̄ octauo

*Diplom der Dichterkrönung*
*Ulrichs von Hutten durch Maximilian I.*
*in Augsburg am 12. 7. 1517*
*(Kat.-Nr. 3.63)*

*Klaus Arnold*

## *poeta laureatus* –
## Die Dichterkrönung Ulrichs von Hutten

Die bekanntesten zeitgenössischen Abbildungen – Holzschnitte, mit denen der Autor seine Werke versehen ließ – zeigen Ulrich von Hutten zumeist mit jenen beiden Attributen, die ihm vor allem wichtig erscheinen: in ritterlicher Rüstung und bekränzt mit dem Dichterlorbeer. Als eques Germanus, als deutscher Ritter, und poeta laureatus, als von kaiserlicher Hand gekrönter Dichter, hat er selbst sich vielfach bezeichnet.[1] Auch wenn eigenhändige Notizen erweisen, daß Hutten über sein eq. Germ. späterhin offenbar eifersüchtiger gewacht hat als über den Ehrentitel des lorbeergekrönten Dichters[2] – was war diese Dichterkrönung und was bedeutete sie für den so Ausgezeichneten? Gab es Vorgänger in der Würde eines *poeta laureatus*? Was prädestinierte einen Neunundzwanzigjährigen zu solcher Ehre und welche Spuren hat sie hinterlassen?

Den Dichter mit einem Laub- oder Lorbeerkranz zu bekrönen, entspricht antiker Tradition. Dies geschah im Rahmen eines Dichterwettstreits, bei dem der Sieger für die Verfasserschaft und den Vortrag seiner Werke ausgezeichnet wurde; so bei den Spielen von Delphi: der Kranz bestand aus Zweigen des Lorbeers, der Apoll, dem Gott der Dichtkunst, geweiht war, von einem Knaben gepflückt und von dem im Ostausgang des Tempetals gelegenen Heiligtum in einer Prozession eingeholt wurde. Ein Kranz von Eichenlaub war der Preis bei den Kapitolinischen Spielen, die Kaiser Domitian 86 n. Chr. in Rom stiftete.[3]

Von diesen antiken Vorläufern unterschied sich der im späten Mittelalter und in der Renaissance wiederauflebende Brauch der Dichterkrönung; sie war nicht mehr Siegespreis, sondern ehrte einen einzigen, hervorragenden Poeten. Im 13. Jahrhundert wird von einem solchen Brauch erstmals in Verbindung mit dem kaiserlichen Hof berichtet: Friedrich II. soll auf diese Weise Dichter ausgezeichnet haben, darunter einen ansonsten unbekannten „Frater Pacificus" „qui ab imperatore fuerat coronatus et exinde rex versuum dictus".[4]

Es war Dante Alighieri, der dem Lorbeermythos Form und neues Gewicht gab. Im ersten Gesang des „Paradiso" (I, v. 13–32) paraphrasierte er eine Passage aus der „Achilleis" des Statius (I, 15 f.: „cui geminae florent vatumque ducumque/ certatim laurus): O buono Apollo, all'ultimo lavoro/fammi del tuo valor si fatto vaso,/come dimandi a dar l'amato alloro.../venir vedra'mi al tuo diletto legno/e coronarmi allor di quelle foglie,/che la materia e tu mi farai degno./Si rade volte, padre, se ne coglie/per trionfare o Cesare o Poeta,/colpa e vergogna dell'umane voglie,/que partorir letizia in su la lieta/Delfica deità dovria la fronda/Peneia, quando alcun di sè asseta".[5] „Der geliebte Lorbeer" freilich wurde Dante erst auf dem Totenbett zuteil, als ornamenti poetici bei seinem Begräbnis 1321 seinen Leichnam und insbesondere ein Lorbeerkranz das Haupt des toten Dichters schmückten. So wurde der Autor der „Divina Commedia" – und späterhin auch Petrarca – auf Porträtbildnissen des 14. Jahrhunderts dargestellt.[6]

Doch Petrarca war nicht der erste – wie er es wohl gerne gesehen und geschrieben hätte – dem zu seinen Lebzeiten und nach einer langen Zeit des Vergessens wieder eine feierliche Dichterkrönung zuteil wurde. Dies konnte vielmehr Albertino Mussato (1261–1329) für sich in Anspruch nehmen; und er selbst hat einen Bericht über diese Zeremonie hinterlassen, welche Elemente einer universitären Gradverleihung und des römischen triumphus in sich vereinte. Die

Initiative zu dieser Veranstaltung ging vom collegium artistarum der Universität Padua aus: Am 3. Dezember 1315 erschien eine Abordnung der Bürgerschaft vor Mussatos Haus und geleitete ihn im Triumphzug zum Palazzo della Ragione, wo er nach Verlesung seiner „Ecerinis" mit einem Kranz aus Lorbeer, Efeu und Myrten und einem Diplom ausgezeichnet und anschließend in einem Fackelzug unter Trompetenschall wieder nach Hause geleitet wurde. Die Ehrung wurde Mussato für seine Leistungen als Dichter und Historiker und seine Verdienste um die Stadt zuteil und läßt noch keinen Bezug auf die kapitolinische Tradition erkennen, sondern verrät eher Anklänge an Aussagen der antiken Dichtung, insbesondere Vergils.[7]

Am 8. April, an Ostern des Jahres 1341 fand auf dem Kapitol in Rom die Dichterkrönung des 37jährigen Francesco Petrarca (1304–1374) statt, die berühmteste des Mittelalters und vorbildhaft für alle nachfolgenden. Petrarca, das „Urbild des Humanisten", hat den Ruhm – vor allem diesen Ruhm, der in dem Wortspiel Laura – laurea unsterblich und unauflöslich wurde – anders als Dante noch in diesem Leben erstrebt.[8] Die Urkunde, die aus Anlaß dieses Ereignisses ausgestellt wurde und auf die wir gleich noch zurückkommen werden, spricht hingegen davon, daß den so Geehrten nicht Ruhmbegierde die vergessene Sitte – seit unvordenklichen Zeiten habe das Kapitol keine Dichterkrönung mehr gesehen – habe erneuern lassen, sondern ihn allein der Wunsch bewegt habe, zur Nacheiferung anzureizen.[9]

Über die näheren Umstände sind wir durch das Diplom, das Petrarca überreicht wurde (und dessen Text wohl in erster Linie seinen Intentionen folgt), die Rede, die er bei dieser Gelegenheit hielt, sowie durch einige Briefe, die sich um dieses Ereignis ranken, recht gut informiert. Demnach erreichten ihn am 1. September des Jahres 1340 in der Vaucluse am gleichen Tag die Einladungen der Universität Paris und der Stadt Rom zur Dichterkrönung. Der so Umworbene gab – natürlich – der römischen Einladung den Vorzug und reiste im folgenden Jahr nach Neapel, um sich dort von König Robert von Sizilien einer Prüfung zu unterziehen. Gegenstand dieses vom Prüfling glanzvoll bestandenen Verfahrens war Vergils „Aeneis". Der König sandte ein schriftliches Zeugnis über die stattgehabte Prüfung nach Rom, das den Kandidaten zur Krönung berechtigt erklärte und Wert darauf legte, daß der König als offizieller Protektor der Stadt Rom einen römischen Senator in seinem Namen und als seinen Vertreter agieren ließ. Schließlich erhielt der Prüfling als besondere Auszeichnung das eigene Purpurgewand des Herrschers zum Geschenk, um es am Tag seiner Dichterkrönung zu tragen.[10]

Die Krönungsfeierlichkeiten fanden im Audienzsaal des kapitolinischen Senatorenpalastes statt, wo schon – nach Petrarcas Meinung – Cicero vor Caesar gesprochen hatte. Ihm lag an diesen antiken Reminiszenzen: Nicht zuletzt war er davon überzeugt, daß die römischen Dichter einst von den Kaisern an diesem Ort mit dem Lorbeer ausgezeichnet worden waren. Im Triumph ließ er sich, wie Mussato, zur Krönung einholen und hielt seine berühmte Rede über Natur und Würde der Dichtkunst. Darin wird als Aufgabe des Poeten die Bewahrung des Ruhms und das Verkünden der Unsterblichkeit bezeichnet; diesem Ziel streben in gleicher Weise der Dichter, der Philosoph und der Historiker zu. Für den Kaiser und den Fürsten ist der Dichter ebenso notwendig wie deren Patronage als Männer der Tat wichtig ist für den Poeten; sie sind aufeinander angewiesen wie Körper und Geist.

Die eigentliche Krönung wurde von dem römischen Senator Graf Orso dell'Anguillara vorgenommen, der mit den Worten: „Nimm den Kranz, er ist der Lohn der Tugend" einen Lorbeerkranz von seinem Haupt nahm und damit seinen Freund Petrarca bekrönte. Jubelrufe brandeten auf: „Es lebe das Kapitol und der Poet!" Den Schluß der Veranstaltung, die im Ablauf einer Magisterpromotion nicht unähnlich war, bildete die Überreichung eines mit einer goldenen Bulle versehenen Diploms (privilegium), welches ihm die Würde eines Magisters und römischen Bürgers bestätigte. Petrarca wurde das Recht verliehen, überall Historie und Poesie zu lehren (ius ubique docendi), Schriften zu erklären und zu disputieren; alle seine Werke, vergangene, gegenwärtige und künftige, sollten den Stempel der Gelehrsamkeit und rhetorischer Brillanz tragen und er selbst die gleichen Rechte und Privilegien genießen wie die Universitätslehrer der Historie und Poesie; zudem wird ihm das Vorrecht zugestanden, bei allen öffentlichen Auftritten den Lorbeer oder auch Myrten oder Efeu zu tragen.[11]

Die Dichterkrönung des Jahres 1341 hat das Vorbild für alle späteren geschaffen; der an Petrarca vollzogene, von ihm initiierte und letztlich auch von ihm selbst für die Nachwelt inszenierte Akt deutet antiken Brauch um in einen Vorgang, der einen literarischen, einen akademischen und einen politischen Anspruch in sich vereinigt.[12] Denn den Dichtern wurde auf dem Kapitol mit dem Lorbeer einst die gleiche Ehre zuteil wie den Kaisern – „unum atque idem laureae decus caesarum et poetarum" in Anlehnung an die bekannte und schon von Dante paraphrasierte Statiusstelle[13] –, weil die einen im Studium, die anderen im Krieg höchste Meisterschaft (magisterium) bewiesen hätten. Wenn der Dichter, weil er Rom verherrlicht, zum civis Romanus erklärt wird, tritt zur literarischen Rom-Idee eindeutig eine politische hinzu. Zwar gab es für Petrarca in der Person des Königs von Neapel einen Patron für die römische Dichterkrönung, welcher aber nicht als König, sondern als gelehrter Prüfer auftrat; noch fehlte die Mitwirkung und beherrschende Rolle des römischen Kaisers.

Mit Karl IV. betritt das römisch-deutsche Kaisertum die Bühne und bestimmt fortan das Geschehen: nicht länger beherrscht der *poeta laureandus* in erster Linie die Szenerie, sondern der Herrscher. Nachdem der Luxemburger selbst die Kaiserwürde erlangt hatte, lag nahe, die translatio imperii auch auf diesem Gebiet zu dokumentieren: In Pisa krönte der Kaiser am 14. Mai, dem Himmelfahrtstag (oder, anderen Zeugnissen zufolge, am Pfingsttag, dem 24. Mai) des Jahres 1355 auf den Stufen des Doms den Florentiner Zanobi da Strada zum (ersten kaiserlichen) *poeta laureatus*.[14]

Der Tag von Pisa manifestiert den Anspruch des Kaisertums, als Nachfolger der römischen Cäsaren und kraft seiner Herrscherwürde den Lorbeer als den höchsten Lohn der Dichtkunst zu verleihen; in gleicher Weise wie der Kaiser das Recht hatte, den Helden und Sieger in der Schlacht zum Ritter zu schlagen. Mochten Boccaccio und Petrarca noch so sehr über den „böhmischen" Kaiser oder den „pisanischen" Lorbeer spotten – von nun an war der Kaiser der oberste Schirmherr der Dichtkunst, der gekrönte Dichter hingegen wurde zum Künder des kaiserlichen Ruhms.[15] Dies betonte auch Zanobi in seiner lateinischen Krönungsrede, die erhalten ist und die Benutzung von Petrarcas Privileg erkennen läßt. Und auch spätere, aus Anlaß einer Dichterkrönung ausgefertigte Urkunden lassen deutlich werden, daß der Herrscher vom so Ausgezeichneten literarische Dienste erwartete: Als Gegenleistung für den gewährten favor caesareus und das benignitatis munus wurde von ihm die Verherrlichung von Kaiser und Reich erwartet;[16] eine Erwartung, die sicherlich niemand mehr versprach und erfüllte als Ulrich von Hutten. Hinsichtlich der Umstände seiner Dichterkrönung ist an der des Zanobi da Strada von besonderer Bedeutung, daß zur Zeremonie des Jahres 1355 die Verleihung von Friedenskuß (osculum pacis) und die Übergabe eines Rings durch den Kaiser gehörten und der *poeta laureatus* in Niccolò Acciaiuoli, Karls IV. Sekretär, einen Förderer und Patron besaß.[17]

Im Hinblick auf die Dichterkrönungen des 15. und 16. Jahrhunderts ist ein näheres Eingehen auf die Anfänge des Brauchs nicht zuletzt durch die Tatsache gerechtfertigt, daß wir – durch die Zeugnisse der so Geehrten selbst – über sie so viel besser Bescheid wissen als über die nachfolgenden, von denen häufig über die bloße Tatsache hinaus kaum Näheres bekannt ist – und manchmal erscheint nicht einmal diese sicher: So wurden Coluccio Salutati (1331–1406) und Leonardo Bruni (1369–1444) erst post mortem mit dem Dichterlorbeer ausgezeichnet;[18] für Ugolino Pisani ist die kaiserliche Krönung nicht sicher, und im Falle des Tommaso Cambiatore erscheint eher eine Ernennung ohne feierlichen Krönungsakt durch Kaiser Siegmund im April 1432 in Parma wahrscheinlich.[19] Von einer kaiserlichen Krönung ist erst – relativ lange nach den Ereignissen von 1355 – wieder bei der Ernennung des Antonio Beccadelli, genannt Panormita, durch Kaiser Sigismund am 9. Mai 1432 in Parma die Rede: manibus propriis perornamus.[20]

Am 22. Juli des Jahres 1442 geschah in Frankfurt am Main die erste kaiserliche Dichterkrönung auf deutschem Boden – eine Tatsache, die der so Geehrte, der berühmte Humanist Enea Silvio Piccolomini und spätere Papst Pius II. (1405–1464) möglicherweise eher als einen Mangel empfunden haben mag. Auf diesen Gedanken muß man nahezu zwangsläufig kommen, wenn man das großartige Fresko Bernardino Pinturicchios in der Dombibliothek von Siena betrachtet, das diesen Vorgang in einer antikisch-italienischen Idealarchitektur stattfinden läßt.[21] Der Kaiser in goldfarbenem Mantel krönt den vor ihm knieenden blondgelockten und mit einem purpurnem Gewand angetanen Dichter mit einem Lorbeerkranz. Doch der Künstler war kein Augenzeuge und hat seine Darstellung erst um das Jahr 1503 vollendet. Ein authentischeres Zeugnis besitzen wir in dem Enea ausgestellten Diplom, für das wiederum Petrarcas Privileg das Vorbild war. Dort ist im übrigen nicht von einem purpurnem, sondern von einem goldbestickten Mantel die Rede, den zu tragen ihm ebenso zugestanden wurde wie das Recht, öffentlich zu lehren und seine Werke mit der ausdrücklichen Zustimmung des Kaisers zu veröffentlichen. Auch Enea hatte Förderer und Patrone im Bischof Silvester von Chiemsee und dem Erzbischof Jakob von Trier. Und er erfüllte auch die Erwartungen, die in einen von kaiserlichen Händen gekrönten Dichter gesetzt wurden, indem er im November des gleichen Jahres formell als Sekretär in den Dienst Friedrichs III. trat und in der Folge eine Reihe von panegyrischen und historiographischen Schriften verfaßte.[22] Für die Geschichte späterer Krönungen bedeutsam ist schließlich die Tatsache, daß Eneas Auszeichnung in Frankfurt im Zusammenhang des dort gleichzeitig abgehaltenen Reichstags stand: vor allem unter Kaiser Maximilian wurden die deutschen Reichstage wiederholt zum Schauplatz von Dichterkrönungen.[23]

Neben Enea Silvio Piccolomini wurden während der langen Regierungszeit Kaiser Friedrichs III. in Italien ein weiteres halbes Dutzend poetae laureati ausgezeichnet: Jacobus Antonius Pandonus Porcelli (am 9. 4. 1452 in Neapel), Niccolà Perotti, Emilio Giovanni Stefano, Giovanni Aurispa sowie post mortem Carlo Marsuppini und 1453 in Capua Francesco Filelfo (1398–1481) durch Alfonso von Aragon.[24] Die in unserem Kontext interessanteste Erscheinung ist wohl die des Francesco Cinzio Benincasa (ca. 1450–1507) aus einer vornehmen Familie von Ancona, dessen Porträt mit dem Dichterlorbeer im Alter von 28 Jahren als eindrucksvolles Marmorrelief eines unbekannten Bildhauers heute im Londoner Victoria und Albert Museum bewahrt wird. Zwar ist nicht zweifelsfrei feststellbar, in welchem Jahr und von wem Benincasa ausgezeichnet wurde; vieles spricht jedoch für den Kaiser und das Jahr 1468, als Friedrich III. am 18. Dezember in Ancona weilte. Als terminus ante quem steht jedoch der 27. Mai 1487 fest, an dem Benincasa von König Matthias Corvinus als „civis Anconitanus, eques auratus et poeta laureatus, familiaris noster" bezeichnet wird. Es ist die Würde eines „goldenen

Ritters" (eques auratus), die vom römischen Kaiser häufig im Zusammenhang mit der Dichterkrönung verliehen wurde, welche die Annahme einer kaiserlichen Verleihung als plausibel erscheinen läßt.[25]

Den letzten entscheidenden Einschnitt in der Geschichte des Dichterlorbeers markiert die Krönung der ersten Deutschen durch den römisch-deutschen Kaiser und auf deutschem Boden: Am 18. April 1487 wurde diese Würde Konrad Celtis auf der Burg von Nürnberg zuteil. Das Ereignis fand Niederschlag in der reichsstädtischen Chronistik, der so Geehrte hat später seinen Briefwechsel nach den „Jahren des Lorbeers" (primus annus laureae) geordnet und der Stätte dieses Ereignisses später seine meisterhafte Stadtbeschreibung, die „Norinberga", gewidmet.[26]

Mit dem 28jährigen Celtis, einem Winzersohn aus Wipfeld bei Schweinfurt, wurde nach seinen humanistischen Wanderjahren kein Unwürdiger gewählt, hinsichtlich seiner poetischen Leistungen freilich eher ein Wechsel auf die Zukunft gezogen. Doch er konnte die in ihn gesetzten Hoffnungen erfüllen, wie nicht zuletzt das zuerst in David Friedrich Strauß' Huttenbiographie verwendete und allgemein akzeptierte Epitheton eines „deutschen Erzhumanisten" erweist.[27] Conradus Celtis Protucius (1459-1508) war erst kürzlich aus Italien nach Deutschland zurückgekehrt und hatte als seinen Förderer den Kurfürsten Friedrich den Weisen von Sachsen gewonnen, indem er ihm im Sommer des Jahres 1486 seine „Ars versificandi et carminum" widmete. Als Ausdruck seiner Dankbarkeit für die ihm verliehene Auszeichnung ließ Celtis einen Bericht über die Zeremonie im Druck erscheinen, versehen mit einer den Vorgang schildernden Illustration. Dieses „Conradi Celtis proseuticum ad diuum Fridericum tertium pro laurea Appollinari" enthielt die Widmung an den sächsischen Kurfürsten, eine Ode des Fridianus Pighinutius an Celtis, dessen Vorrede an den Kaiser und das Werkchen selbst, weitere poetische Zugaben an den Kaiser und Friedrich von Sachsen, an den herzoglichen Rat Dr. Schrenck und den kaiserlichen Astronomen Johannes Canter Frisius unter Beigabe der Himmelskonstellation mit genauer Nennung von Tag, Stunde, Minute und Sekunde der Krönung.[28]

Die erste der knapp vierzig Dichterkrönungen während der Regierungszeit Kaiser Maximilians[29] wurde dem zwanzigjährigen Johannes Cuspinianus (Spießheimer, 1473-1529) aus Schweinfurt bei der Wiener Leichenfeier für Kaiser Friedrich III. am 7. Dezember 1493 zuteil. Die Auszeichnung folgte wahrscheinlich dem Vortrag seines Gedichts auf den Schutzheiligen Österreichs, Markgraf Leopold, und wurde durch den römischen König selbst vorgenommen.[30] Unter den weiteren so Geehrten waren 1494 Jacobus Canter Frisius (ca. 1471-1539), der Bruder des Hofastronomen Maximilians, im Frühjahr 1497 der Dichter Jakob Locher Philomusus (1471-1528) als Dank für ein Lobgedicht an den Kaiser, dem er nach des Celtis Vorbild eine überschwängliche Dankesbekundung an Maximilian und seinen Kanzler Konrad Stürtzel, dem er vor allem die Ehrung zu verdanken hatte, folgen ließ, sowie am 20. August 1498 in Freiburg im Breisgau der Hofgeschichtsschreiber Joseph Grünpeck (1473-1530), gekrönt in kaiserlichem Auftrag durch den Brixener Domherren und königlichen Rat Sigismund Kreuzer, sowie noch im gleichen Jahr Gabriel Münzthaler.[31]

Recht ungewöhnlich, verglichen mit den bisherigen Krönungen, waren die Umstände am 1. März 1501 in Linz: Vor dem Kaiser, seiner italienischen Gemahlin Bianca Maria Sforza und dem gesamten Hofstaat führten Konrad Celtis und seine Freunde dessen Festspiel „Ludus Dianae" auf. In eigener Person griff Maximilian in diese Aufführung ein, als er einem Mitspieler, dem von dem Schlesier Vinzenz Lang (Longinus Eleutherius, † 1503) dargestellten Bacchus – nach dessen Lobspruch auf den deutschen Rebensaft und die Weinstadt Wien – den Dichterlorbeer aufsetzte. Ende Oktober des gleichen Jahres noch wurde nach den Vorstellungen des „deutschen Erzhumanisten" das „Collegium poetarum et mathematicorum" errichtet. Es wurde, durch kaiserliche Urkunde bestätigt, der Universität Wien zugeordnet und ganz auf die Person des Konrad Celtis ausgerichtet:

An seinem 43. Geburtstag, dem 1. Februar 1502 wurde das Collegium eröffnet. Vier Professoren sollten der Institution angehören, zwei für Poetik und zwei für Mathematik. Einer der Poetikprofessoren sollte jeweils die Leitung übernehmen – hierfür wurde Celtis bestimmt –; sein Amtsgenosse wurde der poeta laureatus Vincentius Longinus. Der mit den Insignien von Barett, Szepter, Ring und Siegel ausgezeichnete Vorsteher erhielt das Recht, Studierende der Universität nach bestandener Prüfung in der Dicht- und Redekunst zu Dichtern zu krönen. In seinem Testament weist Celtis darauf hin, daß er das Privileg zur Dichterkrönung auf eigene Kosten vom Herrscher erlangt habe. Von den Insignien haben lediglich die Truhe zu ihrer Aufbewahrung und der Ring die Zeiten überdauert; das Aussehen dieser Insignia poetarum hat ein Holzschnitt von Hans Burgkmair tradiert (Kat.-Nr. 3.62). Es scheint, daß die einzige Dichterkrönung des Collegiums die des Johannes Stabius († 1522), der dort als Mathematikprofessor wirkte, durch Cuspinian in Maximilians Auftrag im Wintersemester 1502/3 blieb: spätestens nach dem Tod des Celtis im Jahre 1508 hören wir nichts mehr von dieser Institution.[32]

Wenn damit auch scheinbar das kaiserliche Monopol zur Dichterkrönung durchbrochen war – es gab daneben eine Reihe päpstlicher und fürstlicher Krönungen[33] – ihre Bedeutung blieb gleichwohl in der ersten Hälfte des 16. Jahrhunderts ungebrochen und ist erst später allmählich zum Privileg kaiserlicher Pfalzgrafen verkommen.[34] Es muß hier genügen, die weiteren von Maximilian seit Beginn des 16. Jahrhunderts gekrönten Dichter lediglich aufzuführen: Heinrich Bebel (1501, Mai 30)[35], Thomas Murner (1505 in Wien), Georgius Sibutus Daripinus (1505, Juni 24 auf dem Kölner Reichstag), Heinrich Loriti Glareanus (1512, August 25 auf dem Kölner Reichstag), Richardus Sbrulius Foroiuliensis (1513 in Augsburg), Joachim Vadianus (1514, März 12 in Linz) und schließlich im Verlauf des Jahres 1517 Kaspar Ursinus Velius, Johannes Hadus Hadelinus, Urbanus Rhegius, Johannes Alexander Brassicanus und Riccardus Bartholinus Perusinus.[36]

Soviel zur Geschichte und Bedeutung der Dichterkrönung bis zum Juli des Jahres 1517, als Ulrich von Hutten diese Ehrung zuteil wurde. Die Hauptquellen für dieses Ereignis sind neben dem kaiserlichen Privileg vom 12. Juli 1517[37] zwei Briefe Huttens an Konrad Peutinger und an Erasmus von Rotterdam.[38] An Desiderius Erasmus berichtet der fränkische Ritter unter dem Datum des 21. Juli 1517 aus Bamberg über seine Lebensschicksale während der vorangegangenen Monate und erwähnt dabei recht knapp die Tatsache seiner Krönung zum *poeta laureatus*. Nach Huttens Rückkehr aus Italien nach Deutschland, genauer von Venedig nach Augsburg, fand er in Peutinger, Jakob Spiegel und Johannes Stabius jene Förderer, die ihm den Dichterlorbeer vermittelten.[39] Sie reihten sich damit in die lange Reihe der „Patrone" ein, die mit König Robert von Neapel zugunsten Petrarcas ihren Anfang nahm.[40]

Besonderen Anteil an Huttens Ehrung nahm der Augsburger Humanist Peutinger, in dessen Haus er während seines Aufenthalts Aufnahme fand, wie er sich in einem Brief vom Sommer des darauffolgenden Jahres dankbar erinnerte. Peutinger bereitete die Aktion selbst durch einen Bericht über die Leistungen des zu Ehrenden, seine Wanderungen durch Europa und seine in Italien bestandenen Kämpfe bei Gelegenheit des Augsburger Reichstags beim Kaiser und seinen

Beratern erfolgreich vor. Reichstage, an denen die Großen des Reiches um den Herrscher versammelt waren, boten nicht zuletzt gelehrten und dem Ruhm nicht abgeneigten Humanisten die Gelegenheit, sich vor Kaiser und Reichsfürsten in Szene zu setzen. So erscheint es fast natürlich, daß die Reichstage wiederholt zum Schauplatz von Dichterkrönungen geworden sind: wie 1442 in Frankfurt, so 1487 in Nürnberg, 1498 in Freiburg, 1505 und 1512 in Köln und endlich 1517 in Augsburg.[41]

Aus Huttens Schreiben an Peutinger erfahren wir ein bezauberndes Detail im Vorfeld der Zeremonie: Der dem Dichter vom Kaiser aufgesetzte Kranz war keineswegs, wie man vielleicht vermuten könnte, ein verstaubtes Utensil im Bestand der Hofkanzlei, das bei Bedarf hervorgesucht wurde wie etwa das Formular der Verleihungsurkunde aus den Registerbüchern. Huttens Gastgeber sorgte nicht allein für seinen prächtigen Auftritt vor dem Kaiser; seine jugendliche Tochter Konstanze, die Schwester jener früh vollendeten Juliana, die bereits als Vierjährige den Kaiser mit einer wohlgesetzten lateinischen Ansprache in Augsburg begrüßt hatte, jedoch schon früh verstorben war, wand zuhause eigenhändig den Lorbeerkranz, der dann von Maximilian zur Krönung verwendet wurde.[42] Daß ein solcher Dichterkranz nicht in jedem Fall aus Lorbeer war, hören wir von Vadians Krönung drei Jahre früher: Als in Linz Mitte März kein Lorbeer aufzutreiben war, wurde der Kranz aus Buchs geflochten, „welcher – wie Plinius schreibt – weder Fäulnis noch Altern kennt".[43] Bei dieser Gelegenheit hat Vadianus auch etwas ausführlicher als Hutten die äußeren Umstände der Krönungszeremonie geschildert: Mit ihm wurde ein Mann geehrt, der vom Kaiser mit goldenem Schwert zum Ritter (miles auratus) geschlagen wurde – eine Würde, die Hutten bereits zuteil geworden war[44] –; sodann hielt Vadian eine Rede, kniete vor dem Kaiser nieder, der ihm den Kranz aufs Haupt drückte, ihn von der Erde emporhob, seine Linke mit einem edelsteinglänzenden Ring schmückte und ihn schließlich unter dem Beifall der Umstehenden als Dichter begrüßte.[45]

Die Tatsache, daß mit Ulrich von Hutten ein ritterbürtiger Mann vom Kaiser ausgezeichnet werden sollte, machte ein Abgehen von dem in der Kanzlei seit 1505 verwendeten Formular möglich und notwendig: Während dort nämlich auf antike Vorbilder verwiesen wurde, auf persönliche Tapferkeit, die mit der corona muralis oder civica belohnt wurde, und darauf, daß es von einer verständigen Nachwelt in gleicher Weise für wert gehalten wurde, gelehrten und hervorragenden Schriftstellern gebührende Ehre und den gebührenden Rang zuzuerkennen und sie, die einen Stoff in formvollendeter Weise der Erinnerung der Nachwelt überlieferten, mit dem ewigen Kranze immergrünen Lorbeers auszuzeichnen und auf diese Weise kriegerische Tapferkeit und die die Erinnerung bewahrende Leistung des Schriftstellers gleich zu achten – „qui ductor exercitus ob victoriam corona decorabatur, poeta quoque ob memoriam rerum" – schien eine so weit ausholende historisierende Begründung im Falle Huttens verzichtbar:[46] Der Kandidat stammt ex nobili equitum familia, aus einer adligen Ritterfamilie, seine Tugend ist weitbekannt, aus Liebe zur Wissenschaft hat er die Heimat verlassen, hat Europa durchwandert, hat Härten und Gefahren erduldet bis zur Gefährdung des eigenen Lebens, es damit aber auch dahin gebracht, daß seine Schriften weitverbreitet sind und die gelehrtesten Männer Deutschlands und Italiens sich seine Freunde nennen; ja inzwischen lägen sogar öffentliche Zeugnisse der berühmtesten Gelehrten der Zeit vor, die seine herausragende Stellung betonten.

Es besteht wohl kein Zweifel, daß der Auszuzeichnende für die entsprechenden Passagen seines Diploms – zumindest indirekt – die Feder geführt hat. Am naheliegendsten ist die Annahme, daß er seinem Patron Peutinger und seinen

Förderern in der kaiserlichen Kanzlei erfolgreich seine „Ruhmestaten", seine publizistischen Erfolge und ihre positive Resonanz nahezubringen verstand. Denn anders ist schwerlich zu erklären, daß wir von ihnen insbesondere von seiner Seite Kenntnis haben – genauer: aus seinem Schreiben vom 12. Juli 1517 an Erasmus! Dort nämlich wird nicht nur auf seine erfolgreich bestandene Wirtshausschlägerei mit fünf Franzosen in Viterbo im Vorjahr angespielt,[47] sondern mit Dankbarkeit und unmittelbar anschließend an den Bericht über die Dichterkrönung auch jener ruhmvollen Erwähnung seiner Person durch Erasmus im Vorwort zu seiner Ausgabe des Neuen Testaments gedacht, auf die die entsprechende Passage des Krönungsdiploms doch wohl anspielt.[48]

Huttens dichterische Leistungen bis zum Zeitpunkt dieser Auszeichnung nennt das Krönungsdiplom im übrigen weniger explizit als die übrigen bekannten Urkunden. Natürlich fehlen zu dieser Zeit noch die Briefparodien und die deutschen Streitschriften, doch sein lateinisches poetisches Oeuvre war durchaus beachtlich. Dieser frühen literarischen Tätigkeit sind die Epigramme und Elegien von 1506/7, der Panegyrikus auf Erzbischof Albrecht von Mainz (1514), die Epistel Italias an Maximilian (1516), die Schriften im Rechtshandel mit Herzog Ulrich von Württemberg (1515/6), die Dichtung „ΟΥΤΙΣ. Nemo" (1515, gedr. 1518), die in Italien entstandenen und dem Kaiser gewidmeten Epigramme, die freilich erst im folgenden Jahr im Druck erschienen, sowie eine weit verbreitete Anleitung zur Dichtkunst in Hexametern (De arte versificandi, 1511) zuzurechnen.[49]

Hier ist nicht der Ort, Huttens literarische Leistungen nachzuzeichnen und seine weiteren Lebensschicksale zu verfolgen. Der Blick auf die zu Lebzeiten erschienenen Drucke seiner Schriften zeigt aber – und hier schließt sich der Kreis –, daß ihn deren bildliche Beigaben sehr wohl als Ritter und als mit dem Lorbeer gekrönten Dichter zeigen, daß sich der Autor selbst jedoch niemals als *poeta laureatus* auf dem Titelblatt vorgestellt hat.[50]

Anmerkungen

1 Michael Seidlmayer, Ulrich von Hutten, in: ders., Wege und Wandlungen des Humanismus. Studien zu seinen politischen, ethischen, religiösen Problemen, Göttingen 1965, S. 197–214, 197.
2 Siegfried Szamatólski, Ulrichs von Hutten deutsche Schriften, Straßburg 1891, S. 7f.
3 J. B. Trapp, (Artikel) Dichterkrönung, in: Lexikon des Mittelalters, Bd. 3, München und Zürich 1985, Sp. 975–977.
4 Trapp, Dichterkrönung (wie Anm. 3) Sp. 975f.; ders., The Poet Laureate: Rome, Renovatio and Translatio Imperii, in: Rome in the Renaissance. The City and the Myth, ed. by P. A. Ramsey, Binghamton 1982 (Medieval and Renaissance Texts and Studies, Vol. 18) S. 93–129, 97.
5 O gib, guter Apoll, beim letzten Gange, / Daß deiner Kraft als solch Gefäß ich passe, / Wie der geliebte Lorbeer nur verlange... / Wirst du zu deinem teuren Baum mich streben / Und mit dem Laube sehen dann mich schmücken, / Worauf mein Stoff und du mir Anrecht geben. / So selten, Vater, pflegen heut zu pflücken / Poet und Caesar deinen Schmuck, den hohen, / (Weil Schuld und Schmach den Ehrgeiz niederdrücken) / Daß Freude neu es wecken muß der frohen / Delphischen Gottheit, sieht sie auch nur *einen* / Nach des Penëus Laub in Sehnsucht lohen. – Übertragen von Richard Zoozmann: Dante, La vita nuova – Das neue Leben. La divina commedia – Die Göttliche Komödie, Berlin und Darmstadt 1958, S. 330.
6 Trapp, Dichterkrönung (wie Anm. 3), Sp. 975; ders., The Poet Laureate (wie Anm. 4) S. 100.
7 Ernest H. Wilkins, The Coronation of Petrarch, in: ders., The Making of the Canzoniere and other Petrarchan Studies, Rom 1951, S. 9–69, 21ff.; dt.: Die Krönung Petrarcas, in: Petrarca, hrsg. von August Buck (Wege der Forschung, Bd. 353) Darmstadt 1976, S. 100–167. Trapp, The Poet Laureate (wie Anm. 4) S. 99f. Paul Oskar Kristeller, Petrarcas Stellung in der Geschichte der Gelehrsamkeit, in: Klaus W. Hempfer, Enrico Straub, Hrsg., Italien und die Romania in Humanismus und Renaissance, Wiesbaden 1983, S. 102 – 121, 115.

8 Michael Seidlmayer, Petrarca, das Urbild des Humanisten, in: ders., Wege (wie Anm. 1) S. 125–173, 141 ff.
9 Reinhold Specht, Dichterkrönungen bis zum Ausgang des Mittelalters, Zerbst 1928, S. 25 ff. Karl Schottenloher, Kaiserliche Dichterkrönungen im Heiligen Römischen Reiche Deutscher Nation, in: Papsttum und Kaisertum. Festschrift für Paul Kehr zum 65. Geburtstag, München 1926, Ndr. Aalen 1973, S. 648–673, 648 f.
10 Wilkins, The Coronation (wie Anm. 7) passim. Kristeller, Petrarcas Stellung (ebd.) S. 115. Trapp, Dichterkrönung (wie Anm. 3) Sp. 976.
11 Specht, Dichterkrönungen (wie Anm. 9) S. 25–31. Trapp, The Poet Laureate (wie Anm. 4) S. 101–105. Die Krönungsrede Petrarcas ist ediert von Carlo Godi, La „Collatio laureationis" del Petrarca, in: Italia medioevale e umanistica 13 (1970) S. 1–27. – Vgl. Werner Suerbaum, Poeta laureatus et triumphans. Die Dichterkrönung Petrarcas und sein Ennius-Bild, in: Poetica 5 (1972) S. 293–328.
12 Dieter Mertens, „Bebelius... patriam Sueviam... restituit". Der poeta laureatus zwischen Reich und Territorium, in: Zeitschrift für württembergische Landesgeschichte 42 (1983) S. 145–173, 151 ff.
13 Vgl. Anm. 5.
14 Schottenloher, Dichterkrönungen (wie Anm. 9) S. 649 f. Specht, Dichterkrönungen (ebd.) S. 32 f. Paola Guidotti, Un amico del Petrarca e del Boccaccio: Zanobi da Strada poeta laureato, in: Archivio storico italiano, ser. 7, 13 (1930) S. 249–293. Trapp, The Poet Laureate (wie Anm. 4) S. 105 ff. Mertens, Bebelius (wie Anm. 12) S. 152 ff.
15 Schottenloher (wie Anm. 9) S. 649 f.
16 Mertens, Bebelius (wie Anm. 12) S. 153 f.
17 Trapp, The Poet Laureate (wie Anm. 4) S. 106.
18 Specht, Dichterkrönungen (wie Anm. 9) S. 33 f.
19 Schottenloher, Dichterkrönungen (wie Anm. 9) S. 650. Specht, Dichterkrönungen (wie Anm. 9) S. 37 f.
20 Specht (ebd.) S. 38 glaubt nicht an eine eigenhändige Krönung durch den Kaiser.
21 Trapp, The Poet Laureate (wie Anm. 4) S. 108 ff. mit Abb. 4.
22 Specht, Dichterkrönungen (wie Anm. 9) S. 42 f. Trapp, The Poet Laureate (wie Anm. 4) S. 110 f.
23 Friedrich Hermann Schubert, Die deutschen Reichstage in der Staatslehre der Neuzeit, Göttingen 1966, S. 177 f.
24 Mertens, Bebelius (wie Anm. 12) S. 157. Specht, Dichterkrönungen (wie Anm. 9) S. 35. Schottenloher, Dichterkrönungen (wie Anm. 9) S. 651.
25 Trapp, The Poet Laureate (wie Anm. 4) S. 116 f. mit Abb. 7. – Vgl. R. B. Lightbown, Francesco Cinzio Benincasa, in: Italian Studies 19 (1964) S. 28–55. John Pope-Hennessy, Catalogue of Italian Sculpture in the Victoria and Albert Museum, Bd. 1, London 1964, S. 309 f.
26 Der Briefwechsel des Konrad Celtis, gesammelt, herausgegeben und erläutert von Hans Rupprich, München 1934, S. VI f., 23 mit Anm. a zur Überschrift „primus annus laureae" im Codex epistularis des Celtis, Nationalbibliothek Wien, Cod. 3448, fol. 1ʳ. – Zu Celtis hier nur: Dieter Wuttke, Conradus Celtis Protucius (1459–1508). Ein Lebensbild aus dem Zeitalter der deutschen Renaissance, in: Philologie als Kulturwissenschaft. Studien zu Literatur und Geschichte des Mittelalters. Festschrift für Karl Stackmann zum 65. Geburtstag, Göttingen 1987, S. 270–286.
27 David Friedrich Strauß, Ulrich von Hutten, Leipzig 1857, ²1871, S. 20.
28 Rupprich, Celtis – Briefwechsel (wie Anm. 26) S. 1, 16 f. Schubert, Reichstage (wie Anm. 23), S. 178.
29 Eine Übersicht bietet Mertens, Bebelius (wie Anm. 12) S. 156, Anm. 35.
30 Hans Ankwicz-Kleehoven, Der Wiener Humanist Johannes Cuspinian, Gelehrter und Diplomat zur Zeit Kaiser Maximilians I., Graz – Köln 1959, S. 11 mit Anm. 36 (eigenhändiger Eintragung Cuspinians in der Wiener Hauptmatrikel: „poeta manibus divi Maximiliani Rhomanorum regis laureatus Viennae in exequiis Imperatoris".
31 Rupprich, Celtis – Briefwechsel (wie Anm. 26) S. 79. Schottenloher, Dichterkrönungen (wie Anm. 9) S. 653 f. Mertens, Bebelius (wie Anm. 12) S. 156, Anm. 37.
32 Rupprich, Celtis-Briefwechsel (wie Anm. 26) S. 121, 375. Trapp, The Poet Laureate (wie Anm. 4) S. 113 f. Schottenloher, Dichterkrönungen (wie Anm. 9) S. 656 ff. Wuttke, Celtis (wie Anm. 26) S. 278 f. Gustav Bauch, Die Rezeption des Humanismus in Wien. Eine literarische Studie zur deutschen Universitätsgeschichte, 1903, Ndr. Aalen 1986, passim. – In diesem Zusammenhang ist festzuhalten, daß der dem Wiener Druck der „Rhapsodia" von 1505 beigegebenen Burgkmair-Holzschnitt die Krönungsinsignien des Wiener Collegiums, nicht aber die der kaiserlichen Dichterkrönung zeigt; was nicht zuletzt die Umstände von Huttens Krönung erweisen.
33 So ist Johannes Rhagius Aesticampianus (1457–1520) wohl vom Papst gekrönt worden (mit späterer Krönung durch Maximilian?) – vgl. Mertens, Bebelius (wie Anm. 12) S. 155 f. mit Anm. 35 – und Papst Julius II. krönte gemeinsam mit Matthäus Lang als Vertreter Maximilians am 11. November

1512 Vincenzo Pimpinelli und Francesco Maria Grapaldi, ebd. S. 155; Kurfürst Friedrich der Weise scheint 1508 auf Grund der ihm verliehenen Palatinatswürde Hermann Trebelius zum Dichter gekrönt zu haben, ebd. S. 158, Anm. 43.

34 Die weitere Entwicklung bei Schottenloher, Dichterkrönungen (wie Anm. 9) S. 660ff. Mertens, Bebelius (wie Anm. 12) S. 158f. Vgl. Theodor Verweyen, Dichterkrönung. Rechts- und sozialgeschichtliche Aspekte literarischen Lebens in Deutschland, in: Literatur und Gesellschaft im deutschen Barock (Germanisch-Romanische Monatsschrift, Beiheft 1) 1979, S. 7–29.

35 Hierzu Mertens, Bebelius (wie Anm. 12) passim.

36 Schottenloher, Dichterkrönungen (wie Anm. 9) S. 658ff. Rupprich, Celtis-Briefwechsel (wie Anm. 26) S. 547. Schubert, Reichstage (wie Anm. 23) S. 178f., 193f. Jan-Dirk Müller, Gedechtnus. Literatur und Hofgesellschaft um Maximilian I., München 1982 (Forschungen zur Geschichte der älteren deutschen Literatur, Bd. 2) S. 55ff. Hermann Wiesflecker, Kaiser Maximilian I. Das Reich, Österreich und Europa an der Wende zur Neuzeit, Bd. 5: Der Kaiser und seine Umwelt. Hof, Staat, Wirtschaft, Gesellschaft und Kultur, München 1986, S. 340ff., 359ff. Stephan Füssel, Riccardus Bartholinus Perusinus. Humanistische Panegyrik am Hofe Kaiser Maximilians I., Baden-Baden 1987 (SAECVLA SPIRITALIA, Bd. 16).

37 Das Original der bei Eduard Böcking, Ulrichs von Hutten Schriften, Bd. I, Leipzig 1859, Nr. LVII, S. 143f. gedruckten Verleihungsurkunde scheint verschollen: Während Böckings (recht guter) Abdruck nach einer Wolfenbütteler Abschrift erfolgte, wies Szamatólski, Schriften (wie Anm. 2) S. 180 in diesem Zusammenhang auf folgenden Sachverhalt hin: „Das Original der Urkunde, mit welcher Kaiser Maximilian Ulrich von Hutten zum Poeta Laureatus ernannte, befindet sich im Archiv zu Birkenfeld. Burckhards vortreffliche Wiedergabe geht, wie ein von Böcking seltsamerweise nicht erwähnter Briefwechsel in den Wolfenbütteler Collectaneen zeigt, unmittelbar auf dies Original zurück" (vgl. Jacob Burckhard, De Ulrici de Hutten fatis ac meritis commentarius, 3 Bde., Wolfenbüttel 1717–1723). – Auf diesen Sachverhalt wies mich freundlicherweise Herr Ludwig Steinfeld/Schlüchtern hin, der mir auch einen Brief von Professor Friedrich Hausmann/Graz an ihn vom 5. 4. 1986 zugänglich machte, in dem der sicher beste Kenner der Tambacher und Birkenfelder Archivbestände darauf hinweist, daß ihm „das Diplom für den poeta laureatus" bei seinen Ordnungsarbeiten nicht aufgefallen sei; und weiter, daß ihm um 1960 die Mutter des jetzigen Familienchefs mitgeteilt habe, daß Briefe Ulrichs von Hutten und das vorgenannte Diplom während der Besatzungszeit durch die Amerikaner, als Birkenfeld von der Besatzungsmacht zu einem Vergnügungslokal umgestaltet und „arg devastiert worden" war, verschwunden seien. Seine in diesem Zusammenhang ausgesprochene Hoffnung, daß sich das eine oder andere Archivale möglicherweise noch in dem en bloc an das Staatsarchiv Würzburg als Depot abgegebenen Archiv finden möge, hat sich laut freundlicher Auskunft von dessen Direktor Dr. Hatto Kallfelz an mich vom 24. Juni 1987 leider nicht bestätigt: entsprechende Nachforschungen verliefen negativ. – Erhalten hat sich glücklicherweise eine photographische Aufnahme des Archivs für deutsche Geschichte, Berlin (Kat.-Nr. 3.63).

38 Böcking, Schriften (wie Anm. 37) S. 143ff. Konrad Peutingers Briefwechsel, gesammelt, herausgegeben und erläutert von Erich König, München 1923, Nr. 189, S. 301f.

39 „Venetiis ad Germanos nostros redii, cumque Augustam appulissem, in Peutingerum, Iacobum Spiegel et Stabium mathematicum incidi, et productus ab illi ad Caesarem corona poetica in magno nobilium conventu donatus sum. Ecce tibi annales meos, nunc ad alia…", Böcking, Schriften (wie Anm. 37) S. 147. Spiegel hat späterhin selbst die von ihm „promovierten" gekrönten Dichter aufgelistet: elf Namen neben Hutten, Böcking, Bd. I, S. 145.

40 1341: König Robert von Neapel für Francesco Petrarca; 1355: Niccolò Acciaiuoli für Zanobi da Strada; 1442: Bischof Silvester von Chiemsee und Erzbischof Jakob von Trier für Enea Silvio Piccolomini; 1487: Kurfürst Friedrich der Weise für Konrad Celtis; 1497: Konrad Stürtzel für Jakob Locher Philomusus; 1501: Konrad Celtis für Vinzenz Lang; 1501: Matthäus Lang, Ludwig Vergenhans, Cyprian Sernteiner und Blasius Hölzel für Heinrich Bebel; 1514: Laurentius Saurer für Joachim Vadianus.

41 Hierzu Schubert, Reichstage (wie Anm. 23), S. 176ff.

42 „… illam aio coronam, illam lauream, quam tu ante domi tuae, accurate contexente et adornante filia tua Constantia, omnium quae istic sunt puellarum et forma et moribus praestantissima, apparaveras", König, Peutingers Schriftwechsel (wie Anm. 38) S. 302. Strauß, Hutten (wie Anm. 27) S. 212f.

43 Die deutsche Literatur. Spätmittelalter, Humanismus, Reformation. Texte und Zeugnisse, hrsg. von Hedwig Heger, 2. Teilband: Blütezeit des Humanismus und der Reformation, München 1978, S. 12.

44 Eine Handschrift seines „Phalarismus" von 1517 hat die Überschrift: „Dialogus Huldrici Hutteni/ Equitis aureati", Böcking, Schriften (wie Anm. 37) Bd. I, S. 16*.

45 Heger (wie Anm. 43) S. 12f.

46 Georgius Sibutus Daripinus, De divi Maximiliani Caesaris adventu in Coloniam deque gestis suis…

Panegyricus, Köln (H. Quentel) 1505, fol. c vj<sup>r</sup> (S. 16; benützt das Exemplar der Universitäts- und Staatsbibliothek Köln); der Text (paraphrasierend) auch in Vadians Krönungsdiplom: Heger (wie Anm. 43) S. 14f.

47 Böcking, Schriften (wie Anm. 37) Bd. I, S. 146f.; Bd. III, S. 280ff. (in Huttens Epigrammen). Vgl. Strauß, Hutten (wie Anm. 27) S. 124ff.
48 In seinen „Adnotationes" zum Neuen Testament von 1516 hatte Erasmus Hutten auf eine Stufe mit Sturm, Melanchthon, den Brüdern Amerbach und Glarean gestellt: Rupprich (wie Anm. 49) S. 722.
49 Hans Rupprich, Die deutsche Literatur vom späten Mittelalter bis zum Barock. Erster Teil: Das ausgehende Mittelalter, Humanismus und Renaissance 1370–1520, München 1970, S. 720ff. – Leicht zugängliche Anthologien mit Übersetzungen (nach Böckings Edition): Heger (wie Anm. 43) S. 175–212; Lateinische Gedichte deutscher Humanisten, ausgewählt, übersetzt und erläutert von Harry C. Schnur, Stuttgart 1966, S. 220–237.
50 Böcking, Schriften (wie Anm. 37) Bd. I, S. 1*–91*: Index Bibliographicus Huttenianus. Josef Benzing, Ulrich von Hutten und seine Drucker, Wiesbaden 1956.

# IV.

# ULRICH VON HUTTEN
# ALS POLITISCHER PUBLIZIST

*Vorbemerkung*  1520 begann Ulrich von Hutten in deutscher Sprache zu publizieren. Es ist dies eine entscheidende Wende in seinem schriftstellerischen Schaffen. Er löste sich damit aus dem engen Rahmen humanistischen Literatentums, dem vor allem das Latein als Ausdrucksmedium galt. Der Zugang zu dessen Schriften war auf den kleinen Kreis der Gebildeten beschränkt, eine breite Wirksamkeit war damit nicht zu erzielen und sollte wohl auch nicht erzielt werden. Mit der deutschen Sprache wandte sich Hutten nun an das ganze „Vaterland, Deutsch Nation, in ihrer Sprach", weil er wußte, daß er nur so das große Publikum für seine Ideen erreichen konnte.

Seit Gutenberg hatte der Buchdruck einen beispiellosen Aufschwung erlebt. Angebot und Nachfrage stiegen bei diesem neuen Markt unablässig insbesondere mit den Zwanziger Jahren des 16. Jahrhunderts. Mit dem Buchdruck entstand erstmals ein Forum, das sich als Öffentlichkeit präsentierte und das sich an eine Öffentlichkeit wandte: Sofort mit der Verbreitung des gedruckten Wortes entstand eine frühe Form öffentlicher Meinungsbildung. Diese Welle trug auch Ulrich von Hutten so wie der gesamte deutsche Humanismus zu seiner Selbst-Verständigung die Publizistik und ihre Organe benötigte.

Ulrich von Hutten dachte politisch und er verwertete konsequent seine gesamte humanistische Bildung und literarische Erfahrung, um seinen Ideen Geltung zu verschaffen. Dabei hat er kein praktisches Reformprogramm entworfen, auch wenn er klare Reformvorstellungen zweifellos hatte. Sein Kampf galt vor allem der Zerschlagung der kurialen Macht im deutschen Reich, ein Ziel, für dessen Erreichung ihm jedes rhetorische Mittel recht war. Von daher sind seine Polemiken auch von kaum zu überbietender Schärfe.

Diese prinzipiell romfeindliche Haltung bestimmte auch sein Verhältnis zu Martin Luther (Meyer), den er solange favorisierte, als er in dem Reformator einen Weggefährten sehen konnte (insbesondere durch dessen Schrift „An den christlichen Adel deutscher Nation"). Um 1520/21 stand Hutten auf dem Höhepunkt seiner Popularität im positiven wie im negativen Sinn (Könneker), die jedoch nach dem Wormser Reichstag von 1521 rapide absank. Seine Verbindung mit Franz von Sickingen (Press) und die darauffolgenden kriegerischen Aktionen hatten keine massenhafte Basis mehr. Zu sehr schienen sie von den Interessen eines einzelnen Ritters geleitet zu sein.

*Manfred Meyer*

# Hutten und Luther*

Bis zum 31. Dezember 1520 hatte Hutten, auf Sickingens Ebernburg dem Zugriff seiner geistlichen Widersacher entzogen, die zunächst in lateinischer Sprache verfaßten Dialoge „Febris prima", „Febris secunda", „Vadiscus sive Trias Romana" und „Inspicientes" ins Deutsche übersetzt, um sie zu Beginn des folgenden Jahres in dieser neuen Form als „Gesprächsbüchlein" erscheinen zu lassen. Das Titelblatt des „Gesprächsbüchlein" war geschmückt mit einem Holzschnitt von Hans Baldung Grien.[1] In der einprägsamen Sprache des Bildes wurde hier jenes Ziel formuliert, das Hutten mit dem Erscheinen seiner ersten deutschen Dialoge erstrebte. Symbolisch wurde das Zerbrechen der päpstlich-bischöflichen Macht gefordert und vollzogen.

Auf der Oberseite des Bildes erscheint der zürnende Gott Vater, der sich anschickt, einen Pfeil auf die Erde hinabzuschleudern, um den Worten des 94. Psalms V. 2 Nachdruck zu verleihen, die ihm König David auf einer Tafel vorhält: „Erhebe dich, der du richtest den Erdkreis, zahle Vergeltung den Stolzen."[2]

Auf der Unterseite sieht der Betrachter Ritter und Landsknechte mit vorgehaltenen Spießen gegen Papst, Kardinal, Abt und die ganze Klerisei anstürmen, die, von Furcht und Schrecken erfüllt, die Flucht ergreifen. Dieses Bild ist überschrieben mit den Worten aus dem Psalm 26, 5: „Odiui Ecclesiam malignantium".[3] Zwischen diesen beiden Darstellungen finden sich rechts und links neben dem Titel die Standbilder Luthers und Huttens. Luther ist mit einer Mönchskutte gekleidet und hält die Bibel in den Händen. Unter seinem Bilde sind die Worte zu lesen: „Veritatem meditabitur guttur meum". Hutten hat den Degen umgegürtet, unter diesem Bildnis steht Huttens Losung: „Perrumpendum est tandem, perrumpendum est".[4] Hutten und Luther erscheinen hier als die beiden großen Streiter gegen das päpstliche Joch und als die Vollstrecker des göttlichen Willens.

Dabei hat das Auftreten Luthers gegen den Ablaß auf Hutten zunächst nicht den geringsten Eindruck gemacht. Er sah in den Auseinandersetzungen, die Luthers Thesenanschlag ausgelöst hatte, nicht mehr als ein verachtungswürdiges Mönchsgezänk. Ausgehend von einer humanistischen Geringschätzung der Mönche, meinte er, alle Freunde des Fortschritts könnten sich beim Anblick dieses Streites schadenfroh die Hände reiben, da sie die Aussicht hätten, daß ihre Feinde sich gegenseitig vernichten würden. Die Huttensche Wertung dieser Geschehnisse, die er am 5. April 1518 in einen Brief an den Grafen Hermann von Neuenar einfließen ließ, gipfelte in den Worten: „Ich selbst habe neulich einem Ordensbruder, der mir die Mitteilung machte, zur Antwort gegeben: Fresset einander, damit ihr voneinander gefressen werdet. Mein Wunsch ist nämlich, daß unsere Feinde so viel als möglich in Zwietracht leben und nicht ablassen mögen, sich untereinander aufzureiben."[5]

Auch als sich im Herbst 1518 Hutten und der Wittenberger Professor wochenlang zur gleichen Zeit in Augsburg aufhielten, wo jener Reichstag stattfand, auf dem Luther von Cajetan verhört wurde, hat der Ritter von dem Mönch keine Notiz genommen.[6] Die Haltung wäre sicherlich ebenso gewesen, wenn ihn seine Guajak-Kur nicht nahezu völlig von der Außenwelt abgeschlossen hätte. In einem Brief, den Hutten am 25. Oktober 1518, also nach der Abreise Luthers aus Augsburg, an Pirckheimer gerichtet hatte, wiederholte er nämlich sein bereits

---

* Veröffentlicht in: 450 Jahre Reformation, hrsg. von Leo Stern und Max Steinmetz, DDR – Berlin 1967, S. 102–117. Abdruck mit freundlicher Genehmigung des VEB Deutscher Verlag der Wissenschaften.

# Von der Babylonischen gefengk
## nuß der Kirchen/Doctor Martin Luthers.

erwähntes Urteil. Der Streit Luthers mit vielen war für ihn nicht mehr als ein Beweis für die Intensität, mit der sich die Theologen gegenseitig bekämpften.[7] Interessant ist jedoch, daß er zwischen den Theologen zu unterscheiden begann. Er berichtete vom Besuch des Oecolampadius und meinte, daß dieser Theologe mit scharfen Zähnen ausgestattet sei, die so eifrig alle drei Sprachen klein machen würden, daß ihn jene bekannten zahnlosen Gesellen darum beneideten.[8]

Als Kampfgefährte gegen das Papsttum wurde Luther von Hutten aber erst nahezu zwei Jahre nach dem Thesenanschlag anerkannt. Am 3. August 1519 verfaßte der Humanist einen Brief an seine Erfurter Freunde Eoban Hesse und Peter Eberbach, in dem er von seinen Plänen im Kampf mit dem Papsttum berichtete, um dann auf Luther zu sprechen zu kommen. Die Rücksicht auf den Mainzer Erzbischof Albrecht, in dessen Diensten sich Hutten damals noch befand, hindere ihn leider, Luther in den geplanten antirömischen Kampf einzubeziehen. Der Erzbischof sei, obwohl ohne Grund, davon überzeugt, der Handel ginge ihn an. Hutten dagegen war anderer Ansicht und bedauerte die Haltung des Erzbischofs, weil ihm dadurch eine Gelegenheit entzogen würde, die Schmach des Vaterlandes zu rächen. Aber indessen tat er ja nichts anderes und verfahre vielleicht sogar richtiger, weil er seinem eigenen Antrieb folge. Außerdem hätte Luther in Melanchthon einen tüchtigen Mitarbeiter.[9]

Mit diesem Brief sandte Hutten seinen Erfurter Freunden zugleich ein Schreiben an Melanchthon zu.[10] Wenn uns auch vom Inhalt dieses Schreibens und seiner eventuellen Wirkung auf Luther nichts bekannt ist, so ist dieser erste Versuch einer Annäherung an die Wittenberger ebenso bedeutend wie die Neubewertung Luthers, die in dem Brief an Eberbach und Hesse zum Ausdruck kam.

Es läßt sich nicht völlig klären, wodurch dieser Umschwung im Verhalten des Ritters gegenüber Luther ausgelöst wurde. Bereits David Friedrich Strauß nahm an, daß diese Wandlung unter dem Eindruck der Leipziger Disputation und der durch sie veranlaßten Schriften Luthers erfolgte.[11] Hatte Luthers Vorgehen bisher nahezu ausschließlich theologischen Charakter gehabt, was ihr Verständnis sehr erschwerte, so hatte sich Luther auf die Pleißenburgdisputation hin in seiner Schrift „Resolutio Lutherana super propositione sua decima tertia de potestate Papae", durch seine Thesen und deren Verteidigung den antirömischen und antipäpstlichen Positionen Huttens genähert, ohne allerdings von diesem beeinflußt worden zu sein.[12] Luther konnte und mußte ihm in dem Augenblick als Mitstreiter gegen Rom erscheinen, indem er es wagte, die päpstliche Autorität in Zweifel zu ziehen, wie es vor allem in der 13. These und der zu ihrer Verteidigung verfaßten „Resolutio" geschah, und wenn er sich bei der Anfechtung der päpstlichen Dekretalen auf ältere Quellen, vor allem auf die Bibel, berief.[13] Erst ein Angriff auf die päpstliche Autorität konnte Huttens Interesse an dem Wittenberger Professor wecken, da die Huttensche Kritik an der Papstkirche nicht wie die Luthers theologischen Einsichten entsprang, sondern vorrangig in politischen Motiven wurzelte. Neben der Leipziger Disputation können auch noch andere Ereignisse auf Huttens Stellung zu Luther einen Einfluß ausgeübt haben. Holborn vermutet, daß vielleicht Pirckheimer dem Freunde ausführlicher von Luther erzählte, da dieser bei der Rückkehr vom Augsburger Reichstag als Gast einige Tage in seinem Hause geweilt hatte.[14] Held, der ebenso wie Holborn die Pleißenburgdisputation als das entscheidende Moment für die Annäherung Huttens an Luther ansieht, verweist darauf, daß Hutten wie viele andere Humanisten schon vorher in den Bann des allgemeinen Hinstrebens zu Luther geraten sein könnte.[15]

Jedenfalls folgten diesem ersten Annäherungsversuch weitere, die sicherlich wiederum aus Vorsicht gegenüber dem Mainzer Erzbischof über Melanchthon

*An den christlichen Adel teutscher Nation*, Martin Luther, 1520 (Kat.-Nr. 4.6)

*Von der Babylonischen gefengknuß der Kirchen*, Martin Luther, 1520 (Kat.-Nr. 4.5)

liefen. Am 20. Januar und am 28. Februar 1520 übersandte Hutten Melanchthon zwei Briefe, in denen er, an Sickingens Eintreten für Reuchlin erinnernd, das Schutzangebot Sickingens für Luther übermittelte.[16] Sickingen hatte sich zum Eintreten für Luther unter dem Einfluß Huttens entschlossen, als dieser ihn im Januar 1520 auf der Burg Landstuhl besuchte.[17]

Zu Beginn des Jahres 1520 gab Hutten seine beengende Stellung am Mainzer Hof auf und wandte sich Anfang April nach Bamberg, wo er Aussicht auf eine Anstellung hatte. Durch die dortigen Gespräche mit dem gerade aus Italien zurückgekehrten Crotus Rubeanus scheint Hutten zu einer weiteren Annäherung an Luther gelangt zu sein.[18] Jedenfalls trat er in der Vorrede zu einer Neuausgabe von Schriften aus der Zeit des Schismas am Ende des 14. Jh., die den Titel „An alle freien Deutschen" trug, erstmals öffentlich für Luther ein. Wenn auch sein Name unerwähnt blieb, so war doch unübersehbar, für wen Hutten Partei ergriff.[19] Auf dieses Ausschreiben bezog sich zweifellos die Mitteilung, die Hutten dem Frankfurter Bürgermeister Philipp von Fürstenberg machte: „Meinen Brief wider die Theologisten hast du. Gesprengt hab' ich nun alle Schranken der Geduld und will hervortreten, ganz wie ich bin."[20]

Anfang Mai 1520 bekam Hutten seinerseits einen Brief von Luther, der auch an Capito, Pellicanus und Erasmus schrieb. Bis auf den Brief an Capito sind alle Schreiben verlorengegangen.[21] Die Tatsache, daß Luther zugleich an andere Humanisten schrieb, deutet darauf hin, daß Luther Hutten mehr als Humanisten und weniger als adligen Kirchenpolitiker schätzte.[22] Der Humanismus hatte das Ansehen der Scholastik und der bestehenden kirchlichen Verhältnisse durch seine Kritik geschmälert und damit den Sieg der Reformation vorbereitet. Die gemeinsame Gegnerschaft zur Scholastik war es vor allem, die eine Annäherung zwischen Luther und den Humanisten bewirkte. Nur wenige von ihnen, z.B. Reuchlin, bezogen von Anfang an gegen Luther Stellung, während er der Mehrzahl, nachdem er auch die nationalen Anliegen im Streit mit dem Papsttum hervorhob, geradezu als Fortsetzer der eigenen Bestrebungen erschien. Auch Hutten bildet hier keine Ausnahme.[23] Am 31. Mai erhielt der Ritter einen weiteren Brief des Wittenberger Professors, der eventuell die Antwort auf ein ebenfalls nicht mehr erhalten gebliebenes Schreiben Huttens gewesen ist.[24] Sein Brief vom 4. Juni war somit sicherlich nicht der erste, den er direkt an Luther richtete. Dennoch ist er für das Verhältnis beider sehr aufschlußreich, da Hutten einerseits Luther seine Bundesgenossenschaft und sogar seine Freundschaft anbot, aber andererseits deutlich wird, daß er Luther auf ein Ziel festlegen wollte, das für ihn selbst zentrale Bedeutung hatte, für Luther jedoch zwar nicht unbedeutend war, aber doch nicht im Zentrum des Wollens lag. Schon damals, als Hutten sich ihm am nächsten fühlte, zeigte sich, daß ihre Ziele im antirömischen Kampf verschieden waren, auch wenn sie Hutten weitgehend identisch erschienen. Als Hutten darauf zu sprechen kam, daß sie beide Christi Lehre wieder ans Licht bringen wollten, wies er bereits einschränkend darauf hin, daß Luther das mit mehr Glück tue, während er es entsprechend seinen Fähigkeiten anstrebe. Dann aber rief er Luther zu: „Du sei fest und stark und wanke nicht!... An mir hast du einen Anhänger für jeden möglichen Fall. Darum wage es, mir inskünftig alle deine Pläne anzuvertrauen. Verfechten wir die gemeinsame Freiheit! Befreien wir das schon lange unterdrückte Vaterland."[25]

Allerdings bedeutet dieses Bündnisangebot nicht, wie Holborn meint[26], daß Hutten unter dem mächtigen Eindruck, den Luther auf die Massen machte, nun begonnen hätte, sich Luther unterzuordnen.[27] Wenn er in dem Brief auf die Durchsetzung der Lehre Christi zu sprechen kommt, so wollte er sich damit keineswegs vor Luther klein machen, sondern offensichtlich den humanistischen

*Von der Beycht (mit Widmung an Sickingen und Gruß an Hutten), Martin Luther (Kat.-Nr. 4.8)*

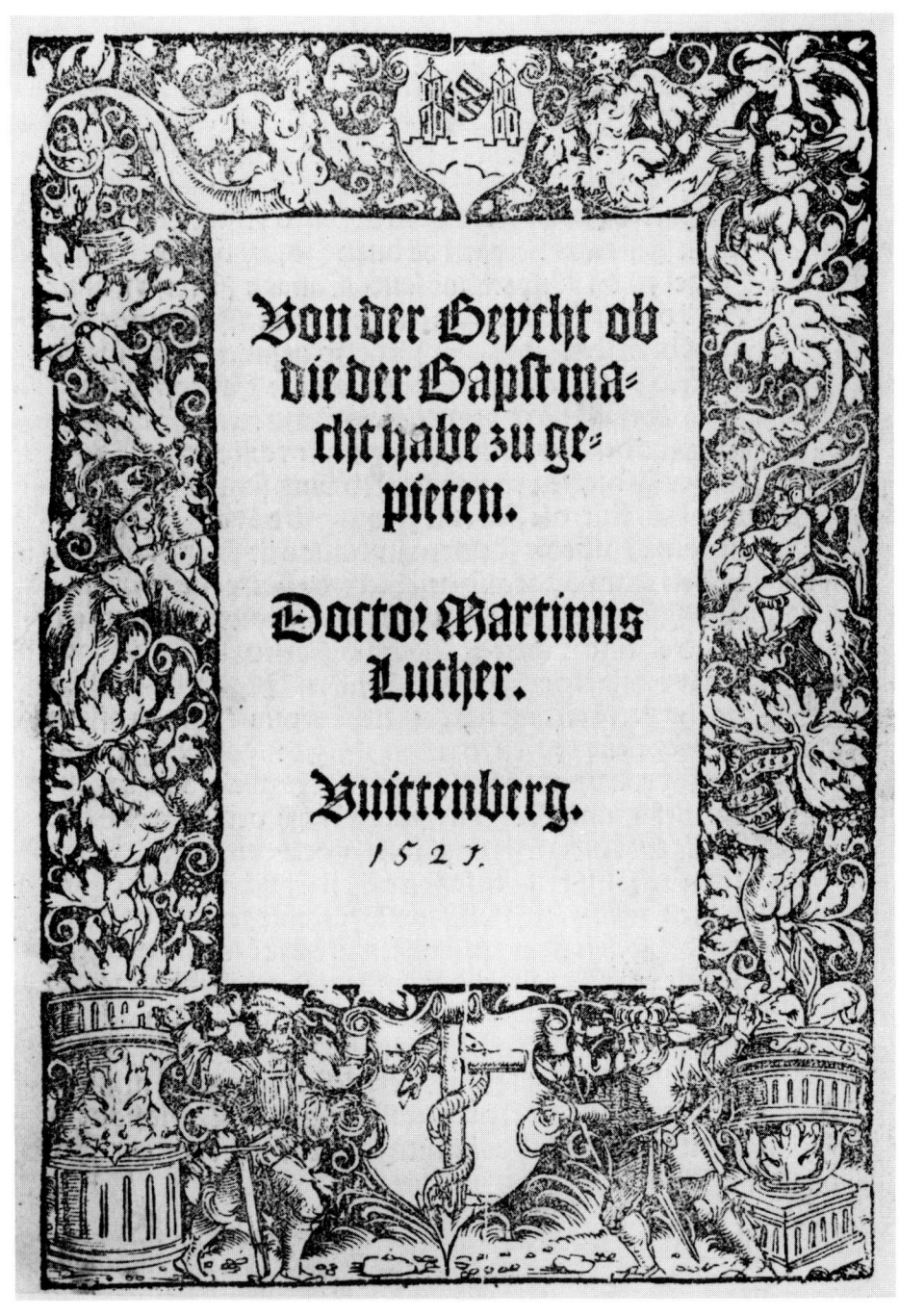

Kampf gegen die Scholastik fortsetzen, wobei er in Luther einen Fortsetzer des humanistischen Reformstrebens sah.[28] Von zwei Seiten, von der humanistischen Kirchenkritik und von seinem ritterlich-humanistischen Nationalgefühl her, hat Hutten den Weg zu Luther gefunden, wenngleich ihn auch, wie dieser Brief bezeugt, die nationalen Anliegen stärker berührten als die religiöse Aufklärung im Sinne des Erasmus.[29]

Trotzdem hat sich Hutten auch jetzt noch als gleichberechtigt neben Luther stehender Führer der antirömischen Bewegung gefühlt und das selbst zum Ausdruck gebracht, indem er in den „Praedones" Sickingen zu Hutten sagen ließ: „Er ist nahe, wenn mich nicht alles täuscht. Denn Deutschland kommt allmählich zu sich, und durch *dich und Luther* (Hervorhebung von mir, M. M.) wie aus einem

*Bildnis Philipp Melanchton, Albrecht Dürer, 1526 (Kat.-Nr. 4.11)*

tiefen Schlaf erweckt, fängt es an, den Trug, durch den es eingeschläfert war, zu erkennen."³⁰

Hutten hatte mit dieser Feststellung insofern durchaus recht, als er trotz der zweifellos beträchtlichen Beeinflussung durch Luther auch fernerhin eigene Ziele verfolgte, die von denen Luthers grundsätzlich verschieden gewesen sind. Andererseits war es aber doch eine gewisse Selbstüberschätzung, wenn Hutten glaubte, sich als Erwecker Deutschlands auf der gleichen Höhe wie Luther zu bewegen.

Zwar hatte der Ritter zeitiger als Luther mit der Kritik an Papsttum, Klerus und Scholastik begonnen und schon während seines ersten Italienaufenthalts die Übergriffe Julius' II. auf den weltlichen Bereich scharf zurückgewiesen, aber massenwirksam ist diese Kritik nicht geworden. Massenwirkung erreichten seine antikurialen Schriften erst, nachdem Luther den Boden vorbereitet hatte. Am wirkungsvollsten erwiesen sich die Dialoge „Febris prima" und „Vadiscus sive Trias Romana", die 1518 und 1519 entstanden und zehn- bis zwölfmal in lateinischer Sprache gedruckt worden sind.³¹ Huttens bedeutende historische Rolle begann erst, nachdem Luthers Auftreten breite Teile des deutschen Volkes in Bewegung gesetzt hatte. Nicht durch Huttens, sondern durch Luthers Kritik an Ablaß und Papsttum weitete sich das schon längst im deutschen Volke lodernde Feuer der Unzufriedenheit mit den kirchlichen und politischen Zuständen zu einer gewaltigen und rasch um sich greifenden Flamme aus. Nicht durch Hutten, sondern durch Luther wurde die frühbürgerliche Revolution in Deutschland eingeleitet, wobei Hutten allerdings dann auch seinerseits nicht wenig zur Ausbreitung des antirömischen Kampfes beigetragen hat.

Obwohl Hutten z. B. in den Dunkelmännerbriefen oder in seinen Epigrammen an Kaiser Maximilian dem Papst- und Mönchtum ganz anders mitgespielt hatte als Luther in seinen Thesen, konnten seine Schriften die Wirkung der 95 Thesen auch nicht annähernd erreichen. Das lag sicherlich nicht an der sprachlichen Gestaltung; denn auch Luthers Thesen sind in einem noch dazu recht komplizierten Latein abgefaßt gewesen, und bestimmt wären auch Huttens Schriften, hätten sie den Interessen breiter Massen entsprochen, ins Deutsche übertragen worden, wenngleich das schon von ihrem Umfang her viel komplizierter gewesen wäre als bei den Thesen. Entscheidend dürfte vielmehr gewesen sein, daß jene Punkte, an denen er seine Kritik ansetzte, nämlich die Scheingelehrsamkeit der Scholastik und die politische Herrschaft des Papsttums, dem Denken der breiten Massen des deutschen Volkes recht fernstanden. Ihnen fehlte jede Beziehung zu den religiösen und ökonomischen Anliegen des gemeinen Mannes, sie konnten lediglich eine relativ kleine Bildungsschicht interessieren. Dagegen berührte Luthers Kritik am Ablaß das Verhalten jedes einzelnen und zwang ihn zu einer Stellungnahme.

Eine schwierige und umstrittene Frage ist stets die nach der Einflußnahme Huttens auf Luther gewesen. Vor allem Paul Kalkoff sah seine Aufgabe darin, Hutten möglichst weit von Luther wegzurücken.³² Er versuchte nachzuweisen, daß der Ritter für die Sache der Reformation, wenn nicht bedeutungslos gewesen ist, so doch bei ihrer Verbreitung höchstens eine negative Rolle spielte. Aber diese These Kalkoffs ist trotz der hervorragenden Materialkenntnisse ihres Schöpfers in der Fülle von Arbeiten, die Kalkoffs Darstellung auslöste, widerlegt worden. Es gebührt allerdings Kalkoff das Verdienst, entscheidend zur Aufhebung jenes einseitig positiven Huttenbildes beigetragen zu haben, das David Friedrich Strauß gezeichnet hatte. Aber seine Konzeption von der Reformationsgeschichte war selbst viel zu einseitig, als daß er Hutten hätte gerecht werden können. Er spricht Hutten jede aus dem Widerspruch zwischen Wollen und Möglichkeiten resultierende tragische Größe ab und meint statt dessen: „Er (der Schimmer tragischer Größe, M. M.)

1526.
VIVENTIS·POTVIT·DVRERIVS·ORA·PHILIPPI
MENTEM·NON·POTVIT·PINGERE·DOCTA
MANVS

muß verblassen, sobald die Einsicht reift, daß der verhängnisvolle Widerspruch vielmehr in dem Reden und Handeln, den Ansprüchen und den Leistungen, dem hochgespannten Selbstgefühl und der kläglichen haltlosen Lebensführung des Mannes beruht."[33] Kalkoff versucht, Hutten moralisch zu verdammen und glaubt damit das Urteil über seine historische Rolle gesprochen zu haben. Aber so einfach wäre die Frage nach Huttens historischer Bedeutung selbst dann nicht zu beantworten, wenn man den moralischen Urteilen Kalkoffs Glauben schenken wollte, solange nichts über die für eine solche Wertung entscheidenden Gesichtspunkte gesagt worden ist: über die subjektive Zielstellung und vor allem die objektive Wirkung Huttens im Rahmen der deutschen frühbürgerlichen Revolution. Unter diesem umfassenden Gesichtspunkt müssen auch die Fragen nach dem Einfluß Huttens auf den Fortgang von Luthers antirömischer Propaganda und nach der Bedeutung der Huttenschen Schriften für die Entwicklung der gegen die Papstkirche gerichteten Stimmung und Bewegung gesehen werden.

Sicherlich hat Hutten Luthers nationales Empfinden nicht geweckt, sondern der Reformator ist sich seinen eigenen Äußerungen zufolge erstmals während der italienischen Reise 1510/11 seines Deutschtums bewußt geworden.[34] Von entscheidendem Einfluß dürfte dann das Erlebnis des antirömischen Auftretens der Stände auf dem Augsburger Reichstag von 1518 gewesen sein. „Luther aus traditionell-kirchlichem auf national-politischen Boden gestellt zu haben, darin liegt die Bedeutung des Augsburger Tages."[35]

Den deutlichsten Niederschlag fand dieses Anknüpfen an die ihm in Augsburg bekannt gewordenen nationalen Bestrebungen in der 1520 erschienenen Schrift „An den christlichen Adel deutscher Nation von des christlichen Standes Besserung". In dieser „weltlichsten" seiner Schriften forderte Luther die Obrigkeiten bis hinauf zum Kaiser auf, an die Spitze der antirömischen Bewegung zu treten und eine umfassende Kirchenreform zu verwirklichen.

Die auffällige Ähnlichkeit der Angriffe und Reformforderungen, die Luther in der Schrift an den christlichen Adel und Hutten in seinem kurz zuvor erschienenen Dialog „Vadiscus sive Trias Romana" erhoben, hat die Frage aufgeworfen, inwieweit der Wittenberger Professor hier von dem humanistisch gebildeten Ritter beeinflußt worden ist.

Köhlers Arbeit läßt es nahezu sicher erscheinen, daß Luther den „Vadiscus" bereits kannte, als er seine eigene Schrift abfaßte.[36] Immerhin war Huttens Dialog Anfang Mai in Halle und Leipzig bekannt, so daß er sehr wahrscheinlich bis Anfang Juni, als Luther seine Schrift an den Adel begann, auch in Wittenberg gelesen worden ist.[37]

Andererseits steht aber auch fest, daß Luther zu dieser Schrift nicht durch den „Vadiscus" veranlaßt wurde. Die von ihm übernommenen Anklagen betreffen nur die Mißstände an der Kurie, ihr Finanzsystem und ihre Verweltlichung, die Vernachlässigung der geistlichen Aufgaben und die Verkommenheit des Klerus. Auch der Ritter hatte diese Argumente teilweise von anderen Autoren übernommen, z. B. dürfte er das „Encomion" des Erasmus gekannt haben. Ebenso hat Luther diese Schriften gekannt, aber die deutlichen und mitunter wörtlichen Anklänge an den „Vadiscus"[38] legen die Vermutung nahe, daß die Lektüre dieses Dialogs dem Wittenberger Professor die in der Literatur angeprangerten kirchlichen Mißstände erneut verdeutlichte und daß er sein eigenes „Anklagematerial" teilweise von Hutten übernommen hat.[39]

Luthers berühmte Schrift kann demzufolge nicht unabhängig vom „Vadiscus" entstanden sein[40], wenngleich die Annahme völlig irrig ist, Luther sei durch Huttens Werk veranlaßt worden, sich an den Adel zu wenden. Luther richtete seine

Aufforderung zur Kirchenreform ja nicht etwa an Huttens Standesgenossen, sondern zumindest in erster Linie an den hohen Adel, d. h. an den Kaiser und an die den Rittern so verhaßten Fürsten. Außerdem hätte ihm der „Vadiscus" zu einer Schrift an die Ritterschaft schon insofern nicht veranlassen können, als Hutten hier im Unterschied zu dem folgenden Dialog „Inspicientes" den Rittern keine besondere Aufgabe oder Vorrangstellung im Ringen mit der Papstkirche zuwies.

Wenn man die Entstehung von Luthers Schrift an den christlichen Adel betrachtet, dann ist aber auch die Frage nach der Bedeutung, die den Sympathiekundgebungen Sickingens und Sylvester von Schaumbergs für die Vollendung des Werkes beigemessen werden kann, nicht ohne Interesse. Wie bereits erwähnt, hatte Hutten Anfang des Jahres 1520 Luther über Melanchthon die Mitteilung zukommen lassen, daß er bei Sickingen Zuflucht finden könnte. Dieses Angebot scheint aber damals keinen größeren Eindruck auf den Wittenberger Professor gemacht zu haben; denn mit seiner Antwort ließ sich Luther immerhin über zwei Monate Zeit. Der erste Brief Sylvester von Schaumbergs vom 11. Mai 1520, in dem er Luther die Waffenhilfe durch etwa 100 Ritter vorschlug, fand eine freundliche, aber bestimmte Ablehnung. Somit ist es sicher, daß die Schreiben der Ritter keinen Einfluß auf Luthers Absicht ausgeübt haben, die Schrift „An den christlichen Adel deutscher Nation" zu verfassen.[41] Ganz anders allerdings war die Reaktion Luthers, als er wahrscheinlich am 10. Juli das zweite Schreiben Sylvesters empfing. Von der großen moralischen Wirkung, die diese Zeilen, ohne sachlich etwas Neues zu enthalten, auf ihn ausübten, legt ein Brief Zeugnis ab, den Luther an Spalatin richtete: „Quia enim iam securum me fecit Sylvester Schauenberg et Franciscus Sickingen ab hominum timore, succedere opportet daemonum quoque furorem."[42]

Diese andersartige Aufnahme erklärt sich aus der neuen Situation, in die Luther geraten war, nachdem dem sächsischen Kurfürsten am 6. Juli die Briefe des Kardinals Riario und des Mainzer Gesandten Dr. Tetleben zugegangen waren. Mit unverblümten Drohungen wurde hierin nach einem anderthalbjährigen Schweigen der Kurie von Friedrich dem Weisen in ultimativer Form verlangt, Luther zum Widerruf zu zwingen. Dieser, vom Kurfürsten über die Forderung der Kurie in Kenntnis gesetzt, war zunächst sehr betroffen.[43] Erst nach dem Eingang des erwähnten Briefes von Sylvester von Schaumberg übersandte er am 10. Juli Spalatin seine Vorschläge für das kurfürstliche Antwortschreiben und nahm hierbei ausdrücklich auf das Angebot des fränkischen Ritters Bezug.[44] Der Eindruck dieser Sympathiebezeugung war darüber hinaus so nachhaltig, daß sich Luther jetzt zu einer noch entschlosseneren Kampfhaltung gegenüber Rom durchzuringen vermochte, wie sie im zweiten Teil der Schrift an den Adel zum Ausdruck kommt.[45]

Auch mit einem anderen Werk lieferte Hutten Luther Argumente für die Auseinandersetzung mit dem Papsttum, wenngleich sein Verdienst in diesem Falle nur sekundärer Natur war, da Hutten nicht Verfasser, sondern Herausgeber dieses Werkes gewesen ist. Die Enthüllungen von Laurentius Valla, die den Nachweis erbrachten, daß es sich bei der Konstantinischen Schenkung um eine Fälschung handelte, haben Luther in der von Hutten besorgten Neuauflage vorgelegen[46] und einen nachhaltigen Eindruck auf ihn gemacht. Sie ließen ihm die schon vorher vorhandene Vermutung, daß das Papsttum der Antichrist sei, nicht mehr zweifelhaft erscheinen.[47] Dabei bestand zwischen Huttens und Luthers Kritik an der Fälschung eine weitgehende Übereinstimmung. Für beide war es ein Ärgernis, daß die Päpste, statt ihrem geistlichen Auftrag nachzugehen, gestützt auf diese Fälschung, vordergründig politischen Ambitionen folgten.[48]

Andererseits ist aber auch Luthers Auftreten seit der zweiten Hälfte des Jahres 1518 nicht ohne Einfluß auf Hutten geblieben. Aber es waren nicht nur die

*Brief an Albrecht von Brandenburg, Erasmus von Rotterdam, 1520 (Kat.-Nr. 4.12)*

Gedanken Luthers, die Huttens antirömische Agitation bereicherten. Die Existenz der gesamtnationalen antirömischen Bewegung, die sich im Gefolge von Luthers Thesenanschlag formiert hatte, war Hutten bewußt geworden. Im „Vadiscus" sprach er davon, daß „nit allein im gemeynen volk", wo die Bullen geringer angesehen werden als zuvor, wo mit der Zeit die Ablaßkäufe immer mehr zurücktreten, die päpstlichen Legaten nicht mehr angenehm erscheinen und andere Zeichen der Opposition gegen Rom sichtbar werden, sondern auch unter den Fürsten und Herren, „die nit lenger wöllen leiden den gantz freyen und gantz uneinträglichen gewalt deß Römischen bischoffs", die Bereitschaft zu einer Änderung und Neugestaltung der kirchlichen Verhältnisse vorhanden sei.[49]

Bereits seit 1512 hatte Hutten gegenüber dem Papsttum zwei politische Forderungen erhoben:
1. Der Papst hat sich nur um die geistlichen Dinge zu kümmern, der Kaiser ist der Herr der Welt und steht über dem Papst.[50]
2. Die Einstellung der finanziellen Ausplünderung Deutschlands durch die Papstkirche.[51]

Trotz dieser gewiß sehr weitgehenden Forderungen wollte Hutten bis etwa Mitte 1519 zu ihrer Verwirklichung einen Weg beschreiten, der nicht mit der Entwicklung der Aktivität breiter Teile des Volkes verbunden war. Er ignorierte damals völlig die in den Volksmassen schlummernden Potenzen und setzte alle Hoffnungen auf den Kaiser, der unterstützt und beraten werden sollte von einem kleinen Kreis gebildeter Männer.

Die Konfrontation des bisher in theoretischen Gedankengängen verharrenden Ritters mit der trotz aller inneren Widersprüchlichkeit gewaltigen Massenbewegung wirkte so nachhaltig, daß er die Kraft des in Bewegung geratenen Volkes nicht mehr übersehen konnte.[52] Im Gegenteil, nicht mehr auf den Kaiser setzte er jetzt seine Hoffnungen, sondern auf die Bewegung, mit deren Existenz der Kampf gegen die Papstkirche auf breitester Front bereits eröffnet war. Damit war es überflüssig, von Karl V. wie einst von Maximilian zu verlangen, er solle das Papsttum zwingen, ihm die Oberhohheit in der Welt zuzugestehen und die Ausplünderung Deutschlands einzustellen. Vielmehr konnte der Kaiser jetzt gar nicht Urheber, sondern höchstenfalls ein sehr spät kommender Führer sein; denn in dieser Führung bestanden nach Huttens Auffassung das Recht und die Pflicht des Kaisers.[53] Ebenso sollte nach Huttens Ansicht das ganze deutsche Volk auch seinerseits die kaiserlichen Interessen gegenüber dem Papsttum durchsetzen.[54]

In diesem konsequenten Eintreten für die Stärkung des Kaisertums zeigt sich bereits, daß Hutten die gesamtnationale antirömische Bewegung in eine ganz bestimmte Richtung lenken wollte, daß seine Kirchenreformvorstellungen den objektiven Interessen einer ganz bestimmten Gruppe, der Reichsritterschaft, entsprachen. So folgte auf den bedeutenden Dialog „Vadiscus sive Trias Romana", auf Huttens „Manifest gegen Rom", mit dem das Los geworfen war[55], ganz unmittelbar der Dialog: „Inspicientes", in dem er die Ritterschaft mit den Worten pries: „Dz ist der reütter orden, eine grosse macht und stercke Teütscher nation."[56]

Im „Vadiscus" schrieb Hutten, „das die güter, so unsere altern ettwan auß guter Christlicher meinung und andacht zu den kirchen gebenn, yetzo gehen Rom, ich weyß nit wem gefallen..."[57] Hatte sich hier bereits sein Blick auf die geistlichen Besitzungen gerichtet, so wurde daraus im „Monitor II", der Ende 1520/Anfang 1521 entstand, das Verlangen nach Säkularisation der Kirchengüter, vor allem im Interesse der Ritterschaft.[58] Diese Forderung wurde unter ausdrücklicher Berufung auf das Beispiel Žižkas erhoben, der bereits im „Vadiscus" — wenngleich viel vorsichtiger — lobend genannt wurde. Auch Luther hatte in der Schrift „An den

*Von abtuhung der Bylder...,*
*Andreas Bodenstein, gen. Karlstadt, 1522*
*(Kat.-Nr. 4.16)*

christlichen Adel deutscher Nation" erklärt, die von den Böhmen säkularisierten Kirchengüter „solten nicht aufs strengste wiedergefordert werden" und schon damit eine durchaus kühne Forderung erhoben[59], wenngleich sie hinter der Huttens noch weit zurückstand.

Von Luther direkt beeinflußt dürfte hingegen Huttens Argumentation gegen den Ablaß gewesen sein, wie wir sie im „Vadiscus" vorfinden.[60] So schrieb Hutten: „Niemand würde Ablaß kaufen, wenn man die Leute nicht überredet hätte, daß unser Heil darin gelegen sei, wo doch die Erlangung von Gottes Gnade und Barmherzigkeit für die eigene Sünde allein Sache des Gewissens ist."[61]

Allerdings ist Huttens Einstellung zum Ablaß vom Erasmischen Moralismus durchzogen, so daß die Argumente wechseln, die Hutten für seine Ablehnung anführte, was zudem beweist, wie wenig Hutten die Theologie Luthers überhaupt verstanden hat. Im „Monitor I" legte er Luther Worte gegen den Ablaß in den Mund, die wohl humanistisch, aber nicht lutherisch sein konnten.[62]

Die Ursachen der so scharf kritisierten Praktiken des Papsttums sah Hutten im „Vadiscus" noch ganz unter dem Blickwinkel des Erasmus.[63] Verantwortlich für die Mißstände des Papsttums erschienen ihm die Persönlichkeiten der Päpste, die sich in politische Kämpfe stürzten, als Krieger hervortraten und von der Habsucht getrieben wurden, statt sich durch christliche Liebe und Frömmigkeit hervorzutun.[64] Ein Papst guten Willens wäre nach Huttens damaliger Ansicht durchaus fähig gewesen, die Kirche zu verbessern.[65] Ausdrücklich setzte er sich im „Vadiscus" für die Beibehaltung des Papsttums ein, da ein Körper nicht ohne Haupt leben könne. Luther hat in der Schrift an den christlichen Adel das Papsttum als den Antichristen verdammt und die Obrigkeiten dazu aufgefordert, die Kurie zum Verzicht auf alle weltlichen und kirchlichen Herrschaftsansprüche zu zwingen und eine von Rom unabhängige deutsche Nationalkirche zu schaffen, ohne daß damit zunächst schon der Fortbestand des Papsttums abgelehnt worden wäre.[66] Seit dem Sommer 1520, nachdem Hutten von dem gegen ihn gerichteten Schreiben des Papstes an den Mainzer Erzbischof erfahren hatte[67], bestritt der Ritter energisch den päpstlichen Anspruch, an der Spitze der ecclesia zu stehen[68], um dann schließlich in den 1521 erschienenen „Praedones" das Papsttum wie Luther als den Antichristen zu verurteilen. In dieser Frage ist die Wirkung der Lutherschen Ideen auf Hutten besonders deutlich zu spüren, es läßt sich hier eindeutig eine Wendung Huttens von Erasmus zu Luther nachweisen[69], dessen Werk „An den christlichen Adel deutscher Nation von des christlichen Standes Besserung" er zweifellos gekannt hat.[70]

Als der Kampf zwischen fast allen Klassen und Schichten Deutschlands und der Papstkirche offen ausgebrochen war, gelangte Hutten zu einer völligen Neubewertung der deutschen Geschichte, die ihm durch das Auffinden mittelalterlicher antipäpstlicher Schriften noch erleichtert wurde.[71] In dem Bestreben, die Berechtigung dieses Widerstands gegen das Papsttum auch historisch nachzuweisen, erschien ihm jetzt die ganze deutsche Geschichte von Arminius, dessen Gestalt er wiederentdeckt hat, über die Kaiser des Mittelalters bis zu seiner Zeit als ein einziges großes Ringen des deutschen Volkes mit Rom, als ein Kampf, der nunmehr siegreich beendet werden sollte. Unter den Bedingungen der frühbürgerlichen Revolution stellte Hutten das gesamte humanistische Geschichtsbewußtsein in den Dienst des politischen Tageskampfes. In der „Anzeig, wie allwegen sich die Römischen Bischöfe oder Päpste gegen die deutschen Kaiser gehalten haben", die der Ritter Ende März 1521 vollendete, zog er unter diesem Gesichtspunkt eine geschichtliche Bilanz. Er begann die Darstellung mit Otto I., den er zur gleichen Zeit in seiner „Entschuldigung" rühmte[72], wies auf Heinrich IV. hin, „den werten Held, desgleichen in deutschen Landen nie geboren"[73], und pries besonders „den auserwählten Degen" Kaiser Friedrich I., den er nach Kaiser Heinrich IV. als den „allerstreitbarsten teütschen Kaiser so je gelebt"[74] ansah. Im Mittelpunkt der Betrachtung stand Kaiser Friedrich II., dessen Staatsbriefe Hutten kannte[75] und den er schon im Lobgedicht an den Erzbischof von Mainz überschwenglich gefeiert hatte.[76]

Bereits 1516/17 hatte Hutten, nachdem ihm die Annalen des Tacitus bekannt geworden waren, damit begonnen, den Dialog „Arminius" zu entwerfen, den er im September und Oktober 1519 ausarbeitete und der dann posthum im Jahre 1529 erschienen ist.[77] Er knüpfte allerdings als eine Art zweiter Teil an ein Luciansches Gespräch an und vermied direkte Anspielungen auf Huttens Zeit. In welch hohem Maße Hutten aber auch bei seinem Kampf gegen die Papstkirche an die Vertreibung der Römer durch Arminius anknüpfte, zeigt sich in Huttens Sendschreiben an Friedrich den Weisen. Den sächsischen Kurfürsten, den er zur Leitung eines antirömischen Feldzuges aufrief, erinnerte Hutten an die „Vorfahren" der Sachsen, die Cherusker, die „Teutschen landen den Arminius geben haben, den aller besten und allerstercksten hauptmann der je auf erdenn gewest ist, ..., Welcher nit allein sein vatterlandt, sondern gantz Germanien und teutschland aus den henden der Roemer die zeit do sie am mechtigsten und reichsten waren ... erlediget und gerissen, und die Roemer mit vil und ungehörten schlachten darnider gelegt, menlich verdriben und veriagt."[78]

Mit der Einbeziehung der deutschen Geschichte in die ideologische Auseinandersetzung mit der Papstkirche ging Hutten einen wichtigen Schritt über die herkömmliche Geschichtsbetrachtung der deutschen Humanisten hinaus, selbst wenn etliche der von ihm gesehenen Verbindungslinien heute natürlich recht merkwürdig anmuten. Auch dadurch, daß Hutten als der einzige Politiker unter den deutschen Humanisten die Geschichte in den Dienst seiner antipäpstlichen Propaganda stellte, verwirklichte er die Verbindung von literarischer Arbeit und praktisch-politischem Handeln, die er schon in dem berühmten Pirckheimer-Brief vom 25. Oktober 1518 als sein Lebensideal bezeichnet hatte.

Aber Hutten blieb dabei nicht stehen, sondern tat noch einen weiteren Schritt, der über die Tradition des deutschen Humanismus hinausführte. Unter dem Eindruck der von Luther ausgelösten gesamtnationalen Bewegung überwand der Ritter die Beschränkung des Humanismus auf eine gelehrte und einflußreiche Leserschaft und wandte sich an alle Klassen und Schichten des deutschen Volkes, um sie zum Kampf gegen Papsttum und Klerus zu mobilisieren. Aus diesem Grund verwandte er seit dem Herbst 1520 neben der lateinischen immer stärker die deutsche Sprache. Den Zusammenhang zwischen politischer Zielstellung und sprachlicher Gestaltung hat er selbst in seiner „Clag und vormanung" mit fast unübertrefflicher Prägnanz zum Ausdruck gebracht:

„Latein ich vor geschriben hab,
das war eim jeden nit bekandt
yetzt schrey ich an das vatterlandt
Teütsch nation in irer sprach
zu bringen dißen dingen rach."[79]

Von allen Einflüssen, die von Luther und der gesamtnationalen antirömischen Bewegung auf Hutten ausgingen, ist ein Moment für das weitere Schicksal des Ritters von entscheidender Bedeutung gewesen. Erst durch das Erfassen der gesamtnationalen antirömischen Bewegung konnte Hutten zur theoretischen Begründung des adligen Pfaffenkrieges voranschreiten, weil ihn erst diese Erfahrung lehrte, daß ein Kampf gegen das Papsttum auch ohne kaiserliche Führung möglich ist. Ausgesprochen hat er diesen Gedanken erstmals in der „Entschuldigung", die im Dezember 1520 entstand, als Hutten durch die Zurücknahme der Berufung Luthers die Hoffnungen, die er auf Karl V. gesetzt hatte, verlieren mußte. Hier verkündete der Ritter erstmals seine Absicht, die antirömischen Forderungen, sollten sie von Kaiser und Fürsten nicht beachtet werden, notfalls mit Waffengewalt durchzusetzen. Er rief zur allgemeinen Verfolgung der Kleriker auf und erklärte ihnen für seine Person den Krieg.[80] Immer und überall wollte er ihnen schaden, ohne auf Karls Entscheidung zu warten.[81] Im Grunde sind hier die im „Vadiscus" entwickelten Vorstellungen von Hutten entsprechend seinen neuen Erfahrungen theoretisch bis zu ihrer äußersten Konsequenz zugespitzt worden.

Dabei konnten ihn die folgenden Worte, mit denen Luther seinem Zorn freien

Lauf ließ, sogar auf eine Unterstützung durch den Wittenberger Professor hoffen ließ: „Wenn ihr (der römischen Pfaffen) rasend Wüten einen Fortgang haben sollte, so dünkt mich, es wäre schier kein besserer Rat und Arznei, ihm zu steuern, denn daß Könige und Fürsten mit Gewalt dazutäten, sich rüsteten und diese schädlichen Leute, so alle Welt vergiften, angriffen und einmal des Spiels ein Ende machten, mit Waffen, nicht mit Worten. So wir Diebe strafen, warum greifen wir nicht vielmehr an diese schädlichen Lehrer des Verderbens, als Päpste, Kardinäle, Bischöfe und das ganze Geschwärm der römischen Sodoma mit allerlei Waffen und waschen unsere Hände in ihrem Blut?"[82]

Der Zug eines Teiles der Ritterschaft gegen das Erzbistum Trier im Jahre 1522 war nach einigen vorausgegangenen kleineren und in ihrer Art sehr abstoßenden Fehden Huttens[83] schließlich der großangelegte Versuch, seine Pfaffenkriegspläne in die Wirklichkeit umzusetzen. Wenngleich für Sickingen, den eigentlichen Führer dieses Unternehmens, noch egoistische Ziele maßgebend gewesen sein dürften, so ist er doch durch Hutten ständig zu solch einem Schritt gegen die Kleriker gedrängt worden. Was den Ausgangspunkt der Bewegung angeht, ist es also völlig berechtigt, wenn es in der katholischen Streitschrift „Wie der heilig Vater Papst Adrianus eingeritten ist zu Rom auf den 28. Tag des Monats Augusti 1522" in bezug auf Sickingens Erhebung heißt, „das hond wir alles von dem teuflischen Luther"[84], und wenn Mathias Schlegel aus Trier in einer Flugschrift sprach von den „... blutdürstigen ungehorsamen Adels, alls vergifft von dem Lutherischen Kater..."[85]

Im Grunde bestanden aber zwischen Huttens und Luthers Zielen und Methoden beträchtliche Unterschiede, und die erwähnten Worte des Reformators waren nichts als eine momentane Äußerung des Zorns, keineswegs Grundgedanken seiner Lehre. So sprach sich Luther, wie er in seinem Brief vom 16. Januar 1521 an Spalatin schrieb, gegenüber Hutten eindeutig gegen dessen Pläne zu einem Pfaffenkrieg aus: „Aber daß mit Gewalt und Mord für das Evangelium gestritten würde, möchte ich nicht.... Durch das Wort wurde die Welt überwunden, durch das Wort wird sie auch wiederhergestellt werden."[86] Daraufhin schrieb Hutten am 17. April an den in Worms eingetroffenen Luther, daß sich ihre Pläne darin unterschieden, daß die seinigen menschlich seien, während Luther, schon vollkommener, alles Gott anheimgestellt habe.[87]

Luthers subjektives Anliegen, das hatte Hutten richtig erkannt, war religiös-theologischer Natur. Wenn er das Bild eines von römischen Ansprüchen befreiten Staatswesens entwarf, das vorrangig den Interessen des aufstrebenden Bürgertums und einer antirömisch denkenden Adelshierarchie entsprach[88], so tat er auch das nicht als Politiker, sondern ausschließlich als Theologe, der sich entsprechend seiner Herkunft und seinem Werdegang mit diesen Schichten so fest verbunden fühlte, daß ihre Interessen zu seinen eigenen geworden waren und ihm als allgemeingültig erschienen.

Genau umgekehrt verfolgte Hutten, wie er selbst betonte, „menschliche" Ziele, ihm ging es nicht um den rechten Glauben, und eine Kirchenreform war ihm nicht Selbstzweck, sondern der erste große Schritt auf dem Wege zu einer Reichsreform.

Dementsprechend schrieb er im „Monitor II" über seine Erwartungen bei der Verwirklichung der Lutherischen Lehre: „Denn meinst du, die jetzt in Deutschland durch Luthers Predigt aufkeimende Erkenntnis der evangelischen Lehre würde, wenn Karl nicht dem Zetergeschrei der Pfaffen dagegen Gehör gegeben hätte, nicht binnen weniger Monate eine allgemeine Besserung des Lebens und der Sitten hierzulande die Wiederherstellung der kaiserlichen Würde und den Sturz der schlechten und verderblichen Menschen aus ihren angemaßten Posten herbeigeführt haben?"[89]

Der Ritter hoffte dabei auf die Verwirklichung von Forderungen, die er selbst hegte, weil sie den Interessen seines Standes entsprachen. Was ihn für kurze Zeit an Luther herangeführt hatte, war einzig und allein die gemeinsame Gegnerschaft zum Papsttum und zu den kirchlichen Mißständen. Er mußte sich zwangsläufig in dem Augenblick wieder von Luther trennen, in dem sie ihre Ziele fester umrissen.[90] Das war Ende 1520 und Anfang 1521 der Fall.

In dieser Zeit entwickelte Hutten, wie bereits erwähnt, die Idee des Pfaffenkrieges auf eigene Faust. Luther hingegen, dessen Auftreten zunächst keine einzige weitergehende Richtung ausschloß[91], legte sich mit seiner eindeutigen Ablehnung des gewaltsamen antirömischen Kampfes ebenfalls näher fest und zeichnete damit gegenüber dem Ritter bereits die Gedanken vor, die er in seiner am 27. März 1522 veröffentlichten Schrift: „Eine treue Vermahnung an alle Christen sich zu hüten vor Aufruhr und Empörung" in Frontstellung gegen die Volksmassen klar formulierte: Ablehnung der gesellschaftlichen Reformation und Verwirklichung der Kirchenreform allein durch die weltliche Obrigkeit.[92] Es waren dabei keinesfalls zufällige persönliche Entscheidungen, die hier gefällt wurden, sondern sie waren nur subjektiver Ausdruck der Differenzierung der Klassenkräfte, die seit 1521 einsetzte und zur Aufspaltung der gesamtnationalen antirömischen Bewegung führte. „Die einen glaubten den Tag gekomen, wo sie mit allen ihren Unterdrückern Abrechnung halten könnten, die andern wollten nur die Macht der Pfaffen, die Abhängigkeit von Rom, die katholische Hierarchie brechen und sich aus der Konfiskation des Kirchengutes bereichern. Die Parteien sonderten sich und fanden ihre Repräsentanten. Luther mußte zwischen ihnen wählen."[93]

Huttens Reichsreformvorstellungen waren dabei auf die Interessen des niederen Adels abgestimmt. Er forderte, gestützt auf Luthers Angriffe gegen die Kirche, deren völlige ökonomische und politische Entmachtung. So erstrebte Hutten eine Nationalkirche, die Verringerung der Pfründen, die Einstellung aller Geldzahlungen nach Rom[94] und nicht zuletzt die Säkularisation der Kirchengüter.[95] Diese sollten zumindest teilweise der Zentralgewalt zur Verfügung gestellt werden, die sie dann zum Aufbau eines schlagkräftigen Reichsheeres verwenden sollte.[96] Auf diese Kräfte gestützt, sollte es die Aufgabe des Herrschers sein, das Reich der Ottonen wiederherzustellen und dasselbe noch zu vergrößern.[97] Hutten wollte damit keinesfalls einer absoluten Monarchie zum Durchbruch verhelfen, sondern dachte an ein mittelalterliches Ständekaisertum.[98] Die Ritterschaft sollte sich die säkularisierten Kichengüter mit der Zentralgewalt teilen und wieder Schwertträger des Reiches werden. Bei der dem Reichsheer zugemessenen Bedeutung wäre sie damit zwangsläufig zum wichtigsten Stand überhaupt geworden.[99] Der Fürsten hingegen gedachte Hutten als eines politisch wirksamen Faktors nicht mehr. Sie sollten dem Kaiser streng untergeordnet und zum Gehorsam verpflichtet sein.[100]

Das starke Nationalempfinden Huttens war von diesen sozialen Vorstellungen geprägt. Franz Mehring schrieb dazu: „Nur ist der nationale Standpunkt immer bestimmt durch die sozialen Interessen der einzelnen Klassen, wie bei Hutten der deutschen Ritterschaft, so bei Lessing des deutschen Bürgertums..."[101] Kennzeichnend für Huttens nationales Fühlen ist die Synthese zwischen dem fortschrittlichen Empfinden und dem reaktionären universalen Denken.

Es läßt sich nicht sagen, inwieweit Sickingen mit Huttens Vorstellungen übereinstimmte, als er 1522, von Hutten schon lange zum Pfaffenkrieg gedrängt, seinen Zug gegen den Erzbischof von Trier eröffnete. Aber wie das auch immer konkret ausgesehen haben mag, ob die Fehde gegen Trier Sickingen zum Aufstieg in den Fürstenstand dienen sollte oder ob sie ein Mittel zur Wiederherstellung des ritterlichen Machteinflusses auf Kosten der Kirche und der Fürsten war, in jedem der möglichen Fälle verfolgten die Ritter in der Konsequenz reaktionäre Ziele. Wäre Sickingen an einer Verwirklichung der Huttenschen Ideen interessiert gewesen, dann hätte das bedeutet, daß beide „... ganz wie der polnische Adel von 1830 sich einerseits zu den Organen der modernen Ideen machte, andererseits in der Tat aber ein reaktionäres Klasseninteresse vertraten". Hinter Huttens Losungen von Einheit und Freiheit „lauerte immer noch der Traum des alten Kaisertums und des Faustrechts".[102] Die hier angestrebte „Lösung" der nationalen Frage wäre somit ihrem sozialen Inhalt nach die reaktionärste gewesen, die überhaupt möglich war.

Aber die Gesamteinschätzung darf nicht nur von der Zielstellung ausgehen, die die Aufständischen selbst verfolgten, wobei einerseits immer einschränkend bemerkt werden muß, daß nicht klar zu beantworten ist, inwieweit Sickingen die Interessen seiner Standesgenossen wahrzunehmen gedachte, andererseits auch beachtet werden muß, daß er erst durch Hutten zu dem gewaltsamen Vorgehen gegen einen geistlichen Fürsten gedrängt wurde. Gerade bei der Berücksichtigung dieser Aspekte zeigt sich, wie wichtig es ist, dieses subjektive Wollen in Beziehung zu setzen zu dem objektiv Möglichen, d. h. neben der Zielstellung auch die Stoßrichtung zu beachten. Bezüglich der Bewertung der objektiv möglichen Bedeutung der Erhebung verweist M. M. Smirin auf Marx und Engels, die wiederholt klargestellt haben, daß die ständischen Ziele, die auf eine Wiedererlangung der früheren Bedeutung der Ritterschaft hinausliefen, reaktionäre, jeder realen Grundlage entbehrende Träumereien einer zum Untergang verurteilten Klasse waren. „Aber gerade deshalb konnte der energische und kompromißlose Kampf der Ritterschaft gegen die Souveränität der Fürsten und besonders gegen die päpstliche Agentur in Deutschland eine der Kräfte zur revolutionären Beseitigung der politischen Zersplitterung des Landes und seiner Umgestaltung in bürgerlicher Richtung sein."[103] Diese Bewegung, die erst im Gefolge Luthers zustande kommen konnte, war ein Bestandteil der frühbürgerlichen Revolution. So sprach Karl Marx bezüglich Huttens und Sickingens von den „adligen Repräsentanten der Revolution"[104], die er den Bauernmassen gegenüberstellte; denn obwohl ihre Zielstellung subjektiv reaktionär war, so besaß sie objektiv doch eine progressive revolutionäre Stoßrichtung, die allerdings nicht im Interesse des bürgerlichen Fortschritts wirksam werden konnte, da für einen Teil des niederen Adels, für das Bürgertum und die Bauernschaft aufgrund der vorhandenen, objektiv begründeten Interessen- und Klassengegensätze ein Zusammengehen mit dem Hutten-Sickingen-Kreis nicht in Frage kam.

Neben diesem grundsätzlichen Unterschied, der zwischen Luthers und Huttens Auffassung über den Inhalt und die Bedeutung der Kirchenreform sowie über die Wege zu ihrer Durchsetzung bestand, gab es eine ganze Reihe unterschiedlicher Anschauungen in den verschiedensten Fragen. Hier sei nur noch auf ein Moment aufmerksam gemacht, das den Unterschied zwischen dem Theologen Luther und dem Humanisten Hutten besonders verdeutlicht. Volodarskij weist darauf hin, daß Hutten und Luther darin übereinstimmten, geistliche Ämter nur noch wirklich würdigen Leuten zu überlassen. Ein Unterschied besteht aber insofern, als Hutten in typisch humanistischer Auslegung solche Personen zu geistlichen Ämtern zulassen wollte, die sich durch ein Höchstmaß an Tugend und ein umfangreiches Wissen auszeichneten, während Luther die Frömmigkeit die erste und einzige Bedingung war.[105]

Aber diese unterschiedlichen Auffassungen in Einzelfragen waren keineswegs vordergründig, da bei Hutten diese moraltheologischen Überlegungen nur gelegentlich auftauchten und hinter seiner politischen Kritik an den kirchlichen Zuständen stark zurücktraten. Durch diese Kritik aber hat der Ritter viel zur

Durchsetzung der antirömischen und prolutherischen Meinung beigetragen. Selbst Paul Kalkoff mußte zugeben, daß der Einfluß der einen oder anderen Schrift wie der „Trias Romana" vorübergehend beträchtlich gewesen sein kann[106], und der päpstliche Nuntius Aleander berichtet nach Rom: „Dieser Hutten, der viele arme Edelleute zu Vettern und Freunden hat, stiftet so schon nur zu viel Unheil an und hemmt mit seinen Umtrieben alle unsere Unternehmungen..."[107] Nur Luthers Schmähreden und Huttens Satiren machten ihm zufolge Eindruck auf das Volk.[108]

Ähnliches schrieb Johann Cochläus in seiner Geschichte der Reformation: „Solcher gefährlichen Griffe befliß und unterstande sich unter anderem vornehmlich Ulrich von Hutten, ein Deutscher und scharfverständiger vom Adel, so nicht allein vornehmen hohen Personen, sondern wohl auch des vermengten Pöbels, Bürgern und Bauern Gemüter anzureitzen und bewegen dürfte, wie er auch vor diesem, ehe dann Luthers Nam behandelt worden, für Deutschland Freiheiten ganz heftiglich verweis und sonst geschrieben und damalen ein klein, jedoch dem gemeinen Mann angenehmes und anmutig Büchlein, welche er Triedem Romanom nennt, hat ausgehen lassen. Damit er die Sachen endlich dahin brachte, daß den Deutschen nichts mehr als der Nam des römischen Hofes und Curtisanen hässig und verleidet sein konnte."[109]

So wurde Ulrich von Hutten, indem er die Reformation Luthers aus politischen Erwägungen mit ganzer Kraft unterstützte und sie als die Sache der sich entwickelnden deutschen Nation gegen die römische Tyrannei mit großer Wirksamkeit vertrat und mit dem Kampf gegen die Fürstenmacht verband[110], zu einem Wegbereiter und Förderer der frühbürgerlichen Revolution und in den Jahren 1519/20 zur bedeutendsten Führerpersönlichkeit nach Luther. Trotz seiner reaktionären sozialen Zielstellung wurde Hutten somit in dem Ringen zwischen Reaktion und Fortschritt objektiv zu einem Bannerträger des Neuen, zu einem „Revolutionär wider Willen".[111]

Anmerkungen

1 D. F. Strauß, Ulrich von Hutten, Meersburg/Leipzig 1930, S. 355.
2 Ebenda: „Exaltere qui indicas terram, redde retribut superbis".
3 Ebenda.
4 Ebenda.
5 Ebenda, S. 218. „Ipse de hoc negotio nuper factus certior a quodam ex fratribus, hoc illi respondi: Consumite, ut consumamini invencem! Opto enim, ut quam maxime dissedeant inimici nostri, et pertinacissime se conterant." Ulrichi Hutteni, equitis germani, opera quae reperiri potuerunt omnia, ed. E. Böcking, Bd. I, Leipzig 1859, S. 167 (im folgenden zit.: Opera, mit Bd.).
6 Strauß, S. 230f.
7 Opera I, S. 216.
8 Ebenda.
9 Ebenda, S. 313.
10 P. Held, Ulrich von Hutten. Seine religiös-geistige Auseinandersetzung mit Katholizismus, Humanismus und Reformation (Schriften des Vereins für Reformationsgeschichte, 144), Leipzig 1928, S. 114.
11 Strauß, S. 281.
12 Held, S. 115.
13 H. Holborn, Ulrich von Hutten, Leipzig 1929, S. 102.
14 Ebenda.
15 Held, S. 114.
16 Opera I, S. 320f.
17 Holborn, S. 104.
18 Ebenda, S. 106.
19 Ebenda.

20 Strauß, S. 310. „Habes epistolam meam in Theologistas. Rupi universum patientiae caroem ac agredior qualis qualis sum" (Opera I, S. 355).
21 W. Köhler, Luthers Schrift „An den christlichen Adel deutscher Nation" im Spiegel der Kultur- und Zeitgeschichte. Ein Beitrag zum Verständnis dieser Schrift Luthers, Halle 1895, S. 277.
22 Held, S. 116.
23 Ebenda, S. 144.
24 Holborn, S. 106.
25 Strauß, S. 313. „Tu confirmare et robustus esto, nec vacila.... Me habes adstipulatoren, in omnes etiam eventus. Itaque consilia omnia tua audebis posthac credere mihi: Vindicemus communem libertatem, liberemus oppressam diu iam patriam" (Opera I, S. 356).
26 Holborn, S.107.
27 Ebenda.
28 Held, S.144.
29 Holborn, S. 109.
30 Gespräche mit Ulrich von Hutten, übersetzt und erläutert von D. F. Strauß, Leipzig 1860, S. 386. „Prope est, ni fallor: nam Germania resipiscit iam ac ipsa *per te et Lutherum* (Hervorhebung von mir, M. M.) expergefacta a profundo quodam somno cognoscere fraudem, qua consopita fuit, incipit..." (Opera IV, S. 320).
31 Opera I, S. 36 ff., S. 51 ff.
32 P. Kalkoff, Ulrich von Hutten und die Reformation. Eine kritische Geschichte seiner wichtigsten Lebenszeit und der Entscheidungsjahre der Reformation (1517–1523) (Quellen und Forschungen zur Reformationsgeschichte, IV), Leipzig 1920; ders., Huttens Vagantenzeit und Untergang. Der geschichtliche Ulrich von Hutten und seine Umwelt, Weimar 1925.
33 Kalkoff, Ulrich von Hutten und die Reformation, S. 534.
34 H. Böhmer. Der junge Luther, 6. Aufl., Leipzig 1954, S. 280.
35 Köhler, S. 192. Vgl. auch Holborn, S. 119.
36 Köhler, S. 304 ff.
37 Ebenda, S. 305.
38 Diese Gemeinsamkeiten sind zusammengestellt bei Köhler, S. 307 ff., und bei A. Evers, Das Verhältnis Luthers zu den Humanisten, Rostock 1895, S. 68 ff.
39 E. Kohlmeyer, Die Entstehung der Schrift Luthers An den christlichen Adel deutscher Nation, Gütersloh 1922, S. 57 ff.
40 Held, S. 132.
41 Kohlmeyer, S. 81.
42 WA, Br., Bd. 2, S. 145.
43 Kohlmeyer, S. 78.
44 WA, Br., Bd. 2, S. 137.
45 Kohlmeyer, S. 78 ff.
46 Held, S. 129.
47 Böhmer, S. 259 f.
48 Held, S. 131.
49 Opera IV, S. 235.
50 Opera II, S. 267 u. S. 208.
51 Ebenda, S. 266; Strauß, S. 224.
52 M. M. Smirin, Deutschland in den ersten Jahrzehnten des 16. Jh. und Ulrich von Hutten, in: Ulrich von Hutten. Dialoge, politisch-gesellschaftliche Tagesliteratur und Briefe, zusammengestellt und aus dem Lateinischen übersetzt von S. P. Markischa, Einleitung von M. M. Smirin, Moskau 1959 (Russ.), S. 17.
53 Opera III, S. 504.
54 Opera I, S. 395.
55 Strauß, S. 286.
56 Opera IV, S. 290.
57 Ebenda, S. 156.
58 Ebenda, S. 354 f.
59 W. Köhler, Luther und die Kirchengeschichte nach seinen Schriften, zunächst bis 1521, Erlangen 1900, S. 220 f.
60 Held, S. 135.
61 Opera IV, S. 228.
62 „... über die Menschen aber muß ich mich wundern, welche die Hoffnung ihrer Seligkeit auf Ablaß, d. h. die Erlaubnis gute Werke zu unterlassen, bauen, da sie doch wissen, daß der Glaube ohne Werke tot ist" (Gespräche mit Ulrich von Hutten, S. 275; Opera IV, S. 342).

63 Held, S. 139.
64 Opera IV, S. 183.
65 Held, S. 139.
66 A. Adam. Die Nationalkirche bei Luther, ARG, 35/1938, S. 51.
67 F. Walser, Die politische Entwicklung Ulrichs von Hutten während der Entscheidungsjahre der Reformation, München 1929, S. 29.
68 Opera I, S. 395.
69 Held, S. 140.
70 Held, S. 133.
71 Über das Auffinden dieser Schriften bei P. Joachimsen, Geschichtsauffassung und Geschichtsschreibung unter dem Einfluß des Humanismus, T. 1 (Beiträge zur Kulturgeschichte des Mittelalters und der Renaissance, 6), Leipzig/Berlin 1910, S. 107 f.
72 Opera II, S. 130.
73 Opera V, S. 365.
74 Ebenda. S. 370.
75 H. Röhr, Ulrich von Hutten und das Werden eines deutschen Nationalbewußtseins, Hamburg 1936, S. 48.
76 Opera III, S. 385 ff.
77 J. Benzing, Ulrich von Hutten und seine Drucker (Beiträge zum Buch- und Bibliothekswesen, Bd. 6), Wiesbaden 1956, S. 11.
78 Opera II, S. 390.
79 Opera III, S. 484.
80 Opera II, S. 136 ff.
81 Ebenda, S. 140. Damit wollte er der Bewegung allerdings keinesfalls eine antikaiserliche Richtung geben. Er betonte vielmehr, daß er gegen den augenblicklichen Willen des Kaisers seinen wirklichen Interessen dienen würde. Der Kaiser würde ihn eines Tages für seine Treue belohnen, denn in der Tat „gibt es Fälle, wo nicht gehorchen der wahre Gehörsam ist" (Ebenda, S. 357).
82 F. Engels, Der deutsche Bauernkrieg, in: Marx/Engels über Deutschland und die deutsche Arbeiterbewegung, Bd. I, Berlin 1961, S. 208. − „Si fures furca, si latrones gladio, si haereticos igne plectimus, Cur non magis hos Magistros perditionis, hos Cardinales, hos Papas et totam istam Romanae Zodomae colluviem, quae Ecclesiam dei sine fine corrumpit, omnibus armis impetimus et manus nostras in sanguine istorum lavamus..." WA, Bd. 6, S. 347).
83 Strauß, S. 412 ff.
84 K. Schottenloher, Flugschriften zur Ritterschaftsbewegung des Jahres 1523 (Reformationsgeschichtliche Studien und Texte, 53), Münster 1929, S. 9.
85 Ebenda, S. 49.
86 Luthers Briefe, Auswahl, Übersetzung und Erläuterung von Reinhard Buchwald, Stuttgart 1956, S. 103. − „Nollem vi et caede pro Euangelico certari... Verbo victus est mundus, servata est Ecclesia, etiam verbo reparabitur. Sed et Antichristus, ut sine manu caepit, ita sine manu contereretur per verbum" WA, Br., Bd. 2, S. 249).
87 „... sed in eo differunt utriusque consilia, quod mea humana sunt, tu perfectior totus ex divinis dependes" (Opera II, S. 55).
88 M. Steinmetz, Deutschland von 1476 bis 1648, Lehrbuch der deutschen Geschichte (Beiträge), Bd. 3, Berlin 1965, S. 100.
89 Gespräche mit Ulrich von Hutten, S. 305. „At tumultus non essent, nisi ille (Karl V., M. M.) se immiscuisset negotio, ad quod per omnia connivendum potius erat quam vel verbo interturbandam. Putas enim subnascentem in Germania nunc evangelicae doctrinae, Luthero dispensante cognitionem, si non audisset Karolus reclamanteis certatim sacerdotes, non effecturam paucos intra menses fuisse, ut et melius viverent hic homines, et sua Imperatori dignitas restitueretur, mali ac perniciosi de occupato ab se statu deiicerentur" (Opera IV, S. 358 f.).
90 Röhr, S. 56.
91 Engels, a. a. O., S. 208.
92 Steinmetz, S. 109.
93 Engels, a. a. O., S. 208.
94 Opera I, S. 396 f.
95 Opera IV, S. 354.
96 Vgl. Anm. 83 u. 84.
97 Opera II, S. 395.
98 W. E. Kaufmann-Bühler, Ulrich von Huttens humanistisch-politische Gedankenwelt, Phil. Diss. Heidelberg 1923 (MS), S. 117.
99 Röhr, S. 60 f.

100 Opera V, S. 126.
101 F. Mehring, Die Lessing-Legende (Gesammelte Schriften, Bd. 9), Berlin 1964, S. 300.
102 Marx an Lassalle, London, 19. April 1859, in: Marx/Engels über Deutschland, S.601.
103 M. M. Smirin, Zur Problematik der deutschen Reformationsgeschichte (poln.), in: Odrozenie i reformacja w Polsce, A. VII, Warszawa 1962, S. 15.
104 Marx an Lassalle, a. a. O.
105 V. M. Volodarskij, Die humanistischen Ansichten Ulrich von Huttens (russ.), in: Srednie veka, 24/1963, S. 181.
106 Kalkoff, Huttens Vagantenzeit, S. 25.
107 Die Depeschen des Nuntius Aleander vom Wormser Reichstage 1521, übersetzt und erläutert von P. Kalkoff, Halle 1886, S. 157.
108 Ebenda, S. 25.
109 Zitiert nach Röhr, S. 36.
110 Opera III, S. 536.
111 Geschichte der deutschen Literatur von 1480 bis 1600 (Geschichte der deutschen Literatur von den Anfängen bis zur Gegenwart, Bd. 4), von J. G. Boeckh, G. Albrecht [u. a.], Berlin 1961, S. 198.

*Barbara Könneker*

# Das Huttenbild in der Flugschriftenliteratur der frühen Reformationszeit

Als Hutten im März 1521 sein „Gesprächbüchlin" veröffentlichte, ließ er es mit zwei Holzschnitten von programmatischem Anspruch versehen (Ukena, 22 u. 163). Das Titelbild zeigt oben Gottvater und König David, unten den Papst, der mit seinen Anhängern vor lanzenbewaffneten Rittern flieht, in der Mitte aber, rechts und links von der Titelinschrift, Luther und Hutten, diesen mit einem Buch in der Hand, jenen den Griff seines Schwertes fassend, und darunter für Luther den Wahlspruch: „Veritatem meditabitur guttur meum", für Hutten dagegen: „Perrumpendum est tandem, perrumpendum est." Auf der letzten Seite des Druckes sind beide noch einmal abgebildet, diesmal mit deutschen Versen, deren jeweils erste Zeile eine freie Übersetzung bzw. Interpretation der Wahlsprüche auf dem Titelblatt ist, nämlich: „Wahrheit, die red ich" (Luther) und „Umb Wahrheit ich ficht" (Hutten). Dieses Nebeneinander beider Figuren mit ihrer unterschiedlichen Akzentuierung zeigt deutlich, wie Hutten zu Beginn des Wormser Reichstages seine Rolle einschätzte bzw. sich seinen deutschen Lesern gegenüber ins Bild setzen wollte. Nämlich als gleichberechtigter Mitstreiter Luthers, dem in dem gemeinsamen Kampf für die „Wahrheit" sogar der wichtigere, weil aktive Part zufiel.

Gegenüber dem lateinischen Erstdruck des „Gesprächbüchlins", den „Dialogi" vom April 1520, stellt diese Selbsteinschätzung durchaus ein Novum dar (in den Texten selbst, die schon in den Jahren 1518/19 entstanden waren, taucht der Name Luthers bezeichnenderweise nicht einmal auf) und entspricht, jedenfalls was die von Hutten behauptete Bundesgenossenschaft mit Luther betrifft, auch nicht der historischen Realität. Denn auf Huttens mehrfache Annäherungsversuche seit dem Spätsommer 1519 hatte Luther, soweit wir wissen, ablehnend oder allenfalls hinhaltend reagiert und sich schon im Januar 1521, also noch vor dem Erscheinen des „Gesprächbüchlins" sehr entschieden von Huttens Plänen, mit Gewalt gegen die Kirche vorzugehen, distanziert (Brief an Spalatin, WA Briefe 2,249). Eine persönliche Begegnung zwischen beiden hat im übrigen niemals stattgefunden, und die brieflichen Kontakte, zu denen es überhaupt nur 1520 kam, waren offenbar spärlich.

Dennoch stand Hutten mit dieser Selbsteinschätzung keineswegs allein. In einer Reihe reformatorischer Flugschriften, lateinischen wie deutschen, wurden sein und Luthers Name zusammengenannt, pries man beide als Protagonisten der neuen Bewegung oder hob die Bedeutung, die Hutten als Mann nicht nur der Feder, sondern des Schwerts im Kampf gegen die Römische Kirche zukam, rühmend hervor. Die weitaus meisten dieser Flugschriften entstanden im zeitlichen Umkreis des Wormser Reichstags, als man noch hoffte, den Kaiser für sich zu gewinnen und daher den vor allem von Hutten betonten nationalen Aspekt der Reformation besonders hervorhob. Aber auch nach seinem Tod gibt es noch Zeugnisse, die ihn als Luthers Bundesgenossen und Mitkämpfer feiern. Die wichtigsten von ihnen seien im folgenden kurz genannt. Zunächst die Texte von 1521, die größtenteils wohl von Huttens persönlichen Freunden oder Anhängern der Ritterschaftsbewegung um Franz von Sickingen stammten.

Das schmeichelhafteste Denkmal, das Hutten von Zeitgenossen gesetzt wurde, erschien noch vor dem Druck des „Gesprächbüchlins" unter dem Pseudonym Abydenus Corallus, hinter dem sich, wie man feststellen zu können glaubte, entweder Huttens Freund Crotus Rubeanus oder der Straßburger Humanist

*Dialogi (Dialoge), Ulrich von Hutten, 1520 (Kat.-Nr. 4.20)*

Nicolaus Gerbel verbarg. Dieser veröffentlichte unter dem Eindruck der Tatsache, daß Huttens Name auf der gegen Luther gerichteten Bannbulle erschienen war, eine „Oratio pro Hutteno et Luthero" sowie eine Sammlung satirischer Dialoge („Dialogi septem"), von denen die beiden letzten den Titel „Huttenus captivus" (Böcking IV, 593 ff.) und „Huttenus illustris" (Böcking IV, 595 ff.) tragen. Die „Oratio" ist ein an Kaiser und Fürsten gerichteter Appell, Hutten und Luther, die beiden „prudentissimos et eloquentissimos viros", die das Zeitalter hervorgebracht hat (Böcking I, 442), vor der Verfolgung durch die Kirche zu schützen, da in ihren Schriften, durch die sie Roms Zorn auf sich gezogen haben, so viel Lehrreiches „de pietate Christiana, de... veritate, iusticia, fide" usw. zu finden sei, daß es niemanden gäbe, der nicht in ihnen „Christi spiritum Christique doctrinam agnoverit" (Böcking I, 442 f.). An Hutten wird darüber hinaus noch hervorgehoben, daß er im Umgang mit den Waffen nicht weniger als im Umgang mit dem Wort erfahren sei. Daher richtet sich das im „Huttenus captivus" szenisch vorgeführte Komplott, das der Papst gegen seine Feinde in Deutschland anzettelte, auch zunächst ausschließlich gegen ihn als den gefährlicheren der beiden Gegner: Hutten soll durch einen Mordanschlag beseitigt werden, kann jedoch seine Häscher mühelos in die Flucht schlagen und entzieht sich seinerseits weiteren Verfolgungen durch eine Flucht auf die Steckelburg. Im „Huttenus illustris" aber führt er Klage vor der Göttin der Wahrheit, weil ihm sein Dienst an ihr nur Haß und Not eingebracht hat, und wird zum Ausgleich von ihr feierlich zum Glaubensstreiter erhoben. Statt seiner irdischen Waffen erhält er, in Anlehnung an Epheser 6, 16 f., den Panzer der Gerechtigkeit, den Helm des Heils, den Schild der Treue und das Schwert des Gotteswortes mit dem Versprechen, er werde, so ausgerüstet, allen Verfolgern der Wahrheit künftig ein furchtbarer Feind sein, auch wenn er dafür auf irdisches Lebensglück werde Verzicht leisten müssen.

Sicher nicht zu Unrecht hat man in dieser Erhöhung Huttens zum miles christianus, der statt mit weltlichen mit geistlichen Waffen gegen das Böse kämpft, den Versuch sehen wollen, ihn von kriegerischen Aktionen gegen die Kirche, wie er sie damals schon plante, zurückzuhalten. Darüber hinaus aber dürfte mit dieser Glorifizierung auch die propagandistische Absicht verbunden gewesen sein, Hutten durch die religiöse Aufwertung seiner Rolle im Kirchenkampf bestimmten Kreisen als erfolgreicheren Konkurrenten Luthers zu präsentieren, ähnlich wie dies Hutten selbst in seinen fast gleichzeitig publizierten „Novi Dialogi" getan hatte, in denen er sich und nicht Luther als „Töter" der päpstlichen Bannbulle feierte („Bulla", dt. Strauß, 229 ff.). Zwar nicht als Konkurrent, wohl aber als ebenbürtiger Mitstreiter Luthers taucht er auch in mehreren volkssprachigen Flugschriften dieses Jahres auf. So in dem Büchlein „Wer die ganze Welt arm gemacht hat", das, wie es heißt, „zu lob dem frummen Luther" und seinem „ritterlichen forfechter" Hutten verfaßt worden ist (Laube II, 738) und an letzterem rühmt, daß er unter den Adligen der einzige sei, der beherzige, daß „aller adel vor Got darumb ist beschaffen, das er den christenlichen glauben beschitzen... und auß reytten soll alle ungerechtigkait" (Laube II, 731). Ähnlich ist in der Flugschrift „Der gut Lutherisch Pfaffennarr" von dem „garten" die Rede, den Luther und Hutten als Zuflucht für alle diejenigen angepflanzt haben, „die dem christlichen glauben und der warhait wellen helffen" (Laube II, 743). Im „Dialogus zwischen aim Pfarrer und aim Schulthaisz" beruft sich der Schultheiß sogar ausdrücklich auf „herr[n] Ulrich von Hutten" als Gewährsmann für den Wahrheitsgehalt von Luthers Anklagen gegen die Kirche (Schade II, 140), und das Reimpaargedicht eines gewissen Laux Gemigger – „Zu Lob dem Luther und Ehren der ganzen Christenheit" – preist ihn, weil Gott ihn „selber außerkorn" habe, „dem Luther beystand ze thun der warhait" (Laube I,

*Allegorie auf das Mönchtum,*
*Hans Sebald Beham, 1521*
*(Kat.-Nr. 4.29)*

554). Ganz im Stil der „Oratio pro Hutteno et Luthero" ist endlich auch der „Erst Bundsgnoss" Eberlins von Günzburg gehalten, in dem Luther und Hutten dem Kaiser als die größten „fründ ... dines rychs" (Enders, 7), ja als „zwen sunder vßerwelt kün vnnd erleücht botten" empfohlen werden, die „got geschickt" hat, „zu beraiten deinen wäg in das regiment, vnd dich zu laiten vnd wysen in deinem fürgang" (Enders, 4). Denn beiden liege „allein din vnd diner vnderthon hayl, eer, glück vnd säligkait" am Herzen, Luther, weil er „sich zum höchsten ... flißt, ... christliche ewangelische lere... zu fürdern", Hutten aber, weil er sich „vnderstat, ... der tütschen erberkeit fryheit vnd gnugsame ... mügliche fürderung zu thun" (Enders, 6 f.).

Eberlin schrieb diesen ersten seiner insgesamt 15 „Bundsgnossen" umfassenden Flugschriftenreihe vor Beginn oder ganz zu Anfang des Wormser Reichstages. In den übrigen, etwas später entstandenen Texten der Sammlung ist von Hutten nur noch einmal, und zwar recht beiläufig, die Rede (Enders, 86), ein Hinweis darauf, daß durch den Verlauf der Ereignisse seine Bedeutung stärker in den Hintergrund trat und man ihm statt eines Hauptakteurs nur noch eine Nebenrolle auf der Bühne des Zeitgeschehens zubilligte. So wird Hutten in der „Litaneia Germanorum", einem die Heiligenlitanei parodierenden Fürbittegebet für die von der Kirche bedrängten Deutschen, lediglich als „Pylades Lutheri", als sein Helfer und Freund also, erwähnt (Böcking II, 54). Die Flugschrift „Ich bin der Strigel im Teutschen Land" nennt seinen Namen im Rahmen eines ausführlichen Lutherpreises nur zweimal ganz kurz (Auszug Böcking II, 100), und statt als „propugnator Christianae et Germanicae libertatis", als der er zusammen mit Luther auf dem Titelblatt der Anti-Murnersatire „Murnarus Leuiathan" erscheint (Merker, 33, mit folgender Inhaltsangabe), fungiert er in „Doctor Martin Luthers Passion" nur noch als einer der beiden Schächer, die in einer aktualisierenden Abwandlung der Kreuzigungsszene „zu der rechten" und „zu der linken" Luthers in effigie von ihren Feinden verbrannt werden (Schade II, 113). Daß die Bücher der Ketzer sämtlich auf dem Scheiterhaufen enden mögen, „mit sampt dem Luter" und „Hutten seine[m] gesellen", ist übrigens auch das Stoßgebet eines romtreuen Mönchs in der Flugschrift „Consilium iniquorum" (Böcking I, 447). Stärker im Vordergrund steht Hutten dagegen in dem von Anhängern der Reformation veranstalteten Neudruck der Reimdichtung „Von den fier ketzeren Prediger ordens", die der Franziskaner Thomas Murner 1509 anläßlich des Berner Jetzerskandals verfaßt hatte. Der Titelholzschnitt zeigt ihn, gemeinsam mit Reuchlin und Luther, als „patronus libertatis", im Begriff, sein Schwert gegen die Berner Dominikaner und das von Hochstraten und Murner repräsentierte „Conciliabulum malignantium" zu ziehen, und in einem Anhang wird ausführlich von den Verfolgungen berichtet, die er von den Mönchen zu erdulden hatte (Ex. Wolfenbüttel, Holzschnitt: Schultz, CVII). Auch im „Neuw Karsthans", einem Dialog, der mit großer Sicherheit von dem Straßburger Reformator Martin Butzer stammt, der 1520 zusammen mit Hutten auf der Ebernburg Franz von Sickingens Zuflucht gesucht hatte, wird Hutten mehrfach erwähnt. Sickingen, einer der Gesprächsführer, bescheinigt ihm, daß „er noch biß her die luter warheit geschriben hab und das selbig nit uß böser ursach, sunder nach dem er das römisch und der geistlichen regiment und ergerlich leben grüntlich erfaren" (Berger, 170), und entwirft ein

*Der Sturz des Papsttums,*
*Hans Sebald Beham, 1524/25*
*(Kat.-Nr. 4.34)*

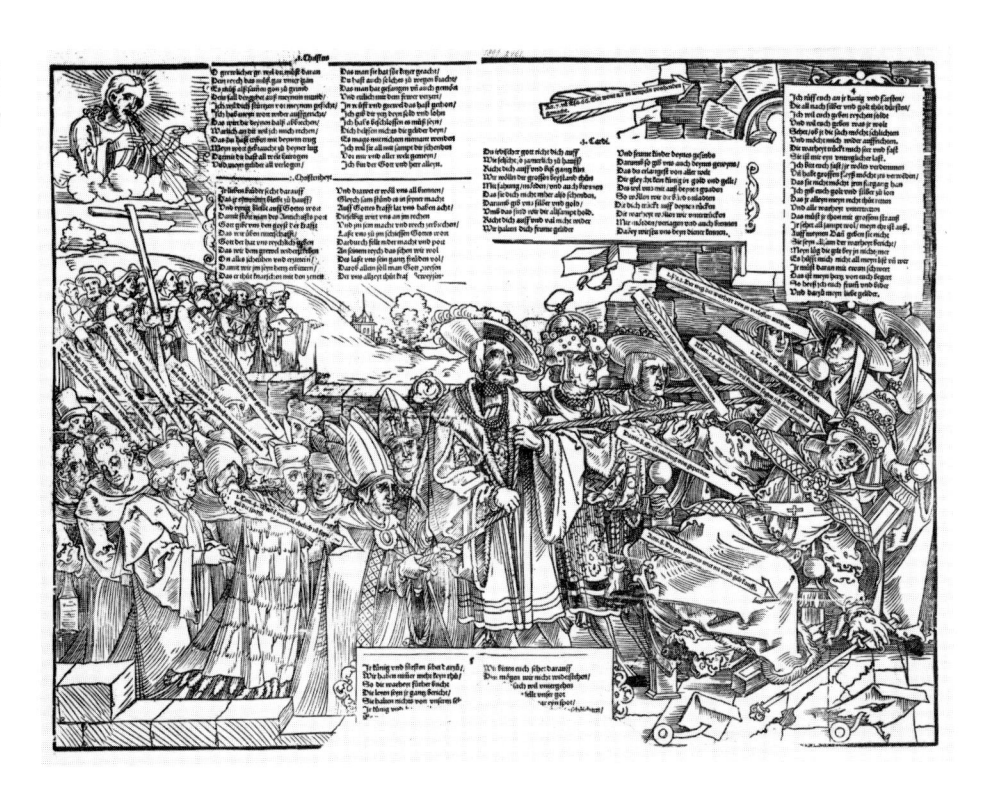

idyllisches Bild, „wie wir [d. i. Hutten und Sickingen] disen winter zu Eberburg ob meinem tisch und nach der malzeit allwegen und on underlässlich die lutherischen bücher gelesen" (Berger, 176), das als „eines der schönsten in der Geschichte unseres Volkes" in die Huttenbiographie von Strauß eingegangen ist (358). Der aggressive Inhalt der dem Dialog als Anhang beigegebenen „dreißig artikel" der Pfaffenfeinde steht freilich dazu in betontem Kontrast. Denn in ihnen heißt es „zum achten, das sie herr Ulrichs von Hutten helfer sein wöllen wider die curtisanen und ire anhänger", und „zum neunden, [daß] all curtisanen gleich den unsinnigen hunden zu halten [seien] und zu glauben [sei], das in die zu schlagen, fahen, würgen und töten gezeme" (Berger, 202).

Als die beiden letzten Zeugnisse des Jahres 1521 sind schließlich noch die zwei 11- bzw. 13strophigen Lieder zu nennen („Ach edler Hut auß Francken" u. „Vlrich von Hutten das edel blut", Böcking II, 94–98), die Conz Leffel auf Hutten verfaßt hat, inspiriert offenbar durch Huttens „Ich habs gewagt mit sinnen" und gedacht als

*Satire auf die katholische Geistlichkeit, vor 1536*
*(Kat.-Nr. 4.31)*

Ermunterung, fortzufahren in seinem „ritterlichen" Kampf für „gerechtigkait" und „Ewangelische[ ] ler". In der folgenden Zeit wurde es dann um Hutten in der romfeindlichen Publizistik jedoch auffallend still. Einmal sicherlich, weil er als Galionsfigur einer Volksbewegung, zu der sich die Reformation mehr und mehr entwickelte, wenig geeignet war, zum anderen aber, weil er sich aufgrund seiner fortschreitenden Krankheit weitgehend von öffentlichen Aktivitäten zurückgezogen hatte. Daher wurde wohl auch in den Flugschriften der Ritterschaftsbewegung von 1523 (Schottenloher) sein Name nicht mehr genannt, mit Ausnahme eines gegen den aufständischen Adel gerichteten Büchleins „Waß nützung enntspring von den falschen Luterischen Katzen". In diesem ist an einer Stelle von dem „Huttennischen maister,... tichter aller falschheit" die Rede, „durch den... der Luterisch kather" an den „plutzapffen", den „christlichen Adl" appelliert habe, um ihn zur „Besserung des kirchlichen Standes", sprich zum „Mörden, Raüben und Prennen" aufzurufen (Schottenloher, 51).

*Triumphus Veritatis, 1524 (?)*
*(Kat.-Nr. 4.36)*

Ähnlich kritisch, wenn auch weit maßvoller im Ton, fällt die Antwort eines Kurtisans auf die Vorwürfe aus, die in dem 1522 entstandenen Dialog „Red Frag vnnd antwurtt dreyer person" gegen die Papstkirche vorgebracht werden. Denn grundsätzlich räumt er zwar die Notwendigkeit der Beseitigung aller Mißstände ein, verurteilt aber an Luther und Hutten, „das sie raten man sol mit hellenparten vnd spiessen das zuwegen bringen, wann Christus hat sie das selbig nit gelert" (Böcking II, 149). Aus dem gleichen Jahr stammt dann auch das „Kögel spil", das die jüngsten deutschen Ereignisse aus der skeptischen Sicht eines Schweizers mit Hilfe einer Spielallegorese zu deuten versucht: Nacheinander kegeln Luther, Hutten, Erasmus, Melanchthon und einige andere vor Papst, Kaiser und Bischof als kritischem Publikum um den Preis des „rechten weeg[es]" zu Gott (Clemen III, 240) und müssen sich anschließend von Zwingli vorhalten lassen, daß sie das Ziel einstweilen sämtlich verfehlt haben, da, wie es an anderer Stelle des Textes heißt, „yetz ain yetlicher selbs will machen/... das Euangelium/ nach sinem syn schlecht oder krum" (Clemen III, 253).

Wie rasch Hutten an Popularität eingebüßt hatte, nachdem er von der Bühne öffentlicher Wirksamkeit notgedrungen weitgehend verschwunden war, spiegelt sich in diesen wenigen ausnahmslos kritischen Äußerungen, die nach 1521 über ihn laut wurden, sehr deutlich. Erst nach seinem Tod gibt es wieder einige Zeugnisse, die die Rolle, die er für die Reformation gespielt hat, positiv würdigen. Dazu gehören „Ain Tragedia oder Spill, gehalten in dem Küniglichen Sal zu Pariß" 1524, die im gleichen Jahr entstandene Flugschrift „Triumphus Veritatis" von Heinrich Freiermut und die Rede des toten Hutten („Manes Huttenj an die Teutschen") die den Abschluß der nicht genau datierbaren Satire „Der new Deutsch Bileams Esel", d. i. „Wie die schön Germania durch argelist vnd zauberey ist zur Bäpst Eselin transformiert worden", bildet. Im Spiel von Paris, dessen Inhalt uns nur aus einem zeitgenössischen Bericht bekannt ist, wird die Lehre Christi durch eine Feuerstelle symbolisiert, deren Glut ganz mit Asche, den Verfälschungen der Papstkirche, bedeckt ist. Reuchlin stochert nur ein wenig in der Asche herum, Erasmus beschränkt sich darauf, mit den anwesenden Kardinälen unverbindlich zu ratschlagen; Hutten dagegen, „ain gewapneter man..., der auch an seinem gemüt vnd leyb gantz stechlin was,... zerstrewet den drauffgelegten aschen vnd erwecket mit

▷ *Reuchlin, von Hutten und Luther als Patrone der Freiheit, in: Th. Murner, History Von den fier ketzren Prediger ordens..., 1521 (Kat.-Nr. 4.39)*

# History Von den kier ketzren Prediger

ordens der obseruantz zū Bern jm Schweytzer land
verbrant/ in dē jar noch Cchristi geburt. M. CCC
CC. ix. vff dē nechstē donderstag noch pfingstē.

**1521**

Reuch- | Hut- | Hochstrat, | | Die Maculisten
lin. | tenus. Luthers | Doct. Iesus | | von Bern.
 | | et cœtī | Murner. | Hans Jager.

PATRON. LIBERTATIS.   Conciliabulū malignantium.

## Ein kurtzer begriff unbillicher freuel

handlung Hochstrats/ Murnars/ Doctor Jhesus/
vñ irer anhenger/ wider den Christlichen
Doctor Martin Luther/ von alle
liebhaber Euangelischer lere.

Confer huic opusculo, qua habet Georgius Schelhorn
in Amoenit. Literariis Tom. IX. pag. 778.

auffplasung ains blastbalgs die hitz des fewers gantz krefftiglichen, Also das auch die gantz versamlung vor grossem wunderlichen schrecken erstummet". Er selbst fällt daraufhin tot um, Luther aber vollendet das von ihm begonnene Werk, indem er „holtz auff die glüenden [k]olen" wirft, so daß „der flamm des fewers krefftiglich über sich gieng" und „die gantzen wellt erleuchtet" (Böcking II, 389). In ähnlicher Weise führt Hutten auf dem Holzschnitt des „Triumphus Veritatis" als Reiter zu Pferde den Triumphzug der Wahrheit an. An den Schweif seines Pferdes sind die Feinde des Glaubens, Papst, Bischof und Kuttenträger, gekettet, neben ihm tragen Patriarchen, Propheten und Apostel in einem Tabernakel die Heilige Schrift, hinter ihm aber folgt, angeführt von Luther und Karlstadt, der Wagen mit dem thronenden Christus. Im Text, der im wesentlichen „eine ins breite gehende Beschreibung dieses Holzschnittes" ist (Schade I, 353), preist Hutten in mehr als 160 Versen den „propheten ... Luther", der uns das „heilig evangelium" wiedergegeben und seine Feinde „überwunden" hat, die er, Hutten, „gefangen und gebunden" im Zug mit sich führt (Schade I, 201 undf 204). Posthum wurde ihm damit also zwar die Rolle des Vorreiters der Reformation zuerkannt, aber eines Vorreiters, der im Dienst eines Größeren steht und sich diesem und dessen – ausschließlich religiösen – Zielen freiwillig unterordnet. Das Bild, das Hutten selbst im „Gesprächbüchlin" von sich entworfen hatte, erfuhr dadurch nachträglich eine Korrektur, die ihn jedoch durch seine Festlegung auf den von Luther inspirierten Glaubenskämpfer zugleich in verklärendem Licht zeigt. In der Rede des toten Hutten dagegen durfte er noch einmal so auftreten, wie er sich selbst gesehen hat, nämlich als „Ritter", der sein Leben dem Ziel weihte, daß „Teutschlandt möcht werden frey/ Vom Bapst vnnd seiner schinderey", und der daher wie kein anderer zum Warner und Mahner des „vatterlandt[s]" berufen war (Böcking II, 393).

*Eyn Klag über den Luterischen Brandt zu Mētz, Ulrich von Hutten, 1521 (Kat.-Nr. 4.44)*

Die zitierten Texte sind in folgenden Ausgaben bzw. Sammlungen zu finden:

Ukena, Peter (Hrsg.): Ulrich von Hutten: Deutsche Schriften. München 1970.
Böcking, Eduard (Hrsg.): Opera Omnia Hutteni. 5 Bde. u. 2 Suppl. bde. Leipzig 1859/70. Neudr. Aalen 1963.
Strauß, David Friedrich: Gespräche von Ulrich von Hutten, übersetzt u. erläutert. Leipzig 1860.
Laube, Adolf u. a. (Hrsg.): Flugschriften der frühen Reformationsbewegung. 2 Bde. Vaduz 1983.
Schade, Oskar (Hrsg.): Satiren und Pasquillen aus der Reformationszeit. 3 Bde. Hannover 1863. Neudr. Hildesheim 1966.
F. Schultz u. a. (Hrsg.): Thomas Murner: Von den fier ketzeren prediger ordens. In: Dt. Schriften, Bd. 1a. Straßburg/Berlin/Leipzig 1929.
Enders, Ludwig (Hrsg.): Johann Eberlin von Günzburg. Ausgewählte Schriften. Bd. 1. Halle 1896 (NdL 139/141, Flugschriften aus der Reformationszeit 11).
Martin Luther: Kritische Gesamtausgabe Weimar 1883 ff., 4. Abt. Briefe 2. (Weimar 1931).
Berger, Arnold E. (Hrsg.): Die Sturmtruppen der Reformation. DLE R. Reformation Bd. 2. Leipzig 1931. Neudr. Darmstadt 1964.
Schottenloher, Karl (Hrsg.): Flugschriften zur Ritterschaftsbewegung des Jahres 1523. Münster 1929. (Reformationsgeschichtliche Studien u. Texte 53).
Clemen, Otto (Hrsg.): Flugschriften aus den ersten Jahren der Reformation. 4 Bde. Halle 1906/11. Neudr. Nieuwkoop 1967.

Sonstige Literatur:

Merker, Paul: Der Verfasser des Eccius dedolatus und anderer Reformationsdialoge. Halle 1923.
Strauß, David Friedrich: Ulrich von Hutten, Bd. 1 und 2 neu hrsg. v. Otto Clemen. Leipzig ³1938.
Kalkoff, Paul: Der geschichtliche Ulrich von Hutten in seinem Verhältnis zu Luther. In: Luther-Jahrbuch (Jb. d. Luther-Gesellschaft) 5, 1923, S. 22–55 (Neudr. Amsterdam 1966).

*Barbara Könneker*

# Germanenideologie und die Anfänge deutschen Nationalbewußtseins in der Publizistik Ulrich von Huttens

Dargestellt an seinem Dialog „Inspicientes"

Im Frühjahr 1520 veröffentlichte Hutten in einer Sammlung lateinischer Dialoge, die gegen die Römische Kirche und ihre Herrschaft in Deutschland gerichtet waren, den Dialog „Inspicientes" (= „Die Anschauenden"), der ein knappes Jahr später in seinem „Gesprächbüchlin" auch in deutscher Übersetzung erschien (Ukena, 136 ff.). Seine Entstehung ging auf den Augsburger Reichstag von 1518 zurück, an dem Hutten, damals noch im Dienst des Kurfürsten von Mainz, als Beobachter teilgenommen hatte. „Selten gab es einen romfeindlicheren Reichstag als den des Jahres 1518", heißt es bei Hajo Holborn. Denn auf ihm hatte der päpstliche Legat Cajetan die Erhebung einer Steuer zur Finanzierung eines Krieges gegen die Türken gefordert, die Reichsstände aber brachten „in höchster Erbitterung die alten Beschwerden des deutschen Volkes gegen das römische Herrschaftssystem" vor (Holborn, 94) und machten die Bewilligung dieser Steuer von der Beseitigung der „Gravamina" abhängig, die das Reich schon seit langem gegen die Macht- und Finanzpolitik der Kirche in Deutschland erhoben hatte. Hutten hatte sich in seiner aus diesem Anlaß verfaßten „Türkenrede" („Ad Principes Germanos ut bellum Turcis inferant exhortatoria"; Böcking V, 97 ff.) diese Klagen und Beschwerden in vollem Umfang zu eigen gemacht, hatte sich aber trotzdem für die Bewilligung der Steuer unter der Voraussetzung ausgesprochen, daß der Kaiser die Verfügungsgewalt über die Gelder und den Oberbefehl über das aufzustellende Heer erhalte. Denn unter dieser Bedingung versprach er sich von dem Kampf gegen die Türken einen Machtzuwachs des Reiches und die Erneuerung des alten Kriegsruhms der Deutschen.

In den „Inspicientes" läßt Hutten diese Vorgänge auf dem Augsburger Reichstag in Anlehnung an die „Toten- und Göttergespräche" Lukians vom Sonnengott Sol und seinem Sohn Phaeton vom Himmel herab glossieren. Allerdings auf eine Art und Weise, die mit den dort verhandelten politischen Fragen nur wenig zu tun hat. Denn statt vom Für und Wider der Türkensteuer zu reden, nehmen Sol und Phaeton die Tatsache, daß in Augsburg Deutsche aus allen Teilen des Reiches zusammengekommen waren, zum Anlaß, um über ihre Fähigkeiten und Eigenschaften im Vergleich zu anderen Nationen zu diskutieren. Wer und wie sind die Deutschen? Wo liegen ihre Schwächen und Vorzüge? Was macht, im Unterschied zu den übrigen Völkern, ihre besondere Eigenart aus? — so etwa könnte man daher das eigentliche Thema des Dialogs formulieren. Es ist ein Thema, das in der Zeit, in der Hutten lebte, zum ersten Mal in der deutschen Literatur erörtert wurde und aus diesem Grund unser besonderes Interesse verdient.

Zunächst ist das Bild, das in Huttens Dialog die Deutschen den Betrachtern von oben bieten, wenig erfreulich. „Hilf Gott, welch ein Gepölter und Geräusch, welche Sauferei, wie groß und verdrießlich Geschrei", ruft Phaeton angesichts der chaotischen Zustände in Augsburg angewidert aus (Ukena, 141) und bekennt gleich zu Anfang, daß er von den Deutschen noch nie viel gehalten habe. „Dann mich bedunkt, sie können nichtes, dann wenn sie trinken und voll seind, ausrichten... Überdas sieh ich sie viel mit einer großen Ungestümigkeit anfahen und nichts vollbringen." Daher, so fährt er fort, komme es bei ihnen ständig zu „Uffruhr", und wenn sie Kriege führen, genügt es ihnen, wenn „sie andere überfallen, jagen,

*Arminius, Ulrich von Hutten, 1529 (Kat.-Nr. 4.47)*

verwüsten, umbstoßen, berauben und ausbrennen... [und] denken nit weiter, Städt und Flecken, die sie also gewinnen [auch] zu behalten" (Ukena, 138f.).

Trunksucht, Ungestüm und daraus entspringende Zwietracht und politische Unfähigkeit sind also für Phaeton die typischen Nationallaster der Deutschen, die ihr Unglück, d.h. den Machtverlust des Reiches, in der jüngsten Geschichte verschuldet haben und sie unter anderen, zivilisierteren Völkern als Barbaren erscheinen lassen. Als Ermahnung und Anklage, so scheint es, hat Hutten dieses negative Bild von den Deutschen an den Anfang seines Dialogs gestellt, wobei er sich damals gängige Vorwürfe ihnen gegenüber zu eigen machte. Denn Klagen über die Trunksucht der Deutschen finden sich gerade im 16. Jahrhundert überaus häufig, und als „Barbaren" galten sie vor allem in den Augen der Italiener, die auf eine vergleichsweise viel längere Geschichte der Zivilisation zurückblicken konnten und im Zeitalter der Renaissance die kulturelle Führungsrolle in Europa für sich beanspruchten. Was sich aber in den „Inspicientes" unter diesem Aspekt zunächst als Selbstkritik und Appell zur Besserung ausnimmt, erweist sich im Fortgang des Gespräches von Sol und Phaeton sehr bald als bloßer propagandistischer Schachzug. Denn wenn es an anderer Stelle des Dialogs heißt, daß den Deutschen das „Gebrechen" der Trunksucht ebenso „angeborn" sei, „als den Italiener Betrug, Hispaniern Dieberei [und] Franzosen Stoltz und Übermut" (Ukena, 156), so zeigt sich, daß das angebliche Nationallaster der Deutschen im Grunde ein Vorzug ist, der sie aus den übrigen Völkern heraushebt. Dementsprechend wird das Stichwort „Barbaren", das zunächst zur Charakterisierung der Deutschen gedient hatte, vom Sonnengott Sol sofort polemisierend aufgegriffen und, mit neuem Inhalt gefüllt, als Vorwurf an die anderen Nationen zurückgegeben. Denn barbarisch, so argumentiert er, sind die Deutschen nur, sofern man sie, wie es vor allem die Franzosen und Römer tun, am Maßstab der Zivilisation und kulturellen Verfeinerung mißt. „Will man aber", so fährt er fort, „gute Sitten und Achtung freundlicher Beiwohnung, auch Fleiß der Tugend, Beständigkeit der Gemüt und Redlichkeit ansehen, so ist dieses ein wolgesitte Nation und dargegen die Römer mit der alleraußerlichsten Barbarei verstallt." Denn sie sind „von Weichmutigkeit und weibischem Leben verdorben Leut" und übertreffen alle anderen Völker an „Wankelmütigkeit... Unbeständigkeit, wenig Glaubens, Betrug und Bosheit" (Ukena, 144).

An anderer Stelle der „Inspicientes" wird dieser Katalog der römischen Nationallaster, als deren Verkörperung Hutten in dem nur wenig früher entstandenen Dialog „Febris prima" („Das erst Fieber") den römischen Legaten Cajetan karikiert hatte, noch um einiges ergänzt. Die Italiener, so heißt es da, sind zu allen Zeiten „hässig, karg und geitzig" gewesen. Man sieht sie „viel begehren, nach Gewinn stellen, betriegen, Glauben brechen und Hinterlist üben, sich in Haß und Mißgunst untereinander selbs verdecken, heimlich mörden, Gift geben, allweg nach Betrug denken und mit Untreu umbgehen", so daß keiner dem anderen traut und niemand, was er will oder denkt, öffentlich zu verkünden wagt. Die Deutschen aber, so wird vom Sonnengott dagegen gehalten, „leben in guter Treu und Glauben, frei und redlich, ohn allen Trug und Untreu." Sie „enthalten sich der Ding, die das Gemüt verbrennen, das Hertz betrüben [und] das Blut mindern" und „an keinem Ort, do man der Frauen hüt, magst du weibliche Scham unversehrter finden" (Ukena, 147).

Soweit der Tugend- und Lasterkatalog der Nationen, wie Hutten ihn in den „Inspicientes" anläßlich des Augsburger Reichstages aufgestellt und andernorts mit entsprechenden Variationen mehrfach noch wiederholt hat. Das Loblied, das er hier auf die Deutschen anstimmte, obwohl oder gerade weil sie in gewissem Sinne „Barbaren" waren, dürfte dem heutigen Leser in seinen wichtigsten Tönen bekannt

*Die Ermordung Hans von Huttens durch Herzog Ulrich von Württemberg*, in: Ulrich von Hutten, Phalarismus, 1517 (Kat.-Nr. 4.50)

sein. Denn nach Hutten ist es, mit sporadischen Unterbrechungen, immer wieder in Deutschland verkündet worden, bis es sich schließlich seit dem späten 19. Jahrhundert zum festen Klischee verdichtete. Ebenso ist auch das negative Kontrastbild, das Hutten ihnen in den „Römern" gegenübergestellt hat, in seinen Einzelzügen vertraut, denn auch dieses begegnet im deutschen Schrifttum späterer Jahrhunderte immer von Neuem, nur mit dem Unterschied, daß das Objekt auswechselbar war, d. h. an die Stelle des Römers der Franzose, der Slawe, der Jude, der Intellektuelle oder auch generell der „Nichtgermane" treten konnte. Bei Hutten tauchen Bild und Gegenbild vom „guten" Deutschen und „bösen" Nichtdeutschen zwar nicht zum erstenmal auf, haben aber bei ihm erstmals derart klare und eindeutige Konturen gewonnen. Angesichts der verhängnisvollen Rolle, die sie in der späteren deutschen Ideologiegeschichte gespielt haben, stellt sich daher die Frage: Woher hat Hutten seine Vorstellung von den „typischen" Eigenschaften der Deutschen und Römer bezogen? Wie kommt es, daß er sie, wenn er vergleicht, nur in den Kontrastfarben Schwarz und Weiß beschreiben und darstellen kann? Wozu braucht er überhaupt, wenn er den Deutschen preist, das Feindbild als notwendigen Hintergrund? Welches Ideal einer Nation oder Gesellschaft steht schließlich hinter jener Bündelung spezifischer Laster und Tugenden zu einem in sich geschlossenen System positiver oder verdammenswerter Verhaltensweisen und Eigenschaften? Und als letzte Frage, in die alle übrigen einmünden: Welche historische Bedeutung und aktuelle propagandistische Funktion besaß jenes von Hutten errichtete Idealbild vom Deutschen und welche politischen Konsequenzen verbanden sich damit für ihn?

Die erste Frage nach der Herkunft des Katalogs typischer Nationallaster und -tugenden läßt sich recht einfach beantworten. Modell für das von Hutten gezeichnete Bild vom Deutschen und damit Modell der späteren Germanenideologie überhaupt war die „Germania" des Tacitus. Sie war im 15. Jahrhundert in der Klosterbibliothek von Hersfeld (oder Fulda, vgl. Krapf, 11 ff.) wiederentdeckt worden, wurde um 1500 durch den deutschen Humanisten Conrad Celtis erstmals gedruckt und einige Jahre nach Huttens „Inspicientes" von dem Reformationsschriftsteller Eberlin von Günzburg auch ins Deutsche übersetzt. Hutten lernte die „Germania" 1515 während seines Aufenthaltes in Italien kennen, ebenso wie auch die „Annalen" des Tacitus, die ihn mit der Gestalt „Hermanns des Cheruskers", wie man ihn später nannte, bekannt machten. Fast gleichzeitig mit den „Inspicientes" schrieb Hutten daraufhin seinen erst posthum veröffentlichten Dialog „Arminius", mit dem der Hermannskult in Deutschland begann.

Daß ausgerechnet die „Germania" des Tacitus seit ihrer Wiederentdeckung durch die Humanisten das Bild vom Deutschen oder Germanen in der apologetischen deutschen Publizistik bis in die jüngste Vergangenheit so entscheidend geprägt hat, entbehrt nicht der Ironie, ist aber angesichts des Verlaufs, den die deutsche Geschichte seit dem späten Mittelalter genommen hat, durchaus erklärlich (vgl. zum folgenden v. See, 9–17). Denn Tacitus hatte in seiner „Germania" Volksstämme beschrieben, die sich noch auf der Anfangsstufe der Zivilisation befanden, weder einen Staat noch ein geschriebenes Recht kannten, sozial in Sippenverbände gegliedert waren und ausschließlich auf der Basis der Naturalwirtschaft lebten. All jene später zu Tugenden umstilisierten Eigenschaften der Einfachheit, Urwüchsigkeit, Tapferkeit, Sippenverbundenheit usw. lassen sich deshalb letztlich auf soziale Verhaltensmuster zurückführen, wie sie jedem Volk auf einer frühen, kriegerisch-agrarischen Entwicklungsstufe eigentümlich sind und die es durch das Hineinwachsen in kompliziertere Gesellschaftsstrukturen durch andere Verhaltensmuster ersetzt. Genau in diesem Sinne, als Schilderung eines „barbarischen" Urzustandes menschlicher Kultur und Zivilisation, hatte Enea Silvio, der spätere Papst Pius II., die „Germania" des Tacitus im 15. Jahrhundert interpretiert und die Deutschen beglückwünscht, weil sie sich im Verlauf der Jahrhunderte so weit von diesem Urzustand entfernt hätten. Denn, so heißt es in seiner Schrift, der er in Anlehnung an Tacitus den Titel „De ritu, situ, moribus et conditione Germanie" gab, stünde heute „einer der alten Germanen ... von den Toten auf" und sähe „hier blühende Städte, dort sanftmütige Menschen, die Kultur der Äcker und die heiligen Handlungen des Gottesdienstes", so würde er niemals glauben, daß dies sein einstiges Vaterland sei (zitiert nach v. See, 14).

Der Italiener Enea Silvio pries also die Deutschen seiner Zeit gerade deshalb, weil sie jenen von Tacitus beschriebenen Zustand längst überwunden und mit der Entwicklung zu Zivilisation und Kultur auch die primitiven Verhaltensmuster der alten Germanen abgelegt hatten. Das kritisch polemische Moment, das in Tacitus' „Germania" durchaus angelegt war, überging er dabei. Denn Tacitus hatte das Leben der Germanen nicht zuletzt deshalb in so eindringlichen Farben gemalt, weil er dem in seinen Augen erschlafften und sittlich verkommenen Rom der Kaiserzeit den Spiegel einer unverdorbenen Kultur entgegenhalten wollte, um es auf den Weg römischer Tugend und Tüchtigkeit zurückzuführen. Eben dieser bei Tacitus zumindest latent vorhandene antirömische und antizivilisatorische Affekt aber war es nun, der vor allem von den Deutschen aufgegriffen und gegen die Römer ihrer

*Bildnis Herzog Ulrich von Württemberg,*
*Hans Brosamer, um 1545*
*(Kat.-Nr. 4.51)*

Zeit ausgespielt wurde. Das geschah nicht erst durch Hutten, sondern auch schon früher, durch die Humanisten Jacob Wimpheling, Conrad Celtis und Heinrich Bebel, um nur einige wichtige Namen in diesem Zusammenhang anzuführen. Sie fanden in der „Germania" bestätigt, daß die Deutschen, wie Wimpheling es ausgedrückt hat, den Römern zumindest in einer Hinsicht nie unterlegen gewesen waren, nämlich in der „Tugend" (virtus), da sie seit jeher „Treue, Keuschheit, Gerechtigkeit, Freigebigkeit und Lauterkeit" gepflegt hätten (zitiert nach v. See, 15). Daher beschwor Heinrich Bebel die Deutschen, an den Sitten ihrer Vorväter festzuhalten und Laster und ausländischen Luxus, die diesen unbekannt waren, wieder aus ihrem Leben zu verbannen („Contineas veteres, precor, o Germania, mores, / Atque peregrinum pellas sanctissima luxum / Et vitium ignotum nostris maioribus olim" (zit. nach Laurens, 353).

Aus diesen Zitaten zweier deutscher Humanisten, die als Angehörige der europäischen Bildungselite mit den alten Germanen nicht mehr das geringste gemeinsam hatten, wird bereits deutlich, was es mit der Rezeption des Tacitus und der Wiederbelebung seines Germanenbildes in Deutschland auf sich hatte. Dahinter stand die Erkenntnis, daß der große Abstand, der Germanien einst von Rom getrennt hatte, immer noch nicht ganz aufgeholt sei und daß Italien damals wie heute in kultureller und zivilisatorischer Hinsicht die Führungsrolle in Europa zukomme. Dahinter standen also Unterlegenheitsgefühl und Konkurrenzstreben, die sich im deutschen Humanismus Italien gegenüber von Anfang an bemerkbar gemacht hatten. So erklärte schon der Poet Peter Luder Mitte des 15. Jahrhunderts, daß er die Musen aus Italien nach Deutschland zurückgeholt habe („Primus ego in patriam deduxi vertice Musas", zit. nach F. Baron, The Beginnings of German Humanism. Ann Arbor, Michigan 1967, 208), so daß die Italiener sich nicht länger rühmen könnten, im alleinigen Besitz von Kultur und Bildung zu sein. Ebenso ließ Conrad Celtis die von ihm wiederentdeckten lateinischen Dichtungen der Nonne Hrotsvith von Gandersheim aus dem 10. Jahrhundert drucken, um den Römern triumphierend zu zeigen, daß auch die Deutschen auf eine ruhmreiche literarische Vergangenheit zurückblicken könnten. Im gleichen Zusammenhang steht das Interesse der Humanisten an den Besonderheiten deutscher Geographie und Landeskunde und vor allem ihre Hinwendung zur deutschen Geschichte, die es ihrer Auffassung nach nicht zuletzt deshalb wiederzuentdecken galt, damit den anderen Völkern endlich die Bedeutung und Größe der Deutschen bewußt werde.

Soweit sich der Konkurrenzkampf der deutschen Humanisten lediglich auf den geistig kulturellen Bereich beschränkte, blieben jedoch der italienische Vorsprung und das italienische Vorbild von ihnen im Grunde voll anerkannt, strebte man nur danach, ihnen gleich zu werden und damit auch die letzten Reste des Barbarischen abzustreifen. Symptomatisch dafür ist die Tatsache, daß sie mit den Italienern ausschließlich auf dem Gebiet der lateinischen Sprache und Dichtung wetteiferten und ihre eigene, die deutsche Sprache, als „lingua barbara" abwerteten. Daß sie darüber hinaus aus dem in der „Germania" konstatierten Faktum zivilisatorischer Rückständigkeit den Anspruch moralischer Überlegenheit ableiteten und gegen die Italiener ins Feld führten, hatte daher noch andere, tiefer liegende Ursachen. Denn die Rezeption der „Germania" in Deutschland stand von Anfang an auch im Zeichen des beginnenden Kampfes gegen die Römische Kirche, mit dem die Entstehung des deutschen Nationalbewußtseins in dieser Zeit aufs engste zusammenhängt. Zur Erläuterung dieses Faktums ist ein kurzer Blick auf die historische Situation um die Wende vom 15. zum 16. Jahrhundert notwendig.

Der Beginn der Neuzeit war in Europa politisch markiert durch die Entstehung von Nationalstaaten mit festumrissenen Grenzen, zentral verwaltetem Heer- und Finanzwesen und einem starken Königtum unter weitgehender Zurückdrängung der Macht des Adels. In Frankreich und England war diese Entwicklung um 1500 am weitesten fortgeschritten, in Spanien hatte sie nach der Vertreibung der Mauren eingesetzt, und in Italien zeigten sich vergleichbare Tendenzen vor allem im Papsttum, das sich, gestützt auf den Kirchenstaat, seit dem 14. Jahrhundert innerhalb der Kirche das alleinige Recht der Gesetzgebung und Besteuerung sowie der Verfügungsgewalt über die Besetzung von Ämtern und Pfründen zu sichern gewußt hatte. Nationale Bestrebungen zeigten sich auch in den kleineren Völkern, so in erster Linie bei den Tschechen, die in den Hussitenkriegen gleichzeitig gegen die Kirche und die Herrschaft der Deutschen kämpften. Einzig im „Heiligen Römischen Reich deutscher Nation" verlief die Entwicklung entgegengesetzt. Es blieb seiner Struktur nach, was es immer gewesen war, nämlich ein nach außen hin übernationales und ein im Innern dezentralisiertes Gebilde. Um 1500 war seine innere Zersplitterung bereits so weit vorgeschritten, daß der Kaiser seine Vorrangstellung fast nur noch aus seiner Position als mächtigster Territorialfürst herleiten konnte. Worauf sich im Mittelalter Stärke und Führungsanspruch des Reiches gegründet hatte, nämlich die Tatsache seines universalen Charakters als sacrum imperium romanum, erwies sich angesichts der entstehenden Nationalstaaten ringsum nunmehr also als Schwäche. Und zwar als Schwäche vor allem gegenüber der Kirche. In England, Frankreich und teilweise auch in Spanien war es den Königen während des 15. Jahrhunderts in zunehmendem Maße gelungen, Entscheidungsbefugnisse in kirchlichen Dingen an sich zu ziehen. Sie besaßen ein weitreichendes Mitspracherecht bei der Besetzung kirchlicher Ämter, verfügten über einen erheblichen Teil der kirchlichen Einnahmen und konnten auf diese Weise auch die Geistlichkeit in größerem Umfang zum Dienst an den nationalen Interessen verpflichten. Im Reich hatte es aufgrund der territorialen Zersplitterung zu einer solchen Entwicklung nicht kommen können. Hier konnte das Papsttum seine Herrschaftsgewalt über den Klerus nahezu unumschränkt ausüben. Hier flossen ihm sämtliche Einkünfte aus dem Kirchenbesitz und die kirchlichen Steuern und Abgaben zu, und hier konnte es über die geistlichen Fürstentümer die äußeren und inneren Angelegenheiten des Reiches zu seinen Gunsten beeinflussen. Alle Klagen, die zu dieser Zeit im Reich über die zunehmende Verschlechterung der Verhältnisse laut wurden, über seine äußere Schwäche und innere Unsicherheit, über die finanzielle Misere und ungerechte Verteilung der sozialen Güter und Lasten, richteten sich daher immer zugleich, ja in erster Linie sogar, gegen die Römische Kirche. Sie galt neben den Fürsten als Hauptnutznießerin der Zersplitterung und politischen Schwäche des Reiches. Sie galt als Institution sozialer Unterdrückung und finanzieller Ausbeutung, die das Reich seiner wichtigsten Einnahmequellen beraubte, und sie galt als das entscheidende Hindernis für die Deutschen, sich ähnlich wie die Nachbarstaaten zu einer einheitlichen Nation entwickeln zu können.

Wenn daher die deutschen Humanisten unter Berufung auf Tacitus von Rom und den römischen Lastern sprachen, meinten sie damit vor allem die Römische Kirche, genauer das Papsttum und die päpstliche Kurie. Und wenn sie demgegenüber Tüchtigkeit und Tugend der Deutschen priesen, stand dahinter letztlich die Vision einer von päpstlicher Unterdrückung und Ausbeutung befreiten Nation, die sich ungehindert nach ihren eigenen Gesetzen entfalten konnte. Die bei Tacitus latent vorhandene Kritik an einer überalterten Zivilisation wurde also bei ihnen zur offenen Polemik gegen eine Institution, in der sie alle Verfallssymptome, wie Tacitus sie an den Römern beklagt hatte, vereinigt sahen, und aus der Identifizierung mit jenen Tugenden ihrer germanischen Vorfahren leiteten sie die moralische Legitimation ab, dieser Institution den Kampf anzusagen.

Das gilt in vollem Umfang allerdings erst für Ulrich von Hutten. Wie so viele Deutsche seiner Zeit wurde er erst während seines Aufenthaltes in Italien und Rom zum erbitterten Gegner der Kirche, und bald schon nahm hier seine Kritik, nicht zuletzt wohl unter dem Eindruck der glücklosen Italienfeldzüge des Kaisers, jene national politische Färbung an, die dann in wachsendem Maße seine späteren Schriften bestimmte. Denn neben vielem anderen, was man den Päpsten damals vorwarf, sah er in ihnen auch, wie er in seiner 1520/21 entstandenen „Anzöig" (Anzeige), „wie allwegen sich die Römischen Bischöf oder Päpst gegen den Teutschen Kaiseren gehalten haben" (Ukena, 249ff.), an zahlreichen historischen Beispielen belegte, die gefährlichsten politischen Gegner des Reiches, die sich der Ausdehnung seiner äußeren Macht stets hindernd entgegengestellt hatten und die nunmehr sogar die von den Deutschen erhobenen Steuern und Abgaben dazu benutzten, „uns mit unserm eigen Geld [zu be-]kriegen" (Ukena, 119). Dieses letzte Zitat stammt aus dem Dialog „Vadiscus sive Trias Romana" („Vadiscus oder die

Römische Dreifaltigkeit"), den Hutten gleichzeitig mit den „Inspicientes" veröffentlichte und von dem er selbst meinte, es sei bis dahin nichts Schärferes und Wagemutigeres gegen Rom publiziert worden („nihil vehementius, nihil liberius adhuc editum est in Romanos", Böcking I, 302). Tatsächlich stellt dieser Dialog eine Bündelung sämtlicher Anklagen und Vorwürfe dar, die die Deutschen seit den Konzilien des 15. Jahrhunderts gegen die Kirche erhoben hatten, und liefert damit gewissermaßen das Informationsmaterial, auf dessen Grundlage Hutten in den „Inspicientes" Sol und Phaeton diskutieren läßt.

Nur vor diesem Hintergrund also ist das von Hutten gezeichnete Bild vom Deutschen oder Germanen in den „Inspicientes" zu verstehen. Es ist ohne sein Komplementärbild, das Bild vom lasterhaften, hinterhältigen und geldgierigen Römer (sprich: Papstkirche) nicht zu denken, weil es auf dieses Gegenbild hin entworfen ist. D. h., eben „weil" die Römer (sprich: Geistlichen) lasterhaft sind, sind die Deutschen sittsam und keusch, eben „weil" jene hinterhältig sind, sind sie aufrichtig, und eben „weil" jene das Geld lieben, verachten sie Luxus und Wohlstand (vgl. v. See, 10). Diesen Sachverhalt, durch den der Begriff des Deutschen zum Wertbegriff wurde, der sein Gegenbild in sich trägt, hat Hutten in den „Inspicientes" kurzerhand auf die Formel gebracht, daß die Geistlichen, gleich welcher Nation sie formaliter angehören, „nichts Teutsches an ihn (sich) haben". Denn sie sind „geitzig und geldhungerig", haben „sich dem Wollust untergeben und seind durch böse Anreitzung weibisch worden" (Ukena, 155 u. 154). Deutlicher ließe sich kaum illustrieren, warum die früheste literarische Manifestation deutschen Nationalgefühls, wie sie u. a. bei Hutten vorliegt, zugleich aggressiv polemische Züge trug. Sie mußte sie tragen, weil sich erst im Abwehrkampf gegen die Römische Kirche das Bewußtsein nationalen Eigenwertes in Deutschland zu entwickeln begann.

Propagandistisch hat daher das in den „Inspicientes" angestimmte Loblied auf die Deutschen vor allem die Funktion, ihnen mit dem Stolz auf ihre „ererbten Tugenden" jenes Selbstbewußtsein zu geben, das sie zu entschlossenem Vorgehen gegen die Kirche befähigen sollte. Denn, so stellte Hutten an einer Stelle des „Vadiscus"-Dialogs mit Erbitterung fest: „Drei Ding befestigen Rom, seichte Gräben, zerbrochne Muren (Mauern) und niedere Türn (Türme)" (Ukena, 120). Das bedeute, so fährt er fort, daß die Kirche glaubt, gegen die Deutschen auf Verteidigungsmaßnahmen verzichten zu können, weil sie diese für so schwach und einfältig hält, daß sie sich auch weiterhin ohne Gegenwehr von ihr ausplündern lassen. Gegen diese von den Römern verspottete Schwäche, diese ihm unbegreifliche Langmut im Ertragen der Unterdrückung führt Hutten in den „Inspicientes" daher nicht nur die angestammte moralische Überlegenheit der Deutschen ins Feld, sondern beruft sich darüber hinaus auch auf ihre von den Germanen ererbten kriegerischen Tugenden. Nämlich auf ihre Kampfbereitschaft und Tapferkeit, ihr Geschick im Umgang mit Waffen und nicht zuletzt auf ihr Ehrgefühl, das ihnen verbietet – oder verbieten sollte –, Beleidigungen und Angriffe ungestraft hinzunehmen. Die Deutschen sind „in Kriegsläufen weiter dann uff diesen Tag kein Nation erfahren und mit Woffen unüberwindlich", heißt es gleich zu Beginn des Dialogs (Ukena, 139), und später hebt Hutten rühmend hervor, daß die Deutschen, ebenso wie sie „das Geld veracht", seit jeher den Krieg „geliebt" hätten (Ukena, 151). Auch dies sind späterhin zu Klischees erstarrte Vorstellungen, die sich schon bei Tacitus finden, aber erstmals von Hutten in einer aktuellen Kampfsituation zu spezifisch deutschen National„*tugenden*" umstilisiert wurden. Da er selbst dem Reichsritterstand angehörte, boten sich gerade ihm, dem Nachfahren der einstigen Kriegerkaste des Reichs, hier geeignete Identifizierungsmöglichkeiten an, und

*Bildnis Kaiser Maximilian I.,
Werkstatt Hans Daucher,
1. V. 16. Jh., Relief,
Solnhofer Stein, 13,5 × 11,0 × 2,0 cm
Nürnberg, Germanisches
Nationalmuseum
Inv.-Nr. Pl. O 713
(Außer Kat.)*

wirklich heißt es dementsprechend an einer Stelle der „Inspicientes", daß sich einzig im „Reuterorden" noch die einstige „Macht und Stärke teutscher Nation" verkörpere, da er „geübt in Kriegen" sei und von der den „Teutschen angeborne[n] Redlichkeit", alten „Tugend" und „gute[n] Gewohnheit" noch am meisten bewahrt habe (Ukena, 149).

Germanenideologie und deutsches Nationalbewußtsein, das sich erst in der Abwehrstellung gegen die Römische Kirche zu artikulieren begann, gehören also bei Ulrich von Hutten aufs engste zusammen. Er war zu Beginn der Reformation keineswegs der einzige, wohl aber derjenige, der den nationalen Aspekt im Kampf gegen die Papstkirche am entschiedensten betonte. Und zwar ebenso entschieden, wie Luther den religiösen und Thomas Müntzer den sozialen Aspekt, wenn man denn auf diese Weise die wichtigsten Ursachen der Reformation konkret benennen und mit einer Einzelpersönlichkeit als deren Repräsentanten und Sprachrohr identifizieren will.

Als Bundesgenossen Luthers betrachtete sich daher Hutten so lange, wie er auch in ihm den Vorkämpfer für nationale Interessen sehen konnte. Das gilt vor allem für den zeitlichen Umkreis des Wormser Reichstags und für den Luther der großen Reformschrift „An den christlichen Adel deutscher Nation von des christlichen Standes Besserung", die sich in der Auflistung der Anklagen gegen die Römische Kirche eng mit Huttens „Vadiscus"-Dialog berührt. Während Luther aber stets den Akzent auf die „Wahrheit" legte, nämlich die christliche Wahrheit, die es von päpstlichen Irrtümern und Verfälschungen zu reinigen galt, gebrauchte Hutten in seiner romfeindlichen Publizistik von Anfang an die Doppelformel „Wahrheit und Freiheit". Unter Freiheit aber verstand er die Freiheit des „Vaterlands" und der „Teutschen Nation", d.h., wie er es in einer seiner „Klagschriften" formulierte, die Befreiung von dem „schnöden und schandlichen Bezwang, domit teutsche Nation viel Jahr her durch die Päpste betrangt und underdruckt gewest" (Ukena, 179f.). „Freiheit", „Vaterland" und „Teutsche Nation" sind daher bei Hutten eng zusammengehörige und immer wieder gebrauchte Begriffe, die in seinen romfeindlichen Schriften, erstmals in der Geschichte der deutschen Literatur, geradezu den Charakter von Schlagworten oder, besser gesagt, Schlachtrufen erhalten haben.

In ihrem Namen rief er in seinen im Herbst 1520 entstandenen „Klagschriften und Ermahnungen", öffentlichen Appellen an den Kaiser, die Reichsversammlung und einzelne Fürsten, alle „Teutschen" auf, das römische Joch endlich abzuwerfen, so wie dies einst der Cherusker Arminius in der Schlacht im Teutoburger Wald getan hatte. Diesen, der in seinen Augen selbstverständlich ein „Deutscher" war, zog Hutten in seinem gleichnamigen Dialog von 1519 aus dem jahrhundertelangen Dunkel der Vergessenheit erstmals wieder ans Tageslicht und stellte ihn über die großen Feldherren des Altertums, weil er als einziger das römische Weltreich „in der Blüthe seiner Herrschaft anzugreifen gewagt" und die Römer, als sie „am stärksten waren", besiegt habe (Strauß, 396f., 398). Über die Geschichtsklitterung, die Hutten hier vornahm, als erster von vielen späteren, braucht kein Wort mehr verloren zu werden. Wichtig aber war für ihn in diesem Zusammenhang auch nicht die historische Wahrheit, sondern die Aufrichtung einer Heldengestalt, mit der sich die Deutschen in der konkreten geschichtlichen Situation des Kirchenkampfes identifizieren konnten. Als „Deutschlands Befreier" (Strauß, 396) pries Hutten ihn daher auch in seiner Mahnschrift an den Kurfürsten von Sachsen und hielt ihm vor Augen, wie Arminius „sich seiner Nachkommenden schämen" würde, sähe er, daß die Deutschen, mit denen er einst die „Nation von den Händen der Römer uff die Zeit, so sie am allermächtigsten... waren, erlöset", heute „den zarten Pfaffen und weibischen Bischöfen unterworfen seind" (Ukena, 191).

Als Propagandisten nationaler Einheit und Freiheit zu einer Zeit, in der die Entwicklung überall in Europa auf die Ausbildung von Nationalstaaten hindrängte, kann man Hutten trotz aller Vorbehalte, die man seiner politischen Rolle in der Reformation entgegenbringt, eine historische Bedeutung nicht absprechen. Unter diesem Aspekt erscheint auch das in seiner Publizistik hervortretende Bild vom Deutschen oder Germanen trotz seiner Idealisierung und bewußten Verzeichnung in weniger bedenklichem Licht, als es aus dem Rückblick und der Erfahrung unseres Jahrhunderts zu sehen geboten ist. Es wäre jedoch falsch, wollte man die Anfänge der Germanenideologie bei Hutten nur aus der aktuellen Kampfsituation gegen die Kirche und im Zusammenhang mit dem entstehenden Nationalbewußtsein der Deutschen zu deuten versuchen. Denn Huttens Rückgriff auf Tacitus hatte auch noch eine andere Funktion, und an ihr zeigt sich sehr deutlich, daß die deutsche Germanenideologie nicht erst seit dem Mißbrauch späterer Jahrhunderte, sondern schon bei ihrem ersten Hervortreten recht gefährliche Elemente in sich barg.

Enea Silvio hatte, worauf oben verwiesen wurde, die Deutschen seiner Zeit gerade deshalb gepriesen, weil sie jenen von Tacitus beschriebenen „barbarischen Urzustand" längst überwunden und sich zu einem zivilisierten und kulturell hochstehenden Volk entwickelt hatten. Daß er dies übrigens seinerseits in polemischer Absicht, nämlich in Zurückweisung deutscher Klagen über kirchliche Ausbeutung getan hatte (Krapf, 49ff.), wirft noch einmal ein bezeichnendes Licht auf das bisher Ausgeführte. Für ihn, den Italiener, war es aber auf jeden Fall ausgeschlossen, daß man einen solchen Zustand auch positiv bewerten, geschweige denn, und sei es auch nur um inzwischen verloren gegangener Tugenden willen, sich zu ihm zurücksehen könnte. Hutten aber hat in den „Inspicientes" genau das getan. Die Zeit, von der Tacitus schreibt, so läßt er den Sonnengott sagen, sei bei weitem „die beste Zeit der Teutschen" gewesen. Denn damals habe es bei ihnen weder Kaufleute noch Städte gegeben. Ihre Kleidung habe aus „Häuten und Fellwerk" bestanden, ihre Speise sei „aus vaterländischer Erden gewachsen" und Geld hätten sie so wenig gekannt wie Silber und Gold. Verfall und Niedergang aber seien eingetreten, als die „Ausländer" ins Land kamen. Denn sie hätten Städte gebaut und das Geld eingeführt, sie hätten durch fremde Luxusgüter das kriegerische Volk der Deutschen verweichlicht, hätten durch schlechte Sitten ihre ererbten Tugenden korrumpiert und so dazu beigetragen, daß heute in Deutschland die „Untüglichen", nämlich die Kaufleute und die Bürger der Städte, den Ton angeben (Ukena, 151).

Dieses Loblied auf ein Leben in Fellen und Bärenhäuten war zweifellos nicht wörtlich gemeint, entsprach jedenfalls keineswegs Huttens persönlichen Wünschen. Denn in seinem fast gleichzeitig mit den „Inspicientes" entstandenen berühmten Brief an den Nürnberger Patrizier Willibald Pirckheimer, in dem er „über sein Leben Rechenschaft" ablegte (Ukena, 317ff.), sprach er voller Neid von den behaglichen Lebensumständen der reichen Stadtbürger, die es ihnen erlaubten, sich in Muße den Wissenschaften und schönen Künsten zu widmen, und zählte an anderer Stelle, im Dialog „Fortuna" auf, welche materiellen Voraussetzungen er für erstrebenswert hielt, um ein menschenwürdiges Dasein führen zu können. Nämlich ein reichliches Einkommen, ein Haus in der Stadt, ein Landgut, Pferde, Dienerschaft usw. (dt. Strauß, 15f.), also all jene Errungenschaften der Zivilisation, die er in den „Inspicientes" für den Verfall der einstigen Tugend und Stärke der Deutschen verantwortlich machte. Hutten verfügte über dergleichen Güter, wie er selbst immer wieder betonte, nicht; seine persönlichen Verhältnisse blieben Zeit seines Lebens überaus dürftig. Was aber für ihn zweifellos schwerer wog, war die Tatsache, daß es sich dabei in seinen Augen keineswegs um ein individuelles Mißgeschick handelte. Denn als freier Reichsritter wußte er sich einem Stand zugehörig, der unter den Kaisern des Mittelalters einst eine wichtige Rolle im Reich gespielt hatte, jetzt aber durch die Fürsten politisch an den Rand gedrängt worden war und sich in seiner materiellen Existenz durch die Städte, in denen sich Handel, Gewerbe und Kapital konzentrierten, bedroht fühlte. In seinem letzten Dialog, der den bezeichnenden Titel „Praedones" („Die Räuber", dt. Strauß, 315ff.) trägt, zu denen er hier in erster Linie neben den Geistlichen die Kaufleute und Beamten der Fürsten zählte, ist von diesen Dingen ausführlich die Rede. Die verklärende Schilderung vom Leben der alten Germanen in den „Inspicientes" war daher für Hutten zugleich ein Instrument der Gesellschaftskritik, und zwar aus der Sicht des Benachteiligten bzw. des durch die historische Entwicklung ins Abseits Gestellten, der, indem er archaische Verhaltensweisen zu Vorzügen umstilisierte, gewissermaßen aus der Not eine Tugend machte, weil er an den Errungenschaften der Zivilisation, über die seine Umwelt verfügte, nicht in vollem Umfang teilnehmen konnte.

Hutten sagte daher in den „Inspicientes" nicht nur der Kirche den Kampf an, sondern wendete sich gleichzeitig gegen die Fürsten, insbesondere die geistlichen, als die stärksten Konkurrenten des Ritterstandes, und, weit schärfer noch, gegen die „Kaufleut und freien Städt". Denn diese werden, so heißt es in dem Göttergespräch, aus „Ursach" von den Rittern gehaßt, weil sie „die besten und mannlichen Sitten ihrer Nation mit Einbringung ausländischer Gewohnheit und eines weiches Lebens" verkehrt haben (Ukena, 150), so daß „teutschem Land" am besten „geraten wär, wo uff einen Tag alles, das die Kaufleut auswendig (von auswärts) hineinbringen und auch sie mit derselbigen frembden War zu äußerlicher (äußerster) Verderbnus kämen" (Ukena, 152). Diese Zitate, die sich aus anderen Schriften ergänzen ließen, belegen sehr deutlich den restaurativen Charakter von Huttens Gesellschaftskritik, die von Ressentiments gerade gegen jene gesellschaftlichen Kräfte und sozialen Schichten getragen wurde, die zu Beginn des 16. Jahrhunderts Repräsentanten einer in die Zukunft weisenden Entwicklung waren. Indem Hutten die Träger dieser Entwicklung, das Bürgertum, den Handel, das Geldwesen usw., in seine Kampfansage an die Kirche einbezog und vom Ideal einer bäuerlich agrarischen Gesellschaft aus abwertete, wollte er das Rad der Geschichte nicht nur aufhalten, sondern im Grunde zurückdrehen. Tatsächlich läßt sich daher auch aus zahlreichen Äußerungen in seinen Schriften belegen, daß Hutten, indem er die Kirche im Namen der „Freiheit" der deutschen Nation bekämpfte, nicht etwa einen vergleichsweise modernen Nationalstaat vor Augen hatte, wie ihn zu damaliger Zeit in etwa England und Frankreich repräsentierten, sondern die Wiederaufrichtung des mittelalterlichen Kaiserreiches anstrebte, das den von Tacitus in der „Germania" beschriebenen Zuständen in seiner Vorstellung ziemlich nahe kam. Nämlich eines Reiches, das auf die nationalen Grenzen keineswegs festgelegt war, in dem statt der Fürsten der Ritterstand, d. h. die Kriegskaste, die wichtigste politische Potenz neben dem Kaiser bildete und das wirtschaftlich auf einer weitgehend agrarischen Grundlage basierte. So hat Hutten an dem alten Anspruch der deutschen Kaiser auf Vorherrschaft in Italien stets festgehalten, und in seiner Mahnschrift an Friedrich den Weisen vertrat er sogar die Auffassung, daß die Deutschen eine „Nation" seien, „die über alle Welt regieren und herrschen soll[te]" (Ukena, 190). Auch die im Dialog „Praedones" Franz von Sickingen in den Mund gelegte Äußerung: „Wahrhaftig ich glaube, Deutschland war viel besser regiert, so lange das Recht auf den Waffen beruhte, als jetzt" (Strauß, 351) – wobei aus dem Kontext hervorgeht, daß diese „Waffen" vor allem dem Ritterstand zustehen sollten –, ist in diesem Zusammenhang überaus aufschlußreich.

Hutten hat selbst konkrete Versuche zur Verwirklichung seiner politischen Vorstellungen unternommen. Der von ihm propagandistisch vorbereitete Adelsaufstand von 1522, der Feldzug Franz von Sickingens gegen den Erzbischof von Trier, sollte ein erster Schritt dazu sein. Sein klägliches Scheitern stempelte nicht nur Hutten, der bald darauf starb, zum Illusionär, sondern trug zweifellos auch dazu bei, daß die nationale Idee, die bis dahin, wenn auch aus unterschiedlichen Gründen, für breite Schichten in Deutschland ein wichtiges movens im Kampf gegen die Römische Kirche gewesen war, in der reformatorischen Publizistik fortan nur noch eine allenfalls untergeordnete Rolle spielte. Denn obwohl ihn seine Initiatoren als Auftakt zur „nationalen Befreiung" verstanden hatten, trug dieser Adelsaufstand, auch für die Zeitgenossen erkennbar, eindeutig rückwärtsgewandten Charakter und diente vornehmlich den Interessen einer sozialen Schicht, deren historische Rolle bereits ausgespielt war.

Rückblickend zeigt dieser Aufstand daher, wie gefährlich, ja explosiv jene von Hutten erstmals konsequent hergestellte Verknüpfung von Germanenideologie und deutschem Nationalgefühl war. Denn sie hinderte ihn daran, die objektiven Gegebenheiten der Zeit nüchtern und vorurteilsfrei einzuschätzen und ermöglichte ihm, seine eigenen, ständisch bedingten Ressentiments mit den Interessen der „Nation" zu verwechseln, die er auf einen längst überwundenen Entwicklungsstand zurückholen wollte, gerade indem er ihr ihren angemessenen Platz unter den übrigen Völkern wiederzugeben versprach. So gesehen, lassen sich daher bereits bei Hutten jene Syndrome erkennen, die auch später für die Verknüpfung von Germanenideologie und deutschem Nationalbewußtsein stets typisch gewesen sind. Denn wann immer die Deutschen in den kommenden Jahrhunderten im Kampf um ihre Nationwerdung auf die „Germania" des Tacitus als Identifikationsmodell zurückgriffen, nahm dieser Kampf zugleich aggressive und restaurative Formen an, verband sich mit dem äußeren Feindbild die Fortschrittsfeindlichkeit im Innern, stilisierte man archaische Verhaltensweisen zu ererbten Volkstugenden um und entwarf das Bild von der Zukunft vom Ideal einer längst überwundenen Vergangenheit her.

Hutten hat daher in dieser Hinsicht die Bedeutung eines Modellfalls, und das Scheitern seiner Pläne und Vorstellungen, ihr zwangsläufiges Scheitern, hätte gerade für diejenigen lehrreich sein können, die sich später auf ihn als einen Vorkämpfer deutscher Freiheit und nationaler Größe beriefen.

## Literaturverzeichnis

Böcking, Eduard (Hrsg.): Ulrichi Hutteni Opera. 5 Bde. und 2 Suppl.-bde., Leipzig 1859/70. Neudruck Aalen 1963.
Buschmann, Richard: Das Bewußtwerden der Deutschen Geschichte bei den deutschen Humanisten. Diss. Göttingen 1930.
Holborn, Hajo: Ulrich von Hutten. Göttingen 1968 (Kleine Vandenhoeck-Reihe 2665), erweiterte Fassung des Erstdrucks von 1929.
Joachimsen, Paul: Tacitus im deutschen Humanismus. In: Neue Jahrbücher f. d. Klass. Altertum, Geschichte und deutsche Literatur 14, 1911, S. 697–717.
Krapf, Ludwig: Germanenmythos und Reichsideologie. Frühhumanistische Rezeptionsweisen der taciteischen „Germania". Tübingen 1979.
Kuehnemund, Richard: Arminius or the Rise of a National Symbol in Literature. Chapel Hill, North Carolina 1953.
Laurens, Pierre: Rome et la Germanie chez les poètes humanistes Allemands. In: L'Humanisme Allemand (1480–1540), hrsg. von Ernesto Grassi. München/Paris 1979 (Humanistische Bibliothek R. I., Bd. 38), S. 339–355.
Scheuer, Helmut: Ulrich von Hutten, Kaisertum und deutsche Nation. In: Daphnis 2, 1973, S. 133–157.
von See, Klaus: Deutsche Germanenideologie. Vom Humanismus bis zur Gegenwart. Frankfurt/M. 1970.
Strauß, David Friedrich: Gespräche von Ulrich von Hutten, übersetzt u. erläutert. Leipzig 1860.
Tiedemann, Helmut: Tacitus und das Nationalbewußtsein der deutschen Humanisten. Diss. Berlin 1913.
Ukena, Peter (Hrsg.): Ulrich von Hutten. Deutsche Schriften. München 1970. (Orthographie und Lautstand von Huttens Texten wurden in dieser Ausgabe teilweise modernisiert.)

# FRANCISCVS·VON·SICKINGEN

ALLEIN·GOT·DI·ER·LIEB
DEN·GEMEINE·NVCZ·BESCH-
IRM·DI·GERECHTIKEI
I        H

*Volker Press*

# Franz von Sickingen, Wortführer des Adels, Vorkämpfer der Reformation und Freund Huttens

Die Spätzeit Ulrich von Huttens ist nicht denkbar ohne sein enges Zusammenwirken mit Franz von Sickingen; an dem mächtigen Condottiere hatte der fahrende Ritter einen Rückhalt, auf seiner Ebernburg eine Heimstatt gefunden. Sickingens Untergang beraubte Hutten seiner letzten Stütze. Aber Sickingen war darüber hinaus zu einer Symbolgestalt des deutschen Adels geworden. Anders als Hutten war er Herr eines bedeutenden Besitzes mit zahlreichen Burgen und vermochte er zeitweilig eine zentrale Rolle in der deutschen Politik zu spielen.[1]

Bereits die Vorfahren hatten, gestützt auf den Heidelberger Hof der Pfälzer Kurfürsten, eine ausgreifende Erwerbungspolitik betrieben, die sich auf familiäre Kontakte stützte. So konnten sie von ihrer Kraichgauer Ausgangsposition, dem gleichnamigen Ort Sickingen aus, nacheinander die Burgen Landstuhl in der Pfalz, Ebernburg an der Nahe und Hohenburg im Elsaß erwerben – dazu gehörten zwei Städte.[2] So hatten die Sickinger ausgegriffen in mehrere historische Landschaften – die politischen Möglichkeiten, die sich daraus ergaben, sollte Franz von Sickingen dann ausnützen. Allerdings hatte sich der Aufstieg stets in enger Symbiose mit dem mächtigen Heidelberger Hof[3] vollzogen – dort hatten die Vorfahren Franz' führende Positionen innegehabt. Aber zugleich zeigte die Bindung auch die Grenzen des Spielraums der Sickingen an – als sich Franz von Sickingen zu weit vorwagte, erwies sich seine Basis als zu schwach.[4]

Als sein Vater Schweikart von Sickingen 1505 starb, war Franz der einzige männliche Erbe eines beträchtlichen Besitzes; zwei Schwestern waren ins Kloster gegangen, drei andere konnten in guten Eheverbindungen untergebracht werden und verstärkten so das familiäre Netz, in dem sich Sickingen bewegte. Auch wenn die Mitgift von 9000 fl einigermaßen hoch war, bekam Sickingen durch ihre Erlegung freie Hand. Seine eigene Heirat mit Hedwig von Flersheim verband ihn erneut mit einer der führenden Familien des Pfälzer Hofes; sein Schwager, der Wormser Domherr und nachmalige Speyerer Bischof Philipp von Flersheim, sollte einen ganz entgegengesetzten Weg gehen wie Sickingen, aber er bewahrte dem Schwager stets die persönliche Treue und nach seinem Tode ein gutes Gedächtnis. Anders als Sickingen hat Philipp von Flersheim in den Stürmen der Reformation eisern an der Alten Kirche festgehalten und ihre Existenz verteidigt.[5]

Für den Adel bedeuteten seine Lehensbeziehungen das Koordinatensystem, in dem er sich bewegte[6] – neben dem Pfälzer Hof standen für Sickingen auch der Wormser oder der Straßburger, aber auch der des Kaisers. Daß Sickingen einzelne Herrschaften mit anderen Familien gemeinsam innehatte, war besitzgeschichtlich problematisch, aber diese „Ganerbenburgen" waren auch Knotenpunkte adeliger Verbindungen und boten die Möglichkeit der Mobilisierung der Mitbesitzer. Sickingen nahm seinen Hauptsitz auf der Ebernburg, also nahe den vorgeschobenen Positionen des Pfälzer Territoriums, in einem Gebiet, wo sich die Einflüsse aller vier rheinischen Kurfürsten überschnitten, zudem in relativer Nähe zur französischen Grenze. Dies enthob ihn der Reibereien mit der Pfalz, gab ihm die Möglichkeit des Lavierens und damit Handlungsspielraum.

Der Pfälzer Hof hatte Sickingen geprägt. Er war jedoch niemals literarisch gebildet worden, sondern ganz ein Mann der politischen Praxis. Sickingen erlebte die Katastrophe der Pfalz im Landshuter Erbfolgekrieg unmittelbar mit. 1505

◁
*Bildnis Franz von Sickingen, Hieronymus Hopfer, um 1520*
*(Kat.-Nr. 4.55)*

sprang er gleich zweimal als Bürge für seinen bedrängten Landesherrn ein, was wahrscheinlich zur Berufung zum Pfälzer Amtmann in Kreuznach führte – angesichts der mit Baden gemeinsamen Herrschaft über die vordere Grafschaft Sponheim war dies kein einfacher Auftrag. Hinzu kam dann noch das kleine Amt Böckelheim. Diese Ämter ließen sich aber von der Ebernburg aus gut versehen. Nichts sprach dagegen, daß Sickingen nicht in die Fußstapfen seiner Väter treten und eine Karriere in Pfälzer Diensten machen würde.

Aber seit 1515 begann sich Sickingen als Fehde- und Kriegsunternehmer zu betätigen.[7] Die Gründe sind nicht ganz klar – vielleicht gab es sogar eine Krise in den Beziehungen zum Pfalzgrafen. Sicher ist aber auch, daß die nachfolgenden Aktionen zunächst nicht ganz ohne den Konsens des Pfalzgrafen zu denken sind. Franz von Sickingen näherte sich aber zugleich einem anderen Herrn an, der ebenso wie der Heidelberger Kurfürst traditionell als sehr adelsfreundlich galt: dem Erzbischof-Kurfürsten Kardinal Albrecht von Mainz.[8] Zugleich aber wurde er selbst zu einer Attraktion, zu einem Mittelpunkt des Adels. Insgesamt konnte er von Anfang an seine politischen Möglichkeiten beträchtlich erweitern.

Der Ritter suchte sich als Fehdeunternehmer Rechtstitel zu verschaffen, die ihn befähigten, eine Fehde zu führen, für die er dann vor allem adelige Standesgenossen mobilisierte; trotz der Landfriedensordnung von 1495 war die Fehde noch nicht verdrängt, auch wenn besonnenere Adelige durchaus die Zweischneidigkeit dieses Instruments begriffen. Hinzu kam, daß Sickingen sich in einem territorial zersplitterten Raum bewegte, der seinen Handlungsspielraum stärker begünstigte, als wenn er es nur mit einem mächtigen Fürsten zu tun gehabt hätte.

Sickingen begann 1513 mit einer Aktion im unmittelbaren Umfeld der Kurpfalz, mit einem Angriff auf die Reichsstadt Worms, die im Konflikt mit ihrem Bischof stand.[9] Seine Aktion löste bei den anderen Reichsstädten große Aufregung aus – vom ersten Moment an konnte Sickingen somit seinen Aktionen eine beträchtliche reichspolitische Bedeutung verleihen. Der alternde Kaiser Maximilian I. sah die Gefährlichkeit Sickingens, der zu einem schwer kalkulierbaren Machtfaktor aufzusteigen drohte und erklärte ihm die Reichsacht. Der Ritter nahm dieses Risiko auf sich und setzte seinen Kleinkrieg gegen die Wormser Bürger fort; die Reichsstadt sah sich unversehens einem ansteigenden Druck ausgesetzt.

Nun aber ließ der Spieler Sickingen den nächsten Zug folgen – in Vertretung des Herrn zu Geroldseck sagte er keinem geringeren als dem Herzog Anton von Lothringen die Fehde an, wobei er sich des wilden Grafen Robert von der Marck, Herrn von Bouillon, als Verbündeten bediente. Der Lothringer sah sich schließlich so bedroht, daß er Frieden schloß und Sickingen gegen ein hohes Jahresgehalt in seine Dienste nahm – der mit Anton von Lothringen verbundene König Franz I. von Frankreich zog Sickingen nun ebenfalls in seine Dienste und an seinen Hof. Plötzlich hatte der Ritter Franz von Sickingen eine europäische Bedeutung gewonnen.

Es war aber zugleich ein Schachzug gegen die Reichsacht Kaiser Maximilians I., gegen welche Sickingen nun die Rückdeckung eines mächtigen Herrschers hatte. Er selbst demonstrierte allerdings Selbstbewußtsein, als er Franz I. schon bald wieder die Bestallung zurückstellte, weil ihn der König nicht so behandelt hatte, wie es sich Sickingen vorgestellt hatte. Für den französischen König war der Ritter nur einer seiner vielen deutschen Parteigänger gewesen. Fanz aber genügte dies nicht.

Immerhin – einen beträchtlichen Machtfaktor stellt er bereits dar, und seine Attraktivität bei den Standesgenossen sprach sich herum. In einer Zeit, als der expandierende Landesstaat allenthalben vordrang, verkörperte Sickingen für den Adel ein hohes Maß an Autonomie. Nach den französischen Diensten schloß sich

*Bildnis Kaiser Karl V.,*
*Monogrammist M. R.*
*(Kat.-Nr. 4.62)*

der Ritter einem anderen Parteigänger des französischen Königs im Reich an, dem unruhigen Herzog Ulrich von Württemberg, der ebenfalls mit Kaiser Maximilian I. auf schlechtem Fuß stand.[10] All dies geschah immer noch mit der wohlwollenden Rückendeckung des Heidelberger Kurfürsten.

Der Kaiser wiederum suchte der gefährlichen Konstellation zu begegnen – im Zeichen einer einsetzenden kaiserlich-pfälzischen Wiederannäherung knüpfte Maximilian I. 1517 mit Sickingen an, hob die Reichsacht auf und brachte 1518 einen gütlichen Vertrag mit den Wormsern zustande; seinerseits begünstigte Sickingen die Annäherung des Kaisers an den Pfalzgrafen und trat selbst in des Kaisers Dienste. Damit war die gefährliche Situation der Reichsacht gleichsam in ihr Gegenteil gekehrt. Sickingen hatte nicht nur eine beachtliche Stellung, sondern auch die Unterstützung des Kaisers errungen.

Er setzte seine Fehdeunternehmungen fort. Gegen Metz mobilisierte Sickingen bereits 10 000 Mann – die verschreckte Reichsstadt befreite sich durch Zahlung von 25 000 fl von dem gefährlichen Druck. Das nächste Ziel war ein Reichsfürstentum, die Landgrafschaft Hessen, die damals gerade in einer Herrschaftskrise steckte – ein guter Teil des hessischen Adels stand in Opposition zur Regentschaft. Im hessischen Adel gewann Sickingen eine Partei. Mit der Einnahme Darmstadts und geschickten Schachzügen demütigte Sickingen den blutjungen, gerade für mündig erklärten Landgrafen Philipp[11], zwang ihn zur Herausgabe ehemaliger Sickingenscher Güter, die im Pfälzer Krieg von den Hessen gewonnen worden waren. Als Nebenprodukt der siegreichen Fehde konnte Sickingen auch noch von der Stadt Frankfurt 4 000 fl erpressen.

Landgraf Philipp hat die Bedrohung der territorialen Integrität Hessens durch Sickingen niemals vergessen. Zunächst aber stand Sickingen als Triumphator da – ein glänzender politischer Taktiker und erfolgreicher Kriegsunternehmer. Es begann sich aber die Frage zu stellen, ob der Fürstenstand auf Dauer einen solchen Mann ohne Gefährdung der eigenen Existenz gewähren lassen konnte. Sickingen hatte ein Eigengewicht erlangt, das sich durchaus auch gegen ihn selbst richten konnte.

Kaiser Maximilian hielt jedoch trotz der eklatanten Gefährdung des Landesfürstentums durch den Ritter an Sickingen fest – er gedachte offensichtlich, sich seiner als Instrument kaiserlicher Einflußnahme zu bedienen; dies hätte bereits den endgültigen Bruch mit dem Kurfürsten von der Pfalz bedeuten können, denn Maximilian suchte durch die Person Sickingens den niederen Adel im Westen des Reiches an sich zu binden. Der Tod des Kaisers am 12. Januar 1519 aber beendigte diese Überlegungen; Sickingen hielt schließlich an den habsburgischen Beziehungen fest, nämlich zu Maximilians Enkel, Karl von Spanien – obgleich nun auch erneut König Franz I. von Frankreich um ihn warb. Sickingen konnte es sich leisten, in der dramatischen Situation der deutschen Königswahl mit beiden Seiten zu verhandeln. Inzwischen aber war er auf der Seite des Schwäbischen Bundes in den Krieg gegen seinen früheren Dienstgeber, Herzog Ulrich von Württemberg, eingetreten und erwarb aus dessen Besitz das Amt Neuenbürg (bei Pforzheim).

Es war dann die politisch begabte Tochter Kaiser Maximilians, Margarete von Österreich, die Sickingen endgültig für das Haus Habsburg gewann – gemeinsam mit dem Landsknechtführer Frundsberg zogen Sickingen und seine Reiter an den unteren Main, um Druck auf den Wahlvorgang in Frankfurt auszuüben. Eine allgemeine Angstwelle begleitete die Aktion – Landgraf Philipp von Hessen fühlte sich unmittelbar bedroht. Aber der Ritter konzentrierte sich auf den Wahlvorgang und lagerte im kurmainzischen Höchst, unmittelbar vor den Toren Frankfurts. Alle Gegenaktionen des französischen Königs Franz, des Hauptkonkurrenten von Karl von Spanien, verpufften angesichts der massiven militärischen Präsenz, die er nicht zu konterkarieren vermochte. „Ohne Frage waren die Sickingenschen Reiter neben dem fuggerischen Geld ein nicht zu unterschätzendes Argument für eine neue habsburgische Königswahl."[12]

Der Dank Karls V. folgte unmittelbar mit der Ernennung Sickingens zum Kaiserlichen Rat, Kämmerling, Kapitän und Diener auf fünf Jahre. Mit Hilfe der Besoldung sollte er ständig sechzig Reiter unterhalten. Damit aber war Sickingen voll an den Kaiser gebunden; hinter ihm stand die ganze Autorität des Reichsoberhaupts, aber zugleich ging ihm die frühere Handlungsfreiheit verloren, die so lange Zeit die Voraussetzung seiner Erfolge gewesen war. Gegen seinen alten Partner Robert von der Marck zog Sickingen im Namen des Kaisers – der Feldzug endete, vor allem wegen des Zögerns des anderen kaiserlichen Befehlshabers, Graf Heinrich

*Bildnis Ferdinand I., (nach) Erhard Schön (Kat.-Nr. 4.63)*

von Nassau, mit nur begrenzten Erfolgen. Hier zeigte sich die Schwäche von Sickingens Condottierentum: ein mißglückter Feldzug von größeren Dimensionen war finanziell nur schwer durchzustehen. Sickingens Prestige hatte eine beträchtliche Einbuße erlitten.

Mit der völligen Hinwendung zum Kaiser aber hatte Sickingen den endgültigen Bruch mit dem Pfalzgrafen-Kurfürsten herbeigeführt. Zwar hatte sich die Pfalz 1518 wieder mit den Habsburgern arrangiert, aber daß Sickingen im unmittelbaren Umfeld des Pfälzer Machtbereichs die Sache des Kaisers so massiv betrieb, konnte der auf eine regionale Hegemoniestellung bedachte Pfalzgraf nicht billigen.[13] Der Gegensatz zum Lehensherrn war nicht nur gefährlich, sondern er machte Sickingen nun völlig vom Kaiser abhängig, denn mit dem französischen König vermochte er sich nun nicht mehr zu arrangieren. Auch wirkte sich die relative Distanz Karls V. zum Reich negativ für Sickingen aus – das Interesse, das der späte Maximilian an den Aktivitäten des Ritters gehabt hatte, fehlte beim Enkel völlig. So wie seinerzeit für Franz I. war Sickingen auch für Karl V. nur ein Parteigänger unter anderen – im übrigen kam es ihm darauf an, daß die Fürsten im Reich für Ruhe sorgten bzw. Ruhe hielten. Dies war eine Konzeption, die auf Dauer nicht günstig für Sickingen sein konnte. Die Ferne vom Reich, wie sie Karl V. pflegte, entwertete den kaiserlichen Rückhalt für den Ritter. Karl V., dem Sickingen eine beträchtliche Anleihe gewährt hatte, erwies sich überdies nicht gerade als ein sehr eifriger Zahler.

Nun aber zeigte sich vollends der Nachteil seiner Position für die Sickingensche Politik – die Streulage seiner Besitzungen in unterschiedlichen Regionen hatte ihn dort präsent gemacht, sie machte ihn aber auch in hohem Maße verwundbar, er war stärker als andere durch Angriffe zu gefährden. Zunächst aber hatte Sickingen immer noch sein durch die früheren Erfolge begründetes Prestige bei dem süddeutschen Adel, das durch familiäre Bande abgestützt war; sein zeitweilig beträchtlicher Einfluß weckte im gesamten Adel Hoffnungen auf die mächtige Hand Sickingens. Dies war die Voraussetzung, daß er immer wieder eine größere Zahl von Parteigängern aktivieren konnte. Hinzu war noch gekommen, daß der Ritter kriegstechnisch, vor allem mit seiner Artillerie, auf der Höhe war – daß er allerdings glaubte, durch den modernen Ausbau seiner Burgen zu Festungen sich vor dem Zugriff der Feinde zu schützen, erwies sich als verhängnisvoller Irrtum.

Insgesamt fehlten bei Sickingen durchaus moderne Züge nicht. Dies galt vor allem für seine eigenen Herrschaften. Hier war er auf Intensivierung bedacht, auf Einengung des Freiraums seiner Bauern, deren Appellationsmöglichkeiten er einzuschränken versuchte. Er war kein ungeschickter Finanzmann, auch wenn er die Zahlungsmoral Kaiser Karls V. beträchtlich überschätzte. Auch versuchte er sich als Montanunternehmer, wobei bislang nicht geklärt werden konnte, welchen Ertrag diese Unternehmungen wirklich brachten.

Die „Modernität" Sickingens sollte sich vor allem auch im Aufbau eines evangelischen Kirchenwesens zeigen. Zunächst aber glaubte er, auf seine Beziehungen zu Kaiser Karl V. setzen zu können – in der aufgeregten Atmosphäre des Wormser Reichstags von 1521 suchte Sickingen Einfluß auf den Gang der „Causa Lutheri" zu nehmen, er war inzwischen selbst zu einem entschiedenen Anhänger der Reformation geworden.[14]

Wie gesagt, Sickingen war kein besonders gebildeter Mann – es gab bei ihm, wie bei vielen der Zeitgenossen, astrologische und okkulte Neigungen. Aber von Anfang an zeigten sich bei dem Kriegsmann Sickingen durchaus fromme Züge, zunächst noch im typischen Gewande spätmittelalterlicher Frömmigkeit. Natürlich war Sickingen, wie alle Adeligen, eingebunden in die spätmittelalterliche Adelskirche, die für den sozialen Status des Adels eine so entscheidende Bedeutung hatte. Offenbar waren es seine Eltern, die dem jungen Franz eine ausgeprägte Religiosität mitgegeben hatten. Schweikart von Sickingen hatte sogar eine Wallfahrt ins Heilige Land gemacht. In den Fußstapfen der Eltern suchte Franz die steckengebliebene Neugründung des Klosters Trumbach fortzusetzen – dafür investierte er hohe Geldbeträge. Hier sollten acht Stellen für Klarissen geschaffen werden, von denen zwei gegebenenfalls für die Familie Sickingen reserviert bleiben sollten. So verband sich auch bei ihm eine praktische Frömmigkeit mit dem geplanten Nutzen der Familie, ganz zu schweigen von dem Prestige, das eine Klostergründung dem Hause Sickingen immer noch bringen konnte.

Im Weg zur Reformation zeigte sich die Vermittlung Huttens, mit dem Sickingen in Berührung gekommen war. Ausgangspunkt war die gemeinsame Feindschaft gegen Herzog Ulrich von Württemberg, der 1515 mit der Ermordung seines Stallmeisters Hans von Hutten den Huttenschen Familienverband herausgefordert hatte. Ihm war Ulrich publizistisch entgegengetreten. Als sich Sickingen und Hutten 1519 in der Gegnerschaft zu Herzog Ulrich trafen, entstand jene kurzfristige historische Kombination, die für die Geschichte der Ritterschaft eine erhebliche Bedeutung erlangen sollte. Franz von Sickingen, der sich eine einzigartige Stellung erkämpft hatte, dessen Ansehen innerhalb des deutschen Adels unvergleichlich war, traf zusammen mit dem Humanisten, dem gebildeten und weit gereisten Ritter, der für die Sache des Adels die gelehrte Feder ansetzen konnte. Der

*Ansicht der Ebernburg, in: C. Julius Caesar, Vom Gallier Krieg, 1530 (Kat.-Nr. 4.84)*

landlose Hutten konnte im Umkreis des Ritters Franz von Sickingen eine neue Heimat finden. Es war vieles, was sie verband: Kaisertreue, Wille zur Adelsreform, Pfaffenfeindschaft. Die Partnerschaft war beachtlich und gedieh offensichtlich zu einem engen Vertrauensverhältnis.

Zunächst unterstützte Sickingen Hutten in seinen Auseinandersetzungen mit den Kölner Dominikanern, gegen die der adelige Humanist bekanntlich zugunsten Johannes Reuchlins im Streit um die jüdischen Traditionen die Feder gezückt hatte. Die Auseinandersetzungen könnten Sickingen durch seine Heidelberger Hofbeziehungen bekannt gewesen sein – Sickingen ging (unter Mißachtung eines päpstlichen Urteils) gegen die Dominikaner vor, wobei er versuchte, die Technik der Fehde auch gegen die Mönche anzuwenden. Der Dominikanerprovinzial erschien auf der Ebernburg und unterwarf sich dem Druck Sickingens. In der Tat führte er allerdings in Rom die Sache weiter – der Ritter wiederum suchte Friedrich den Weisen von Sachsen zu mobilisieren und wurde von Erasmus von Rotterdam für sein Engagement gelobt. Es war ein Akt der Distanzierung von Papsttum und Klerus, den Sickingen hier vollführte – Ausdruck einer verbreiteten Zeitstimmung. Die scheinbare erfolgreiche Aktion gegen die Dominikaner in der Sache Reuchlins und Huttens führte Sickingen zu Luther.

Hutten hatte schon 1519 Sickingen auf Luther aufmerksam gemacht.[15] Bereits 1520 lud dieser den Reformator auf die Ebernburg ein. Würde der Protektor Reuchlins nun zum Förderer Luthers werden? Sickingen konnte wohl noch nicht wissen, daß ein solches Unternehmen auf Dauer ihn dem Kaiser entfremden mußte. Hutten scheint die Hinwendung Sickingens zu Luther sehr stark begünstigt zu haben – aber bei Hutten waren die paganisch-humanistischen Züge ungleich stärker ausgeprägt als bei Sickingen. Der Reformator Luther lehnte die Einladung Sickingens ab, war aber von der Unterstützung des mächtigen Ritters sehr angetan. Dieser wiederum erkannte seinerseits die Dynamik und Popularität der reformatorischen Predigt – er suchte sie dem Kaiser nahezulegen. Noch schien beides eng zusammenzuhängen: Kaisertreue und Kirchenreform. Sickingen erkannte nicht die ganz anderen, mediterranen Verflechtungen Karls V., die diesen auf Dauer von der Reformation fernhalten mußten.

Aber auch das Eigengewicht Luthers übertraf schnell jenes des Ritters Sickingen.[16] Dies zeigte sich bereits 1521 im Vorfeld des Wormser Reichstags bei der bis heute ungeklärten Affäre mit Karls V. spanischem Beichtvater Glapion, der Luther durch Sickingens Vermittlung vor dem Auftreten Luthers auf dem Wormser Reichstag auf der Ebernburg treffen wollte – Sickingen war bereit, Luther einzuladen. Die Absichten Glapions sind bis heute nicht klar; sie müssen nicht unbedingt einen Hinterhalt bedeutet haben – allerdings wäre durch ein solches Abweichen vom Reiseweg das freie Geleit Luthers in Frage gestellt gewesen, Luther vielleicht frühzeitig diskreditiert worden. Luther ging nicht auf die Ebernburg, sondern trat in Worms Kaiser und Reich unmittelbar gegenüber, mit einer weitgreifenden Wirkung. Sickingen war hinter Luther zurückgetreten, obgleich Hutten den Ritter vor Luther als Führer einer nationalen Erhebung gewünscht hatte. Aber als Friedrich der Weise Luther unter dem Eindruck der ergangenen Reichsacht auf der Wartburg verschwinden ließ, um ihn einem Zugriff zu entziehen, vermuteten viele den Reformator auf der Ebernburg.

Erstaunlich ist, daß Sickingen in seiner mutigen und konsequenten reformatorischen Haltung für eine kurze Zeit die sickingischen Herrschaften zu einem wichtigen Zentrum der evangelischen Bewegung machte.[17] Er baute in seinen Gebieten ein evangelisches Kirchenwesen ein, das er frühzeitig und auf sehr hohem theologischen Niveau organisierte. Der Ex-Dominikaner Martin Butzer wurde 1521 Pfarrer in Landstuhl, Kaspar Aquila, Franzens alter Feldprediger auf dem württembergischen Zug, der Erzieher von Sickingens Sohn, Johannes Oekolampad, früher Domprediger in Augsburg, Mönch von Altomünster, wurde 1522 Kaplan der Ebernburg. Butzer sollte der Reformator Straßburgs, Oekolampad der Reformator Basels werden. Es zeigt sich bei Sickingen eine überraschende Konsequenz in seiner reformatorischen Entwicklung. Der Ritter verband die territoriale Durchdringung seiner Herrschaft mit der entschieden durchgesetzten Einführung des evangelischen Glaubens und vollzog sehr frühzeitig einen Schritt, der später für den deutschen konfessionellen Landesstaat typisch werden sollte.

Damit aber stand Franz von Sickingen am Scheideweg – es war die Frage, ob er sich der religiösen Konsolidierung des evangelischen Glaubens in seinen Territorien widmen würde oder ob ihn die große Politik noch einmal lockte. Der erfolgreiche Ritter und Condottiere aber konnte nicht ruhig sitzen bleiben – so erschien er bereits 1522 an der Spitze der rheinischen Ritter im Zeichen allgemeiner Unruhe.¹⁸ Rheinische und wetterauische Adelige hatten sich gegen Sickingens alten Feind Philipp von Hessen zusammengeschlossen. Zugleich aber übte der Schwäbische Bund, der den schwäbischen Adel integriert und im Sinne des Landfriedens domestiziert hatte, massiven Druck auf die unruhigen fränkischen Ritter aus. Unter diesen Umständen wählte ihn im August 1522 eine Vereinigung des rheinischen und elsässischen Adels in Landau zum Hauptmann – 600 Ritter waren erschienen. Das Landauer Bündnis war in einer Zeit der Unruhe sicher eine aufsehenerregende Demonstration, aber es war nicht aggressiv und respektierte die Position der Lehensherren. Fürsten und Städte konnten beitreten – daß die Prälaten ausgeschlossen blieben, zeugte von reformatorischem Geist. Aber der Zusammenschluß mußte doch wie eine Drohung wirken, zumal der unruhige Sickingen an seiner Spitze stand. Insgesamt war die Landauer Einung ein schillerndes Gebilde: zwar eine adelige Machtdemonstration, aber ihre friedliche, offene Zielsetzung wurde doch von einem Großteil der Mitglieder sehr ernst genommen, wie sich noch zeigen sollte. Die Landauer Einung hätte durchaus der Ausgangspunkt für eine friedliche Entwicklung der Reichsritterschaft sein können.

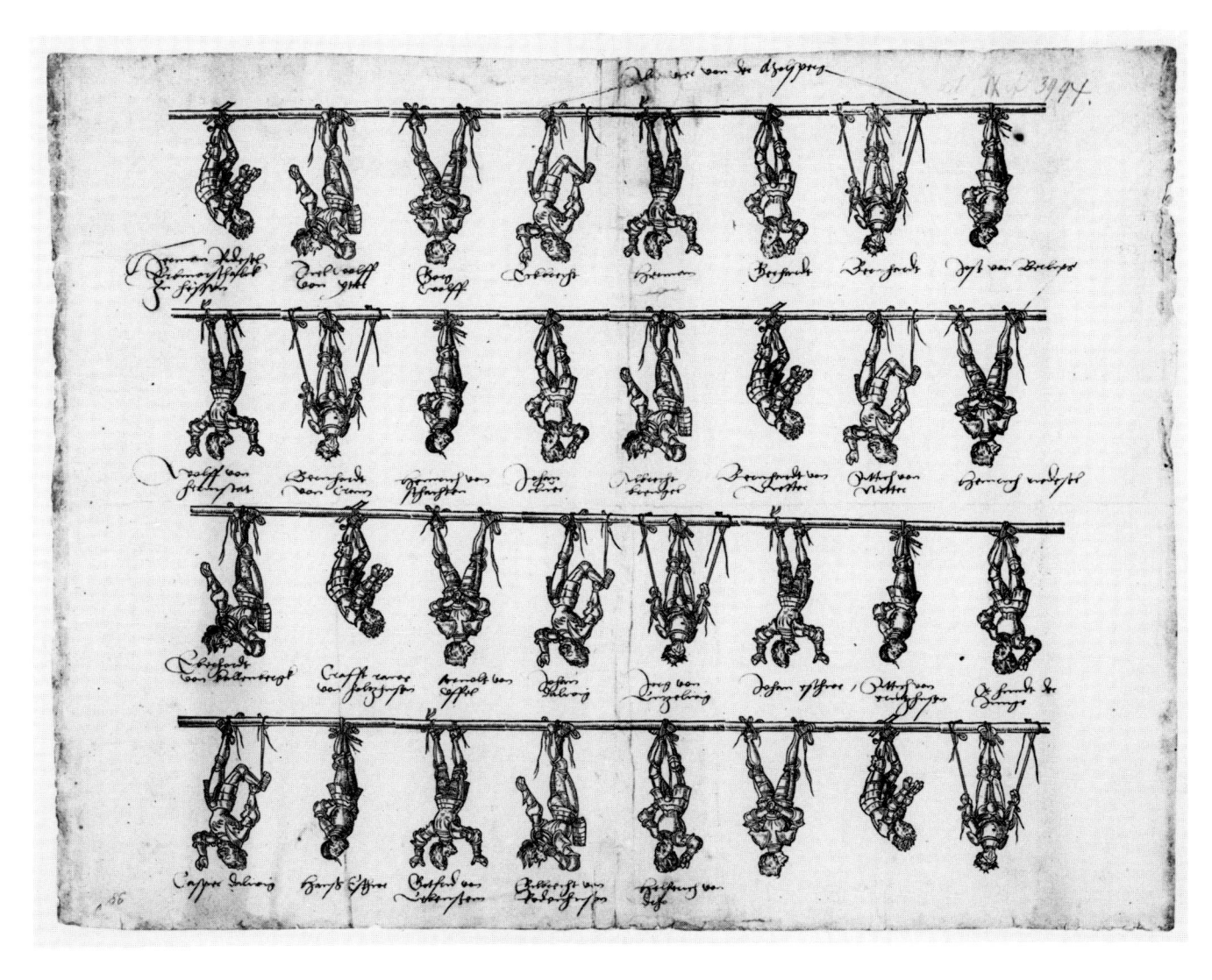

Aber Sickingen setzte noch einmal alles aufs Spiel. Untrennbar von seinem

*Schandbrief Sickingens gegen die hessische Ritterschaft, 1520 (Kat.-Nr. 4.86)*

*Ain new lied (Foto), Ulrich von Hutten, 1521 (Kat.-Nr. 4.92)*

Vorgehen ist seine entschieden evangelische Ausrichtung – nun allerdings nicht im Zeichen friedlicher Kirchenorganisation. Durch den Umsturz der territorialen Verhältnisse am Mittelrhein und an der Mosel wollte er „dem Evangelium eine Öffnung machen". Der Ansatz war nicht ungeschickt – als Gegner hatte sich Sickingen den Trierer Kurfürsten Richard von Greiffenclau auserkoren, einen rheingauischen Ritter, der die Mitra trug und der sich als ein sehr selbstbewußter Reichsfürst erwiesen hatte. Die engen Bindungen des Trierers an Frankreich konnten eine Aktion gegen ihn durchaus als pro-kaiserlich erscheinen lassen. Darüber hinaus versicherte sich der alte Taktiker Sickingen auch eines Rückhalts an einem mächtigen Fürsten – dem Mainzer Kurfürsten Kardinal Albrecht von Brandenburg. Mainzer Diener zogen mit Sickingen, die Verbindungen waren offenkundig. Hutten sorgte für die propagandistische Begleitmusik – dabei trat die scharfe Pfaffenfeindschaft Huttens noch einmal hervor, nachdem Sickingen offenbar Huttens übersteigerten Plänen einer Pfaffenfehde nicht gefolgt war, dürften Huttens Vorstellungen den Trierer Feldzug gefördert haben.

Der Zug wurde ein völliger Fehlschlag. Sickingen hatte die Solidarität der Fürsten unterschätzt, die sich nicht von einem Ritter das Gesetz des Handelns diktieren lassen wollten. Kurfürst Richard von Trier erhielt Rückhalt an Pfalzgraf Kurfürst Ludwig V. und an Landgraf Philipp von Hessen, der mit Sickingen noch eine alte Rechnung zu begleichen hatte. Der Trierer Erzbischof selbst war ein harter und kompromißloser Gegner, seine entschlossene Verteidigung von Trier zwang schließlich Sickingen zum Rückzug – er konnte die lange Belagerung finanziell nicht durchstehen. Der finanzielle Ruin war da, der Nimbus Sickingens gebrochen.[19]

Zudem hatte sich gezeigt, daß der Adel keineswegs gewillt war, Sickingen in breiter Front zu folgen. Zu stark war die Verbindung mit den Reichsständen, zu ausgeprägt die Furcht vor dem Risiko, auch die Bereitschaft, sich an die Friedensordnung des Reiches zu halten. Über die Motive Sickingens zur Aktion gegen Trier kann man nur spekulieren: seine am Lagerfeuer geäußerten Pläne, Kurfürst von Trier werden zu wollen, wird man mit großer Vorsicht behandeln müssen. Es ging wohl um einen Umsturz im Mittelrhein-Mosel-Gebiet, bei dem die Rolle des Kardinals Albrecht noch einer intensiven Diskussion bedürfte. Er wurde jedenfalls nach der Katastrophe Sickingens mit einem Strafgeld belegt, das er anstandslos bezahlte.

Nach dem Scheitern des Zuges gegen Trier erkannte Sickingen sehr wohl, daß er den Bogen überspannt hatte. Er schickte seinen Freund Hutten, aber auch Butzer und Aquila weg, als sich die Fürstenkoalition gegen ihn zusammenballte. Die drei Kontrahenten Kurtrier, Kurpfalz und Hessen vereinigten sich zu einem Bündnis – eine kombinierte Aktion gegen die fränkischen Adeligen und gegen Sickingen sollte verhindern, daß es zu allgemeinen Gegenmaßnahmen des Adels kam.[20] Hinzu traten massive Drohungen gegen die eigenen adeligen Vasallen. Der Fürstenstaat zeigte sich solidarisch und kampfbereit – er war entschlossen, Sickingen zu schlagen. Die Mahnungen des Nürnberger Reichsregiments, das sich durchaus noch Sympathien für Sickingen bewahrt hatte, gingen ins Leere. „Es war der herausgeforderte Landesstaat, der sich zum Kampfe stellte und zugleich die bedrohte ständische Ordnung gegen den Parvenü verteidigte. An der Solidarität des Fürstenstaates zerschellten Sickingens Unternehmungen." Gegen das geschlossene Vorgehen der beiden Kurfürsten und des Landgrafen von Hessen hatte Sickingen keine Chance. Nun ging der verzweifelte Ruf des Ritters an die fränkischen Standesgenossen, ein Appell an den Adel, seinen Fürsten die Gefolgschaft zu versagen. Aber jetzt zeigte sich in aller Deutlichkeit, daß für eine adelige Aktion die Zeit abgelaufen war –

## Ain new lied herr Ulrichs von Hutten.

¶Ich habs gewagt mit sinnen
  vnd trag des noch kain rew
Mag ich nit dran gewinnen
  noch můß man spůren trew
Dar mit ich main
nit aim allain
Wen man es wolt erkennen
  dem land zů gůt
Wie wol man thůt
  ain pfaffen seyndt mich nennē

¶Da laß ich yeden liegen
  vnd reden was er wil
Het warhait ich geschwigen
  Mir weren hulder vil
Nun hab ichs gsagt
Bin drumb veriagt
Das klag ich allen frummen
  Wie wol noch ich
Nit weyter fleich
  Vileycht werd wyder kůmen.

¶Vmb gnad wil ich nit bitten
  Die weyl ich bin on schult
Ich het das recht gelitten
  So hindert vngedult
Das man mich nit
Nach altem sit
Zů ghör hat kummen lassen
  Vileycht wilsgot
Vnnd zwingt sie not
  Zů handlen diser massen

¶Nun ist offt diser gleychen
  Geschehen auch hie vor
Das ainer von den reychen
  Ain gůtes spil verlor
Offt grosser flam
Von fūncklin kam

Wer wais ob ichs werd rechen
  Stat schon im lauff
So setz ich drauff
  Můß gan oder brechen

¶Dar neben mich zů trösten
  Mit gůtem gwissen hab
Das kainer von den bösten
  Mir eer mag brechen ab
Noch sagen das
Off ainig maß
Ich anders sey gegangen
  Dan Eren nach
Hab dyse sach
  In gůtem angefangen

¶Wil nun yr selbs nit raten
  Dyß frumme Nation
Irs schadens sich ergatten
  Als ich vermanet han
So ist mir layd
Hie mit ich schayd
Wil mengen baß die karten
  Byn vnuerzagt
Ich habs gewagt
  Vnd wil des ends erwartē.

¶Ob dā mir nach thůt denckē
  Der Curtisanen list
Ain hertz laßt sich nit krencken
  Das rechter maynung ist
Ich wais noch vil
Wöln auch yns spil
Vnd soltens drüber sterben
  Auff landßknecht gůt
Vnd reutters můt
  Last Hutten nit verderben.

¶Getruckt ym Jar. XXI.

kaum jemand wagte es, den aufmarschierten Landesfürsten entgegenzutreten. So mutete es am Ende als Ausdruck völliger Verzweiflung an, wenn Sickingen an seine alten Feinde, die Reichsstädte, appellierte – ein Appell, den Hutten in einer Schrift zur Pfaffenfehde schon vorweggenommen hatte.

Die drei Kriegsfürsten gingen äußerst planmäßig vor – es war ihnen gelungen, Sickingen nach Landstuhl zu locken, so daß er nicht den Schutz der gefürchteten Ebernburg hatte. Landstuhl hielt der fürstlichen Artillerie nicht stand – von einem stürzenden Balken wurde Franz von Sickingen tödlich getroffen. So standen die Sieger vor einem Sterbenden, der sein Spiel endgültig verloren hatte. Franz von Sickingen verschied am Nachmittag des 7. Mai 1523. Die Sieger hielten sich an der Familie schadlos. Erst im Rahmen der adelsfreundlichen Politik Kaiser Karls V. kam es 1542 zur Restitution für Sickingens Kinder. In ihren Auseinandersetzungen hatten sie stets an ihrem geistlichen Onkel, dem Speyerer Bischof Philipp von Flersheim, einen loyalen Helfer.[21]

Der Sieger in den Auseinandersetzungen um Sickingen war klar: der deutsche Landesstaat hatte auch hier das Feld behauptet. Die Alternative einer vom Adel bestimmten Entwicklung war gescheitert – fast zwangsläufig. Sickingen wurde zur Symbolfigur dieses Scheiterns.

Der Adel war dem einheitlichen Handeln der Fürstenstaaten klar unterlegen – starke Teile von ihm waren stets Partner der Fürsten geblieben.[22] Andererseits erhob Sickingen nur in seiner allerletzten Phase die Stimme zum Aufstand. Er war ein Taktiker im Spiel der territorialen Gewalten, suchte die kalkulierte Auseinandersetzung und verstand es, die Kräfte und Gegenkräfte für seine Zwecke auszunützen.

Entschieden war sein Einsatz für die Reformation. Der Angriff auf die Reichskirche, die eine Adelskirche war, läßt sich nur mit seinem Engagement für die Reformation erklären – damit wäre er auf Dauer in einen heillosen Zielkonflikt zwischen seinem Dienstherrn, dem Kaiser, und seinem reformatorischen Engagement geraten, den der Ritter schwerlich hätte durchhalten können. Erst sehr viel später, im Augsburger Religionsfrieden von 1555 wurden die Voraussetzungen für eine derartige Kombination geschaffen.

Aber diese Frage stellte sich für Sickingen nicht mehr. Schon der Widerstand der regionalen Kräfte ließ den Ritter scheitern. Es mutet symbolhaft an, daß der sterbende Ritter seinem siegreichen Lehensherrn, Kurfürst Ludwig V. von der Pfalz, seine Reverenz erwies. Die entschlossene Widerstandskraft dreier Fürsten und die Solidarität der regionalen Kräfte ließen Franz von Sickingen scheitern. Nur kurzfristig konnte er Erfolge erzielen. Die „Territorialisierung" des Reiches war durch einen Einzelnen nicht mehr umzustürzen.

Immerhin: Sickingen war einer der großen Mitspieler der frühen Reformationszeit gewesen und hatte darin seine eigene Rolle gespielt. Mit seinem Auftreten bei der Kaiserwahl 1519 und seiner Haltung in der Frühphase der Reformation gewann er erhebliche Bedeutung. Die entscheidenden Jahre Sickingens waren durch seine Partnerschaft mit Ulrich von Hutten geprägt; es waren nur wenige Jahre, die diesem Zusammenspiel bestimmt waren – Hutten hat Sickingen kaum überlebt, nachdem er schon vor dessen Katastrophe den Umkreis des Freundes verlassen hatte.

Anmerkungen

1 Zu Sickingen: K. Baumann, Franz von Sickingen (1481–1523), in: Pfälzer Lebensbilder, Bd. 1, 1964, S. 23–42; G. Franz, Franz von Sickingen, in: Deutscher Westen – Deutsches Reich, Saarpfälzische Lebensbilder, Bd. 1, 1938, S. 61–74; ders., Franz von Sickingen, in: Jahrb. z. Gesch. v. Stadt u. Landkreis Kaiserslautern 12/13, 1974/75, S. 169–184; W. Friedensburg, Franz von Sickingen, in: J.

v. Pflugk-Harttung (Hrsg.), Im Morgenrot der Reformation, 5. Aufl., 1924, S. 557–666; E. Münch, Franz von Sickingens Thaten, Pläne, Freunde und Ausgang, 3 Bde., 1827–28; V. Press, Ein Ritter zwischen Rebellion und Reformation – Franz von Sickingen (1481–1523), in: Ebernburg-Hefte 17, 1983, S. 7–33; H. Ulmann, Franz von Sickingen, 1872.

2 O. Böcher, Zur Geschichte der Ebernburg, in: Der Turmhahn 22, 1978, S. 2–16; W. Dotzauer, Das „Burgenterritorium" des Franz von Sickingen, in: Blätter f. pfälz. Kirchengesch. 42, 1975, S. 166–192.

3 Zum Heidelberger Hof: H. J. Cohn, The Early Renaissance Court in Heidelberg, in: European Studies 1, 1971, S. 295–322; ders., The Government of the Rhine Palatinate in the Fifteenth Century, 1965; V. Press, Calvinismus und Territorialstaat. Regierung und Zentralbehörden der Kurpfalz 1559–1619, 1970. Zum sozialen Hintergrund: K. Andermann, Studien zur Geschichte des Pfälzer Niederadels im späten Mittelalter, 1982.

4 Zur Familie Sickingen: H. Kehrer, Die Familie von Sickingen und die deutschen Fürsten 1262–1523, in: Zeitschr. f. d. Gesch. d. Oberrheins 127, 1979, S. 71–158; 129, 1981, S. 82–188. Zum Vater: R. Fendler, Die Fehde Schweikards von Sickingen mit der Reichsstadt Köln, 1488–1498, in: Mit. d. Hist. Vereins d. Pfalz 74, 1976, S. 39–56.

5 O. Waltz (Hrsg.), Die Flersheimer Chronik. Zur Geschichte des XV. und XVI. Jahrhunderts, 1874.

6 V. Press, Die Ritterschaft im Kraichgau zwischen Reich und Territorium 1500–1623, in: Zeitschr. f. d. Gesch. d. Oberrheins 122, 1974, S. 35–98.

7 Zum Hintergrund: F. Redlich, The German Military Enterpriser and his Work Force, 2 Bde., 1964/65.

8 Eine moderne Biographie des Kardinals Albrecht von Mainz fehlt. Vgl. aber: M. von Roesgen, Kardinal Albrecht von Brandenburg. Ein Renaissancefürst auf dem Mainzer Bischofsthron, 1980.

9 H. Boos, Geschichte der rheinischen Städtekultur von ihren Anfängen bis zur Gegenwart mit besonderer Berücksichtigung der Stadt Worms, Bd. 4, 1901, S. 119–158.

10 V. Press, Herzog Ulrich (1498–1518), in: R. Uhland (Hrsg.), 900 Jahre Haus Württemberg. Leben und Leistung für Land und Volk, 3. Aufl., 1985, S. 110–135.

11 V. Press, Landgraf Philipp der Großmütige von Hessen, in: K. Scholder, D. Kleinmann (Hrsg.), Protestantische Profile, 1983, S. 60–77; W. Heinemeyer, Landgraf Philipp der Großmütige von Hessen – politischer Führer der Reformation, in: U. Schultz (Hrsg.), Die Geschichte Hessens, 1983, S. 72–81.

12 Press, Ritter zwischen Rebellion..., S. 17.

13 M. Steinmetz, Die Politik der Kurpfalz unter Ludwig V. (1508–1544), Teil 1: Die Grundlagen. Die Zeit vor der Reformation, Diss. Masch. Freiburg 1942; W. Müller, Die Stellung der Kurpfalz zur lutherischen Bewegung von 1517 bis 1525, 1937.

14 Zum Wormser Reichstag: F. Reuter (Hrsg.), Der Reichstag zu Worms von 1521. Reichspolitik und Luthersache, 1971.

15 W. Jung, Von den Anfängen evangelischen Gottesdienstes im mittelrheinischen Raum, in: Blätter f. pfälz. Kirchengesch. 40, 1973, S. 210–232; ders., Kaspar Aquilas „Predigt" auf der Ebernburg 1523, in: Blätter f. pfälz. Kirchengesch. 41, 1974, S. 124–132; H. Steitz, Franz von Sickingen und die reformatorische Bewegung, in: Blätter f. pfälz. Kirchengesch. 36, 1969, S. 146–155. Zum Hintergrund: M. Brecht, Die deutsche Ritterschaft und die Reformation, in: Blätter f. pfälz. Kirchengesch. 37/38, 1970/71, 302–312; V. Press, Adel, Reich und Reformation, in: W. Mommsen u. a. (Hrsg.), Stadtbürgertum und Adel in der Reformation. Studien zur Sozialgeschichte der Reformation in England und Deutschland, 1979, S. 330–383.

16 V. Press, Reformatorische Bewegung und Reichsverfassung. Zum Durchbruch der Reformation – soziale, politische und religiöse Faktoren, in: V. Press u. D. Stievermann (Hrsg.), Martin Luther. Probleme seiner Zeit, 1986, S. 11–42.

17 Vgl. die in Anm. 15 zitierte Literatur.

18 W. R. Hitchcock, The Background of the Knights' Revolt 1522–1523, 1958; M. Mayer, Die Bewegungen des niederen Adels im Zeitalter der frühbürgerlichen Revolution von Sickingen bis Grumbach, Diss. Masch. Leipzig 1965; ders., Sickingen, Hutten und die reichsritterschaftlichen Bewegungen in der deutschen frühbürgerlichen Revolution, in: Jahrb. f. Gesch. d. Feudalismus 7, 1983, S. 215–246.

19 K. H. Rendenbach, Die Fehde Franz von Sickingens gegen Trier, 1933.

20 W. Dotzauer, Der „warliche Bericht" des Reichsherolds Caspar Sturm über den Kriegszug der drei verbündeten Fürsten gegen Franz von Sickingen im Jahre 1523, in: Blätter f. pfälz. Kirchengesch. 37/38, 1970/71, S. 348–372.

21 Zu den weiteren Geschicken der Familie: M. Benz, Sickingen-Bildnisse 1985, 24.

22 Zur ferneren Entwicklung des Adels: V. Press, Kaiser Karl V., König Ferdinand und die Entstehung der Reichsritterschaft, 2. Aufl., 1980.

# V.
# ULRICH VON HUTTENS ENDE

*Vorbemerkung*    Ulrich von Hutten hat von alledem, was er auf der politischen Ebene zu erreichen suchte, nichts erreicht. Wollte man ihn allein daran messen, so hat er tatsächlich versagt. Weder konnte er die Ritterschaft wieder ins Recht setzen, noch konnte er den Aufstieg des Landesfürstentums bremsen; weder gelang es ihm, die „Kurtisanen" aus Deutschland zu vertreiben, noch den Humanismus zu einer gesellschaftlichen Größe zu machen. Er hatte sich am Ende seines Lebens dem Kampf mit dem Schwert verschrieben und dadurch des Rückhaltes der Humanisten beraubt, die den Schritt ins politische Handeln nicht mitvollziehen wollten. Am Ende hat in ihm der Ritter gesiegt und sein „Pfaffenkrieg" spiegelt die ausweglose Situation seines Standes, dessen historische Rolle ausgespielt war. Hutten wollte der Wahrheit mit der Waffe ins Recht helfen, verschätzte sich jedoch, wenn er annahm, damit eine allgemeine Erhebung entfachen zu können.

Seine Ziele waren sehr hoch gesteckt und er übersah dabei die sozialen Gärungen und Spannungen, die sich unterhalb der großen Politik sammelten. Hutten hatte eigentlich nur einen einzigen Feind: die päpstliche Machtpolitik. Diese schien ihm für alles verantwortlich, was im deutschen Reich im Argen lag. So gesehen war sein „Scheitern" eine historische Notwendigkeit, denn mit Waffengewalt konnten die kurialen Interessen nicht zurückgedrängt werden. Daß er in Basel auch noch mit Erasmus von Rotterdam brach, zeigt nur, wie sehr er sich auch vom humanistischen Lebensideal entfernt hatte. Erasmus behielt auch hier das letzte Wort: Seine „spongia" erschien erst nach Huttens Tod.

Als gestaltende Kraft wollte Hutten allein den Kaiser akzeptieren und der war mit Karl V. selten im Reich, ja der sprach nicht einmal die deutsche Sprache. Den Boden des Humanismus hatte er durch seine zur Tat drängende Persönlichkeit oft verlassen, als Ritter verfügte er weder über die körperliche Konstitution noch über die Machtmittel, um seine Ziele durchzusetzen. Zudem sahen die politischen Verhältnisse anders aus, als Hutten sie einschätzte. Die Zeiten, in denen ein deutscher Kaiser automatisch Weltmacht repräsentierte, waren im Schwinden; konfessionelle Motive drängten allerorts in den Vordergrund auch des politischen Kalküls, die sozialen Spannungen wuchsen und konnten sich in den Bauernerhebungen nur teilweise entladen. Die Welt – und das hieß: die Machtverhältnisse – waren im Umbruch und das Chaos, das dabei entstand, sah Hutten sehr wohl. Er wollte jedoch eine Ordnung schaffen, von der sich Europa auch ohne das Zutun des Humanismus und der Reformation schon weit entfernt hatte. Ulrich von Hutten hatte nur die Macht des Schriftstellers. Diese nutzte er mit bedingungsloser Konsequenz. Sein „Scheitern" zeigt auch, wie begrenzt letztendlich die Macht des geschriebenen Wortes war, eine Macht, in die Hutten anfangs noch so großes Vertrauen hatte.

*Michael Peschke*
# Ulrich von Hutten und die Syphilis

In der Beziehung zur Syphilis begegnet uns Hutten zugleich als Kranker und als bedeutsamer medizinischer Schriftsteller. Er gehörte zu den ersten prominenten Opfern einer Krankheit, die sich seit dem Ende des 15. Jahrhunderts als neue Seuche in Europa epidemieartig ausgebreitet hatte. Da sie erstmals im Heer des französischen Königs Karl VIII. während der Belagerung Neapels 1494/95 ausgebrochen war, gab man dieser unbekannten Erkrankung Namen wie ‚Morbus Gallicus', ‚Franzosenkrankheit' und ‚Mal de Naples', andere nannten sie ‚Lustseuche' oder ‚Lues venera', da bereits frühzeitig der sexuelle Übertragungsweg vermutet wurde. Erst im 18. Jahrhundert setzte sich die bereits 1530 von dem italienischen Arzt Girolamo Fracastoro geprägte Bezeichnung ‚Syphilis' durch.[1]

Lange Zeit wurde unter Medizinhistorikern der Ursprung der Syphilis kontrovers diskutiert, wobei sich Verfechter der Theorie vom amerikanischen Ursprung und Befürworter einer Existenz der Syphilis in Europa seit der Antike gegenüberstanden. Die neuere Forschung hat jedoch die Auffassung erhärtet, daß die Syphilis im Rahmen der Entdeckungsfahrten des Kolumbus nach Europa eingeschleppt wurde und sich dort epidemieartig ausbreitete.

So war Hutten Zeitgenosse einer neu auftretenden überwiegend sexuell übertragbaren Seuche, wobei an dieser Stelle auf die Parallelen zu unserer heutigen Situation bzgl. der Aids-Epidemie nur hingewiesen werden kann.[2] Die biographische Bedeutung der Syphilis wird deutlich, wenn man bedenkt, daß Hutten 1508 erkrankte und an den Folgen der Syphilis 1523 starb. In dieser 15 Jahre seines Lebens umfassenden Zeitspanne entstand nahezu das gesamte schriftstellerische Werk.[3]

Im folgenden soll daher die Krankheit in ihrem Stellenwert als gestaltender Faktor der Biographie dargestellt und die Lebensentwicklung in ihren vielfältigen Beziehungen zum Krankheitsverlauf verfolgt werden. Da Ulrich von Hutten aus medizinhistorischer Sicht zu würdigen ist, wird seine Bedeutung als medizinischer Schriftsteller durch die 1519 erschienene Schrift ‚De Guaiaci Medicina et Morbo Gallico' für die Syphilistherapie im 16. Jahrhundert aufgezeigt werden.[4]

*Die Syphilis-Epidemie von 1493 bis 1530*

Um den Stellenwert der Syphilis in der Biographie Huttens zu erfassen, muß zunächst ihre zeitgenössische Bedeutung im beginnenden 16. Jahrhundert erläutert werden. Nach ihrem erstmaligen Auftreten verbreitete sich die neue Seuche epidemieartig in ganz Europa und war bereits gegen Ende des 15. Jahrhunderts in den meisten europäischen Ländern bekannt. Berühmt wurde in diesem Zusammenhang das sog. Gotteslästereredikt Kaiser Maximilians, welches 1495 auf dem Reichstag zu Worms erlassen wurde. Ein spezieller Passus über die Syphilis wurde 1497 eingefügt. In diesem Edikt wurde zum Ausdruck gebracht, daß man die neue bisher unbekannte Seuche (im Edikt als „böse Blattern" bezeichnet) als Strafe Gottes betrachtete. Nach damaliger Sitte wurden Reichstagsedikte im ganzen Land durch Boten verkündet und öffentlich angeschlagen. Es ist daher davon auszugehen, daß bereits 1497 die Syphilis soweit verbreitet war, daß sie öffentliches Aufsehen erregte und zu einer amtlichen Stellungnahme zwang. Anfänglich unterschieden sich die Krankheitserscheinungen erheblich von der uns heute bekannten Form. So standen eitrige Hautgeschwüre am ganzen Körper im Vordergrund, die zu starken Entstellungen der Kranken führten.[5]

Deshalb wurden Syphiliskranke häufig wie Aussätzige abgesondert. Andererseits galt die Erkrankung im frühen 16. Jahrhundert noch nicht in dem Maße wie in späteren Zeiten als moralische Schande, obwohl der geschlechtliche Ansteckungsmodus bekannt war. Entsprechend mittelalterlichen Vorstellungen wurde sie zwar als Strafe Gottes für allgemeine Sittenlosigkeit angesehen, diese Deutung galt jedoch für alle großen Seuchen. Die persönliche Verfehlung stand noch nicht im Vordergrund, und der geschlechtliche Ansteckungsweg wurde auch bei vielen anderen Krankheiten vermutet. Allerdings trat unter dem Einfluß der Reformation bereits ein gewisser Wandel in der moralischen Bewertung der Sexualität zu Lebzeiten Huttens auf, wobei hierfür die Syphilis wohl als wichtige Ursache betrachtet werden kann, worauf bereits Schopenhauer hingewiesen hat.[6]

*Medizinische Biographie*

Bei Ulrich von Hutten ist über spezielle Erkrankungen im Kindes- und Jugendalter nichts bekannt. Man darf jedoch eine schwächliche körperliche Konstitution annehmen, worauf Hutten in seinen Briefen selbst hingewiesen hat. Aufgrund der pathologisch-anatomischen Untersuchung des 1968 entdeckten Hutten-Skeletts (vgl. Jung 1971) läßt sich die Körpergröße auf ca. 155 cm schätzen, was selbst im Vergleich mit der im 16. Jahrhundert allgemein geringeren Körpergröße in der Bevölkerung eine relativ kleine Gestalt bedeutet.

Diese schwächliche körperliche Konstitution mag zu dem Entschluß des Vaters beigetragen haben, ihn als Erstgeborenen nicht zum Erben der Burg und des Landbesitzes vorzusehen, sondern eine geistliche Laufbahn im Fuldaer Kloster vorzusehen und ihn 1499 der dortigen Klosterschule zu übergeben.

Im Winter 1508 erkrankte Hutten in Leipzig an der Syphilis. Er hielt sich dort seit Februar 1508 auf. Wie es zur Erkrankung kam, ist unbekannt, Hutten selbst hat sich nie dazu geäußert. Zahlreiche Biographen haben die Erkrankung mit häufigen Bordellbesuchen und einer gesteigerten Neigung zu sexueller Ausschweifung bei Hutten in Verbindung gebracht, quellenmäßig gesichert ist nichts dergleichen. Eine indirekte Antwort auf diese Frage findet sich vielleicht in der bereits erwähnten Schrift über die Guajaktherapie, wo Hutten bzgl. des Übertragungsmodus davon spricht, daß es zwar zu Beginn der Seuche eine Erkrankung auch durch verdorbene Luft und andere unerklärliche Bahnen gegeben habe, daß aber nach ca. sieben Jahren eine Ansteckung ausnahmslos durch direkten körperlichen Kontakt – meist durch Geschlechtsverkehr – zustandekomme. (Böcking V, S. 402f.).

Zum Zeitpunkt seiner eigenen Erkrankung ist daher eine geschlechtliche Übertragung auch nach Huttens Meinung der übliche Ansteckungsweg, so daß dies auch für ihn angenommen werden kann. Hier muß die andersartige moralische Bewertung der Sexualität im frühen 16. Jahrhundert berücksichtigt werden, um zu verstehen, daß Hutten offen über diese Zusammenhänge schreiben konnte, ohne befürchten zu müssen, seine eigene Person moralisch abzuwerten.

Das Krankheitsbild war zunächst gekennzeichnet durch Fieber, Schüttelfrost und allgemeine körperliche Schwäche, Symptome, die heute als sog. Prodromalstadium der 2. Phase der Erkrankung klassifiziert werden (Steigleder 1983, S. 356). Außerdem berichtete Hutten über eitrige Hautgeschwüre, die er am Körper habe (Böcking III, S. 21ff.).

Dieser erste Krankheitsschub löste in der biographischen Entwicklung Huttens eine erste schwere Lebenskrise aus. Der bisherige Lebensweg mit der Zeit in der Klosterschule von 1499 bis 1503 und der Studienzeit in verschiedenen Universitäten Deutschlands bis 1508 kann insgesamt als geradlinig und den damaligen Gepflogenheiten entsprechend betrachtet werden. (Peschke 1985, S. 65ff.)

Zeitgleich mit der Erkrankung an der Syphilis brach Hutten jedoch alle

*De Guaiaci medicina et morbo gallico liber unus, Ulrich von Hutten, 1519 (Kat.-Nr. 4.76)*

Verbindungen zu Freunden und Bekannten ab und reiste alleine in den Norden des Reiches, wobei quellenmäßig lediglich der Aufenthalt in Pommern und eine Schiffsreise auf der Ostsee belegt sind, bei der er in Seenot geriet und wahrscheinlich sogar Schiffbruch erlitt (Böcking I, S. 23).

Krank, mittellos und völlig entkräftet tauchte er im Spätsommer 1509 in Greifswald auf (Böcking III, S. 19 ff.). Die Umstände, die Hutten zu dieser Reise in den Norden bewogen haben, sind nicht genau bekannt. Doch spricht unter Würdigung aller zugänglichen Informationen vieles für die bereits von O. Flake geäußerte Vermutung: „Die Krankheit erst hat Hutten zum Vaganten gemacht." (Flake 1929, S. 70).

Dafür sprechen vor allem Äußerungen in der medizinischen Schrift ‚De Guaiaci...', in denen Hutten die körperliche Entstellung durch über den Körper verteilte Geschwüre beklagt und fortfährt, er habe einen solchen Gestank um sich verbreitet, daß er für jedermann ein Gegenstand des Mitleids, für viele ein Objekt der Abscheu war und dennoch habe weiterleben wollen, ohne zu irgendwelchen Hoffnungen berechtigt gewesen zu sein (Böcking V, S. 483).

Die erste Krankheitsphase dauerte ca. 1½ Jahre, und Hutten konnte 1510 berichten, daß sich sein Gesundheitszustand bereits weitgehend gebessert habe (vgl. z. B. Böcking III, S. 25 und S. 65).

In dieser Zeit entstand die erste größere literarische Arbeit, in der sich Hutten als ‚Genie der Polemik' (Flake) präsentierte. Im Hinblick auf die Auseinandersetzung mit der Krankheit geht es hier nicht nur um eine Anklage gegen die Familie Lötze, von der sich Hutten bei seinem Aufenthalt in Greifswald 1509 ungerecht behandelt gefühlt hatte, vielmehr sagte Hutten auch dem ihm widerfahrenen widrigen Schicksal den Kampf an. (‚In Lossios querelarum libri duo', Böcking III, S. 19 ff.)

Diese Arbeit kann daher als erfolgreicher Bewältigungsversuch der zurückliegenden durch Krankheit und materielle Not geprägten Lebenskrise eingeordnet werden.

Der weitere Verlauf der Krankheit läßt sich unter Berücksichtigung der vorhandenen Quellen folgendermaßen rekonstruieren: Bereits gegen Ende des Jahres 1510 hatte sich bei Hutten als Folge syphilitischer Knochenveränderungen eine schmerzhafte Schwellung im linken Fußgelenk ausgebildet, die zu einer erheblichen Bewegungseinschränkung führte. Mehrfach klagte Hutten darüber, daß er hinke. Auch am rechten Fuß entwickelten sich bereits frühzeitig syphilitische Knochenveränderungen. Immer wieder traten Fieberanfälle auf, seit 1512 litt er an eitrigen konfluierenden Geschwüren im Bereich des linken Schienbeins. Die hier beschriebenen Krankheitssymptome konnten durch die pathologisch-anatomische Skelettuntersuchung bestätigt werden (Jung 1971, S. 509).

Eine Besserung des Gesundheitszustandes trat offensichtlich gegen Ende des Jahres 1514 bzw. Anfang des Jahres 1515 ein, und Hutten berichtete am 24. 10. 1515 in einem Brief an Erasmus von Rotterdam, seine Gesundheit sei wieder völlig hergestellt (Böcking I, S. 102). Die biographischen Ereignisse dieser Zeitspanne lassen sich folgendermaßen zusammenfassen: Seit 1511 hielt sich Hutten bei Freunden in Rostock, Frankfurt/Oder und Wien auf, er verfaßte in dieser Zeit eine dem damaligen Geschmack entsprechende Schrift über die Verskunst und wurde zum anerkannten Mitglied der ‚Humanistengemeinde'. 1512 trat er seine erste Italienreise an, um dort das Rechtsstudium aufzunehmen. Damit kam er einer Forderung des Vaters nach, zu dem seit der Weigerung Huttens 1505, ins Fuldaer Kloster zurückzukehren, keine Beziehungen mehr bestanden hatten. In Oberitalien geriet er in die zu dieser Zeit herrschenden Kriegswirren, mehrmals kam er in Gefangenschaft. Seine Lage wurde zusehends kritischer, er war mittellos, von Feinden bedroht und sein Gesundheitszustand verschlechterte sich.

Schließlich mußte er im kaiserlichen Heer Kriegsdienste annehmen. Über diese Ereignisse sind wir durch die ‚Epigramme an Kaiser Maximilian' gut unterrichtet, sie stellen quasi Huttens Kriegstagebuch dar. 1514 kehrte Hutten ohne den angestrebten akademischen Titel eines Doktors der Rechte als ‚Nemo' nach *vom holtz Guaiaco gründlicher heylung ..., Theophrastus Paracelsus, 1529 (Kat.-Nr. 4.80)*

## Durch den hochgeler

ten herren Theophrastum von hochenheym beyder Artzeney Doctorem.

Vom Holtz Guaiaco gründlicher heylung / Darinn essen vnnd trincken / Saltz vnd anders erlaubt vnd zu gehört.

Auch von den verfürigen vñ Jrrigen büchern artzten brauch vnnd ordnung wider des holtz arth vnd natur auffgericht vnd außgangen.

Vom erkantnis was dem holtz zugehört vnd was nicht / aus welchem erstanden dis verderben der kranckheyten.

Dergleichen wie ein almuß aus dem holtz erstanden / dem armen zu gut / Solchs in ein verderben gedyhen / weyter corrigirt / vnd in einen rechten weg gebracht / mehr ersprießlich.

Auch wie etlich höltzer mehr seind denn allein Guaiacum / die gleich so wol als Guaiacum dise krafft haben.

1529.

Deutschland zurück. Durch Vermittlung seines einflußreichen Freundes Eitelwolf v. Stein und seines Vetters Frowin v. Hutten, beide in Diensten des im März 1514 zum Erzbischof von Mainz gewählten Albrecht v. Brandenburg, wurde ihm eine Anstellung als Hofrat am Mainzer Hofe zugesichert.

Damit veränderte sich die persönliche Situation grundlegend, Hutten war nun materiell gesichert und gesellschaftlich anerkannt. In dieser Zeit lernte er den bereits zu Lebzeiten hochgeschätzten Erasmus von Rotterdam kennen, den Hutten als väterliches Vorbild verehrte. Auch Erasmus äußerte sich mehrfach anerkennend über Huttens humanistische Bildung und literarische Leistungen.

Der Vergleich von Krankheitsverlauf und biographischen Ereignissen läßt somit bemerkenswerte Parallelen erkennen.

Die Genesung, von der Hutten in dem erwähnten Brief an Erasmus im Oktober 1515 berichtet hatte, war allerdings nur von kurzer Dauer. Bereits 1516, während des zweiten Italienaufenthaltes, traten wieder Krankheitsschübe mit allgemeiner Schwäche und Fieber auf (Böcking I, S. 129).

Auch die schmerzhafte Bewegungseinschränkung im linken Fuß beeinträchtigte ihn wieder, was Hutten in zwei Epigrammen beklagte (Böcking III, S. 272 und S. 282).

Im Sommer 1517 kehrte er nach Deutschland zurück und erhielt auf Vermittlung des Augsburger Humanisten Peutinger am 12. 7. 1517 die kaiserliche Auszeichnung eines ‚poeta laureatus'. Diese sog. Dichterkrönung berechtigte ihn, Vorlesungen an allen Universitäten zu halten. Hutten war nun auf dem Höhepunkt seiner gesellschaftlichen Anerkennung. Als Hofrat Erzbischofs Albrecht von Brandenburg gehörte er häufiger zu dessen Reisebegleitern. So weilte er im Sommer 1518 anläßlich des Reichstags in Augsburg, dem zu Huttens Zeiten größten deutschen Handelszentrum. Hier hatten die Fugger den Sitz ihres Handelsimperiums. Daher war es nicht verwunderlich, daß während Huttens Aufenthalt gerade in Augsburg erstmals eine Lieferung des Guajakholzes aus Lissabon eintraf. Dieses aus den westindischen Inseln Mittelamerikas importierte Holz galt als neues ‚Wundermittel' gegen die Syphilis und entsprechend hoch waren die Erwartungen, insbesondere seitdem Berichte über die gute Wirksamkeit des Guajaks aus Spanien und Italien nach Deutschland gedrungen waren. Hutten ließ sich von seinem Freund Heinrich Stromer, Leibarzt am Hofe Erzbischofs Albrechts, zu dieser 40tägigen Kur überreden. Dazu berichtete er in dem als ‚Lebensbrief' berühmt gewordenen Brief an W. Pirckheimer vom 25. 10. 1518, er erhole sich in wunderbarer Weise und könne die Kur in den nächsten Tagen beenden. Es ist wohl dieses befreiende Gefühl, von einer langwierigen Krankheit geheilt zu sein, das den schwungvollen und lebensfrohen Ton des Briefes prägt und Hutten zu den berühmten Schlußworten inspirierte: „O Jahrhundert, o Wissenschaften! Es ist eine Lust zu leben, wenn auch noch nicht in der Stille. Die Studien blühen, die Geister regen sich. Barbarei, nimm dir einen Strick und mach dich auf Verbannung gefaßt." (Hutten/Ukena 1970, S. 340)

Aus Dankbarkeit über die erfolgreiche Behandlung kam Hutten gerne dem Wunsch des kaiserlichen Leibarztes Paul Ricius – einem Kenner der Guajaktherapie – nach, eine ausführliche Beschreibung der neuen Therapiemethode zu verfassen. Diese medizinische Schrift Huttens soll später noch genauer dargestellt werden, an dieser Stelle ist die Beschreibung der eigenen Krankheit im Rahmen der Guajakschrift von Bedeutung. Hutten widmete diesem Thema ein eigenes Kapitel, in dem er präzise die Krankheitssymptomatik schildert. Die darin mitgeteilten Beschwerden lassen sich nach dem Befall der Organe folgendermaßen klassifizieren:

1. Hautveränderungen:

Hutten berichtet über entzündliche, faulige, schmerzhafte Geschwüre mit geschwollenem Grund über dem linken Schienbein. Über dem rechten Fußgelenk befand sich eine knochenharte Schwellung mit profuser Sekretion. Unter der untersten rechten Rippe war ein Geschwür mit eitriger Sekretion lokalisiert, schließlich befand sich ein schmerzhaftes eitriges Geschwür im Bereich des Nackens.

2. Gelenkveränderungen:

Der linke Fuß war weitgehend versteift, ebenso das rechte Knie- und Hüftgelenk. Im linken Schultergelenk bestand eine schmerzhafte Bewegungseinschränkung.

3. Knochenveränderungen:

Verdickungen des Knochens fanden sich im Bereich des linken Schulterblattes, an der untersten rechten Rippe sowie am oberen linken Schienbein.

*Frauenbad, nach Hans Sebald Beham (Kat.-Nr. 4.82)*

4. Muskelveränderungen:

Hutten beschreibt Muskelatrophien der rechtsseitigen Oberschenkel- und Gesäßmuskulatur sowie der linksseitigen Arm- und Schultermuskulatur (Böcking V, S. 483 ff.).[7]

In der Zeit nach der Guajakkur erwähnte Hutten kaum noch etwas über den Verlauf seiner Krankheit. Die biographische Situation war durch eine zunehmende Radikalisierung des politischen Kampfes geprägt, was zu einer weitgehenden Isolierung Huttens führte und ihn schließlich zum überall gejagten Flüchtling werden ließ. Die Hoffnung, durch die Guajakkur endgültig geheilt zu sein, erwies sich jedenfalls als trügerisch. So erfahren wir von M. Buzer im April 1521, daß Hutten sehr krank sei (Böcking I, S. 263).

Erasmus v. Rotterdam begründete im November 1522 seine Weigerung, Hutten in Basel zu empfangen, mit der Furcht vor Ansteckung. Die letzten Lebensmonate verbrachte er unter dem Schutz von Zwingli in Zürich und schließlich auf der Insel Ufenau im Zürichsee, wo er von dem heilkundigen Pfarrer J. Klarer gepflegt wurde. Hier starb er am 29. 8. 1523. Genaue Beschreibungen über den Gesundheitszustand in den letzten Lebensmonaten und über die Umstände seines Todes sind nicht erhalten. Die zeitgenössischen Quellen berichten jedoch übereinstimmend, Hutten sei an der Krankheit verstorben, an der er viele Jahre lang gelitten habe (Böcking II, S. 362).

Man kann daher davon ausgehen, daß Hutten an den Folgen der Syphilis gestorben ist. Ein Hinweis für die unmittelbare Todesursache findet sich in einem

Brief von Beatus Rhenanus vom 27. 10. 1523, in dem dieser berichtet, Hutten habe zuletzt an starken Schluckbeschwerden gelitten (Knepper 1906, S. 48).

Dies könnte bedeuten, daß es zum Tode durch Erstickung im Rahmen einer Schlucklähmung gekommen ist, evtl. ist Hutten auch an einer Aspirationspneumonie verstorben. Es muß jedoch betont werden, daß die Quellen insgesamt zu spärlich sind, um die Frage nach der Todesursache zu klären.

Betrachtet man die unmittelbar vor Huttens Tod entstandenen Briefe, so finden sich keinerlei Hinweise für einen geistigen Verfall, so daß die verschiedentlich geäußerte Vermutung, Hutten habe in den letzten Lebensjahren an einer mit Persönlichkeitszerfall einhergehenden Progressiven Paralyse als Ausdruck eines Gehirnbefalls der Syphilis gelitten, nicht bestätigt werden kann.

*Ulrich von Hutten als medizinischer Schriftsteller*

Das schriftstellerische Werk Huttens enthält als einzige medizinische Abhandlung die im April 1519 in Mainz bei J. Schöffer veröffentlichte Schrift über die Syphilis und ihre Behandlung mit dem Guajakholz (De Guaiaci Medicina et Morbo Gallico). Sie gehört zu den bedeutendsten Schriften zur Syphilistherapie im 16. Jahrhundert. Mit Recht hat der Medizinhistoriker und Kenner der Seuchengeschichte G. Sticker Huttens Arbeit als den ‚heimlichen Canon für die Syphilistherapie im 16. Jahrhundert' bezeichnet und nachgewiesen, daß berühmte Ärzte dieses Jahrhunderts wie Jean Fernel, Meinardus und Nicolaus Massa ihre Beschreibungen zur Syphilistherapie von Hutten übernommen hatten, ohne ihn als Quelle anzugeben (Sticker 1910).

Noch im 18. Jahrhundert wurde Huttens Guajakschrift von so bedeutenden Ärzten wie Hermann Boerhaave und Daniel Turner – zwei bekannten Syphilisforschern – als ein Leitfaden der Syphilistherapie angesehen.

Es ist bemerkenswert, daß diese medizinische Schrift im 16. Jahrhundert zu den populärsten Werken Huttens überhaupt zählte, die zahlreiche Neuauflagen erlebte und noch im Entstehungsjahr 1519 von Thomas Murner ins Deutsche übersetzt wurde. Französische Übersetzungen entstanden um 1520, die erste englische Übertragung wurde 1533 veröffentlicht.

Medizinhistorisch ist die Schrift zunächst als wichtiges Dokument über die Syphilis im frühen 16. Jahrhundert von Interesse. Für Hutten ist sie eine neuartige, bisher unbekannte Seuche, deren erstmaliges Auftreten er auf das Jahr 1493 datiert. Sie soll bei den Soldaten Karls VIII. während der Belagerung Neapels ausgebrochen sein. Seine Ansichten zur Ätiologie und Pathogenese basieren auf den im 16. Jahrhundert allgemein anerkannten humoralpathologischen Vorstellungen und zeigen Hutten als Kenner der hippokratisch-galenischen Medizin. Doch konfrontiert er das Überlieferte immer wieder mit eigenen Erfahrungen und Beobachtungen und kommt so im Einzelfall häufiger zu Ansichten, die von der offiziellen Lehrmeinung abweichen. Die ausführliche Beschreibung des klinischen Bildes zeigt Hutten als profunden Kenner der Krankheit, der als Betroffener viele der Krankheitserscheinungen am eigenen Leibe erfahren mußte. Aus medizinischer Sicht ist bemerkenswert, daß er bereits den Primäraffekt am weiblichen Genitale erwähnt und auf die hohe Infektiosität dieser Läsion hinweist. Präzise beschreibt er die vielfältigen syphilitischen Hautveränderungen, außerdem werden Gelenk-, Sehnen- und Knochenbefall als Folge der Syphilis dargestellt.

Obwohl die Schrift der Darstellung der Guajaktherapie gewidmet ist, erörtert Hutten auch die anderen zu seiner Zeit üblichen Therapieverfahren, wobei er auch hier auf reichhaltige eigene Erfahrungen verweisen kann. Insbesondere beschäftigt er sich mit der zu seiner Zeit üblichen sog. Quecksilberschmierkur und prangert in diesem Zusammenhang die Konzeptlosigkeit der Ärzte bei der Syphilistherapie an.

Dennoch erkannte er, daß die Quecksilbertherapie ein wirksames Verfahren war – sie blieb bis ins 20. Jahrhundert im medizinischen Gebrauch –, er kritisierte daher auch lediglich die damals üblichen Überdosierungen und beschrieb bereits sehr genau die klinischen Zeichen der Quecksilbervergiftung.

Die Bedeutung der Guajakschrift liegt darüber hinaus in der Begründung einer neuen Therapieform, die mehr als 200 Jahre zu den Standardmethoden der Syphilisbehandlung zählte und noch im 19. Jahrhundert als Alternativverfahren in Gebrauch war. Die Guajaktherapie wurde durch Huttens Schrift sehr schnell allgemein bekannt und verdrängte für mindestens 40 Jahre alle anderen Therapieformen fast völlig (Munger 1949, S. 198 f.).

Dies lag nicht nur an der großen Publizität, die Hutten bereits zu Lebzeiten besaß, vielmehr ist seine Beschreibung der Guajaktherapie die mit Abstand präziseste im gesamten 16. Jahrhundert. So schildert er die Eigenschaften des Holzes mit einer Genauigkeit, die den Angaben in modernen Pharmakopöen in nichts nachsteht. Ebenso ausführlich wird die pharmazeutische Präparation des Guajakdekokts besprochen. Die folgende Darstellung des Kurprogramms orientiert sich an den Regeln einer umfassenden Diätetik im hippokratisch-galenischen Sinne.

Dazu gehört die Berücksichtigung der sog. ‚Res non naturales', zu denen Klima, Ernährung, körperliche Bewegung, Schlaf und seelische Reaktionen gehören. Nach klassischer Vorstellung erkrankt der Mensch, wenn das Gleichgewicht in einem oder mehreren dieser Bereiche gestört ist: Krankheit ist daher immer Folge einer ‚ungesunden Lebensweise'. Diese Zusammenhänge hat die Therapie zu beachten, und so beschränkt sich Hutten nicht auf die einfache Anweisung, das Guajakdekokt 2× täglich einzunehmen. Der größte Teil der Schrift ist vielmehr den ‚Res non naturales' gewidmet. So beschreibt er ausführlich eine Reduktionsdiät als integralen Bestandteil der Kur, diskutiert die Rolle von Alter, Geschlecht und Konstitution für die Behandlung und beschäftigt sich mit dem Einfluß von Klima und Jahreszeit. Es folgen Anweisungen bzgl. körperlicher und seelischer Belastungen sowie Regeln für den Schlaf- und den Wachzustand.

Schließlich kommt der Guajakschrift als frühem Dokument für den amerikanischen Ursprung der Syphilis eine besondere medizinhistorische Bedeutung zu. Die Vorstellung, daß die Syphilis von dem neu entdeckten Kontinent nach Europa eingeschleppt wurde, kam erst mit der Verbreitung der Guajakschrift auf, wobei die Ansicht eine Rolle spielte, daß die Krankheit den gleichen Ursprung haben müsse wie das Heilmittel. Vorher war sie lediglich als neuartige Seuche angesehen worden, wobei man z.T. astrologische Einflüsse geltend machte, z.T. auch gemäß mittelalterlich-christlichen Vorstellungen die Krankheit als Strafe Gottes betrachtet wurde. Hutten selbst hat die Theorie vom amerikanischen Ursprung nicht ausdrücklich formuliert, berichtete allerdings, daß die Syphilis bei den Eingeborenen der Insel ‚Hispaniola'[8] seit langem verbreitet sei und daß man dort ausschließlich das Guaiacum zur Behandlung einsetze. Da er an anderer Stelle die Neuartigkeit der Seuche in Europa herausstellt, ist der Schluß wohl zulässig, daß Hutten von dem amerikanischen Ursprung der Syphilis überzeugt war, auch wenn er es nicht expressis verbis ausdrückte.

Wie schon erwähnt, wurde die von Hutten begründete Guajakbehandlung der Syphilis nach dem Erscheinen von Huttens Schrift zunächst zu einer ausgesprochenen ‚Modebehandlung' und verdrängte für ca. 40 Jahre alle anderen Therapien. Erst allmählich meldeten sich kritische Stimmen, zu denen u.a. Paracelsus gehörte. So wurde in den folgenden Jahrzehnten die Quecksilberbehandlung wieder zur wichtigsten Therapiemethode, zumal sie bzgl. Dosierung und Anwendungsform verbessert wurde. Die Guajaktherapie geriet in Vergessenheit und mit ihr auch

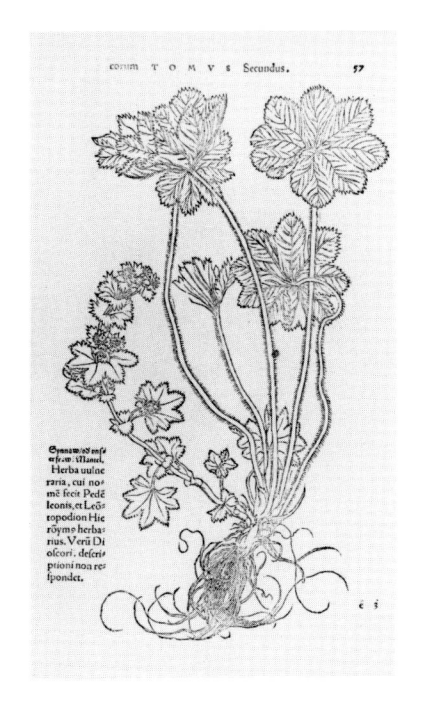

*Kräuter, aus:*
*Otto Brunfels, Herbarium, 1536*
*(Kat.-Nr. 4.83)*

Huttens Guajakschrift. Im 18. Jahrhundert erlebte sie vor allem durch die Fürsprache des bereits zu Lebzeiten berühmten holländischen Arztes Hermann Boerhaave eine Renaissance, die auch zu einer erneuten Publizität der Guajakschrift Huttens in der Medizin führte.

Auch wenn diese Vorrangstellung nur von kurzer Dauer war, so blieb sie doch ein anerkanntes Heilverfahren zur Behandlung der Syphilis bis ins späte 19. Jahrhundert hinein. Nach heutigen medizinischen Erkenntnissen kommt ihr zwar keine spezifische Wirksamkeit gegen den Syphiliserreger zu, unspezifische Heilwirkungen des gesamten Kurprogramms können jedoch angenommen werden.

Hutten präsentierte sich in seiner medizinischen Schrift aus heutiger Sicht als aufgeklärter und kritischer Patient, der eine aktive Rolle im therapeutischen Prozeß suchte, eine Haltung, die nach modernem Kenntnisstand den Therapieverlauf vor allem chronischer Erkrankungen sehr günstig beeinflussen kann.

Darüber hinaus ist seine Abhandlung über die Guajaktherapie von bleibendem medizinischem Wert und sicherte ihm einen festen Platz in der Geschichte der Syphilistherapie.

Anmerkungen

1 Bloch hat in einer Übersicht insgesamt 525 Bezeichnungen für die Syphilis aus Europa, Asien und Afrika zusammengestellt (Bloch 1901, S. 297ff.). Der Begriff Syphilis tauchte erstmals in dem 1530 von Fracastoro veröffentlichten medizinischen Lehrgedicht ‚Syphilidis sive morbi gallici libri tres' auf. Seine ethymologische Herkunft ist bis heute nicht mit letzter Sicherheit geklärt.

2 Es gibt eine Reihe bemerkenswerter Gemeinsamkeiten zwischen der sich seit den 80er Jahren weltweit ausbreitenden Aidsepidemie und der Syphilisepidemie im späten 15. Jahrhundert. So haben wir es bei beiden Erkrankungen mit neuartigen bisher unbekannten Seuchen zu tun, bei denen der sexuelle Übertragungsweg vorrangig ist, außerdem sind die gesellschaftlichen und sozialmedizinischen Auswirkungen beider Erkrankungen gravierend, und die Medizin steht der Aids-Herausforderung ähnlich hilflos gegenüber wie es die Ärzte des 15. Jahrhunderts der Syphilis gegenüber waren.

3 Eine ausführliche medizinische Biographie Huttens wurde in der 1985 erschienenen Arbeit des Verfassers: Ulrich von Hutten als Kranker und als medizinischer Schriftsteller erstellt. Die Ausführungen in der hier vorgelegten Arbeit beruhen auf den wichtigsten Ergebnissen dieser Studie – auch dann, wenn nicht ausdrücklich darauf verwiesen wird. Der Interessierte findet dort genauere Begründungen und Quellenbelege der hier vorgestellten Ausführungen, außerdem ist die weiterführende Literatur dort zusammengestellt.

4 Eine vollständige Bibliographie der Guajakschrift findet sich bei Peschke 1985, S. 375ff.

5 Auffallend sind die klinischen Gemeinsamkeiten mit der sog. Frambösie, einer Erkrankung, die in tropischen Regionen endemisch ist und deren Erreger enge Verwandtschaft zum Syphiliserreger hat. Für den Interessierten sei erwähnt, daß es theoretische Überlegungen gibt, nach denen die Mannschaft des Kolumbus den Erreger der Frambösie nach Europa eingeschleppt hat. Dieser traf auf eine nicht durchseuchte Bevölkerung, so daß in den ersten Jahren die klinischen Zeichen der Frambösie überwogen (ausgeprägte Hautläsionen und Knochendestruktionen) und der Erreger durch einfachen Hautkontakt übertragen werden konnte. Bedingt durch das andersartige Klima in Europa kam es zu einer ‚mutationsähnlichen Wandlung' des Erregers, und das klinische Bild änderte sich mehr in Richtung der uns heute geläufigen Form der Syphilis (vgl. E. Hoffmann 1939 und A. Luger 1981).

6 In den ‚Aphorismen zur Lebensweisheit' (1851) schrieb Schopenhauer über die gesellschaftliche Bedeutung der Syphilis: „Die venerische Krankheit nämlich erstreckt ihren Einfluß viel weiter, als es auf den ersten Blick erscheinen möchte, indem derselbe keinesfalls ein bloß physischer, sondern auch ein moralischer ist. Seitdem Amors Köcher auch vergiftete Pfeile führt, ist in das Verhältnis der Geschlechter zueinander ein fremdartiges, feindseliges, ja teuflisches Element gekommen in Folge wovon ein finsteres und furchtsames Mißtrauen es durchzieht, und der mittelbare Einfluß einer solchen Änderung in der Grundfeste aller menschlichen Gesellschaft erstreckt sich mehr oder weniger auch auf die übrigen geselligen Verhältnisse." (Schopenhauer 1961 f., Bd. 4, S. 464).

7 Dieses Kapitel ist im lateinischen Original und in der deutschen Übersetzung von Oppenheimer abgedruckt in Peschke 1985, S. 346ff.

8 ‚Hispaniola' bzw. ‚Spagnola' war die spanische Bezeichnung für die von Kolumbus entdeckte mittelamerikanische Insel, die heute von den Staaten Haiti und Dominikanische Republik gebildet wird, jedoch auch weiterhin den Namen Hispaniola trägt.

Literatur

Bloch, I.: Der Ursprung der Syphilis. Jena 1901
Böcking, E. (Hrsg.): Ulrichi Hutteni Equitis Germani Opera. Leipzig 1859f.
Flake, O.: Ulrich von Hutten. Berlin 1929
Fracastoro, G.: Syphilidis sive morbi gallici libri tres. Übers. v. E. A. Seckendorf; in: Schriftenreihe der Nordwestdeutschen Dermatolog. Gesellsch. Heft 6. Kiel 1960
Hoffmann, E.: Gemeinsame amerikanische Herkunft der tropischen Frambösie und Syphilis aufgrund neuer Forschungsergebnisse und Knochenfunde. In: Münch. Med. Wschr. 86 (1939), S. 1512–1515
Jung, H.: Die Lues am Hutten-Skelett. In: Der Hautarzt 22 (1971), S. 509
Knepper, J.: Kleine Funde zum elsässischen Humanismus. In: Zeitsch. f. d. Gesch. d. Oberrheins. N. F. 21, (1906), S. 40–49
Luger, A.: Syphilis. In: Korting, G. W. (Hrsg.): Dermatologie in Praxis und Klinik. IV, S. 45.1–45.43. Stuttgart, New York 1981
Munger, R. S.: Guaiacum, the Holy Wood from the New World. In: J. Hist. Med. 4 (1949), S. 196–229
Oppenheimer, H.: Ulrich von Hutten's Über die Heilkraft des Guaiacums und die Franzosenseuche. Berlin 1902
Peschke, M.: Ulrich von Hutten (1488–1523) als Kranker und als medizinischer Schriftsteller. (Kölner medizinhistorische Beiträge, Bd. 33) Köln 1985
Schopenhauer, A.: Aphorismen zur Lebensweisheit. In: Sämtliche Werke. IV, Darmstadt 1963
Steigleder, G. K.: Dermatologie und Venerologie. 4. Aufl. Stuttgart 1983
Sticker, G.: Ulrich von Huttens Buch über die Franzosenseuche als heimlicher Canon für die Syphilistherapie im 16. Jahrhundert. In: Sudhoff (Hrsg.): Archiv für Geschichte der Medizin 3 (1910), S. 197–222
Ukena, P. (Hrsg.): Ulrich von Hutten: Deutsche Schriften. München 1970

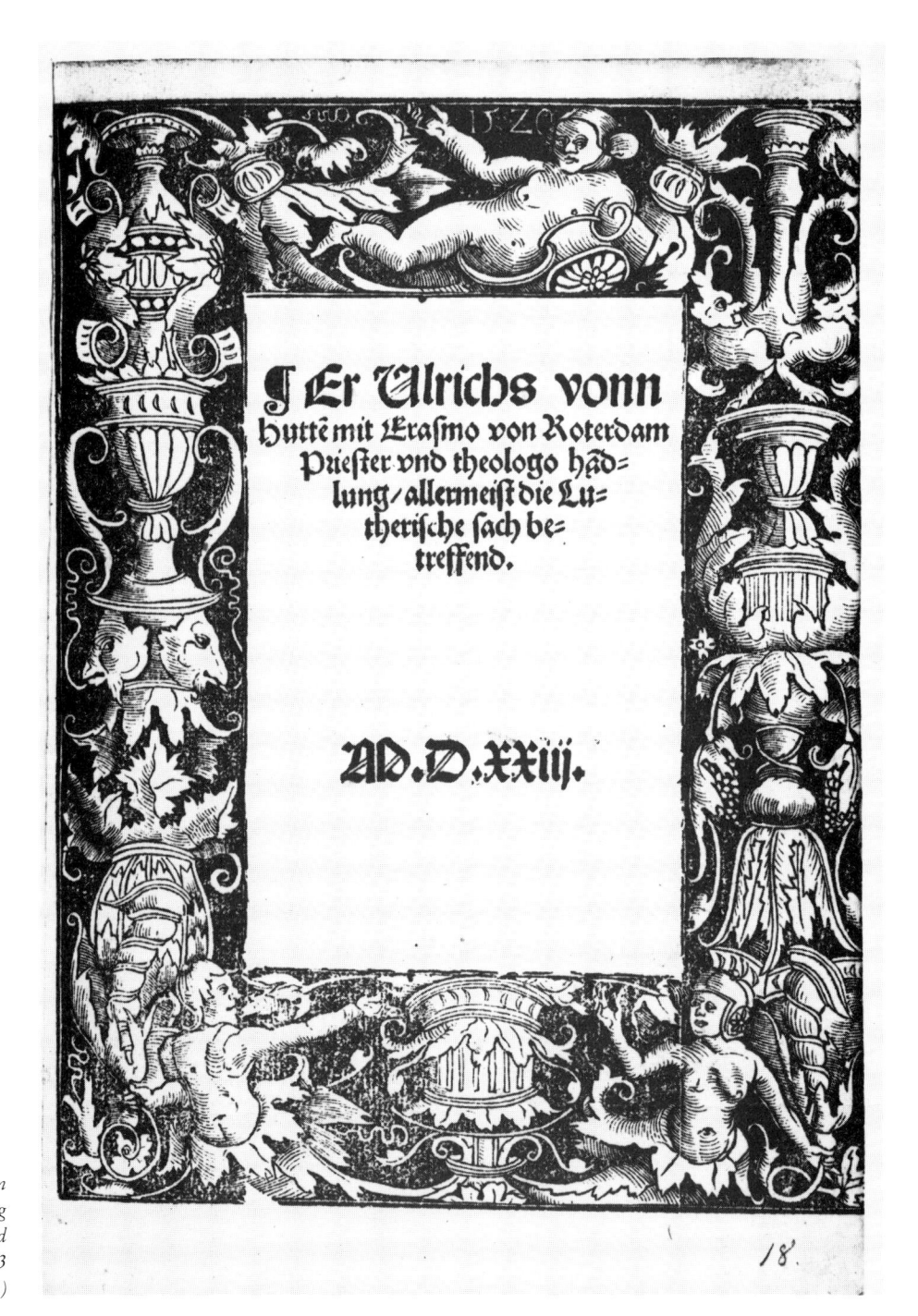

*Herr Ulrichs vonn huttē mit Erasmo von*
*Roterdam Priester und theologo hādlung*
*allermeist die Lutherische sach betreffend*
*Ulrich von Hutten, 1523*
*(Kat.-Nr. 4.95)*

*Heinz Holeczek*

# Hutten und Erasmus. Ihre Freundschaft und ihr Streit

In seinem „Catalogus Lucubrationum", in dem Erasmus über seine veröffentlichten Schriften und weiteren Vorhaben berichtete, kam er unter anderem auf seinen Streit mit Ulrich von Hutten zu sprechen: „Huttenus, ex amico repente versus in hostem... hoc nemo scripsit in Erasmum hostilius."[1] Warum schlug diese Freundschaft so plötzlich in heftigste Feindschaft um? Das erklärt Erasmus nicht. Er habe noch nie Heftigeres erfahren. Er betont nur die ungewöhnliche Qualität ihrer Beziehung „non vulgariter dilexerim Hutteni ingenium quanto candore", und benennt damit einige Stichworte zur Definition einer humanistischen Freundschaft. Darauf werden wir zurückkommen müssen. Es gibt andererseits keinen Zweifel daran, daß der kurze aber heftige Streit zwischen Erasmus und Hutten den Ruf beider ungemein beschädigte – die herausfordernde „Expostulatio" Huttens ebenso wie die „Spongia" des Erasmus hat sowohl den Angegriffenen wie dem Angreifer selbst keinerlei Ruhm verschafft. Um so mehr geht es darum, hier den besonderen Charakter dieser ungleichen Beziehung festzustellen und zum anderen die Gründe für das Zerwürfnis herauszuarbeiten. Ohne diese Voraussetzungen läßt sich der selbstzerstörerische Streit kaum verstehen. Dies zu vermitteln, ist deswegen schwierig, weil bei aller Fülle der Überlieferung der Streit höchst parteiisch und einseitig dargestellt wurde. Außer den Kombattanten Hutten und Erasmus haben nur wenige Zeitgenossen etwas Erklärendes zu diesem Konflikt beigesteuert.

Damit ist vorgezeichnet, daß zuerst die Eigenart dieser humanistischen Freundschaft entwickelt wird, dann die Gründe für ihr Zerwürfnis aufgespürt und endlich der Streit selbst berichtet werden muß.

*Die Freundschaft*

In dem eingangs zitierten Schriftenbericht, dem „Catalogus lucubrationum", hat Erasmus zu der besonderen Qualität ihrer Beziehung auch einige Einzelhinweise gegeben, welche der Natur ihrer Beziehung entsprechend literarisch waren: Erasmus habe in seinen Schriften Hutten der gelehrten Welt empfohlen und ihn in Briefen gepriesen. Vor allem habe er ihn dem Erzbischof von Mainz, Albrecht von Brandenburg, empfohlen. Er habe ihm die Biographie seines liebsten Freundes, Thomas More, gewidmet, eines Mannes „von solcher Integrität, Aufrichtigkeit, Freundschaftlichkeit und Herzlichkeit, wie ihn die Sonne seit mehreren Jahrhunderten nicht mehr gesehen hat".[2] Dann weist Erasmus auf die ehrenhafte Nennung Huttens in seinen Schriften hin: Damit meint er vor allem das Lob Huttens in den Annotationes zu seinem „Novum Testamentum": „quam non vulgari affectu laudes illius persono". In einer Anmerkung zum Thessalonicherbrief 1.2 hatte er einige wirklich bemerkenswerte Äußerungen zum Lobe von Huttens literarischem Genie gemacht.[3] Auch wenn er hier eine andere Seite ihrer Beziehung, die zeitweise Zusammenarbeit im Reuchlinschen Judenbücherstreit, dann in der Causa Lutheri – sowie der Beistand, den ihm Hutten im Streit mit Edward Lee geleistet hatte – gar nicht erwähnte, so wird doch daran schon deutlich, welch hohen Stellenwert Erasmus ihrer Beziehung beilegte. Man muß auch ergänzen, daß Erasmus dieser Freundschaft eine stark emotionale Bedeutung zumaß; so betonte er immer wieder seinen „affectus non vulgariter" oder seine Bewunderung für Huttens Genie. Möglicherweise werden wir für die emotionale Heftigkeit ihres Streites diese affektive Seite ihrer Humanistenfreundschaft als entscheidend für das Verständnis heranziehen müssen. So spricht Erasmus regelmäßig von den „deliciae", welche ihm die Huttensche Sprache bereitet, womit er eine der sinnlichsten Bezeichnungen für ein Sprachvergnügen wählte: Es war ihm ein spontanes Vergnügen, Huttens Schriften zu genießen. (Umgekehrt muß es ihm ein eher makabres Mißvergnügen gewesen sein, Huttens treffsichere Invektive gegen ihn selbst zu lesen.)

*Die Überlieferung* Es gibt sicher bedeutendere Ereignisse in dieser Umbruchszeit, über die wir schlechter unterrichtet sind, doch kaum ein Vorgang ist bei einer solchen Vielzahl von überlieferten Nachrichten so kontrovers geblieben. In seinem „Catalogus" hat Erasmus den Rahmen des Literaturberichtes bewußt eng gezogen. Wenn von publizierten Texten die Rede ist, dann steht natürlich die freundschaftliche Beziehung im Vordergrund; Nachrichten zum Streit beschränken sich auf die beiden Schriften gegeneinander, die „Expostulatio" Huttens und „Spongia" des Erasmus, worin die Geschichte ihres Zerwürfnisses zwar ausführlich, aber ganz gegensätzlich dargestellt wird. Erasmus hat dann noch in etlichen Briefen und Schriften meist nicht weiter erhellende Zusatzerklärungen gegeben. Vieles jedoch bleibt im dunkeln. So läßt sich kaum etwas Zuverlässiges herausfinden darüber, welche Lutheraner in Basel und Zürich hinter dem Angriff Huttens auf Erasmus standen, oder warum Erasmus dem offensichtlich seinem Ende entgegengehenden Hutten nicht den erlösenden Freundschaftsdienst einer persönlichen Aussprache gewähren wollte. Die Quellenlage begünstigt eindeutig Erasmus. Von Hutten sind vor allem seine eigene Darstellung des Streites in der „Expostulatio" vom Frühsommer 1523 und in einigen wenigen Briefen erhalten. Sein vorzeitiger Tod beendete die Fortsetzung der Auseinandersetzung, während Erasmus noch weiterhin zu dem Fall Stellung nehmen konnte. Schon seine „Spongia", der Schwamm, mit dem er die Beschmutzungen Huttens abwischte, ist erst nach Huttens Tod erschienen. In dem „Catalogus"[4] und zahlreichen Briefen, so an Goclenius vom 2. 4. 1524[5] und Melanchthon[6], hatte er seine Darstellung dieser Tragödie eingehend wiederholt. So hat er bezeichnenderweise im September 1524 seinen Catalogus und sein Schreiben an Goclenius mit den ausführlichen Stellungnahmen zum Huttenstreit zusammengedruckt herausgegeben. Auch sonst hat Erasmus in verschiedenen Schriften dieser Zeit die Möglichkeiten einer nachträglichen Selbstrechtfertigung extensiv genutzt. So hat er seine Angriffe auf den Vermittler, Heinrich von Eppendorf, den „unritterlichen Ritter"[7], ausgeweitet. Neues ist dabei allerdings kaum zutage getreten. Bei diesen Erinnerungen handelt es sich eher um Formalisierungen und Stilisierungen der bekannten Nachrichten; inhaltlich wird kaum etwas geklärt. Deswegen ist es kaum möglich, diesen selbstzerstörerischen Streit klar zu rekonstruieren. Der kontroversen Quellenlage entspricht die gegensätzliche Einschätzung in der Geschichtsschreibung. Für die Charakterbilder sowohl des Erasmus wie Huttens hat gerade dieser Streit ungemein schädlich gewirkt. Diese völlig unterschiedliche Einschätzung spiegelt die Literatur wider. Hutten wurde in der deutschen nationalen Romantik seit Herder hochgeschätzt. Die intensivsten Beiträge entstammen der protestantisch-liberalen Geschichtsschreibung. David Friedrich Strauß' Huttenbiographie gibt die ausführlichste Beschreibung, und Werner Kaegi hat eine einfühlsame Studie von „Freundschaft und Streit"[8] geschrieben. In dieser liberalen Tradition hat Hajo Holborn beiden unbedingt Recht geben wollen und eine betont ausgewogene Biographie Huttens verfaßt. Wie auch bei Holborn rückt in den neuen Darstellungen[9] dieser Konflikt an den Rand eher häßlicher Begleitmusik zu Huttens Ende. Auch in der neueren Erasmus-Biographik spielt er eine unverdient nebensächliche Rolle.[10] Dies ist aus mehreren Gründen zu bedauern: Für das Verhältnis von Humanismus und Reformation hat er in Deutschland eine hohe Bedeutung. Für Hutten war er nicht nur ein unerfreulicher

Nebeneffekt seiner unaufhaltsamen Auflösung und für Erasmus war das Zerwürfnis von zentraler Bedeutung. Schließlich sollte man die gegenseitigen Vorwürfe schon deshalb nicht beiseiteschieben, weil dadurch die negativen Urteile über die Charaktere der Kontrahenten über die Jahrhunderte hinweg reichlich gespeist wurden. Der Ruf des Erasmus wie der Huttens hat durch kaum etwas anderes soviel Schaden genommen als durch diesen Streit, wobei die „Beschwerde" Huttens insgesamt größere Wirkung hatte als der eher schwache „Schwamm" des Erasmus.

*Die Entwicklung der Beziehung*

Die humanistische Freundschaft beider begann hoffnungsvoll unter günstigen Umständen im Jahr 1514: Hutten war trotz seines noch nicht abgeschlossenen Studiums durch Vermittlung Eitelwolfs vom Stein am erzbischöflichen Hof des Albrecht von Brandenburg in Mainz aufgenommen worden – allerdings mit der Auflage, sein Rechtsstudium in absehbarer Zeit erfolgreich abzuschließen. Der fahrende Scholar aus altem reichsritterlichem Hause war wegen einiger Dichtungen aufgefallen, gerichtet etwa an Kaiser Maximilian und jüngst auch an Erzbischof Albrecht, die vor allem wegen ihres sorgfältig ausgearbeiteten humanistischen Stiles Aufsehen erregten. Erasmus war im August 1514 auf seiner ersten triumphalen Reise rheinaufwärts nach Basel, als er in Mainz drei der vielversprechendsten Humanisten Deutschlands kennenlernte: Johannes Reuchlin, Hermann von dem Busche und den 25jährigen Ulrich von Hutten. Hauptthema der Begegnung war der Reuchlinsche Judenbücherstreit und der Versuch, Erasmus zur Unterstützung der Reuchlinisten zu gewinnen. In diesen Zusammenhang gehört auch die von Erasmus später berichtete Episode, daß Hutten ihm bei dieser Gelegenheit seinen „Triumphus Capnionis" zur Begutachtung vorlegte. Er riet ihm allerdings von einer Publikation derzeit ab: Sie sei erstens verfrüht, der Reuchlinstreit noch nicht ausgestanden, und im Ton zu heftig. Daraufhin hatte Hutten den Druck des Manuskriptes erst einmal zurückgestellt. Möglicherweise hat Erasmus im Gegenzug einen eigenen Beitrag zugunsten Reuchlins in Aussicht gestellt. In Basel angekommen, schrieb Erasmus umgehend einen unterstützenden Brief an Reuchlin.[11] Auf dem Rückweg von Basel über die Niederlande nach England traf man sich erneut Ende März/Anfang April 1515 in Frankfurt in gleicher Besetzung zu einem „sokratischen" Gastmahl. Wieder war der Reuchlinstreit Hauptthema. Aus England schrieb dann Erasmus in der Reuchlin-Sache nach Rom an die Kardinäle Raffaelo Riario und Domenico Grimani unter dem Datum vom 15. Mai 1515. Erneut zurück in Basel, um die Hieronymus-Ausgabe und das „Novum Instrumentum" fertigzustellen, erwähnt Erasmus lobend Reuchlin, an Papst Leo X., dann aber beide in den Annotationes zum Neuen Testament. Für Erasmus entwickelte sich in dieser Zeit die Beziehung zu Hutten noch deutlich über den Reuchlinstreit. Reuchlin hatte ihm schon im Frühjahr 1514 das günstige Urteil des Bischofs von Speyer über seinen „Augenspiegel" zugeschickt, zu dem Erasmus umgehend schriftlich Stellung nahm. Es ging dabei kaum um eine für die Öffentlichkeit abgesprochene Stellungnahme. Mit gleicher Post bat Erasmus Reuchlin um die Rücksendung der von ihm aus dem Basler Dominikanerkloster bereits 1488 ausgeliehenen Handschrift des Neuen Testaments (ohne die Offenbarung Johannis), welche er für seine griechisch-lateinische NT-Ausgabe mit verwenden wollte.[12] In seinem ausführlichen Lobpreis der deutschen Humanisten an Jakob Wimpfeling hat Erasmus Reuchlin ein bemerkenswertes Monument gesetzt.[13] Dabei lobt Erasmus Reuchlin als leuchtenden Schmuck Deutschlands. Diese Briefe, in denen Erasmus lobend von Reuchlin, aber noch kaum von Hutten spricht, veröffentlichte er in seiner ersten Briefsammlung, den „Elegeia Damiani".[14] Das erste wirklich publikumswirksame Preislied Huttens findet sich erst im „Novum Instrumentum",

*Spongia adversus aspergines Hutteni (Schwamm gegen die Huttenschen Anspritzungen), Erasmus von Rotterdam, 1523 (Kat.-Nr. 4.96)*

> ERASMVS ROT. ERVDITISSI/
> MO VLRICHO ZVVINGLIO
> apud inclytam Heluetiorum ciuitatem
> Thurregium concionatori S. D.
>
> Quoniam isthuc primum hinc allatū est uenenum, Zuuingli doctissime, uisum est conuenire, ut eódem primum iret antido/ tus, non quod metuam ne apud te aut ullos cordatos uiros læderet existimationem meam Hut/ tenica criminatio, sed ut his quoq; mederer, qui uel mihi parum sunt æqui: uel naturæ uitio, libentius ea cre/ dunt quæ lædunt famam hominis, quàm quæ cōmen/ dant. Quis enim uir bonus aut cordatus, non detestetur hoc exemplū, quod Huttenus, nec uerbo, nec facto unq̃ læsus à me, sed sic toties etiam æditis uoluminibus à me prædicatus, ut nemo neq; benignius aut cādidius, neq; crebrius, toties meis literis apud Primates uiros com/ mendatus, subito uelut ex insidijs talem libellum emi= sit in amicum, etiam tum candidissime atq; amantissi/ me de ipso prædicantem, quum ista scriberet, nihil om nium minus suspicantē, quàm ut ab Hutteno nasceret= tur aliquid tragœdiæ. Quid excogitari potuit alienius ab omni humanitate fideq; Germanica: quid optatius aut gratius bonarum literarum hostibus: quid ipsis bo/ nis literis incōmodius : quid Euangelico negocio per/ niciosius, aut si libet etiam Lutherano, cui se iactat fa=
>
> a 2 ueret

welches im März 1516 herauskam. In seiner Anmerkung zu Epheser 2.1[15] wird der Jüngling Ulrich von Hutten überschwenglich als eine von Kaiser Maximilian und Erzbischof Albrecht von Mainz geförderte Begabung herausgehoben. Sinngemäß sagt Erasmus in diesem Exkurs über Mäzene der Gebildeten: Der Jüngling Hutten, das einzigartige Entzücken (delicium) der Musen, sei schon durch seine ritterliche Herkunft hervorragend. Was hätte Attica besseres an Scharfsinn und Eleganz hervorgebracht? Wer sonst spräche mit so göttlicher Schönheit und mit so makelloser Anmut? Jüngst sei er durch den unvergeßlich würdigen Mann, Erzbischof Albrecht von Mainz, an den Hof gezogen worden. Auch in der Sprache des Lobpreises hat Erasmus hier recht hoch gegriffen. Wenn er später behauptete, er habe Hutten dem Mainzer Erzbischof empfohlen, so dürfte er diese Anmerkung zu Epheser 2.1 gemeint haben.[16] Auch der erste überlieferte direkte briefliche Kontakt, der Brief Huttens vom 24. Oktober 1515 aus Worms, steht eindeutig unter dem Vorzeichen des Reuchlinstreites.[17] Wenige Tage vorher war Erasmus von Wolfgang Angst aus Hagenau der erste Teil der Epistolae obscurorum virorum zugesandt worden.[18] Ohne davon zu sprechen, bot Hutten dem „deutschen Sokrates" Erasmus überschwenglich, ja schwülstig, als echter deutscher Ritter seine bedingungslose Gefolgschaft an. Er sendet ihm ein handschriftliches Exemplar seines „Nemo", worin er in der Vorrede Erasmus lobend erwähnt haben will.[19] Daneben enthält der Brief Huttens die typische Bitte um Empfehlungsschreiben nach Rom, die er allerdings nicht selbst abholen könne, da seine Reisebegleiter nicht verstünden, daß in Basel ein so bedeutender Mann sich aufhalte. Überhaupt habe seine Familie ihn gezwungen, seine italienischen Studien des Rechts fortzusetzen, dem er sich nicht widersetzen könne.[20] Damit erweist sich sein überschwengliches Gefolgschaftsangebot als bloße rhetorische Floskel. Erasmus schickte wahrscheinlich die erbetenen Empfehlungsschreiben für Hutten nach Rom.[21] Damit ist der Rahmen der ersten Phase dieser humanistischen Beziehung im wesentlichen abgesteckt: Humanistische Freundschaft bedeutete zuerst einmal gegenseitige Wertschätzung der literarischen Produktion in einem klassizistischen Stil und in bestimmten literarischen Formen (Dialog, Gedicht, Rede, Brief etc.) aufgrund der klassischen Sprach- und Literatur-Studien. Entscheidend war aber nicht, wie gut man die antiken Autoren nachahmte, sondern wie man sie für die großen Fragen der Zeit – der Bildungsreform, der Kirchenreform und der Reichsreform – einsetzte. Man tat füreinander, was man konnte, wobei man die eigene Bedeutung möglichst auch zu fördern suchte, indem man Talente an Mäzene empfahl. Man lobte sich gegenseitig in seinen Werken und in Briefen aneinander und an andere. Dabei empfiehlt man das Genie und den eleganten Stil derer Werke an die gebildete Öffentlichkeit und – wichtiger – an potentielle Mäzene. Hierin vermochte der bereits weitberühmte Erasmus mehr für Hutten zu tun als umgekehrt. Erasmus schreibt ihm Empfehlungsschreiben nach Rom, empfahl ihn an Albrecht von Mainz und an den Brüsseler Hof der Habsburger. Hutten revanchiert sich in seinem „Nemo" II an Crotus Rubeanus usw. Daraus entsteht ein kompliziertes, sensibles, hierarchisches Beziehungsgeflecht, welches sich um bestimmte Sachthemen herum entwickelt, hier den Reuchlinschen Judenbücherstreit, dann den Lutherprozeß. Der zweite Hauptpunkt der humanistischen Freundschaft ist das aktive Eintreten in den verschiedenen Auseinandersetzungen mit Bildungsfeinden und Barbaren. Erasmus wird um Unterstützung durch Reuchlin und seinen Kreis gebeten, Hutten bietet ihm seine Dienste als politischer Publizist an und kämpft später für ihn gegen Edward Lee, als Erasmus' „Novum Testamentum" angegriffen wird.

An wenigen Beispielen sei gezeigt, daß sich Huttens Beziehungen zu Erasmus weitgehend in eine konventionelle humanistische Freundschaft einordnen läßt: Die erste der Hutten-Schriften, welche Erasmus zur Beurteilung vorgelegt wurde, war das druckfertige Manuskript des „Triumphus Capnionis", ein verfrühtes Siegeslied für Reuchlin. Es ist ein typisch humanistisches Werk, nur eben – wie Erasmus freundlich-kritisch anmahnte, als Hutten ihm den Text vorlegte – zu heftig und verfrüht. Für Erasmus sollten sich solche gebildeten Streitigkeiten im Rahmen von Belehrung und Ermahnung halten; für Hutten sind sie eher den Regeln der Fehde unterworfen. Hutten will Partei ergreifen – und zwar heftig und leidenschaftlich. Für Erasmus sind die meisten Wahrheiten nicht eindeutig; er neigt zu einer Seite und läßt den besseren Argumenten die Entscheidung. Dabei gibt es natürlich

*Eine fast normale humanistische Freundschaft*

bestimmte, ihn persönlich bindende Wahrheiten: der Friede, das Wort der Bibel, die humane Bildung u. a. In einem reinen Bildungsstreit, wie dem um seine Annotationes zum Neuen Testament, nimmt er gern die Parteinahme Huttens, des leidenschaftlichen Streiters, in Anspruch – ebenso wie auch die Thomas Mores –, aber im allgemeineren bildungspolitischen Kampf um Reuchlin mit den altkirchlichen Kräften sucht er bald seine Zuflucht in der allseitigen Vermittlung bzw. Beschwichtigung. Die tolldreisten Dunkelmännerbriefe gehen ihm viel zu weit; sie verletzen und spalten, bringen Unruhe und die Gefahr des Aufruhrs. Das kann er nicht gutheißen, wobei er mit Reuchlin völlig in Übereinstimmung ist. Auf diese Weise lassen sich die Studien nicht voranbringen, was Hutten wiederum überhaupt nicht verstehen kann, der die Bildungsfeinde möglichst mit Stumpf und Stil ausrotten will, um der guten Bildung freie Bahn zu schaffen. Erasmus respektiert die gute Intention des stürmischen Ritters verständnisvoll – und beide zeigen in dieser Zeit große Toleranz.

Als Beispiele ihres gegenseitigen Wohlwollens sei zuerst ein wenig beachteter Vorgang rekonstruiert: Hutten hat sich recht eigenmächtig als Vermittlungsinstanz zwischen Kardinal Albrecht von Mainz und Erasmus geschoben, obwohl diesem viel am direkten Kontakt zu dem mächtigen Kirchenfürsten gelegen war, der in dieser Zeit eine politische Schlüsselrolle innehatte. Albrecht von Brandenburg widmete Erasmus u. a. eine seiner berühmten Vorreden zum „Novum Testamentum", den „Methodus sive Ratio verae theologiae". Die Angelegenheit ist recht kompliziert, kann aber im Hinblick auf Huttens Rolle vereinfacht wiedergegeben werden: Von den beiden großen thematischen Vorreden des Erasmus zum „Novum Instrumentum" vom März 1516, dem programmatischen Aufruf zur Bibellesung, der „Paraclesis", und dem „Methodus", einer Einführung in das Bibelverständnis, hat Erasmus umgehend erkannt, daß die Methodik zu knapp und nicht genügend klar war, weshalb er diese auszuarbeiten beschloß. Bereits im folgenden Jahr 1517 hat er diesen Essay vom rechten Bibelstudium völlig neu und viel ausführlicher gestaltet. Welche Bedeutung er ihm nun zumaß, geht aus dem gewichtigen neuen Titel „Ratio seu Methodus verae theologiae" hervor. Dementsprechend war es verständlich, daß er den neuen Leitfaden zum Bibelstudium vor dem Erscheinen der zweiten Ausgabe des „Novum Testamentum" (1519) auch gesondert veröffentlichen wollte, was er in Löwen bei seinem dortigen Drucker Dirk Martens noch 1518 tat. Diese Ausgabe widmete Erasmus dem Mainzer Erzbischof Albrecht.[22] Wie sehr Erasmus Hutten derzeit als Verbindungsmann zum Mainzer Hof verstand, geht aus einer gewiß nicht unabsichtlichen Mitteilung in der Widmung an Albrecht hervor: Ursprünglich habe er seine Paraphrase über den Römerbrief dem Erzbischof Albrecht widmen wollen, wie er diesem über Hutten habe mitteilen lassen, doch dann hielt er es für besser, sie dem Papst selbst zu dedizieren. Als würdigen Ausgleich habe er ihm seine „Ratio verae theologiae" zugeeignet.

Wie sehr sich auch Hutten selbst als Vermittlungsinstanz zwischen Erasmus und Albrecht verstand, wird auch daran deutlich, daß er für die Mainzer Ausgabe bei Johannes Schöffer im Sommer 1519 der Erasmuswidmung an seinen fürstlichen Dienstherrn auch einen eigenen Brief an Erasmus hinzufügte.[23] Darin betont Hutten erstens seine Agentenrolle für Erasmus am Hofe Albrechts: Das Widmungsexemplar sei über ihn an den Erzbischof gelangt; der habe sich sehr lobend über das ihm dedizierte Werk geäußert und als angemessene Anerkennung Erasmus einen silbernen Liebesbecher voller Münzen zugedacht, den Hutten ihm nach Löwen übermitteln werde. Daneben geht Hutten auf seinen derzeitigen Kampf gegen den Herzog Ulrich von Württemberg ein. Bei der Belagerung und Erstürmung Stuttgarts sei der mächtige Franz von Sickingen sein Hauptmann gewesen.

Wie er seine militärische Rolle offenbar genießt,[24] damit dürfte er dem Pazifisten Erasmus sicher keine angenehme Vorstellung vermittelt haben. Vielleicht versöhnte Erasmus dabei etwas der Hinweis, daß Hutten mit Sickingen Vorsorge getroffen hatte, daß dem gelehrten Hebräisten Reuchlin nichts zustoßen würde. Erasmus dürfte dazu aber ähnlich wie Reuchlin gedacht haben. Reuchlin traute den Versprechungen seiner militaristischen Gönner nicht. Er vergrub seine Bücher und Handschriften – und ging schließlich aus Furcht vor weiteren Turbulenzen im Interesse seiner Studien ins bayerische Ingolstadt und lebte dort ausgerechnet im Hause des heftigen Luthergegners Johannes Eck.[25] Dieser etwas aufdringliche Brief blieb aber im Rahmen humanistischer Gepflogenheiten: Hutten bat um ausführlichere Briefe von Erasmus. Erasmus hat diesen in den verschiedenen Froben-Ausgaben (zwischen 1520 und 1522) am Ende mit abdrucken lassen – ich nehme an, vor allem wegen der Nennung des mit Silbermünzen gefüllten silbernen Pokals, die er als Gegengabe für seine Widmung erhalten hatte. Wie nützlich eine solche Vermittlerrolle sein konnte, erwies sich umgehend daran, daß Kurfürst Albrecht wenige Tage später einen Brief an Erasmus diktierte, in dem er aus Frankfurt von dem verantwortungsvollen Geschäft der Kaiserwahl berichtete.[26] Dabei lobte er den englischen Gesandten Richard Pace, einen alten Freund des Erasmus, den Heinrich VIII. beauftragt hatte, seine Kandidatur ins Spiel zu bringen, um die Wahl des französischen Königs, Franz I., zu verhindern.

Ungewöhnlich und über die normalen Beziehungen zwischen Humanisten hinaus ging die Widmung der More-Biographie an Ulrich von Hutten, die Erasmus schon am 23. Juli 1519 in Löwen datierte.[27] Die erste Frage, warum Erasmus jetzt meinte, die offenbar längst vorbereitete biographische Skizze seines besten Freundes in dieser Situation zu veröffentlichen, läßt sich kaum beantworten. Eher findet sich eine Antwort darauf, welche Botschaft er damit Hutten vermitteln wollte: Thomas More galt als des Erasmus bester Freund, ein politischer Anwalt in Diensten des englischen Königs, von bürgerlicher Herkunft, aber mit Aussicht auf hohe staatliche Ämter, das Idealbild eines durch Kompetenz und Zivilität erfolgreichen Beamten des Königs, der nicht durch höfische Intrigen, Machtgier und Opportunismus aufgestiegen war. Erasmus hat bald darauf eine andere Biographie eines seiner englischen Freunde, des Londoner Dean von St. Paul's John Colet, an Justus Jonas verfaßt, um diesen – vergeblich – vom Abfall vom Humanismus zur Reformation abzuhalten.[28] Eine direkte Warnung kann gegenüber Hutten noch nicht die Absicht des Erasmus gewesen sein; dies ergibt erst ab Ende 1520 einen Sinn: Deshalb war dieser Freundesdienst eine bewußte Hervorhebung Huttens – und nur sehr allgemein eine Mahnung zu zivilisiertem Verhalten an den ungestümen Ritter.

Ein letztes Beispiel für diese besondere Beziehung: Im Jahr 1519/20 hat Erasmus mehrere Gutachten (Judicia) – meist in Briefform – zum Lutherfall verfaßt, welche alle die Distanz seiner „eigenen Bildungsangelegenheiten" zu Luther in den Vordergrund stellten, aber dennoch voll auf der Linie der Lutherschutz-Politik lagen, d. h., der kirchliche Prozeß gegen Luther – die Causa Lutheri – sollte nicht zur physischen Vernichtung Luthers führen. Zwei der bekanntesten und wichtigsten Judicia sind an deutsche Kurfürsten im Vorfeld des Thronwechsels im Reich 1519/20 gerichtet: Das eine an Kurfürst Friedrich den Weisen von Sachsen, das andere an Kardinal Albrecht von Brandenburg, als Erzbischof von Mainz Kanzler des Reiches. Wohl das weitestgehende Judicium, gekennzeichnet von einer wohlwollenden Neutralität, ist das vom Oktober 1519 an Erzbischof Albrecht von Mainz. Für dieses Gutachten spielt Hutten eine eigenwillige, fast bedenkliche Rolle. Das Erasmus-Gutachten ist nicht selbst von Albrecht bei Erasmus, sondern von dem mit Luther sympathisierenden Kreis von Humanisten am Mainzer Hofe bestellt worden. Als Vermittler dieser Aktion wird wegen seiner besonderen Beziehungen zu dem Humanisten Erasmus Ulrich von Hutten beauftragt. Dieser trat an Erasmus heran und erbat für seinen Fürsten eine Stellungnahme, die Erasmus auch umgehend ablieferte. Sein Urteil sandte Erasmus zusammen mit einem Brief an Hutten, die beide „im gleichen Umschlag" steckten. Hutten solle damit verfahren, wie es ihm gut dünke: ihn dem Fürsten übergeben oder, wenn es ihm richtiger erschiene, „durch Feuer oder Wasser" vernichten. Bald mußte er jedoch erkennen, daß man ihn getäuscht hatte. Albrecht bekam den Brief nicht zugestellt (erst Monate später erhielt dieser auf wiederholtes Insistieren das völlig mit Druckerschwärze verschmutzte Original vorgelegt); zahlreiche Abschriften flogen durch viele Hände in allen Gegenden; das vertrauliche Schreiben erschien umgehend bei Huttens Drucker in Mainz – zuerst nach dem lateinischen Originaltext (mit einigen von Erasmus monierten Veränderungen), dann auch in Deutsch bei demselben Drucker. Noch nach einer Abschrift kommentierte Luther am 26. Januar 1520 im Brief an Johannes Lang in seiner sarkastischen Art diese Stellungnahme: „Der herrliche Brief des Erasmus über mich ist in vieler Hände, womit er mich so beschützt, als täte er es gar nicht."[29] Aus diesem handschriftlich und gedruckt verbreiteten, lateinisch und deutsch publiziertem Erasmus-Gutachten wurde im Laufe des Jahres 1520 die bedeutendste publizistische Unterstützungsaktion für Luther durch Erasmus – vermittelt durch Hutten.[30] Die Rolle Huttens dabei ist wiederholt diskutiert worden und sollte noch weiter geklärt werden: Erasmus hat, wie allgemein angenommen wurde, dieses Gutachten nicht speziell für den alleinigen Gebrauch Albrechts verfaßt, sondern dabei wohl an ein beschränktes Publikum gedacht – mindestens des Mainzer Hofes, damit aber auch an dessen Filialen in Magdeburg und Erfurt. Für Kalkoffs Annahme, daß Hutten wegen seiner inferioren Stellung am Hofe die von ihm ausgelöste Aktion kaum unter Kontrolle halten, noch steuern konnte, spricht etliches. Kaegi vermutet richtig, daß Erasmus diese Eigenmächtigkeit persönlich nicht übelnahm. Erasmus stellte ihn in Löwen deswegen zur Rede – und damit war die Sache bereinigt, bis zum Bruch 1522/23, wonach er ihm diese Geschichte als groben Vertrauensbruch in der Spongia vorrechnete. Ich meine, daß Hutten nicht für die deutsche Version verantwortlich zu machen ist, da sie bei Grimm und Wirsung in Augsburg über Vermittlung von Pirckheimer und Adelmann gedruckt worden ist.[31]

*Die Auflösung der Freundschaft*

Sie macht sich zuerst bemerkbar anläßlich Huttens Besuch bei Erasmus in Löwen im Juni 1520. Sickingen, der davor am Habsburger Hof in Brüssel Verhandlungen geführt hatte, vermittelte Hutten offenbar den Eindruck, daß er dort am Hofe gewisse Chancen hätte. Das war für Hutten vor allem von Interesse, da er am Mainzer Hof auf Dauer nicht mehr bleiben konnte. Auf dem Wege nach Brüssel machte er am 20./21. Juni bei Erasmus in Löwen Station. Vordergründig wollte er von Erasmus Empfehlungsschreiben für den Hof – die ihm Erasmus auch mitgab.[32] Solche Reisen zum „weitberühmten" Erasmus waren in dieser Zeit nicht ungewöhnlich. Es seien nur zwei für diesen Zusammenhang wichtige erwähnt: Im Mai 1519 war eine kursächsische Delegation unter G. Schalbe und J. Jonas bei Erasmus in den Niederlanden, um diesen für die Lutherschutzpolitik des Kurfürsten Friedrich von Sachsen zu gewinnen. Auch von dem kaiserlichen Rat Johannes Fabri OP aus Augsburg wurde Erasmus 1520 in Löwen besucht, um sich mit dessen Hilfe am Hofe Karls V. die Würde eines Hofrates bestätigen zu lassen.[33] Über diesen Fabri übermittelte Erasmus an den Kölner Fürstentag im November 1520 seinen Ratschlag („Consilium cuiusdam") eines neutralen Schiedsgerichtes von unabhängigen Gebildeten zur außergerichtlichen Beilegung des Lutherprozesses. Diesen „Ratschlag" des Erasmus zur Beilegung des Lutherfalles im Vorfeld des Wormser Reichstages bildete dann einen der Hauptangriffspunkte gegen die Unentschiedenheit des Erasmus in Huttens „Expostulatio". – Erasmus galt zu dieser Zeit den verschiedenen „Wallfahrern" nach Löwen demnach als jemand, der am Habsburgerhof einen gewissen Einfluß hatte und in der kaiserlichen Politik eine Rolle spielte.

Hutten nahm am 20. Juni in Löwen die Gelegenheit wahr, Erasmus in seine Pläne des „Pfaffenkrieges" gegen die Römlinge und Kurtisanen der römischen Papstkirche einzuweihen. Als Feind aller Gewalttätigkeit reagierte Erasmus (seinem späteren Bericht entsprechend) heftig ablehnend: Er könne die Kriegspläne gegen die Pfaffen nur als schlechten Scherz verstehen, denn der Papst sei militärisch gar nicht so schwach und habe obendrein viele Verbündete. Überhaupt haben die Mönchsorden und Kirchenfürsten großen Einfluß in den Ländern. Kurz, die Huttenschen Pläne seien riskant, undurchdacht und töricht; deswegen wolle Erasmus damit nicht weiter behelligt werden. Eine Bemerkung des Erasmus scheint besonders aufschlußreich (die er an diesem Tag an Melanchthon brieflich machte:[34] Auch der Habsburger Hof in Brüssel werde von den (Bettel-) Mönchen beherrscht und sei deswegen zu gefährlich für Hutten. Deswegen dürfte es für Hutten eher darum gegangen sein, den sich verstärkenden Verfolgungsmaßnahmen der Kirche gegen Hutten über den Kaiserhof entgegenzuwirken. So gesehen, erreichte Hutten mit dieser Reise einen glatten Mißerfolg. Ob er überhaupt bis zum Erzherzog Ferdinand hat vordringen können, ist sehr zweifelhaft. Hutten berichtet dann später, alle seine Gesprächspartner hätten ihm eindringlich geraten, umgehend den Hof zu verlassen, weil die Lage zu bedrohlich für ihn sei. Die Warnungen vor der Macht der kirchlichen Partei haben ihn umgehend dazu gebracht, Brüssel wieder zu verlassen. Er reiste jedenfalls unverrichteter Dinge wieder ab, ohne irgendwelche Unterstützung von kaiserlicher Seite gegen die Nachstellungen der römischen Kurie zu erhalten. Kurz darauf mußte er erfahren, daß auch in Mainz der Boden für ihn zu heiß geworden war, weshalb ihm nur noch der Schutz des mächtigen Condottieri Franz von Sickingen übrigblieb.

Der Rückzug auf die Ebernburg Sickingens dürfte auch der eigentliche Wendepunkt in der Beziehung zwischen Hutten und Erasmus gewesen sein. Damit begab sich Hutten in die Abhängigkeit von Sickingen und auf den von Erasmus verabscheuten Weg der militärischen Gewalt. Auch von seiten der Fürsten war keine Unterstützung zu erwarten. Luther hatte längst den Weg der gewaltsamen Bekehrung abgelehnt: Der heilsentscheidende Glaubensakt konnte nur durch persönliche Überzeugung, d. h. durch Predigt, Bibellesung und göttliche Erleuchtung erreicht, jedenfalls nicht von außen erzwungen werden.

Bevor sich die lähmende Phase des Schweigens zwischen beiden ab Spätherbst 1520 ausbreitete, schrieb Hutten noch zwei, zufällig erhaltene Briefe an Erasmus.[35] Beide sind auf der Ebernburg geschrieben und einem Sekretär diktiert worden: Im ersten findet sich die erste ernsthafte Kritik an der Haltung des Erasmus in der Reuchlin- und Luthersache. Für Erasmus entscheidend dürfte die Aufforderung gewesen sein, wenn er schon die Angelegenheit Huttens, den Pfaffenkrieg gegen die Römlinge, nicht unterstützen könne, so möge er sich wenigstens zurückhalten und Stillschweigen bewahren. Doch dies wird noch alles im Tenor der ernsten Sorge um die Erhaltung ihrer Freundschaft vorgetragen. Ebendies ist auch der Tenor des zweiten Briefes vom 13. November, in welchem Hutten Erasmus anfleht, das reformfeindliche Löwen zu verlassen – und, wie er es schon längst plant, nach Basel überzusiedeln. Ob Erasmus auf diese Schreiben geantwortet hat, wissen wir nicht –

jedenfalls brach nun eine Zeit der Sprachlosigkeit herein, in der vor allem Hutten seine eigenen Wege ging, die mit den humanistischen Zielen, wie sie von Erasmus seit jeher propagiert und beschrieben wurden, überhaupt nicht mehr zu vereinigen waren.

Daß Sickingen Hutten eine Art Werbebüro zur Produktion von Flugschriften bereitstellte, wodurch er für seine Ziele des antirömischen „Pfaffenkrieges" werben konnte, darf nicht darüber hinwegtäuschen, daß Hutten sein Schicksal damit von dem militärischen Glück Sickingens als kaiserlichem Feldherren abhängig machte. Nachdem Sickingen im unglücklich verlaufenen lothringischen Feldzug ziemlich mittellos und machtlos dastand, versuchte er in völliger Fehleinschätzung der Kräfteverhältnisse im Reich einen abenteuerlich anmutenden Handstreich gegen das Erzbistum Trier durchzuführen, der endgültig die mächtigen Fürsten, namentlich den hessischen Landgrafen, den Pfalzgrafen zu Rhein und den Erzbischof von Trier gegen sich auf- und zusammenbrachte. In den Aktionen Sickingens spielte Hutten militärisch keinerlei Rolle, wir wissen nicht einmal, ob er überhaupt an den Operationen selbst teilnahm. Als jedenfalls Sickingen, in die Ecke gedrängt, sich auf der Ebernburg einigelte, wurde er mit anderen Intellektuellen, namentlich Martin Bucer und Oekolampad, in Gnaden als waffenuntauglich entlassen. Während aber Bucer nach Straßburg und Oekolampad nach Basel gehen konnten, waren etliche Reichsstädte für Hutten verschlossen, so Straßburg, Frankfurt und Worms – und die Schweizer Städte nur bedingt offen für ihn. Im Spätherbst 1522 tauchte Hutten – nach einem kurzen Zwischenaufenthalt in Schlettstadt, wo er ein Sondierungsgespräch mit Beatus Rhenanus führte – um den 25. November in Basel auf. Dort nahm er im Gasthaus Zur Blume Quartier. Der Rat der Stadt schickte ihm den üblichen Becher mit Ehrenwein für hohe Gäste und etliche Honoratioren und Anhänger der Reformationspartei suchten ihn auf. Für Hutten war es verständlicherweise ein Herzenswunsch, Erasmus zu sprechen, den er vor über zweieinhalb Jahren in Löwen getroffen hatte und der gewissermaßen als ein von der alten Kirche Verfolgter nun in Basel seinen Alterssitz genommen hatte. Die Schlettstädter Drohung, er werde dem Erasmus „Mut machen", die diesem diskret mitgeteilt wurde, dürfte Erasmus mit Recht erschreckt haben. Auch inhaltlich war der Hauptpunkt, weshalb Erasmus Mut gemacht werden müsse, deutlich: Er habe sich in der Luthersache erst zu neutral zurückgehalten, nun scheine er sich ganz auf die altkirchliche Seite zurückzuziehen. Trotzdem scheint Hutten von der Überzeugung ausgegangen zu sein, daß ihre freundschaftliche Verbindung noch bestünde. Ohne sich in psychologische Interpretationen zu versteigen, kann man ohne weiteres nachvollziehen, wie wichtig für Hutten in dessen fataler seelischer Verfassung ein klärendes Gespräch mit Erasmus gewesen wäre. Das Begehren Huttens, mit Erasmus persönlich zu sprechen, ist jedenfalls unmittelbar einsichtig. Viel schwieriger ist zu verstehen, warum sich Erasmus dieser Pflicht entzog.

Der Sachverhalt ist durch die vielfältigen Erklärungsversuche des Erasmus noch schwerer aufzuklären. Rekonstruiert werden kann der äußere Hergang: Heinrich von Eppendorf, mit dem Erasmus in Basel ständig Kontakt hatte und der die Verbindung zwischen ihm und Hutten aufrechterhielt, bekam von Erasmus den Auftrag, Hutten mit verbindlichen Worten von einem persönlichen Besuch bei ihm abzuhalten. Solche Zurückhaltung erbat sich Erasmus als Freundschaftsdienst des flüchtigen, todkranken Hutten. Dieser erlebte dies sicherlich als schwere Kränkung und Zurückweisung. Erasmus gab dann vielerlei Gründe für sein Verhalten an, auch nachträglich: Kompromittierung, Unwillen seiner kirchlichen und fürstlichen Gönner, Huttens ruhmredige Ansprüchlichkeit, Ansteckungsgefahr und die deutschen Heizungsverhältnisse – oder die Gefahr, Hutten würde sich bei ihm auf seine

Unkosten einnisten wollen, womit er die ganze oppositionelle Meute der Basler Reformatoren ständig im Hause hätte. Alle diese echten und vorgeschobenen Gründe sagen nur eines: Erasmus wollte sich mit Huttens Schicksal nicht verbinden und vermied deshalb jeden direkten Kontakt mit ihm. Mit seinen ständigen Rechtfertigungen machte er die Situation nur noch schlimmer. Eine Situationsskizze, welche Hutten in seiner „Expostulatio" gibt, beleuchtet die Verhältnisse etwas: Er habe trotz des Winters stundenlang auf dem Marktplatz und auch vor dem Hause des Erasmus gestanden und mit Bekannten diskutiert, was Erasmus kaum entgangen sein könne. Erasmus fühlte sich dadurch zusätzlich provoziert, Hutten dagegen noch stärker zurückgestoßen. Hutten konnte sich nur knapp zwei Monate in Basel aufhalten, dann wurde er mehr oder weniger deutlich zur unerwünschten Person erklärt. Daran war er sicherlich selbst nicht ganz unschuldig, doch der Hauptgrund dürfte im äußeren und inneren Druck auf den Basler Rat gelegen haben: Hutten hat einen seiner berüchtigten Fehdebriefe gegen den Pfalzgrafen Ludwig verfaßt (weil der einen seiner Knechte kurzerhand hatte köpfen lassen), und sich mit einer heftigen Beschwerdeschrift gegen einen Basler Arzt, der ihn angeblich falsch behandelt hatte, unbeliebt gemacht. Ein erneuter Aufruf zum allgemeinen Kampf gegen die römischen „Kurtisanen" dürfte die noch starke kirchliche Partei in Basel gegen ihn mobilisiert haben. Mit der Frage, inwieweit Erasmus an der Ausweisung beteiligt oder unschuldig daran war, stoßen wir, wie oft in vergleichbaren Fällen, ins Leere.

Bereits nach Mitte Januar 1523 floh Hutten bei Nacht und Nebel ins nahegelegene, der Eidgenossenschaft zugewandte Mülhausen, wo er im Haus der Augustiner-Chorherren vorläufig Unterschlupf fand. Von hier hielt auch Eppendorf die Verbindung, wenn auch auf sehr unglückliche Weise, mit Basel aufrecht. Huttens Groll und Entschluß, einen Fehdebrief nun auch gegen Erasmus zu schreiben, konnte er nicht dämpfen. Er überbrachte Erasmus zwar die Nachricht von der Bedrohung durch Hutten und Erasmus und suchte durch einen Brief[36] jenen zu beschwichtigen und zu einer brieflichen Aussprache seiner Beschwerden zu bewegen, aber Huttens Furor war, genährt durch den Brief des Erasmus an Laurinus nach Löwen[37] nicht mehr zu bremsen. Hutten hatte von diesem Brief noch im April eine Abschrift zugespielt bekommen. (Der Druck kam erst im Mai 1523 bei Martens in Löwen heraus.) Wohl auch durch Vermittlung Eppendorfs kam Huttens „Expostulatio" in Straßburg im Juni 1523 bei Schott heraus, gelangte unmittelbar danach in die Hände des Erasmus – und löste damit bei Erasmus heftigste Reaktionen aus.

Huttens „Expostulatio" gegen Erasmus enthält, wie der Titel ausweist, vor allem Ausführungen die „Lutherische Sach betreffend". Damit wird allerdings eher verdeckt, daß drei andere Punkte für die Schrift mindestens als Anlaß wichtig waren: Erstens die Weigerung des Erasmus, Hutten bei dessen fast zweimonatigem Aufenthalt in Basel zu empfangen; zweitens der lange Brief des Erasmus an Laurinus über sein Verhältnis zur Kirche und zu Luther und drittens Huttens „Pfaffenkrieg", den der Pazifist Erasmus überhaupt nicht billigen mochte. – In seiner vergleichsweise langen Schrift beginnt Hutten über mehrere Seiten sehr emotional über die Zurückweisung durch Erasmus zu sprechen. Auch wenn ihm sein Stolz verbietet, es offen zu zeigen, wird die Kränkung doch recht deutlich – besonders wenn er im weiteren Verlauf des Briefes wiederholt darauf zurückkommt –, etwa in der Wendung, Erasmus verkehre selbstverständlich mit den übelsten Kirchenmännern in Basel (Ber, Gebweiler), die ihn täglich aufsuchen können, doch seinen Freund, den er drei Jahre lang nicht gesehen hat, empfange er nicht. Dies

*Huttens „Expostulatio"*

verletzte offenbar seinen ritterlichen Stolz: Schließlich sei er der „erste und führnehmste" gewesen, der für Erasmus eingetreten sei. Daß Erasmus keine solche Freundschafts-Verpflichtungen gehabt hätte, kann ernsthaft nicht behauptet werden. Über die Gründe, weshalb er es dennoch nicht über sich brachte und damit diese heftige Reaktion Huttens auslöste, ist bereits gerätselt worden. Daß er damit Hutten zutiefst verletzt hat, wird aus diesem Brief deutlich. Eigentlicher Anlaß jedoch war, wie Hutten betont, der Brief des Erasmus an Mark Laurinus in Löwen. Als er ihn „vor drei Tagen" in die Hand bekommen hat, hat er sich spontan an diese „Herausforderung" des Erasmus gemacht. Für Hutten ist der Brief des Erasmus an den Löwener Kanoniker Laurinus der beredte Beleg dafür, daß Erasmus seine alten kirchenkritischen Positionen aufgegeben und voll in die alte Kirche zurückzukehren versuche. Hier beginnt Hutten seine Vorwürfe gegen den Renegaten Erasmus zu formulieren, welche er dann immer verletzender und persönlich beleidigender entwickelt. Es wird deutlich, daß sein eigentlicher Dreh- und Angelpunkt die Entfaltung einer Kampffront gegen die römische Papstkirche war. In der Struktur der Kirche und des Reiches sieht Hutten ja nicht ganz zu Unrecht eines der Hauptübel der Zeit. Andererseits hat Hutten Erasmus für seine guten und fruchtbaren, aber durchaus nicht unkritischen Bildungskontakte auch zu vielen Repräsentanten der Kirche unehrenhafte Motive unterstellt: Schwachheit, Opportunismus, Treu- und Ehrlosigkeit, charakterlose Ruhmsucht und die Gier nach Anerkennung und Geld. Für den Versuch des Erasmus, „auf beiden Schultern zu tragen", sein Bildungsanliegen in allen Parteien zu propagieren, kann Hutten nur Charaktermängel in der Person des Erasmus ausmachen – eine sachliche Diskussion der Problematik dieses schwierigen Balanceaktes findet bei Hutten nicht, bzw. nur ansatzweise statt, so etwa, wenn er scharfsinnig erkennt, daß keine der Parteien dem Erasmus seine objektive Neutralität danken werde, weil er den unausweichlich notwendigen Konflikt damit verhindern würde. So muß sich Hutten auf den schwachen Versuch einlassen, Erasmus des Umfallens zu beschuldigen, was dieser aber nicht einlösen könne: Erasmus bekämpfe neuerdings seine alten Mitstreiter für die radikale Kirchenreform und umschmeichle nun die „Kurtisanen und Romanisten" auf dieselbe schamlose Weise, welche er bislang kritisiert und bekämpft hatte. Wenn Hutten dies an einzelnen Beispielen von verratenen Freunden (Reuchlin, Hutten, Faber Stapulensis, Luther) und umworbenen Reformfeinden (Aleander, Hadrian, Glapion, Prierias, Leo X., Eck, Ber, Gebweiler) zu beweisen sucht, zeigt sich die Schwäche seines Bemühens. Hutten weiß zu wenig von den einzelnen Persönlichkeiten, bzw. mißt sie nur an der kurzen Elle der Romfeindlichkeit. Liest man die genannten und angedeuteten Texte des Erasmus, so zeigt sich die Haltlosigkeit der Argumentation, Erasmus hierin des Widerspruches zu zeihen. Dennoch hat Hutten mit den in dieser Invektive formulierten Beschuldigungen gegen den „charakterlosen" Humanisten das deutsche Erasmusbild auf Jahrhunderte hinaus geprägt. Bei allem Scharfsinn in Einzelpunkten, wo er Schwächen und Widersprüche in der Haltung des Erasmus aufdeckte, gewinnt man nicht den Eindruck, Erasmus werde des Wechsels seiner Reformpositionen oder der Doppelzüngigkeit überführt. Obendrein waren all diese Probleme in der Haltung des Erasmus zu den verschiedenen Richtungen schon lange bekannt und von Hutten in durchaus freundschaftlichen Gesprächen und Briefen kritisch vorgebracht worden, ohne daß derartige vernichtende Urteile über die persönliche Integrität des gelehrten Humanisten daraus gefolgert worden waren.

Tatsächlich hatte sich einiges in den letzten Jahren, in denen sich die beiden Männer nicht gesprochen hatten, verändert: Für Hutten war der Kampf gegen die Papstkirche in den absoluten Mittelpunkt gerückt. Die Erkenntnis, der Papst sei der

Antichrist, verband ihn mit Luther. Hierfür war Erasmus keinesfalls zu gewinnen. Daneben hatte Luther seit Herbst 1520 so endgültig mit der alten Kirche gebrochen, daß Erasmus seine Unterstützung Luthers einstellen mußte und sich von ihm seither entschieden abgrenzte. In der Gewaltfrage bzw. dem Selbstverständnis als Krieger oder Prediger gab es aber keine Gemeinschaft zwischen Hutten und Luther. Für Hutten galt die heftigste Parteinahme für den Gottesstreiter Luther als die selbstverständlichste Ehrenpflicht, so daß er das Anliegen des Erasmus überhaupt nicht mehr wahrnehmen konnte. Schließlich mußte Erasmus sich gezwungenermaßen mit dem Gedanken befassen, sich öffentlich für eine der beiden Parteien zu entscheiden. Bis zum Wormser Reichstag hatte er noch Versöhnungspläne durch ein gelehrtes Schiedsgericht propagiert, danach sah er sich jedoch von beiden Seiten, besonders aber von seinen Anhängern, gezwungen, auch öffentlich zum Lutherstreit Stellung zu nehmen. Erasmus hatte im „Catalogus lucubrationum" einen Plan entwickelt, drei Dialoge zum Freien Willen zu verfassen, worin er in einem wesentlichen Punkt seine Position im Unterschied zu Luther entwickeln wollte. (Er hat dann nur einen Teil dieses Planes in seiner „Vergleichung vom Freien Willen" verwirklichen können.)

Bei dieser Lage war es naheliegend, daß Luther als Prüfstein des Verhältnisses zwischen Hutten und Erasmus für jenen ins Zentrum rückte. Dementsprechend nimmt dieser Teil der „Expostulatio" weitgehend den Charakter einer Warnung an, gegen Luther zu schreiben. Andererseits gibt Hutten seine „Herausforderung" auch als eine Provokation an Erasmus heraus, endlich seinen Angriff gegen Luther zu eröffnen – damit ihm klar werde, wer alles auf seiner Seite *nicht* stehe.

Huttens Expostulatio kam, durch Eppendorfs Vermittlung bei Schott in Straßburg Mitte Juli 1523 heraus. Erasmus hat anscheinend sowohl eine Abschrift wie auch den Druck früh in Händen gehabt. Seine Antwort, die „Spongia adversus aspergines Hutteni", d. h. Schwamm gegen die Schmutzspritzer von Hutten, scheint in einer Woche verfaßt worden zu sein (Erasmus sagte: „innert 6 Tagen") und kam bereits Anfang September auf den Markt.[38] Der Zeitfaktor spielte in diesem Fall eine besondere Rolle, nicht wegen irgendeines Messetermins, sondern wegen Huttens Gesundheitszustandes.

Erasmus hatte sein Manuskript Ende Juli fertig, doch Frobens Druckkapazität war derzeit überlastet, so daß er erst einen halben Monat später, ab 13. August, mit dem Satz beginnen konnte. Die Druckzeit von drei Wochen war normal, wenn man bedenkt, daß die „Spongia" trotz guter Vorsätze eher lang ausgefallen war und, wie es hieß, ungewöhnlich viele Exemplare gedruckt wurden.[39] Die Widmung der Spongia an Zwingli in Zürich hat Erasmus auffälligerweise nicht datiert.[40] Hutten hatte schon Ende Mai 1523 aus dem Augustinerhaus in Mülhausen flüchten müssen und sich in den Schutz Huldrich Zwinglis nach Zürich begeben. Dieser vermittelte ihm im Juni eine Kur in Pfäfers bei Ragaz und, nach deren Mißerfolg, ein Asyl auf der Insel Ufenau im Zürichsee beim dortigen heilkundigen Leutprister Hans Klarer, genannt Schnegg. Erasmus muß bei seinem intensiven Interesse und seinen zahlreichen Informanten und Zuträgern genau über die Entwicklung Huttens informiert gewesen sein. Es gibt verschiedene Hinweise auf seine brennende Ungeduld, um seine Erwiderung auf Huttens „Herausforderung" möglichst bald herauszubringen – doch Hutten verstarb am 29. August 1523 auf der Ufenau, wovon Erasmus umgehend erfuhr; sein „Schwamm" richtete sich nun gegen einen Verstorbenen.

Damit stand Erasmus vor der Frage, ob dieses Pamphlet in dieser Form gegen einen Toten überhaupt verbreitet werden solle. Er hat die Auslieferung weder gestoppt noch verzögert, was ihm manchen Vorwurf eingebracht hat. Es gibt zwar keinen Grund von „blindem Haß und Rachsucht"[41] des Erasmus zu sprechen, doch zeigen die Umstände, wie stark sich Erasmus durch Huttens Angriff getroffen fühlte. So hat Erasmus den Druck seiner „Spongia" Anfang September nicht zurückgezogen (was auch sicher schwierig gewesen wäre); sein Brief an den Rat der Stadt Zürich gegen den schmähsüchtigen Hutten[42], womit er vor Hutten warnte und dringend bat, jenen zu „zähmen", hat aber deutlich den Charakter einer Verfolgung des Sterbenden. Hutten versuchte noch den Inhalt des Erasmus-Briefes vom Rat zu erfragen, doch sein Tod am 29. August befreite die Stadt von der undankbaren Aufgabe, hierin aktiv werden zu müssen. Die hohe erste Auflage der „Spongia" war rasch verkauft und Froben legte gleich eine neue auf. Diese umfaßte immerhin auch 3000 Exemplare, was auf einen durchschlagenden Verkaufserfolg schließen läßt. In seiner neuen Einleitung an den unvoreingenommenen Leser[43] hatte sich Erasmus zu rechtfertigen versucht, warum er gegen den verstorbenen Freund eine solche Schrift veröffentliche.

Der Inhalt der „Spongia" braucht nicht besonders erörtert zu werden. Erasmus ging Punkt für Punkt die Vorwürfe Huttens durch, auch wenn sie zum Großteil besser einfach übergangen worden wären. Er bemüht sich darum, den „asiatischen Wortschwall" Huttens zu vermeiden, doch sein lakonischer Stil bewirkte nur, daß der „Schwamm" doppelt so lang wurde wie Huttens „Herausforderung". Dabei hielt sich Erasmus scheinbar streng an sein defensiv-quietistisches Vorhaben, die ausgesprochenen Anschuldigungen zu entkräften. So brachte er ein Doppeltes zustande: Die eigentlichen Anfragen Huttens, so nach seinem Verhältnis zur Reformation oder was er mit seinem Ratschlag eines gelehrten Schiedsgerichtes beabsichtigte, beantwortete er nicht. Trotz seiner rein selbstverteidigenden Abwehr von Huttens ihn schwer verletzenden Anwürfe wurde die „Spongia" zu einer der „tückischsten Schriften" (zugleich aber auch eine der uninspiriertesten) des Erasmus. Selbst der Kulturhistoriker und Erasmusbiograph Jan Huizinga hat sie als kleinlich und unfrei verurteilt: „Als Waffe des Hasses unter die Gürtellinie gehend."[44] Wir sehen dies eher vor dem Hintergrund der starken Emotionalität dieser Humanistenbeziehung: Der auffällige Mangel an sachlichen Gegensätzen läßt eigentlich nur den Schluß zu, daß hier eine herzliche Freundschaft in heftige Abneigung umgeschlagen ist. Neuerdings hat Cornelis Augustijn eine sachliche Deutung des Konfliktes unternommen:[45] Für Erasmus bedeutete dieser Streit, durch das Erscheinen Huttens in Basel veranlaßt, den endgültigen Bruch mit Luthers Reformation. Sicher ist, daß das Verhältnis zur lutherischen Reformation für Hutten das vorzüglichste Thema in der „Expostulatio" war; doch ob das für die Antwort des Erasmus in der „Spongia" gilt, erscheint eher zweifelhaft. Sicherlich hat Hutten versucht, die Geister an Luther zu scheiden, doch Erasmus hat sich darauf gerade nicht eingelassen, sondern seine Botschaft der Förderung der „bonae litterae" als sein eigentliches Anliegen betont. Die Unterscheidung in Luther-Gegner und -Freunde lehnte er als Kriterium seiner Beziehungen strikt ab.

# Anmerkungen

1. Opus epistolarum Desiderii Erasmi Roterodami, hrsg. v. P. S. Allen, Oxford 1947 (EE), Bd. I, S. 27, Z. 5; erst in der zweiten, stark erweiterten Ausgabe vom September 1524, finden sich diese Wendungen.
2. Ebd. Z. 20-.
3. Die er erst in der 4. Ausgabe seines Novum Testamentum 1527 wieder löschte.
4. In der 2. Ausgabe.
5. EE 1437.
6. EE 1524, 11. 9. 24.
7. S. Contemporaries of Erasmus, hrsg. v. Bietenholz und Deutscher, Toronto 1985, Vol. I, S. 438–441.
8. Werner Kägi, Hutten und Erasmus. Ihre Freundschaft und Ihr Streit, in: Histor. Vierteljahresschr. 22 (1924–1925), S. 199–206.
9. Hajo Holborn, Ulrich von Hutten. Leipzig 1929; Heinrich Grimm, Ulrich von Hutten. Wille und Schicksal, Göttingen 1971; F. Rueb, Ulrich von Hutten (1488–1523). Der hinkende Schmiedegott Vulkan, Zürich 1988; Eckard Bernstein, Ulrich von Hutten, Reinbek b. Hamburg, 1988; Carlheinz Gräter, Ulrich von Hutten. Ein Lebensbild, Stuttgart 1988.
10. So der von C. Augustijn, Erasmus von Rotterdam, München 1986, S. 115–117.
11. Unter dem Datum vom 14. August, EE 300.
12. Heute: Basel MS AN IV, 2.
13. 21. September 1514, EE 305, Erstausgabe in des Erasmus De copia verborum bei Schürer in Straßburg Dez. 1514.
14. Im März 1515.
15. Fol. 555.
16. So im Catalogus Lucubrationum, EE I, S. 27.
17. EE 365.
18. EE 363 vom 19. Oktober 1515.
19. Dieser „Nobody" wurde aber erst 1518 gedruckt mit der Widmung an Crotus Rubeanus, s. Benzing, Ulrich von Hutten und seine Drucker, Wiesbaden 1956, Nr. 62–69.
20. EE II, 365 vom 24. Oktober 1515.
21. Der an Bombasius läßt sich erschließen, s. Kaegi, a. a. O., S. 234. Nr. 2a.
22. Unter dem Datum: 22. Dez. 1517, EE 745.
23. Vom 5. Januar 1519, EE 986.
24. Belli prospere omnia evenerunt, EE 986, Z. 42.
25. Das gab Hutten dann im Februar 1521 den Anlaß, im dramatischen Augenblick des beginnenden Reichstags von Worms mit seinem ehemals verehrten Reuchlin radikal zu brechen.
26. 13. Juni 1519, EE 988.
27. EE 999.
28. EE 1211, 13. 6. 1525.
29. WA. B. Nr. 242.
30. S. dazu EE IV, S. 96–99.
31. S. H. Holeczek, Erasmus Deutsch, Stuttgart 1985, I, S. 134ff.
32. So an Bischof Aloisius Marliano, EE 1114, und an Georg Halewin, EE 1115.
33. S. EE 1149; für Fabri schrieb Erasmus auch einen Empfehlungsbrief an Albrecht von Brandenburg, EE 1152 vom 9. 10. 1520.
34. Im Postscript zu EE 1113 am 21. Juni 1520.
35. EE 1135 und 1161 vom 15. 8. und 13. 11. 1520.
36. EE 1356 vom 3. April.
37. Vom Anfang Februar 1523, EE 1342.
38. Froben meldete das Ende des Druckes am 3. September.
39. Das weist auf eine Auflagenhöhe von mindestens 2500 hin.
40. Allen vermutet die erste Augusthälfte 1523.
41. H. Grimm, 1971, S. 133.
42. EE 1379.
43. Candido lectore, EE 1389 – bezeichnenderweise auch ohne Datum, wohl im Oktober 1523.
44. Erasmus, 1928 deutsch von Kaegi, S. 168.
45. Augustijn, Erasmus v. R., 1986, S. 116/17.

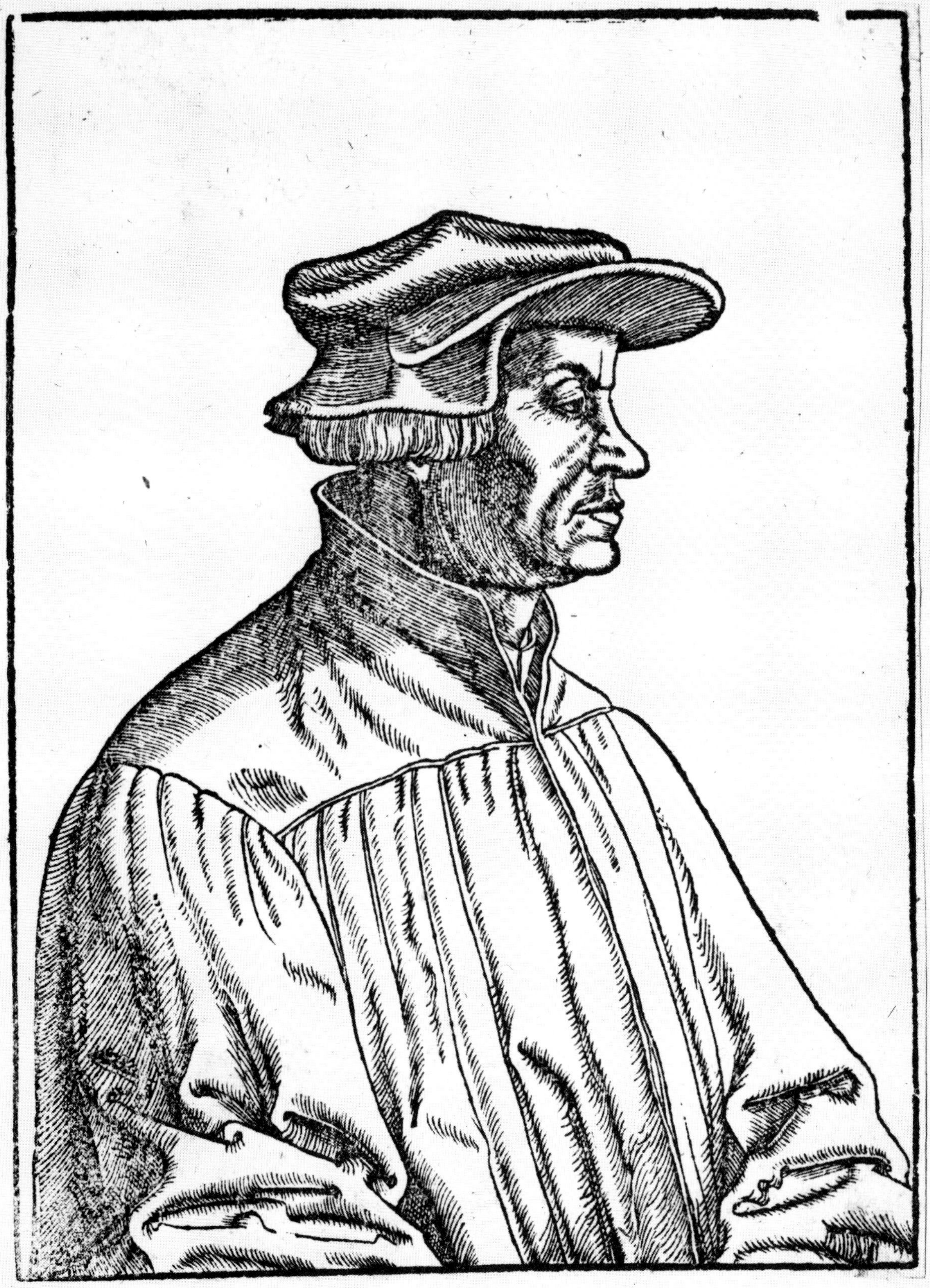

*Fritz Büsser*

# Hutten in Zürich

Unter der Überschrift „Hutten in Zürich" möchte ich in den folgenden Zeilen ein paar Spuren nachgehen, die Huttens Aufenthalt in Zürich sowie sein Asyl und Tod auf der Ufenau in der Eidgenossenschaft hinterlassen haben. Dabei soll im ersten Teil kurz an die Fakten des letzten Abschnitts von Huttens Leben erinnert werden. In einem zweiten Teil folgen dann einige kaum bekannte Quellenstücke.

1. Hutten in Zürich – das bedeutet im Leben des großen Humanisten, Publizisten und Politikers das Ende: Flucht, Asyl und Tod, einen Zeitraum von etwas mehr als einem Vierteljahr. Hutten kam bekanntlich im Mai 1523 über Mülhausen und Basel nach Zürich. Wie Hans Gustav Keller in seiner schönen Berner Habilitationsschrift „Hutten und Zwingli" ebenso ausführlich wie einfühlsam erzählt, fiel seine Ankunft in Zürich in eine außerordentlich bewegte Zeit. Ende Januar 1523 hatten Bürgermeister und Räte nach gewalteter Disputation Zwingli zur Fortführung seiner Reformtätigkeit grünes Licht gegeben: er möge mit der Predigt des Evangeliums weiterfahren.

Dieser Beschluß brachte es mit sich, daß Zwingli gerade zur Zeit der Flucht Huttens nach Zürich mehr als beschäftigt war. Neben seiner Predigttätigkeit verfaßte er in dieser Zeit nicht weniger als vier umfangreiche und grundlegende Schriften: die „Auslegen und Gründe der Schlußreden" (14. Juli; die erste, nach der Loci-Methode gestaltete evangelische Dogmatik in deutscher Sprache), die Traktate „Von göttlicher und menschlicher Gerechtigkeit" (30. Juli; die bedeutendste Schrift Zwinglis zu Fragen der Politik, Gesellschaft und Wirtschaft) und „Quo pacto ingenui adolescentes formandi sint" (1. August; christliches Lehrbüchlein, 1526 auch deutsch: „Wie man die Jugend in guten Sitten und christlicher Zucht erziehen und lehren soll") und „De canone missae epichiresis" (29. August; „Versuch über den Meßkanon", d. h. eine Kritik des bisherigen Vorschlags eines neuen Meßgottesdienstes). Das alles in einer Atmosphäre, die alles andere als ruhig war; wie Zwingli nicht zuletzt in der an Theobald von Geroldseck gerichteten Widmungsrede zur Epichiresis an Huttens mutmaßlichem Todestag schreibt,

„gibt es, zumal in deutschen Landen, kaum noch einen Winkel, den nicht der Wohlgeruch des Evangeliums erfüllte. Was zögern wir also, endlich loszuschlagen und die Festungen zu zerstören, die sich gegen die Gotteserkenntnis aufgetürmt haben? Unsere Feinde sind schon ratlos. Denn wenn sie sich auf die Wahrheit der Schrift stützen könnten, wären sie schon längst angetreten. In allen ihren Lagern aber herrscht Verwirrung. Nur grimmige Drohungen und ganz armselige Pfeile schießen sie ab. Wer davor zurückweicht, hat es vergeblich unternommen, Christus zu predigen. Denn welch ein besseres Los könnte wohl unserem vergänglichen Leib beschieden sein, als im Weinberg des Herrn zu sterben und düngend den Boden zu verbessern, damit die so genährten Weinstöcke dem Herrn reiche Frucht bringen? Mit seinem Blute hat Christus die Kirche gegründet, mit seinem Blute wird er sie wieder reinigen. Wir brauchen also nicht mehr allzu ängstlich auf das Ärgernis Rücksicht zu nehmen. Denn wer kann schon weiter vor den Kopf gestoßen werden als die, welche, im Irrglauben verharrend, das Wort nicht annehmen wollen? Auf diejenigen muß man endlich Rücksicht nehmen, die die Lehre Christi angenommen haben, damit nicht die wieder wankelmütig werden und Anstoß nehmen, die schon für sie gewonnen waren, zumal doch alles klar und deutlich gelehrt und nichts behalten wird, was Christus widerstreitet." (Dok. 1)

*Bildnis Huldreich Zwingli, nach Hans Asper (Kat.-Nr. 4.97)*

H. G. Keller schreibt, man wisse zwar nicht, ob Zwingli und Hutten einander persönlich getroffen hätten, geschweige denn, „welches der Inhalt ihrer Gespräche war und welchen Eindruck beide voneinander gewannen. Es ist jedoch zu vermuten, daß sie einander begegnet sind. Zwingli wird die Gelegenheit kaum verpaßt haben, den berühmten Gast zu begrüßen und willkommen zu heißen. Aber denkwürdig bleibt auf immer Huttens Aufenthalt in Zürich. Nicht häufig haben in einer schweizerischen Stadt zwei Männer – wenn auch nur für eine kurze Frist – mit- und nebeneinander gelebt, deren Wort, Werk und Vorbild in derselben unverwüstlich jugendlichen Kraft durch die Zeiten weiterwirken, wie dies bei Hutten und Zwingli der Fall war."

Bei aller Unkenntnis von Einzelheiten scheint jedoch eines sicher: Zürich war damals ein Hort Vertriebener, Zwingli ein Vater für alle Verfolgten. Es ist darum mit guten Gründen (Dok. 2/3) anzunehmen, daß der Reformator sich persönlich um Huttens Schicksal kümmerte und sich für dessen Unterkunft und Pflege verwendete. Der todkranke Flüchtling verbrachte zuerst einige Wochen in Zürich selber – allerdings im Verborgenen, d.h. eher in einem der Siechen-Klöster oder bei Freunden Zwinglis als in einer Herberge. Im Juli weilte er – ohne Erfolg (Dok. 4) – im Bad Pfäfers, wo Zwingli selber sich vier Jahre zuvor von der Pest erholt hatte und in Abt Johann Jakob Russinger einen Vertrauten hatte. Schließlich begab sich Hutten auf die Insel Ufenau im Zürichsee, die heute noch dem Kloster Einsiedeln gehört. Dort wurde er von dem heilkundigen Pfarrer Hans Klarer, genannt Schnegg, gepflegt, bis er – aller äußern und innern Kämpfe müde – am 29. August 1523 starb.

Hutten wurde auf dem alten Friedhof der Pfarrkirche St. Peter und Paul auf der Ufenau begraben. 1545 errichteten ihm Freunde einen Grabstein mit der lateinischen Inschrift „Hier ruht der goldene Ritter, ein wortgewaltiger Redner, Hutten, der Seher-Poet, mächtig mit Feder und Schwert." (Dok. 5 und 6)

Während der Stein längst verschwunden ist, wurde im 20. Jh. das Grab und Skelett Huttens wieder entdeckt: nicht schon 1959, wie Linus Birchler geglaubt hatte, sondern erst am 2. Nov. 1968 durch Erik Hug. Huttens Gebeine ruhen seit dem Allerseelentag 1970 definitiv in der Grabstätte, die man ihm in einer schlichten ökumenischen Feier auf der Ufenau am 22. Juni errichtet hat (vgl. Dok. 7).

2. Zur Illustration der vorstehenden wichtigsten Fakten zum Thema „Hutten in Zürich" stelle ich im folgenden noch ein paar literarische Spuren zusammen – eher verstreute und kaum bekannte Texte aus Briefen und Chroniken des 16. Jhs., sowie – als Kuriosum aus der Gegenwart – die farbige Schilderung jener verfrühten Bestattung Huttens, die 1959 stattgefunden hat.

Verzeichnis der Dokumente

1 Huldreich Zwinglis Sämtliche Werke. Unter Mitwirkung des Zwingli-Vereins in Zürich hrsg. v. Emil Egli, Georg Finsler et al., Bd. II, Leipzig 1908, S. $556_{25}$–$557_1$. Übersetzung nach Fritz Schmidt-Clausing, Zwinglis Kanonversuch, Frankfurt a. Main 1969, S. 10.

2 Heinrich Bullingers Reformationsgeschichte nach dem Autographon hrsg. auf Veranstaltung der vaterländisch-histor. Gesellschaft in Zürich von J. J. Hottinger und H. H. Vögeli. 3 Bde. Frauenfeld 1838.
a) S. 308, b) S. 113

3 Brief des Erasmus an die Zürcher Obrigkeit. Basel 10. August 1523, in: Erasmus, Desiderius. Opus epistolarum Des. Erasmi Roterodami. Denuo recognitum et auctum per P. S. Allen et H. M. Allen. Tom. 5. Oxonii 1924, S. 311, Nr. 1379.

4  Brief Huttens an Zwingli nach Mitte Juli 1523, in: Huldreich Zwinglis Sämtliche Werke, Bd. VIII, Leipzig 1914, S. 93/94, Nr. 308. Übersetzung nach Walter Köhler, Das Buch der Reformation Huldrych Zwinglis, von ihm selbst und gleichzeitigen Quellen erzählt durch W. K., München 1926, S. 104f., Nr. 141.

5  Johannes Kesslers Sabbata. Mit kleineren Schriften und Briefen. Unter Mitwirkung von Emil Egli und Rudolf Schoch hrsg. vom Historischen Verein des Kantons St. Gallen. St. Gallen 1902, S. 88f.: Von herr Huldrichen ab Hutten, ritter.

6  Johannes Stumpfs Schweizer- und Reformationschronik, I. Teil, hrsg. von Ernst Gagliardi, Hans Müller und Fritz Büsser. Basel 1952, S. $180_{24}$–$181_{12}$: Von her Ulrichen von Hutten, poeten, wo der gestorben und vergraben ist.

7  Conrad Gessner. Bibliotheca Universalis. Zürich 1545, fol. 342 s.

8  Ufnau – die Klosterinsel im Zürichsee. Hrsg. von Ulrich Gut und Peter Ziegler. In Gemeinschaftsarbeit verfaßt von dankbaren Freunden der Insel. Vorwort von Dr. Georg Holzherr OSB, Abt von Einsiedeln, Stäfa 1983, S. 141f.

Dok. 2

Der täglich überlouff von Rychen armen heymschen und frömbden, tag und nacht, was imm fast beschwärlich. Die vertriben warend von des gloubens wågen, fluchend zů imm, alls einem vatter. Vil lůffend inn an, vmm fůrdernussen, an ein ersammen radt Zůrych, vnd an andere eeren fůrnemmen gewaltige lůth. Nieman ließ er vngetröst von imm. Jederman empfieng er gar fruntlich, und wenn er nitt me mocht, erzeigt er sich doch alls der gern sin bests gethan, wann er könne vnd gemögen. Vnd hie, wie er nieman gern sine dienst abschlůg, und vil me zů gůtig vnd frygåb dann zů ruch und beheb was, ward er vil von vilen glychßneren betrogen, und zytlicher gůteren zů schaden gebracht, bis er zůletst denocht erlernt fůr sich zů såhen. Barmhertzig ist er fůrus gesin. Gåchzornig, aber er behielt kein vnwillen lang, was weder nydig noch håssig mocht nyd haß vnd siner widerwertigen schmach und lesteren gedultig lyden und tragen. Vnd doch wo es nodt was sin vnschuld und gůten namen retten vnd schirmen.

Es kam ouch domalen zum ersten, Herr Vlrych von Hutten, ein Fränckischer edelman und ritter in die Eydgnoschafft, gen Zůrych. Diser was ein poët und fast gelerter man, welcher vil wider Hertzogen von Wirtemberg geschriben hat, ouch sich yngelegt und gestritten für den Reuchlin, wider die prediger mûnch. Er was anhängig dem Evangelio, hat vil zů fůrderung des selbigen Tůtsch und Latin geschriben. Hatt sich ein zyt enthallten by Frantzen von Sickingen. Zů letst ist er hinuff von Zůrych gefaren, in die Insel des Zůrychsews, Vffnow, zů H. Hansen Schneggen, welcher die Blatern und Låmy artznet, vnd by disem ist gedachter ritter von Hutten, gestorben, vnd in der Vffnow begraben, zů vßgenden Augsten, Anno 1525.

Dok. 3

ERASMVS VSS ‹BASEL›

VIL heils, grossmechtigen mine Herren. Ich acht wol ir wüssind wie ich bisshar nitt allein von des gemeinen nutzes vnd gůtter künsten, sonnder ouch der Euangelischen ler wegen flissig gearbeitet hab, mit yedermans nutz vnd niemas schaden. Vnd ist gechlingen herfür gewüscht. Vlrich von Hutten, dem ich allwegen gůts gethan, vnd inn nie, weder mit worten noch wercken verletzt hab, der selbig hatt ein büchlin wider mich lassen vssgan, nit allein min lümbden antreffend, sonnder ouch dobechtig follen offenlicher lügen vnd bübscher schelckungen, darnebent ouch ander gůtt menner, diser schmechung vnwirdig, begriffende, darinn er ouch weder dess Bapsts noch Keisers schonet. Diss schrib ich aber nit darumb, das ich im verbume, dass ůwer güttikeit inn also by ůch ladt wonen, damit er nit inn siner vffsetzigen finden hend komme, sonnder das er die selb ůwer güttikeit nit missbruche zů einem geilen vnd můttwilligen schriben, das da treffenlich schadet dem Euangelischen handel, andren gůten künsten, ouch gmeinen sitten; darzů ouch das nit vss dess vngezempten Frefenheit vwerer landtschafft villicht in zůkünfftigem etwas schadens oder schand entspringe; dann er ietzmal gar nüdt zůuerlieren hatt. Darumb so ir sin můttwilligkeit ein wenig zemen, werdent ir mir nit as ein grossen dienst vnd nutz, als andren künsten, die er befleckt bewyssen. Ir werdent ouch vwer landtschafft ein vast nutzlich ding thůn, die ich allweg in grossem wesen zůsin beger.

Gott behüt ůch, wolgeachten mine Herren; vnd ist etwas darin ich ůch dienen kan, wil ich willig erfunden werden.

Basileae Natali Laurentii Anno etc. xxiii°.

Den grossmechtigen vnd vbertrefflichen Herren, Herren gwalthaberen vnd regenten der statt Zürich.

Dok. 4    141. [Ulrich von Hutten an Zwingli, Ende Juli 1523, aus dem Lateinischen:] Bei den Bädern [in Pfäfers, wohin ihn Zwingli geschickt hatte] ist es mir gar nicht gut gegangen, sie sind nicht warm genug. Schlechthin nichts zur Wiedergewinnung meiner Gesundheit scheint all die Mühe und Gefahr beigetragen zu haben, die ich aufwandte. Aber ich kann nicht sagen, wie gütig und menschenfreundlich mich der Abt [Johann Jakob Russinger von Pfäfers] behandelt hat. Danke ihm in meinem Namen, wenn Du ihm einmal schreibst; denn Dir und dem Komtur [Schmid von Küsnacht] zu liebe ist er mir gefällig gewesen. Als ich ging, bat er mich inständigst, ich möchte doch einige Wochen ganz bei ihm ausruhen. Auch für Pferde und sonstige Lebensbedürfnisse sorgte er reichlich. Er riet, bei Gelegenheit die Bäder wieder aufzusuchen, daß sie mir jetzt nicht nützten, habe am Regen gelegen, der alle diese Tage hindurch in's Bad hineinregnete. Beständig gab es kalte Wassergüsse; entweder schüttete es vom Himmel, oder das eben herabgekommene Wasser brach aus den Felsen hervor, und mitunter bedrohten die gewaltigen Sturzbäche auch die Badehäuschen. Soviel von den Bädern, als mir gemeldet wurde, Nicolaus Prugner sei von Mühlhausen nach dort [Zürich] gekommen, außerdem Briefe für mich. Laß mich sofort wissen, wie es darum steht, und wenn es sich um Briefe handelt, gib sie dem Boten für mich mit. Ferner laß mich wissen, wo Ihr meine Herberge bereitet habt; denn heute wäre ich nach dort aufgebrochen, wenn ich nicht im Zweifel wäre, wohin ich mich wenden soll. Ich bin gewiß, ihr werdet mir beistehen. Wie's auch stehe, gib mir Nachricht und lebe wohl!

Dok. 5    Von herr Huldrichen ab Hutten, ritter.

Huldrich ab Huten (!) in dem land Wirtemberg, welcher sich nit hat wellen vernůgen lassen, nach liblich stammen und blůt edel geboren sin, sunder wol wissend, das wishait und tugend ainen zů warem riter schlachend; nach sollichem adel hat er gefochten und in so ver erlanget, das er in kunst und wishait fürtrefflichen gelert ist worden. Und do er nach siner kunst und wißenhait nach der hochen schůlen gewonhait wol hett mögen doctor werden oder ainen anderen erenrichen grad annemmen, hat er sollich titel ganzlich ußgeschlagen und veracht, vil mer geliebt on den titel gelert sin, dann nit und darfür gehalten werden, ja mit offenlichen geschriften die angetastet, so mit gelt und schenkinen mer dann mit werdschaft irer kunst hoche titel und nammen erkofen.

Ain sollich wurz, disem adelichen gemůtt ingepflantz, hat nit groser not bedorfen, wie es evangelischer warhait bericht wurde; sunder wie bald Luther anfieng broßen, war die frucht an im schon blůgend; und fürnemmlich betrachtet, wie Tütschland von römischer thyranni beschwert und berobet werde, dadurch sin blůt entzündt, das er I nit allain mit der feder, och schier (wo es gebürt hette) mit dem schwert Tütschland von sollichem triegen begerte ze entledigen. In sollicher brunst hat er etliche dialogos, das sind gesprechwis geschribne bůcher, ußgon laßen, darinn (wie man spricht) kain har gspalten, sunder fry, wie im am herzen, mit dem mund herfür tragen. Wiewol sollich hitz (besunder im anfang sollicher schweren sachen) Martino Luther und sinen verwandten nit genzlich wolgefallen, doch ist es nit übel geraten. Er hat selbst bekennt und vermaint, Gott habe Martino Luther als ainen predicanten, der sich der gwissne beschwernus besunderlich annemme, ainen senftmüttigen gaist, im aber, der sich liblicher beschwernus fürnemlich belade, als ainem ritter, unser tütschen nation zů gůtem mit worten und thaten dapferkait verlichen. Derhalben er im das sprüchwort zůgeaignet: jacta est alea, ich habs gewagt.

Etliche vermainten, er schribe mer uß nid und hass dann durst nach gerechtikait und fryhait; dann do er schier ganz Europam, das ist das drittail des erdtrich (wie er spricht in ainem brief an den Crotum) durchwandlet, ist er och gen Rom kommen. Do er aber von den römischen erkennt und verkundtschaft, ist er gefangen und ser mißhandlet worden; dardurch er zů zorn solte bewegt sin und mit solicher hitz und schärpfe sich an dem papstumb rechen wellen; Gott weist, uß was yfer entzündt. Das ist gewiß und offenbar, das in kainer arbait beduret hat, die tütschem land zů gutem, der warhait und blůgenden evangelio hete (!) mögen erschießen.

Er hat och sunst als ain poet vilerlai carmina, das sind gedicht, geschriben, zum letsten an expostulation an den obgemelten Erasmum Rhoterodamum gestelt, in welcher er mit etwas schärpfe vil sachen und besunder sin hinderhalten verwiset; vermaint, diewil menigklich uf Erasmi urtailen in sollichen gegenwürtigen spänen wart und verziech, solte er zů wolfart der warhait den selbigen sin herz und gmůt on alle farb entdecken und sin manung und verstand haiter zů erkennen geben; und so lang er das nit thůe, halt er, (er) welle uf baiden I aichslen tragen, wie man spricht von denen, so iedermann gefallen und niemat erzürnen wellen.

Uf dis anbringen oder expostulation des ab Hutten hat Erasmus sin antwurt gestelt und die masen, die er vom Hutten empfangen, abgewüscht. Etliche zwiflend, ob besser were, das der Huldrich nit expostuliert oder Erasmus nit entschuldiget hette. Aber die antwurt hat dem Huldrichen nit fürkommen mögen. Dann als er von Mülhusen (allda er sin expostulation gestelt) im Elsas gen Zürich kommen, ist er an den blattern oder französischen krankhait nidergelegen, darnach sich in an insuli, nit wit von Rapperschwil, Ufnow genannt, verfügt, daselbst uf den XXV. tag augsten 1523 jar seligklich (als ich verhoff) uss diser zit verschaiden, an welchem tag Joannes Frobenius, bůchtrucker zu Basel, die antwurt Erasmi ußgetruckt und vollendet hat.

Von her Ulrichen von Hutten, poeten, wo der gestorben und vergraben ist.   Dok. 6
Her Ulrich von Hutten, ein frenckischer ritter, doctor und ein gekrönter poet, hat diser zyt mit Luthero und Zwinglio fast wider das bapstum geschriben. Syn uffenthalt waß ein zyt lang uff eynem schloß im Waßgow gelegen, hieß Wartenburg. Nachdem aber Franciscus von Sickingen und Hartman von Kronburg (by denen er enthalten) durch pfaltzgraf Ludwigen und landgraff Philipsen vertriben wurdend, da kam gemelter von Hutten gon Zürich, da er sich ein kleyne zyt enthielt. Demnach für er in die insel Uffnow, underhalb Rapprischwyl im Zürchsee gelegen, da er sich eynen pfarer daselbst an den frantzosischen blat II teren wolt laßen

*Das Grab Ulrichs von Hutten auf der Insel Ufenau im Zürichsee, Foto 1985 (Kat.-Nr. 4.98)* ▷

begraben. Ettliche wyber von Rapprischwyl fůrent hinin, syn grab zů besehen, die im doch uff das grab seichetent, mit anzeugung: wie er lutherisch gewesen und derhalb kein gefallen am gesegneten wychwaßer ghept; darumb wöltend sy im ein besonders wych- (ich hat schier gesprochen hůren-) wasser geben.

Dok. 7

Huldrichus Huttenus eques Francus, natione Germanus, vir doctus utraque lingua, cum religio syncerior in Germania primum emergeret, multa audacter et libere in Pontificios et Romanenses dixit et scripsit: multa etiam in principes et magistratus civitatum. Obiit in peregrinatione, anno 1523 morbo consumptus Gallico, et in lacus Tigurini insula, ubi nuper epitaphium, nobili quodam Franco procurante, lapidi sepulchrali incisum ab amicis nostris ei positum est, his verbis,
  Hic eques auratus iacet, oratorque disertus
  Huttenus vates, carmine et ense potens.

Dok. 8

Professor Linus Birchler schilderte die Feierlichkeiten mit folgenden Worten: „Am Tag der Zehntausend Ritter 1959 fährt von Rapperswil her ein Motorboot mit gegen dreissig geladenen Gästen nach der Ufenau hinüber, zur Wiederbeisetzung der Gebeine Ulrichs von Hutten. Man zieht zur kleinen ehemaligen Pfarrkirche hinauf, deren Portal weit offen steht. Darin liegt ein ganz kleiner Sarg, noch geöffnet, daraus heraus leuchten fahl ein Schädel und Gebeine. Das Eichenholz stammt aus dem Spessart, wo die Hutten einst Waldungen besassen; auf dem Sargdeckel ist das Familienwappen eingeschnitten. Die Anwesenden bilden eine ungewöhnliche Gesellschaft; zwei evangelische Theologen aus Zürich, zwei Benediktiner aus dem Finstern Wald, der bischöfliche Generalvikar des Kantons Zürich, ein sozialistischer Zürcher Regierungsrat, ein Vertreter der Regierung des Kantons Schwyz, der deutsche Generalkonsul von Zürich und, als am stärksten beteiligt, sechs Mitglieder der noch immer blühenden Familie von Hutten. Freiherr Carl Ulrich, seine Gattin, zwei Söhne und zwei Töchter. Man redet nur leise wie bei einer ‚richtigen' Bestattung. Nun stellt sich der Einsiedler Stiftsbibliothekar Dr. P. Leo Helbling zu Häupten des fast einer Wiege gleichenden Särgleins und spricht zu den Versammelten gute Worte. Zwei Huttensöhne schrauben dann den Sargdeckel fest und heben die leichte Last. Die beiden Einsiedler Benediktiner beten feierlich das deutsche Miserere, während die blonde Jugend die Sargtruhe an die Südseite der Kirche trägt und in die Grube senkt, genau an der Stelle, wo das Skelett im Herbst 1958 gefunden wurde. Ein leichter Regen nötigt alle wieder in das Kirchlein zurück. Dort ergreift nun der Fraumünster-Pfarrer, Dr. Peter Vogelsanger, das Wort zu einer bemerkenswerten Ansprache. Der leichte Regen ist versprüht. Unterdessen haben Arbeiter die schwere Sandsteinplatte über das kleine arme Grab gerollt. Bildhauer Kuster in Bäch hat sie aus dem haltbarsten Sandstein unseres Landes gehauen, dem aus dem Steinbruch Guntliwaid bei Nuolen. Auf der Platte steht unterhalb eines schlicht eingehauenen Kreuzes das Distichon, das ein gewandter Humanist noch im zweiten Viertel des 16. Jahrhunderts formuliert hat und das ungefähr so zu übersetzen ist: ‚Hier ruht der goldene Ritter, ein wortgewaltiger Redner, Hutten, der Seher-Poet, mächtig mit Feder und Schwert.'

Literaturverzeichnis:

Hans-Gustav Keller, Hutten und Zwingli (Berner Untersuchungen zur Allgemeinen Geschichte. Hrsg. von Werner Näf, Heft 16). Aarau 1952.
Diethelm Fretz, Johannes Klarer, genannt Schnegg, der letzte Gastgeber Huttens. In: Festgabe des Zwingli-Vereins zum 70. Geburtstage seines Präsidenten Hermann Escher. Zürich, 27. August 1927, S. 127–165, bes. S. 139.

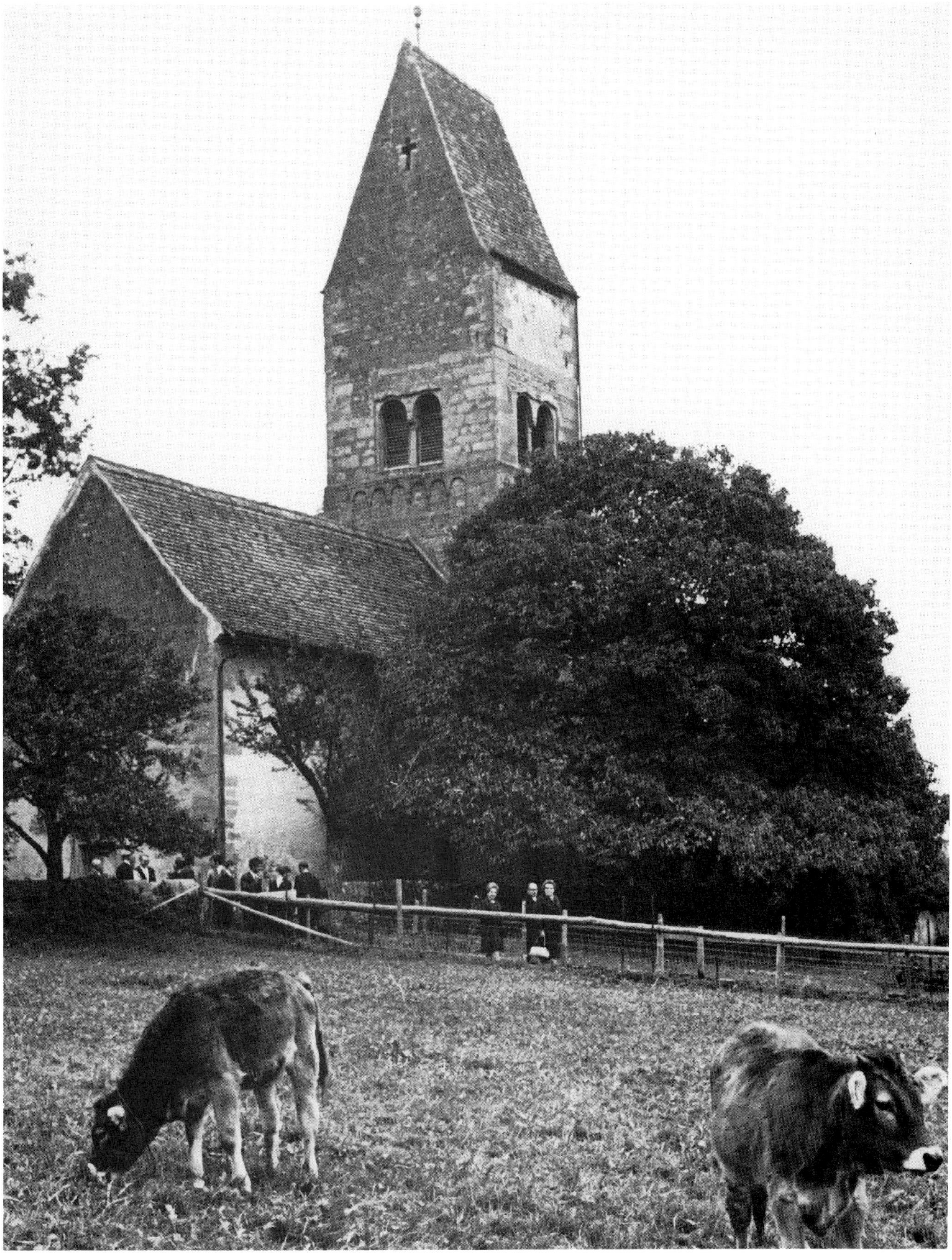

# VI.
# NACHLEBEN UND REZEPTION

*Huttens Dichterkrönung in Augsburg,*
*F. W. Martersteig, 1868*
*(Kat.-Nr. 5.6)*

\* Die vorliegenden Ausführungen resümieren einen Teil der Ergebnisse meiner Dissertation: Die Deutschen und Ulrich von Hutten. Rezeption von Autor und Werk seit dem 16. Jahrhundert, München 1984 (= Veröffentlichungen des Historischen Instituts der Universität Mannheim, Bd. 8). Um den Anmerkungsapparat nicht unnötig aufzublähen, wird im folgenden auf einzelne Zitatnachweise ebenso verzichtet wie auf eine genaue bibliographische Erfassung der zahllosen Erzeugnisse der populären Breitenrezeption. Zur näheren Information sei deshalb vorweg auf den Anmerkungsteil und das Literaturverzeichnis meines Buches verwiesen. Zur ‚außerdeutschen' Huttenrezeption, die im Rahmen dieses Aufsatzes nicht dargestellt werden kann, vergleiche: W. Kreutz, Ulrich von Hutten in der französischen und angloamerikanischen Literatur. Ein Beitrag zur Rezeptionsgeschichte des deutschen Humanismus und der lutherischen Reformation, in: Francia 12 (1984), S. 614–639.

*Wilhelm Kreutz*

# Der „Huttenkult" im 19. Jahrhundert*

Keine andere Persönlichkeit der frühen Neuzeit wurde in ihrer historischen Bedeutung so überschätzt und in dieser Überschätzung so populär wie der fränkische Ritter Ulrich von Hutten. Vor allem im 19. Jahrhundert hat man ihm, dem neulateinischen Dichter und antirömischen Publizisten, Kränze geflochten, die vielen seiner Zeitgenossen versagt blieben. Während die anderen deutschen Humanisten nur in dem kleinen Kreis literaturgeschichtlich Gebildeter Beachtung fanden und während die überragende geistesgeschichtliche Geltung eines Erasmus von Rotterdam immer mehr hinter dem Zerrbild des „feigen, schwächlichen Intellektuellen" verschwand,[1] avancierte der streitbare Ritter und patriotische Pamphletist zum ebenso vorbildhaften wie volkstümlichen Repräsentanten des deutschen Humanismus. Die Geschichte seiner Rezeption, die mehr als zweihundert Jahre von den konfessionellen Auseinandersetzungen des nachreformatorischen Zeitalters geprägt worden war, gewann im 18. Jahrhundert allmählich einen eigenständigen Charakter. Die Hutteninterpretation trat aus dem Bannkreis der protestantischen wie katholischen Kontroversliteratur heraus. Aber die dadurch eingeleitete Säkularisierung des Huttenbildes setzte die konfessionellen Interpretationsstränge der Vergangenheit nur teilweise außer Kraft. So kamen bei der Beurteilung des nationalen Humanisten auch weiterhin dessen antirömischem Kampf und dessen reformatorischem Engagement zentrale Bedeutung zu; diese entscheidenden Elemente des Huttenbildes wurden jedoch nicht mehr moralisch oder theologisch bewertet, sondern politisch aktualisiert. Die zuvor von lutherischer wie pietistischer Seite laut gewordenen Vorbehalte gegen seinen wilden, aufbrausenden Charakter oder seine gefährlichen politischen Ziele, traten zurück. Ja, sie wurden sogar in ihr Gegenteil verkehrt. Die protestantischen Huttenverehrer der Folgezeit huldigten gerade dem humanistischen Vorläufer und ritterlichen Vorkämpfer der Reformation. Sie verschmolzen die im Protestantismus lange nachwirkende positive Einschätzung des kaiserlichen poeta laureatus mit dem katholischen Huttenbild des Cochläus, der in seinen zeitgenössischen „Kommentaren" den Ritter zu einem der wichtigsten Wegbereiter und Parteigänger Luthers erklärt hatte.[2] Doch im Gegensatz zum gegenreformatorischen Publizisten, der Huttens Bedeutung nur deshalb hervorgehoben hatte, um dessen moralische Verfehlungen und kriegerische Aktionen auf das Schuldkonto der Reformation buchen zu können, stilisierten die Literaten und Publizisten seit dem ausgehenden 18. Jahrhundert den Ritter zum „politischen Reformator" und kritisierten Luthers Zurückweichen vor einer umfassenden, ebenso politischen wie nationalen, Vollendung der Reformation. Sie erhoben Hutten zur Symbolfigur des unerfüllt gebliebenen „Traums" von der deutschen Einheit und forderten sie in seinem Namen ein.

Eingeleitet wurde dieser Wandel durch die Essays Christoph Martin Wielands und Gottfried Herders, die 1776 kurz nacheinander im „Teutschen Merkur" erschienen und Ulrich von Hutten einer breiten literarischen Öffentlichkeit in Deutschland vorstellten.[3] Besondere Beachtung verdienen dabei die zunächst ohne Verfasserangabe publizierten Ausführungen Herders, die zu den folgenreichsten und wirkungsmächtigsten Zeugnissen der gesamten Rezeptionsgeschichte Huttens gehören. Denn während Wieland dem konventionellen protestantischen Huttenbild nur wenige neue Akzente verleihen konnte, brach Herder mit der bisherigen Interpretationstradition. Zwar entnahm auch er seine keineswegs umfassenden

*Die Popularisierung Huttens im Zeichen des Sturm-und-Drang*

Informationen zu Leben und Werk des Ritters den reformationsgeschichtlichen oder lexikographischen Darstellungen des 17. bzw. 18. Jahrhunderts, aber er gestaltete sie mit den Stilmitteln der Sturm-und-Drang-Ästhetik aus. So feierte er Hutten als deutschen Nationalschriftsteller, als „einzigen Demosthenes unserer Nation", in dessen wirkungsvollen Schriften mehr „Leben", mehr „Handlung" sei als in den gedrechselten Versen der „Stubensitzer" und „Wortpedanten". Mit seinen geist- und kraftvollen „Dunkelmännerbriefen", der einzigen deutschen „Nationalsatire", habe er Luther den Weg gebahnt und später gar, zusammen mit Sickingen, „dem letzten Deutschen", für ihn das Schwert erhoben. Aktuelle Bedeutung schrieb Herder jedoch vor allem dem vertriebenen, gescheiterten und vergessenen „Märtyrer der deutschen Freiheit" zu. In ihm fanden er und mit ihm eine ganze Generation den symbolischen Helden der vergeblichen Hoffnungen der deutschen Geschichte. In seinem Schicksal erkannten sie das der Nation. Am Beispiel seiner Schriften, die niemand kenne und lese, entlarvten sie das fehlende Nationalbewußtsein der Deutschen als mangelhaftes Geschichtsverständnis. Im immer noch andauernden Exil dieses „kalt weggestoßnen Sohn[s]" Deutschlands offenbarte sich ihnen die „Katastrophe der deutschen Freiheit".

> „Schiffe hinüber, reisender Jüngling, und suche sein Grab und sage: ‚Hier liegt der Sprecher für die Deutsche Nation und Freiheit und Wahrheit, der für sie mehr als sprechen wollte.' Eine Grenzinsel hat ihm ein unbekanntes Grab gegeben. Und so mußt es seyn! Auf kein Grabmal, und marmorn Denkmal müßen die Guten und Edeln des Deutschen Vaterlandes rechnen. [...] Ist Hutten nicht die *Todesstätte* selbst, die *Insel* auf dem Zürchersee, wahres Grabmal, Dank- und Ehrenmal?"

Dieser ganz vom Stil und Charakter des Geniekults durchdrungene Essay rückte Ulrich von Hutten an die Seite des ebenfalls gescheiterten Tyrannenfeinds Götz von Berlichingen, des umjubelten Theaterhelden jener Tage. Es verwundert daher nicht, daß die anonym erschienene Charakteristik lange Zeit Johann Wolfgang Goethe zugeschrieben und 1779 in dessen gesammelte Werke aufgenommen wurde.[4] Erst 1793 gab sich Herder durch die Veröffentlichung einer zweiten gemäßigteren Fassung, „Denkmal Ulrichs von Hutten", als Autor zu erkennen.[5] Zu diesem Zeitpunkt aber hatte sein Aufsatz schon längst eine eigenständige Wirkungsgeschichte begründet.

So war der Appell, endlich Huttens Werke in die Hände des deutschen Publikums zu legen, nicht ohne Folgen geblieben. 1783 gab Christian Jakob Wagenseil den ersten von fünf geplanten Bänden einer Gesamtausgabe heraus.[6] Doch die Enttäuschung, ja Ablehnung der literarischen Öffentlichkeit war groß. Denn die vorgelegten lateinischen Briefe, die überdies äußerst fehlerhaft ediert worden waren, entsprachen so gar nicht dem Bild des deutschen Nationalschriftstellers. Sie wurden kaum zur Kenntnis genommen, der Aufruf zur Subskription der Folgebände erwies sich als Fehlschlag, und die Edition wurde – trotz der Fürsprache Herders, Wielands, Achim von Arnims und anderer – eingestellt. Huttens Werke blieben „im Staube". Aber nicht nur weil das deutsche Publikum sich für einen seiner Schriftsteller nicht interessiert hätte, sondern weil es diesem mit völlig falschen Erwartungen gegenübertrat. Krasser als in dem Nebeneinander von Herderschem Essay und Huttenschen Briefen konnte der Gegensatz von geschichtlicher Gegebenheit und aktuellem Bild kaum hervortreten. Das Auseinanderklaffen von historischer Realität und historischem Bild schlug sich in der Folge als Auseinandertreten der Rezeption von Autor und Werk nieder. Während Huttens Oeuvre kaum Berücksichtigung fand, wurde das Bild des „deutschen Märtyrers" und „verlorenen Sohns" weiter popularisiert. Aber die zahlreichen Gedichte und Kurzcharakteristiken, die vorzugsweise in Almanachen, Journalen oder Unterhaltungsblättern erschienen, machen deutlich, in welch hohem Maße die Popularisierung Huttens von Epigonen und Dilettanten bestimmt wurde. Aus der Vielzahl der literarischen und publizistischen Zeugnisse, die Herders Stichworte in stereotpyen Wendungen wiederholten, ragt allein der Essay Friedrich Karl von Mosers hervor, den er in seinem „Patriotischen Archiv" zusammen mit einem unbekannten Brief Huttens publizierte.[7] Daneben verdient die biographische Folge, die Johann Heinrich Füßli in seinem „Schweitzerischen Museum" erscheinen ließ,[8] ebenso Beachtung wie die Lebensbeschreibung des Göttinger Professors der Ästhetik, Philosophie- und Religionsgeschichte, Christoph Meiners,[9] oder die „historische Biographie" Ludwig Schubarts, dessen Vater, der Schriftsteller Christian Daniel Schubart, durch eine zehnjährige Gefangenschaft auf dem Hohenasperg zur Symbolfigur gegen absolutistische Willkür geworden war.[10] Diese familiäre Konstellation verlieh dem Werk einen besonderen Reiz, auf den die Gestaltung der Titelseite anspielte. Unter dem Porträt des jugendlichen Hutten prangte sein „In tyrannos!" aus den Streitschriften gegen Ulrich von Württemberg, das einige Jahre zuvor schon die Titelvignette von Schillers „Räubern" geschmückt hatte.[11] Die bürgerlichen Schriftsteller des Sturm-und-Drang stellten ihre Absolutismuskritik in die Tradition der ritterlichen Fürstenfeindschaft und rechtfertigten ihre gesellschaftspolitischen Ziele durch den Verweis auf den vermeintlichen historischen Vorläufer.

*Ulrich von Hutten in Viterbo, W. Lindenschmitt, 1869 (Kat.-Nr. 5.7)*

*Die Aktualität des „politischen Reformators" im Vormärz*

Noch präziser läßt sich die fortschreitende Popularität Ulrich von Huttens im deutschen Vormärz fassen. Die restaurative, ja reaktionäre Politik der Metternichschen Ära und die Erfahrungen des politischen Exils rückten den „Märtyrer der deutschen Freiheit" immer wieder in den Blickpunkt der burschenschaftlichen, liberalen oder republikanischen Opposition. So stand die nach vielen gescheiterten Versuchen schließlich doch zustandegekommene Gesamtausgabe seiner Schriften ganz im Zeichen des Protests gegen die Karlsbader Beschlüsse. 1821 legte der Freiburger Burschenschafter Ernst Münch, der nach der Ermordung Kotzebues in seine Schweizer Heimat zurückgekehrt war, den ersten Band der lateinischen „Opera omnia" vor, dem bis 1827 fünf weitere Bände folgten, und ab 1822 veröffentlichte er parallel hierzu Huttens „Auserlesene Werke" in deutscher Übersetzung.[12] Die gravierenden Mängel der schlecht vorbereiteten Edition ersetzte er durch die patriotische Gewißheit, in einer Zeit zu leben, „wo es mehr denn je noth tut, aus dem Pfuhl einer würdelosen Gegenwart in ein frischeres Leben der Vergangenheit uns zu retten". Wie für Herder gewann Hutten auch für Münch als „Sinnbild der deutschen Katastrophe" aktuelle Bedeutung. Daß diese Identifikation auch umkehrbar war, daß der Ritter selbst zum „Demagogen" gestempelt werden konnte, belegen die Zensurmaßnahmen, die 1822 die weitere Publikation der Gesamtausgabe in Preußen verhinderten. Selbst die Unterstützung des Freiherrn vom Stein blieb ohne Erfolg: die letzten Bände mußten in Leipzig gedruckt werden. Vorbildhaft zum Ausdruck gebracht werden diese Zusammenhänge in Caspar David Friedrichs Gemälde „Huttens Grab", das in den Jahren 1823/24 entstand.[13] Zehn Jahre nach Ausbruch der Befreiungskriege und dreihundert Jahre nach Huttens Tod verband der Künstler diese beiden Ereignisse miteinander und betonte neben der Kontinuität der enttäuschten nationalen Hoffnungen in Deutschland auch die des politischen Exils. Das Grabmonument trägt sowohl den Namen des Ritters als auch die der aktuellen Opfer der Reaktion: Jahn, Arndt, Stein, Görres und Scharnhorst. Und der über die Gruft gebeugte, auf seinen Degen gestützte Mann ist durch seine – seit den Karlsbader Beschlüssen verbotene – altdeutsche Tracht deutlich als Burschenschafter gekennzeichnet. Doch die Bedeutung des Bildes geht über diesen „politischen Affront" hinaus. Friedrich verband – wie der in den Himmel ragende Baum zeigt – mit seiner Zeitkritik auch die Hoffnung auf eine bessere Zukunft, auf eine allgemeine Reformation im Geiste Huttens wie der preußischen Reformer.

Diesen Leitgedanken wiederholen und verstärken die historischen bzw. historisch-publizistischen Arbeiten, die der nach dem Hambacher Fest erneut verschärften Reaktion im Namen des Ritters entgegentraten. In den Huttenartikeln zur Ersch-Gruberschen Enzyklopädie[14] sowie zum „Staats-Lexikon" Rottecks und Welckers,[15] dem bedeutendsten Zeugnis des süddeutschen Liberalismus, auf der einen und in den literaturgeschichtlichen Studien eines Gottfried Gervinus[16] oder eines Robert Prutz[17] auf der anderen Seite diente die Glorifizierung Huttens nicht nur dazu, die eigenen politischen Ziele historisch zu legitimieren, sondern diese zugleich auch als besser begründete den legitimistischen Ansprüchen der Restauration entgegenzustellen. Mit dem „Mirabeau der Reformation" reklamierten die einflußreichen Vertreter und parlamentarischen Repräsentanten eines gemäßigten Liberalismus die ‚wahre' Tradition der deutschen Geschichte für sich. Welche Rolle Ulrich von Hutten daneben im historisch-politischen Denken der radikalen Demokraten spielte, lassen sowohl die Abhandlungen des Schlosserschülers und linken Abgeordneten der Paulskirche, Karl Hagen,[18] erkennen als auch die publizistischen Beiträge Georg August Wirths,[19] des Mitorganisators und maßgeblichen Akteurs des Hambachers Fests, oder das – leider verschollene – Hutten-drama des Revolutionärs und politischen Emigranten Carl Schurz.[20] Sie verbanden die Idee einer nationalen Vollendung der Reformation mit der Absage an das biedermeierliche, den gesellschaftlichen Status quo stützende Bürgertum.

Das ganze Ausmaß der Aktualität des Ritters offenbaren aber erst die zahlreichen literarischen Zeugnisse der Vormärzperiode. Zwar dominierten, wie in den Jahrzehnten zuvor, die epigonalen Machwerke. Doch schon die dilettantischen Dramen[21] und Versepen[22] enthüllen, trotz oder gerade wegen ihrer Trivilität, die Volkstümlichkeit Huttens ebenso wie der umfangreiche historische Roman Ernst von Brunnows[23], der 1849 sogar als Vorlage für eine historische Oper diente, die bezeichnenderweise im republikanischen Karlsruhe uraufgeführt wurde.[24] Und die vielfältigen, literarisch teilweise anspruchsvolleren Gedichte rücken die Aktualität des „Märtyrers der deutschen Freiheit" ins rechte Licht. Neben den Versen heute vergessener Schriftsteller[25] unterstreichen die Gedichte August Graf von Platens,[26] Nikolaus Lenaus,[27] Hoffmanns von Fallersleben,[28] Ferdinand Freiligraths[29] oder Heinrich Heines,[30] daß Hutten zu einem zentralen literarischen Topos des Jungen Deutschland geworden war. Es blieb jedoch Georgh Herwegh vorbehalten, Hutten das erste populäre poetische Denkmal zu setzen. In seinen 1841 publizierten „Gedichte[n] eines Lebendigen", der erfolgreichsten Lyriksammlung des Vormärz, ging er zweimal auf den Humanisten und Ritter ein.[31] Mit „Jacta alea est" machte er dessen Wahlspruch zu seinem eigenen; und in „Ufenau und St. Helena" stellte er dem Mythos Napoleons den des „deutschen Heilands" entgegen. Im bekennerhaften, kämpferischen und religiösen Pathos seiner Verse erreichte der Huttenkult des Vormärz seinen Höhepunkt:

„Ufnau! Hier modert *unser* Heiland,
Fürs deutsche Volk ans Kreuz geschlagen;
Ein deutsches Mekka wär' dies Eiland,
Hätt' ihn kein deutsches Weib getragen.
[…]
Wie lang' mit Lorbeern überschütten
Wollt ihr die korsische Standarte?
Wann hängt einmal in deutschen Hütten
Der Hutten statt des Bonaparte?"

Aber so bedeutsam die Huttenrezeption in der ersten Hälfte des 19. Jahrhunderts gewesen war, so wenig können die vielfältigen publizistischen und literarischen Zeugnisse darüber hinwegtäuschen, daß die Erforschung von Huttens Leben und Werk kaum vorangekommen war. Diese Lücke wurde erst durch die von Eduard Böcking herausgegebene historisch-kritische Gesamtausgabe[32] und die umfassende Biographie von David Friedrich Strauß[33] geschlossen. Zwar waren weder der Herausgeber noch der Biograph historische oder philologische ‚Fachgelehrte' im engeren Sinne. Aber ihre Veröffentlichungen verliehen sowohl der Huttenforschung als auch der populären Huttenverehrung der Folgezeit entscheidende Impulse. Auf der einen Seite legte der Bonner Ordinarius der Jurisprudenz, Eduard Böcking, mit seiner bibliographischen Erschließung und seiner akribischen Edition des Huttenschen Oeuvres die – bis heute nicht überholte – Grundlage für jede Auseinandersetzung mit dem Werk des Humanisten. Auf der anderen Seite gelang dem ehemaligen Theologen, David Friedrich Strauß, dem nach dem Skandal um seine Schrift, „Das Leben Jesu kritisch betrachtet", eine kirchliche oder akademische Karriere verwehrt worden war, die erste ebenso faktenreiche wie literarisch geglückte Beschreibung des Huttenschen Lebens. Gestützt auf die philologischen Vorarbeiten Böckings und umfangreiche Literaturstudien konnte er

*Die Prägung des Huttenbildes im Geist der „neuen Ära"*

nicht nur zahlreiche Fehler des bisherigen Huttenbildes korrigieren, sondern dieses auch in vielen Details ergänzen. Seine eigentliche und nach wie vor anerkennenswerte Leistung bestand jedoch in der Geschlossenheit und der literarischen Qualität seiner Darstellung. In den Mittelpunkt seiner Interpretation stellte er den Bildungsprozeß des Ritters, den er als stufenweisen „Reinigungsprozeß" seines „Zorns", der „Hebamme von Huttens Geist", beschrieb. Auf einer ersten Stufe zeichnete er die parallelen Reifeprozesse von Huttens ritterlichem Standesbewußtsein und dessen humanistischem Anliegen nach: während dieses nach der persönlichen und familiären Rückgebundenheit der Lötzeklagen wie der Streitschriften gegen Ulrich von Württemberg erst in der nationalen Tendenz der kaiserlichen Epigramme zu sich selbst gekommen sei, habe jenes in den Auseinandersetzungen der Reuchlinfehde seinen spielerischen, gesellschaftlich folgenlosen Charakter verloren und sich zunehmend am großen Ziel wissenschaftlicher und geistiger Freiheit orientiert. Zur vollen Entfaltung seien Huttens Anlagen schließlich auf einer zweiten Stufe, seinem „Kampf gegen Rom", gelangt. Indem sein „Zorn" nun „gegen die Wurzel aller Übel, die römische Fremdherrschaft in Deutschland", gerichtet gewesen sei, habe er seine Standesgebundenheit überwinden und im Dienst für Vaterland, Freiheit und Wahrheit seine „reinste" Ausprägung erreichen können. Strauß stilisierte also nicht den „gescheiterten politischen Reformator", sondern den geistigen Vorkämpfer, den nationalen Humanisten. Seine Sympathie galt nicht dem „verzweifelten" Aktionismus des Ritters, dessen Pfaffenfehde er scharf kritisierte, sondern dessen lebenslangem Kampf gegen alle „fremden Bedränger" der Freiheit und Wahrheit. Er nahm dem zuvor zentralen Topos des „Märtyrers der deutschen Freiheit" seine gesellschaftspolitische Schärfe, begrenzte dessen Bedeutung auf den ideellen Bereich und hob stattdessen den Ritter als „Aufwecker der deutschen Nation" auf den antirömischen Schild. In seinem Namen rief er zum Widerstand gegen alles „Unwahre=Unfreie=Undeutsche" auf. Daß er darin ausdrücklich auch die Bigotterie der lutherischen Orthodoxie einbegriff, unterstreicht, wie stark er sein eigenes Schicksal in dem des Ritters widerspiegelte. Entscheidender aber als jenes identifikatorische Element, das in zahlreichen anderen Zeugnissen der Huttenverehrung ebenfalls zum Ausdruck kam, war die Verschmelzung von konfessionellen und nationalen Argumenten, die sich in Böckings Gleichsetzung von „evangelischer Wahrheit" und „deutscher Freiheit" wiederholte. Denn darin wurden nicht nur alle Einwände der liberalen Huttenverehrer gegen die „unvollendete Reformation", sondern auch die gesellschaftskritischen Elemente des liberalen Huttenbildes in ein neues national-politisches Verständnis aufgehoben. War zuvor die nationale Vollendung der Reformation gerade als *in* der deutschen Geschichte angelegte und damit als eine *innergesellschaftlich* zu lösende Frage beschworen worden, so erschien sie nun zugleich als Preis eines erneuten „Kampfes gegen Rom" und die anderen „fremden Bedränger". Diese Akzentverschiebung entsprach der Entwicklung des deutschen Liberalismus, der seine Freiheitsforderungen immer mehr einem realpolitischen Kurs opferte und sich von den vermeintlichen Träumereien der Vormärzjahre verabschiedete.

Damit markieren die 1857/59 nahezu gleichzeitig publizierten Werke von Strauß und Böcking die für die Huttenrezeption des ausgehenden 19. und frühen 20. Jahrhunderts folgenreichste Zäsur. Während die Vormärzinterpretation, an die Gottfried Keller[34] und Ferdinand Lassalle[35] anknüpften, schnell in Vergessenheit geriet, verband sich das Huttenbild der nachfolgenden Jahrzehnte in unauflöslicher Weise mit den Straußschen Topoi. In welch hohem Maße seine Biographie gerade von der Neuformierung des politischen wie kulturellen Liberalismus und den neuen nationalen Hoffnungen des Kurswechsels der späten 1850er Jahre profitierte, wird

*Ulrich von Hutten unterm Kreuz,*
*L. Herterich, 1900*
*(Kat.-Nr. 5.8)*

353

in den programmatischen Würdigungen deutlich, die das Werk in den maßgeblichen Zeitschriften der „Neuen Ära", in Freytags „Grenzboten" ebenso wie in den „Preußischen Jahrbüchern" oder in Heyses „Literaturblatt"[36], erfuhr. Daneben aber bestimmten seine Interpretate die breite dilettantische Rezeption, in der zunehmend idyllische und sentimentale Züge dominierten. Das „Ärgernis" Hutten wurde geglättet und in romantischen Bildern reichsritterlicher Herrlichkeit, in trivialen Versatzstücken protestantisch-deutschen Gemüts oder heroischen Attitüden eines kämpferischen Nationalismus aufgehoben. Was Historienmaler, wie Friedrich Wilhelm Heinrich Matersteig [37] oder Wilhelm Lindenschmitt[38], und die literarischen Epigonen mit penetrantem Biedersinn ausmalten, war nur das „gereinigte" Spiegelbild des deutschen „Propheten", des vorbildlichen Helden der deutschen Geschichte.

*Der „Huttenkult" des Kaiserreichs*

Seinen Höhepunkt erreichte der „Huttenkult" des 19. Jahrhunderts schließlich in den Veröffentlichungen des „neuen Reichs". Nun, da die nationalen Hoffnungen Huttens und seiner Verehrer sich erfüllt hatten, nun, da die Reformation endlich „vollendet" war, galt es des „Aufweckers der deutschen Nation" zu gedenken und ihm im Überschwang des Siegs zu danken. Aber die Kaiserproklamation von Versailles hatte den Charakter der Huttenverehrung grundlegend verändert. Der Ritter war nicht mehr das Spiegelbild der nationalen Enttäuschungen, sondern vielmehr der „prophetische Künder" der eigenen „historischen Sendung". Sein „Scheitern" ließ den eigenen „Sieg" noch glanzvoller aufscheinen. Mit seinem Vorbild ließ das „Erreichte" sich noch nachdrücklicher legitimieren. Ersten exemplarischen Ausdruck fanden diese Tendenzen sowohl in der Vorrede zur zweiten Auflage der Straußschen Biographie[39] als auch in Conrad Ferdinand Meyers lyrischem Epos, „Huttens letzte Tage",[40] dem maßgeblichsten literarischen Werk der gesamten Rezeptionsgeschichte des Humanisten. Denn erst die Reichsgründung schuf den übergreifenden Bezugs- und aktuellen Applikationsrahmen für Meyers Interpretation, der Huttens Bedeutung in zahlreichen Entwürfen der 1860er Jahre nie „ganz" hatte einfangen können. Von Anfang an hatte ihn dabei die plötzliche Einsamkeit und Abgeschlossenheit des vormals so bewegten Lebens fasziniert und nicht der „ideale Freiheitskämpfer", den die „abgeirrte[n] Achtundvierziger" in ihren Gedichten feierten. Doch das frühe Bild des „einsam Verlöschenden" war inzwischen vom Bild des „gereiften Helden" und dem seiner im Kaiserreich zur Reife gelangten Ideen überlagert worden. Nachvollziehbar wird diese Entwicklung in der Gegenüberstellung des Gesangs „Die Traube", der den frühen Entwürfen am engsten verwandt ist, mit den Gesängen „Deutsche Libertät" oder „Der Schmied". Während dieser die elegische, traumartige Stille der „letzten Tage" des Ritters widerspiegelt („Freund Holbein, fehlt im Totentanze dir/Der Dichter noch, so komm und mal mich hier…"), feiern jene den nationalen „Propheten" mit martialischem Pathos („… Geduld! Ich kenne meines Volkes Mark!/Was langsam wächst, das wird gedoppelt stark./Geduld! Was langsam reift, das altert spat!/Wenn andre welken, werden wir ein Staat."). Daneben aber spürte Meyer dem Bruch im Leben seines Helden mit großen psychologischem Einfühlungsvermögen und Sinn für historische Genrebilder nach. Die vielfältigen Zwischentöne und die abgestuften Stimmungsvaleurs, mit denen er auch die ihm „seelenverwandte" Landschaft des Züricher Sees und die „liebliche Stille" der Ufenau schilderte, offenbaren die künstlerische Gestaltungskraft des Dichters. Immer wieder wird zugleich erkennbar, wie sehr Meyer die Tragik seines Helden als seine eigene begriff, wie deutlich er ihn als Medium benutzte, um sich mit diesem Erstlingswerk – quasi entgegengesetzt – aus seiner Isolation, aus seinem Lebenstraum, zu befreien und sich den aktuellen, in den „Weltlauf eingreifenden Ereignissen" seiner Epoche auszuliefern.

Doch ebensowenig darf übersehen werden, daß sein Epos sich grundlegend von der Vielzahl der literarischen und künstlerischen ‚Machwerke' des Kaiserreichs abhob. Im Gegenteil: die Ansammlung von Trivialitäten und Platitüden läßt die ästhetische Qualität der Meyerschen Verse noch deutlicher aufscheinen. Vor allem die Theaterstücke – zwischen 1870/71 und 1918 erschienen allein zwanzig Huttendramen[41] – wurden von flachen und platten Klischees oder den Versatzstükken klassischer Dramen überwuchert. Und in den Weihespielen, die anläßlich der 400. Wiederkehr von Huttens Geburtstag zur Aufführung gelangten, verbanden sich die Philistrosität biedermännischer Innerlichkeit und die Ressentiments eines übersteigerten Nationalismus zu banalen ‚Ersatzhandlungen'. Neben dem angestrengten Sich-Strecken nach Weimarer oder Bayreuther Größe geben aber gerade sie den Blick frei auf die Popularität des historischen Vorbilds. In dieser Breitenrezeption der Epigonen wird das Ausmaß des „Huttenkults" ebenso greifbar wie in den zahllosen Aufsätzen, Vorträgen und Festartikeln, die im Huttenjahr 1888 den „großen Deutschen" feierten[42].

Im Mittelpunkt des öffentlichen Interesses stand dabei das Hutten-Sickingen-Denkmal unweit der Ebernburg, dessen Errichtung mit Spenden finanziert wurde. Durch die Tätigkeit eines „Central-Sammel-Comités", das die Arbeit von sechzig Lokalkomitees koordinierte, konnte am 21. 4. 1888 der Grundstein gelegt und ein Jahr später das Denkmal feierlich enthüllt werden, das die Söhne des Bad Kreuznacher Bildhauers Ludwig Cauer nach den Plänen ihres Vaters ausgeführt hatten. Neben der Uraufführung eines Weihespiels von August Bungert[43] rundeten die Festreden der bekannten Historiker, Wilhelm Oncken und Bernhard Erdmannsdörffer, den Festakt ab[44]. In diesem Zusammenhang verdienen auch die Zeugnisse der sozialdemokratischen Literaten und Publizisten Beachtung, die 1888 an den „Märtyrer der deutschen Freiheit" erinnerten.[45] Denn sie, die vor dem Sozialistengesetz in die Schweiz geflohen waren, belegen die Kontinuität des freiheitlichen Huttenbildes, auch wenn sie kaum mehr darstellten als vereinzelte Kontrapunkte im vielstimmigen Concerto grosso der nationalen Huttenverehrung. In welch hohem Maße die für das wilhelminische Zeitalter so bezeichnende Verschränkung von Protestantismus und Nationalismus gerade im populären Huttenbild ihren Ausdruck fand, führt die Gestaltung des Lutherdenkmals auf dem Neuen Markt von Berlin exemplarisch vor Augen. Das von Paul Martin Otto und Robert Toberentz gestaltete Denkmal griff in wesentlichen Teilen, der Gesamtkonzeption wie der Darstellung Luthers, auf die Entwürfe Ernst Rietschels zurück, der das Wormser Lutherdenkmal entworfen hatte. Doch im Gegensatz zum Monument der 1860er Jahre, das allein auf die religiösen Aspekte der Reformation abgehoben hatte, rückte das der 1890er die nationalen Vorkämpfer, Hutten und Sickingen, in den Blickpunkt. Nachdrücklich weist ihnen die besondere Hervorhebung innerhalb des Figurenensembles, das Aufstellen zu beiden Seiten des Treppenaufgangs, die Rolle der ritterlichen Beschützer des Mönchs zu und unterstreicht so die enge historische Verbindung von Reformation und Reichseinheit[46].

Die letzen Akzente im Huttenbild des Kaiserreichs setzten schließlich die Germanisten Siegfried Szamatólski[47] und Friedrich Gundolf[48], in deren Interpretationen die zuvor ins Auge fallende Geringschätzung der deutschen Schriften aufgehoben wurde. Die bei Strauß dominierende Stilisierung des neulateinischen Poeten wurde ergänzt durch die Herausstellung des deutschen Dichters und seiner Pfaffenfehde. Nun erschienen alle Lebens- und Schaffensphasen des Ritters im Glanz eines hellaufstrahlenden Bildes. Zugleich weisen die Arbeiten der beiden

*Denkmal Hutten-Sickingen am Fuße der Ebernburg, (Kat.-Nr. 5.9)*

*Lutherdenkmal am Neuen Markt zu Berlin (1893–1895), Paul Martin Otto und Robert Toberentz (Außer Kat.)*

Wissenschaftler darauf hin, daß der in den 1890er Jahren einsetzenden philologischen Huttenforschung nur eine ergänzende, den panegyrischen Charakter der populären Rezeption steigernde Funktion zukam.

All dies unterstreicht noch einmal die Besonderheit des Huttenkults des 19. Jahrhunderts. Denn so entscheidend das historisch-politische, humanistisch-nationale wie national-reformatorische ‚Lebens-Werk' des Ritters für dessen Popularisierung und Aktualisierung war, so eng war dessen Überschätzung verbunden mit der grundsätzlichen Bedeutung, die dem frühen 16. Jahrhundert für das neuzeitliche Geschichtsbewußtsein und für das moderne Selbstverständnis zugeschrieben wurde. Vor dem Hintergrund der allgemeinen Hochschätzung von Humanismus, Reformation und deutschem Rittertum, deren Verknüpfung Hutten wie wenig andere zu verkörpern schien, rückte er in den Blickpunkt. Aber erst die damit eng verbundenen politischen und nationalen Hoffnungen ließen sein Bild Kontur annehmen. Denn in ihm konnten alle für das kulturelle wie nationale Selbstverständnis der Deutschen grundlegenden Elemente symbolische Gestalt annehmen. Um so mehr, als die theatralische Folie des Huttenschen „Schicksals" und der scheinbar heroische Gestus seines „Scheiterns" diesem Bündel unterschiedlicher Motive entgegenkam.

Dabei traten immer wieder die wissenschaftlichen Ergebnisse und Erkenntnisse hinter die Stilisierungen der publizistischen oder literarischen Zeugnisse zurück. Erst als nach dem Ersten Weltkrieg Paul Kalkoff mit seinem Angriff auf die „Huttenlegenden" eine intensive wissenschaftliche Diskussion einleitete,[49] ebbte die populäre Rezeption ab. Die Indienstnahme des Ritters durch die Ideologen des Dritten Reiches, die ihn als „Rufer und Mahner zu deutscher Art" in die „festgeschlossenen Reihen" ihres rassistischen Geschichtsbilds hineinzwangen, war nurmehr ein propagandistisch gesteuertes Zwischenspiel. Nach dem Zweiten Weltkrieg verblaßte das Bild des einst so populären „Märtyrers der deutschen Freiheit" und „Aufweckers der deutschen Nation" endgültig. Der Humanist und Ritter fand nur noch in der historischen und germanistischen Wissenschaft Beachtung.

## Anmerkungen

1 Vgl.: H.-J. Wulschner, Erasmus von Rotterdam im 19. Jahrhundert. Sein Bild in der deutschen Literatur, vornehmlich gesehen im Hinblick auf seinen Gegenspieler Ulrich von Hutten, Diss. Phil. FU Berlin 1955.
2 Zur Bedeutung der Cochläischen Kommentare vgl.: A. Herte, Das katholische Lutherbild im Bann der Lutherkommentare des Cochlaeus, 3 Bde., Münster 1943.
3 C. M. Wieland, Nachricht von Ulrich von Hutten, in: Der Teutsche Merkur, Jahrgang 1776, Heft I, S. 174–185; J. G. Herder, Hutten, in: Der Teutsche Merkur, Jahrgang 1776, Heft III, S. 3–34.
4 Vgl.: C. F. Himburg (Hrsg.): Goethens Schriften, 3. Aufl., Bd. 4, Berlin 1779, S. 51–94. Zu Goethes Erwähnung des Ritters in seiner „Autobiographie" vgl.: W. A. Cooper, Goethe's Quotation from Hutten in Dichtung und Wahrheit, in: Modern Language Notes 24 (1909), S. 80–83 und S. 101–104.
5 J. G. Herder, Denkmal Ulrichs von Hutten, in: Zerstreute Blätter, Sammlung 5, Gotha 1793, S. 327–376.
6 C. J. Wagenseil (Hrsg.), Ulrici de Hutten Opera. Tomus I. Epistolas herois et clarissimorum quorundam virorum ad eum scriptas,[…], Leipzig 1783.
7 F. K. von Moser (Hrsg.): Heldenmüthiges ungedrucktes Schreiben Ulrichs von Hutten an Erasmus von Rotterdam, von Schloß Ebernburg den 13. November 1520. Aus dem Original, in: Patriotisches Archiv für Deutschland, Bd. 7, Mannheim und Leipzig 1787, S. 3–32.
8 J. H. Füßli, Ulrich von Hutten, in: Schweizerisches Museum, 5. Jahrgang 1789, S. 481 ff., S. 596 ff., S. 694 ff., S. 712 ff., S. 842 ff., S. 881 ff.; ebd., 6. Jahrgang 1790, S. 1 ff., S. 81 ff., S. 212 ff., S. 321 ff. und S. 401 ff.
9 C. Meiners, Über das Leben und die Verdienste Ulrichs von Hutten, in: Ders., Lebensbeschreibungen berühmter Männer aus den Zeiten der Wiederherstellung der Wissenschaften, Bd. 3, Zürich 1797.
10 L. Schubart, Ulrich von Hutten, Leipzig 1791.
11 Vgl.: Titelblatt der 2. Schauspielausgabe, Mannheim 1782; siehe hierzu auch: H. Stubenrauch (Hrsg.), Schillers Werke. Nationalausgabe, Bd. 3: Die Räuber, Weimar 1953, S. 340–348.
12 E. J. H. Münch (Hrsg.): Ulrichi ab Hutten, Equitis Germani, Opera quae extant omnia. […], 6 Bde.: Bd. 1–3, Berlin 1821–1823, Bd. 4–6, Leipzig 1824–1827; E. J. H. Münch (Hrsg.), Des Teutschen Ritters Ulrich von Hutten Auserlesene Werke, 3 Bde., Leipzig 1822–1823.
13 Vgl.: J. Hermand, Das offene Geheimnis. Caspar David Friedrichs nationale Trauerarbeit, in: Ders., Sieben Arten an Deutschland zu leiden, Königstein 1979, S. 1–42.
14 K. Herzog, Ulrich von Hutten, in: Ersch-Grubers Enzyklopädie, 2. Sektion, 12. Theil, Leipzig 1835, S. 225 ff.
15 K. von Rotteck, K. Welcker (Hrsg.), Das Staats-Lexikon. Encyklopädie für alle Stände. In Verbindung mit vielen der angesehensten Publicisten Deutschlands, neue durchaus verbesserte und vermehrte Auflage, Bd. 7, Altona 1847, S. 299–314.
16 G. G. Gervinus, Geschichte der poetischen Nationalliteratur der Deutschen, Bd. 2, 4. Aufl., Leipzig 1853, S. 383 ff.
17 R. E. Prutz, Die politische Poesie der Deutschen, Leipzig 1845, S. 369 ff.
18 K. Hagen, Ulrich von Hutten und Deutschlands politische Verhältnisse im Reformationszeitalter, in: J. G. A. Wirth (Hrsg.), Braga 1 (1838), S. 153–210 und 317–360; vgl. auch: Ders., Deutschlands literarische und religiöse Verhältnisse im Zeitalter der Reformation, 3 Bde., Erlangen 1841–1844.
19 J. G. A. Wirth, Die politisch-reformatorische Richtung der Deutschen im 16. und 17. Jahrhundert. Ein Beitrag zur Zeitgeschichte, Bellevue 1841.
20 Vgl.: C. Schurz, Lebenserinnerungen, Bd. 1, Berlin 1906, S. 114–116.
21 Vgl. die dramatischen Versuche von C. E. Graf von Bentzel-Sternau, R. von Gottschall, E. Hobein, H. Koester und H. Hersch.
22 Vgl. die Versepen von E. Duller, A. E. Fröhlich und E. Bucher.
23 E. von Brunnow, Ulrich von Hutten, der Streiter für deutsche Freiheit. Historische Gemälde aus den Zeiten der Reformation, 3 Bde., Leipzig 1842 f.
24 T. A. Schröder, F. Schmezer (Text), Ulrich von Hutten. Große geschichtliche Oper in fünf Abtheilungen, Braunschweig 1849. Die Musik stammte von dem als Liedkomponist nicht völlig unbekannten Ernst Alexander Fesca, der seit 1842 in Braunschweig wirkte und dessen Vater, Friedrich Ernst Fesca, in Karlsruhe als Konzertmeister tätig war.
25 Vgl. die Gedichte von W. Ruckmich, H. Leuthold, E. Duller, H. Kurz, Th. Creizenach und R. Prutz.
26 A. Graf von Platen, An einen Ultra (1831), in: Ders., Gesammelte Werke, Bd. 1, Stuttgart und Tübingen 1853, S. 267–269.
27 N. Lenau, Die Albigenser, in: Ders., Sämtliche Werke und Briefe, Bd. 1, München o. J., S. 773–889; ein von Lenau geplantes Versepos zum Leben und Werk Huttens kam nicht zur Ausführung.
28 A. H. Hoffmann von Fallersleben, Goethescher Farbenwechsel, in: Ders., Deutsche Lieder aus der Schweiz, 2. Aufl., Zürich und Winterthur 1843, S. 51 f.

29 F. Freiligrath, Ein Denkmal, in: Ders., Ein Glaubensbekenntniß. Zeitgedichte (1844), in: J. Schwering (Hrsg.), Freiligraths Werke in sechs Teilen, Teil 2, Berlin o. J., S. 37–39.
30 H. Heine, Der Ex-Nachtwächter (1851), in: Romanzero. Zweites Buch: Lamentationen, in: Ders., Werke hrsg. v. K. Briegleb, Bd. 11, S. 93–97; vgl. auch die Erwähnung Huttens in: Deutschland. Ein Wintermärchen (1844), Caput IV, in: ebd., Bd. 7, S. 584.
31 G. Herwegh, Jacta alea est! und Ufenau und St. Helena, in: Ders., Gedichte eines Lebendigen (1841), hrsg. v. M. Herwegh, Leipzig o. J., S. 50–54.
32 E. Böcking (Hrsg.), Ulrichi Hutteni, equitis Germani, opera quae reperiri potuerunt omnia, 5 Bde. Leipzig 1859f.
33 D. F. Strauß, Ulrich von Hutten, Theil 1 und 2, Leipzig 1857f.
34 G. Keller, Ufenau (1858), in: Ders., Sämtliche Werke, hrsg. v. G. Heselhaus, Bd. 3, 3. Aufl., München 1972, S. 326ff.
35 F. Lassalle, Franz von Sickingen. Eine historische Tragödie, Berlin 1859 (ND: Stuttgart 1974).
36 E. Böcking, Ulrich von Hutten, in: Die Grenzboten 17 (1858), S. 81–98 und S. 130–142; R. Haym, Ulrich von Hutten, in: Preußische Jahrbücher 1 (1858), S. 487–532; F. T. Vischer, Friedrich Strauß als Biograph, in: Literaturblatt des deutschen Kunstblatts, hrsg. v. P. Heyse, 1858.
37 F. W. H. Martersteig, Huttens Dichterkrönung (1860), Wallraf-Richartz-Museum Köln.
38 W. Lindenschmitt, Ulrich von Hutten im Streit mit französischen Edelleuten (1869), in: Zeitschrift für bildende Kunst 23 (1888), S. 92f.
39 D. F. Strauß, Ulrich von Hutten, 2. verb. Aufl., 1871.
40 C. F. Meyer, Huttens letzte Tage. Eine Dichtung, Leipzig 1871.
41 Die Verfasser dieser Huttendramen waren H. Ethé, C. O. Teuber, W. Henzen, L. Steiner, Seeger an der Lutz, O. Johannes, A. Bungert, M. Wittich, C. W. Marschner, M. Albert, F. E. Helf (Ps. für K. Th. Helfferich), P. Fleischer, K. Weiser, E. von Wildenbruch, J. Streckenbach, J. Riffert, A. Joeckel, J. Presler-Flohr, A. Luntowski und G.-R. Kerl.
42 Aus der großen Fülle der Publikationen sei hier nur verwiesen auf den Artikel des Historikers Max Lenz, Dem Andenken Ulrichs von Hutten (1888), in: Ders., Kleine historische Schriften, München – Berlin 1910, S. 109–122 (zuerst in: National-Zeitung vom 12. und 13. Juni 1889).
43 A. Bungert, Hutten und Sickingen. Ein dramatisches Festspiel für das deutsche Volk, Berlin 1888.
44 Zum Festakt vgl.: Festzeitung zur Feier der Enthüllung des Hutten-Sickingen-Denkmals auf der Ebernburg, Kreuznach 1889; die Reden Onckens und Erdmannsdörffers sind abgedruckt in: Öffentlicher Anzeiger für den Kreis Kreuznach, 40. Jg., Nr. 132, vom 11. 6. 1889, Titelseite ff.
45 Neben den Gedichten K. Henckells, der 1887 in Zürich einen Ulrich-Hutten-Bund gründete, und dem geschichtlichen Spiel M. Wittichs vgl. vor allem die Artikel in: Der Züricher Sozialdemokrat. Internationales Organ der Sozialdemokratie deutscher Zunge, Jg. 1887–88, Ausgabe vom 3. 6. 1887, vom 24. 6. 1887 und vom 28. 4. 1888.
46 P. M. Otto und R. Toberentz: Lutherdenkmal am Neuen Markt zu Berlin (1893–1895), in: J. Pflugh-Harttung (Hrsg.), Im Morgenrot der Reformation, Hersfeld 1912. Zur Gesamtdiskussion vgl.: W. Weber, Luther-Denkmäler. Frühe Projekte und Verwirklichungen, in: H.-E. Mittig und V. Plagemann (Hrsg.), Denkmäler im 19. Jahrhundert. Deutung und Kritik, München 1972, S. 183–215.
47 S. Szamatólski, Ulrichs von Hutten deutsche Schriften. Untersuchungen nebst einer Nachlese, Straßburg 1881.
48 F. Gundolf, Ulrich von Hutten (1916), in: Ders., Dem lebendigen Geist. Aus Reden, Aufsätzen und Büchern ausgewählt von D. Berger und M. Frank. Mit einem Vorwort von E. Berger, Heidelberg – Darmstadt 1962, S. 41–57.
49 P. Kalkoff, Ulrich von Hutten und die Reformation. Eine kritische Geschichte seiner wichtigsten Lebenszeit und der Entscheidungsjahre der Reformation (1517–1523), Leipzig 1920; Ders., Huttens Vagantenzeit und Untergang. Der geschichtliche Ulrich von Hutten und seine Umwelt, Weimar 1925; zusammengefaßt wurden die Ergebnisse der Diskussion von H. Holborn, Ulrich von Hutten, Leipzig 1929; vgl. hierzu auch die deutsche ‚Rückübersetzung' der überarbeiteten amerikanischen Fassung: Ders., Ulrich von Hutten, Göttingen 1968.

*Artur Brall*

# Hutten im Epos
Problemreicher Held und problematische Gattung

1. In der Hutten-Forschung ist man sich mehr und mehr darüber bewußt geworden, daß neben der historischen Gestalt Ulrich von Hutten eine Hutten-Legende entstanden ist, die ein Eigenleben gewonnen hat, das das Andenken Ulrich von Hutten zwar gestärkt aber die historischen Umrisse seines Lebens und Wirkens auch immer wieder verstellt hat. Wilhelm Kreutz, der in dieser Hinsicht den wichtigsten Beitrag geliefert hat,[1] stützt sich dabei auf ein äußerst umfangreiches Material, das von ihm nahezu vollständig ermittelt und bibliographisch erschlossen ist. Lediglich die literarischen Zeugnisse werden, verglichen mit den Befunden wissenschaftlicher oder politischer Art, relativ kurz abgehandelt.

Wenn es aber um Wirkungsgeschichte und Ideologiekritik geht,[2] dann kommt dem literarischen Werk stets eine besondere Bedeutung zu, weil in ihm selbst und in seinem Erlebnis Vergangenheit und Gegenwart des Menschen nicht als äußere Tatsachen oder als wissenschaftlich vermitteltes Bewußtwerden dieser Tatsachen erfahrbar sind, sondern „als etwas für das eigene Leben Wesentliche".[3]

Obwohl der Hutten-Stoff relativ häufig bearbeitet wurde, hat weder die Hutten-Forschung noch die Germanistik die Huttendichtungen, von C. F. Meyers kleinem Epos abgesehen, sonderlich beachtet. Die Dissertation von Georg Voigt über „Ulrich von Hutten in der deutschen Literatur" (1905)[4] geht über eine Stoffsammlung selten hinaus. Eduard Korrodis wenig später erschienener Aufsatz „Ulrich von Hutten in deutscher Dichtung"[5] ist zwar als Überblick angelegt, aber der forsche und polemische Ton kann den Mangel an Vollständigkeit der literarischen Zeugnisse nicht ersetzen.[6]

Für die literarische Behandlung des Hutten-Stoffes ist vor allem zu beachten, daß er außer in etwa einem Dutzend Gedichten in 9 Versepen und 45 dramatischen Werken bearbeitet wurde. Dabei sind die Huttengestalten in den Sickingen- und Lutherdramen nicht einmal mitgezählt. Die Zahl der Prosaromane liegt bei 10, je nachdem ob man einige dieser Werke als romanhafte Biographien oder biographische Romane ansieht.

Die unverkennbare Dominanz des Dramas mag angesichts der häufig zitierten Verse aus der Freiheits-Rhetorik unserer Vormärz-Dichter überraschen, aber sie ist plausibel. Sie ist das Ergebnis des vergangenen Jahrhunderts, in dem das historische Drama als „literarischer Mythos" kulminierte,[7] und sie ist das Ergebnis der Affinität zwischen Stoff und Gattung. Eine Adelsgestalt, Kaiser und Reich, Papst und Kirche, Kampf um Glaube und politische Ordnung im alten, noch christlich-feudalistischen Europa bilden einen Stoffkreis, wie sich ihn die Vertreter der beiden konservativen Gattungen Epos und Drama nur wünschen konnten.

Daß bei dieser Disposition dem Drama der Vorzug gegeben wurde, mag darin begründet liegen, daß im besonderen die Hauptgestalt, ihr Kämpfertum, ihre Zielgerichtetheit und schließlich auch ihr Scheitern, Vorgänge von „unauflöslicher Dissonanz" oder zumindest „dialektischen Charakters"[8] auslöst, wie sie das Drama bevorzugt. Man wird daher kein rechtes Bild von der literarischen Rezeption Ulrich von Hutten erhalten, so lange man diese Unzahl von „Dramen", wobei Festspiele, Jubiläumsaufführungen, „geschichtliche Spiele" u. ä. einbeschlossen sind, nicht vollständig und im Zusammenhang untersucht hat.[9]

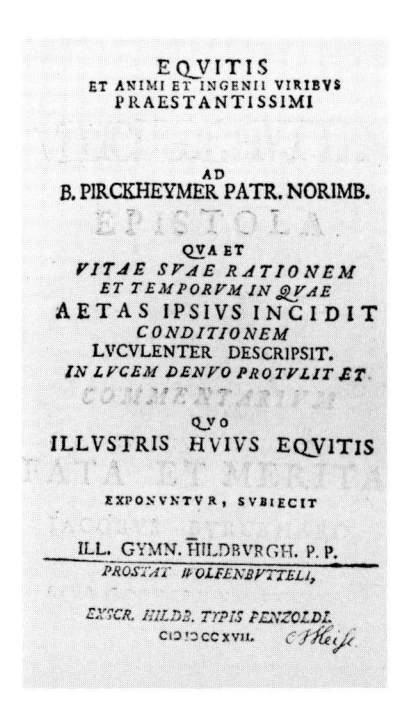

*De Ulrici de Hutten fatis ac meritis commentarius, Jacob Burckhardt, 3 Bde., Wolfenbüttel 1717–1723 (Kat.-Nr. 5.10)*

2. Als Herder 1776 mit seinem Hutten-Aufsatz im „Teutschen Merkur"[10] die eigentliche literarische Hutten-Rezeption einleitete, zeichnete sich bereits ab, daß das deutsche Versepos als Zeugnis einer späten Kultur Wandlungen unterworfen war, die seinen einstigen Vorrang unter den Gattungen zumindest erheblich beeinträchtigten. Das deutsche Großepos im Sinne eines Heldenepos war nahezu verschwunden, wiewohl die Poetik von Gottsched bis Bodmer ein solches gerade forderte und die Dichter es immer wieder zu schreiben beabsichtigten.[11] Der Lebensgrund der späten Aufklärung und des Rokoko, aus dem kein großes National- und Heldenepos mehr entstehen konnte, ließ jedoch versepische Formen zu, deren Gelingen offenbar mit dem Preis der Verkürzung und Verknappung des alten Monumentalepos zu Kleinepen und Epyllien bezahlt wurde, deren Inhalte sich wie z. B. bei Wieland von heldischen Abenteuern zu Liebesabenteuern oder märchenhaften Ereignissen wandelten.

Eine solche Handhabung des Epos war in der Zeit selbst jedoch nicht allgemein akzeptiert, da man den „Preis der Verkleinerung", den man für die Vollendung bezahlte,[12] für zu hoch erachtete oder schlicht an den tradierten Vorstellungen festhielt, nach denen ein Epos groß und voll von heldischer Tat sein mußte und nicht zuletzt auch mit den Göttern oder wenigstens mit dem Wunderbaren zu tun haben sollte. Gerade die Entwicklung des Epos in der nachklassischen Zeit bis 1848, in die zahlenmäßig die meisten Hutten-Dichtungen fallen, zeigt, wie zählebig und verbreitet diese traditionellen Vorstellungen vom Epos, begünstigt durch die konservative Grundhaltung der Zeit, die Restauration des Adels und der feudalkirchlichen Kultur, noch waren.[13] Andererseits setzte sich die seit Wieland und der Klassik geübte Tendenz der Verkürzung des Epos und der Wegführung von mythischen und historischen Inhalten zu gegenwärtigen fort, jedoch in vielfacher Anpassung an den biedermeierlich-restaurativen Zeitgeschmack, so daß insgesamt ein ausgesprochen breites Spektrum der versepischen Formen bestand.

In der Literatur der Restaurationsepoche und über 1848 hinaus blühte zudem das historische Epos, das tragische Heroen brauchte und immer wieder dazu neigte, die Geschichte religiös oder mythisch zu überhöhen.[14] So bestand keine Not am epischen Formenreservoir für den Stoff des adeligen Kämpfers für Kaiser und Reich. Vereinigte dieser in seiner Person nicht zuletzt auch die drei beliebtesten Themenkreise des alten Epos: Antike, Mittelalter und die Geschichte der deutschen Nation?

Jedoch die unübersehbare Dominanz der Dramenbearbeitungen erweckt auch die skeptische Frage, ob der kämpferisch scheiternde Hutten trotz alledem für das Epos, dessen Inhalte nach der Kennzeichnung im Briefwechsel zwischen Goethe und Schiller „als vollkommen vergangene" in „ruhiger Besonnenheit" vorgetragen werden sollen, ein geeigneter Held sein kann.[15] Und zudem: Kann er nach Herders Wiedererweckung noch großer Held im Heldenepos alten Stiles sein oder wird auch er reduziert im verkleinerten epischen Format dargestellt?

3. Es ist zu bedauern, daß der Text der einzigen versepischen Arbeit, die noch in die klassische Zeit fällt, als verschollen gelten muß. Friedrich Lang, ein Spätaufklärer, der eher durch sein pädagogisches Wirken als durch seine literarischen Versuche bekannt geblieben ist, veröffentlichte 1787, einundzwanzigjährig, das Epos „Ulrich von Hutten, der Knabe, der Jüngling, der Mann. Gedicht in drei Gesängen".[16] Lediglich durch die kurzen Ausführungen und Zitate seines Biographen Gustav Lang können wir uns ein ungefähres Bild machen.[17] Mit drei Gesängen ist es ein relativ kurzes Epos. Der doppelten lyrischen Einlage folgt die Erzählung in

4–7füßigen Jamben, unterbrochen von lyrischen Strophen. Die Verse, die Gustav Lang zitiert, lassen keinen Zweifel, daß es die Herderschen Stilisierungen des von Deutschland Verstoßenen und Gescheiterten sind, die den Einundzwanzigjährigen beeindruckt haben und ihn bewegen, die deutschen Jünglinge an das Grab auf der Ufnau zu rufen: „Mit Inbrunst hin, wo Hutten ruht!"

Ein Heldenepos traditionellen Stiles zu verfassen, liegt ganz und gar nicht in der Absicht des jungen Poeten. Vielmehr folgt er einem Verfahren, das damals schon üblich war und sich bis zum Absterben der Gattung Versepos noch erheblich verbreitern sollte: die Eintönigkeit des alten Epos lyrisch anzureichern und seine geschlossene Monumentalität durch die lockere Aneinanderreihung von Romanzen aufzubrechen – beides notwendigerweise verbunden mit einer erheblichen Kürzung des Umfanges. So verharrt der Rhapsode bei Lang auch nicht mehr im Goetheschen Sinne hinter dem Vorhang sondern wird selbst sichtbar in appelativen, ja beschwörenden Wendungen. Damit tritt neben das mehr oder weniger an den historischen Vorlagen orientierte Huttenbild in den erzählenden Partien das Symbolbild des Helden, in den epischen Partien heroisiert, enthistorisiert und am ideologischen Bedarf der Gegenwart orientiert. Über das Gelingen dieses Vorhabens kann man nach den wenigen Zeilen, die noch vorliegen, nicht urteilen, aber das Verfahren erscheint als eine formale Konsequenz, die sich aus dem Aufgreifen des Herderschen Huttenbildes fast zwangsläufig ergab.

Daß in den nächsten 50 Jahren kein Hutten-Epos erscheint, ist mit der Entwicklung des Versepos nicht zu erklären, das in der nachklassischen Zeit sowohl in der traditionellen Langform als in der lyrisch getönten Kurzform weiterlebt. Es hängt eher mit der allgemeinen Huttenrezeption zusammen, die sich erst wieder in den 30er Jahren mit der Verschärfung der politischen Situation in Deutschland belebt. In einem der besten versepischen Dauerbrenner des 19. Jahrhunderts, im Romanzenkranz „Der letzte Ritter" von Atanasius Grün, ist in der ersten Ausgabe von 1830 bezeichnender Weise noch kein Hinweis auf Hutten zu finden. Die bekannte Episode der Begegnung zwischen Hutten und Kaiser Maximilian in Augsburg wird erst in einer späteren Ausgabe dem Epos hinzugefügt.[18]

In der Endphase des bürgerlichen Freiheitskampfes wandte man sich wieder radikaleren Kräften zu, und so ist es kein Wunder, daß in den vierziger Jahren gleich drei Hutten-Epen veröffentlicht werden. Beim Erscheinen von Emil Buchers „Ritter Ulrich von Hutten. Episches Gedicht" im Jahr 1840[19] ist der Verfasser wie Friedrich Lang mit 25 Jahren ebenfalls fast noch ein Jüngling. Das Erscheinungsjahr ist zugleich sein Todesjahr. 1838 hatte Bucher Huttens „Aufwecker" herausgegeben, und er wollte noch ein Hutten-Drama zu Ende schreiben.[20]

Das Gedicht aus 10 Romanzen und 319 Strophen gehört wie das Langs zu den kürzeren Epen. Es variiert jedoch nicht zwischen lyrischen und epischen Partien sondern ist einheitlich gefaßt – in der Nibelungenstrophe. Bucher: „Drum glaubte ich ihn auch in jener versart besingen zu müssen, die in unsern schönsten heldengedichten... herrschend und die ächte teutsche ist."[21] Die Verbindung von kürzerem Epos und Nibelungenliedstrophe war durchaus nicht ungewöhnlich und entsprach der formalen Sorglosigkeit der Zeit ebenso wie der steigenden Wertschätzung des Nibelungenliedes in der Biedermeierzeit.[22] Das Mißlingen des Bucherschen Epos liegt jedoch nicht an der Wahl der Formen sondern an der stofflichen Disposition. Bucher verbindet historische Ereignisse aus dem Leben Huttens in starkem Maße mit fiktiven Motiven, die er aus der gängigen romantischen Ritterliteratur entlehnt hat. Hutten erscheint als „schwarzer Ritter", dessen Lebensweg unvorhersehbar mit dem eines fahrenden Sängers, Berthold, verknüpft ist. In der versepischen Restauration der Zeit nahm das Rittergedicht als Ausdruck

*Denkmal Ulrichs von Hutten, Johann Gottfried Herder, in: J. W. Göthens Schriften, hrsg. v. Chr. F. Himburg, Reutlingen ³1779f. (Kat.-Nr. 5.14)*

der Adelsrestauration eine besondere Stelle ein, und es war daher geradezu abzusehen, daß der Hutten-Stoff in popularisierter und sentimentalisierter Weise in diesen Strudel gezogen wurde. Aber Bucher läßt es nicht dabei, sondern stellt neben die „romantische" Rittergestalt immer wieder den wahren deutschen Reichsritter, der mit Sickingen für die deutsche Nation kämpft.

Wenn man hinzu nimmt, daß neben beiden vom Autor noch ein modernerer Hutten, der des einsamen Kämpfers für die Freiheit, beschworen wird, dann verdeutlicht sich die Konzeptlosigkeit. Huttens „einsamer Kampf für die deutsche Freiheit" wird nicht nur von „den Ingredienzen einer trivialen ‚Scottomanie' völlig überwuchert",[23] sondern es gelingt von vornherein nicht, die verschiedenen Hutten-Konzepte in Übereinstimmung zu bringen. So muß man dem Autor zustimmen, wenn er im Vorwort meint, Hutten müsse von einem „größeren Sangesmeister" und „nicht von einem noch schwachen Sangesjünger" bearbeitet werden.

Ein schwacher Sangesmeister ist aber auch sein Nachfolger, Wilhelm Ruckmich, dessen „Ulrich von Hutten. Ein Gedicht" 1844 in Karlsruhe erschien.[24] Vielleicht ist auch dies ein Erstlingswerk. Über Ruckmich ist einschlägig nur bekannt, daß er 1845 „Antipapistische Lieder" im progressiven Vormärz-Verlag Bellevue bei Konstanz veröffentlichte.[25] Diese Richtungsanzeige wird durch sein Epos ganz und gar bestätigt. Es ist offensichtlich, daß es inhaltlich ganz im Banne der Hutten-Gedichte Georg Herweghs, des einflußreichsten Lyrikers der 48er Revolution, steht und daß dabei der Verfasser auch vor wörtlichen Übernahmen nicht zurückschreckt.

Dies geschieht in einer Phase der Huttenrezeption, in der dem Bild Huttens mehr und mehr bekennerhafte Züge beigegeben werden. Als stilbildendes Element in den literarischen Texten ist dabei mit Recht das deklamatorische Pathos hervorgehoben worden.[26] Dies gilt für Ruckmich in besonderer Weise. Insbesondere die Verse aus dem „Nachruf", dem Schlußgesang des Epos, sind denen Herweghs inhaltlich und stilistisch zum verwechseln ähnlich: „Ufnau! Golgatha, du deutsches, lieblich steigst du aus dem See..." (S. 68 f.). Die pathetisch-rhetorische Stilhaltung hat jedoch für den Epiker weitreichendere Konsequenzen als für den Lyriker, der mit kurzen Texten arbeitet. Einerseits kann selbst der Kurzepiker Ruckmich die Pathoshaltung nicht vom Anfang bis zum Ende durchhalten, andererseits droht diese, die epische Struktur des Werkes immer wieder aufzulösen. Nur wenig wird noch erzählend entwickelt sondern die Aussagen sind lyrisiert und vor allem rhetorisiert. Die Handlungsstationen scheinen auf ihre Pathosträchtigkeit ausgesucht. Nicht ungeschickt wechselt Ruckmich in den 27 Romanzen Versmaß und Strophenform, aber es ist auch dies ein Zeichen, daß das Kurzepos sich aufzulösen droht in eine Sammlung verschiedener Gedichte. Das Pathos trägt nicht durchgehend, und die lyrisch-rhetorischen Töne zwischen Nibelungen- und Volksliedstrophe gehen selten zusammen. So ist die epische Konsistenz verloren gegangen, aber eine verbindende lyrische Gestimmtheit doch nicht erreicht. Dieses formale Mißlingen hat selbstverständlich eine inhaltliche Entsprechung. Die pathetische Überhöhung der Gestalt Huttens zum nationalen Heiland führt zu einer stofflichen Ausdünnung und Entleerung der historischen Szene. Die geschichtlichen Spannungen bleiben verborgen hinter einer legendenhaften, stilisierten Darstellung, in der der Hauptakteur zwangsläufig entrückt ist und in der er stets so postiert ist, als habe er nicht mit konkreten geschichtlichen Problemen zu kämpfen sondern lediglich Gefühle bei seinen Zeitgenossen und bei den Lesern seiner Geschichte auszulösen.

Das Problem der Lyrisierung von Versepen ist nicht allein das von Ruckmich, sondern ein allgemeines der Zeit. Über das Savonarola-Epos Nikolaus Lenaus, der bekanntlich auch ein Hutten-Epos schreiben wollte, urteilt der spätere Hutten-Biograph David Friedrich Strauß, hier sei ein edler Wein auf lyrische Flaschen abgezogen worden, und der schweizerische Literaturhistoriker Eduard Korrodi mutmaßt über Lenaus nie geschriebenes Hutten-Epos: „Die Epik wäre von der Brandung seiner Lyrik wie ein kleines Eiland umflutet worden. Der Vers für die starke Faust Huttens hätte gefehlt."[27]

Daß umgekehrt Nüchternheit und Detailfreude ebensowenig Garanten für das Gelingen des versepischen Experimentes sein können wie Pathos und inhaltliche Entleerung, zeigt das Hutten-Epos des Schweizer Dichters Abraham Emmanuel Fröhlich, das 1845 erschien.[28] Mit Fröhlich, Amtsbruder und Freund Gotthelfs, Verfasser von Fabeln und geistlichen Liedern, vor allem aber langjähriger Herausgeber der beliebten „Alpenrosen",[29] hat erstmals ein in der Schweiz und in Deutschland bekannter Dichter den Hutten-Stoff versepisch bearbeitet. Von der wohlwollenden Aufnahme in nationalen deutschen Kreisen der Zeit abgesehen, ist das Werk jedoch z. T. heftiger Kritik ausgeliefert gewesen. Selbst Fröhlichs ansonsten verständnisvoll urteilender Biograph, Robert Faesi, stellt fest: „... seine Epen sind Reimchroniken, versifizierte Biographien, keine Kunstwerke". Das Hutten-Epos insbesondere sei „ein unglückliches Mittelding zwischen Geschichte und Kunst, zwischen der vorzüglichen Biographie Huttens von Dav. Strauss und C. F. Meyers ‚Huttens letzte Tage'".[30] Noch unverblümter urteilte Korrodi: „In Fröhlichs Epos gähnt die Historie vor Langeweile", ja es zeige einen „Hutten, der sein Schwert verloren hat".[31] Man sollte diese Kritiken allerdings mit Vorsicht aufnehmen, weil sie das Fröhlichsche Epos im Kontext mit der Bearbeitung C. F. Meyers behandeln und dabei in die Gefahr geraten, das bescheidene Werk Fröhlichs zu einer Folie einzuschwärzen, vor der das geglückte kleine Epos Meyers sich um so heller abzeichnen soll. Dennoch erscheint der Tenor der Kritik gerechtfertigt.

Fröhlich, der in seiner Jugendzeit liberale Neigungen hatte, tendierte mit zunehmenden Alter zum konservativen Lager. Es war nur konsequent, wenn er diese Wende literarisch mit der Wahl der konservativen Gattung Epos besiegelte. Sein Hutten-Epos umfaßt 17 Gesänge mit jeweils 40 bis 160 Nibelungenstrophen, d. h. mit insgesamt über 7000 Versen handelt es sich nicht mehr um ein Kurzepos sondern um ein Epos von beachtlicher mittlerer Länge. Wer so weit ausholt, muß über ein größeres Stoffreservoir verfügen als der Romanzensänger. In der Tat läßt Fröhlich das Leben Huttens nach fleißigen Vorstudien in detaillierter Darstellung vorüberziehen. Dennoch wird eine objektive historische Darstellung nicht angestrebt. Zahlreiche fiktive Partien reichern das Geschehen an, und man hat am Ende den Eindruck, daß es keine Gestalt des Zeitalters von Bedeutung gibt, die dieser Epiker nicht mit Hutten zusammengeführt hat. Fröhlich ist ohne Zweifel handwerklich geschickter als seine Vorgänger, und so entstehen durchaus gelungene Verse. An persönlicher Anteilnahme am Sujet fehlt es auch bei ihm nicht. Er ist ein Anhänger der Reichsidee, begeistert von den deutschen Freiheitskriegen und allen nationalen Bestrebungen in Deutschland. Die Rheinreise, die er im Herbst 1842 unternahm und während der er auf der restaurierten Ebernburg das Glas auf Hutten und Sickingen erhob, hatte einen nachhaltigen Eindruck bei ihm hinterlassen.[32]

Dennoch läuft das Gesamturteil einmütig auf ein kleinliches und unzulängliches Verfahren hinaus. Für das Mißlingen ist maßgebend, daß Fröhlich trotz strenger chronologischer Erzählweise die Details und Handlungsansätze nicht zusammenfügen kann, weil sein Hutten von erstaunlich blasser Natur ist. Am 31. Dez. 1845 schreibt Fröhlich an Gotthelf: „Als Neujahrsgruß schicke ich dir meinen Hutten; möge Dir sein Gruß als der eines Mannes tönen, wie er sich selbst nennt,

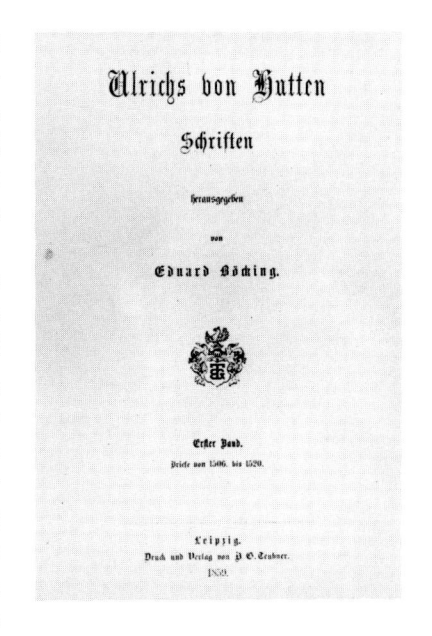

*Ulrichi Hutteni, equitis Germani, opera quae reperiri potuerent omnia,* Eduard Böcking (Hrsg.), 5 Bde., Leipzig 1859–1861 (Kat.-Nr. 5.20)

wie er mir vorschwebte, als der poeta laureatus, eques germanus, orator nationis!"[33] In Fröhlichs Epos steht der poeta laureatus vornean, gefolgt vom eques germanus, der kämpferische orator nationis wird selten sichtbar. Der poeta laureatus aber ist von gemäßigtem Temperament, fast mehr in private als in öffentliche Unternehmen verstrickt, eher ein glücklicher positiver Held, dem man nur gelegentlich etwas übel mitspielt, als ein untergehender. So fragt man sich am Ende auch, warum er eigentlich sterben muß. Der Augenblick seines Todes wird harmonisierend ausgeklammert, und Zwingli findet sanfte Worte der Verklärung.

Spätestens hier muß man berücksichtigen, daß Fröhlich eine der führenden Gestalten des geistlichen Biedermeier ist, das wie die gesamte Restaurationsepoche an der Vorstellung einer harmonischen Welt festhält.[34] Auch Fröhlich ist diesem harmonischen Denken verpflichtet, und dies führt in seinem Epos immer wieder dazu, daß er Konstellationen entspannt und verschönt. So dominiert der Eindruck eines biedermeierlichen Helden ohne Schwert in einer Umwelt, die des Schwertes nach des Epikers Sinn nicht bedürfen sollte.

Nicht zuletzt ist es die mangelnde „epische Integration" der Details, die diesem Epos Schaden zufügt und Weltfülle und Kausalität nicht aufkommen läßt. Auch hier trägt Fröhlich die Last seiner Zeit.[35] So urteilt Friedrich Sengle ziemlich forsch: „Fröhlich konnte nicht anders verfahren in einer Zeit, die Details der Überlieferung hegte und pflegte... Der zentrale Fehler liegt darin, daß Fröhlich mit einer so stark entwickelten Detailfreude am Typ des anspruchsvollen welt- oder religionshistorischen Epos festhielt."[36] Fröhlich, der in der Empfindsamkeitstradition des späten Biedermeier steht, behandelt seinen Stoff durchaus nicht spröde, eher gefühlsam, aber dieses Sentiment reicht nicht aus, um eine größere epische Form zu beleben. Der Nibelungenvers bewirkt Monotonie und steht im Gegensatz zum feinrealistischen, biedermeierlich gefärbten Inhalt. So kann man bestenfalls eine feine historische Patina erkennen, die diese nicht unsympathische Atmosphäre von gefühlsamer Nüchternheit und Toleranz umgibt.

Wir wissen nicht, ob Eduard Korrodis Bemerkung über Fröhlichs Hutten zutreffend ist: „Der Bourgeois, der den Hutten der Freiheitsdichtung beargwöhnte, mußte diesen Hutten verstehen."[37] Es steht aber fest, daß mit ihm die letzte Gelegenheit vertan war, in der ersten großen Epoche der Huttenverehrung im Vorzeichen bürgerlich-liberaler Emanzipation eine gelungene versepische Gestaltung des Huttenstoffes hervorzubringen.

Als 1862 Arnold Schönbachs „Ulrich von Hutten. Ein vaterländisches Gedicht in zwanzig Liedern"[38] erschien, hatte sich die geistige und politische Situation in Deutschland und mit ihr das Verständnis Ulrichs von Hutten bereits erheblich verändert. Der nachmärzlerische Kompromiß des deutschen Bürgertums ließ die Huttenrezeption nach 1848 für fast 10 Jahre fast gänzlich abbrechen, und in den danach einsetzenden Publikationen kündigte sich die Tendenz an, Huttens Bedeutung auf den Bereich der Idee einzuschränken oder ihn als nationalen Helden und Zeugen deutscher Sendung zu feiern.[39]

Schönbach zeigt uns diese Abkehr von den liberalen Positionen des Vormärz sehr deutlich. In seinem 1848 erschienenen Werk „Das deutsche Bauernbuch oder so lebt das Volk" geißelte er noch unerbittlich wie kaum ein anderer die sozialen Zustände auf dem Lande, so daß er bei den heutigen Historikern der Dorfgeschichte damit zu späten Ehren gekommen ist.[40] Die textidentische Ausgabe des „Bauernbuches" von 1849 erschien bereits anonym unter dem verschleiernden Titel „Dorfgeschichten nach Auerbach", und die neue Sammlung des Jahres 1853 war in Inhalt und Stilgebung gänzlich verändert.[41]

Nicht ohne Konsequenz wechselt Schönbach, der aus liberalen Kreisen kam, in den fünfziger Jahren zum vaterländischen Versepos über. Er ist sich dieser konservativen Wende wohl bewußt. In seinem Epos „Der letzte König von Thüringen" (1853) schreibt er im Vorwort: „Also Conzessionen gemacht den gegenwärtigen allgemeinen Zuständen und doch die Principe festgehalten, die ich dem Kunstwerk gegenüber und mir aufgenommen".[42]

Schlönbach ist offenbar bemüht, seine liberalen Prinzipien zu retten, indem er sie mit nationalen, vaterländischen verbindet und die Gestalt Ulrichs von Hutten in ihrer Vieldeutigkeit kam ihm dabei gerade recht. Aber das Vorhaben mißlingt in noch schlimmeren Maße als das Fröhlichs. Während bei diesem noch manch empfindsam beschriebenes Detail die tieferen Mängel der Konstruktion vergessen machen konnte, scheint hier nahezu alles fragwürdig. Die ca. 5000 Verse sind für ein echtes Heldenepos zu wenig, für einen Romanzenkranz zu viel. Die Erzählweise ist nüchtern, wozu die Wahl des Knittelverses erheblich beiträgt. Die gelegentlichen pathetischen Aufgipfelungen sind nicht in den allgemeinen Erzählton integriert.

Das Werk ist nicht nur formal sondern auch inhaltlich zu rational auf einen Kompromiß angelegt, als daß es eigene Konturen gewinnen könnte. Auch Hutten, dessen Leben in Anlehnung an die Biographie von David Friedrich Strauß, dem das Werk gewidmet ist, von der Wiege bis zur Bahre geschildert ist, ohne daß sich etwas von der sinnlichen Fülle seiner Welt einprägte, ist eine Kompromißgestalt. Seine Freiheitsforderungen sind allgemein, und sie werden fast immer von den Appellen an Vaterland und Ehre umrahmt. Mit langen allgemeinen Reflexionen über den Gang der Zeit und mit häufigem Rekapitulieren von Hutten-Werken wird der ohnehin schon vorhandene Eindruck der Farblosigkeit noch verstärkt. Schlönbach ist mit seinem Versuch, Konzessionen an die Zeitumstände zu machen und die eigenen Prinzipien doch beizubehalten, in eine Pose nachmärzlicher Behutsamkeit verfallen, die dem Hutten-Stoff unangemessen ist. Der begabte Verfasser kurzer sozialanklägerischer Prosawerke hat den vielleicht allzu kalkulierten Übertritt zur konservativen Gattung des Versepos aus heutiger Sicht mit dem Verlust an dichterischer Substanz bezahlt. Das Urteil seiner Zeit war aber sehr wahrscheinlich ein anderes. Noch 1890 wurden in der „Allgemeinen Deutschen Biographie" die „tief ergreifenden Scenen" und die „vaterländischen Gesinnungen" seines Hutten-Epos gerühmt und seine poetischen Werke generell als den Prosawerken überlegen eingeschätzt.[43]

Dieses Urteil läßt erkennen, daß das Versepos gegen Ende des Jahrhunderts trotz der Emanzipation des Prosarealismus noch keine abgeschriebene Gattung war. Im Gegenteil, die geistige und politische Reaktion nach 1848 und 1871 war ein ebenso reicher gesellschaftlicher Nährboden für das Epos wie die Restauration der Biedermeierzeit. Quantitativ hat die Epenproduktion um 1870/71 sogar erst ihren Höhepunkt erreicht. Zwar verschwinden der Reichtum und die Flexibilität der Formen, aber dafür treten andere Stabilisatoren hervor. Reichsenthusiasmus und Reichsgründung führen zum Syndrom eines Germanismus, der sich in der Formenwelt neben dem historischen Roman vor allem zugunsten des historischen Epos niederschlägt.[44] So wird es zur „Paradeform des ersten und zweiten Wilhelminismus" und zur „Trotzform gegen Realismus und Naturalismus".[45]

Im Hinblick auf Hutten und das geschichtliche Epos ist dabei bedeutsam, daß bei den verschiedenen historischen Legitimationsversuchen des neuen Reiches neben der preußisch-nationalstaatlichen Komponente vor allem auch die protestantische Komponente, die von Luther und Hutten über Friedrich II. in die Gegenwart führen sollte, von Bedeutung war.[46] Aber gerade jetzt und zudem im Umfeld der Säkularfeiern von 1888 ergießt sich die literarische Huldigung vorwiegend in die nicht weniger traditionelle Form des Dramas. Immerhin sind es noch zwei Epiker, die in dieser späten Zeit der Hutten-Verehrung und des Versepos' einen Versuch wagen.

Für den Hessen Carl Preser war das Heldengedicht „Ulrich von Hutten", das 1889 erschien,[47] nur einer von mehreren Versuchen im nationalen Epos. Er stand lange im hessisch kurfürstlichen und fürstlich Ysenburgischen Hofdienst und begleitete den Kurfürst sogar in die Prager Verbannung. So scheint es, als ginge seine Fürstentreue mit der Treue zum alten, dem Untergang nahen Gattung des Versepos einher.

Presers Epos ist mit ca. 4500 Versen wie das Schlönbachs ein Epos mittlerer Länge. Wie jenes ist es in thematisch geschlossene Einzelgesänge aufgeteilt, deren Eigenständigkeit Preser durch wechselnde Vers- und Strophenformen offenbar noch betonen will. Aber wie für Schlönbach gilt auch hier, daß das Epos mittlerer Länge das für den Romanzenkranz zumutbare Maß überschreitet und für ein Heldenepos alten Stils nicht massiv und umfangreich genug ist. Preser ist ein gewandter Verstechniker, aber seine Sprache ist in einem erschreckenden Maße epigonal. Die formale sprachliche Glätte kann nicht darüber hinwegtäuschen, daß in diesem Werk überwiegend das Klischee für den dichterischen Ausdruck und die Bombastik für das echte Pathos stehen. Einerseits werden in ellenlangen Einschüben Reflexionen über Atome, Wasserstoff und Wellenentstehung bis zum Atheismus, mithin Haeckel und Darwin, in den Stoff hineingetragen. Andererseits kann der Epiker Preser unter dem Einfluß des Germanismus seiner Zeit nicht genug tun, um das Geschehen am Anfang der Neuzeit in eine unbestimmte nordisch-germanische Ferne zurückzuverlagern. Hutten jedoch wird wie in keinem anderen Epos als ganzer Christ, als Glaubenskämpfer und Mitstreiter Luthers stilisiert. Er stirbt „Für seines Vaterlandes Ruhm und evangel'sches Christentum..." (S. 180).

Preser huldigt damit wiederum auf eine andere Weise den Anschauungen seiner Zeit. Neben das Germanentum und das mittelalterliche Kaisertum tritt in der historischen Legitimation des neuen Kaiserreiches unübersehbar die protestantische Deutung. So ergießt Preser fast alle Ingredienzien der konservativen Reichsideologie nach 1871 über Hutten, der so zum Factotum wird, aber in der epigonalen Sprache nur als ein Schemen erkennbar ist.

Nicht daß Preser wie seine Vorgänger die Gestalt Huttens unter dem Eindruck der Nöte und Wünsche seiner Zeit gestaltet, verursacht das Mißlingen seines Hutten-Epos, sondern die Oberflächlichkeit, mit der er disparate Denkformen seiner Zeit über die Vergangenheit stülpt, und die Leichtfertigkeit, mit der er die abgegriffenen archaisierenden Sprach- und Formelemente nicht nur weiter benutzt sondern auch noch kultiviert. Sprachlicher Ausdruck wird offenbar nicht angestrebt sondern die Verssprache, wie oft im zu Ende gehenden 19. Jahrhundert, eher als ein „Sich Bergen in der konservativen Überlieferung" begriffen.[48]

Das letzte Hutten-Epos, Karl Kelbers „Der deutsche Hutten", erschien 1910.[49] Kelber war Pfarrer wie Fröhlich, und es deutet sich an, daß der evangelische Pfarrstand, dessen Anhänglichkeit an die Monarchie bis in die Zeiten nach deren Abschaffung bekannt ist, auch ein besonders enges Verhältnis zum Versepos hatte.

Das Hutten-Epos schrieb Kelber, dessen heute weitgehend unbekannte literarische Werke zumeist Ruhestandsarbeiten waren,[50] bereits mit 48 Jahren. Er fängt es nicht ungeschickt an, indem er ein größeres Epos erst gar nicht anstrebt. Die 34 relativ kurzen Gesänge aus ungereimten, vierhebigen Vierzeilern kommen zwar bis an die Grenze von knapp 4000 Versen, aber die starke Untergliederung und die kurzen, volksliednahen Strophen lassen epische Langeweile im eigentlichen Sinn nicht aufkommen. Kelber entwirft das Geschehen zwar chronologisch von der Flucht aus dem Kloster Fulda bis zum Tod auf der Ufnau, aber nicht in der Absicht, ein Gesamtbild zu zeichnen. Es ist eher eine lockere Aneinanderreihung ausgewählter Stationen, die Kelber selbst zu Recht im Untertitel als „Einzelbilder" bezeichnet. Immer wenn diese Einzelbilder zu Stimmungsbildern lyrischer oder balladenhafter Art geraten, sind sie noch lesbar und trotz ihres weitgehend epigonalen Wort- und Formenschatzes anerkennenswert. Kelber kann sich jedoch nicht enthalten, sie mit Partien zu mischen, in denen die Einzelbilder partiell oder ganz zu rhetorischen Kampfbildern werden. Dann schlägt die Stimmung um in banalen eifernden Kommentar und allzu häufig in das hohle ungezügelte Pathos einer lutherisch-nationalen Militanz: „Und weil er lebt, so sei der Kampf / Allem, was undeutsch ist, verkündet" (S. 213).

Pfarrer Kelber will zornig und kämpferisch sein wie sein Hutten, der ganz und gar nationaler und Glaubensheld in einem ist. Kelber hat auch hier korrekt mit der Titelfassung den Weg gewiesen: „Der deutsche Hutten" soll es sein. Er stimmt darin mit der nationalen, völkisch-germanischen Huttendeutung seiner Zeit[51] überein, aber er verwirkt damit zugleich das Gelingen seines Epos'. Lyrisch-balladeske Gestimmtheit und deutsch-nationale Rhetorik gehen nicht überein.

4. Bereits vor den konservativen versepischen Versuchen Schlönbaches, Presers und Kelbers hatte das Hutten-Epos mit Albert Türckes 1858 erschienenen „Hutten auf Ufnau"[52] eine Wende erfahren, die zur einzig gelungenen Gestaltung C. F. Meyers hinführen sollte. Türcke, der sich zeit seines Lebens mit protestantischen Stoffen in Epos- und Dramenform beschäftigt hatte, waren die Formgesetze beider konservativen Gattungen wohlvertraut. Der Hutten-Stoff wurde von ihm bereits 1855 in seinem Sickingen-Epos berührt.[53] „Hutten auf Ufnau. Ein Idyll in 7 Gesängen" unterscheidet sich durch seinen Umfang von allen bisherigen Versuchen am deutlichsten. Es ist ein Kurzepos mit ca. 1 800 Versen. Die Verknappung wird nicht durch die Zusammenfügung balladesker Einzelerlebnisse in einen romanzenartigen Kranz erreicht sondern durch die Beschränkung auf einen relativ kurzen Zeitraum am Lebensende. Damit entfällt die Verpflichtung, die historischen Ereignisse in chronologischer Abfolge zu versifizieren, womit bisher am ehesten der Eindruck der Monotonie erzeugt wurde. Andererseits erlaubt es diese vue-par-derrière-Technik, jedes Lebensereignis erinnernd wieder herbeizuholen, wenn es nötig erscheint. Nicht zuletzt zwingt die Gestaltung des Lebensendes dazu, ein Lebensfazit zu ziehen und damit der Gestalt Huttens festere Konturen zu geben als in chronologisch reihenden Darbietungsformen, in denen sich das Bild des Helden in einer Fülle von Einzelszenen immer wieder zu verflüchtigen drohte.

Bezeichnend für Türckes Vorgehen ist es weiterhin, daß er die Idylle und mit ihr den Hexametervers und die antike Metaphorik zum Vorbild nimmt. Er konnte dabei davon ausgehen, daß das idyllische Versepos noch weit über die Jahrhundertmitte eine starke Tradition hatte, in der zeitgerechte und gelungene Realisierungen der problematisch gewordenen Gattung Epos noch möglich waren.[54]

Aber gerade die Gestaltung der Idylle macht Türckes Epos problematisch. Es ist eine Todesidylle und trotz des antiken Gewandes eine christliche Todesidylle, d. h. der Tod wird im Feld der Idylle zum „harmonischen, seligen Tod" verklärt.[55] Hutten selbst, mehr Dichter als politischer Kämpfer, ahnt den nahen Tod, wird sich seiner gewiß und bejaht ihn in der Gewißheit, daß er selbst ewig weiterlebt. Er erscheint uns so erstmals nicht nur als ein makelloser positiver Held sondern in einer Gebrochenheit, die ihn dem modernen Verständnis des Menschen eher näher bringt als entfremdet. Der berechtigte Eindruck einer zwar liebevollen aber letztlich nur partiellen Kennzeichnung Huttens drängt sich durch die Art und Weise, in der die Idylle entfaltet ist, aber immer wieder auf. Die friedliche Welt der Schweizer

Berge, des Zürcher Sees und der Ufnau wird in einer Ausführlichkeit ausgebreitet, die Hutten immer wieder zurücktreten läßt und ihm nur wenig Gelegenheit gibt, sein vergangenes Leben vom Ende aus zu deuten. Türcke macht zudem von einem Mittel Gebrauch, das bisher nur Wilhelm Ruckmich konsequent angewendet hatte. Er lyrisiert die Verse auf eine intensive Weise.

Als Idylliker seiner Zeit verfährt Türcke nur konsequent. Er entfaltet die Welt der unschuldigen Natur, um in ihrem Strahlungsfeld den gefährlichen Tod zum verklärten Tod werden zu lassen. So stirbt denn auch Hutten unter der alten Linde auf der Moosbank diesen schönen Tod.

Der Lyrismus ist nur die formale Konsequenz dieser Harmonisierung. Türcke hält als spätbiedermeierlicher Dichter wie Fröhlich am christlichen Harmonisierungsstreben fest, und er wird deswegen zu seiner Zeit nicht getadelt worden sein. Aus der Sicht einer späteren Zeit, die die Idylle abgeschafft hat, ergibt sich natürlich der Vorwurf der thematischen Verengung. Wenn die Dimension der Geschichte weitgehend ausgeklammert und an deren Stelle die Natur als Gegengewicht zur disharmonischen Welt entfaltet wird, bleibt das Handeln einer Gestalt wie Hutten, das eminent historischer Art war, zwangsläufig unterbelichtet. Der entschiedene Vorzug der Kategorie des Raumes vor der Kategorie der Zeit eliminiert weitgehend die historischen Konflikte der Zeit und hinterläßt einen vorwiegend privaten, gänzlich unheldischen, gleichwohl aber sympathischen und empfindsamen Ulrich von Hutten.

C. F. Meyer geht in seiner Dichtung „Huttens letzte Tage" den Weg, den Türcke eingeschlagen hat, konsequent weiter und schafft damit die einzige gelungene versepische Gestaltung des Hutten-Stoffes. Das Werk, das als jahrzehntelange kanonisierte Schullektüre neben der wissenschaftlichen Interpretation breiteste Beachtung gefunden hat, braucht hier nur vor dem Hintergrund versepischer Tradition umrissen zu werden. Die Methode der Verknappung der formalen Mittel wird noch konsequenter als bei Türcke gehandhabt, so daß die Frage aufkommen mußte, ob es sich noch eigentlich um ein Epos oder um Lyrik handelte.[56] Nach den zahlreichen Bearbeitungen seit 1871 blieben schließlich noch ca. 1600 Verse bestehen. Der relativ komplizierte Hexametervers Türckes weicht dem schlichten fünfhebigem Zweizeiler. Das historische Kostüm der Antike wird abgestreift und durch ein behutsam aufgetragenes und auf Kargheit bedachtes Kolorit der Huttenzeit selbst ersetzt. Die gehobene Sprache des Hexameterverses wird zu einer volkstümlich anmutenden Sprache, deren Schlichtheit vergessen läßt, daß sie das Ergebnis höchsten stilistischen Raffinements ist. Wichtiger aber ist, daß Meyer, der Türckes Epos mit höchster Wahrscheinlichkeit gekannt hat,[57] das Prinzip der räumlichen und zeitlichen Verkürzung im Sinne Türckes durch die Eingrenzung des Geschehens auf den Ufnau-Aufenthalt und die Vue-par-derrière-Technik beibehält. Er intensiviert dieses Prinzip sogar, ohne dabei den Fehlern Türckes zu erliegen. Indem er das ganze Werk als einen einzigen großen lyrischen Monolog Huttens anlegt, schafft er eine geschlossene Grundstimmung, die Türcke im Nebeneinander von episch dargestellten Naturpartien, Monologen und Dialogen der Akteure nicht erreichen konnte. Meyer entepisiert und lyrisiert damit das Werk noch mehr als Türcke und gerät so an den Rand der lyrischen Auflösung seines Epos', das man heute oft als „Gedichtzyklus" bezeichnet, obwohl es sich, historisch gesehen, um einen Romanzenkranz handelt.[58]

Noch wichtiger für die geistige Ökonomie des Werkes ist es aber, daß Meyer im Dauermonolog Huttens der Vergangenheit des Helden und seiner Epoche mit ihren großen Gestalten in einem Maße Raum läßt, wie es bei Türcke nicht der Fall war. Meyer entidyllisiert, indem er die Geschichte in den idyllischen Raum eindringen läßt und gewinnt damit das Gefüge vielfacher Spannungen und Kontraste, das er liebte und das seinem Werk die Anschaulichkeit und offenbare Wirklichkeitsnähe sichert. Es darf aber nicht übersehen werden, in welchem Maße sich dieses Geschehen vor dem steten, dunklen Hintergrund des Todes abzeichnet. Die Entidyllisierung läßt die Todesmacht, die bei Türcke noch idyllisch harmonisiert war, wieder verstärkt hervortreten. Es ist bekannt, in welchem Maße der Dichter Meyer zeit seines Lebens vom Bereich des Todes angezogen und fasziniert war.[59] Unter den 71 Gesängen des Hutten lassen sich nur wenige finden, in denen das Todesmotiv nicht zumindest anklingt. Auch Hutten besteigt zuletzt das „Spätboot", das zu den Toten führt: „Fährmann, ich grüße dich! Du bist – der Tod." (S. 139) Meyer ist sich bewußt, daß der stille und sterbende Hutten ihn angezogen hat. In seiner kleinen Schrift „Mein Erstling" berichtet er 1891 darüber ausführlich.[60]

Hutten ist aber doch nicht nur ein „Stiller" und ein „Sterbender" geworden, sonst wäre dem Werk die hohe Anerkennung in der Bismarckzeit gewiß versagt geblieben, sondern auch ein Kämpfer, gezeigt im „ungeheure(n) Kontrast zwischen der in den Weltlauf eingreifenden Tatenfülle seiner Kampfjahre und der traumartigen Stille seiner letzten Zufluchtsstätte".[61] Auch wenn ihm zeitlich noch andere folgen, ist Meyers Hutten ohne Zweifel der nuancenreichste und in seiner partiellen Gebrochenheit auch der modernste.

Wenn man abwägt, dann ist der intime Hutten gewichtiger als der historische Hutten, und Meyer weiß auch dieses. „Der Hutten ist intimer als alle meine Lyrica", schreibt er an Adolf Frey.[62] Er mußte es wissen, denn wie in keinem anderen Hutten-Epos ist hier bei aller scheinbaren Distanz die Geschichte nicht allein Faszination ihrer selbst, sondern Mittel der persönlichen Selbstaussage des Dichters geworden.

5. Literatur- und rezeptionsgeschichtlich könnte es Erstaunen hervorrufen, daß der Reichsritter, der gekrönte Dichter und der nationale Publizist nicht in einem großen Helden- oder Nationalepos als der adäquaten Form historischer Größe eine gelungene Gestaltung erfahren hat, sondern offenbar nur in einem ganz und gar lyrischen, subtilen und idyllisch getönten Kleinepos eines Schweizer großbürgerlichen Dichters. Wenn weder der konservativen und nationalliberalen Huttenverehrung nach der Reichsgründung noch der liberalen Huttenverehrung des Vormärz eine überzeugende versepische Gestaltung des Huttenstoffes gelingt, dann deutet sich an, daß allgemeiner Zeitgeist und literarische Tradition nicht übereingehen müssen, daß aber die vorherrschenden thematischen Vorgaben der Gattungstradition ebenso kein untrügliches Mittel für literarisches Gelingen sind. Als die letzten Homeriden am Ende des 19. und Beginn des 20. Jahrhunderts in nationalliberaler und konservativer Gesinnung versuchen, Hutten zum Gegenstand eines versepischen Heldenliedes zu machen, war das traditionelle historische Versepos bereits eine so weitgehend abgelebte Form, aus der sie mit den geringfügigen Variationen, die sie vornahmen, kein Gefäß für eine lebendige Hutten-Dichtung mehr schaffen konnten. Ihre nationalen Heldenlieder waren eher politisch als „stärkende Erinnerung" oder als „Versprechen zum Zukünftigen" zu werten.[63] Den liberalen Vormärzpoeten Bucher und Ruckmich stellte sich das Formproblem eher in umgekehrter Weise. Sie waren durchaus bereit, das Versepos kräftig zu variieren, aber sie versagten an der angemessenen stofflichen Disposition. Ihr Idol des liberalen Kämpfers Hutten blieb schemenhaft, weil es aufgetragen, auf jeden Fall aber den geschichtlichen Spannungen seiner Zeit entrückt war.

Von den letzten Homeriden und den Vormärzepikern führt literarisch kein

*Ulrich von Hutten und die Reformation, Paul Kalkoff, Leipzig 1920 (Kat.-Nr. 5.23)*

Weg zu C. F. Meyer hin oder zurück. Aber es ist sehr deutlich zu erkennen, wie sich seit der Jahrhundertmitte von Fröhlich über Türcke der Erfolg Meyers andeutet. Es ist dabei gänzlich nebensächlich, bestenfalls symptomatisch, daß Meyer nicht nur das Epos Türckes, sondern auch das von Fröhlich sehr gut gekannt hat.[64] Bedeutsam erscheint allein, daß Fröhlich wie Türcke und Meyer in der Tradition der Empfindsamkeitsdichtung stehen. Für den Dichter der Empfindsamkeit, deren kräftige Nachwirkung weit über das 18. Jahrhundert hinaus bis in den bürgerlichen Realismus hinein häufig unterschätzt wird,[65] ist der Held Hutten natürlich auch eine historische Größe, die für Geschichte und Gegenwart von Bedeutung ist, aber er ist zugleich auch ein Mensch, der nicht unbesiegbar und gefühllos seine Bahn geht, sondern empfindet und leidet und daher nicht nur Begeisterung sondern auch Mitleiden erweckt. Für die vormärzlich liberalen und die reaktionären Hutten-Epen, in denen das Geschehen um 1500 immer vorerst und sehr massiv als Vorkampf gegenwärtiger Aktionen stilisiert wurde, kann gelten, was Karl Marx an der Huttengestalt Lasalles bemängelte: „Hutten ist mir viel zu viel ein bloßer Repräsentant von Begeisterung, was langweilig ist. War er nicht zugleich geistreich, ein Witzteufel, und ist ihm also nicht großes Unrecht geschehen?"[66] Die drei bürgerlichen Dichter der Empfindsamkeitstradition haben das von Marx gerügte Defizit beseitigt, wenn auch in einer anderen historischen Perspektive als dieser sie von Lasalle gefordert hatte. Ihr Grundton der Empfindsamkeit beseelt die Historie und erwärmt die Heldenmaschine zu gefühlsameren, wahrhaftigeren Menschen – aber er trägt kein längeres Epos über 5000 bis 6000 Verse! Er ist an die kürzere Form und an den reduzierten Ausschnitt der Welt gebunden. Fröhlich hatte dieses Formgesetz unbeachtet gelassen und war mit seinem Hutten-Epos gescheitert. Türcke ist ihm mit mehr Erfolg gefolgt, jedoch eher zu weit, denn er hatte den Blick auf die Welt zu stark verengt. So hat nur Meyer in einer Zeit, der der wahre lange epische Atem ausgegangen war, das rechte Maß in Form und Inhalt gefunden. Er hat die überlieferte Form des Versepos bis an die Grenzen seiner Auflösung verkürzt und sprachlich verknappt, so daß man die Lakonismen Wilhelm Buschs zum Vergleich herangezogen hat.[67] Und er hat den Ausschnitt der Welt so gezogen, daß sie von seiner lyrisch-empfindsamen Tonart ohne Rest durchdrungen werden konnte, ohne dabei dem Helden die Bezüge zur Welt abzuschneiden, ohne die er nicht als eine faszinierende Gestalt der deutschen Geschichte sondern als eine sterbende Privatperson erschienen wäre. Mit dieser Gratwanderung ist es ihm gelungen, nicht nur das beste Hutten-Epos zu schreiben sondern zugleich in später Stunde das dahingehende deutsche Versepos noch einmal für einen kurzen Augenblick zu beleben.

Das versepische Kunstwerk gelingt noch, wenn auch am Rande des deutschen Sprachgebietes, in einer auslaufenden Gefühlskultur und in einer sensibel aber konsequent verkleinerten Form. Der Held ist darin kein verkleinerter Held, aber auch kein Heros mehr. Er ist gefährdeter, aber auch wahrhaftiger als die Heroen. Ein realistischer Held ist er jedoch nicht.

Von den genannten Epen steigen selbst die idyllischen, die stets zu einem begrenzten Realismus neigen, nicht unter einen Mischstil mittlerer Lage herab. Damit bleiben zwangsläufig Wirklichkeitsbereiche ausgespart, die in niederen Stillagen erfaßt würden. Das bezeichnendste Beispiel ist Huttens Krankheit, die in den behandelten Epen entweder gar nicht erwähnt oder als ein Leiden unbestimmter Art dargetan wird. Die gehobenen Stillagen des Epos meiden die Niederungen der Realität, und so bleibt das Bild Huttens auch in dieser Hinsicht von Tradition und Zwang der Gattung mitgeprägt. Die Einwirkungen zwischen Bild und Form sind jedoch auch hier wechselseitig. Der adlige Kämpfer für Kaiser und Reich war für die hohen Gattungen prädisponiert, und es ist bezeichnend, daß Hutten für den realistischen Prosaroman, der das Epos historisch ablöste, kein Thema war.[68] Eine Gestaltung im Sinne des literarischen Realismus hat Hutten so nicht gefunden, obwohl die zweite und höchste Welle seines Nachruhmes gerade in die Blütezeit dieses Realismus fällt. Die Höhe seiner Person und die Idealität des Geschehens ließen sich nach der vorherrschenden Auffassung der Zeit mit der angeblichen Trivialität des Prosaromans noch nicht vereinigen.

Das versepische Kunstwerk gelingt noch einmal, aber die versepische Bilanz bleibt dennoch negativ. Gänzlich mißlingen die Versuche, Hutten zum Helden eines nationalen Epos alten Stils zu machen. Die Anzeichen der schlimmsten Krankheit des 19. Jahrhunderts, des Epigonentums,[69] sind auch hier zu erkennen. Aber auch das gelungene Werk Meyers ist von den Antinomien seiner Zeit nicht unberührt. Es spiegelt die Widersprüche der adelig-bürgerlichen Gesellschaft des ausgehenden 19. Jahrhunderts nur auf eine andere Weise. In diesem auf bürgerliches Maß zurückgeschnittenen Epos, in dem der Tod als Grund allen Lebens gezeichnet ist, konnte sich jene gründerzeitliche bürgerliche Gesellschaft unschwer wiedererkennen, die ihren Kompromiß mit dem Adel gefunden hatte, deren scheinbare Wehrhaftigkeit aber nur die obere Seite ihres Lebenspostaments war, unter dem sich Resignation, Tragismus und gefährliche Todesliebe verbargen.

Anmerkungen

1 W. Kreutz, Die Deutschen u. Ulrich v. Hutten. München 1984.
2 Kreutz, S. 20.
3 G. Lukács, Werke. Bd. 10. Neuwied 1969, S. 779.
4 G. Voigt, Ulrich v. Hutten i. d. dt. Literatur. Phil. Diss. Leipzig 1905.
5 E. Korrodi, Ulrich v. Hutten in deutscher Dichtung. Wissen u. Leben 5 (1911), S. 27–41.
6 s. a. E. Frenzel, Stoff- und Motivgeschichte. 2. Aufl. Berlin 1974, S. 94–114.
7 F. Sengle, Das historische Drama in Deutschland, 2. Aufl. Stuttgart 1969.
8 E. Frenzel, Stoff- u. Motivgeschichte, S. 97f.
9 z. T. bei Keutz aufgeführt.
10 J. G. Herder, Hutten. Der Teutsche Merkur. 1776. H. 3, S. 3–14.
11 F. Sengle, Arbeiten zur dt. Literatur. Stuttgart 1965, S. 46–70.
12 Ebenda, S. 69.
13 F. Sengle, Biedermeierzeit. Bd. 2, Stuttgart 1972, S. 624–742.
14 Ebenda, S. 645.
15 J. W. Goethe, Hamburger Ausgabe. Bd. 12. 1963, S. 251; nach E. Frenzel gibt der Hutten-Stoff „weder eine große epische Linie noch einen dramatischen Konflikt" (Stoffe der Weltliteratur. 6. Aufl. 1983, S. 335).
16 Zum Textverlust vgl. Kreutz, S. 281, Anm. 400 u. G. Lang, Friedrich Karl Lang, Stuttgart 1911, S. 198.
17 Lang, S. 121f.
18 vgl. A. Grün, Werke. T. 1. Politische Dichtungen. Hrsg. v. E. Castle. Berlin o. J., S. CXLI – CLIII u. 88–90.
19 Ersch. Worms: Kranzbühler 1840.
20 Ulrich von Hutten . Aufwecker der deutschen Nation. Hrsg. v. E. Bucher. Tuttlingen 1838. Über Bucher ist nur bekannt, daß er aus Bieberach stammte u. Sprachlehrer in Worms war. (Mitt. d. Stadtarchivs Worms).
21 Vorwort, S. 5.
22 F. Sengle, Arbeiten, S. 155–174; Ders., Biedermeierzeit. Bd. 2, 637.
23 Kreutz, S. 115.
24 Karlsruhe: Druck u. Verl. des Artistischen Instituts. Abdr. aus Lewalds Zeitschrift „Europa" (Estermann 6.222).

25 W. Ruckmich, Antipapistische Lieder. Bellevue bei Constanz 1845; vgl. H. M. Venedy, Belle-Vue bei Constanz. Konstanz 1973 u. Estermann 1.34.
26 Voigt, S. 22–32.
27 Korrodi, S. 33 f.
28 A. E. Fröhlich, Ulrich von Hutten. 17 Gesänge. Zürich 1845. In den Ges. Werken. Bd. 4, Frauenfeld 1853, mit geringfügigen Abweichungen.
29 Alpenrosen. Aarau 1811–1854 (lit. Taschenbuch).
30 R. Faesi, Abraham Emanuel Fröhlich. Phil. Diss. Zürich 1907, S. 83 u. 86.
31 Korrodi, S. 35 f.
32 Faesi, S. 78–80.
33 Briefwechsel zwischen J. Gotthelf u. A. E. Fröhlich. Hrsg. v. R. Hunziker. Winterthur 1906, S. 15 f.
34 F. Sengle, Biedermeierzeit. Bd. 1. Stuttgart 1971, S. 77–82.
35 vgl. F. Sengle, Biedermeierzeit. Bd. 2, S. 287–289, Zit. S. 274 (Hermann Meyr).
36 F. Sengle, Biedermeierzeit. Bd. 2, S. 698.
37 Korrodi, S. 35.
38 Berlin, 1862.
39 Kreutz, S. 127–216.
40 vgl. E. Edler, Die Anfänge des sozialen Romans und der sozialen Novelle in Deutschland. Frankfurt a. M. 1977, S. 65–190.
41 vgl. dazu neben Edler auch Hartmut Kircher in: Dorfgeschichten aus dem Vormärz. Bd. 2. Frankfurt 1982, S. 366 f.
42 A. Schlönbach, Der letzte König von Thüringen. (Leipzig 1853) S. 4.
43 ADB 31 (1890), S. 527.
44 vgl. F. Martini, Deutsche Literatur im bürgerlichen Realismus. 4. Aufl. Stuttgart 1981, S. 355–390; Realismus u. Gründerzeit. Hrsg. v. M. Bucher u. a. Bd. 1. Stuttgart 1976, S. 151–159, Bd. 2 (1975), S. 402–413.
45 F. Sengle, Biedermeierzeit. Bd. 2, S. 654.
46 Realismus u. Gründerzeit. Bd. 1, S. 97–101.
47 Ersch. Marburg 1901.
48 Martini, S. 366.
49 K. Kelber, Der deutsche Hutten. Einzelbilder geschichtlicher Dichtung. Dresden 1910.
50 W. Horkel, Karl Kelber in Franken. Deutsches Pfarrerblatt 52 (1952), S. 444.
51 Kreutz, S. 189–198.
52 A. Türcke, Hutten auf Ufnau. Ein Idyll in 7 Gesängen. Dessau 1858; später i. A. T., Geschichten u. Gedichte. Berlin 1865.
53 A. Türcke, Sickingen. Eine Landsknechtgeschichte. Berlin 1855.
54 F. Sengle, Biedermeierzeit. Bd. 2, S. 710. Der Auffassung, Türcke knüpfe an die „sentimentalen Versatzstücke des ausgehenden 18. Jahrhunderts an" (Kreutz, S. 153) kann nicht gefolgt werden.
55 F. Sengle, Biedermeierzeit. Bd. 2, S. 783.
56 vgl. z. B. B. J. Nommensen, Erläuterungen zu C. F. Meyers „Huttens letzte Tage". 2. Aufl. Hollfeld 1957, S. 34.
57 dazu A. Zäch in: C. F. Meyers Sämtliche Werke. Bd. 8. Bern 1970, S. 201.
58 F. Sengle, Biedermeierzeit. Bd. 2, S. 684.
59 E. Staiger, Das Spätboot. In: E. St., Die Kunst der Interpretation. 5. Aufl. Zürich 1967, S. 239–273.
60 C. F. M., Werke. Bd. 8, S. 193.
61 Ebenda, S. 195.
62 zit. nach Korrodi, S. 40.
63 Martini, S. 374.
64 vgl. A. Zäch in: C. F. M., Werke. Bd. 8, S. 201.
65 F. Sengle, Biedermeierzeit, Bd. 1, S. 283.
66 Marx/Engels, Werke. Bd. 29. Berlin 1973, S. 592.
67 Martini, S. 364.
68 E. v. Brunnows „Ulrich von Hutten" (1842/1843) ist eher eine romanhafte Biographie; danach folgen erst wieder die trivialexpressionistischen Machwerke von Vesper und Eggers.
69 F. Sengle, Arbeiten, S. 135.

*Heinz Rölleke*

# Conrad Ferdinand Meyers Versepos „Huttens letzte Tage"

Ferdinand (seit 1877, um sich vom Namen seines Vaters abzuheben, Conrad Ferdinand) Meyer, geboren am 11. Oktober 1825 in Zürich, gestorben am 28. November 1898 in Kilchberg, fand den Weg zu seinem Dichterberuf nur zögerlich und verhältnismäßig spät. Zwar hatte er 1864 und 1870 zwei kleinere Sammlungen seiner frühen Balladen auf eigene Kosten herausgebracht, doch war das Echo gering und wenig ermutigend, und er selbst, der vor allem an *seine* Kunst höchste Ansprüche stellte, verwarf diese Versuche später. Erst mit dem Versepos „Huttens letzte Tage", das er 1871 vollendete und veröffentlichte, schaffte er in jeder Hinsicht den Durchbruch. Bis zum endgültigen Ausbruch seiner Geisteskrankheit (1892/93) waren ihm dann nur noch zwanzig Jahre fruchtbaren Schaffens vergönnt, in denen er neben dem zweiten Versepos („Engelberg") und dem Roman „Jürg Jenatsch" eine Reihe meisterhafter historischer Novellen sowie ein umfängliches, durch Formsicherheit und eigenartige Motivbehandlung bedeutsames und noch heute ansprechendes lyrisches Oeuvre schuf.

Er stammte aus begüterter, streng kalvinistischer Patrizierfamilie; sein Vater, der Regierungsrat war, starb bereits 1840, die schwermütige Mutter beging 1856 Selbstmord.

Nach seiner Gymnasialausbildung in Zürich lebte er in Lausanne, wo ihn der Historiker Vuillemin stark beeinflußte. Seine juristischen und philosophischen Studien trieb er nur ganz sporadisch und ohne Neigung. Schon 1852/53 führte ihn sein Nervenleiden zu einem Anstaltsaufenthalt. Eine allmähliche psychische Stabilisierung trat erst nach dem Tod der ihn in vieler Hinsicht belastenden Mutter ein: Er ging auf zahlreiche und weite Reisen (u. a. München, Paris, Rom). Versuche, sich als Maler zu betätigen oder in Lausanne eine Universitätsdozentur zu erlangen, mißglückten, ehe der mittlerweile 45jährige endlich zu seiner Berufung fand.

C. F. Meyer hat 1891 in einer seiner letzten Schriften, in denen er ausnahmsweise einmal etwas freimütiger von sich handelt, auf diese entscheidende Wendung seiner Biographie, die zugleich den Beginn einer bedeutenden Dichterlaufbahn markiert, zurückgeblickt. Dieser Rückblick aus einem Abstand von zwanzig Jahren ist der beste Kommentar zu Genese und Intention des Versepos und zudem ein wichtiges Dokument des poetischen Selbstverständnisses Meyers. Es sei in einigen Auszügen wiedergegeben.

Mein Erstling „Huttens letzte Tage".
Meine erste größere Dichtung [...] ist aus drei Elementen geboren: aus einer jahrzehntelang genährten, individuellen Lebensstimmung; dem Eindrucke der heimatlichen, mir seelenverwandten Landschaft und der Gewalt großer Zeitereignisse. [...]
Ich hatte früher [...] ohne öffentliche Thätigkeit, in eine Phantasiewelt eingesponnen [gelebt], und es konnte nicht ausbleiben, daß [...] dieses Traumleben ein Ende nehmen mußte, und ich zu einer scharfen Wendung bereit war [...].
Ich bin zu jener Zeit ein wanderlustiger Mensch und ein froher Ruderer und Schwimmer gewesen. So blieb mir kein Fleck [...] unbekannt, am wenigsten das unweit meines damaligen Wohnsitzes gelegene Eiland der Ufenau, welches den doppelten Reiz lieblicher Stille und einer großen Erinnerung besitzt [...]. So wurde ich auf der Insel heimisch und geschah es, daß Hutten, dessen Leben ich genau kannte, nicht als der ideale Freiheitskämpfer, der Hutten, welcher durch die damalige deutsche Lyrik ging, sondern als ein Stiller und Sterbender in den sanften Abendschatten seiner Insel meinem Gefühle nahe trat und meine Liebe gewann.
Unter meinen poetischen Entwürfen lag eine Skizze, wo der kranke Ritter ins verglimmende Abendrot schaut, während ein Holbeinischer Tod von der Rebe am Bogenfenster eine Goldtraube schneidet. Sie bedeutete: „Reif sein ist Alles".

Das ist der Kern, aus dem mein Hutten entsprungen ist. Ich nahm das Gedicht in meine Sammlungen nicht auf mit dem dunkeln Gefühl, den vollen Hutten gebe es nicht.

So blieb es liegen jahrelang.

Inzwischen vergrößerten sich die Zeitereignisse. Zwei Aufgaben des Jahrhunderts, die Einigung Italiens und Deutschlands, schritten ihrer Erfüllung entgegen. Beide verfolgte ich mit persönlichem Interesse. [...]

Gerade zwischen 1866 und 1870 sah ich [Dr. François] Wille sehr häufig und sein temperamentvolles Wesen ermutigte meine dichterischen Kräfte. Sicherlich erzählte ich ihm oft von Hutten, dessen Waghalsigkeit er liebte, nicht davon zu reden, daß er, als gewesener Journalist, eine Zärtlichkeit für den Ritter hatte, von dem er behauptete, er sei der Älteste der Journalistenzunft.

Hutten fing an in mir zu leben. Er war in den Vordergrund meiner Seele getreten.

Aufs tiefste ergriff mich jetzt der ungeheure Kontrast zwischen der in den Weltlauf eingreifenden Thatenfülle seiner Kampfjahre und der traumartigen Stille seiner letzten Zufluchtsstätte. Mich rührte sein einsames Erlöschen, während ohne ihn die Reformation weiterkämpfte. Wieder erfüllten sich große Geschicke in Deutschland und der ohne Grab und Denkmal unter diesem Rasen Ruhende hätte seine Lust daran gehabt, denn auch er hatte von der Einheit und Macht des Reiches geträumt.

Ritter Hutten, den ich hier auf seinem Eiland bisher entsagend sterben sah, erhob sich vor meinem Blicke, um es ungeduldig zu umschreiten, hinaushorchend nach dem Kanonendonner an der Grenze, den man in der Winterstille auf den Höhenzügen seines See's vernehmen konnte.

Ich getraute mir, Huttens verwegenes Leben in den Rahmen seiner letzten Tage zusammenzuziehen, diese füllend mit klaren Erinnerungen und Ereignissen, geisterhaft und symbolisch, wie sie sich um einen Sterbenden begeben [...].

In jenem Winter von 1870 auf 1871 entstanden die kurzen Stimmungsbilder meiner Dichtung Schlag auf Schlag. Jeder Tag brachte ein neues [...]

Hässel in Leipzig druckte mir den Hutten mit Freuden. Das Büchlein erlebte bald neue Auflagen. Bei kühlerm Blute und fortgesetzten geschichtlichen Studien setzte ich später noch manchen realistischen Zug in das Bild des Ritters, um ihm Porträtähnlichkeit zu geben. [...][1]

Individuelle Stimmung, seelenverwandte Landschaft und die Zeitereignisse, womit Meyer den deutsch-französischen Krieg von 1870/71 anspricht, stehen auch in andern Selbstaussagen über seinen „Hutten" im Vordergrund. Schon 1874 notierte er für einen Lexikonartikel über sich:

[...] die großen Eindrücke des Jahres 1870 ließen ihn seiner deutschen Natur völlig sich bewußt werden: davon legen Huttens letzte Tage Zeugniß ab. Hier ist die Formhärte eine gewollte, dem Charakter u. der Zeit des Helden angemessene, und der Gehalt ist aus den tiefsten individuellen Quellen geschöpft.[2]

Noch deutlicher formuliert das der Dichter in einem Beitrag zur Festschrift seines 60. Geburtstages:

Der große Krieg, der bei uns in der Schweiz die Gemüter zwiespältig aufgeregt, entschied auch einen Krieg in meiner Seele. Von einem unmerklich gereiften Stammesgefühl jetzt mächtig ergriffen, tat ich bei diesem weltgeschichtlichen Anlasse das französische Wesen ab, und innerlich genötigt, dieser Sinnesänderung Ausdruck zu geben, dichtete ich „Huttens letzte Tage". Ein zweites Moment dieser Dichtung war meine Vereinsamung in der eigenen Heimat. Die Insel Ufenau lag mir sehr nahe.[3]

Meyers Lebensstimmung war von der kaum überwundenen und ihn latent ständig bedrohenden Nervenkrankheit, einer daraus resultierenden Melancholie und einem Gefühl ständiger Todverfallenheit gekennzeichnet: Das bestimmte ihn, den ritterlichen Kämpfer Hutten in den Tagen der sicheren Todeserwartung als lyrischen Vorwurf zu wählen. Anderseits zog ihn gerade das lebenstüchtige und todesmutige Naturell Huttens an. Ganz ähnliche Konstellationen führten später zum Thema von Meyers vorletzter Novelle „Die Versuchung des Pescara".

Die Ufenau als isolierter Bereich, so still wie geschichtsträchtig, zog den erwachenden Dichter gleichsam durch ihren Motivschatz an; Seelandschaft, Boot und Ferge sollten neben anderem fortan zu Meyers Motiv-Konstanten vor allem seiner Lyrik gehören. Von entscheidender Bedeutung aber – und von Meyer entsprechend herausgestellt – war hinsichtlich der Stoffwahl für sein erstes Epos die politische Situation Europas zur Zeit der „Hutten"-Konzeption. Nicht nur daß die kriegerischen Auseinandersetzungen zwischen Frankreich und Deutschland und die

Bismarcksche Reichsgründung für den zuvor meist in französischer Sprache schreibenden Meyer endgültig den Ausschlag gaben, sich fortan als deutschsprachiger Dichter zu fühlen und zu bewähren, ist – wenn man von Adelbert von Chamissos ähnlicher, wenn auch anders motivierter Wendung im Jahr 1803 absieht – ein in der europäischen Literaturgeschichte ziemlich singuläres Phänomen; vor allem daß sich Meyer in der Gestalt Ulrich von Huttens einen Protagonisten wählte, den die berühmte „Sickingen-Debatte" von 1859 als ungeeignetes Sujet abgestempelt hatte (Karl Marx empfahl angesichts des „Sickingen"-Versdramas von Lasalle, sich eher einer Figur wie Thomas Münzer zuzuwenden, nicht aber Sickingen oder eben auch Hutten, die „als Vertreter einer untergehenden Gesellschaftsschicht von Grund auf unbrauchbar" als Helden historischer Dichtung seien.[4] Man mag darin Meyers ausgeprägte Neigung zum Aristokratischen bestätigt finden; wichtiger aber ist wohl der Versuch zu bewerten, in Hutten einen Vorkämpfer und einen historischen Kronzeugen für die deutschen Einigungsbestrebungen und die Auseinandersetzung mit ‚den Welschen' im allgemeinen, dem Katholizismus im besonderen (sich abzeichnender Kulturkampf) zu kreieren.

Das zeigt in nuce das zunächst einzeln entstandene Hutten-Gedicht „Die Traube", das Meyer in seinem Rückblick besonders herausstellt und das in der Ausgabe letzter Hand die Nr. LXV trägt: Hutten vergleicht sich mit einer zur Lese reifen „Edeltraube", die der Tod schneidet und

> Die heut gekeltert wird und morgen kreist
> In Deutschlands Adern als ein Feuergeist.[5]

Auf diese Prophezeiung, auf dieses postulierte Kontinuum Huttenschen Geistes, wie ihn Meyer mit vielen seiner Zeitgenossen sah und einschätzte, läuft das kurze Gedicht bereits pronconciert zu, wie später vieles in dem ausgeführten Versepos.

Meyer führt damit eine literarische Tradition zu einem End- und Höhepunkt, die knapp hundert Jahre zuvor begonnen hatte. Johann Gottfried Herder hatte 1776 im „Deutschen Museum" Hutten als eine nationale deutsche Symbolfigur verherrlicht (in veränderter Gestalt 1793 als „Denkmal Ulrich von Huttens" in Herders „Zerstreuten Blättern"); als Leitfigur des literarischen Vormärz begegnet Huttens Gestalt 1841 in Georg Herweghs „Ufenau und St. Helena" (etwa gleichzeitig plante Nikolaus Lenau eine Trilogie „Hus-Savonarola-Hutten"), und 1858 fand der Ritter in David Friedrich Strauß seinen engagierten Biographen – diese zwei Bände des nicht unvoreingenommenen kämpferischen Theologen wurden zur Hauptquelle für Meyer, der sich daneben auf Leopold von Rankes „Deutsche Geschichte im Zeitalter der Reformation" sowie auf einige andere Quellen stützte.[6]

Was die Meyersche Dichtung davon und von den ungezählten mediokren poetischen Hutten-Verherrlichungen des 19. Jahrhunderts[7] unterscheidet, ist die eigenartig ungewöhnliche Behandlung des bloß Historischen, das er nämlich kunstvoll den andern Themenkreisen (persönliche Lebensproblematik; Vergegenwärtigung der Landschaft) integriert oder gar unterordnet.[8] Wenn der Dichter rückblickend das Gedicht „Die Traube" als „Kern" seines Epos bezeichnet, so gilt dies nur bedingt und jedenfalls nicht für die Chronologie der Entstehung. Denn schon am 31. Januar 1866 war als erstes das Gedicht „Sterben im Frühlicht" entstanden, das als „Scheiden im Licht" später das vorletzte Gedicht des Epos werden sollte (Nr. LXX): Es ist auch innerhalb des Epos ohne Bezug auf Hutten verständlich, zu dessen Schicksal es nur ganz allgemein der imaginierten Sterbesituation wegen stimmt: eine Anrede an das Morgenlicht, den „Kämpfer" mit dem „ersten Pfeil" der Morgensonne zu erlegen (das alte Bild des Todes mit seinem Pfeil ist in die Gloriole eines zeitlichen und ewigen Morgens aufgehoben). Hier zeigt sich überdeutlich, wie Meyers persönliche Situation, seine Auffassungen von Leben und Tod zu Beginn das poetische Material zum „Hutten" ausschließlich beherrschen und später weithin dominieren. Es gilt also bei einer Analyse und Wertung der Dichtung, die Meyers Ruhm begründete,[9] die Elemente der literarischen Selbstbespiegelung (Huttens Wort „ich bin kein ausgeklügelt Buch, Ich bin ein Mensch mit seinem Widerspruch"[10] wurde zum Meyerschen Motto und Wahlspruch!), der Feier einer ‚poetischen Landschaft' sowie eines durch die Zeitereignisse zuletzt mächtig gesteigerten nationalen und religiösen Pathos im Auge zu behalten. In der Vermischung dieser Elemente, in der Simultaneität verschiedner Zeitläufe (Meyers Zeit; die imaginierte Situation vor Huttens Tod im Jahr 1523; die Retrospektiven in Huttens Erinnerungen sowie die seiner Zeit vorauseilenden Visionen – zurück bis in die Anfänge des deutschen Humanismus und vorwärts bis zum Bismarckreich –), vor allem aber in der implizierten Gegensätzlichkeit einer Figur, die für ihr wildbewegtes Leben geradezu sprichwörtlich ist (quasi eine Chiffre für actio schlechthin), die in der weltabgeschiedenen Ufenauer Idylle bei Meyer jedoch ausschließlich in einem lyrischen Monolog, in Träumen, Erinnerungen und Visionen zu Wort kommt (als handle es sich um einen rein kontemplativen Charakter) – darin liegt wohl der eigentliche und zeitüberdauernde Reiz dieses Versepos. Das untrennbare Ineinander historischer wie zeitgenössischer Ereignisse und persönlichster Gestimmtheit spricht sich in einem unscheinbaren formalen Zug aus: Huttens Worte und Reden sind – im Gegensatz zu denen anderer Figuren – nicht in Anführungszeichen gesetzt! Das stimmt seinerseits zur ausnahmslos durchgehaltenen Perspektive der Dichtung, die alles vom höchst subjektiven Blickpunkt Huttens aus gestaltet.

Meyer wählt für sein Versepos die ungewöhnliche zweizeilige, stets paargereimte Strophenform. Das gibt dem Ganzen etwas Gedrängtes, manchmal sogar Abgehacktes; andererseits gerät die Dichtung nie in Gefahr redselig oder weitschweifig zu werden. In den besten Gedichten ergibt sich der Eindruck holzschnittartiger Fülle und Geschlossenheit. Darauf bezieht sich Meyers eigne Charakterisierung „Formhärte" (s. o., S. 374); diese ist natürlich vor allem durch den an den Dramenvers erinnernden, streng durchgehaltenen fünfhebigen Jambus und die stets männlich-hart geprägten Kadenzen gegeben.

Die insgesamt 71 Gedichte sind überlegt in acht Abschnitte unterteilt. „Die Ufenau" und „Das Sterben" sind das eigentlich erzählende Element des Epos, stellen Ort, Hauptpersonen sowie Handlungsfortgang vor und umrahmen die eher erinnernden oder visionären, jedenfalls mehr lyrisch gestimmten Abschnitte 2 u. 3 und 7 u. 6; genau in der Mitte stehen die dramatisch angelegten Teile „Huttens Gast" und „Menschen", so daß sich folgendes Schema ergibt:

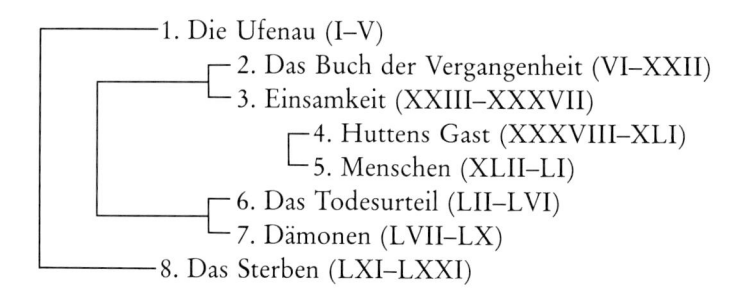

```
┌─── 1. Die Ufenau (I–V)
│  ┌─ 2. Das Buch der Vergangenheit (VI–XXII)
│  └─ 3. Einsamkeit (XXIII–XXXVII)
│      ┌─ 4. Huttens Gast (XXXVIII–XLI)
│      └─ 5. Menschen (XLII–LI)
│  ┌─ 6. Das Todesurteil (LII–LVI)
│  └─ 7. Dämonen (LVII–LX)
└─── 8. Das Sterben (LXI–LXXI)
```

Meyer hat bekanntlich immer wieder an Aufbau und Gliederung seiner gesammelten Gedichte gefeilt, bis schließlich die genaue Proportionierung der neun Abschnitte (von „Vorsaal" bis „Männer") mit ihrer scheu in die innerste Mitte gerückten Abteilung „Liebe" erreicht war; man darf also auch dem im „Hutten" als numerische Mittelachse plazierten Gedicht besondere Bedeutung zumessen. Es handelt sich um das vorletzte Gedicht des 3. Abschnitts mit dem Titel „Deutsche Libertät" (Nr. XXXVI).

Hier nun zeigt sich unübersehbar, daß die politische Situation um 1870 in doppelter Hinsicht ein Mittelpunkt der Meyerschen „Hutten"-Dichtung ist. Nachdem Hutten mit steigender Wut Reisläufer und Landsknechte beobachtet hat, die den „Lilien", dem französischen König Franz, zuziehen, verflucht er solche „Libertät" und „Freiheit", die diesen Fremddienst gestattet; doch dann erhebt er sich zu einer Zukunftsvision von deutschem Vaterlandskrieg und deutscher Einheit, die als jüngste europäische Kraft die Nachbarstaaten übertreffen und überdauern soll:

> Geduld! Es kommt der Tag, da wird gespannt
> Ein einig Zelt ob allem deutschen Land!
> Geduld! Wir stehen einst um *ein* Panier,
> Und wer uns scheiden will, den morden wir!
> Geduld! Ich kenne meines Volkes Mark!
> Was langsam wächst, das wird gedoppelt stark.
> Geduld! Was langsam reift, das altert spat!
> Wann andre welken, werden wir ein Staat.

Daß es sich hier jenseits aller historischen Imagination um einen direkten emphatischen Aufruf an die deutschen Zeitgenossen handelt, verdeutlicht allein schon die Fülle der sonst von Meyer so sparsam gesetzten Ausrufzeichen (acht in acht Zeilen!).

Solche Töne und Tendenzen machen auch Meyers Drängen auf schnelle Veröffentlichung seiner Dichtung verständlich: „erscheint sie nicht jetzt, so kommt sie zu spät"[11]; und um seinem Epos sozusagen ‚Sitz im Leben' zu geben, ließ er das Honorar für die Erstauflage von 750 Exemplaren dem deutschen Invalidenfond überweisen.[12]

Hat man diese Intention im Zentrum der Dichtung erkannt, dann lassen sich unschwer mehrere Aussagen und Anspielungen solcher Art ausmachen (indes bieten in dieser Hinsicht die früheren Auflagen bezeichnenderweise mehr und eindeutigeres Material). Hier seien nur einige der subtileren Wendungen herausgestellt. So spricht Hutten anachronistisch, aber genau Meyers Zeit treffend, vom Papst als dem ‚Unfehlbaren' (Nr. XII); die vor allem seinerzeit heftig umstrittene päpstliche Infallibilität wurde bekanntlich auf dem vatikanischen Konzil von 1870 verkündet.

Auf die 1870/71 kriegsentscheidenden Feuerwaffen weist das Gedicht Nr. XXVII voraus. Der Aversion deutsch-nationaler Kreise des 19. Jahrhunderts gegen den Fremdwortgebrauch läßt Meyer in Hutten einen anachronistischen[13] Vorkämpfer erstehen (Nr. LIV).

Die wortspielerische Wendung vom „Verseschmied", der in bestimmten Zeitläufen – sowohl des frühen 16. wie eben auch des späten 19. Jahrhunderts – „Rüstung und Waffen zu des Tags Bedarf" liefert (Nr. XXVIII), setzt Hutten und Meyer in eine ziemlich gewagte Parallele, denn der Schweizer war alles andere als ein Tagesschriftsteller. Auch in der Dankforderung an Deutschland, die Meyer seinen Hutten aussprechen läßt (XLVII), vermischen sich gewollt die Bezüge: Wie der gastfreundlichen Ufenau deutscher Dank gebühre, so dem Schweizer Dichter, der sich neuerlich so vehement zur deutschen Sache bekennt.

Und wenn in demselben Gedicht Hutten von sich sagt: „Hier sing ich außerm Reich und doch im Reich", so ist damit die volle Identität erreicht: Meyer wollte sich derzeit als geistiges Glied des neuen deutschen Reiches fühlen und dieses Reich aus seiner schweizerischen Position besingen.

Solcher Spiegelungen des modernen Dichters im 350 Jahre älteren Schicksal seines Helden finden sich noch zahlreiche, die jedoch mehr aufs persönlich Individuelle als auf die Zeitereignisse hindeuten. Hier sei nur auf drei Gedichte des Zyklus verwiesen. Wie Hutten sich mit Bayard vergleicht (Nr. XI), so stellt Meyer sein Dichterum zwischen Vergangenheit und Zukunft unausgesprochen neben den fränkischen Ritter:

> Ins Abendrot hat er [Bayard] zurückgeschaut –
> Dein Augen [Hutten] späht, wo kaum der Morgen graut.
> [...]
> Er war ein Narr der eignen Phantasie –
> Die Zukunft aber, Hutten, kennst du die?
> [...]
> Wir sind ein fahrend Ritterpaar, Bayard,
> Und taugen beide nicht zur Gegenwart.

Das schicksalhafte Ringen zwischen genialem, schaffensfrohem Geist und müdem, krankheitsbedrohtem, todverfallenem Körper, der Meyers ganzes Leben durchzieht, ist in dem Gedicht „Konsultation" sozusagen auf den Punkt gebracht (Nr. V):

> Und Euer Geist, das scharfe Schwert, zerstört
> Den Leib, die Scheide, die zum Schwert gehört.

Die ärztlichen Arcana führen den Dichter in eine unaufhebbare Antinomie. Der Verzicht auf sein angestrengtes, emphatisches geistiges Schaffen würde ihm ein Leben fristen, das für ihn kein Leben ist:

> Freund, was du mir verschreibst, ist wundervoll:
> *Nicht* leben soll ich, wenn ich leben soll!

Auch in dieser Hinsicht gehen die bewußten und die unbewußten Parallelisierungen bis in subtilste Bereiche. Im Gedicht „Die Bilderstürmer" (Nr. XLII) bekämpfen sich in Hutten die Meyer kalvinistisch-zwinglianisch anerzogene Bilderfeindlichkeit und seine in Italien gewonnene Begeisterung für die Bildende Kunst – auch im Rahmen des Kultus.

In Hutten siegt zwar der protestantische Geist, aber es kostet ihn ein Stück Herzblut. Mit eifernder Freude beobachtet er zunächst das bilderstürmende Landvolk, das aus einem Kirchlein die Heiligen schleppt und ins Wasser stürzt:

> Der Strudel führte weg den alten Graus
> Und wusch der Märt'rer blut'ge Wunden aus.
>
> Wachsherz, Votivgeschenk, Reliquienschrein
> Flog alles lustig in den Bach hinein –

Doch dann ist das „zart Gebild" einer Muttergottes an der Reihe – dem zuschauenden Hutten schafft die brutale Zerstörung eines tiefempfundenen Kunstwerks Qual:

> Man fühlte, daß ein Meister spät und früh
> Daran gewendet lauter Lieb und Müh.
>
> Zerstören, was ein gläubig Herze schuf,
> Gehorsam einem leisen Engelruf,
>
> Vernichten eine fromme Schöpferlust,
> Ein Frevel ist's! Ich fühlt's in tiefer Brust...
>
> Gebiet ich Halt? Ich? Ulrich Hutten? Nein...
> Ihr Männer, stürzt das Götzenbild hinein!
>
> Ich trat hervor und rief's mit strengem Mund.
> Sie warfen. Etwas Edles ging zugrund.

Meyer überträgt hier einen eigenen inneren Zwiespalt, an dem er zeitlebens litt, auf seinen Helden, verbindet dergestalt auch im persönlichsten Bereich seine Situation im ausgehenden 19. Jahrhundert mit den Empfindungen des sterbenden Hutten im 16. Jahrhundert.

Zweifellos ist Meyers Dichtung auf diese Weise die persönlichste, vielschichtigste und einzig zeitüberdauernde unter den literarischen Hutten-Gestaltungen, die sich allesamt so gut wie ausschließlich aufs historische Kolorit, auf Geschichtsbilder im Geist des Historismus des 19. Jahrhunderts oder auf kurzatmige Aktualisierungen verlegten.

Doch selbst die Gestaltung des Historischen gelingt Meyer entschieden intensiver, glaubhafter, fern von allem bloß Requisitenhaften. Er führt in den Visionen und Erinnerungen seinem Hutten eine Vielzahl bekannter Persönlichkeiten vor, die er zumeist mit wenigen charakteristischen Strichen eindrucksvoll umreißt: Karl V., Luther, Zwingli, Sickingen, Erasmus, Dürer, Holbein, Ariost, Herzog Ulrich von Württemberg, Kopernikus, Faust und Bayard.

Persönlich treten im Szenario der Ufenau Paracelsus als Arzt und besonders eindrucksvoll, wenn auch mit spürbarer Abneigung porträtiert, Ignatius von Loyola als fanatischer Schwärmer auf,[14] dem der ganze 4. Abschnitt gewidmet ist.

Meyer fängt das farbige Kaleidoskop dieser Figuren des von ihm immer besonders geliebten 16. Jahrhunderts so stilecht ein, daß die Fülle der Gestalten völlig ungezwungen wirkt. Dasselbe ist von den Zügen aus dem geistesgeschichtlichen Umfeld und der Biographie des Ulrich von Hutten zu sagen, die Meyer in seinen Gedichtzyklus verwoben hat.

Da sind zunächst die direkten und die weniger auffälligen Berufungen auf die Antike – fast immer in Verbindung mit oder im Kontrast zur reformatorischen Bewegung –, wie sie dem humanistischen Geist der Hutten-Zeit genau entsprechen. Schon im ersten Gedicht nennt sich Hutten einen ‚irrenden Odysseus‘. Der ‚Vielgewandte‘ wird in einen ausführlichen Vergleich gestellt (und wieder kann man den Vers „In andern Stücken gleich ich wenig dir" auch unschwer auf das vielschichtige Verhältnis Meyers zu seinem Helden beziehen); im Gedicht „Feldmann" (Nr. LXI) wird das Motiv verdeckt wieder aufgenommen, wenn es Hutten (im Gegensatz zu dem heimgekehrten Odysseus) nicht gelingt, die „ländlich' Armbrust an der Wand" zu spannen.

Auf Aristophanes wird angespielt (Nr. IX), auf „ciceronische Beredsamkeit" (Nr. XII), auf „Helena [...] der Leda Kind" (Nr. XIV), auf Sisyphus (Nr. XLI), auf Polyphem und „Zyklopentat" (Nr. L). Die „Schattenwelt" des antiken Hades (Nr. LXIII) und der Dulder „Philoktet" (Nr. LXVI) werden berufen, die Apologie des Sokrates wird ebenso zitiert („Ein heidnisches Sprüchlein", Nr. LXVIII) wie die lateinischen Sprüche „in vino veritas" (Nr. XXIX) und „Ultima latet" (Nr. VII).

[...] Das hast du klug gemacht.
Es ist antik und christlich ist's gedacht (Nr. VII)

dieses Lob, das Meyer dem jungen Hutten spenden läßt, wollte er selbst mit inhaltlicher Durchführung, Formsprache und der Stillage seines Epos erreichen, und es kann ihm in der Tat ausgesprochen werden.

Während diese Motiv- und Symbolsphäre unbedingt zum Zeitkolorit gehört, ist eine weitere Anspielungsschicht in Meyers Epos nicht so zeittypisch: Die Rezeption der altdeutschen Literatur. Zwar waren im Umfeld der Entdeckung der „Germania" des Tacitus und im Kreis um Conrad Celtis entsprechende Bestrebungen schon vor der Hutten-Zeit sichtbar geworden, doch setzt die eigentliche Rezeptionsgeschichte erst in der Barockzeit mit Melchior Goldast und Martin Opitz ein.

Meyer wollte solchen Tatsachen zum Trotz seinen Hutten in diese Zusammenhänge rücken. Er selbst gehört damit, wenn auch auf bescheidenem Platz, zu den Dichtern des 19. Jahrhunderts, die das Spektrum bewußter Rezeption mittelhochdeutscher Literatur bilden; die germanistische Forschung hat das bisher gänzlich übersehen.

„Der arme Heinrich"
Heut saß ich armer Ulrich still daheim
Und las den „armen Heinrich", Reim an Reim.

Des siechen Ritters Abenteuer las
Ich gerne, der durch Wunderwerk genas
[...] (Nr. LXII).

Die Verslegende Hartmanns von Aue vom Ende des 12. Jahrhunderts ist nur in drei Handschriften des 14. Jahrhunderts überliefert und erschien 1784 erstmals im Druck – durch den Schweizer Johannes Myller. Meyer wollte trotz dieser ihm wohlbekannten Tatsachen Huttens Germanen-Begeisterung auch auf die deutsche Literatur des Mittelalters ausgedehnt wissen. Im „Morgentraum" sieht sich Hutten selbst: „Ich stieß ins Horn, daß mir das Herz zersprang" (Nr. LX) – eine deutliche Parallele zum „Rolandslied".

Schließlich wird auch auf das „Nibelungenlied" symbolisch angespielt. Wie zwischen die Schulterblätter des jungen Siegfried einst ein Blatt gefallen war und ihn sterblich, todverfallen werden ließ, weil diese Stelle nicht von dem unverwundbar machenden Drachenblut erreicht wurde, so bestätigt dasselbe Motiv Huttens Todesgewißheit („Geh ein, du Knecht, zur Ruhe deines Herrn!"):

Ich starrte nieder, der Gedanken Raub,
Da traf die Schulter mir ein fallend Laub.

Mich schauderte, da ich das Blatt gespürt
(Nr. LV).

Zuletzt sei noch auf einige Züge hingewiesen, in denen Meyer unaufdringlich die persönliche Aura des Ritters Ulrich von Hutten beruft. Neben der dichten Imagination seines letzten Lebensraums auf der Insel Ufenau sind dies vor allem Kindheitserinnerungen[15]:

Mir träumte von der Ahnen Burg so schön,
Die auch umklungen wird von Herdgetön (Nr. II).

Er erinnert sich an den „Steckelbergerrain" (Nr. XIX) und an

Burg Steckelberg, die von der Höhe schaut,
Von Frankens schönen Hügeln rings umblaut (Nr. XX).

Es werden Huttens Aufenthalte in „Fuldas Klosterschule" (Nr. VII), an der Universität zu Pavia (Nr. XI), in Rom (XII u. ö.), in Mainz (XIV u. ö.), Brüssel (Nr. XV) und andere angesprochen. Seine Motti „perrumpam" und „jacta est alea" (vgl. die Gedichte Nr. XIX, LIX und Nr. XX) sind ebenso in das Epos verwoben wie der zeitgenössische Vorwurf gegen Hutten, er sei ein „potator, aleator" (Nr. XXXIV).

Mit dieser Andeutung und Huttens Stoßseufzer „Ich büße leichte Jugendsünde schwer" (Nr. LVIII) ist das vieldiskutierte Thema der Todeskrankheit Huttens in typisch Meyerscher Diskretion lediglich ganz am Rande angesprochen.

Dergestalt ist kaum ein Aspekt des faszettierenden Phänomens „Hutten" in Meyers Dichtung ausgelassen: das humanistisch-reformatorische Umfeld, die Antiken- und die Mittelalterrezeption, die Stationen des Huttenschen Lebens und Dichtens (vgl. vor allem das Gedicht „Epistola obscurorum virorum", Nr. IX), Andeutungen seines Charakters – und all das durchwoben und überwölbt von der höchsteigenen Befindlichkeit des Autors und seiner Sicht der politischen Situation um 1870/71. Und so hat Meyer nicht nur eine der wenigen bedeutenden deutschen Ependichtungen der neueren Zeit geschaffen, sondern zugleich auch am historischen Bild wie am Mythos ‚Hutten' mitgeformt. Wenn die Worte Harry Mayncs auch nicht mehr ganz die aktuelle Situation treffen, so ist ihnen doch vorbehaltlos zuzustimmen: „Das geistige Bild, das wir heute von Ulrich von Hutten in uns tragen, ist auch von Conrad Ferdinand Meyer mitgeschaffen."[16]

## Anmerkungen

1 Conrad Ferdinand Meyer: Sämtliche Werke. Historisch-kritische Ausgabe, Bd. 8, hrsg. von Alfred Zäch, Bern 1970, S. 192–196. – Was Meyer hier abschließend als Zufügung von ‚realistischen Zügen' andeutet, ist in Wirklichkeit ein jahrzehntelanger, tiefgreifender Umwandlungsprozeß, dessen Stufen in der genannten Ausgabe dokumentiert sind und die erstmals 1922 von Jonas Fränkel interpretiert wurden (vgl. J. F.: Dichtung und Wissenschaft, Heidelberg 1954, S. 201–208).
2 Wie Anm. 1, S. 150.
3 Wie Anm. 1, S. 150f.
4 Vgl. dazu Hans Mayer: Das unglückliche Bewußtsein, Frankfurt a. M. 1986, S. 393.
5 Der leichteren Identifikation wegen werden Anführungen aus Meyers „Hutten"-Dichtung nach der maßgeblichen 8. Auflage von 1891 mit der jeweiligen Gedicht-Nr. zitiert.
6 Vgl. die umfassende Aufstellung in der zu Anm. 1 genannten Ausgabe, S. 199–201. – Karl Fehr weist dazu für das Gedicht LVIII auf Leopold von Rankes „Die römischen Päpste" (1834/36) hin, ein Werk, auf das der Vater aufmerksam gemacht habe (Conrad Ferdinand Meyer, Bern und München 1983, S. 36f.).
7 Darunter ein Drama von Christian E. K. zu Benzel-Sternau aus dem Jahr 1828 und sogar eine (fast vollendete) Oper des 1849 verstorbenen Alexander Fresca: „in den Tagen des zu Ende gehenden Einheitstraums 1848, wo Ulrich von Hutten dem deutschen Volk gar viel zu singen und zu sagen hatte". (Fritz Hackmann: Sechs Bücher Braunschweigischer Theatergeschichte, Wolfenbüttel 1905, S. 494). – Vgl. grundsätzlich G. Voigt: Ulrich von Hutten i. d. deutschen Lit., Diss. Leipzig 1905.
8 Vgl. auch die etwas anders akzentuierte Zusammenfassung bei Harry Maync (Conrad Ferdinand Meyer und sein Werk, Frauenfeld und Leipzig 1925, S. 117): „Es liegt hier einer der glücklichen Fälle vor, daß Dichterpersönlichkeit und Dichtungsstoff sich auf Grund einer tiefen Wesens- und Wahlverwandtschaft zur innigsten Vereinigung zusammenfinden. Nicht der Historiker und nicht der Kunstschriftsteller, der Mensch Meyer ergriff diesen Stoff, und dieser Stoff ergriff ihn, weil es ‚sein' Stoff war, in dem er sich selbst erkannte."
9 Das Werk erschien zu Meyers Lebzeiten in nicht weniger als zehn (ständig überarbeiteten) Auflagen!
10 Gedicht Nr. XXVI „Homo sum" –
11 Brief vom 24. 7. 1871 an den Verleger Haessel (Briefe C. F. M.s, hrsg. von Adolf Frey, 2. Bd., Leipzig 1908, S. 35).
12 Am 27. 11. 1871 an Haessel (ibid. S. 43).
13 Erst die Sprachgesellschaften des Barock taten sich in Deutschland durch ähnliche Bemühungen dezidiert hervor.
14 Anregung zur Einbringung dieser nicht historischen Szene fand Meyer in David Friedrich Strauß' Übersetzung und Kommentierung (1860) von Huttens „Gesprächsbüchlein", in dem Strauß auf den Gründer des Jesuitenordens eingeht.
15 Vgl. dazu auch das Gedicht Nr. XXX. Warum Meyer allerdings die Geburt Huttens in das Sternkreiszeichen des Widders verlegt (Gedicht Nr. XXV), obwohl der 21. April schon unter dem Zeichen des Stieres steht, bleibt unerfindlich, wenn man nicht eine Parallele zum berühmtesten ‚Widder' seiner Zeit, nämlich Otto von Bismarck (geboren am 1. April 1815) annehmen will.
16 Wie Anm. 8, S. 123.

*Alfred Rosenberg bei seiner Rede auf Burg Steckelberg, Foto in: Ulrich von Hutten. Rede anläßlich der 450. Wiederkehr des Geburtstages Ulrich von Huttens, Alfred Rosenberg, in: Freilichtspiele 1939 (Kat.-Nr. 5.30)*

*Eckhard Bernstein*

# Ulrich von Hutten im Dritten Reich

> Eine gewisse Belebung erfuhr Hutten durch die politischen Strömungen der dreißiger Jahre dieses Jahrhunderts.
> (Elisabeth Frenzel, Stoffe der Weltliteratur 1963)

*Laßt Hutten nicht verderben!* – so hieß ein Festspiel, das drei Jahre lang, zwischen 1937 und 1939, während der Hochsommermonate auf der Burgruine Steckelberg, der Geburtsstätte Ulrichs von Hutten, aufgeführt wurde.[1] Bis 1939 hatten über 20 000 Zuschauer, die teilweise in Sonderzügen nach Schlüchtern gekommen waren, das Stück gesehen – eine bemerkenswerte Zahl, bedenkt man die relative Unzugänglichkeit und die bescheidenen Ausmaße der ehemaligen Burg. Veranstaltet wurde das Freilichtspiel von der nationalsozialistischen Freizeitorganisation „Kraft durch Freude." Der Gauleiter und Reichsstatthalter Jakob Sprenger hatte die Schirmherrschaft übernommen. Unter der Leitung von Obertruppführer Freund sorgte der SA-Musiktrupp III/418 für die musikalische Umrahmung. Die Schauspieler kamen vom Stadttheater Gießen.

Der Autor hieß Erich Bauer, ein Dramatiker, dessen Ruhm auf diesem und noch zwei ähnlichen Stücken mit den Titeln *Und so zerbrach das Reich* und *Um die Krone der Welt* zu beruhen scheint.[2] Die eher dürftige Handlung spielt kurz nach dem Reichstag zu Worms im Frühjahr 1521. Nachdem drei Scholaren, die zufällig auf der Burg eintreffen, Hutten, „das Vorbild aller deutschen Jugend",[3] gepriesen haben, erscheint der so apostrophierte Ritter in Begleitung seines Freundes Franz von Sickingen. Dieser rät seinem von der Krankheit geschwächten Freund, sich eine Weile auf der väterlichen Burg auszuruhen, ein Ansinnen, das Hutten jedoch entrüstet ablehnt: „Ich will die Tat!... Die Tat als flammender Protest, der Aufschrei der Geknechteten."[4] Trotz dieses Aufrufs zum Handeln geschieht in dem Drama selbst sehr wenig. Stattdessen werden die Zuschauer in einer Reihe langatmiger Dialoge mit der Gedankenwelt Huttens vertraut gemacht. Erörtert werden seine Sorge um Deutschland, seine Empörung über die politische Zerrissenheit seines Vaterlandes, sein Haß auf Rom, seine Abneigung gegen die städtischen „Pfeffersäcke" und „Krämerseelen" und seine Entschlossenheit, zu kämpfen, „wenn nötig gegen eine ganze Welt." Pathetisch erklärt er: „Ich bin Deutschland! Der Einheit Bannerträger! Das Sinnbild eines großen Reiches aller Deutschen! Das bin ich! Hört ihr der Drommeten Schall? Deutschland erwacht! Deutschland steht auf!"[5] Außer der „Drommeten Schall" sorgen einige Mönche, Huttens Mutter, der Humanist Hermann von dem Busche und eine Gruppe Ritter für bescheidene Abwechslung. An diese richtet er seine im feierlichen Pseudopathos vorgetragenen Abschiedsworte: „Deutschland kann und wird nur da zu finden sein, wo starke, reine, heldenhafte Herzen mutvoll schlagen, wo man den Marschtritt machtvoll hört, mit dem entschlossene Männer, unverdrossen, nie verzagend den Weg der Pflicht beschreiten. Ihr dürft den Glauben nicht verlieren an des Reiches Sendung, Macht und Größe! Es gilt in erster Linie, deutsch zu fühlen, deutsch zu sein!"[6]

Ein künstlerisch anspruchloses Stück also, selbst gemessen an den nicht zu hohen Maßstäben nationalsozialistischer Dramaturgie, und die im Programmheft zitierten Goebbels-Worte „Je größer die Idee ist, die zur Gestaltung kommt, desto höhere künstlerische Ansprüche müssen daran gestellt werden"[7] lassen sowohl Schlüsse über die Größe der Ideen als auch über die künstlerischen Ansprüche der Zeit zu. Trotzdem weist das Stück in sehr sinnfälliger Weise auf den wichtigen Platz hin, den Hutten in der kulturellen Propaganda des Dritten Reiches gespielt hat. Denn während der zwölf Jahre der faschistischen Diktatur in Deutschland erfuhr die Gestalt Ulrich von Hutten, zumindest in der populären, an breite Leser- (in diesem Falle Zuhörer-)schichten gerichteten Literatur, eine Renaissance, die nur vergleichbar ist mit den vielfältigen literarischen Huldigungen während des zweiten deutschen Reiches. In kaum einer anderen Periode der deutschen Geschichte wurde Hutten in demselben Maße zum Thema von Romanen, Dramen, Gedichten, Reden und Biographien.[8]

Dieses enorme Interesse an Hutten gilt es zunächst zu belegen. Darüber hinaus müssen wir uns aber auch über die Gründe der Beliebtheit des deutschen Humanisten zwischen 1933 und 1945 Gedanken machen und uns fragen, in welcher Weise Hutten umgedeutet wurde. Um das nationalsozialistische Huttenbild im historischen Kontext zu verstehen, soll schließlich wenigstens skizzenhaft angedeutet werden, inwieweit Gedanken aus dem 19. und frühen 20. Jahrhundert zu dessen Bildung beigetragen haben.

1. In seiner grundlegenden Studie *Die Deutschen und Ulrich von Hutten*[9] hat Wilhelm Kreutz darauf hingewiesen, daß während der Weimarer Republik die *wissenschaftliche* Auseinandersetzung mit Hutten gegenüber der *populären* Huttenverehrung überwog. Ausgelöst durch die provozierend-polemischen Werke des protestantischen Kirchenhistorikers Paul Kalkoff, der sich zum Ziel gesetzt hatte, die „Huttenlegende" der vorangegangenen 150 Jahre gründlich zu demontieren,[10] entwickelte sich eine rege wissenschaftliche Diskussion, in deren Verlauf viele neue Einzelheiten über Leben und Werk des Humanisten bekannt wurden. Die populäre Huttenverehrung ging dagegen deutlich zurück. Als Folge der schweren Niederlage von 1918 war für den „Aufwecker der deutschen Nation" und „Künder des zweiten deutschen Kaiserreiches" kaum mehr Platz im Bewußtsein der durch Bürgerkrieg, Inflation und Versailler Vertrag erschütterten Deutschen. Im Dritten Reich kehrte sich nun der Vorgang um. Während die wissenschaftliche Diskussion fast gänzlich verstummte,[11] setzte eine breite und teilweise parteiamtlich unterstützte Huttenverehrung ein. Um diese, die populäre Hutten-Rezeption, soll es hauptsächlich in diesem Artikel gehen.

Beispielhaft für das Interesse an Hutten ist schon die Vielzahl der für den Volksgebrauch übersetzten und herausgegebenen Werke. Im Jahre 1937 veröffentlichte Kurt Eggers zum Beispiel eine relativ kleine Auswahl von Hutten Gedichten,[12] der er drei Jahre später eine andere Anthologie mit dem Titel *Aufrufe an die deutsche Nation: Sendbriefe und Gedanken* folgen ließ.[13] Eine umfassendere Auswahl von Huttens Werken bereitete Rudolf Neuwinger 1943 unter dem Titel *Um Deutschlands Freiheit* vor.[14] Darüber hinaus erschienen Übersetzungen einzelner Dialoge wie *Arminius* und *Vadiscus*,[15] sowie Übersetzungen der *Dunkelmännerbriefe*, deren Mitautor Hutten bekanntlich war.[16]

Eine erstaunliche Zahl von Biographien, Kurzbiographien und biographischen Essays beschäftigten sich mit Hutten. Im Jahre 1939 veröffentlichte F. O. H. Schulz eine Lebensbeschreibung, deren Untertitel *Ein Kampf ums Reich* auf eine der Haupttendenzen der nationalsozialistischen Huttenrezeption hindeutet.[17] Bis 1944 wurden mehr als 30000 Exemplare dieses Werkes verkauft, ein Beweis für die Popularität von Autor und Buch. Biographische Essays verfaßten Fritz Meyer-Schönbrunn (1933),[18] Friedrich Franz von Unruh (1935), Ruth Westermann (1936), Max Kretschmer (1937), Kurt Eggers (1938), Willi Fleming (1938), Gerhard Ritter (1938), Alfred Götze (1939), Alwin Rüffer (1939), Wilhelm Schloz (1937),[19] Theodor Stiefenhofer[20] und Otto Graf Stolberg-Werigerode,[21] der auch eine an

Jugendliche gerichtete Biographie verfaßte.²² Ebenfalls diesen Markt visierte Rudolf Stahl mit seinem Werk *Ulrich von Hutten* an.²³ Mit einem Titelbild, das den humanistischen Ritter in Rüstung, den Lorbeerkranz des gekrönten Dichters auf dem Haupt und ein Buch in der Hand haltend, darstellte, erschien das Werk in der „Deutschen Jugendbücherei" neben anderen Schriften desgleichen Autors wie *Heinrich der Löwe: Der Begründer des deutschen Lebensraumes* und *Scharnhorst: Der Erwecker der deutschen Wehrkraft*. Ebenfalls auf die Lesebedürfnisse Jugendlicher zugeschnitten war Arno Reißenwebers *Dem Vaterland will gedienet sein! Dem Leben Ulrichs von Hutten nacherzählt*.²⁴

Hutten inspirierte nicht nur eine Vielfalt von Biographen und Essayisten, sondern auch Dichter, Romanschriftsteller und Dramatiker. Gerade diese fiktionalen Texte enthalten die aufschlußreichsten Manipulationen des historischen Materials. Denn während der Biograph im großen und ganzen den historischen Quellen folgen sollte, besitzt der Dichter, Dramatiker und Romancier die Freiheit, diese Quellen nach seinen Vorstellungen zu manipulieren. Aus diesem Grunde sind Werke der Literatur in stärkerem Maße gegenüber ideologischen Einfärbungen anfällig. Das gilt besonders für das Dritte Reich, in dem die Kulturpolitik gezielt in den Dienst der politischen Propaganda gestellt wurde.

Neben den Romanen von Kurt Eggers,²⁵ Will Vesper, dessen *Die Wanderung des Herrn Ulrich von Hutten: Ein Tagebuchroman* allerdings bereits während der Weimarer Republik erschienen war, aber nach 1933 mehrere Auflagen erlebte, und Bernd Holger Bonsels²⁶ beschäftigten sich auch eine Reihe von Dramen mit Hutten. Außer Erich Bauers *Laßt Hutten nicht verderben!* müssen noch drei Stücke erwähnt werden: Kurt Eggers steuerte sein *Ulrich von Hutten: Ein Freiheitsdrama in vier Akten* bei;²⁷ in seinem Drama *Der Pfaffenkrieg des Ritters Ulrich von Hutten*²⁸ konzentrierte sich Heinrich Rogge auf Huttens letzte Jahre, wobei er dem Stück eine neue Wende gab. Statt an Syphilis zu sterben, wird der kämpferische Humanist von römischen Agenten vergiftet. Hermann Wilhelm beschränkt sich in seinem Stück *Ulrich von Hutten: Die Tragödie der Reformation* auf den Konflikt zwischen Luther und Hutten.²⁹

*Hutten. Roman eines Deutschen, Kurt Eggers, Berlin 1934 (Kat.-Nr. 5.28)*

In den Lesebüchern für Volks- und Oberschulen des Dritten Reiches wurden Hutten-Texte aufgenommen, wobei besonders sein *Arminius*- und *Vadiscus*-Dialog, sein Gedicht „Ich hab's gewagt mit Sinnen", sein „Aufruf an das deutsche Volk" sowohl Auszüge aus dem *Gesprächbüchlein* abgedruckt wurden.³⁰ Wie sehr sich die Nationalsozialisten bemühten, Hutten in die Erziehung zu integrieren, zeigen auch die detaillierten „Gestaltungspläne" für die „Morgenfeiern der NSDAP" zu den verschiedenen Hutten-Gedenktagen mit ihren Fahnenein- und ausmärschen, dem chorischen Sprechen und Führer- und Huttenworten.³¹

Einzelaspekte des Huttenmythos wurden zum festen Bestand der kulturpolitischen Propaganda. Dies zeigen zum Beispiel die Worte, die Joseph Goebbels bei der berüchtigten Bücherverbrennung am 10. Mai 1933 auf dem Berliner Opernplatz den versammelten Studenten zurief: „Niemals war eine studentische Jugend so berechtigt wie diese, stolz auf das Leben, stolz auf die Aufgabe und stolz auf die Pflicht zu sein. Und niemals hatten junge Männer so wie jetzt das Recht, mit Ulrich von Hutten auszurufen: „O Jahrhundert! O Wissenschaften! Es ist eine Lust zu leben."³²Mit den gleichen Worten eröffnete der Propagandaminister sechs Monate später die neugegründete Reichskulturkammer, nur daß er diesmal diese bekannte Stelle aus Huttens Brief an Pirckheimer vollständig zitierte, wenn er hinzufügte: „Du, nimm den Strick, Barbarei, und mache dich auf Verbannung gefaßt",³³ – eine angesichts des Massenexodus deutscher Künstler und Intellektueller geradezu zynische Äußerung, die aber in dieser Aufbruchstimmung der „nationalsozialistischen Revolution" von nicht wenigen seiner Zeitgenossen mit Beifall bedacht wurde. Fünf Jahre später, im Mai 1938, hielt Alfred Rosenberg, der „Beauftragte des Führers für die gesamte geistige und weltanschauliche Erziehung der NSDAP", anläßlich des 450. Jahrestages der Geburt Huttens auf Burg Steckelberg eine Rede, in der er des Ritters Werk als „ein Vermächtnis einer großen Zeit für unsere Tage" bezeichnete.[34] Wir werden noch darauf zurückkommen. Schließlich sei daran erinnert, daß auch Adolf Hitler den humanistischen Ritter für zitierwürdig hielt. Am Ende seiner Reichstagsrede vom 30. Januar 1937 erklärte er: „Und ich empfinde in tiefer Inbrunst die Bedeutung des einfachen Wortes, das von Hutten schrieb, als er zum letzten Male die Feder ergriff: ‚Deutschland!'"[35]

Als sich schließlich die Niederlage Deutschlands abzuzeichnen begann, glaubte man in dem Schicksal des von seinen Freunden verlassenen und von seinen Feinden verfolgten Hutten und dem eigenen Schicksal Parallelen zu sehen. So hinterließ zum Beispiel der bekannte nationalsozialistische Historiker Walter Frank, bevor er am 9. Mai 1945 Selbstmord beging, Unterstreichungen in seiner letzten Lektüre, Conrad Ferdinand Meyers ‚Huttens letzte Tage'. Nach Meinung seines modernen Biographen waren diese Unterstreichungen als eine Art „politisches Testament" gedacht.[36] Bezeichnend für die bedenkenlose Vereinnahmung Huttens durch die Nationalsozialisten ist auch, daß auf Betreiben Heinrich Himmlers noch Ende März 1945 im Raum Wittenberg eine Heeresdivision mit dem Namen „Ulrich von Hutten" aufgestellt wurde.[37] Daß der berüchtigte Präsident des Volksgerichtshofes Roland Freisler an einem Roman über Hutten gearbeitet habe, wie Rolf Hochhuth in der ZEIT behauptete, läßt sich dagegen nicht beweisen.[38]

Soweit haben wir lediglich das Ausmaß und die Breite der populären Huttenrezeption im Dritten Reich zu belegen versucht, ohne auf das spezifisch nationalsozialistische Huttenbild einzugehen und Gründe für das große Interesse an dem fränkischen Ritter zu nennen. Das soll jetzt geschehen.

2. Wie unverfroren sich die nationalsozialistische Propaganda Huttens bemächtigte, soll zunächst an einem Einzelbeispiel gezeigt werden. Kaum ein anderer hat auf so vielfältige Weise zur Schaffung und Ausprägung des nationalsozialistischen Huttenbildes beigetragen wie Kurt Eggers (1905–1943). Zwischen 1933 und 1939 veröffentlichte er einen 340seitigen Hutten-Roman,[39] ein Drama,[40] zwei biographische Essays,[41] einen Artikel über die „Freiheitsidee bei Ulrich von Hutten",[42] und ein umfangreiches Gedicht mit dem Titel „Feuer über Deutschland"[43] – all dies außer den bereits erwähnten zwei Bänden Huttenscher Gedichte und der Übersetzung der *Dunkelmännerbriefe*. Student der Theologie, Mitglied des Freikorps, früher und begeisterter Anhänger Hitlers, 1936 SS-Untersturmführer und 1943 Tod an der Ostfront – das waren die Stationen dieses Mannes, nach dem sogar eine SS-Propagandaeinheit genannt wurde. Für seine literarischen Arbeiten – er schrieb auch Romane, Dramen und Dichtungen über andere Themen – erhielt er 1942 vom Führer das „Kriegsverdienstkreuz zweiter Klasse ohne Schwerter".[44]

Welche Blüten diese skrupellose, gelegentlich schon ins Lächerliche gehende Vereinnahmung Hutten durch Eggers geht, zeigt besonders dessen Werk *Hutten: Roman eines Deutschen*. Bedenkenlos werden Vorstellungen der faschistischen Ideologie in das sechzehnte Jahrhundert projiziert. Vom historischen Hutten bleibt da absolut nichts übrig. Stattdessen wird er zum Sprachrohr all der rassistischen, völkischen und chauvinistischen Gedanken, aus denen sich die sogenannte Weltanschauung der Nationalsozialisten zusammensetzte. Einige Beispiele mögen genügen.

Ausgestattet mit einem Glückstein, auf dem eine Swastika, also ein Hakenkreuz, eingeritzt ist, kommt Hutten auf seinen Wanderungen auch in die östliche Mark Brandenburg. Dort läßt ihn Eggers folgende Beobachtungen machen: „Ulrich sah neben kleinen, dunklen Kerlen, die in schmutzigen Katen hausten und viele dreckige Kinder zeugten, große schlankgewachsene Männer in festen Höfen wohnen, Männer, die stolz waren auf ihrer rauhen Hände Arbeit, und die Haare hatten, gelb wie der Sand des kargen Ackers."[45] Klarer kann man den Gegensatz zwischen deutschen „Herrenmenschen" und slawischen „Untermenschen" nicht ausdrücken. Vorübergehend wird Hutten aber auch Bauer, weil „in der Kette seines Deutschwerdens jeder Deutsche einmal Bauer gewesen" ist, „denn immer ist der Quellstrom des Deutschen aus dem Acker gesprudelt. Aus dem Acker, der das Blut von Millionen deutscher Menschen getrunken hat und noch trinken wird."[46] Lange hält es ihn freilich nicht auf dem Lande und er begibt sich nach Frankfurt an der Oder, einer Stadt, „in der es stank nach dicken Menschen, nach Juden und nach Fellen."[47] Selbstverständlich erfolgt Huttens Ansteckung mit der Syphilis nicht durch das kerngesunde blonde Mädchen aus der Mark, die ihm einen Sohn schenkt, sondern durch die verführerische Italienerin Franziska in Leipzig. Trotz dieser Erfahrungen zieht er aber als guter Humanist in deren Heimatland, wo er aber wieder „versucht" wird: „Und wer die dunklen, wilden Weiber Italiens umschlang, der vergaß die blonden Mütter im Norden die dem Reich der Deutschen Söhne schenken wollten."[48] Hutten besteht diese Prüfung aber glänzend, denn „der Geist der Nordens will, daß der Deutsche versucht werde, damit die Schwachen untergehen und die Starken zur Herrschaft gerissen werden."[49] Die Ermordung des Hans von Hutten, eines Vetters von Ulrich, durch den Herzog Ulrich von Württemberg regt Eggers zu folgenden Reflexionen an: „Das Blut ist das wahre Sakrament der Deutschen. Nichts ist heiliger, nichts ist bindender, nichts ist verpflichtender."[50] Selbst die Dichterkrönung durch Kaiser Maximilian entgeht nicht nationalsozialistischer Umwertung: „Für Ulrich aber war es der Anfang des ewigen Reiches, die Machtergreifung durch den Geist."[51] Auch die Lebensraumideologie wird unbefangen Hutten in den Mund gelegt: „War nicht Deutschland ein Volk ohne Land? Ein Volk, das erstickte in seiner Enge? Wohlan, da war der Krieg! Und der Krieg ist großzügig, er nimmt den Schwachen, um den Starken zu geben."[52] Oder: „War er der Krieg nicht wie ein Schmelztiegel, wie ein großer Feuerofen, in dem alles verbrannte, was unwesentlich war?.. Und übrig blieb der unverfälschte Mensch, der Wesentliche, der Nackte."[53] Zur Wirkung von Huttens Lied „Ich hab's gewagt mit Sinnen" bemerkt Eggers: „Das klang fanatisierend wie der Rhythmus der Trommel. Es wird gekämpft? Wo steht die junge Mannschaft? Und wo der Geist einen Jungen erfaßte, löste er sich von Haus und Hof und zog der Fahne nach und dem Rufen der Trommel."[54]

Gewiß, nicht nur wegen seiner intensiven Bemühungen um Hutten, sondern auch wegen seiner radikalen Aktualisierungen bleibt Kurt Eggers eine Ausnahme. Trotzdem läßt sich auch bei anderen Autoren dieser Zeit eine Art nationalsozialistisches Huttenbild herausschälen. Mit einer Konsequenz und Einmütigkeit, die selbst in einem so gleichgeschalteten Staat wie dem Dritten Reich überrascht, erscheint Hutten als der große nationale Patriot, „ein Deutscher, der sich in seinem glühenden Zukunftstraum verzehrte",[55] der „Vorkämpfer eines deutschen Aufbruchs",[56] der „erste Fackelträger des Reiches"[57] und ein „völkischer Wecker und Herold",[58] ein Mann, der unermüdlich und gegen alle Widerstände für die Befreiung von dem „römischen Joch" kämpfte und der sich darüber hinaus total mit dem Schicksal Deutschlands identifizierte. Ein Autor drückte es so aus: „Herrgott ja, dachte der Ulrich, so ist es doch, ich bin ja Streiter für Deutschland, für die Nation. Und Deutschland ruht in mir, wie ich in Deutschland ruhe."[59] Bereits dem sechzehnjährigen Klosterschüler unterstellt Bernd Bonsels in seinem Hutten-Roman ein nationalsozialistisches Sendungsbewußtsein, wenn er ihn den Entschluß fassen läßt, sich der Sache des Vaterlandes zu widmen: „Da ist es, als ergehe ein Ruf an ihn. Weihe Dein Leben dem schwersten Kampfe! Stehe auf als ein Held der einigen Sache des Vaterlandes! Ergreife das Schwert der Widervergeltung und wirf den Drachen nieder, der im Namen des Himmels die Erde der Heimat verwüstet."⁶⁰ Deshalb wird Hutten zum Vertreter der Idee des „totalen Deutschtums",⁶¹ der mit anachronistischen Anklängen an Wilhelm II. am Ende seines Lebens erklärt: „Im Glauben daran will ich sterben, daß Deutschland würdig werde seines Platzes an der Sonne!"⁶²

Folgerichtig stilisieren die nationalsozialistischen Autoren Huttens Kampf gegen Rom als ein gigantisches Ringen zwischen dem mit Licht und Freiheit assoziierten Norden und dem mit Dunkelheit und Despotismus assoziierten Süden: „Immer aber, wenn dunkle Mächte ihre Hand ausstreckten, um der deutschen Freiheit den Todesstoß zu versetzen, sprang in deutscher Sendung ein Lichtträger des Nordens vor, um seinen Protest im Namen des deutschen Blutes in die Nacht des Hasses zu rufen."⁶³ Ähnlich beurteilt Wilhelm Schloz Huttens Tod: „Seitwärts vom großen Kampf zwischen nordischem Freiheits und Wahrheitswillen und römisch-romanischem Despotenwahn... stirbt er."⁶⁴ In diesem Kontext kommt Hutten als Begründer des Hermannsmythos – in seinem 1529 posthum erschienenen Arminius-Dialog hatte er zum erstenmal die Gestalt des Cheruskerfürsten gefeiert – besondere Bedeutung zu: „Mitten in den Wirren des Reformationszeitalters, im Zusammenprall zweier Weltanschauungen und mitten eines großen Entscheidungskampfes um Deutsch oder Undeutsch taucht plötzlich die Gestalt des Arminius als weithin sichtbares Symbol der Deutschheit auf."⁶⁵

Angesichts dieses „Entscheidungskampfes" und des dabei entstehenden Brandes war es auch irrelevant, daß die für das Feuer Verantwortlichen dabei möglicherweise selbst zugrunde gehen würden: „So endlich fängt der Brand zu brennen an. Wahrscheinlich wird er nur durch unseren Untergang gelöscht." Bei Eggers hat Hutten folgende Vision: „Oft sah Ulrich in Gedanken Deutschland als Flammenmeer, aber solche Gedanken erfüllten ihn seltsamerweise nie mit Angst. Er sah nur die große Reinigung in den Flammen, nie den Tod der Nation. In den heiligen Flammen Deutschlands würde alles Dunkle verbrennen."⁶⁷ Feuer und Flammen, Licht und Dunkelheit spielten bekanntlich in der politischen Liturgik der Nationalsozialisten eine bedeutende Rolle. Man denke nur an die häufigen Fackelzüge, die Sonnenwendfeiern, die „Kathedralen des Lichts" bei den Nürnberger Reichsparteitagen, aber auch an die Bücherverbrennungen im Mai 1933. Flammen symbolisierten nicht nur Licht gegenüber der Dunkelheit, sondern auch die Zerstörung des alten Systems und das Aufsteigen einer neuen Ordnung.⁶⁸

Daß die Nationalsozialisten Hutten den Patrioten in ihre Dienste nehmen würden, war voraussehbar. Wie stand es aber mit Hutten dem zeitweiligen Bundesgenossen Luthers? Wie paßte Luther und die Reformation in das nationalsozialistische Geschichtsbild? Im ganzen muß man wohl sagen, daß sich die Nationalsozialisten schwer taten, Luthers geschichtliche Rolle zu beurteilen. Positiv bewertet wurde des Reformators Beitrag als genialer Sprachgestalter: „Dies Erbe Luthers ist uns Nationalsozialisten ein unschätzbares nationales Gut, zu dessen Schutz und Pflege wir uns besonders verpflichtet fühlen", erklärte zum Beispiel Dietrich Klagges in seinem einflußreichen Buch *Geschichte als nationalpolitische Erziehung*.⁶⁹ Ebenfalls Beifall fanden Luthers Kampf gegen die römische Zentralkirche und sein Einsatz für deutsche Interessen. Andererseits konnte man mit Luthers Rechtfertigungsideologie nicht viel anfangen. Einzelne Autoren warfen ihm außerdem vor, daß er letzten Endes hauptverantwortlich für die konfessionelle Teilung Deutschlands war.

Diese Unsicherheit gegenüber dem Wittenberger Reformator prägte auch die relative Einschätzung Huttens und Luthers. Wenn Wilhelm Schloz zum Beispiel in seinem Buch *Die Deutschland suchten* schreibt: „Am deutschen Himmel ist ein herrliches Doppelgestirn aufgegangen: der Kämpfer für religiöse und der Kämpfer für politische Befreiung stehen in Freundschaft verbunden. Beide entzünden einander"[70], wird klar, daß sowohl Luther wie Hutten von den Nationalsozialisten reklamiert wurden. Beide wurden zudem als Wächter für germanische Kultur angesehen: „Martin Luther und Ulrich von Hutten stehen rassisch und weltanschaulich in der großen Linie germanisch-deutscher Kontinuität... Männer, die aus unversehrter rassischer Anlage die artgemäße Lebensform, die blutbedingten Werte unseres Volkstums im Ringen gegen die weltanschaulichen Überfremdungen und völkischen Überlagerungen durchsetzen oder retten, bewahren oder erwecken."[71] Das bedeutete aber noch nicht, daß Luther und Hutten deshalb gleichwertige Gottheiten im nationalsozialistischen Pantheon waren. Vielmehr deutet vieles darauf hin, daß Hutten, gerade weil er weniger theologisch interessiert war, von nationalsozialistischen Autoren höher geschätzt wurde als der Reformator. Die letzte Szene in Kurt Eggers Hutten-Roman liefert den Schlüssel nicht nur zu dessen eigenem Hutten-Verständnis, sondern auch zu dem vieler anderer der herrschenden Ideologie nahestehender Autoren. Als Hutten schon auf dem Sterbebett liegt, entspinnt sich folgender Dialog zwischen ihm und dem ihn pflegenden Priester: „Da sah Ulrich den Pfarrer an! ‚Ich habe meine Seele im Kampf bestellt, Pfarrer!' ‚Und Euer Seelenheil?' ‚Das ruht in der Gottheit!' ‚Und das Evangelium?' ‚Ich kenne es und habe es liebengelernt. Aber ich bin weitergegangen!' ‚Wohin?' ‚Zu Deutschland, Pfarrer!'"[72] Obwohl wenige Autoren so weit gingen wie Heinz Lorenz-Lamprecht, der Luther als einen „pedantisch am Bibelbuchstaben klebenden Mann" nannte,[73] oder Eggers, der die „vermittelnde und darum im Grunde schwache Haltung" Luthers kritisierte,[74] gab es doch die weitverbreitete Ansicht, daß von der Warte der Nationalsozialisten aus Luther der weniger wertvolle gewesen sei, weil er über die religiöse Erneuerung die politischen Belange ignorierte.[75] Repräsentativ für diese Ansicht dürfte die Beurteilung von F. O. H. Schulz sein: „Er [Hutten] hielt Luther die Treue. Aber das evangelisch-reformatorische konnte nur eine Teilerscheinung der großen nationalrevolutionären Erhebung sein, nur ein Hilfswerk mit der besonderen Aufgabe, die Bataillone der Hierarchie zu schlagen. Sein Reich Gottes hieß Deutschland."[76] Erich Bauer drückte es knapper aus, wenn er Hutten sagen läßt: „Mein Stern heißt Deutschland. Deutschland mein Gebet."[77]

Genau darum ging es aber. Nationalsozialistische Autoren benutzten nicht nur ständig religiöse Sprache, sondern einige von ihnen wollten auch den Nationalsozialismus als eine das traditionelle Christentum ablösende Weltanschauung durchsetzen. In dieser Ersatzreligion sollte nicht mehr Christus, sondern der Führer die zu verehrende Gottheit sein.[78] Vor die Wahl zwischen Christentum und die neue Ideologie gestellt, entschied sich der wahre Nationalsozialist für letztere: „Es könnte wohl ein Mensch der beste Christ und dabei der schlechteste Christ der beste Deutsche sein. Die Nation wird sich den besten Deutschen wählen."[79]

Diese Gedanken von einem neuen säkularisierten Glauben wurden dann auf Hutten und das sechzehnte Jahrhundert zurückprojiziert. So beantwortete zum Beispiel Alwin Rüffer die Kritik, Hutten sei ein „Ungläubiger" gewesen, mit folgendem Argument: „Wer einen solchen fanatischen Glauben an Deutschland hat, wie einst Ulrich von Hutten ihn besaß, der kann nicht ungläubig sein, weil er den stärksten Glauben in sich trägt, den ein Mensch nach göttlichem Willen haben kann."[80] Als Huttens fromme Mutter in Bauers Stück ihren Sohn ängstlich fragt, ob er ein Feind des Christentums sei, antwortet dieser: „Nein, Mutter, nein! Ich bin ein Feind der Kirche. Um Deutschlands willen bin ich der Kirche Feind. Ich will nicht niederreißen, nein ich will bauen, Mutter, den Dom der Freiheit unseres deutschen Volkes."[81]

Offenbar störte es die Nationalsozialisten auch nicht, daß die utopischen Pläne des Baumeisters „des Domes der Freiheit" scheiterten und seine Aufrufe unerhört verhallten; denn gerade dieses Scheitern ließ den eigenen Sieg in noch strahlenderen Licht erscheinen. Was für Hutten nur ein Traum geblieben war, wurde nach nationalsozialistischer Interpretation für die Deutschen des Dritten Reiches Realität, und Ulrich von Hutten wurde zum Propheten dieses gerade geschaffenen Staates erhoben. Dem humanistischen Ritter diese Rolle zuzuschreiben, hing dabei aufs engste mit dem theologischen Geschichtsbild der Nationalsozialisten zusammen. Sinn, Telos, der Geschichte war „Steigerung und Ausbreitung nordischer Volkskraft und nordischer Weltkultur. Diese Aufgabe zu erfüllen ist die Sendung des deutschen Volkes in Gegenwart und Zukunft", erklärte Dietrich Klagges.[82] Dieses Ziel sei jetzt im Dritten Reich erreicht worden, weshalb er jubelnd fortfährt: „In einer zweitausendjährigen Geschichte sind wir das glücklichste deutsche Geschlecht."[83] Mit der Etablierung des Dritten oder eben „Tausendjährigen Reiches" hat die Geschichte ihr Telos erreicht.

Huttens Stilisierung zum Propheten des „Tausendjährigen Reiches" mag der tiefste Grund für seine damalige Hochschätzung sein. An Belegen fehlt es nicht. Man findet diese Gedanken in propagandistischen Pamphleten, fiktionalen Texten und wissenschaftlichen Werken. Es darf nicht erstaunen, daß der Gauleiter und Reichsstatthalter Jakob Sprenger in seinem Vorwort zu den Hutten-Festspiel-Programm seine Hoffnung ausdrückt, daß die nationalsozialistischen Kameraden „jenen wackeren und trotzigen Mann, dessen deutsche Sehnsucht erst der Führer in unseren Tagen verwirklichen konnte",[83] kennenlernen sollten, oder wenn Alwin Rüffer in dem gleichen Heft erklärt: „Wir aber dürfen heute die Erfüllung der tiefen Sehnsucht nach dem Reiche erleben. Was vor uns die Menschen nur geahnt, erträumt, ersehnt haben, das wird vor unseren Augen Wirklichkeit."[84] Überraschend ist allerdings die Aussage Heinrich Grimms, dem wir eine wichtige Abhandlung über die Jugendjahre Huttens verdanken, wenn er den Ritter als „Vorkämpfer und Wegbereiter des Dritten Reiches, des wiedererstandenen Heiligen Reiches der Deutschen" apostrophiert.[85] In seiner Rede auf der Steckelburg ging Alfred Rosenberg noch einen Schritt weiter. Er argumentierte, im sechzehnten Jahrhundert seien Religion und Politik in Revolte begriffen gewesen, deren Führer Luther und Hutten gewesen seien. Zum Unglück der Deutschen seien die beiden aber getrennte Wege gegangen. Glücklicherweise habe sich jetzt die Situation geändert. Nachdem man fünfzehn Jahre lang die alte „morsche" Ordnung der Weimarer Republik bekämpft habe, hätten die Nationalsozialisten jetzt die alleinige Macht in Deutschland errungen. Parallel zu diesem „Machtkampf" sei eine neue „Anschauung vom Leben" entstanden, zu deren Verwirklichung sich die Nationalisten zur Verfügung gestellt hätten. Das ist natürlich ein Beispiel für Rosenbergs abstruse Argumentationsweise, daß er die NSDAP, die sich sonst als reine „Weltanschauungspartei" verstand, in zwei Arme, einen politischen und einen ideologischen, aufspaltete – ein im Grunde widersinniges Verfahren –, und dann deren Vereinigung als „Schicksalsgeschenk" pries. Es ermöglichte ihm aber, Hitler als einen Mann zu feiern, der beide Begabungen, Luthers und Huttens, in seiner Person vereinigte.[86]

Weder antiquarisches Interesse noch Bemühen um wissenschaftliche Objektivität bewogen die Nationalsozialisten, sich mit historischen Gestalten und Ereignissen zu beschäftigen. Ziel war vielmehr, sich ehrwürdiger Ahnen zu versichern und damit die eigene Herrschaft in ein historisches Kontinuum zu stellen. In diesem Bemühen wurde die bewußt einseitige Darstellung nicht nur geduldet, sondern sogar gefordert: „Auf alle Fälle ist Objektivität für das nationalsozialistische Wollen kein Ideal, sondern ein schwerer Mangel. Wir wollen sie nicht erstreben. Wir wollen sie überwinden. Unbeirrt und unverrückbar stehen wir auf dem Felsen, der Deutschtum heißt. Wir sind objektiv, wenn wir deutsch sind", erklärte Dietrich Klagges.[87]

Im Geiste dieser neu definierten Objektivität wurden dann die besten Köpfe der deutschen Geschichte und Literatur für die nationalsozialistische Sache usurpiert. Auf diese Weise reklamierte man beispielsweise Friedrich Schiller nicht nur als „Vorläufer des Nationalsozialismus", sondern erklärte sogar dreist: „Schiller als Nationalsozialist! Mit Stolz dürfen wir ihn als solchen grüßen."[88] Heinrich von Kleist feierte man als den „Klassiker des Nationalsozialismus".[89] Goethes Faust mußte nicht nur als „Prophet der Bauern- und Siedlungspolitik" der Nationalsozialisten herhalten, sondern dessen kosmopolitischer Verfasser wurde mit dem militanten Chauvinisten Hitler in Verbindung gebracht: „Adolf Hitler... ist... der Erfüller des politischen Testaments des großen deutschen Universalgenies Goethes."[90] Hutten befand sich in bester Gesellschaft.

3. Angesichts dieser massiven Entstellungen und Verzerrungen im nationalsozialistischen Huttenbild ist es auch völlig belanglos, nun im einzelnen belegen zu wollen, welche Züge in Huttens Charakter und welche seiner politischen Ziele es den Nationalsozialisten leicht gemacht haben, ihn in Beschlag zu nehmen.

Gewiß haben ihm sein zur Tat drängendes Temperament, seine Agitation für eine starke Zentralgewalt im territorialfürstlich zersplitterten Deutschland und seine Empörung über die damalige finanzielle Ausbeutungspolitik der römischen Kirche Sympathien erworben. Erklären können sie das spezifische nationalsozialistische Huttenverständnis mit seinen anachronistischen Aktualisierungen jedoch nicht. Dazu ist ein kurzer Blick auf die vorherige Huttenrezeption nötig, denn die Vereinnahmung des deutschen Ritters für die nationale Sache war keine Erfindung der Nationalsozialisten, sondern konnte sich auf eine lange Tradition berufen. Genau wie sich die Hitler-Diktatur nicht zu einem Betriebsunfall der deutschen Geschichte verharmlosen läßt, sondern in einen geschichtlichen Kontext eingebettet werden muß (auch wenn sie nur unter den besonderen politischen und sozioökonomischen Bedingungen der frühen dreißiger Jahre möglich war), genauso unmöglich ist es, das nationalsozialistische Huttenbild in Isolierung zu betrachten. Da Wilhelm Kreutz erst vor kurzer Zeit detailliert die Traditionslinien verfolgt hat, können wir uns hier mit einer groben Skizze begnügen.

Auf den ersten Blick scheint David Friedrich Strauß, Huttens erster bedeutender Biograph, gegenüber nationalsozialistischen Annexionsversuchen immun zu sein. Seine zehn Jahre nach der fehlgeschlagenen Revolution von 1848 erschienene Biographie[91] stellt den Ritter als Vorkämpfer eines geeinten liberalen und demokratischen Deutschland dar, der tapfer gegen Kirche und Dunkelmänner streitet. Nachdem 1871 durch Bismarck tatsächlich ein starkes Reich geschaffen worden war (wenn auch keineswegs so demokratisch, wie die Liberalen es erhofft hatten), konnte Strauß in der zweiten Ausgabe seines Werkes Hutten dann als Propheten dieses Reiches feiern, „da erreicht ist, wonach er lebenslänglich gerungen hat".[92] Der Topos der Gegenwart als Erfüllung von Huttens Träumen war erfunden.

Darüber hinaus lassen sich bei Strauß eine Reihe von Ideen finden, die immer wieder in der völkisch-konservativen und dann nationalsozialistischen Literatur auftauchen: die Gedanken des Kampfes zwischen Licht und Dunkelheit, Freiheit gegen Tyrannenherrschaft, Deutsche gegen Nichtdeutsche;[93] Hutten als Vorbild für größere Anstrengungen für das Vaterland;[94] der Vorwurf, daß Luther sich auf die religiöse Sphäre beschränkte und die Politik ignorierte[95] und sogar Rosenbergs Idee, wenn auch abgewandelt, vom glücklichen Zusammentreffen politischer Macht und einer neuen Weltanschauung.[96]

Viele dieser Themen, einschließlich das der Erfüllung von Huttens Traum in der Gegenwart, nahm Conrad Ferdinand Meyer auf, dessen Gedichtzyklus *Huttens letzte Tage* (1873) alle anderen literarischen Hutten-Bearbeitungen weit überragte. Aus Begeisterung für das Bismarck-Reich läßt Meyer den deutschen Ritter die Schaffung dieser geeinten Nation prophezeien:

> Geduld! Es kommt der Tag, da wird gespannt,
> Ein einig Zelt ob allem deutschen Land!
> . . .
> Geduld! Was langsam reift, das altert spat!
> Wenn andere welken, werden wir ein Staat![97]

Von Meyer wurde das Motiv – über eine Vielzahl möglicher epigonaler Vermittler – von Arthur Moeller van den Bruck angegriffen. In einem Essay aus dem Jahre 1906 schrieb er beispielsweise: „Der Geist Huttens hat recht behalten in Deutschland... wir wissen es heute, nachdem endlich Wirklichkeit geworden ist, was von ihm aus nur ein Traum war",[98] eine fast wörtliche Vorwegnahme nationalsozialistischer Formulierungen.

Mit diesem Hinweis sollen natürlich weder Strauß, noch Meyer, noch Moeller van den Bruck als Protonazis diffamiert werden, wenn auch der letztere, der 1922 ein Buch mit dem ominösen Titel *Das Dritte Reich* schrieb, als einer der Architekten einer spezifisch deutschen, Hitler den Weg bahnenden Ideologie gelten darf.[99] Was aber damit angedeutet werden soll, ist, daß Schriftsteller, die der nationalsozialistischen Ideologie nahestanden oder sie aktiv vertraten, auf einen reichen Bestand an Themen und Motiven zurückgreifen konnten, die sie nur zu verschärfen und zu radikalisieren brauchten.

4. Bekanntlich gab es in der Hutten-Rezeption der letzten zweihundert Jahre neben Hutten dem Patrioten, dessen Verherrlichung im Dritten Reich, wie wir sahen, gelegentlich schon groteske Ausmaße erreichte, noch einen ganz anderen Hutten: den Ritter als Tyrannenfeind, als Kämpfer gegen Obskurantismus und despotische Willkür. Auf diesen Hutten beriefen sich unter anderem die Burschenschaftler, als sie sich am Anfang des 19. Jahrhunderts zum Vorkämpfer für ein aufgeklärtes und liberales Deutschland machten; diesen Hutten nahmen aber auch beispielsweise die Sozialdemokraten in Anspruch, wenn sie 1887 schrieben: „Hutten war ein Rebell, ein Revolutionär, ein Vorkämpfer der geistigen Freiheit und der sozialen Emanzipation, ein Feind der Pfaffen und Despoten, ein Freund der aufständischen Bauern."[100] Was geschah mit dem Tyrannenfeind Hutten im Dritten Reich? Verschwand er völlig?

In der Hessischen Landesbibliothek Fulda gibt es ein 1935 von der „Schwarzen Front" herausgegebenes Pamphlet mit dem Namen *Huttenbrief*. Nach eigenem Bekenntnis glaubte diese Organisation an den „echten Nationalsozialismus, wie er durch Moeller van den Bruck vorausgeschaut, durch Gregor Strasser verkündet und von Millionen der deutschen Jugend, der deutschen Arbeiterschaft, der ehrlichen Kämpfer aus allen Parteien und allen Lagern ersehnt wurde."[101] Bei den Männern der „Schwarzen Front" handelte es sich um Vertreter des linken Flügels der NSDAP, die ursprünglich Hitler unterstützt hatten, sich nun aber desillusioniert von ihm abgewandt hatten und verfolgt wurden. Das Flugblatt wurde ein Jahr nach der Liquidierung der SA-Führer veröffentlicht, führte namentlich die Opfer dieses Massenmordes auf und forderte eine Verwirklichung wahrer nationalsozialistischer Ziele als auch das Ende des Hitler-Systems: „Das Hitlersystem muß sterben, auf daß der Nationale Sozialismus lebe."[102]

Ob diese Berufung auf Hutten gerechtfertigt ist, soll dahingestellt bleiben. Jedenfalls betrachtete sich die „Schwarze Front" als eine Organisation, die den Kampf gegen die Tyrannei aufgenommen hatte. Da diese Organisation von der Tschechoslowakei aus arbeitete, darf man annehmen, daß die Hitlerbriefe auch dort gedruckt wurden. Ebenfalls im Ausland erschien fast zehn Jahre später ein Buch mit dem Titel *In Tyrannos: Four Centuries of Struggle Against Tyranny in Germany*.[103] Ziel dieser Sammlung von Aufsätzen war, diejenigen Elemente in Deutschland zu unterstützen, die fähig waren, nach dem erwarteten Sieg der Alliierten über Deutschland eine Demokratie aufzubauen. Aus dieser bewußt politischen Zielsetzung ergibt sich auch die Interpretation der deutschen Geschichte als eines ständigen Kampfes demokratisch-progressiver gegen autokratisch-reaktionäre Kräfte. Hutten wird dabei neben Müntzer, Leibniz, Lessing, Hegel, Börne und Heine zu den progressiven Freiheitskämpfern gerechnet.

Hutten wurde also außerhalb der Grenzen des damaligen deutschen Reiches als Vorkämpfer für Freiheit und Feind jeder Tyrannei gewürdigt – mehr zeigen diese Beispiele nicht. Gilt das auch im gleichen Maße für die Hutten-Rezeption innerhalb des Dritten Reiches? Angesichts der totalen Kontrolle alles in Deutschland publizierten Schrifttums darf es nicht überraschen, daß Kritik, falls sie überhaupt erfolgte, versteckt und indirekt sein mußte. Das galt auch da, wo man sich auf Hutten den Tyrannenfeind berief. Gehörte nicht schon beträchtlicher Mut dazu, wenn Ricarda Huch, die im April 1933 mit dem Hinweis auf den „Zwang, die brutalen Methoden, die Diffamierung Andersdenkender"[104] aus der Preußischen Akademie der Wissenschaften ausgetreten war, in ihrem 1937 erschienenen Buch *Das Zeitalter der Glaubensspaltung* über Hutten und die *Dunkelmännerbriefe* folgendes sagte: „Sollte es eine freie Wissenschaft geben? Oder sollte der Gedanke in alle Ewigkeit in ein Gerüst gezwängt bleiben, das Herrschsucht geschaffen hatte? Können Menschen sich anmaßen, und wäre es selbst um eines guten Zweckes willen, aller Menschen Glauben und Denken zu bestimmen? Kann Weltanschauung vorgeschrieben werden? Hutten selbst liebte die Freiheit über alles, darum setzte er von allen Menschen, besonders von allen Deutschen voraus, daß sie freiwillig nicht Knechte sein wollten, deshalb haßte er diejenigen, die andere knechteten."[105]

Indirekte Kritik wird auch in den von einem gewissen Jodocus Plassmann – offenbar ein Pseudonym – übersetzten *Dunkelmännerbriefen* geübt.[106] Wenn der Übersetzer sich in seiner Einleitung auf einige „ekstatische Sekten" bezieht, die hoffen, das „tausendjährige Reich des Glaubens und der Gerechtigkeit" zu verwirklichen,[107] mokiert er sich da nicht über das real existierende „Tausendjährige Reich" seiner eigenen Zeit mit seinen gleichermaßen ekstatischen Sekten? Noch aufschlußreicher ist Plassmanns ironische Behauptung am Ende seiner Einleitung: „Im übrigen wird sich durch die Briefe heute keiner mehr getroffen fühlen. Die Dunkelmänner unserer Tage treten durchweg in anderen Kutten auf als ihre Vorgänger vor 400 Jahren", und ironisch fährt er fort: „Da man heute nur noch mit geistigen Waffen kämpft, so werden auch keine Scheiterhaufen mehr angezündet, höchstens solcher moralischer Art; und daher braucht der Übersetzer nicht das Schicksal zu befürchten, das noch vor vierhundert Jahren die Verfasser bedroht hat."[108] Ist es nicht eine bissige Ironie, wenn Plassmann das Fehlen von Scheiterhaufen erwähnt, wenn sowohl die öffentlichen Bücherverbrennungen vom Mai 1933 als auch die brutale Ausschaltung oppositioneller Schriftsteller noch gut in Erinnerung waren?

Das sind aber Einzelstimmen, zu denen auch der eine und der andere Wissenschaftler gezählt werden muß. So heben sich etwa Alfred Götzes und Gerhard Ritters ausgewogenen Darstellungen wohltuend vom offiziellen Huttenbild ab. Im überlauten Chor der Begeisterung für Hutten als dem martialischen Patrioten und Künder des Dritten Reiches sind sie kaum vernehmbar.

Seit dem zweiten Weltkrieg ist es um Hutten stiller geworden. Nicht nur, weil die Nationalsozialisten ihn so skrupellos für sich reklamiert haben, sondern auch weil die Deutschen durch die Katastrophe von 1945 in die tiefste Krise ihres Geschichtsbewußtseins gestürzt wurden, ist Hutten als nationale Identifikationsfigur suspekt geworden. Darüber hinaus hat sich die Einsicht durchgesetzt, daß jede geschichtliche Persönlichkeit zunächst aus ihrer Zeit begriffen und an deren Maßstäben gemessen werden sollte. Für seine Zeit war der humanistische Ritter zweifellos bedeutend. Seine reichen literarischen Gaben, seine Meisterschaft in zwei Sprachen, seine Kontaktfreudigkeit, die mutige Art, wie er mit seiner Krankheit fertig wurde, schließlich sein Freimut und seine Zivilcourage – sind Qualitäten, die ihn zu einer der faszinierendsten Gestalten des frühen sechzehnten Jahrhunderts machen. Werk und Leben verdienen ohne ideologische Vorurteile studiert zu werden. Oder, wie er selbst am Ende seines großartigen Gedichtes „Ain new lied" sagte: „Laßt Hutten nicht verderben!"

Anmerkungen

1 Herr Ludwig Steinfeld, Schlüchtern, war äußerst hilfreich bei der Materialbeschaffung. Ihm sei an dieser Stelle herzlich gedankt. Herrn Dr. Brall, dem Direktor der Hessischen Landesbibliothek Fulda, möchte ich für seine freundliche Bereitschaft danken, mir Zugang zu dem dort liegenden Material, besonders der Sammlung „Ludwig Steinfeld", zu gewähren.
Informationen über das Festspiel stammen aus folgenden Quellen:
1) Erich Bauer, Laßt Hutten nicht verderben: Festspiel geschrieben für die Freilichtaufführung auf der Steckelburg (Gießen: Justus Christ, 1938), mit einer Einleitung von A. Rüffer und dem Text des Spiels.
2) Die deutsche Arbeitsfront. NSG Kraft durch Freude. Gaudienststelle Hessen-Naussau, Laßt Hutten nicht verderben. Ein festliches Spiel von Erich Bauer, Gießen 1938; zitiert als Hutten-Festspiele.
3) Über allem steht das Reich. Freilichtspiele Kaiserpfalz Gelnhausen, Steckelburg Schlüchtern, 1939. Zitiert als Über allem steht das Reich.

2 Bogusław Drewniak zum Beispiel erwähnt Bauer in seiner detaillierten Studie überhaupt nicht: Das Theater im NS-Staat. Szenarium deutscher Zeitgeschichte, 1933–1945, Düsseldorf 1983

3 Bauer, S. 15.

4 Bauer, S. 21.

5 Bauer, S. 30.

6 Bauer, S. 41f.

7 Über allem steht das Reich.

8 Diese Einschätzung beruht auf: Peter Ukena und Kristiane Uliarczyk, „Deutschsprachige populäre Hutten-Literatur im 19. und 20. Jahrhundert. Eine bibliographische Übersicht", Daphnis 2, Heft 2 (1973), S. 166–184.

9 München 1984, S. 226.

10 Besonders: Ulrich von Hutten und die Reformation, Leipzig 1920 und Huttens Vagantenzeit und Untergang, Weimar 1925.
11 Mir sind nur bekannt: Helmut Röhr, Ulrich von Hutten und das Werden des deutschen Nationalbewußtseins, Heidelberg 1934 und Heinrich Grimm, Ulrich von Hutten Lehrjahre an der Universität Frankfurt an der Oder und seine Jugenddichtungen, Frankfurt an der Oder 1938; Arbeiten über die deutsche Hutten-Rezeption sind: Georg Voigt, Ulrich von Hutten in der deutschen Literatur. Diss. Leipzig 1905; Eduard Korrodi, „Ulrich von Hutten in deutscher Dichtung", in: Wissen und Leben 5 (1911), S. 27–41; Karl Eberhard Krueger, „The Image of Hutten in German Fictional Literature", Diss. Michigan State University, 1980 und die bereits zitierte Studie von Wilhelm Kreutz.
12 Ich hab's gewagt! Hutten ruft Deutschland, Berlin 1937.
13 Leipzig 1940.
14 Berlin 1943.
15 Hutten der Deutsche. Gedichte. Aus der Türkenrede. Arminius, hg. von Otto Clemen, Leipzig ca. 1938 und Ulrich von Hutten. Ein Totengespräch, hg. von Konrad Krause, Bielefeld und Leipzig 1940; Ulrich von Hutten, Vadiscus oder die Römische Dreifaltigkeit. Übersetzung aus dem Lateinischen von David Friedrich Strauss, München ca. 1940.
16 Dunkelmännerbriefe aus dem „Mönchslatein übersetzt und ausgewählt von Kurt Eggers, Leipzig 1938 und Briefe von Dunkelmännern. Aus dem Küchenlateinischen übertragen durch Jodocum Plassmann, Berlin 1941.
17 Berlin 1939.
18 „Nation ohne Führung. Die Tragödie Hutten", in: Revolutionen der Weltgeschichte. hg. von Wulf Bley, München 1933, S. 153–165.
19 Die Deutschland suchten, Stuttgart 1937. Nicht erwähnt in der Bibliographie von Ukena/Uliarczyk.
20 Empörer bis in den Tod. Ulrich von Hutten, in: Walter Görlitz, Theodor Stiefenhofer, Ritter der deutschen Nation. Florian Geyer. Ulrich von Hutten, München o. J.; Ukena/Uliarczyk datieren es auf 1947. Angesichts des unverwechselbar nationalsozialistischen Tons des Essays bezweifle ich, ob er tatsächlich 1947 erschienen ist. Ich schlage vor, ihn auf 1944 zu datieren.
21 Für bibliographische Informationen zu diesen Autoren vgl. Ukena/Uliarczyk, S. 179–181.
22 Ulrich von Hutten, Lübeck 1934.
23 Berlin und Leipzig 1934.
24 Stuttgart 1938.
25 Hutten. Roman eines Deutschen, Berlin 1934, zitiert als Hutten-Roman.
26 Hutten, München 1938.
27 Berlin 1933.
28 Lübeck 1933.
29 Berlin 1934; fehlt in Ukena/Uliarczyk.
30 Franz-Ulrich Jestädt kommt allerdings nach Durchsicht der Bestände der Universitätsbibliothek Gießen zu folgendem Ergebnis: „Verglichen mit anderen zentralen Gestalten der deutschen Geistesgeschichte wird Hutten *nicht signifikant* herausragend rezipiert". Diese Information verdanke ich Herrn Steinfeld.
31 Vgl. Kreutz, S. 311, Anmerkung 1177.
32 Goebbels-Reden, Bd. 1, 1932–1939, hg. von Helmut Heiber, Düsseldorf 1971, S. 111.
33 Ibid. S. 139.
34 Ulrich von Hutten. Rede des Reichsleiters Alfred Rosenberg, gehalten auf der Steckelburg am Sonntag, den 29. Mai 1938, Mainz 1938; ohne Seitenangabe. Nach eigener Zählung S. 19. Zitiert als Rosenberg.
35 Zitiert in Hutten-Festspiele, S. 3. Die Legende, daß Huttens letztes Wort „Deutschland" gewesen sein soll, stammt, soweit ich sehe, von Will Vesper. Die Wanderung des Herrn Ulrich von Hutten. Ein Tagebuchroman, München 1922.
36 Helmut Heiber, Walter Frank und sein Reichsinstitut für Geschichte des neuen Deutschlands, Stuttgart 1966, S. 1211.
37 Näheres dazu in Kreutz, S. 309, Anmerkung 1118.
38 Ibid.
39 Hutten-Roman.
40 Ulrich von Hutten. Ein Freiheitsdrama in vier Akten, Berlin 1933.
41 Der junge Hutten, Berlin 1938 und Ulrich von Hutten. Nach den Quellen bearbeitet, in: Rufer und Mahner zu deutscher Art, II, Hamburg 1939.
42 In: Nationalsozialistische Monatshefte 8 (1937), S. 681–687.
43 Oldenburg i. O./Berlin 1939.

44 Diese Information kommt aus Bogusław Drewniak, Das Theater im NS-Staat, Düsseldorf 1983, S. 29, 160, 227.
45 Hutten-Roman, S. 96.
46 Hutten-Roman, S. 99.
47 Hutten-Roman, S. 110.
48 Hutten-Roman, S. 176.
49 Hutten-Roman, S. 176.
50 Hutten-Roman, S. 213.
51 Hutten-Roman, S. 248.
52 Hutten-Roman, S. 258.
53 Hutten-Roman, S. 195.
54 Hutten-Roman, S. 298.
55 Stiefenhofer (Anmerkung 20), S. 60.
56 So der Untertitel des Huttenbuches von Friedrich Franz von Unruh, Stuttgart 1942.
57 Bauer, S. 5.
58 Stiefenhofer, S. 64.
59 Hutten-Roman, S. 162.
60 Hutten, München 1938, S. 41.
61 Eggers, Ich hab's gewagt, S. 7.
62 Arno Reißenweber, Dem Vaterland will gedienet sein! Dem Leben Ulrichs von Hutten nacherzählt, Stuttgart 1938, S. 188.
63 Eggers, Ich hab's gewagt, S. 5.
64 Die Deutschland suchten, Stuttgart 1937, S. 6.
65 Heinz Kindermann, Kampf um die deutsche Lebensform, Wien 1944, S. 26.
66 Bauer, S. 39.
67 Hutten-Roman, S. 316.
68 Goebbels-Reden, 111.
69 Frankfurt am Main 1939, S. 61; zitiert als Klagges.
70 Das Buch (vgl. Anmerkung 64) enthält Kurzbiographien von Meister Eckehart, Kleist, von Stein, Blücher, Bach, Sachs, Friedrich II. Hölderlin, Lagarde, Jahn und Hutten, aber interessanterweise nicht von Luther.
71 Stiefenhofer, S. 49.
72 Hutten-Roman, S. 338.
73 Der Koloß, Ludwigshafen a. R. 1933, S. 27.
74 Eggers, Ich hab's gewagt, S. 8.
75 „...da es ihm [Hutten] in der Hauptsache nur um die religiös-kirchliche Erneuerung ging, sodaß er zuletzt den politischen und sozialen Neubau völlig aus den Augen verlor." *Stiefenhofer*, S. 63.
76 Hutten. Ein Kampf ums Reich, Berlin 1944, S. 95.
77 Bauer, S. 37.
78 Vgl. Gilmer Blackburn, Education in the Third Reich, Albany, USA 1985, S. 75 ff.
79 Eggers, Ulrich von Hutten, Berlin 1933, S. 55.
80 Bauer, S. 8.
81 Bauer, S. 32.
82 Klagges, S. 452.
83 Klagges, S. 442.
84 Hutten-Freilichtspiele, S. 2.
85 Vgl. Anmerkung 11, S. 11.
86 Rosenberg, nach meiner Zählung S. 19.
87 Klagges, S. 116.
88 Joseph Wulf, Literatur und Dichtung im Dritten Reich. Eine Dokumentation, Frankfurt/Main, Berlin, Wien 1983, S. 394.
89 Ibid. S. 400.
90 Ibid. S. 385.
91 Ulrich von Hutten, Leipzig 1858.
92 Ulrich von Hutten, Leipzig 1927; beruht auf Ausgabe von 1871, S. 6; zitiert als Strauß.
93 Strauß, S. 5: „...für das Licht gegen die Finsternis..., für die Freiheit gegen Despotendruck, für das Vaterland gegen den Andrang der Fremden."
94 Strauß, S. 6.
95 Strauß, S. 500: „Luther und der gesamte deutsche Protestantismus beschränkte sich auf das religiöse Gebiet, sah vom Politischen ab."
96 Strauß, S. 501.

97 Huttens letzte Tage. Eine Dichtung, Bern 1970, S. 74. Strauß war eine der Hauptquellen für Meyer.
98 Führende Deutsche, Minden i. W. 1906, S. 32.
99 Vgl. Fritz Stern, The Politics of Cultural Despair. A Study in The Rise of a Germanic Ideology, Garden City, New York 1965. S. 231–325.
100 Zitiert nach Kreutz, S. 181.
101 Huttenbriefe: Worte der Schwarzen Front an das deutsche Volk, o. J. Keine Seitenangabe. Nach eigener Zählung S. 4.
102 S. 2.
103 Hg. von Hans J. Rehfisch, London 1944.
104 Wulf, S. 27.
105 Gesammelte Werke, 10. Bd., Köln, Berlin 1970, S. 525.
106 Berlin 1941.
107 S. 7.
108 S. 9.
109 Alfred Götze, „Ulrich von Hutten. Rede zur Huttenfeier der Universität Gießen, gehalten am 17. Juni 1938, in: Nachrichten der Gießener Hochschulgesellschaft 13 (1939), S. 79–92. Gerhard Ritter, „Ulrich von Hutten und die Reformation", in: Wartburg 37 (1938), S. 110–117.

*Bildnis Ulrich von Hutten, Tobias Stimmer (?), aus: Nicolaus von Reusner, Contrafacturbuch, Straßburg 1587 (Kat.-Nr. 5.2)*

## Huldrich von Hutten Ritter vnd Poet. 8

Edel von Stam/Lehr vnd verstand/
Ein Held zugleich mit faust vnd Hand/
Die Freyheit vnd auch ware Lehr/
Bschütz ich jm Leben mit Mund vnd wehr.
Starb im Jar. 1 5 2 3.

*Peter von Matt*

# Der Zwiespalt der Wortmächtigen in der Geschichte
# Eine Überlegung an Huttens Grab*

Wir sind zusammen auf dem See gefahren, den Zürichsee hinauf bis zu dieser Insel, wo Ulrich von Hutten die letzten Wochen seines Lebens verbracht hat, wo er starb und begraben wurde. Solche Fahrt auf diesem See hat ein Herkommen. Die Zürcher machen sie gern, wenn sie sich einer gemeinsamen Sache versichern wollen. Das ist ein alter Brauch, der weit zurückreicht. Zürich ist ja auf das Wasser in einer Art kühler Leidenschaftlichkeit bezogen. Noch in seinem Wappen führt es kein wildes Tier und kein pathetisches Symbol, nur das Blau des Wassers auf weißem Grund. Aus dem See und dem Fluß heraus ist Zürich entstanden. Diesen See hinauf, so wie wir gefahren sind, führt der alte Weg nach Süden, über die Bündnerpässe nach Italien, nach Rom. Über diesen See her ist mit den Legionären einst die Kultur gekommen, und also auch der Wein, der jetzt noch, ohne übermäßiges Feuer, an diesen Halden wächst. Nur die Alemannen langten zu Fuß an.

Auch die Inspirierten, die Dichter, hat es hier stets zum See gezogen, auf den See hinaus. Klopstock und Goethe sind nicht die einzigen, nur die berühmtesten. Über diese Inspirierten fand der See zum Wort. Sie machten ihn zum Gegenstand mächtiger Gesänge und entzückter Rede, zutraulicher Idyllen auch, und nicht selten zum Ursprungsort zwielichtiger, gefährlicher Bilder.

Und da wir nun auf dieser Insel stehen, mitten im See, erlauben Sie mir, daß ich mich der atmosphärischen Strömung aussetze, die hier waltet, daß ich versuche, etwas zu benennen vom Geist und von den Geistern, die hier ihr Wesen treiben.

Die Dichter und der See: als eine Urlandschaft entworfen, durchaus visionär, hat diesen Zürichsee einer, der selbst kein Zürcher war, sondern Pfarrer im Emmental: Jeremias Gotthelf in der Erzählung „Der Druide". Der See wird bei ihm zum *Kulturraum* einer vorchristlichen *Muttergottheit*. Das ist überraschend. Aber es fügt sich doch merkwürdig genau an das kultische Verehren der *nachchristlichen* Magna Mater, der Natur, wie es Klopstock und Goethe auf diesem See in lyrischen Aufschwüngen betrieben haben.

Und noch bei C. F. Meyer ist dieses Gewässer der Ort des Mütterlichen, sehr privat nun allerdings, als Verbildlichung eines seelischen Leidens, für das die Mutter und der Tod und die Wassertiefe das Schreckliche und das Ersehnte zugleich sind.

Gottfried Keller hat es demgegenüber mehr mit den Lebendigen gehalten. In der Novelle von den Sieben Aufrechten macht er den nächtlichen See zur schwankenden Bühne für ein erfindungsreiches erotisches Spiel zwischen Mann und Frau.

Schön, ganz nur schön, so schön, daß es fast weh tut, erscheint der Zürichsee bei Robert Walser im Roman „Der Gehülfe"; das Schwimmen in diesem Flüssigen und Strömenden wird ihm zum träumerischen Ritual, einsam und genußsüchtig, kindlich und rebellisch in einem. Den bösen Gegenzug hat ein Autor unserer Tage getan, Gerold Späth; er hat diese Seelandschaft mit einer Fauna bösartig-unerlöster Spießbürger bevölkert, die hier triebstark und lustlos ihr Sonntagselend absolvieren.

---

* Rede des Autors (1984) veröffentlicht in einem Sonderdruck aus: Charisma und Institution, hrsg. v. Trutz Rendtorff, Gütersloh 1985. Abdruck mit freundlicher Genehmigung des Gütersloher Verlagshauses Gerd Mohn.

Wahrhaftig, dieser See hat *sein Wort* gefunden wie nicht manches Gewässer. Ganz nur Zufall kann das nicht sein. Der vielfachen poetischen Anrede in zweieinhalb Jahrhunderten entspricht die vielfache historische Schichtung in zweieinhalb Jahrtausenden. Das betrifft nicht nur den See, nicht nur die alte Kultur- und Kriegs- und Geldstraße, es betrifft auch diese Insel selbst, die mitten darin liegt. Sie war keltisch besiedelt und römisch, lange bevor die Alemannen kamen, und sie hatte auch damals schon ihre Heiligtümer, und ihre Archäologie war immer schon eine sakrale, nicht erst seit sie der lieben Schwarzen Frau von Einsiedeln gehört.

Das also ist zu bedenken: Was den lyrischen Deutschen im 18. Jahrhundert als *reine Natur* erscheinen wollte, war längst durchtränkt mit *Geschichte*, und das heißt: mit einer Vergangenheit aus Streit, aus Haß, aus Geldmachen und Menschentöten. Auch diese Insel ist mehrmals geplündert worden, von fremden wie von eidgenössischen Haufen, und es hat Fahrten uf d'Ufenau gegeben, die weniger besinnlich waren als die heutige – vielleicht aber auch etwas farbenreicher.

Diese widersprüchliche Verbindung von friedlicher Natur und ganz böser Geschichte war es, was C. F. Meyer den Stoff finden ließ zu seiner Dichtung „Huttens letzte Tage", einen Stoff, der ihm wie kein zweites Thema persönlich entgegenkam und der ihn tatsächlich überhaupt erst zum Dichter machte. Das langsame Sterben des Ritters Hutten auf dieser Insel, es entspricht Meyers tiefstem Wunschbild: auf dem See zu ruhen, reglos, und immer kühler zu werden und zuletzt in Schlaf und Tod und zur Mutter in die Tiefe zu sinken. Als literarischer Gegenstand gerechtfertigt aber wurde für ihn die Vision solcher Besänftigung dadurch, daß die Vergangenheit seines Ritters voll war vom Gegenteil, von mörderischen Kämpfen, ohne die sich der gründerzeitliche Dichter ein exemplarisches Menschenleben nicht glaubte denken zu dürfen.

Meyer hat nun aber nicht aus einem Fetzen Geschichte kunstreich ein Gebilde gemacht, sondern von Natur aus schon kam ihm der historische Gegenstand entgegen als eine geformte Sache. Ulrich Zwinglis Akt, mit dem er dem armen Ritter Hutten auf diese Insel verhalf (Max Wehrli hat es „die unvergleichliche Geste Zwinglis" genannt), dieser Akt war als solcher zeichenhaft, war nicht nur ein politischer Schachzug, sondern auch ein ergreifendes, ja wahrhaftig fast ein dichterisches Symbol.

Inwiefern? Wirkte denn da nicht einfach die Nächstenliebe, zu welcher ein Diener Gottes ja wohl verpflichtet ist? Gewiß – aber mit der Nächstenliebe ist es so eine Sache in dieser Zeit, in diesem 16. Jahrhundert. *Nächstenliebe* tritt ja in Konflikt, ist lang schon in Konflikt getreten mit der *Liebe zur Wahrheit* – und wo solches geschieht, gibt es in der Regel schwere Jahre. Wer seinen Nächsten liebt, bedingungslos, muß bald einmal fünf gerade sein lassen; und wer ebenso bedingungslos die Wahrheit liebt, dem springt mit dem Haß auf die Lüge auch schon der Haß auf den Nächsten, der diese Lüge vertritt, aus dem Herzen – aus dem lautersten Herzen vielleicht. Der eine hält sich dann an Jesus, der die Kindlein ruft, der andere an Jesus, der den Tempel reinigt. So bleiben beide gute Christen.

Ulrich von Hutten – wer ist das? Wir stehen hier auf dem Boden, in dem er begraben liegt. Hier auf dieser Insel hat er vor 461 Jahren seinen kampflustigen Geist aufgegeben, aus einem furchtbar zerstörten Körper heraus; hier hat er sich hingelegt – in guter Zuversicht, wie wir annehmen dürfen, auf eine fröhliche Auferstehung. Er war nicht alt, bloß 35jährig, und er hatte doch die ganze, dramatisch stürzende Entwicklung seiner Epoche mitgemacht. Die deutsche Renaissance, glänzend und entsetzlich in allem, was sie will, was sie erreicht und was sie zerstört, diese deutsche Renaissance hat drei Dimensionen mit je einer archetypischen Gestalt: den Humanismus als Revolution der Wissenschaft mit

Erasmus von Rotterdam, die Reformation als Revolution des Glaubens mit Martin Luther, den Bauernkrieg als politische Revolution mit Thomas Müntzer. Die drei, die wissenschaftliche, die theologische und die politische Revolution, sind auseinander herausgewachsen und auf der Stelle auch schon gegeneinander angetreten. Luther eifert gegen Erasmus, nennt ihn einen glatten Aal; Thomas Müntzer tobt gegen Luther, nennt ihn einen tückischen Fuchs, und Luther ihn wiederum den Erzteufel. Die Welt des Geistes wird zum Schlachtfeld, sehr bald schon zum tatsächlich blutbedeckten. Was aber *Ulrich von Hutten* betrifft, muß man sagen: *Das gefiel ihm.* So jauchzend fuhr keinem das Schwert aus der Scheide und das Wort aus dem Mund. Er war Humanist, d. h. ein Wissenschaftler und Poet, dann schlug er sich mit Getöse auf die Seite Luthers und griff gleich auch schon Erasmus an, und zum dritten hatte er auch noch seine handfesten *politischen* Ziele. Daß er Feinde hatte, war ihm ein Vergnügen. Allerdings erwiesen sie sich bald einmal als die Stärkeren. Er wurde verfolgt und aus Deutschland vertrieben. Ausgeplündert bis auf einen Säbel und eine Schreibfeder, fand er Schutz bei Zwingli – bei jenem Zwingli, dessen Genie nicht zuletzt auf der souveränen Balance von Humanismus und Theologie und Politik beruhte. Zwingli erkannte in Hutten einen verwilderten Bruder, und er gab ihm den Ort, diese stille, einsame Insel, wo er ungestört sterben konnte: an seiner Zeit, an seiner Streitlust und an seiner Syphilis.

Ulrich von Hutten hat die *Wahrheit* geliebt. Nichts hat er so sehr und immer wieder geschworen und in die weite Welt hinausgerufen, zuerst lateinisch und dann auf deutsch, wie diese seine Liebe zur Wahrheit, zur einzigen und reinen Wahrheit.

> Hierzu, wer Mannes Herzen hat,
> Gebt vorder nit den Lügen statt.
> Sie haben Gottes Wort verkehrt,
> Das christlich Volk mit Lügen bschwert;
> Die Lügen wölln wir tilgen ab.
> Uf daß ein Licht die Wahrheit hab,
> Die war verfinstert und verdämpft.
> Gott geb ihm Heil, der mit mir kämpft.
> Wer wollt in solchem bleiben dheim?
> Ich hab's gewagt: Das ist mein Reim.

Und anderswo:

> Die Wahrheit ist von neuem gborn,
> Und hat der Btrug sein Schein verlorn.
> Des sag Gott jeder Lob und Ehr,
> Und acht nit fürder Lügen mehr.
> Ja sag ich, Wahrheit war verdruckt,
> ist wieder nun herfür geruckt.
> Von Wahrheit will ich nimmer lan,
> Wiewohl mein fromme Mutter weint,
> Daß ich die Sach hätt gfangen an:
> Gott woll sie trösten, es muß gan;
> Ich hab's gewagt.

Es ist auffällig, ist ganz unübersehbar, wie sich in diesen Strophen der Begriff der *Wahrheit*, der festen, gegebenen, gesicherten Wahrheit, verbindet mit dem Begriff des *Ich*. Kein Wort wird so triumphal geäußert, wie – neben dem Wort „Wahrheit" – dieses Wort „Ich". Hutten, der Täter, von keinem Zweifel angefressen, seiner Sache unbedingt gewiß, der Mann, dem das Schwert und die Feder zwei blitzschnelle und todsichere Instrumente sind – dieser Hutten gewinnt seine Kampfkraft aus einem unerhörten Bewußtsein seiner selbst. Dieses *Ich* und diese *Wahrheit*, sie bedingen einander gegenseitig. Das eine ist undenkbar ohne das andere. Und daraus, aus dem festen Ich und der festen Wahrheit, entspringt dann das *Wort*, Huttens Wort in seinen Liedern und Kampfschriften, randscharf, kompromißlos und schwer verletzend. Wie es für ihn keinen Zweifel gibt, daß er die Wahrheit besitze, so kennt er auch keinen Zweifel, daß die Wahrheit bruchlos in das Wort eingehe. Dahinter steckt Humanistenglaube: Die Lüge in der Welt ist identisch mit dem verdorbenen Wort, und die Reinigung des Wortes ist identisch mit dem Gewinn der Wahrheit. So kann dann bei Männern wie Hutten alles zu einer einzigen Sache zusammenschießen: das Ich, die Wahrheit, das Wort und das Messer. Das bin ich; das weiß ich; das sag' ich, und dafür töte ich. Das ist großartig, glänzend und entsetzlich.

Erst achtzig Jahre nach Huttens Tod wird man die Stimme eines jungen Mannes vernehmen, der in Wittenberg studiert hat und nun die Erfahrung machen muß, daß zwischen den Wörtern und der Wahrheit ein furchtbarer Abstand besteht. Es ist die Stimme des Prinzen Hamlet in Shakespeares Trauerspiel, der den Begriff „Wort" nur noch mit Ekel in den Mund nimmt – „words, words, words…" – und dem der Zweifel an der Wahrheitsfähigkeit des Wortes den bewaffneten Arm so lähmt, wie der Arm des Ritters Hutten vom Glauben an die Identität von Wort und Wahrheit gestählt worden war. Mit Hutten beginnt eine Epoche, in der man um des Wortes willen tötet wie nie zuvor, in der man mit dem Wort, dem neuartig gedruckten, verletzt und vernichtet wie nie zuvor. Es geschieht also über das Wort, daß die *Liebe zur Wahrheit* überhaupt in Konflikt treten kann mit der Nächstenliebe – über das Wort nicht als pneumatischer Andrang, sondern als *erstarrte* Wahrheit, als Dogma schwarz auf weiß. Dieses eiserne Wort verwandelt die Liebe spielend in Haß. Nicht *daß* gehaßt und getötet wird, ist so schrecklich, sondern daß es tatsächlich aus Liebe geschieht, *aus Liebe* und Leidenschaft zur festgeschriebenen Wahrheit.

Allerdings, jener Prinz Hamlet ist auch nicht besser dran. Ihm ist ja mit dem verläßlichen Wort auch die Liebe kaputtgegangen, die Fähigkeit zu lieben und zu handeln ganz und gar. Offenbar kann es für uns eine Wahrheit ohne das Wort eben auch nicht geben, und wir sind dem Ich-Verlust ausgesetzt, wo wir, wie der melancholische Prinz, das Wort der radikalen Kritik unterziehen. Kein energisches Ich, so scheint es, kommt aus ohne die Zuversicht in das energische Wort. Der Gefahr, daß das Wort zur Waffe wird, daß die tiefe Verwandtschaft des Wortes mit dem Schwert sich handfest verwirklicht, dieser Gefahr, scheint es, kann man sich gar nicht entziehen. Das Wort sucht die Gewalt, und die Gewalttätigen suchen und brauchen das Wort, in allen Zeiten und in allen Sparten der Gesellschaft.

Die Humanisten haben es erfahren müssen. Sie bekamen die ganze böse Dialektik des Wortes zu spüren, am eigenen Leib und bis in ihre herzlichsten Beziehungen hinein. Man denke an Erasmus von Rotterdam, den Humanisten schlechthin. Er hat sein Leben dem Wort, seiner Reinheit, seiner Wiedergeburt gewidmet und hat geglaubt, die Sache mit dem Schwert werde sich zuletzt von selbst erledigen. Das sanfte Wort werde schließlich auch die Gewalt läutern und den Krieg zum Verschwinden bringen. Damit kam er bös zwischen Tisch und Bank zu sitzen. Die Geschichte der Freundschaft zwischen Hutten und Erasmus ist ein trauriges Schauspiel zum Thema. Glanzvoll und strahlend der Anfang, elend und niederträchtig das Ende. Es gibt kaum ein schöneres Dokument ursprünglich humanistischer Menschlichkeit als den Brief, in dem Erasmus seinem Freund Hutten die Person und den Lebensstil seines Freundes Thomas Morus beschreibt.

Da sind sie noch ganz unter sich, die klugen Philologen aus England, Deutschland und den Niederlanden, geistvoll und brüderlich, vereint im kosmopolitischen Gespräch, begeistert vom neuen Jahrhundert und von ihrem schönen Latein, das nur ihresgleichen versteht. Sie leben einer leuchtenden Utopie, der Utopie des Humanismus, die ihre Größe hat, gerade weil sie dem Subtilen vertraut, der Nuance, der leisen, lockenden Verbesserung durch Forschen und Wissen, durch Scharfsinn, Ironie und melodischen Satzbau. Siebzehn Jahre später sind alle drei tot. Thomas Morus ist geköpft; Hutten ist auf dieser Insel verkommen; Erasmus ist aufgerieben zwischen Fronten, die er nicht gewollt, nicht gesucht, gar nicht für möglich gehalten hatte.

Hutten und Erasmus – wie waren sie befreundet, wie haben sie einander geliebt, und wie sind sie zuletzt in Haß und Erbitterung auseinandergeraten! Dabei war jeder erfüllt vom Bewußtsein, recht zu haben und im Dienste der Wahrheit zu stehen. Es ist peinvoll zu sehen, wie die beiden großen Geister noch ganz zuletzt, als auf Hutten nichts mehr wartete als der Tod, gegeneinander polemisieren und intrigieren. Die Meister des Wortes, die Herren der schönen Sprache, sie fallen verbal übereinander her und wollen verwunden und wollen verletzen. Der letzte persönliche Brief des Erasmus an Hutten endet mit dem Bild vom geschriebenen Wort als einem in Gift getauchten Schwert. Sie wußten also beide, was sie taten.

Das Dilemma aller Humanisten beruht auf der bösen Zweischneidigkeit, auf dem Doppelleben des Wortes. Die *Wahrheit* will sich immer mit dem *Wort* verbinden, und das *Wort* mit der *Tat* und die *Tat* mit der *Gewalt*. Die Humanisten haben die *Wahrheit* geliebt und das *Wort* gepflegt, und die Gewalt hat ihnen die Fenster eingeschlagen.

Doch wo sind wir da überhaupt hingeraten? – Ich hatte keine weitere Absicht, als mich der Ausstrahlung dieser Insel und ihres alten Grabes auszusetzen. Ich wollte ihre Sinnbildlichkeit aufnehmen und ihre stumme Gegenwart zum Reden bringen. An besinnlichem Ort besinnliche Dinge zu äußern, das war mein Vorhaben; nun liegen plötzlich lauter heiße Eisen herum. Der genius loci, scheint es, ist kriegerischer, als die idyllische Szenerie vermuten läßt. Es klirrt im Boden. Von der Liebe zum Wort sollte geredet werden, von seiner Wiedergeburt aus der Liebe zur Wahrheit – bei den Humanisten, bei den Gläubigen, bei den Predigern, aber auch bei den Schriftstellern und Poeten. Und jetzt rede ich plötzlich von der verheerenden Hochzeit des Wortes mit der Gewalt. Ich kann nicht anders. Der tote Ritter da unten zwingt mich dazu. Er öffnet mir den Blick in die Geschichte – und dann bringt er mir zu Bewußtsein, *daß diese Geschichte ja weiterläuft*, daß wir mittendrin stehen und immer noch zuschauen, *wie sich das Wort mit der Gewalt zusammentut*, wie es sich den Politikern anbiedert als die Wahrheit in Gebrauchsform und wie es diesen Politikern rechtfertigt, was immer sie gerechtfertigt sehen wollen. Die Gewalt braucht das einfache, schlagende, funktionstüchtige Wort; dieser Funktionstüchtigkeit gegenüber ist die Differenz zwischen Wahrheit und Lüge eine Nebensache. – Anders die *Dichter* und die *Prediger*, die *Verliebten* und die *Verrückten*. Sie haben das eine gemeinsam, daß sie das Wort zu gebrauchen suchen, als wäre es eben jetzt und nur für diesen Augenblick entstanden. Die moderne Lyrik ist eine einzige große Verschwörung gegen das funktionstüchtige und gebrauchsfertige Wort. Das geht bis zur Hilflosigkeit, aber noch in dieser Hilflosigkeit, über die wir uns vielleicht ärgern, wird jene glatte Funktionstüchtigkeit denunziert.

Dennoch: Das absichtlich unbeholfene Reden, das Raunen und Stammeln einsamer Poeten – es ist auch keine Lösung. Wir müssen mit der Zweischneidigkeit des Wortes leben. Insofern geht es uns allen wie den Humanisten. *Das Wort hat uns einst zu Menschen gemacht.* Über dem leisen, inständigen Reden der Eltern sind wir in frühsten Tagen zum Bewußtsein erwacht; im Reden mit ihnen und mit den Freunden haben wir unsere Vernunft gewonnen. Heute droht uns das Wort umzubringen. Kein Krieg kann beginnen, ohne den prächtig formulierten Satz, der ihn rechtfertigt. Die Angst hat unser Ohr für solche Sätze geschärft. Wir sind alle Sprachforscher geworden, ohne es zu merken. Wir üben uns in der Linguistik des Weltuntergangs, sobald die großen Staatsmänner wieder etwas verlauten lassen.

Dabei müssen wir dann allerdings oft genug feststellen, daß die Dichter und Prediger selbst nicht ganz unschuldig sind. Manches Wort, das zum Messer werden sollte, ist ihren klugen Gehirnen entsprungen; sie haben ihm das elegante Design verpaßt, das es erst so recht funktionstüchtig machte. Es ist kein Zufall, daß das Schicksal der großen Polemiker sich über Jahrhunderte hin so ähnlich bleibt. Hutten oder Lessing oder Heinrich Heine – sie alle waren ihrer Wahrheit ganz verschworen und leidenschaftliche Ich-Sager dazu und sie mußten erfahren, daß man ihnen das eigene Wort, ihr prächtiges, blitzendes Wort, vor den Augen umdrehte und an den eigenen Hals setzte.

Deshalb hat Lessing ganz am Ende seines Lebens, verfolgt und in die Enge getrieben wie Hutten, das Schauspiel von Nathan dem Weisen geschrieben. Darin setzte er an der entscheidenden Stelle, in den zwei wichtigsten Versen, die festgeschriebene Wahrheit demonstrativ zurück hinter etwas anderes, das er Liebe nennt. Allerdings, und das ist nun auch Humanistenglaube und Humanistenstolz, allerdings fordert er eine Liebe, die urteilsfähig und urteilssicher ist, die den Zweifel kennt und doch das Selbstgefühl nicht verliert, eine listige Liebe gewissermaßen, listig aus Menschenfreundlichkeit:

Wohlan!
Es eifre jeder seiner unbestochnen
Von Vorurteilen freien Liebe nach!

Von Vorurteilen freie Liebe – daraus könnte dann tatsächlich auch das Wort wiedergeboren werden, gütig und friedenstiftend, wie wir es erlebten, als wir zu Menschen wurden, und wie die Humanisten es erträumten. Man sollte wohl die Hoffnung nicht aufgeben.

*Renate Nettner-Reinsel*

# Lebensweg Ulrichs von Hutten

**1488**
vormittags halb zehn wird Ulrich von Hutten als erstes Kind des Ritters Ulrich von Hutten und seiner Frau Ottilie von Eberstein auf Burg Steckelberg bei Schlüchtern geboren. — 21. April

**1499–1503**
Hutten besucht die Stiftsschule der Benediktinerabtei Fulda wahrscheinlich bis zum Frühjahr 1503 oder 1505. Eitelwolf vom Stein ist Huttens Vorbild.
Lehrer: Peter Schmerleib.

**1503–1505**
Möglicherweise Aufenthalt in Erfurt

**1505**
während des Sommersemesters studiert Hutten wahrscheinlich in Mainz und wohnt bei seinem Vetter Frowin von Hutten, Marschalk und später Hofmeister in Mainz.
Lehrer: Johannes Rhagius Aesticampianus

Immatrikulation an der Universität Köln – „Aldericus hotten" studiert dort Latein und Griechisch zusammen mit seinem Freund Grotus Rubeanus. Er erhält wahrscheinlich keine finanzielle Unterstützung von seinem Vater, sondern von seinem Vetter Frowin aus Mainz und seinem Ohm Ritter Ludwig von Hutten aus der Frankenberger Linie.
Lehrer: Rhagius Aesticampianus, Jakob Gouda, Remaclus aus Florenne — 28. Oktober

**1506**
Anfang des Jahres hält er sich in Erfurt auf und lernt dort die Mitglieder des „Erfurter Humanistenkreises" kennen (Crotus Rubeanus, Eobanus Hessus, Mutianus Rufus, Georg Spalatin). Es entwickelt sich eine lange dauernde Freundschaft zwischen ihnen.
Lehrer: Maternus Pistoris, Nikolaus Marschalk
Ulrich von Hutten studiert seit dem Sommersemester an der im April neu eröffneten Universität Frankfurt (Oder) – Viadrina –.
Bekanntschaft mit Johann und Alexander von der Osten.

Hutten erwirbt sein philosophisches Bakkalaureat. Das Examen umfaßt die Beherrschung der Elemente der Grammatik, lateinische Umgangssprache, Kenntnis der logischen Formeln, Disputation.
Lehrer: Rhagius Anticampianus, Hermann Trebelius — 14. September

**1507**
nach seinem Examen studiert er weiter an der Viadrina und veröffentlicht kleine Arbeiten (Gedichte) in den Schriften seiner Lehrer.

**1507/08**
Zur Jahreswende folgt er seinem Lehrer Aesticampian nach Leipzig an die dortige Universität. Er ist als „Ulricus Huttenus de Buchen" der „Bairischen Nation" eingetragen.

**1508**
Hutten doziert, liest öffentlich und privat „Humaniora" mit viel Talent und Beifall.

### 1508/09

Im Sommer 1508 oder spätestens im Frühjahr 1509 verläßt er überstürzt Leipzig. Er ist 20jährig an der Syphilis erkrankt. In Frankfurt (Oder) stattet er Hermann Trebelius einen kurzen Besuch ab, bevor er sich mit unbekanntem Ziel nach Pommern begibt.

### 1509

Sein Reiseweg ist nicht bekannt. Hutten bricht in dieser Zeit alle Beziehungen ab. Möglicherweise nimmt er an einer Schiffsfahrt auf der Ostsee teil, wo er Schiffbruch erleidet. Völlig mittellos und krank kommt er im Spätsommer in Greifswald an.

Spätsommer   Seine erste selbständige Schrift entsteht: „Nemo I" (Spelsberg-Nr. 10).
Hutten immatrikuliert sich an der dortigen Universität zum Wintersemester 1509. Er wohnt bei Wedeg Loetz und seinem Sohn Henning, die ihn einkleiden und ihm Geld vorstrecken. Er kann die Auslagen für seinen Lebensunterhalt nicht beglei-

Dezember   chen und bricht in den letzten Tagen des Dezember nach Rostock auf.

### 1510

Unterwegs überfallen ihn Stadthäscher im Auftrag der Loetz und zwingen ihn, seine Oberkleider auszuziehen und sie mitsamt seinen Dichtungen an sie herauszugeben. Halbnackt und schwerkrank kommt er in Rostock an.

Diese Demütigung verarbeitet er in einer Schrift, den „Loetz-Klagen" (Spelsberg-Nr. 11), die den Beginn seiner eigentlichen literarischen Laufbahn markieren.

Professor Ecbertus de Harlem nimmt ihn in sein Haus auf. Auch andere Rostocker unterstützen Hutten. Er hält Vorlesungen. Im August verläßt er Rostock und geht nach Frankfurt (Oder), um sein Manuskript der „Klagen gegen die Loetz" zum Druck zu bringen. Im Oktober trifft er in Wittenberg seinen Freund Balthasar

Oktober   Fuchs, der auch zu Luthers Freunden zählt.

### 1511

Bis zum Frühjahr bleibt Hutten in Wittenberg. Er korrespondiert mit seinem Freund Crotus Rubeanus, der in Fulda Klosterschullehrer ist und bittet um finanzielle Unterstützung des Klosters.

Mai   Im Frühjahr bricht er nach Wien auf. Im Mai ist er in der mährischen Bischofsstadt Olmütz Gast bei dem Bischof Stanislaus Thurzo, der ihn mit neuer Kleidung, Reisegeld und einem Pferd ausstattet.

Herbst   Hutten trifft in Wien ein und lebt mit seinen Freunden Vadianus, Maier und Auerbach in einer freien Hausgemeinschaft. An der Universität trifft er auf den Kreis des legendären Conrad Celtis und setzt sich zum ersten Mal mit der nationalen deutschen Vergangenheit auseinander.

### 1512

Nach einem Streit mit dem Rektor der Universität verläßt Hutten Anfang des Jahres Wien.

März   Im März nimmt Hutten das Rechtsstudium an der Universität Pavia auf.
Lehrer: Jason de Mayno.

Mai   Die Universität wird wegen der oberitalienischen Kriegswirren zwischen Franzosen und den vom Papst gerufenen Schweizer Landsknechten geschlossen. Hutten beobachtet die politischen Ereignisse. Erste politische Gedichte. Bei den Auseinandersetzungen zwischen den verschiedenen Parteien wird er gefangengenommen und muß sich freikaufen.

Juli   Er flüchtet nach Bologna und schreibt sich an der dortigen Universität ein. Hier studiert er etwa ein Jahr an der Juristischen Fakultät, außerdem noch Rhetorik und Poesie

Lehrer: Camillo Palleotti, Pietro Pomponazzi;

Bekanntschaft von Christoph von Ziegler und Arnold von Glauburg.

## 1513

| | |
|---|---|
| Wegen der anhaltenden Kriegswirren erreicht ihn kein Geld mehr aus Deutschland. Hutten bricht sein Studium ab und tritt in das kaiserliche Heer Maximilians ein. Anfang August ist er bei der Belagerung von Padua in den Laufgräben vor der Stadt tätig. Über das aktuelle Kriegsgeschehen verfaßt er kleine Gedichte, die man als erste „Kriegsreportage" bezeichnen kann (Spelsberg-Nr. 15). Im November werden die Kämpfe eingestellt und er kehrt mit anderen Söldnern nach Deutschland zurück. | Sommer |

## 1514

| | |
|---|---|
| Hutten kehrt erstmals nach 15 Jahren wieder auf Burg Steckelberg zurück und reist kurz darauf nach Erfurt. Erste Überlegungen zu einem literarischen Einsatz für Reuchlin und dessen Auseinandersetzung mit den Kölner Theologen. | Frühjahr |
| Durch die Vermittlung von Eitelwolf vom Stein und Frowin von Hutten ist Ulrich von Hutten als eine Art Legationssekretär für Albrecht von Brandenburg tätig. Er bereist die Stiftsresidenzen (Halle usw.) und ist oft in Mainz. | März – Oktober |
| In Mainz trifft er sich das erste Mal mit dem berühmten Humanisten Erasmus von Rotterdam und zeigt ihm die ersten „Dunkelmännerbriefe" (Spelsberg-Nr. 24) und den „Triumph Reuchlins" (Spelsberg-Nr. 16). | August |

## 1515

Tod Eitelwolfs vom Stein.

| | |
|---|---|
| Während einer Kur in Ems erreicht ihn die Nachricht von der Ermordung seines Vetters Hans von Hutten durch Herzog Ulrich von Württemberg. Das Geschlecht der Hutten beschließt, für die Tat Rache zu nehmen. In den Jahren bis 1519 schreibt Hutten fünf Reden gegen den Schwabenherzog (Spelsberg-Nr. 20). Hutten erledigt Aufträge für seinen Vater, ist auf Steckelberg und in Familiensachen in der näheren Umgebung unterwegs. | April – Mai |
| Von Mainz aus tritt er seine zweite Reise nach Italien an. Finanzielle Unterstützung erhält er von Erzbischof Albrecht von Brandenburg. Hutten will in Rom sein juristisches Studium fortsetzen. Er hat die Zusage aus Mainz, daß er nach Beendigung seines Studiums in Mainzer Dienste übernommen wird. | Oktober |
| Bologna. Hier sieht er den Aufzug des Papstes Leo X., der sich mit dem französischen König Franz I. trifft. Bekanntschaft mit Jakob Fuchs. Den Dezember verbringt Hutten in Bologna. | Dezember |

## 1516

| | |
|---|---|
| Er trifft in Rom ein und schreibt sich für sein Jurastudium ein. Durch die Empfehlung von Erasmus von Rotterdam lernt er den römischen Humanistenkreis um Corycius kennen (Spelsberg-Nr. 22). Hier sieht er auch die im Bau befindliche Peterskirche, die in der Geschichte des Ablaßhandels eine so große Rolle spielt und lernt das Leben und den Prunk der römischen Kurie kennen. | Januar |
| Nach 4 Monaten verläßt er Rom und begibt sich zur Kur nach Viterbo. Hier soll es zu einer Rauferei mit Franzosen gekommen sein, in deren Verlauf Hutten einen Gegner möglicherweise tödlich verletzt hat. | April |

| | |
|---|---|
| Juni | Über Verona erreicht er Bologna, wo er bis Mai 1517 seine juristischen Studien fortsetzt.<br>Hutten engagiert sich in der studentischen Selbstverwaltung der deutschen Landsmannschaft und schließt Freundschaft mit vielen humanistischen Studenten (Friedrich v. Fischer aus Würzburg, Jakob Fuchs, Joh. Cochläus, Valentin Stojentin, Marquard von Hatstein, Adolf Knoblauch aus Frankfurt/Main, Philipp Obermaier, Philipp von Pack und die Brüder Geuder aus Nürnberg).<br>In Bologna verfaßte er seinen „Phalarismus" (Spelsberg-Nr. 28). Auf dem Titel steht erstmalig sein „Jacta est alea" (ab 1520 in deutscher Übertragung: „ich habs gewagt"). |

### 1517

Im März erscheint sein „Phalarismus" in Mainz mit dem ersten Bildnis Huttens.

| | |
|---|---|
| April | Wegen einer Auseinandersetzung an der Universität verläßt Hutten Bologna und geht nach Ferrara mit der Absicht, sein Studium dort fortzusetzen.<br>Nach wenigen Tagen in Ferrara wird er von seinen Vettern nach Venedig gerufen. Hutten soll an einer Fahrt ins Heilige Land zur Erreichung der Ritterwürde teilnehmen. Er trifft sich mit jungen venezianischen Adligen und Humanisten wie den Contarini, Bragadini und Barbarini, die ihn freundlich aufnehmen und ihm die Stadt zeigen. Hutten besucht die Offizin des Aldus Manutius. |
| Juni | Mitte des Monats kurzer Aufenthalt in Bologna, wo er die Schrift des Laurentius Valla über die erdichtete Schenkung des Konstantin entdeckt und abschreiben läßt (Spelsberg-Nr. 43). Zusammen mit einer Reisegesellschaft bricht Hutten am 18. Juni von Bologna nach Augsburg auf, wo ihn Kaiser Maximilian erwartet. |
| 12. Juli | Ulrich von Hutten wird von Kaiser Maximilian in Augsburg auf Empfehlung Conrad Peutingers zum Dichter gekrönt. Maximilian stellt ihn unter den besonderen Schutz des Reiches. Kein anderes Gericht als der Kaiser und das kaiserliche Hofgericht ist für ihn zuständig. Hutten ist nun berechtigt, an allen Schulen und Universitäten Vorlesungen zu halten.<br>Wahrscheinlich wird Hutten, von Augsburg kommend, über Nürnberg nach Bamberg gereist sein. In Nürnberg ist er möglicherweise Gast von Willibald Pirckheimer. |
| Juli | In Bamberg wohnt er bei seinem Freund Jakob Fuchs. Hier schreibt er die 4. Rede gegen Herzog Ulrich von Württemberg (Spelsberg-Nr. 20). Hutten wird eine Stellung beim Bamberger Bischof angeboten. |
| September | Nach kurzem Aufenthalt auf Burg Steckelberg wird Hutten kurmainzischer Hofrat im Dienste Albrechts von Brandenburg. Von Ende Oktober bis nach dem 20. Dezember weilt Hutten in diplomatischer Mission in Frankreich. Er wird von König Franz I. persönlich empfangen. In Paris lernt er dort lebende Humanisten wie Wilhelm Budäus und Faber d'Etaples kennen. |

### 1518

Anfang Februar kehrt er nach Mainz zurück. Es folgen Reisen zwischen Halle und Mainz zur Vorbereitung des Reichstages in Augsburg im Juli, den er mit Albrecht von Brandenburg besucht. Es entsteht seine „Türkenrede" (Spelsberg-Nr. 31). Persönlich beschäftigt ihn sein Verhältnis zum Hofdienst („Aula", Spelsberg-Nr. 32, 33). Der literarische Streit für Reuchlin ist in vollem Gange. Auf dem Reichstag in Augsburg werden erneut Beschwerden gegen das Herrschaftssystem in Rom und seine Auswirkungen vorgebracht.

| | |
|---|---|
| Am Rande des Reichstages beginnt Hutten seine „Guajakkur" (Spelsberg-Nr. 34), die ihn von seiner Krankheit befreien soll. | Juli |
| Es entsteht der berühmte „Lebensbrief" an Willibad Pirckheimer (Spelsberg-Nr. 36). | Oktober |

## 1519

| | |
|---|---|
| Tod Kaiser Maximilians I. | 12. Januar |
| Anfang des Jahres hält sich Hutten auf Steckelberg auf. Nach dem Überfall des Herzog Ulrich von Württemberg auf Reutlingen rüsten die Hutten gegen ihn. Ulrich nimmt am Feldzug gegen den Herzog bis Juni teil. Dabei lernt er Franz von Sickingen kennen. Im März ist er kurz auf Steckelberg, anschließend in Mainz, im Mai zur Kur in Wildbad, und Ende des Monats befindet er sich auf einer Tagung des Schwäbischen Bundes in Esslingen. | März<br>Mai |
| Anfang Juni ist er wieder in Mainz und erhält von Albrecht von Brandenburg den Auftrag, Erasmus von Rotterdam einen goldenen Pokal zu überbringen. | Juni |
| Hutten begleitet Albrecht zur Königswahl Karls V. am 28. Juni in Frankfurt/M. Hutten wirbt um Kunigunde Glauburg aus Frankfurt am Main. Er reist öfters von Mainz über Frankfurt, Gelnhausen nach Steckelberg und Fulda. | 28. Juni |
| Albrecht beurlaubt Hutten vom Hofdienst unter Weiterzahlung seines Soldes, damit er sich seinen Studien widmen kann. Hutten befaßt sich mit den Schriften Martin Luthers. | August |
| Er findet in der Fuldaer Stiftbibliothek eine Schrift aus dem 11. Jahrhundert, die den Machtkampf zwischen Papsttum und Königtum beschreibt: „De unitate ecclesiae conservanda" (Spelsberg-Nr. 42). Diese Schrift widmet er Anfang 1520 dem Erzherzog Ferdinand von Österreich. Im Winter schreibt er das Vorwort zu der Schrift des Valla (Spelsberg-Nr. 43) auf Burg Steckelberg. | Oktober |

## 1520

| | |
|---|---|
| Hutten besucht Franz von Sickingen auf Burg Landstuhl. Sickingens Schutzangebot an Luther ist das Ergebnis dieses Besuchs. Anfang April ist Hutten zusammen mit Crotus Rubeanus in Bamberg bei Jakob Fuchs. Hutten versucht Jakob Fuchs und Johannes von Schwarzenberg für sein politisches Reformprogramm zu gewinnen. Huttens Eheplan scheitert. Er hält sich mit weiteren Publikationen zurück: Sickingen hat ihm eine Anstellung am Hofe Ferdinands von Österreich in Aussicht gestellt. | |
| Rheinabwärts führt ihn sein Weg nach Brüssel (Agrippa von Nettesheim). Unterwegs besucht er Erasmus von Rotterdam in Löwen. Er erklärt ihm, daß man den „Römischen" den Krieg erklären müsse. Vergeblich bemüht sich Hutten um eine Audienz bei Ferdinand am Brüsseler Hof. | Juni |
| In Rom wird die Bannbulle von Papst Leo X. erlassen; der päpstliche Nuntius Hieronymus Aleander bringt sie nach Deutschland. Die Bulle ist vor allem gegen Martin Luther gerichtet, nachfolgend werden jedoch auch Hutten, Pirckheimer und Spengler genannt. | 15. Juli |
| Karl V. zieht am 25. Juli in Brügge ein. Unter den Anwesenden sind Erasmus und Hutten; auch Konrad Peutinger, Sebastian Brant und Thomas Morus befinden sich in Brügge. Auch bei Karl V. wird Hutten nicht vorgelassen. Hutten wird von Freunden vor Nachstellungen gewarnt. Letztes Zusammentreffen Huttens mit Erasmus. | |

| | |
|---|---|
| August | Anfang August tritt er mit zwei Knechten die Heimreise an. Unterwegs kommt es zu einem zufälligen Zusammentreffen mit dem „Ketzermeister" Hochstraten.<br>Am Rhein entlang über Mainz, Gelnhausen trifft er Mitte des Monats auf Steckelberg ein. Ende August trifft er sich für einige Tage mit Crotus Rubeanus in Fulda. |
| September | Auf der väterlichen Burg kann der Genannte nicht bleiben, so daß er sich Anfang des Monats unter den Schutz Franz von Sickingens auf die Ebernburg begibt. Hutten beginnt eine umfangreiche literarische Produktion und einen regen Briefwechsel mit Freunden. Er sucht die politische Auseinandersetzung auf höchster Ebene bei Karl V., um sich gegen die Verurteilung durch die Bannbulle Leos X. zu wehren. |
| Oktober/Nov. | Von der Ebernburg aus unternimmt Hutten Reisen, um Bundesgenossen für seine Sache zu finden, findet jedoch keine Unterstützung beim Adel. Gerüchte kommen auf, Hutten belagere die Straßen und plündere Reisende. Er kehrt auf die Ebernburg zurück und beginnt sein politisches Reformprogramm in seinen Schriften ausführlich niederzulegen. |

### 1521

Hutten beginnt in deutscher Sprache zu schreiben, er steht unter dem Schutz Sickingens und ist auf dem Höhepunkt seiner Popularität. Er sucht die Unterstützung seiner Sippe. Huttens zweiter Eheplan scheitert.
Bruch mit Reuchlin, der die Sache Luthers nicht unterstützt.

| | |
|---|---|
| 28. Januar | Die Vorbereitungen des Reichstages in Worms werden von Hutten von der sicheren Ebernburg aus verfolgt. Luther soll vor dem Kaiser seine Schriften widerrufen. |
| April | In Absprache mit den kaiserl. Gesandten schweigt Hutten während der Zeit des Verhörs von Luther. Hutten und Sickingen grenzen sich Luther gegenüber ab. Hutten glaubt, daß sich die Sache Luthers zum Guten wenden würde. Nach dem Scheitern seiner Hoffnungen und Erwartungen, gerade auf Karl V., ist er politisch |
| Mai | isoliert. Hutten plant seinen „Pfaffenkrieg" und ruft dazu auf. Er versucht die päpstlichen Nuntien auf der Straße abzufangen. |
| Juni/Nov. | Hutten befindet sich auf Burg Diemstein unweit Kaiserslautern und schreibt sein Lied „Ain new lied" (Spelsberg-Nr. 59). Im September kurt er in Wildbad. Sickingen setzt sich für ihn beim Kaiser ein.<br>Nach der Entlassung Sickingens aus kaiserlichen Diensten ist Burg Diemstein nicht mehr sicher. Hutten flüchtet auf die im Wasgau gelegene Burg Wartenberg. |
| Dezember | Die Straßburger Kartäuser müssen an Hutten im „Pfaffenkrieg" wegen Ehrenkränkung Geld zahlen. |

### 1522

Anfang des Jahres stirbt Huttens Vater auf Burg Steckelberg.

| | |
|---|---|
| Mai/Oktober | Zweiter Aufenthalt Huttens auf der Ebernburg. Hutten und Sickingen planen, die Brechung der Vorherrschaft des Territorialfürstentums im Reich mit der Annexion des geistlichen Kurfürstentums Trier zu beginnen. Der „Staatsstreich" sollte eine Vorstufe zur Reichsreform werden. |
| September | Sickingen beginnt Trier einzuschließen und zu beschießen. Die Truppen des Landgrafen Philipp von Hessen und des Pfalzgrafen Ludwig kommen dem Trierer Erzbischof zu Hilfe. Sickingen unterliegt. Er kann Hutten keinen Schutz mehr bieten. Hutten flüchtet nach Schlettstadt. |

| | |
|---|---|
| Kurpfälzische Soldaten bringen Huttens Habe auf, die als Beute in Heidelberg verkauft wird. | Oktober |
| Im November befindet sich Hutten in Schlettstadt, wo er sich mit Beatus Rhenanus trifft. Er braucht finanzielle Unterstützung durch ein Darlehen.<br>Ende November trifft er in Basel ein, wo sich viele Emigranten, Adlige, Humanisten und Druckherren mit ihm treffen (Heinrich von Eppendorf, Hartmut von Cronberg). Erasmus empfängt Hutten nicht, da er seinen Humanismus nicht mit dessen „bösen Aufruhr" verbunden sein will. Ohne Erasmus gesprochen oder gesehen zu haben, begibt sich Hutten nach Mühlhausen.<br>Er verfaßt seine einzige überlieferte deutsche Invektive gegen den Pfalzgrafen Ludwig, die aus Furcht der Drucker vor der Rache der Landesfürsten nicht aufgelegt wurde. | November |

## 1523

| | |
|---|---|
| In Mülhausen findet er im Augustinerkloster Unterschlupf. Hier beginnt er mit seiner Anklageschrift gegen Erasmus (Spelsberg-Nr. 65, 66), dem er sich nach seinem „Verrat" an der lutherischen Sache nicht mehr freundschaftlich verbunden fühlte. Im Laufe des April wird die Schrift fertig. Die Erwiderung des Erasmus erreicht Hutten nicht mehr vor seinem Tod. | |
| Als die Nachricht von Sickingens Tod eintrifft, flieht er nach Zürich. Bei dem Reformator Huldrych Zwingli findet er Hilfe und Unterstützung. Mit seiner Hilfe kann Hutten von Zürich aus in das von Paracelsus gepriesene Wildbad Pfäfers bei Ragaz gelangen, wo ihn der Abt des Benediktinerklosters freundlich aufnimmt. Durch die Kur verschlimmert sich jedoch die Krankheit Huttens, da die sonst heißen Quellen in der Taminaschlucht nach langem Regen zu kühl waren. | Mai |
| Krank kommt er wieder nach Zürich zurück. Hier schreibt er an Eobanus Hessus und bittet ihn, sich um die Drucklegung des (nicht mehr erhaltenen) Traktates „In tyrannos" zu kümmern, das sich gegen das gesamte deutsche Landesfürstentum richtet. | Juli |
| Im August stirbt Huttens Mutter auf Burg Steckelberg. Mit dem Einverständnis des Klosters Einsiedeln geht Hutten auf die Insel Ufenau im Zürichsee, die eine sichere und geeignete Zufluchtsstätte ist. Der Leutpriester Hans Klarer, gen. Schnegg pflegt ihn. | August |
| Ende des Monats stirbt Ulrich von Hutten an den Folgen der Syphilis auf der Insel Ufenau im Zürichsee und wird neben der dortigen Kirche bestattet. | 29. August (?) |

*Helmut Spelsberg*

# Veröffentlichungen Ulrichs von Hutten

Die folgenden Beschreibungen der Werke Ulrichs von Hutten sind nach deren Entstehungschronologie angeordnet, um deren Zusammenhang mit seinem Leben anzudeuten. Dabei liegen fast durchweg die Daten zugrunde, die Heinrich Grimm in Josef Benzings „Ulrich von Hutten und seine Drucker" (Wiesbaden 1956) angegeben hat. Ist der zeitliche Verlauf der Abfassung eines Werkes bekannt, so bestimmt das früheste faßbare Datum die Einordnung. Sind mehrere Werke Huttens in einer Ausgabe vereint, richtet sich deren Eingliederung nach der Entstehungszeit des ältesten Beitrags. Im Fall unselbständig erschienener Arbeiten des Humanisten – als Begleitgaben eines jeweils umfangreicheren Opus' – geben die Entstehungsdaten von Huttens Beiträgen den Ausschlag für die Einreihung. Die Titelaufnahmen fußen auf denjenigen der angegebenen Benzing-Nummern oder Text-Fundstellen bei Böcking.

Nr. 1

In Eobanum Hessum vivacissimi ingenii adolescentem Ulrichi Hutteni elegia (Eine Elegie Ulrichs [von] Hutten an E. Hessus, einen Jüngling mit den lebhaftesten geistigen Anlagen). In: E. Hessus, Helius: De lavdib. et praeconiis incliti atque tocius Germaniae (…), Erphordiae: apud Magistros Vuolphii Sturmer diligentia, 1507. (Erfurt: Wolfgang Stürmer 1507)
Benzing-Nr. 226; Böcking I, S. 3–5.
Kat.-Nr. 3.46

„De laudibus et praeconiis incliti atque totius Germaniae celebratis…" heißt ein 600 Hexameter umfassendes Werk von Eobanus Hessus (eig. Eoban Koch, 1488–1540), das 1507 in Erfurt erschien. Es ist ein Lobgedicht auf die berühmte Gelehrtenschule zu Erfurt und die Stadt selbst, in der man den Poeten und Humanisten wohlgesonnen sei. Dieser Ausgabe ist u. a. eine Elegie Huttens an Hessus – „Eobanum Hessum vivacissimi ingenii adolescentem Ulrichi Hutteni Elegia" – beigefügt, sein erstes überliefertes gedrucktes Werk. Darin ordnet er Hessus dem Einflußbereich von Pallas Athene und Apollo zu – den Gottheiten der Künste. Er preist seinen Freund, der damals schon mit Gelegenheitsgedichten hervorgetreten war, als Hoffnung und Zier des Vaterlandes, rühmt seine Redegabe, welche derjenigen reifer Männer überlegen sei, seinen leichtfüßigen Witz, spricht von seinen Versen, in denen es um heroische Taten und Schlachten gehe und davon, daß er als Schauspieler die traurigen Schicksale der Fürsten aus alter Zeit in Rezitation und Gesang hat wieder aufleben lassen. Ovid und Martial seien seine Vorbilder. Nebenbei spielt Hutten darauf an, daß Hessus viele latinisierte Namen für „seine Hessen" geprägt hat.
Im Sinn von Huttens Einschätzung seines Freundes wird heutzutage Hessus als bedeutendster neulateinischer Dichter seiner Zeit angesehen. Die beiden lernten sich ca. 1504/05 in Erfurt kennen, wo sie zum Humanistenkreis um Mutianus Rufus (eig. Konrad Muth, 1471–1526) gehörten. Huttens Lobgedicht auf Hessus entstand Ostern 1506, als er auf seiner Reise von Köln nach Frankfurt/Oder einen Zwischenaufenthalt in Erfurt einlegte, wo Hessus damals noch studierte.
Hessus, der trinkfeste Dichterkönig, der „Ovid der Deutschen", blieb Hutten freundschaftlich verbunden und schrieb, als dieser gestorben war, ein „Epikedeion" (Trauergedicht) auf ihn, worin sich Hutten und der Tod unterhalten.

Nr. 2

Vdalricus Huttenus phagigena Iohannis Rhagij Aesticampiani discipulus ad Lectorē huius Libri (Ulrich [von] Hutten aus dem Buchenland, Schüler des Rhagius Aesticampianus, an den Leser dieses Buches). In: Axungia, Publius Vigilantius: (…) Descriptio (…). Conradi Baumgardt Rottenburgii in urbe Franckphordiana ad Oderam 1507. (Frankfurt [Oder]: Konrad Baumgarten Feb. 1507)
Benzig-Nr. 227; Böcking III, S. 5–6
Kat.-Nr. 3.47
Im April 1506 zog Hutten von Köln nach Frankfurt/Oder. Dies geschah im Gefolge seines Lehrers, des Wanderdozenten Rhagius Aesticampianus (eig. Rack: um 1460–1520), dem die Repräsentanten der alten theologischen Richtung den Aufenthalt in Köln verleidet hatten.

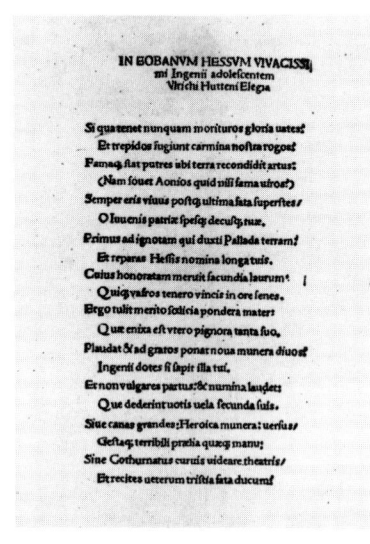

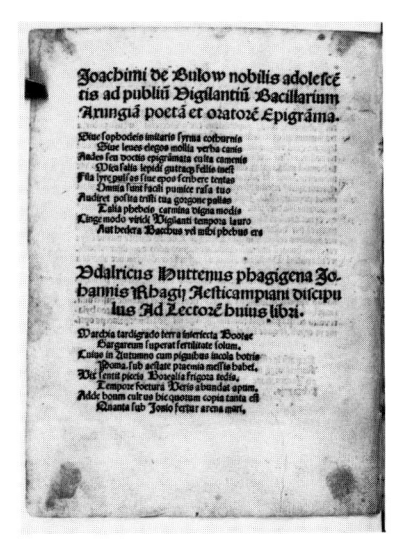

Hutten war einer der ersten Scholaren an der „Viadrina", der Universität von Frankfurt/Oder. Am 26. 4. 1506 wurde sie eröffnet. Hutten und Rhagius waren dabei. In Brandenburg regierte damals Kurfürst Joachim I. (1484–1535), der ob seiner Gelehrsamkeit den Namen „Nestor" erhalten hatte. Eine Hochschule in der Mark war schon ein Wunsch seines Vaters gewesen.

An der „Viadrina" lehrte u. a. Publius Vigilantius Bacillarius Axungia (eig. Schmerlin) aus Straßburg. Jene Eröffnungsfeierlichkeiten sind ein Thema seiner im Februar 1507 gedruckten „Descriptio...". Eine der Begleitgaben der 20 Blatt umfassenden werbenden Beschreibung Oderfrankfurts und Brandenburgs ist Huttens „Carmen in laudem Marchiae" das älteste gedruckte Gedicht auf die Mark. Es entstand im Sommer 1506. In der Verfasserangabe bezeichnet er sich als Schüler des Rhagius. Als Beiname begegnet „Phagigena" (von lat. Fagus = die Buche), ein Synonym für Buchonia oder Buchenland – Huttens Heimat. Das vierzigzeilige „Carmen" des Achtzehnjährigen verrät den Einfluß antiker Autoren – so den des Ausonius mit seiner liebenswerten, epischen Schilderung der Mosellandschaft („Mosella") aus dem 4. Jh. n. Chr. Gepriesen wird die fruchtbare, fisch- und viehherdenreiche Mark Brandenburg, das blühende Handelsleben im Stapel- und Umschlagplatz Frankfurt/Oder und die Gründung der „Viadrina" durch Kurfürst Joachim. Zuletzt weist Hutten auf die Hauptschrift des Druckes hin, die den Leser mit den märkischen Dingen vertraut mache.

## Nr. 3

Ulrici Hutteni ad studiosos adolescentes de liberalium studiis elegiaca exhortatio. (Ulrichs von Hutten elegische Ermahnung zu den Studien der freien Künste). In: Capella, Martianus Mineus Felix: Gramatica (...). Impressa Franckphordio per honestos viros Nicolaum Lamparter & Balthasar Murrer, 1507. (Frankfurt [Oder]: Nikolaus Lamparter und Balthasar Murrer 1507)
Benzing-Nr. 229; nicht bei Böcking (Abdr. in: Archiv f. Literaturgesch. 10 (1881), S. 429–430)
Außer Kat. (verschollen)

Das Hauptwerk der vorliegenden Ausgabe stammt von Martianus Capella (5. Jh. n. Chr.) Es ist eine lateinische Grammatik „De arte grammatica" aus seiner Enzyklopädie der Sieben Freien Künste „De nuptiis Philologiae et Mercurii". Huttens Lehrer Rhagius Aesticampianus gab sie 1507 in Frankfurt (Oder) heraus und versah sie mit einer Einleitung.

Auf die Grammatik folgen zwei Begleitgaben Huttens. Zunächst eine aus 38 Distichen bestehende „Elegiaca exhortatio ad studiosus adolescentes de liberalium artium studiis", die Okt./Dez. 1506 in Frankfurt (Oder) entstand. Wie auch in anderen Fällen Huttenscher „Elegien" ist der Gattungsbegriff formal und nicht inhaltlich-stimmungsmäßig gemeint.

Es sind Verse über den Menschen und seine Sonderstellung innerhalb der Schöpfung. Sein Geist ist dem Göttlichen verwandt. Das Gewand des Geistes ist die Sprache. Gott schuf die Welt aus dem Chaos, ließ Wälder und Meere entstehen und belebte sie mit den Tieren. Dann erschien der Mensch, Höhepunkt der Schöpfung, aber auch er gemacht aus Erde. Hutten hebt die besonderen Fähigkeiten des Menschen hervor, die mit seiner Geistnatur zusammenhängen – auf dem Gebiet des Ackerbaus und des Handwerks, besonders aber auf dem der Wissenschaft und der Künste. Sprache ist nur dem Menschen verliehen. Die „exhortatio" an die Studierenden besagt: vertiefe dich in die Sprache (wohl indirekter Hinweis auf Martianus' lateinische Grammatik), so wirst du eines Tages, selbst Gelehrter, mit den Gelehrten reden können.

Im anschließenden Hexastichon „Ad lectorem ut Aesticampianus querat praeceptorem" wird darauf hingedeutet, daß Rhagius, der Herausgeber der Grammatik von Martianus, sich auch Pionierverdienste um die Verbreitung der Lehre von der griechischen Sprache in Deutschland erworben habe.

## Nr. 4

Vdalrici Hutteni Phagigene ad lectorem Epigramma (Ein Epigramm Ulrichs [von] Hutten aus dem Buchenland an den Leser). In: Rhagius Aesticampianus, Johann: Epigrāmata (...). Impressum est Lyps. (...) per Melchiarem Lotter (...) 1507. (Leipzig: Melchior Lotter 1507)
Benzing-Nr. 228; Böcking III, S. 563
Außer Kat. (verschollen)

Den Epigrammen von Rhagius Aesticampianus, die den Hauptinhalt der vorliegenden Ausgabe (Leipzig 1507) bilden und zumeist bereits 1505 in Leipzig entstanden („Epigramata Johanis Aesticampiani"), ist eine Einleitungselegie Huttens, seines Schülers, vorangestellt, die er September/Oktober 1506 in Frankfurt (Oder) schrieb: Dieses Epigramm besteht aus sieben Distichen, die in ihrer Formvollendung an Tibull und Properz gemahnen. Hutten hebt darin den moralischen, frommen, tröstlichen und von unzüchtigen Anspielungen freien Gehalt der folgenden Sammlung hervor. Dem tugendhaften Leser werde sie nützlich sein. Er solle die Verse des Rhagius umarmen und das Buch als Zierde in seine Bibliothek einstellen. In Rhagius' Epigrammen (wie damals Gedichte allgemein genannt wurden) findet sich neben religiöser Erbauungslyrik u. a. auch eine Ermahnung an einen „famulus", dem seine Pflichten in eines „magisters" Haushalt aufgezählt werden, angefangen vom Stubenfegen, Ofenheizen, Schuhputzen und Kleiderreinigen bis hin zur Bereitung des Nachtlagers.

### Nr. 5

Vlrici Hutteni adolescentis de Virtute Elegiaca exhortatio (Eine elegische Ermahnung des jungen Ulrich [von] Hutten über die Tugend). In: Tabula Cebetis (…). Impressa Eranckphordio per (…) Nicolaū Lamperter & Balthasar Murrer 1507. (Frankfurt [Oder]: Nikolaus Lamparter und Balthasar Murrer 1507)
Benzing-Nr. 230, Böcking III, S. 8–10
Kat.-Nr. 3.48

Hutten schrieb dieses moralphilosophische Gedicht 1507 in Frankfurt (Oder). Die 28 Distichen begleiten die „Tabula Cebetis" (Cebesstafel) in ihrer ersten Ausgabe in Deutschland. Diese wurde 1507 von Rhagius Aesticampianus besorgt; er hatte das Werk 1500 in Bologna kennengelernt.

Die Cebes-Tafel, seit etwa 1500 zum Zwecke des Griechisch-Unterrichts und der Erbauung häufig herausgegeben, erfreute sich unter den Humanisten und Künstlern großer Beliebtheit. Das Gemälde, um das es in diesem Katalog geht, der manchmal Kebes von Theben (1. Jh. n. Chr.), einem Schüler des Sokrates, zugeschrieben wird, ist nur in dieser Gestalt eines philosophischen Themas überliefert. In dem antiken Werk geht es um die Deutung eines allegorischen Gemäldes im Vorhof eines Kronos-Tempels – wohl in Athen. Anhand des Bildes erläutert ein alter Mann einigen Fremden den rechten Lebensweg. Hutten, durch die Lektüre der lateinischen Übersetzung des alten griechischen Dialoges angeregt, mahnt dazu, die irdischen Glücksgüter, da vergänglich, gering zu achten, und weist auf die reine, unsterbliche Tugend hin, welche dem Menschen, der ihr dient, das ewige Leben aufschließe.

Der Urheber des Titelholzschnitts ist unbekannt. Auf diesem sieht man einen von drei Ringmauern umgebenen Burgberg. Mittelalterlich gekleidete Menschen, unterwegs mancherlei Versuchungen ausgesetzt, suchen ihn zu erklimmen – auf dem Gipfel wartet die Tugend auf sie. Unten links ist Fortuna zu erkennen. Ihre Augen sind verbunden. In der linken Hand trägt sie das Steuerrad. Symbol der unsichtbaren Lenkung des Schicksals.

### Nr. 6

Vlricus Hvttenvs Hermanno Trebelio Notiano Poete L (aureato) (Ulrich [von] Hutten an Hermannus Trebelius, den gekrönten Dichter). In: Trebelius, Hermann: Hermanni Trebelij (…) Epigrāmaton & carminū Liber Primus. (Frankfurt [Oder]: Johann Hanau 1509)
Benzing-Nr. 232; Böcking I, S. 8–9
Kat.-Nr. 3.50

Der Dichter, Humanist und Buchdrucker Hermann Trebelius (geb. um 1475 in Eisenach; Todesjahr unbekannt) ließ 1509 in Frankfurt (Oder) eine Gedichtssammlung (Erstes Buch der Epigramme und Gedichte) veröffentlichen. Sie enthält namentlich Gelegenheitslyrik, gemünzt auf Gönner, wie Friedrich den Weisen, und Freunde, wie Eobanus Hessus, Hutten und Spalatin.

Diese Ausgabe führt verschiedene Begleitgedichte mit sich. Eins davon stammt von Ulrich von Hutten. Er schrieb es 1507 in Frankfurt (Oder) und sandte es nach Eisenach an Trebelius, mit dem er schon ein paar Jahre vorher in Erfurt Bekanntschaft geschlossen hatte. Aus ihm geht hervor, daß er Trebelius für einen glücklichen Mann hielt, war dieser doch mit einer schönen Frau verheiratet und von Friedrich dem Weisen zum „poeta laureatus" gekrönt worden.

Huttens Gedicht besteht aus 9 Distichen. Mit Hilfe des kontrastiven Vergleichs entsteht ein Doppelporträt Hutten – Trebelius. Dieser lebe in seiner Heimat, führe ein ruhiges Leben, könne sich in gesicherter Muße den Studien hingeben, werde von den Umarmungen seiner hübschen (Ehe-)Frau gehegt, die Göttinnen Fortuna und Venus sind auf seiner Seite. Er, Hutten, hingegen, blicke in eine ungewisse Zukunft, werde durch die Gefahren der unsicheren Liebe verwirrt, wandere in fremden Ländern und schreibe „servilia carmina" – erbötige Lieder. Gemeint sind wohl Gedichte für zahlende hochgestellte Persönlichkeiten voll schmeichelnden Lobes für diese oder Preislieder auf Städte, wenn man sich vom Rat eine Belohnung erhoffte – Geld, Bewirtung, Herberge, ein Darlehn oder gar eine einkömmliche Stellung.

Harmonische häusliche Verhältnisse, wie sie Hutten am Beispiel von Trebelius nicht ohne gutmütigen Neid skizziert, gehörten lebenslang zu seinen Wunschvorstellungen vom eigenen privaten Glück. Bestimmte Passagen seines Werkes, etwa aus den „Fieber"-Dialogen (s. Nr. 41) und dem „Vadiscus" (s. Nr. 41 u. 53), verraten, wie sehr sich Hutten nach einer schönen und guten Ehefrau, bescheidenem Wohlstand und umsorgter Muße für seine geliebten Studien sehnte.

### Nr. 7

Vlrici Hutteni ex equestri ordine Adolescentis Carmen emunctissimum mores hominum admodum iucunde complectens cui Titulus vir bonus (Ein überaus scharfsinniges Gedicht des jungen Ulrich [von] Hutten aus der Ritterschaft, das sehr ergötzlich die Sitten der Menschen beschreibt, dessen Titel ‚Der rechtschaffene Mann' lautet). Impressum p Ioannē Knappū Erphordiae 1513. (Erfurt: Hans Knappe 13. Aug. 1513)
Benzing-Nr. 38; Böcking III, S. 11–17
Kat.-Nr. 3.7

Das Gedicht „Vir bonus" gehört noch zum Frühwerk Huttens. Der Autor bezeichnet sich in der Überschrift als „adolescens". Es entstand 1507 in Frankfurt (Oder), wurde aber erst 1513 in Erfurt gedruckt.
Diese erste eigene Buchveröffentlichung Huttens enthält das allegorische Porträt eines geradezu übermenschlich guten Mannes, aus dessen Perspektive der Leser belehrt wird. Nach einer Einweihung in moralphilosophische Regeln richtiger und falscher Lebensführung, ähnlich wie in Huttens Ermahnung zur „virtu" (s. Nr. 5), schildert der Sprecher sich selbst als Vorbild. Personifikation ausschließlich positiver Eigenschaften, weiß er doch um die düstere, schlechte Seite des Menschen. Jeweils zum richtigen Zeitpunkt ist er z. B. schweigsam oder beredt, wehrhaft oder versöhnlich. Er sieht Worte auch als Ersatz für Taten und todbringende Geschosse an – was an Huttens spätere Streitschriften denken läßt. Auf der Rückseite des Titelblattes befindet sich ein allegorisch überladener Holzschnitt. Huttens Gedicht mag auch eine Auslegung dieses Porträts sein. Es stammt vielleicht von dem deutschen Kupferstecher, Holzschneider und Maler Hans Sebald-Beham (1500–1550).

### Nr. 8

Ulricus Huttenus equestri ordine apud Francos Germanos natus Johanni Mur. Rure. (Ulrich [von] Hutten aus dem Ritterstand, geboren bei den germanischen Franken, an Johannes Murmellius aus Ruermond.) In: Murmellius, Johannes: Joannis Murmellii Ruremundensis epistolarum moralium liber M. d. xij. Impressum Dauentrie p me Albertum paefraet. (Deventer: Albertus Paffraet 12. Okt. 1512)
Benzing-Nr. 234; nicht bei Böcking (Abdr. in: Krafft u. W. Crecelius, Beiträge zur Geschichte des Humanismus am Niederrhein und in Westfalen, Heft 2, Elberfeld 1875, S. 42–43)
Kat.-Nr. 3.51

Johannes Murmellius, der Führer des rheinisch-westfälischen Humanismus, ein Schulmann, Philologe und Verfasser von Gedichten didaktischen, christlichen Inhalts, lebte von 1480–1517.
Die vorliegende Ausgabe enthält seine „Epistolae morales". Der Titel und die moralphilosophische Grundtendenz mögen auf das gleichnamige Werk von Seneca d. J. zurückgehen. Es sind offene Briefe, die jeweils ein moralisches oder philologisches Thema behandeln und an Humanisten wie Rudolf von Langen und Hermann Torrentinus gerichtet sind. In dem Werk sind überdies Briefe seiner Freunde (z. B. Buschius, Spalatin, Langen und Montanus) vereinigt. Unter den vier sich anschließenden Beiträgen begegnet die Elegie Huttens an Murmellius. Sie entstand 1508 in Leipzig.
Huttens Verse sind kein Kommentar zum Hauptwerk. In ihnen wird jedoch mittelbar, ohne Titelnennung, auf andere Werke von Murmellius angespielt. Hutten preist den Humanisten, den er direkt anredet, als Meister der Dichtkunst, ein Urteil, das man heutzutage nicht mehr teilt. Er weist darauf hin, daß er, Hutten, ein Freund von Eobanus Hessus, Crotus Rubeanus, Rhagius Aesticampianus und Mutianus Rufus sei. Vielleicht wollte er sich ihm dadurch empfehlen und nähere Bekanntschaft schließen.
Murmellius hat mit seinen moralphilosophischen Schriften einen gewissen Einfluß auf Hutten ausgeübt, spielt in seinem Leben aber sonst keine Rolle.

### Nr. 9

Carmen commendaticium (Empfehlungsgedicht). In: Hieronymus: Septē diui Hierinymi epistole (...). Impressum Lypczk p Melchiorem Lotter 1508 (Leipzig: Melchior Lotter 1508)
Benzing-Nr. 233; nicht bei Böcking (Abdr. in: Archiv f. Literaturgesch. 5 (1878), S. 482–483)
Kat.-Nr. 3.49

Rhagius hatte eine Vorliebe für Autoren mit christlich-moralphilosophischen Vorstellungen. So begann er seine Vorlesungen an der Leipziger Universität 1508 mit Betrachtungen über ausgewählte Briefe des Hieronymus. Zu diesem Zweck hatte er die Textausgabe „Septem divi Hieronymi epistolae" (Leipzig 1508) besorgt.
In den von ihm aufgefundenen und herausgegebenen Briefen des Hieronymus geht es um verschiedene Themen: den Briefwechsel, das Leben der Kleriker, das Leben der Mönche, die Ehe, die Jugenderziehung, einen schwatzhaften Mönch und die Verleumdung. Rhagius fühlte sich, ähnlich wie Erasmus, mit Hieronymus geistesverwandt, weil auch dieser antikes und christliches Erbe zu vereinen suchte.

Beigefügt ist dieser Ausgabe ein aus zehn Distichen bestehendes konjekturbedürftiges Gedicht Huttens, das 1508 in Leipzig entstand. Der Sinn muß hie und da ergänzt werden: In den Völkerstürmen, den Kriegen der ersten Jahrhunderte unserer Zeitrechnung war die Lehre Christi in Gefahr, verdunkelt zu werden. Gegen Ungetreue, welche das Evangelium verfälschten, kämpfte Hieronymus mit seiner strahlenden Beredsamkeit. Hutten sagt, daß Hieronymus dann mit Feinden konfrontiert wurde, die das unschuldige Volk Christi zerfleischten. Es mag sein, daß er mit diesen Äußerungen die gefährlichen Situationen im Sinn hat, in welche der Einsiedler von Bethlehem in der Zeit der Völkerwanderung geriet, kamen ihm hier doch nacheinander Hunnen, isaurische Bergvölker und plündernde Sarazenen (in den Jahren 402, 405 und 410/12) bedrohlich nahe. Zuletzt führt Hutten die von Hieronymus geschriebenen Bücher an und charakterisiert ihn als einen christlich inspirierten Cicero. In der Tat war Hieronymus von diesem beeinflußt, wovon besonders sein Briefwerk Zeugnis ablegt. In der Verbindung von wirkungsvoller Rhetorik unter dem Einfluß Ciceros und der Verkündung des Evangeliums sieht Hutten zeittypischerweise keinen Gegensatz.

### Nr. 10

Vlrici Hvtteni Nemo. („Der Niemand" von Ulrich [von] Hutten). Expressum Erffordiae in edibus Stribilite (Erfurt: Sebaldus Striblita [April/Mai 1510]).
Benzing-Nr. 5; Böcking III, S. 108–118 (synoptisch mit Nemo II)
Kat.-Nr. 3.52

Unter „Ur-Nemo" oder „Erst-Nemo" versteht man Huttens ersten Versuch, das „Niemand"-Thema zu gestalten – im Unterschied zum „Großen Nemo", der erweiterten und veränderten Überarbeitung desselben aus dem Jahr 1515 (s. Nr. 21).
Diese erste Variation entstand zwischen Ostern 1507 und März 1509, wahrscheinlich in Frankfurt/Oder und erschien 1510 in Erfurt.
In den 48 lateinischen Distichen lassen sich zwei verschiedene Teile ausmachen. Der erste Teil enthält sprichwortartige Fügungen, die sich um den „Niemand" drehen. Die Verneinungsformel wird personifiziert. Gegenüber dem „Große Nemo" (Nemo II) (s. Nr. 21) gewinnt diese gespenstische „Gestalt" jedoch noch nicht genügend Kraft, um als gemeinsamer personaler Nenner aller Nemo-Eigenschaften in Erscheinung zu treten. Es bleibt bei deren Reihung, das Ganze ist mehr Sammlung als dichterische Gestaltung. Im zweiten Teil tritt „Nemo" als Urheber der Hausrat-Zerstörung auf, den auf sich selbst gestellte Dienstboten angerichtet haben. Auf diese Situation bezieht sich der Titelholzschnitt, dessen Meister unbekannt ist: Ein vornehm gekleideter, belustigt blickender „Nemo" trampelt auf allem möglichen Hausrat herum, der in den Vorhof des Hauses geworfen ist. Auch eine Laute liegt auf dem Boden.
Nemo, Symbolfigur für Unzulänglichkeit und Niedertracht des Menschen, wurde einmal Erasmus von Rotterdam zugeschrieben, dessen skeptische Weltanschauung „E n c o m i u m   m o r i a e" Hutten beeinflußt haben dürfte.
Huttens beiden Nemo-Darstellungen liegen folgende Quellen zugrunde: 1. Ein deutschsprachiges „Niemand"-Flugschriften-Blatt des Straßburger Barbiers Jörg (Georg) Schan (ca. 1460–1533/34). 2. Ein „S e r m o   p a u p e r i s   H e n r i c i   d e   s a n c t o   N e m o" von Radulfus aus Anjou, einem Mönch des 13. Jahrhunderts. 3. Das 9. Buch der „Odyssee" mit der Niemand-Episode. Homers dichterische Behandlung des von Odysseus überlisteten menschenfressenden Kyklopen Polyphem geht ihrerseits auf ein altes Schiffermärchen zurück.

### Nr. 11

Vlrici Hutteni equestris ordinis poetae in Vuedegū Consulem Gripesualdensem in Pomerania et filiū eius Hennigum Vtr.: Juris doctorez Querelarū libri duo pro insigni quadam iniuria sibi ab illis facta (Zwei Anklagebücher Ulrichs [von] Hutten, des Dichters aus dem Ritterstand, gegen den Greifswalder (Pommern) Wedeg Loetz und seinen Sohn Henning, Doktor beider Rechte, wegen eines furchtbaren, ihm von jenen zugefügten Unrechts). Excussa sunt haec Franckophordi cis Oderam per Joannem Hanaw (...) (Frankfurt [Oder]: Johann Hanau [nach 15. Juli 1510]).
Benzing-Nr. 12; Böcking III, S. 19–83 u. I, S. 10–15
Kat.-Nr. 3.54

Die sog. „Loetze-Klagen" schrieb Hutten 1510 in Rostock, wohin er Anfang Januar selben Jahres von Greifswald aus gekommen war. Sie sind die einzige Quelle für die Vorfälle, die sie zum Inhalt haben. In Greifswald nämlich konnte er die Auslagen seiner Wirtsleute, Wedeg Loetz (Bürgermeister und Handelshausinhaber) und sein Sohn Henning (Professor der Rechte), nicht bezahlen. Sie willigten jedoch in seinen Vorschlag einer späteren Vergütung ein, ließen ihn aber auf seinem Weg nach Rostock, schon außerhalb der Stadt, von Stadthäschern überfallen und all seiner Habe berauben.
In diesem zuweilen etwas larmoyanten Werk klagt er die „Loetze" wegen ihrer „Untat" an und fordert ihre Bestrafung, obwohl sie juristisch gesehen keineswegs unrechtmäßig gehandelt hatten. Die beiden

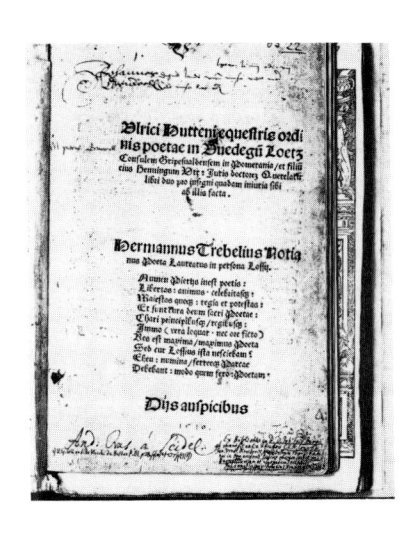

„Bücher" zu je zehn „Elegien" sind an verschiedene Adressaten gerichtet und enthalten je nach Empfänger differenziert gestaltete Variationen über jene Gewalttat. Besonders viele Einzelheiten stehen in dem Brief an seinen guten Freund Eobanus Hessus. Eine andere Zielperson, seinen Onkel Ritter Ludwig von Hutten, fordert er unverblümt auf, Wedeg Loetz bei seiner nächsten Handelsreise nach Frankfurt/Main aufzulauern und ihn gefangen zu nehmen. Der Typus „Loetz" wird genießerisch und bissig als amusisch, geil, habgierig, neidisch und gewalttätig geschildert.

Die 10. Elegie des 2. Buches, vielleicht die schönste des Werkes, enthält eine Porträt-Galerie deutscher Humanisten – genannt werden z. B. Johannes Reuchlin und Sebastian Brant. Zugleich mit ihnen charakterisiert Hutten im Richtungssinn der alten Handelsstraßen verschiedene deutsche Landschaften, in denen sie wohnen. Die Liebe zu seiner Mutter Ottilie von Hutten, geb. von Eberstein, und die ihre zu ihm klingt in seinem Wunsch an, sie möge von seinem Umglück nichts erfahren. Trotz seines von Krankheit, Verfolgung und „neidischer Armut" genährten Heimwehs lehnt Hutten für seine Person jedoch ein beschauliches Dasein zuhause ab.

### Nr. 12

Vlrici Hutteni de Arte Versificandi Liber vnus Heroico carmine ad Ioannem et Alexandrū Osthenios Pomeranos Equites. (Ein Buch in Form eines heroischen Gedichtes über die Verskunst, gewidmet Johannes und Alexander von der Osten, den Pommerschen Rittern). (Leipzig: Wolfgang Stöckel [nach 13. Feb. 1511]).
Benzing-Nr. 13; Böcking III, S. 89–106
Kat.-Nr. 3.19

Zwischen Dezember 1510 und Februar 1511 schrieb Hutten in Wittenberg nach jahrelangen Vorstudien das Lehrgedicht „De arte versificandi". Es wurde im gleichen Jahr in Leipzig veröffentlicht, erschien bis 1560 in nahezu sechzig Ausgaben, u. a. in Nürnberg, Paris, Straßburg, Bologna und Lyon, wurde zu einem vielgebrauchten Schulbuch und war noch im 18. Jahrhundert verbreitet. Johann Christoph Gottsched (1700–1766) ließ es in seinen „Vorübungen der lateinischen und deutschen Dichtkunst, zum Gebrauch der Schulen (2. Auflage Leipzig 1760) abdrucken (als „Zugabe", S. 225–240).

Huttens ausgeglichenes „Sachbuch", nach den stürmischen „Loetze-Klagen" entstanden, gehört zu den besten der zahlreichen Humanistenpoetiken der damaligen Zeit, wie sie unter dem Einfluß der Dichtungstheorien eines Horaz, Aristoteles, Cicero und Quintilian sowie den Werken der antiken Grammatiker Priscian und Donatus geschaffen wurden. Es behauptet seinen Platz neben ähnlichen Versuchen, etwa Konrad Celtis' „Ars Versificandi et Carminum" (um 1486), Jacob Wimphelings „Tractatus Prosodiae et artis metrica" (1505) und Heinrich Bebels „Ars versificandi et carminum condendorum" (1506).

Huttens „heroisches", d. h. in Hexametern geschriebenes Gedicht ist selbst ein Musterbeispiel für die Kunst des lateinischen Verses, von der es handelt. Er gibt darin die Regeln der im technischen, formalen Sinn vollendeten Gestaltung eines lateinischen Gedichtes an die Hand. Er zeigt die Rolle auf, die dabei dem richtigen Einsatz der Vokale und Konsonanten, Diphthonge und Geminationen, Silbenmaße und Redefiguren usw. zufällt. Er führt formvollendete Proben der antiken römischen Literatur an, etwa aus Vergils „Aeneis".

Es war der Wunsch seiner Oderfrankfurter Studienfreunde, der Brüder Alexander und Johannes von der Osten aus Pommern, gewesen, der Hutten zur Abfassung seiner Poetik bewogen hatte. Ihnen gilt seine beigefügte Prosa-Zueignung, Abdruck eines Briefes an sie, vom 31. 12. 1510, worin er sie zur unbeirrten Fortsetzung ihrer Humaniora-Studien ermahnt (Böcking I, S. 15–16). Der Humanist, Dichter und spätere Luther-Anhänger Philipp Engelbrecht (gest. 1518), den er in Wittenberg kennengelernt hatte, bezeichnet sich in einem kleinen Begleitgedicht an den Leser als Eidbruder (conjuratus) Huttens (Böcking I, S. 16–17).

### Nr. 13

De arte uersificandi carmen Heroicum, per Hulderichum Huttenum. Item (…). (Heroisches Gedicht über die Verskunst von Ulrich [von] Hutten. Ferner […]). Norimbergae apud Iohan. Petreium 1547 (Nürnberg: Johann Petreius 1547).
Benzing-Nr. 26; Böcking III, S. 89–106
Kat.-Nr. 3.55

Das vorliegende Sammelwerk enthält zunächst „De arte versificandi…" und „Nemo" (in der 2. erweiterten Fassung, s. Nr. 21) von Hutten mit einem achtzeiligen Epigramm vor diesem Werk: „C. M. R. ad Crotum Rubianum epigr. de Nemine Hutteniano". Mit „C. M. R." ist Conradus Mutianus Rufus, der Erfurter Humanist, gemeint. Auf diese drei Stücke folgen zwei Gedichte des trinkfreudigen Eobanus Hessus über die Trunkenheit, einmal das zwölfzeilige Epigramm „Hel. Eob. Hessus de Ebrietate" und sodann die hundert Zeilen des Gedichts „In Ebrietatem Exegoria".

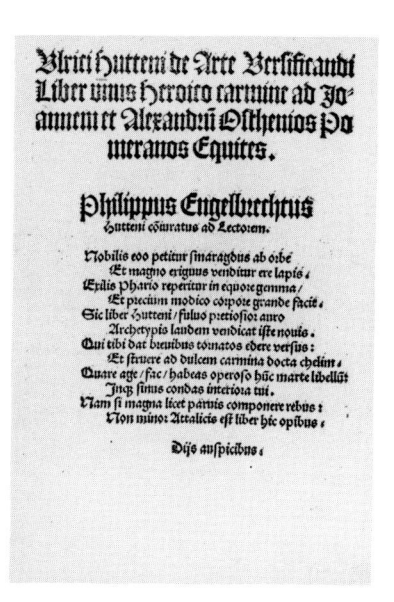

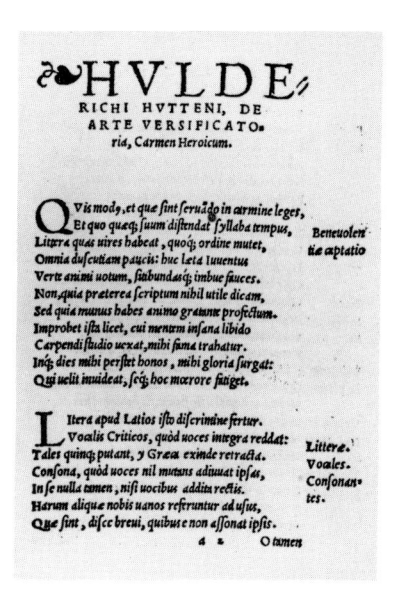

Nr. 14

Ad divvm Maximilianvm Caesa. Aug. F. P. bello in Venetos euntem, Vlrici Hutteni Equitis, Exhortatio. (Des Ritters Ulrichs [von] Hutten Ermahnung an den göttlichen Kaiser Maximilian [...], als er in den Krieg gegen Venedig zog.) Viennae (...) apud Hieronymū Vietorem & Ioannem Singrenium. (...) (Wien: Hieronymus Victor u. Johann Singriener Januar 1512).
Benzing-Nr. 37; Böcking III, S. 123–160 u. 331–340 (Germanengedicht)
Kat.-Nr. 1.40

1511 begann Hutten, in das politische Tagesgeschehen einzugreifen und seiner universalistisch-reichspatriotischen Gesinnung Ausdruck zu verleihen. In dem sog. „Aufmahnungsgedicht", entstanden 1511 auf seiner Reise von Wittenburg nach Wien, deren berühmten Humanistenkreis mit Joachim Vadianus (1484–1551) er kennenlernen wollte, ermutigt er Kaiser Maximilian, Venedig wieder zu bekriegen. Das Friedensangebot der Republik an den Kaiser (1510), der seit 1508 mit wechselndem Erfolg gegen sie zu Felde zog, sei eine Finte, um für die erforderlich gewordene Rüstungserneuerung Zeit zu gewinnen. Hutten hält dem zögernden Kaiser den möglichen Sieg suggestiv vor Augen, ja, er beschwört den Anspruch der deutschen Nation, unter Maximilians Führung um die Weltherrschaft zu kämpfen.

Das von Vadianus im Januar 1512 herausgegebene und von ihm mit einer Vorrede (Böcking I, S. 22–24) versehene Werk enthält neben Huttens Gruß an Wien („Hutteni Viennam ingredientis Carmen"; Böcking III, S. 159–160) sein sog. „Germanengedicht": „Quod Germania nec virtutibus nec ducibus ab primonibus degeneraverit heroicum eieiusdem" (Böcking III, S. 331–340). Mit ihm reiht sich Hutten zu Konrad Celtis (1459–1508), Heinrich Bebel (1472–1518) u. a. in den nationalgesinnten deutschen Humanismus ein. Hutten untermauert darin seine Ansicht, daß die Deutschen seiner Zeit, gemessen an ihren heroischen germanischen Vorfahren, nicht „degeneriert" seien unter Verweis auf ihre beachtlichen Leistungen auf wissenschaftlichem, künstlerischem und inventorischem Gebiet, z. B. die Erfindung des Buchdrucks. Huttens Kenntnis der deutschen Frühzeit erklärt sich daraus, daß ihm sein Universitätslehrer Rhagius Aesticampianus 1508 in Leipzig die „Germania" des Tacitus nahegebracht hatte.

Nr. 15

Hoc in volumine haec continentur. Vlr. de Hvtten Eq. Ad Caesarem Maximil. vt bellum in Venetos coeptum prosequatur. Exhortatorium (...). (In diesem Band ist folgendes enthalten: Des Ritters Ulrichs von Hutten Ermahnung an den Kaiser Maximilian, den begonnenen Krieg gegen Venedig fortzusetzen.) In officina excusoria Ioannis Miller 1519 (Augsburg: Johann Miller Jan. 1519).
Benzing-Nr. 89; Böcking III, S. 205–268 (Epigramme)
Kat.-Nr. 1.42

Die nach ihrem Erscheinungsort benannte „Augsburger Sammlung" enthält fast ausschließlich solche Schriften Huttens, die Maximilian I., die oberitalienischen Kriege und eigene Erlebnisse in Italien zum Gegenstand haben. Sie wurde 1519 veröffentlicht.

Das Juwel der Sammlung sind die 150 Epigramme an Maximilian I. Man muß 125 davon vor dem Hintergrund von Huttens erstem Italienaufenthalt sehen. Sein Rechtsstudium, März 1512 an der Universität Pavia begonnen, mußte er schon 10 Wochen später infolge der Kriegswirren unterbrechen. Was die Kämpfe um Italien zu Beginn des 16. Jahrhunderts mit ihren rasch wechselnden Bündniskonstellationen betrifft, so war Hutten ein glühender Parteigänger Kaiser Maximilians. Bei der Belagerung Pavias wurde Hutten von Soldaten der französischen Besatzung als Kaisertreuer drei Tage lang in seiner Kammer eingesperrt. Er schrieb, den Tod vor Augen, seine eigene Grabinschrift (das Epigramm „Obsessus a Gallis cum salutem desperassit"). Von Landsknechten der Armee, der die Franzosen weichen mußten, wie ein Gefangener behandelt, da man in ihm einen Freund des Gegners vermutete, kaufte er sich schließlich frei und verließ Pavia. Er schlug sich nach Bologna durch, wo er sein Studium fortsetzte. Er brach es ab, als ihm das Geld ausging, und verdingte sich im Heer Maximilians. Er nahm an dem Feldzug vom Sommer bis November 1513 teil und war bei der Belagerung von Padua dabei.

Mit zwei Ausnahmen, Gedichten gegen Papst Julius II., entstanden die 125 Epigramme während seines ersten italienischen Aufenthalts. Ihre Themen sind Kaiser und Reich (im mittelalterlichen, universalistischen Sinn) und die oberitalienischen Kriege einschließlich eigener Erlebnisse. Mit den Epigrammen gegen Julius II. beginnt Huttens moralistischer Feldzug gegen das Papsttum.

25 weitere Epigramme der Augsburger Sammlung stammen aus der Zeit 1514 bis 1518 und sind von seinem zweiten Italienaufenthalt geprägt. Dazu gehören z. B. die Epigramme an Crotus Rubeanus mit ihrer Anprangerung des verweltlichten Renaissance-Papsttums sowie sechs Epigramme, die uns in eine Weinschenke nach Viterbo führen: Es geht um Huttens Zusammenstoß mit fünf Franzosen, die sich feindselig über Maximilian geäußert hatten. Angeblich tötete er einen von ihnen und schlug die anderen in die Flucht.

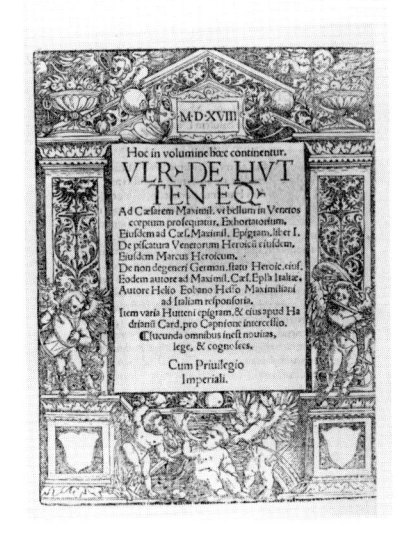

Das „Aufmahnungsgedicht an Maximilian" und das „Germanengedicht" (s. Nr. 14) wie auch die „Epistola Italiae" (s. Nr. 23) sind in die Sammlung in überarbeiteter Form aufgenommen.
Zu ihr gehören auch zwei spöttische Kurzepen, sog. „Heroiden", mit Venedig als Thema. Sie entstanden 1516 in Bologna. Der mächtige italienische Staat trotzte dem Kaiser bei seinem Versuch, den venezianischen Festlandsbesitz, die „Terraferna", zu erobern – aus der kaisertreuen Sicht Huttens sträflicher Übermut. In beiden Epen – „Marcus Heroicum" (Böcking III, S. 295–300) und „De piscatura Venetorum" – (Böcking III, S. 289–294) wird die kaiserliche Macht drohend heraufbeschworen.

### Nr. 16

Triūphus Doc. Reuchlini habes stvdiose lector, Ioannis Capnionis viri praestantissimi Encomion. (…). (Triumph Doktor Reuchlins. Hier hast du, beflissener Leser, ein Lobgedicht auf Johannes Capnio, den hervorragenden Mann.) (Hagenau: Thomas Anselm Ende 1518).
Benzing-Nr. 87; Böcking III, S. 413–447
Kat.-Nr. 3.45

Der große Gelehrte und Humanist Johannes Reuchlin (1455–1522), der 1506 eine hebräische Grammatik samt Lexikon veröffentlicht hatte („De rudimentis hebraicis"-Kat.-Nr. 3.35) wandte sich im sog. „Judenbücherstreit" (ca. 1507–1520) gegen die Vernichtung der nicht-biblischen jüdischen Bücher. Seine Bundesgenossen im Kampf gegen die orthodoxen Theologen, besonders die Kölner Dominikaner und Professoren Arnold von Tongern und Ortvin Gratius sowie den Großinquisitor Jacob von Hoogstraten und den konvertierten Juden Johannes Pfefferkorn, der den Zwist ausgelöst hatte, waren Humanisten wie Caesarius, Buschius, Hutten, Murner, Neuenar. Seine im August 1511 gegen Anfeindungen in Pfefferkorns „Handspiegel" (Frühjahr 1511 – Kat.-Nr. 3.36) zur Verteidigung seiner Ehre und Rechtfertigung des Erhalts jüdischer Bücher veröffentlichte Dokumentation „Der Augenspiegel" (Kat.-Nr. 3.37) bewirkte die Verfolgung durch die Inquisition. Am 29. 3. 1514 wurde er aber in erster Instanz vom Bischof von Speyer als frei von Ketzerei erklärt. Dieser Spruch erfüllte die Reuchlinisten mit Erleichterung. Hutten nahm ihn zum Anlaß, den Angriff publizistisch weiterzutragen, und schrieb vom Mai bis Juli 1514 das umfangreiche Gedicht „Triumphus Capnionis". „Capnio" ist die gräzisierte Form des Namens Reuchlin im Sinn von „Räuchlein".
Es handelt sich um ein in Hexametern verfaßtes „Enkomium", d. h. ein Preisgedicht. Johannes Reuchlin wird in einer fiktiven Situation verherrlicht, inmitten eines Triumphzuges durch die geschmückten Straßen seiner Heimatstadt Pforzheim. Er kehrt als Sieger über seine Feinde heim, die nach antikem Brauch als Überwundene mitgeführt werden. Reuchlin selbst, der von Musik und Gesang angekündigte Triumphator, wird von seinen Bundesgenossen, den Humanisten, begleitet.
Im August 1514 lernte Hutten in Mainz Erasmus von Rotterdam kennen, der ihm von einer Veröffentlichung abriet, damit dadurch Reuchlin nicht geschadet werde, dessen endgültiger Sieg noch nicht sicher war. Hutten ging auf den Vorschlag ein. Ende 1518 jedoch erschien das Werk, und zwar unter dem Pseudonym „Eleutherius Byzenus". Die Verfasserschaft Huttens erhellt u. a. aus inhaltlichen und stilistischen Übereinstimmungen des „Triumphus" mit anderen seiner Schriften.
Die Erstausgabe des „Triumphus Capnionis" ist mit einem vierteiligen Holzschnitt versehen, der den Triumphzug wiedergibt (Kat.-Nr. 3.44). Sie enthält außerdem eine Einleitung und einen Epilog Huttens (Böcking I, S. 236–238).

### Nr. 17

Baptisati cuiusdam iudaei Ioannis Pepericorni (…) historia (…). Ulrichi de Hutten super eadem re Epistolae et exclamatio heroica (Die Geschichte eines getauften Juden namens Johannes Pfefferkorn […]. Ulrichs von Hutten Briefe darüber und sein in heroischer Versform abgefaßtes Ausschreien der Angelegenheit) (Mainz: Johann Schöffer [?] [nach 16. Sept.] 1514).
Benzing-Nr. 39; Böcking III, S. 345–348
Kat.-Nr. 3.56

Hutten wurde, nachdem er von seinem ersten Italienaufenthalt nach Deutschland zurückgekehrt war, Ende März 1514 am Hof Markgraf Albrechts von Brandenburg aufgenommen, der gerade Erzbischof von Magdeburg geworden war.
Wohl im Auftrag Albrechts weilte er im Sommer 1514 als „Beobachter" in Halle: Einem Juden namens Johannes Pfefferkorn, der in Eschwege auf dem Katharinenberg von einem schottischen Priester getauft worden sein soll, wurde der Prozeß gemacht. Am 6. September 1514 wurde er auf dem Richtplatz vor der Moritzburg in Halle durch langsames Verbrennen bei lebendigem Leibe hingerichtet.
Huttens „Exclamatio…", die aus 119 Versen besteht und in Halle oder Magdeburg entstand, wurde im gleichen Monat in Mainz veröffentlicht. Hutten hat sich darin nicht über die Richter und Henker,

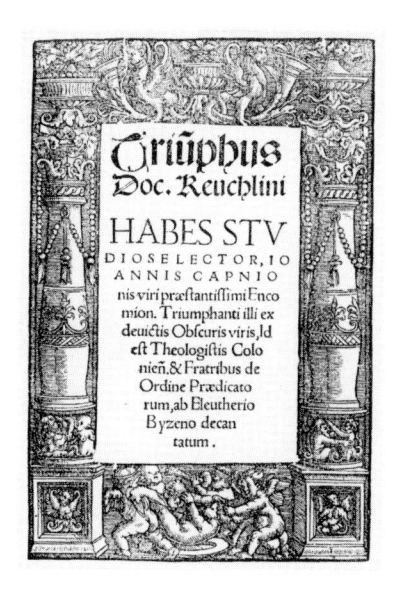

sondern über Pfefferkorn entrüstet, dem durch die Folter das Geständnis absurder Zauber-Greueltaten abgenötigt wurde. Er bemüht in seiner „Exclamatio..." allerlei Unholde der antiken Mythologie, um Pfefferkorns „Untaten" gehörig zu betonen. Es handelt sich bei dem Gedicht um eine Quelle zur Geschichte des Rechts und des Aberglaubens, die auch zeigt, wie sehr Hutten bei all seinen humanistischen Idealen der spätmittelalterlichen Gedankenwelt verhaftet war.

Der namensgleiche Johannes Pfefferkorn, ebenfalls ein getaufter Jude und eine der Schlüsselfiguren im „Reuchlinstreit", verwahrte sich später übrigens gegen die Möglichkeit einer Verwechselung in seiner „Beschyrmung Johannes Pfefferkorn (den man nyt verbrannt hat)..." (1517).

### Nr. 18

In lavdem reverendissimi Alberthi Archepiscopi Moguntini Vlrichi de Hutten Equitis Panegyricus. (Preisgedicht des Ritters Ulrich von Hutten zum Lob des verehrungswürdigen Erzbischofs Albrecht von Mainz.) Tubingae apud Thomam Anshelmum, 1515 (Tübingen: Thomas Anshelm Feb. 1515).
Benzing-Nr. 47; Böcking III, 353–400
Kat.-Nr. 3.24

Eitelwolf von Stein (gest. 1515), der humanistisch gesonnene Staatsmann im Dienst Albrechts von Brandenburg (1490–1545), war es, der 1514 für seinen Schützling Ulrich von Hutten eine Verbindung zu dem Fürsten zuwege brachte. Er regte Hutten auch dazu an, dessen Einzug in seine neue Residenz als Erzbischof und Kurfürst von Mainz am 8. 11. 1514 literarisch zu beschreiben. Daraufhin schuf Hutten von Mitte November 1514 bis Januar 1515 in Mainz den „Panegyricus in laudem Alberti", der im Februar 1515 in Tübingen veröffentlicht wurde.

Das aus 1300 Hexametern bestehende formvollendete epische Gedicht ist ein Seitenstück zu dem ebenfalls mit allegorischen Bildern durchsetzten Lobpreis „Triumphus Capnionis". Zunächst wird die Vorfreude der Mainzer auf den Einzug des neuen Erzbischofs und die Vorbereitungen dafür geschildert. Dann ist von der „Germania" die Rede, die beim Tod des Brandenburgers Albrecht Achilles mit dem Hinweis auf seine Enkel, darunter Albrecht von Brandenburg, getröstet worden sei. Weiter geht es um den Vater Rhein, der im Schmuck eines Mantels, in welchen Nymphen Bilder aus der deutschen Geschichte eingewebt haben, auf seinem Strom Albrecht entgegen fährt und mit einer fürstenspiegelartigen Rede begrüßt.

In Huttens Gedicht ist die Tendenz unverkennbar, Albrecht, der mit seiner neuen Würde als Erzbischof und Kurfürst von Mainz eine bedeutende Machtstellung im Reich errungen hatte, in seiner humanistischen Gesinnung zu bestärken. Hutten beschwört die deutsche Geschichte und bekennt sich voller Nationalstolz und Zugehörigkeitsgefühl zu ihr – von den Anfängen, wie sie Tacitus überlieferte, über Arminius und Karl den Großen bis hin zu Maximilian I.

In der Widmungsvorrede an Eitelwolf von Stein (Böcking I, S. 34–37) redet Hutten seinen Standesgenossen wegen ihres törichten Stolzes ins Gewissen, der jeglichem Bildungsstreben fern sei.

Albrecht von Mainz ließ Hutten als Anerkennung für sein Gedicht 200 Goldgulden überreichen. Er sicherte ihm eine Stellung am Hofe zu. Er half ihm bei der Finanzierung seines erneuten Rechtsstudiums in Italien. 1517 – Hutten war ohne akademischen Abschluß zurückgekehrt – nahm er ihn in seine Dienste auf.

### Nr. 19

C. Salvstii et Q. Cvrtii Flores, selecti per Hulderichum Huttenum equitem, eiusdemqȝ scholijs non indoctis illustrati. (Redewendungen des C. Sallust und des Q. Curtius, ausgewählt von dem Ritter Ulrich [von] Hutten und durch nicht ungelehrte Scholien desselben erklärt.) Argentorati (Straßburg: Johann Herwagen 1528).
Benzing-Nr. 191; Böcking V, S. 501–503
Kat.-Nr. 3.4

Hutten war in der antiken lateinischen Literatur sehr belesen. Sein Werk ist mit Zitaten aus den Werken der Alten gespickt. Bei der Lektüre legte er sich Exzerptensammlungen an. Die Redewendungen, die er darin notierte, gedachte er wohl bei passender Gelegenheit in seinen eigenen Werken, die ja zum größten Teil in Neulateinisch geschrieben sind, zur sprachlichen Bereicherung zu verwenden.

Die vorliegende Blütenlese („Flores") aus Werken von Sallust (86–34 v. Chr.), etwa aus dem „Bellum Jugurthinum" oder dem „Bellum Catilinae", und des Curtius der im 1. (oder 2. ?) Jahrhundert n. Chr. eine Arbeit über Alexander d. Gr. schrieb („Historiae Alexandri Magni Macedonis") wurde von Hutten 1515 und im Winter 1516/17 angelegt. Seine Sammlung, nicht für die Veröffentlichung bestimmt, wurde 1528 in Straßburg publiziert. Sie stammt, wie auch der Dialog „Arminius" (s. Nr. 26) aus der sog. „kurpfälzischen Beute". Darunter versteht man jenen Besitz Huttens – Bücher, Manuskripte, Kleidungsstücke usw. –, der, als er ihn von der Ebernburg in Richtung Schweiz abtransportieren ließ, im Oktober 1522 von kurpfälzischen Straßenräubern aufgebracht und in Heidelberg verkauft wurde.

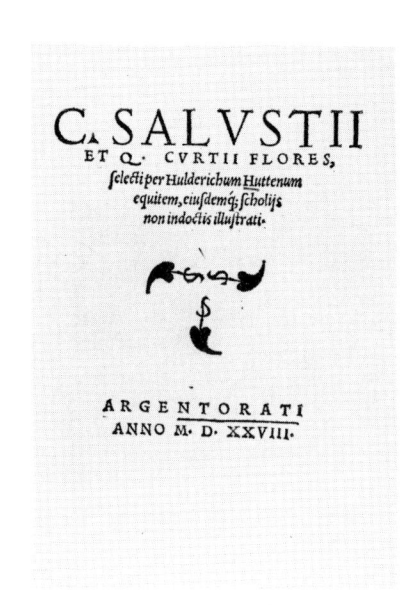

Die „Flores" wurden von Johann Herwagen (Dt. Buchdrucker, 1497–1558) herausgegeben und mit einer Vorrede versehen (Böcking II, S. 440–441). Diese ist der Abdruck eines Briefes an Johann Maius Selesstadiensis, den Geheimschreiber des Königs von Ungarn und Böhmen.

### Nr. 20

Hoc in volvmine haec continentvr Vlrichi Hvtteni Eqv. Super interfectione propinqui sui Ioannis Hutteni Equ. Deploratio (...). (In diesem Band ist folgendes enthalten: Die Klage des Ritters Ulrich von Hutten über die Ermordung seines Verwandten, des Ritters Johannes [= Hans] von Hutten [...].) (Mainz: Johann Schöffer Sept. 1519). = Steckelberger Sammlung.
Benzing-Nr. 120; Böcking V, S. 1–96 (5 Reden gegen Herzog Ulrich von Württemberg)
Kat.-Nr. 4.53

Kurz nach dem Tod Maximilians I. (12. 1. 1519) überfiel und eroberte Herzog Ulrich von Württemberg (1487–1550), der an der Stuttgarter Leichenfeier zu Ehren des verstorbenen Kaisers teilgenommen hatte, mit seinen Truppen die Reichsstadt Reutlingen. Aber sein Versuch, das Interregnum zur Stärkung seiner Macht zu nutzen, mißlang. Ein Heer des „Schwäbischen Bundes" verjagte ihn aus Württemberg. Auch Hutten hatte zusammen mit Georg von Frundsberg, Florian Geyer, Franz von Sickingen u. a. teilgenommen. In einer literarischen Rede gegen Ulrich (Böcking V, S. 84–95) feierte er den Sieg über den Tyrannen, nicht ohne darauf hinzuweisen, daß er durch die Initiative der reichsständischen Vereinigung des Schwäbischen Bundes zustande gekommen war, nicht aber aus Anlaß eines Richterspruchs der obersten Reichsgewalt.

Wenige Jahre vorher hatte Ulrich von Württembergs Eifersuchtsmord an Hans von Hutten, einem Vetter des Dichters, die Reichsritterschaft gegen ihn auf den Plan gerufen. Sie solidarisierte sich mit dem Huttenschen Familienverband. Am 24. 11. 1515 floh die Gattin des Herzogs, bei ihm anscheinend ihres Lebens nicht mehr sicher, zu ihren Brüdern nach Bayern, was nun auch noch die Bayernherzöge und den Kaiser gegen Ulrich aufbrachte.

Huttens erste vier Anklagereden gegen Herzog Ulrich entstanden zwischen Juli 1515 und Mitte August 1517 und wurden zunächst in Abschriften verbreitet (Böcking V, S. 3–83). Vor einem imaginären kaiserlichen Gericht – dem wirklichen wußte sich der Herzog zu entziehen – schildert Hutten darin das Verbrechen, porträtiert den Täter als Personifikation des Bösen, und fordert für ihn die Todesstrafe. Er wandte sich als Sprecher der gesamten Hutten-Familie an die Öffentlichkeit. Seine Gelehrsamkeit, seine an Cicero geschulte Rhetorik und sein juristisches Studium kamen den Seinen erstmals voll zugute.

Im September 1519 wurden die fünf Reden zusammen mit dem „Phalarismus" (s. Nr. 28) und anderen zur Thematik gehörigen Schriften, vor allem Briefen, in einem Band in Mainz gedruckt – nicht auf der Steckelburg, wie der gebräuchliche Schlagworttitel vermuten läßt.

### Nr. 21

ΟΥΤΙΣ. Nemo. (Der Niemand). Impressum Augustae in officina Millerana. (Augsburg: Johann Miller 24. Aug. 1518).
Benzing-Nr. 62; Böcking III, S. 107–118 (synoptisch mit Nemo I)
Kat.-Nr. 3.53

„Nemo II" oder der „Große Nemo" von 1515 ist die erweiterte Fassung des sog. „Ur-Nemo" von 1509 (s. Nr. 10). Hutten gab ihr 1518 in Augsburg (zur Zeit des Reichstages) den letzten Schliff. Im gleichen Jahr erschien sie hier auch im Druck. „Nemo" wurde eins seiner meistgelesenen Werke.

Der Titelholzschnitt des sog. „Petrarca-Meisters" (1. Drittel des 16. Jh.) (?) ist nicht auf Huttens Gedicht gemünzt, sondern auf den „Nemo" der Odyssee. Hutten verdankt der Zyklopen-Episode offenbar Anregungen, so die Idee, den Doppelsinn des Wortes „Niemand" auszuschöpfen. Aus der Art, wie er den Verneinungsbegriff einsetzt, ersteht der Umriß eines unfaßbaren „Helden", der alles vermag, was Menschen nicht können, und zu allem bereit ist, was sie nicht tun wollen. Er verknüpft sprichwortartige Fügungen mit eigenen Einsichten dergestalt, daß sie mehr als eine bloße Reihung von Sentenzen ergeben. Fähigkeiten, Eigenschaften und Taten, von deren Nicht-Existenz bzw. Unmöglichkeit sie handeln, erscheinen als gemeinsame Kennzeichen von „Nemo" spukhaft lebendig miteinander vereint.

Die zweite Hälfte des Gedichts gilt dem „Nemo" als Ausrede nichtsnutziger Dienstboten. In einem literarischen Genre-Bild schildert Hutten, wie das Gesinde bei Abwesenheit der Herrschaft allerlei Hausrat mutwillig zerbricht. Er weitet hier Sprichwörter von der Art des folgenden erläuternd aus: „Ist etwas zerschlagen oder zerbrochen, in der Stuben oder in der Kuchen, der Ofen etwa eingestoßen, Kannen zerworfen, Bier vergossen, Niemand die Schuld allweg muß han, wiewohl Niemand kein Sünd getan."

Autobiographisch wichtig ist Huttens Zueignung des „Nemo" an Crotus Rubeanus (eig. Johann Jäger, 1480–1545), die umfangreicher als der Hauptteil ist (Böcking I, S. 175–184). Hier erfährt der Leser, daß

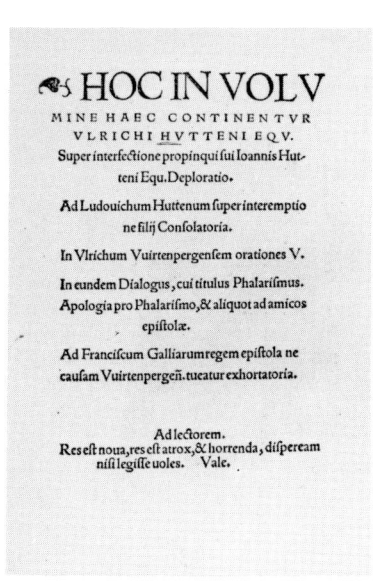

Hutten, nach seiner Rückkehr aus Italien 1515, von seinen Verwandten abschätzig als „Niemand" behandelt wurde, da er keinen Doktor-Titel mitgebracht hatte. Hutten registriert die Enttäuschung seiner Verwandten jedoch ziemlich ungerührt. Er huldigt demjenigen, der im engeren heimatlichen Kreis als einziger seine humanistischen Bestrebungen und sein auf dem Feld der antiken Kultur erworbenes Wissen anerkannt hat: dem „Nemo". Die „Zueignung" enthält ferner Polemiken sowohl gegen das Römische Recht und die Glossatoren des „Corpus Juris Civilis" als auch gegen die Scholastiker, durch deren Theologie der christliche Glaube untergraben werde. Mit Bewunderung werden hingegen Johannes Reuchlin und, erstmals in Huttens Werk, Erasmus von Rotterdam genannt.

Nr. 22

(Huttens Epigramme an den Altar des Corycius.) In: Palladius, Blossois (Hrsg.): Coryciana; sive varior carmina in laudem Corycii collecta a Palladio, cum protreptico Marie angeli Accurri, Romae (...). Romae, apud Lud. Vicentinum et Lautitium Perusinum. 1524 (Rom: Lud. Vicentinus u. Lautitius Perusinus 1524).
Nicht bei Benzing; Böcking III, S. 271–273
Kat.-Nr. 3.59

Während seines Aufenthaltes in Rom vom Januar bis ca. 20. April 1516 fand Hutten Aufnahme im Kreis italienischer Humanisten und Poeten, die im Haus und Garten des aus Luxemburg stammenden Apostolischen Sekretärs Johann Goritz (1455–1527) Gastfreundschaft genossen – wohl öfters im Jahr, regelmäßig aber an St. Annentag. Bei den Zusammenkünften huldigte man dem „ara Coryciana", dem Altar des Corycius – wie Goritz nach einer Gestalt aus Vergils „Georgica" genannt wurde. Es handelte sich um ein von Goritz in Auftrag gegebenes und von Andrea Sansovino (1460–1528) gestaltetes Marmorstandbild, das die Heilige Anna Selbdritt darstellt und auf dem Altar der St. Annen-Kapelle in der Kirche St. Agostino aufgestellt worden war. Die von Goritz bewirtete Poetenschar schrieb bei Gelegenheit ihrer Feiern Gedichte zum Lobe Sansovinos, des Standbildes und ihres Mäzens.
Einer von Goritz' Schützlingen, Blosius Palladius (gest. 1550) gab 1524 die von dem Mäzen aufbewahrten Gedichte seiner Gäste unter dem Titel „Coryciana" in Rom heraus. Er hatte ihm die Sammlung gestohlen. Auf den knapp dreihundert Seiten sind in der Hauptsache Verse italienischer Poeten, darunter Pietro Bembo (1470–1547) und Baldassare Castiglione (1478–1529), vereint. Es fehlt nicht an antideutschen Passagen, z. B. gibt es Äußerungen gegen Martin Luther. Auch einige deutsche Humanisten sind mit Beiträgen vertreten. Unter der Handvoll Gedichte; die Hutten dem Altar des Corycius dargebracht hat, fällt eines mit dem Titel „Votum pro se in morbo pedis" auf. Darin fleht er die Heilige Anna, die Muttergottes und Christus um die Heilung seines erkrankten Fußes (Syphilis-Symptom) an.

Nr. 23

Epistola ad Maximilianum Caesarem Italie fictitia. Huldericho de Hutten equ. Authore. (Fiktiver Brief Italias an Kaiser Maximilian, von dem Autor Ritter Ulrich von Hutten). (Straßburg: Matthias Schürer [nach 31. Juli] 1516.)
Benzing-Nr. 50; Böcking I, S. 105–113
Kat.-Nr. 1.41

Das Briefgedicht Huttens entstand 1516 in Bologna. Es wurde nach dem 31. 7. 1516 in Straßburg gedruckt, zusammen mit Huttens Widmungsvorrede an den Humanisten und Rechtsgelehrten Nikolaus Gerbel (um 1485–1560), die Angaben über die Entstehung des Werkes enthält.
Italien, 1516 noch immer Schauplatz der Venezianischen Kriege, wird von Hutten im Sinnbild einer umkämpften Dame geschildert, deren Herz jedoch nicht den Venezianern oder den Franzosen, sondern dem „römischen Kaiser" Maximilian gehört. Sie klagt ihm in ihrem „Brief" ihre Verlassenheit, die Übergriffe durch die Soldateska und die unwürdigen Zustände im päpstlichen Rom: Möglichst bald möge er zu ihr kommen. Als Ansporn hält sie ihm die Großtaten deutscher Herrscher (Arminius, Karl der Große) vor Augen. Zugleich mahnt sie ihn an das Erbe des Imperium Romanum, die Weltherrschaft. Sie sei neulich bei der Nachricht von seinem verheißungsvollen Aufbruch von Trient glücklich gewesen, jetzt aber wieder, wegen seines Abzuges aus Italien, voller Trauer.
Damit spielt Hutten auf Maximilians Heerlager in Trient (März 1516) an. Mit einer Streitmacht von ca. 30 000 Mann war der Kaiser von dort gen Mailand gezogen, um das Herzogtum den Franzosen unter Franz I., die es September 1515 infolge ihres Sieges bei Marignano über die gefürchteten Schweizer Söldner zurückgewonnen hatten, zu entreißen. Maximilian glückte jedoch auf seinem 27. Feldzug die Eroberung der Stadt Mailand nicht; denn die Kampfmoral der Belagerer zerfiel, als die Hilfsgelder, die Englands König Heinrich VIII. versprochen, ausblieben, und der Sold nicht mehr ausgezahlt werden konnte. Daraufhin resignierte Maximilian und zog sich in die Schweiz zurück. In dieser Situation schrieb Hutten seine Ermahnung an ihn, die auch die Feststellung enthält, daß Maximilian, nachdem er aus dem

Kampf um die Vorherrschaft in Europa, zumindest auf dem italienischen Schlachtfeld, ausgeschieden, landauf, landab in Italien verhöhnt wurde.

### Nr. 24

Epistole obscurorum virorū ad Venerabilem virum magistrum Ortuinum Gratiū Dauentriensem Colonie agrippine bonas litteras docentem: varijs et locis et temporibus misse ac demum in volumen coacte (...). (Briefe der Dunkelmänner an den hochwürdigen Herrn Magister Ortvinus Gratius aus Deventer, der in Köln die rechten Wissenschaften lehrt, von verschiedenen Orten und zu verschiedenen Zeiten abgeschickt [...]). (Speyer: Jakob Schmidt zw. 22. Aug. u. 19. Okt. 1516).
Benzing-Nr. 241; Böcking Suppl. 1, S. 1–79
Kat.-Nr. 3.41

Die anonym erschienenen „Epistolae abscuronum virorum" (E. o. v.) Briefe der Dunkelmänner sind ein Werk der Weltliteratur. Man hat ermittelt, daß ihr erster Teil hauptsächlich von Crotus Rubeanus und ihr zweiter Teil fast ausschließlich von Ulrich von Hutten stammt. Über ihre künstlerischen Qualitäten hinaus besitzen sie kulturhistorischen Quellenwert. Ihre Autoren sind von Fastnachtsspielen, dem „Narrenschiff" Sebastian Brants, dem „Encomium moriae" („Lob der Torheit") des Erasmus und scherzhafter Universitätsliteratur beeinflußt.

Die erstmals im Oktober 1515 in Hagenau gedruckten „Epistolae" werden aufgrund ihrer im Frühjahr 1517 in Köln erschienenen Fortsetzung „Epistolae obscuorum virorum ad magistrum Ortvinum Gratium" (s. Nr. 25) im nachhinein als 1. Teil bezeichnet. Ihr Verfasser, Crotus Rubeanus (Eigentl.: Johannes Jäger, aus Dornheim, Thüringen, 1480–1539) war ein Freund Huttens und Mitglied des Erfurter Humanistenkreises. Seine Satire gehört, samt ihrer Fortsetzung, zu den zahlreichen angriffslustigen Arbeiten im Zusammenhang mit dem sog. „Pfefferkorn-Reuchlinschen-Streit" (auch „Judenbücherstreit" genannt) ist jedoch unter den ca. 44 Büchern und Pamphleten die literarisch bedeutendste. In dem Zwist, der während des Jahrzehnts vor der Reformation die gelehrte Welt Europas erregte, ging es um die Bedeutung der nicht-biblischen jüdischen Schriften, wie den „Talmud" oder die „Kabbala". Johannes Pfefferkorn (1469 bis ca. 1522/23), ein konvertierter Jude, verwandte sich für die Einziehung der hebräischen Literatur, Johannes Reuchlin, der große Hebräist (1455–1522) vertrat die gegenteilige Auffassung, nahm allerdings solche Werke aus, die Schmähungen des Christentums enthielten. Die beiden waren die Schlüsselfiguren eines immer weitere Kreise erfassenden Streites. Selbst Kaiser und Papst wurden gefordert.

Teil 1 der reuchlinistischen „E. o. v." ist als Gegenstück zu den „Clarorum virorum epistolae" (März 1514) konzipiert, einer von Reuchlin kompilierten Sammlung von Freundes-Briefen, worin sie ihm im „Judenbücherstreit" beistehen. In den „E. o. v." erscheint dieser Zwist jedoch in einen größeren Rahmen eingebettet. Es geht hier um den Richtungsstreit zwischen den Vertretern der konservativen Spätscholastik und damit des spätmittelalterlichen Weltbildes und denen des reformfreundlichen Humanismus, also um einen weltanschaulichen Machtkampf, wie er besonders an den Universitäten ausgetragen wurde. Das Werk besteht aus 41 fingierten Briefen von „Dunkelmännern", d. h. Unbekannten, Fragwürdigen. Sie sind aus verschiedenen Städten fast alle an Ortvinus Gratius gerichtet (1491–1542), einen Dominikaner und Professor der Schönen Künste und der Theologie in Köln, der Hochburg der scholastischen Antireuchlinisten, deren wissenschaftliche Hauptstütze er war.

Crotus Rubeanus zeichnet die Spätscholastiker und Pfaffen als spitzfindig, halbgebildet, selbstgefällig, gehässig und lächerlich und zeigt sie als Feinde humanistischer Werte, wie Geistesfreiheit, Bildung, Weltoffenheit, Toleranz, Individualismus und antikes Menschenbild. Als Anhänger der Scholastik sind sie von den Lehren eines Bonaventura, Duns Scotus und Albertus Magnus geprägt und von der Endgültigkeit ihres theologischen Weltbildes überzeugt. Crotus läßt sie das sog. „makkaronische" oder Küchenlatein sprechen, das inkorrekt und mit Deutschen verquickt ist und übertreibt dabei karikaturistisch. Er gibt ihre Denkmethode, ihren veralteten universitären Bildungsbetrieb, ihre eitle Neigung zum Verseschmieden, ihre stumpfen Argumente in den Disputationen mit den Humanisten, sowie ihre galanten Abenteuer, Freß- und Saufgelage und ihre Versuche, ihr Genießertum anhand von Bibelstellen mit der christlichen Lehre zu vereinbaren, dem Spott preis.

Die „E. o. v." enthalten auch viele Informationen über das eigene Lager der Humanisten, darunter Reuchlin, Buschius, Rhagius Aesticampianus und Ulrich von Hutten. Dieser ist, vielleicht mit Ausnahme von I, 1, am Grundwerk der „E. o. v." nicht als Mitverfasser beteiligt gewesen. Dagegen stammt ein Anhang von 7 Briefen in deren vorliegender dritter Ausgabe (Speyer 1516) von ihm. Obendrein ist er der Autor fast aller Briefe der Fortsetzung der „E. o. v." (s. Nr. 25).

### Nr. 25

Epistole Obscurorū virorū ad Magistrū Ortuinū Gratiū Dauentriensem Colonie latinas litteras profitentē nō ille qde veteres et prius visae: sed et noue et illis priorbq Elegantia argutijs lepore ac venustate longe

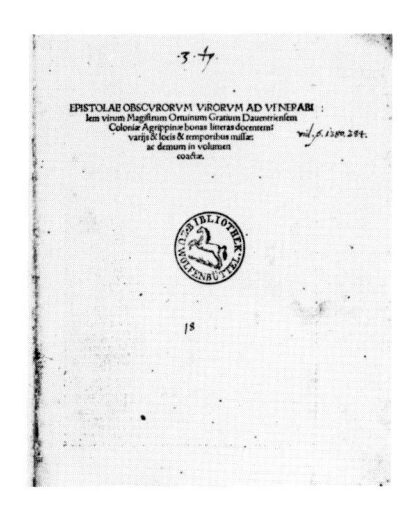

superiores. Ad Lectorem (...). (Briefe der Dunkelmänner an den Magister Ortvinus Gratius aus Deventer, der in Köln die Lateinische Sprache lehrt, jedoch nicht die alte und schon früher bekannte, sondern die neue, die jener früheren an Eleganz, Ausdruckskraft, Witz und Schönheit bei weitem überlegen ist.) (Speyer: Jakob Schmidt [spätestens Frühjahr] 1517.)
Benzing-Nr. 243; Böcking Suppl. 1, S. 181–300
Kat.-Nr. 3.42

Am 9. August 1516 bat Hutten von Bologna aus, während seines zweiten italienischen Aufenthaltes, seinen in Leipzig lehrenden Freund, den englischen Gräzisten Richard Croke („Crocus"), brieflich um Übersendung der „E. o. v." (s. Nr. 24), von deren rascher Verbreitung in Deutschland er gehört hatte. Am 22. August 1516 informierte er Crocus über den Empfang des Werkes. In Bologna schrieb er von Ende Juli bis Ende August 1516 die sieben Appendix-Briefe der dritten Ausgabe der „E. o. v." (Speyer 1516), und von Ende August bis in den November 1516 eine Fortsetzung dieser Satire. Von deren 62 Briefen werden 6 Nummern Jakob Fuchs, dem Würzburger Domherren (II, 13, 17, 29, 42) und Hermann von den Busche, gen. Buschius (II, 61, 62) zugeschrieben. Das Werk erschien anonym 1517 in Speyer.
Hutten setzt mit ihm die „E. o. v." des Crotus Rubeanus (s. Nr. 24) fort. Sein unbekümmerter Versuch gleicht ihnen in der Anlage. Ortvinus Gratius (1480–1542) wird von Freunden und Schülern voll naiver Verehrung und einfältigem Vertrauen angeschrieben. Die Briefe werden aus verschiedenen Städten auf den Weg gebracht, die meisten aus Rom. Beherrschendes Thema ist der „Judenbücherstreit", besonders der Stand des Reuchlin-Prozesses am päpstlichen Hof, wo er auf Betreiben des Kölner Großinquisitors Hoogstratens seit 1514 anhängig war – in den „E. o. v." II spiegelt sich die unentschiedene kirchenrechtliche Situation. Hutten verwertet in ihnen Informationen aus erster Hand, die er in Rom von Johann von der Wich, dem Sachwalter Reuchlins, und anderen von dessen Parteigängern, z. B. dem Privatsekretär des Papstes Jacobius de Questenberg, erhalten hatte. Das Ganze ist nicht aus einem einzigen künstlerischen Guß wie das Werk des Crotus, aber es birgt eine Fülle autobiographisch und kulturgeschichtlich wertvoller Einzelheiten: Eine Heerschau des deutschen Humanismus in Gestalt eines Reisegedichts, ein authentisch wirkendes Porträt des von ihm wie ein Vater verehrten Reuchlin, eine detaillierte Schilderung seiner – einem Obskuranten untergeschobenen Reise von Mainz nach Rom, Genrebilder italienischen Lebens, Streiflichter auf die venezianischen Kriege oder eine Charakteristik des Einzelgängers Erasmus.
Erst 1556 erschienen die beiden jeweils ungemein wirkungsvollen Teile der „E. o. v.", verfaßt von zwei Humanisten von sehr verschiedenem Temperament, in einer gemeinsamen Ausgabe.

Nr. 26
Arminivs Dialogvs Huttenicus, Quo homo patriae amantissimus, Germanorum laudem celebrauit. (Arminius, ein Huttenscher Dialog, in dem ein Mann, der sein Vaterland sehr liebt, das Lob der Germanen feierlich verkündet hat.) Haganoae in aedibus Iohan. Sec. 1529 (Hagenau: Johann Setzer 1529)
Benzing-Nr. 206; Böcking IV, S. 407–418
Kat.-Nr. 4.47

Huttens lateinischer Prosa-Dialog „Arminius" besteht aus einer einzigen Szene. Die Handlung spielt in der Unterwelt. Alexander dem Großen (356–423), Scipio Africanus dem Älteren (ca. 236/235–184/83) und Hannibal (ca. 247/46–182), kurz vorher vom Hades-Richter Minos in dieser Reihenfolge als Bester, Zweit- und Drittbester auf dem Gebiet der Feldherrnkunst eingestuft, entsteht in dem Cheruskerfürsten Arminius ein nachträglicher Konkurrent, der sich bei dem Urteilsspruch übergangen fühlt. In ihrer Gegenwart läßt Minos den Germanen von seinen Taten Zeugnis ablegen. Dieser hat das mächtige Rom zur Zeit seiner höchsten Blüte besiegt, nicht aus Ruhmsucht, sondern aus Tugend: Es ging ihm um die Rückeroberung der naturgesetzlichen Freiheit Germaniens. Minos gesteht ihm den ersten Platz zu. Da jedoch das einmal gefällte Urteil nicht geändert werden darf, wird Arminius zum bedeutendsten Vaterlandsbefreier erklärt.
Der Dialog ist hinsichtlich der Komposition und des Inhalts als Fortsetzung des 12. Totengesprächs von Lukian („Alexander und Hannibal") konzipiert, in dem sich Minos für jene Feldherren-Rangfolge entscheidet, ohne daß dabei von Arminius die Rede ist. Im Zentrum des Werkes steht Arminius' Selbstdarstellung. Hutten läßt, analog zu der Bekenntnis-Situation vor Minos bei Lukian, die Verdienste und Tugenden seines Helden von diesem selbst in allen Schattierungen ausbreiten. Dabei wirkt das Porträt glaubhaft, Hutten bemüht sich um historische Treue und Ausgewogenheit, freilich im Sinn seines patriotischen Standpunktes. Ohne direkte Anspielung auf Personen und Ereignisse seiner politischen Zeitsituation zu enthalten, macht das Werk Huttens Sorge um Germanien, um Deutschlands äußere Freiheit spürbar. So mag es wohl auch gegen die Macht des päpstlichen Roms im Deutschland seiner Zeit gerichtet gewesen sein.

Hutten zeichnet Arminius als starken, nichts weniger als amoralischen Fürsten (man vergleiche dagegen Macchiavellis „Il principe", entstanden 1513), dessen Tugenden ihn zur Organisation des Widerstands gegen die Römer instandsetzen, ihm aber auch zum Verhängnis werden, insofern sie Neid und damit das Motiv für seine Ermordung hervorrufen. Als einer der humanistischen Wortführer des erwachenden Nationalgefühls begründete Hutten mit seinem vaterländischen Dialog den Arminius-Kult in Deutschland.

Hutten war bereits in seiner Oderfrankfurter Studienzeit 1506/07 mit der Gestalt Arminius vertraut geworden. 1515 lernte er in Rom die „Annales" des Tacitus kennen, die dort im gleichen Jahr gedruckt erschienen waren (Bücher 1–6), jedoch mit päpstlichem Nachdruck-Verbot versehen, der ihre Kenntnis im damaligen Deutschland vereitelte. Das Werk entstand 1516–1517 (erster Entwurf in Bologna) und 1519 (Ausarbeitung auf der Steckelburg) und erschien postum 1529 in Hagenau.

### Nr. 27

C. Crispi Salvstii Flores, selecti per Hulderichum Huttenum equitem. (...). (Redewendungen des C. Cripus Sallustius, ausgewählt von Ritter Ulrich [von] Hutten.) In: Sallustius: C. Crspi Salvstii historici clarissimi (...). Parisiis apud Simone Colinaeu. 1530 (Paris: Simon Colines 1530).
Benzing-Nr. 199; Böcking V, S. 505 (Musterseite)
Kat.-Nr. 3.57

Den Abschluß dieses Bandes mit Sallust-Werken bildet ein von Hutten angelegtes Alphabet von Worten, die er im Winter 1516/17 in Auswahl aus den Schriften des römischen Historikers exzerpierte und die nachträglich (1536) vom Herausgeber der vorliegenden Ausgabe durch Fundstellen-Angaben mit dem Hauptteil verknüpft worden sind.

Huttens Register, von ihm nicht zur Veröffentlichung bestimmt, stammt aus der „Kurpfälzischen Beute" (s. Nr. 19).

### Nr. 28

Phalarismvs Dialogvs Hvttenicvs. (Tyrannentum in der Art des Phalaris. Ein Huttenscher Dialog.) (Mainz: Johann Schöffer März 1517).
Benzing-Nr. 52; Böcking IV, S. 1–25
Kat.-Nr. 2.23 u. 4.50

Während seines Aufenthaltes in Bologna (Juli 1516 – Anfang Mai 1517) nahm Hutten die Lektüre der Werke Lukians (etwa 120–180 n. Chr.) wieder auf, die er bereits 1507 in Frankfurt (Oder) begonnen hatte. Unter dem Einfluß dieses etwa auch bei Erasmus beliebten Autors schuf er den „Phalarismus". Das Buch erschien März 1517 in Mainz.

Hutten läßt die Handlung im Hades spielen – nach dem Vorbild der „Totengespräche" des Lukian. Er zeigt einen lebenden Menschen, einen Fürsten, den er „Tyrann" nennt, im Gespräch mit Phalaris, dem berüchtigten Tyrann von Agrigent (6. Jh. v. Chr.), der seinem deutschen Pendant im Traum erschienen ist, um ihn in die Unterwelt zu sich einzuladen. Von Phalaris möchte der Besucher lernen, wie er sich auf dem Gebiet der tyrannischen Menschenschändung vervollkommnen könne, und erhält viele detaillierte Hinweise. Was er indes umgekehrt Phalaris von seinen tyrannischen Regierungsmethoden zu erzählen weiß, läßt diesen in ihm seinen Meister erkennen.

Mit der Gestalt des Tyrannen, dessen Namen nicht genannt wird, meint Hutten den Herzog Ulrich von Württemberg. Im „Phalarismus" werden Grausamkeiten Ulrichs gegenüber seinen Untertanen und sein Mord an Hans von Hutten, dem Vetter des Dichters, zur Sprache gebracht. Auch die Flucht von des Herzogs Frau Sabina, die bei ihrem Mann ihres Lebens nicht mehr sicher war, zu ihren Verwandten nach Bayern (1515), findet Erwähnung (s. Nr. 20).

### Nr. 29

Cicero, Marcus Tullius: Des hochberůmpten Marcii Tulli Ciceronis bůchlein võ dem Alter (...). Getruckt in der Kayerlichen stat Augspurg in kosten vñ verlegung Sigismundi Grym̄. (...) 1522 (Augsburg: Sigmund Grimm 1522).
Benzing-Nr. 238; Böcking II, S. 152–153
Kat.-Nr. 3.6

Im Jahr 1517, nach seiner Rückkehr aus Italien, hielt sich Hutten auch in Bamberg auf. Hier war es, wo er, von etwa Ende Juli bis Mitte August, mit der Revision einer Übersetzung von Ciceros „Cato maior sive de senectute dialogus" (44 v. Chr.) ins Deutsche beschäftigt war. Der Initiator des Unternehmens, philosophische Cicero-Schriften zu verdeutschen, war Johann von Schwarzenberg (1463–1528), Jurist, Verfasser volkstümlich-lehrhafter Werke und Hofmeister bei dem freigeistigen Bamberger Bischof Georg III. Ein Ergebnis des volksbildnerischen Versuchs ist dieser Dialog, in dem

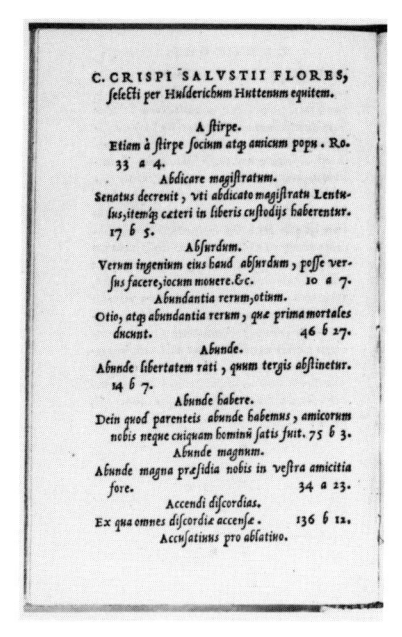

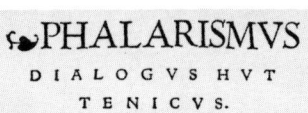

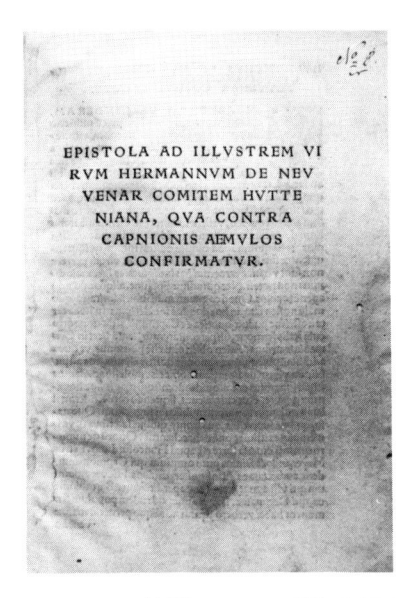

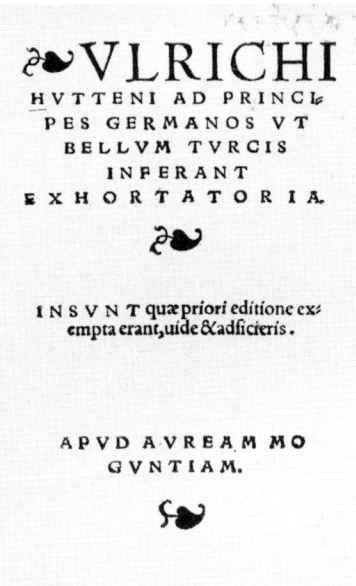

Cicero einen ehrwürdigen Mann, den 84jährigen Cato Maior (234–149), das Alter verteidigen läßt. Die Übersetzung vollzog sich in drei Schritten. Der Bamberger Hofkaplan Johann Neuber fertigte eine Übertragung an. Schwarzenberg, des Lateinischen unkundig, goß sie in das sog. fränkische Hofdeutsch um. Der frischgebackene „poeta laureatus" Hutten korrigierte schließlich das Zwischenprodukt anhand des lateinischen Originals auf sinnentstellende Fehler hin. Wie aus der Vorrede des „Verteutschers" (Böcking II, S. 152–153), also eher Neubers als Huttens, erhellt, war eine Übertragung von „synnen zu symen" das Ziel, mithin nicht Worttreue, sondern Allgemeinverständlichkeit ohne Sinnverfälschung – für „Teutsche", die „zu tugentlicher Unterweysung begierig sind".

### Nr. 30

Epistola ad illvstrem virum Hermannvm de Nevenar Hutteniana, qva contra Capnionis aemulos confirmatvr. (Huttenscher Brief an den berühmten Herrn Hermann von Neuenar, durch welchen er gegen die Ankläger Reuchlins gestärkt wird). (Mainz: Johann Schöffer nach 3. April 1518)
Benzing-Nr. 58; Böcking I, S. 164–168
Kat.-Nr. 3.40

Zu den Aufgaben Huttens als Hofrat bei Albrecht von Mainz gehörten auch Kurierdienste. Anfang April 1520 wurde er in einer solchen Mission von Halle nach Mainz geschickt. Bei seiner Ankunft fand er einen Brief des Grafen Hermann von Neuenar vor (Humanist, Theologe, Historiker; 1492–1530), der ebenso wie Hutten „Reuchlinist" war. Neuenar berichtet seinem Freund in dem Schreiben von Anfeindungen des Inquisitors Jacob von Hoogstraten gegen ihn, Neuenar – ausgelöst durch die Herausgabe eines reuchlinistischen Werkes von Giorgio Benigni („Detensio praestantissimi viri Johannis Reuchlin... Edidit Hermannus Neuenar" Rom 1517).
In seinem unverzüglich geschriebenen Antwortbrief vom 3. 4. 1520 (gedruckt nach dem 3. April 1518 in Mainz) versichert Hutten den Grafen seiner Bundesgenossenschaft. Er berichtet, wie antireuchlinistische Prediger, z. B. Peter Meyer und Bartholomäus Zehender, die schon in den „Dunkelmännerbriefen" angegriffen worden waren, die Kanzel dazu mißbrauchen, um gegen ihre Widersacher, darunter Hutten, zu polemisieren. Als Genosse in Not und Drangsal verspricht Hutten seinem Freund, an den Fürstenhöfen weitere Mitstreiter für den gemeinsamen Kampf zu werben. Sogar Albrecht von Mainz habe neulich eine Anti-Reuchlin-Schrift Pfefferkorns verächtlich ins Kaminfeuer geworfen. Hutten tröstet den Grafen mit dem Hinweis auf so berühmte Bundesgenossen wie Pirckheimer, Peutinger und Cuspinian, die kaiserlichen Räte Banisis, Spiegel und Stabius, sowie Budé, den französischen Humanisten, den er 1517 in Paris kennengelernt hatte.
In einer spöttischen Glosse verweist Hutten auf allerlei Mönchsgezänk – so auch auf die Wittenberger Bewegung. Der Name Luther wird nicht genannt. Für Hutten sind diese Vorgänge Ausdruck der Barbarei und Hindernisse für die Renaissance der Wissenschaft.

### Nr. 31

Vlrichi Hvtteni ad principes Germanos vt bellvm Tvrcis inferant exhortatoria (...). (Ulrichs von Hutten Ermahnungen an die deutschen Fürsten, den Türkenkrieg zu beginnen). (Mainz: Johann Schöffer Anfang 1519)
Benzing-Nr. 86; Böcking V, S. 97–113
Kat.-Nr. 4.49

Nur ungern hatte Hutten dem Drängen seiner im kaiserlichen Dienst stehenden Freunde nachgegeben und Oktober/November 1518 seine Türkenrede um antipäpstliche Passagen gekürzt drucken lassen (s. Nr. 35). Ende 1518 revidierte er auf der Steckelburg seine Entscheidung. Anfang 1519 erschien in Mainz der ungekürzte Urtext.
Die Ausgabe enthält wiederum die Zueignung an Konrad Peutinger. Neu ist eine Mitteilung an alle wahren und freien Deutschen („Ulricus Huttenus liberis omnibus ac vere Germanis..."; Böcking I, S. 240–42). Darin begründet Hutten seinen Entschluß, die Wahrheit zu sagen, mit seiner Pflicht als deutscher Patriot. Er warnt den römischen Hof vor dem Versuch, Deutschland die gesamte Freiheit zu nehmen, da es in diesem Fall zu einem Aufstand kommen werde.

### Nr. 32

Vlrichi de Hvtten equitis Germani. Avla. Dialogvs. Ad lectorem. (Der Dialog „Das Hofleben" des deutschen Ritters Ulrich von Hutten. An den Leser). In officina excusoria Sigismundi Grimm Medici, & Marci Vuyrsung 1518 (Augsburg: Sigmund Grimm u. Marx Wirsung 17. Sept. 1518).
Benzing-Nr. 72; Böcking IV, S. 43–74
außer Kat.

In den „Hundstagen" des Augusts 1518 schrieb Hutten den Dialog „Aula", der im folgenden Monat erschien. Es war in Augsburg zur Zeit des Reichstages (Juli–September). Hutten befand sich im Gefolge eines seiner Teilnehmer, des Erzbischofs und Kurfürsten Albrecht von Mainz (1490–1545), in dessen Dienst er 1517 als „Consilarius" getreten war. Der Leibarzt des Fürsten, der für die humanistische Idee aufgeschlossene Mediziner Heinrich Stromer von Auerbach (1482–1542) drängte ihn zur Abfassung der Hofkritik. Er hatte 1517 die Schrift „De curialum Miseriis" von Enea Silvio Piccolomini (1405–1465), die vom Elend der Höflinge handelt, herausgegeben. Von ihr ist Huttens „Aula" ebenso beeinflußt wie von Lukians „De mercede conductis", einer satirischen Zeichnung der Hausphilosophen. Eine nicht geringe Anzahl von Bildern und Metaphern verraten die nachhaltige Wirkung seiner Lektüre von Homers „Odyssee".

Der Dialog „Aula" wird von dem erfahrenen Höfling Misaules (Hofhasser) und dem Jüngling Castus bestritten, der an der Wirkungsstätte des Älteren sein Glück versuchen möchte. Der Ort und der Herr des Hofes werden nicht benannt. Hutten ist hier vorsichtig – immerhin steht er noch im Dienst Albrechts. Das Gespräch enthält eine Warnung vor dem Leben am Hofe in Gestalt eines bissigen Sittengemäldes. In dem Dialog wird die Abhängigkeit der Höflinge vom Fürsten sowie die Demoralisierung der meisten von ihnen durch Karriereinteressen und die Sorge um die materielle Existenz geschildert. Er endet mit der Desillusionierung des Castus und der neugierigen Hinwendung des Misaules zu einem gerade aus dem Gemach des Fürsten kommenden Höflingskollegen. Ob der seinen Herrn wohl bewegen konnte, ihm seinen Lohn auszuzahlen?

Der Ausgabe von 1518 ist ein an Papst Leo X. gerichtetes „Prognostikon" auf das Jahr 1516 beigefügt. (Böcking, Bd. III, S. 252–254). Das astrologisch-politische Briefgedicht gehört auch zur Augsburger Epigramm-Sammlung (s. Nr. 15), in die es sich wegen seiner Italien-Thematik sachlich besser als in die Edition von Huttens Dialog über das Hofleben einfügt. Es entstand 1516 auf der Reise nach Bologna.

### Nr. 33

Vlrichi de Hvtten equitis Germani. Avla. Dialogvs. Ad lectorem. (Der Dialog „Das Hofleben" des deutschen Ritters Ulrich von Hutten. An den Leser). Denuo impressa in officina Sigismundi Grim medici atqz Marci Vuyrsung Augustae Vindelicorum. 1519 (Augsburg: Sigmund Grimm u. Marx Wirsung 26. März 1519).

Benzing-Nr. 75; Böcking 4, S. 43–74
Kat.-Nr. 1.55

Diese vierte Ausgabe von Huttens „Aula" enthält die Zueignung an Heinrich Stromer von Auerbach, welche zugleich ein Vorwort zu dem Dialog ist, dann diesen selbst ohne Absatz zwischen Rede und Gegenrede, darauf das „Prognosticon" auf das Jahr 1516 an Leo X. und zuletzt, unter der Überschrift „Ad lectorem, librarii..." die Ankündigung eines Hutten-Werkes zum Lob der Trunkenheit, das aber, soweit bekannt, nicht erschienen ist.

### Nr. 34

Vlrichi de Hvtten eq. de Gvaiaci medicina et morbo gallico liber vnvs. (Ein einziges Buch des Ritters Ulrich von Hutten über das Guajak-Heilmittel und die Französische Krankheit). Mogvtiae (sic!) in aedibvs Ioannis Scheffer, 1519 (Mainz: Johann Schöffer April 1519).

Benzing-Nr. 103; Böcking V, S. 397–497 (synoptisch mit Thomas Murners Übersetzung ins Deutsche)
Kat.-Nr. 4.76

Huttens berühmte Schrift entstand Herbst 1518 in Mainz und wurde April 1519 daselbst gedruckt. Die Ausgabe enthält auch eine Dedikationsepistel Huttens an Albrecht von Mainz, in dessen Diensten er damals stand. Die Abhandlung selbst besitzt medizinhistorischen, kulturgeschichtlichen und autobiographischen Wert.

Ihr Thema ist die damals u. a. Franzosenkrankheit (Morbus Gallicus) genannte Syphilis, welcher Name 1520 hinzukam. Es geht um die zur Gattung des Guajakbaums gehörige Art Guaiacum officinale, die aus seinem Holz gewonnenen Heilmittel, die seit 1514 eingesetzt wurden, Behandlungsmethoden sowie Huttens Erfahrungen mit der Krankheit und der Kur, die zugleich eine Schwitz- und Hungertherapie war und die viele in Wahnsinn oder Tod trieb. Hutten, der sich vermutlich 1507 in Leipzig mit der Syphilis infiziert hatte, unterzog sich im Herbst 1518 in Augsburg einer vierzigtägigen Guajakkur. Danach wähnte er sich geheilt. Aus einem Gefühl religiös gestimmter Dankbarkeit heraus schrieb er sein Werk über das Guajakholz, eine Mischung aus Sachbuch und Erfahrungsbericht. Es besteht aus 26 Kapiteln.

Er beginnt mit einem Blick auf den Einbruch der Seuche in Europa gegen Ende des 15. Jahrhunderts. Er gedenkt der Rolle, welche der französische Eroberungskrieg gegen Neapel (1494) bei ihrer Verbreitung gespielt hat. Die Unsicherheit, die zu Huttens Zeit hinsichtlich der Ursachendeutung herrschte, spiegelt sich darin, daß Hutten mehrere mögliche Entstehungsgründe in Anschlag bringt, darunter den

Geschlechtsverkehr (Kap. 1). Er polemisiert gegen ungelehrte Ärzte, deren Behandlungsmethoden der Krankheit nicht gewachsen sind. Wirkliche Heilung sei nur mit Hilfe des Guajakholzes möglich, dessen Entdeckung in „Spagnola" (d. i. Santo Domingo) und Transport nach Europa er schildert. Er geht auf die Gewinnung und den Gebrauch der Guajak-Heilmittel ein und schildert detailliert seine Augsburger Kur. Er gibt Verhaltens-Fingerzeige für die Zeit während und nach der Genesung.

Im 19. Kapitel greift Hutten die deutschen Priester, Patrizier und Fürsten ob ihrer opulenten Lebensweise an und verweist auf die seiner Ansicht nach maßvollen, biederen und mannhaften Deutschen zur Zeit Karls des Großen und der Ottonen. Hutten dankt Gott für seine (vermeintliche) Heilung. Er deutet an, daß für ihn als Christen der Selbstmord, als Ausweg aus der Tortur der Franzosenkrankheit, nicht in Frage gekommen sei.

### Nr. 35

Vlrichi de Hvtten equitis Germani ad Principes Germaniae, vt bellum Turcis inuehant. Exhortatoria. (...). (Eine Aufforderung des deutschen Ritters Ulrich von Hutten an die deutschen Fürsten, den Türkenkrieg zu beginnen). In officina excusoria Sigismundi Grim̃ Medici, & Marci Vuyrsung, Auguste 1518 (Augsburg: Sigmund Grimm u. Marx Wirsung Okt./Nov. 1518).

Benzing-Nr. 85; Böcking V, S. 97–113 (ungekürzte Türkenrede)
Kat.-Nr. 4.48

Eins der Hauptthemen des Augsburger Reichstages sollte die Frage eines Krieges gegen die Türken sein. Hutten, damals im Dienst Albrechts von Mainz, gedachte hier eine Rede über die Notwendigkeit eines Kreuzzuges gegen das Osmanische Reich zu halten, führte die Absicht aber, vielleicht krankheitshalber, nicht aus. Der Text der geplanten Rede ist erhalten. Er entstand im April oder Mai 1518 in Halle und Mainz und wurde nach dem Augsburger Reichstag (Juli – Sept. 1518) gedruckt, in der vorliegenden gekürzten Form Okt./Nov. 1518 in Augsburg.

In seiner „Exhortatoria" redet Hutten den deutschen Fürsten ins Gewissen: Angesichts des Umstandes, daß die Türken unter Sultan Selim I. (1470–1520), dem Begründer osmanischer Vormachtstellung im Vorderen Orient, gegen das Abendland rüsten, sollen sie sich untereinander einigen und Kaiser Maximilian I. als Führer in dem sich als notwendig abzeichnenden Feldzug anerkennen. Er gibt einen Abriß der Geschichte des Osmanischen Reiches. Schlaftrunkene, so sagt er, können diesen Gegner nicht bezwingen. Er polemisiert gegen Deutschlands innere Zwietracht, die Fehden der Fürsten untereinander und prophezeit einen Volksaufstand, falls sich nichts ändert.

Am 25. Mai 1518 schickte Hutten die handschriftliche „Exhortatoria" an seinen Augsburger Freund Konrad Peutinger (Altertumsforscher, Humanist, Stadtschreiber; 1465–1548). Auf Anraten desselben und anderer Persönlichkeiten aus der Umgebung des Kaisers kürzte er die Rede um antipäpstliche Passagen. Die Augsburger Ausgabe vom Okt./Nov. 1518 enthält eine Widmungsvorrede Huttens an Peutinger (Böcking I, S. 173–174). Darin ist auch von Huttens Dichterkrönung durch Maximilian I. die Rede, die 1517 durch die Fürsprache Peutingers zustande gekommen war. Außerdem enthält sie eine in Versform abgefaßte Mahnung an „seine Germanen": ,,U l r i c h i  d e  H u t t e n  e q u i t i s  a d  G e r m a n o s  s u o s  e x h o r t a t o r i u m" (Böcking V, S. 135–136).

### Nr. 36

Vlrichi de Hvtten equitis ad Billibaldum Pirckheymer Patricium Norimbergensem Epistola vitae suae rationem exponens. (...). (Ein Brief des Ritters Ulrich von Hutten an den Nürnberger Patrizier Willibald Pirckheimer, in dem er über sein Leben Rechenschaft ablegt). In officina excusoria Sigismundi Grim̃ Medici, & Marci Vuyrsung, Augustae VindelicoR. 1518 (Augsburg: Sigmund Grimm u. Marx Wirsung 6. Nov. 1518).

Benzing-Nr. 83; Böcking I, S. 195–217
Kat.-Nr. 1.78 u. 3.31

Im November 1518 erschien in Augsburg der offene Brief Huttens, den er in der gleichen Stadt im Oktober 1518 während seiner Guajak-Kur (s. Nr. 34) geschrieben hatte, von der er sich Heilung von der „Franzosenkrankheit" versprach. Es ist eine optimistisch beschwingte Schrift, worin der Dreißigjährige sein bisheriges Leben resumiert, seine gegenwärtige Situation erläutert und seine Zukunftspläne enthüllt. Sie fand den Beifall Goethes (s. „Dichtung und Wahrheit") und mutet auch heute noch wegen ihrer autobiographischen Offenheit und psychologischen Einsichten recht modern an.

Der Nürnberger Humanist und Ratsherr Willibald Pirckheimer (1470–1530) war Freund und Briefpartner bedeutender Männer, wie Reuchlin, Erasmus, Dürer und Celtis, und sein Haus Versammlungsort der geistigen „Avantgarde". Er kannte Hutten schon einige Zeit, als er ihm etwa September/Oktober 1518 einen Brief schrieb (Böcking I, S. 193–194), worin er am Dialog „Aula" (s. Nr. 32, 33) mokante Kritik übte und sie mit dem Rat verband, sich ganz einem beschaulichen Gelehrtendasein zu widmen: das Ideal des deutschen Humanismus. In seinem Antwortbrief verteidigt Hutten seine Absicht, im Hofdienst

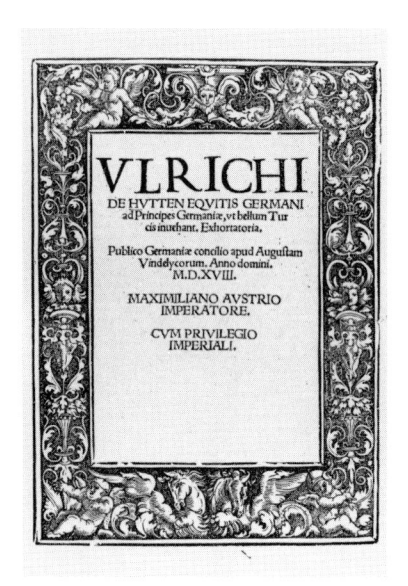

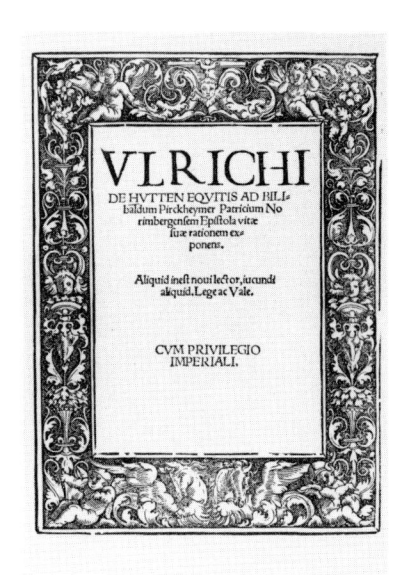

Albrechts von Mainz zu bleiben, gewähre ihm dieser doch Muße für seine Studien und die Schriftstellerei. Doch brauche er auch den Umgang mit Menschen, da er nicht allein sein könne. Er will auf die „vita activa" nicht verzichten. Sein Leben beginne jetzt erst eigentlich. Zur Ehre des Namens seiner Familie und seines Standes wolle er in Weltgeschäften Ruhm gewinnen. Zugleich bleibe er der Gelehrsamkeit treu, was aber außerhalb des Mainzer Hofes schwierig sei, denn unter den Rittern, den Angehörigen seines Standes herrsche Gefahr, Sorge und Not, man könne die Ritterburg nur in Waffen und Rüstung verlassen. Hutten legt ein begeistertes Bekenntnis zum Humanismus ab, preist besonders Nürnberg als Förderin der Wissenschaften und der Schönen Künste und beschließt seinen feurigen Brief mit den berühmt gewordenen Worten „O seculum! o litterae! Juvat vivere..." („O Jahrhundert! O Wissenschaft! Es ist eine Lust zu leben...")

Die zweite Ausgabe des Huttenschen Literaturbriefes an Pirckheimer (Benzing- Nr. 84) unterscheidet sich von der vorherigen nur äußerlich, und zwar durch eine andere, wiederum vom Petrarca-Meister (?) stammende Titel-Einfassung und ein verändertes Schriftbild.

## Nr. 37

Vlrichvs de Hvtten eques Germanus ad lectorem. (Ulrich von Hutten, deutscher Ritter, an den Leser). In: Stöffler, Johann: Calendarium Romanum magnum (...). Impressum in Oppenheym per Jacobum Köbel. 1518 (Oppenheim: Jakob Köbel 1518).
Benzing-Nr. 235; nicht bei Böcking (Abdr. in: Schriften des Vereins für Geschichte des Bodensees, H. 8, Lindau 1877, S. 57)
Kat.-Nr. 3.58

Der aus Justingen (Württemberg) stammende Johannes Stöffler (1452–1531) gehört zur mathematisch-naturwissenschaftlichen Richtung des deutschen Humanismus. Er war Konstrukteur von Uhren und Himmelsgloben, Geograph, Mathematiker, Astronom und Astrologe. Überdies beschäftigte er sich mit der Heilkunde. Der Freund Reuchlins und Huttens lehrte als Professor der Astronomie und Mathematik an der Universität Tübingen. Einer seiner Schüler war Melanchthon. Stöffler schrieb Werke astrologischen, astronomischen und geographischen Inhalts.

Stöfflers Werk ist eine kritische, ausführliche Erörterung des Julianischen Kalenders, der auf Betreiben Julius Caesars unternommenen Reform der altrömischen Zeitrechnung. Die Verbesserungsvorschläge, die Stöffler unterbreitet, wurden auf dem Tridentinischen Konzil (1545–63) gebilligt und gingen im Gregorianischen Kalender (1581) auf, der eine neue Osterfestregelung enthält und heute noch gültig ist. Der lateinischen Ausgabe von Stöfflers Werk ist das Epigramm an den Leser beigefügt.

Das Epigramm besteht aus acht Distichen. In dem konjekturbedürftigen Begleitgedicht preist Hutten das seltene, außerordentliche und Ingenium verratende Werk Stöfflers. Er weicht dem astronomisch-mathematischen Kern der Abhandlung aus und läßt sich von deren astrologischer Komponente anregen: Die Gestirns-Zeichen, die zu den Tagen gehören, lassen den richtigen Zeitpunkt erkennen, ein Werk zu beginnen. Man soll Sorge und Furcht verbannen. Nicht die Götter sind an unglücklichen Ereignissen schuld. Das blinde Glück vermag nicht viel. Die Sterblichen werden vom Schicksal geleitet. Dieses wiederum folgt den Gestirnen.

## Nr. 38

Febris. Dialogvs Hvttenicvs. (Das Fieber. Ein Huttenscher Dialog). (Mainz: Johann Schöffer Februar 1519).
Benzing-Nr. 91; Böcking IV, S. 27–41
Kat.-Nr. 5.15

Huttens Dialog „Febris I" entstand 1518 in Augsburg (Ende November) und wurde Februar 1519 in Mainz gedruckt.

Die den Einfluß Lukians verratende Satire ist auf das Wohlleben der Geistlichen und der reichen Bürger gemünzt, besteht aus einer Szene und wird von Hutten und dem in persona auftretende Fieber bestritten, das ihn heimsucht und zu belehren trachtet. Zu den Themen des fiebrig fließenden Gesprächs gehört der Augsburger Reichstag (Sommer 1518), an dem Hutten im Gefolge Albrechts von Mainz teilgenommen hatte. So ist vom päpstlichen Legaten und Kardinal Cajeetan (Thomas de Vio von Gaeta, 1469–1534) die Rede, der auf jener Versammlung die Türkensteuer auszuschreiben gefordert hatte. Wie man argwöhnte, sollte dies nicht der Kriegsfinanzierung dienen, sondern der aufwendigen Lebensführung des römischen Hofes zugute kommen. Hutten versucht sich von dem Fieber zu befreien und ihm Cajetan schmackhaft zu machen – vergeblich. Auch andere Vorschläge (Einnistung in einen Fürsten oder einen Fugger) finden kein Gehör. Hutten stellt bei dieser Gelegenheit lesenswerte Betrachtungen über das Wesen der Krankheit an. Schließlich kann er dem Fieber einen just aus Rom vom päpstlichen Hof in Augsburg angelangten Kurtisanen aufschwätzen.

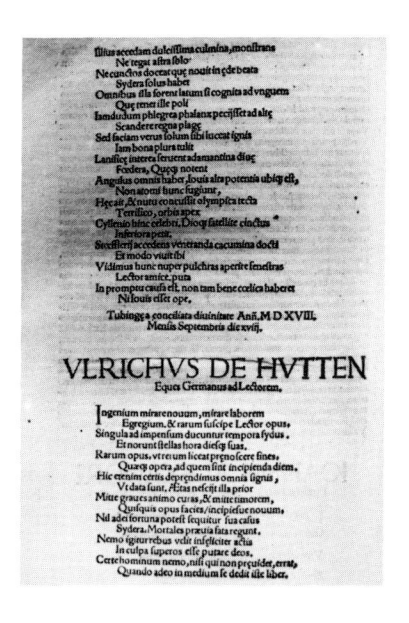

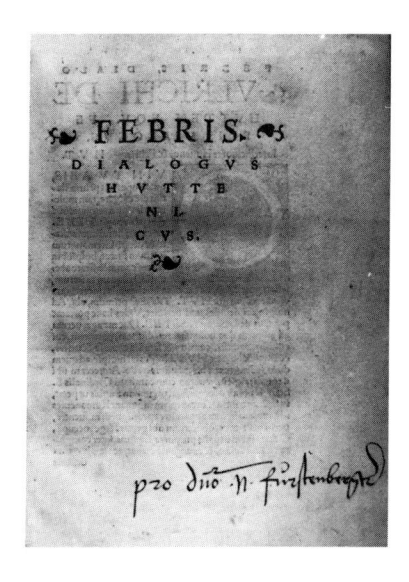

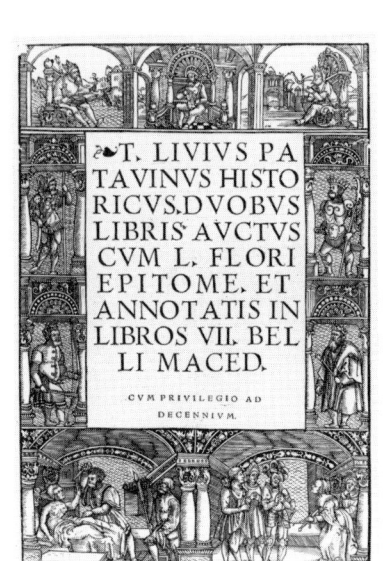

### Nr. 39

Ad reverendissimum (…) principem Albertum (…) Ulrichi Hutteni equitis in Titum Livium historicum libris auctum duobus praefatio. (Vorwort des Ritters Ulrich von Hutten zu dem um zwei Bücher vermehrten Geschichtswerk des Titus Livius; an den hochwürdigen Fürsten Albrecht gerichtet). In: Livius: T. Livivs Patavinvs historicus (…). Moguntiae in aedibus Ioannis Scheffer 1518 (Mainz: Johann Schöffer Nov. 1518/19).
Benzing-Nr. 236; Böcking I, S. 249–251
Kat.-Nr. 3.5

Zu Beginn des Jahres 1519 erschien in Mainz die nördlich der Alpen erste Ausgabe von Livius' ,,Ab urbe condita libri", die Geschichte des römischen Imperiums bis zum Jahr 9. v. Chr. Herausgeber waren die Humanisten Nikolaus Carbach (ca. 1485–1534) und Wolfgang Angst (ca. 1485–1523). Ihre mustergültige Textausgabe ist für unsere Livius-Überlieferung von Bedeutung, weil sie die Lesarten eines heute verlorenen Codex des 9. Jahrhunderts mitteilt, den Carbach in der Mainzer Dombibliothek gefunden hatte. Auf Wunsch der mit ihm befreundeten Herausgeber sowie der gelehrten Mainzer Domherren Truchseß, Zobel und Hatstein schrieb Hutten etwa Februar 1519 für die Livius-Ausgabe eine Zueignung an Albrecht von Mainz, zu dessen Hofstaat er damals gehörte.

In seiner Zueignung huldigt Hutten dem Mainzer Mäzen der Künste und der Wissenschaften. Für die Drucklegung der um zwei neuentdeckte Bücher bereicherten Edition komme nur Mainz in Frage – wegen der Erfindung der Buchdruckerkunst und der Förderung des Humanismus in dieser Stadt. Der Kurfürst ziehe die Gelehrten an seinen Hof. Deshalb sei er verdientermaßen der Schutzherr des Livius. Die Ehre, die Livius gezollt wird, färbe auch auf Albrecht ab. In der Zeit der Rückkehr zu wahrer Bildung habe man schon lange sehnlich auf Livius gewartet. Nun werde seine Darstellung der römischen Geschichte in Germanien dem Kurfürsten Albrecht zugeeignet und nicht in Italien Papst Leo X., wie die ,,editio princeps" der ,,Annales" des Tacitus durch Filippo Beroaldo aus dem Jahr 1515.

Der Huttenschen Dedikationsepistel an Albrecht folgt eine weitere von Erasmus von Rotterdam, voll Lobes für humanistisch gesonnene deutsche Fürsten und für den Drucker Johann Schöffer.

### Nr. 40

Huttenus. In: Aegidius, Petrus: Lamentatio Petri Aegidii in obitum Caesaris Maximiliani. (…) Argentorati: Joannes Scotus. 1519 (Straßburg: Johann Schott 1519).
Nicht bei Benzing; nicht bei Böcking
Kat.-Nr. 3.60

Aus Anlaß des Todes von Kaiser Maximilian I. am 12. 1. 1519 erschien – etwa im Mai des gleichen Jahres – in Straßburg ein Sammelwerk mit Beiträgen verschiedener Autoren, hauptsächlich des niederländischen Humanisten Petrus Aegidius (1486–1533), einem Freund des Erasmus von Rotterdam und Thomas Morus, der ihn zu Beginn seiner ,,Utopia" ehrenvoll anredet. Von Aegidius stammt der umfangreichste Beitrag, eine versifizierte ,,Lamentatio" auf den Tod Maximilians, die anschließend von Jakob Spiegel, dem kaiserlichen Sekretär, näher erläutert wird. Hier, wie auch in den anderen Teilen des Werkes (Totenklagen, einer Rede Germanias und Auszügen aus Geschichtswerken von Johannes Nauclerus, Baptista Egnatius und Riccardo Bartolini) geht es um des Kaisers ruhmreiche Taten, ritterliche Tugenden und Verdienste um die Künste, die Wissenschaften und den Humanismus. Zu den Verfassern gehören auch der Theologe, Pädagoge und Historiker Jakob Wimpheling (1450–1528) und der scholastische Kanzelredner und Volksschriftsteller Johann Geiler von Kaisersberg (1445–1510). Den Beschluß des als Geschichtsquelle wertvollen Konvoluts bildet ein vierzeiliges Epigramm Ulrich von Huttens mit dem Titel ,,Huttenus". Darin gemahnt er die deutschen Dichter an Aufgabe, zum Lob und Preis Maximilians Gedichte zu schreiben, ein Stoff, den zu behandeln sich lohne und Ehre verheiße.

### Nr. 41

Hvlderichi Hvtteni eq. Germ. Dialogi. (Gespräche des deutschen Ritters Ulrich [von] Hutten). Moguntiae ex officina libraria Ioannis Scheffer 1520 (Mainz: Johann Schöffer April 1520).
Benzing-Nr. 122; Böcking I, S. 75–100 (Fortuna); IV, S. 27–41 (Febris I); IV, S. 101–143 (Febris II); IV, S. 145–259 (Vadiscus); IV, S. 269–308 (Inspicientes)
Kat.-Nr. 4.20

Im April 1520 erschien die Sammlung in Mainz, in welcher Huttens nach dem formalen Vorbild Lukians angelegte Gespräche aus den Jahren 1518–1520 vereinigt sind. Sie beginnt mit ,,Fortuna", einem Gespräch, in welchem Hutten sich selbst als Dialog-Partner der Göttin porträtiert. Er philosophiert mit melancholischer Ironie über seine Glücklosigkeit im privaten Bereich. Das Einzige, was ihm Fortuna in ihren Antworten bietet, ist eine orakelhafte Deutung seiner Existenz: Glück werde sie ihm nicht spenden – auch nicht in Gestalt der Frau, die er heiraten möchte. (Die von ihm Umworbene, die Tochter des

Frankfurter Patriziers Glauburg, entschied sich für einen anderen Mann.) Der Dialog ist mit Huttens frühem Werk über die Tugend (s. Nr. 5) motivisch verwandt.

„Febris I" (s. Nr. 3).

In „Febris II" kehrt das Fieber zu Hutten zurück. Im Dialog geht es erneut um das liederliche, unchristliche Leben der Geistlichen. Als gottgefällige Alternative zum Konkubinenwesen wird die Ehe genannt.

Einer der schärfsten publizistischen Angriffe gegen die römische Kirche aus der Zeit der Vorreformation ist Huttens Dialog „Vadiscus sive Trias Romana". Hutten prangert in ihm die Kirche an, weil sie die nationale Freiheit Deutschlands beschränkt und das Land wirtschaftlich und finanziell ausbeutet. Es entsteht überdies ein erschreckendes Sittengemälde Roms. In Gestalt vieler dreigliedriger Merksprüche („Triaden") wird dem Klerus ein Spiegel vorgehalten, z. B. mit der Aussage, daß in Rom nichts mehr als Armut, Gottesfurcht und Gerechtigkeit verachtet werde. Hutten benutzte auch das Material einer deutschsprachigen Triadensammlung, die um 1518/19 gedruckt vorlag. Als Gewährsmann nennt er einen wanderpredigerhaften Geheimnisvollen namens Vadiscus. Im notdürftig künstlerischem Gewand eines Dialoges zwischen einem Patrizier Ernhold und ihm selbst faßt Hutten zusammen, was damals die deutsche Bevölkerung mit Grimm gegen das Herrschaftssystem der Kirche erfüllte.

„Inspicientes" zeigt den Sonnengott Sol und seinen Sohn Phaeton als Beobachter und Kommentatoren irdischen Geschehens während ihrer Fahrt im Himmelswagen. Angeregt durch ihre Eindrücke beim Blick auf das Treiben des Augsburger Reichstages empören sie sich über die römische Kirche, die Deutschland ausbeute. Alte deutsche Tugenden seien nur noch bei der Ritterschaft zu finden. Der päpstliche Legat Cajetan greift in das Gespräch ein. Sol und Phaeton äußern sich skeptisch über den Papst. Cajetan erklärt darauf die Griechengötter kurzerhand in den Bann.

Nr. 42

Vlrichi Hvtteni Eqv. ad illustris. principem dominum Ferdinandum Austriae archiducem in sequentem librum praefatio. (Dem allerdurchlauchtigsten Fürsten und Herren Erzherzog Ferdinand von Österreich gewidmetes Vorwort des Ritters Ulrich [von] Hutten zu dem folgenden Buch). In: De vnitate ecclesiae conservanda, et schismate (...). In aedibus Ioannis Scheffer Moguntini. 1520 (Mainz: Johann Schöffer März 1520).

Benzing-Nr. 219; Böcking I, S. 325–334

Kat.-Nr. 4.72

Diese Schrift, um 1086 in Kloster Hersfeld von einem unbekannten Mönch verfaßt, gehört zu den „libelli" aus der Zeit des Investiturstreits. Die fundamentale Streitschrift ist gegen die Gregorianer gerichtet. Ihr Autor verficht die Wiederherstellung der Kircheneinheit. Er verteidigt den Standpunkt und die Interessen Heinrichs IV. (1050–1106) in der Frage der Investitur der Bischöfe und Äbte. In Hinsicht auf die Zweiteilung der Herrschaft in geistliche und weltliche Gewalt sagt er, daß die kaiserliche und weltliche Gewalt von Gott stammen und der Papst das geistliche Regiment führen soll, ohne sich in die Machtsphäre des Kaisers einzumischen.

Hutten fand die Handschrift dieses Werks im Herbst 1519 in der Fuldaer Klosterbibliothek. Er gab dem Dokument seinen heute noch gültigen Titel. Der letzte (dritte) Teil des „Libells" war nur unvollständig erhalten. Die Handschrift ist heute verloren. Hutten besorgte die Drucklegung (es erschien im März 1520 in Mainz) und schrieb Nov.–Dez. 1519 eine Zueignung an Erzherzog Ferdinand, dem Bruder Karls V. Er gab sich der Illusion hin, den beiden jugendlichen Herrschern künftig als Berater bei ihrer Rom-Politik zur Seite stehen zu können. Nach seinem Willen sollten sie den Inhalt des Dokuments als eine Art Vermächtnis und Heinrich IV. als Vorbild begreifen, sich selbst also und Deutschland von der päpstlichen Herrschaft befreien. Davon handelt in der Hauptsache die Zueignung an den Erzherzog.

Im März 1520 schickte Hutten die Druckausgabe des Dokuments samt Zueignung nach Brüssel an Ferdinand. Dorthin reiste er Anfang Juni 1520 selber, in der vergeblichen Hoffnung, am Hof des Erzherzogs eine Stellung zu erhalten. Die drastische Kirchenkritik in der Zueignung hat ihn wohl um mögliche Gunstbeweise von seiten der beiden Habsburger gebracht.

Nr. 43

Ulrichi Hutteni in libellum Laurentii contra efficta et ementitam Constantini Donationem ad Leonem X. pontificem maximum praefatio. (Ein dem Papst Leo X. gewidmetes Vorwort Ulrichs [von] Hutten zur Streitschrift Lorenzo [Vallas] gegen die erfundene und erdichtete Kontantinische Schenkung). In: De donatione Constantini (...). (Basel: Andreas Cratander Ende 1519 od. Anfang 1520).

Benzing-Nr. 212; Böcking I, S. 155–161

Kat.-Nr. 4.25

Zwischen 752 und 850 entstand die sog. „Donatio Constantini" (Konstantinische Schenkung), eine Fälschung, deren Urheber unbekannt ist und den man in der Umgebung von Papst Stephan II. (gest. um

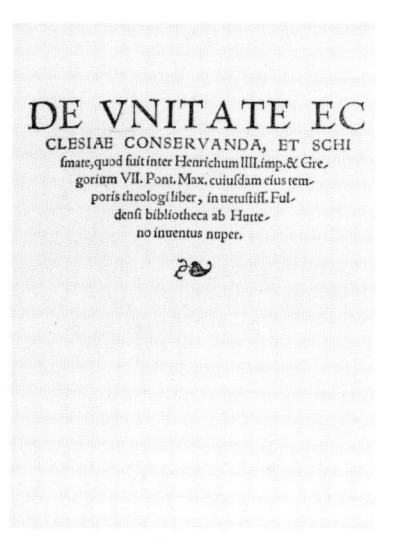

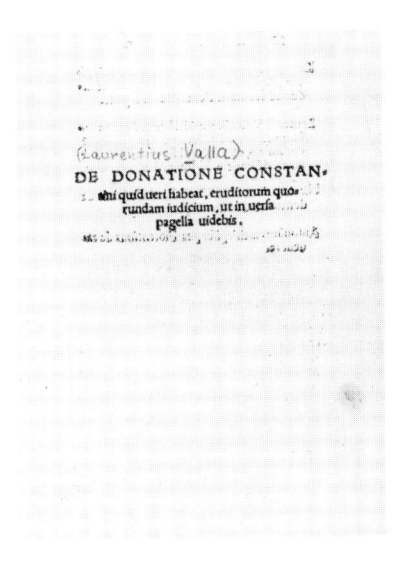

752/57) vermutet hat. Es handelt sich um einen Kaiser Konstantin dem Großen (um 285–337) angedichteten Erlaß, worin er Papst Silvester I. (gest. 335) und seinen Nachfolgern die westliche Hälfte des Römischen Reiches übereignet, angeblich, nachdem er von diesem getauft und von der Lepra geheilt worden sei. Das „Dokument" diente im Lauf der Zeit den Päpsten dazu, ihre Ansprüche auf weltliche Herrschaft zu begründen und ihre Stellung gegenüber dem Kaisertum zu stärken. Bald als echt, bald als Fälschung angesehen, wurde es erst 1440 von dem bedeutenden italienischen Humanisten Lorenzo Valla (1407–1457) temperamentvoll als Lügengespinst entlarvt: in dem Werk „De falso credita et ementita Constantini donatione declamatio".

Hutten fand das papstkritische Werk, vermutlich die gedruckte Ausgabe von 1506, kurz vor seiner Abreise aus Bologna, Ende Juni 1517 bei dem deutschen Humanisten Johannes Cochläus (1479–1552). Auf seinen Wunsch hin wurde ihm eine Abschrift davon nach Deutschland nachgeschickt. Ende 1519 oder Anfang 1520 gab er Vallas Abhandlung auf dieser Grundlage in Basel heraus.

Die fragliche Ausgabe enthält eine höhnische Widmungsvorrede Huttens an Papst Leo X., mit Datum vom 1. 12. 1517 – geschrieben auf der Steckelburg.

Mit ihm sei der bessere Geist der Päpste, nach soviel räuberischen Vorgängern, welche die irdische Herrschaft angestrebt und die Konstantinische Schenkung geltend gemacht hätten, erwacht: Ihm, dem Schöpfer des Friedens und Vertilger der Kriege, habe er Vallas Schrift, die seinen höchsten Beifall finden werde, zugeeignet.

Im Februar 1520 erhielt Martin Luther, der gerade Studien zur Geschichte des Papsttums trieb, von einem Freund die von Hutten herausgegebene Schrift Vallas. Ihre Lektüre trug dazu bei, sein Entsetzen über die Päpste zu steigern.

Nr. 44

Hvlderichvs de Hvtten liberis in Germania omnibus salvtem. (Ulrich von Hutten [entbietet] allen Freien in Deutschland seinen Gruß). In: De schismate extingvendo (...). (Mainz: Johann Schöffer nach 27. Mai 1520).
Benzing-Nr. 220; Böcking I, S. 349–352
Kat.-Nr. 4.26

Das Manuskript und Huttens Vorrede erschienen nach dem 27. 5. 1520 in Mainz und Hagenau im Druck. Das Werk stammt aus dem Ende des 14. Jahrhunderts (ca. 1381). Bis auf eine „Mahnung an die Deutschen" wurde das vermeintliche Sammelwerk vermutlich von einem Verfasser geschrieben, vermutlich von dem Prager magister artium und Theologen Adalbertus Ranconis de Ericione (gest. um 1388). Es besteht aus sechs fingierten Sendschreiben aus der Zeit des Abendländischen Schismas (1378–1417), die den Oxforder, Prager und Pariser Universitäten sowie Wenzel (König von Böhmen und Römischer König, 1361–1419) „untergeschoben" sind, und überdies einer „Exhortatio ad germanos...", die ca. 1431/32 dem Manuskript hinzugefügt wurde; ihr Verfasser ist unbekannt.

Hutten ließ dies Manuskript drucken, da er mit dem darin vertretenen Konziliarismus übereinstimmte, den er zur Linderung auch seiner gegenwärtigen Zeitsituation für empfehlenswert hielt. In seiner Vorrede an alle Freien in Deutschland macht er im Zusammenhang mit dem Manuskript-Geschenk Eschenfelders Angaben darüber, daß er kürzlich in der Fuldaer Klosterbibliothek Handschriften von Werken des Plinius, Solinus, Quintilian, Marcellus und anderer gefunden habe. Er schilt außerdem auf die Scholastiker seiner Zeit – und hält ihnen als Vorbilder jene mutigen Theologen vor Augen, welche „De schismate extinguendo" geschrieben hätten.

Huttens Vorrede schließt nach „Vive libertas" mit „Jacta est alea" – ein Motto, das er, alternierend mit „Ich habs gewagt" immer dann wie einen Wappenspruch aufrollt, wenn es ihm, wie auch in diesem Fall, um den Kampf gegen Rom und um die deutsche Freiheit geht.

Nr. 45

Epistola Vlrichi de Hvtten Equitis, Ad D. Martinum Lutherum Theologum. Vuittembergae. (Ein Brief des Ritters Ulrich von Hutten an den Theologen Doktor Martin Luther zu Wittenberg). (Wittenberg: Melchior Lotter d. J. 1520).
Benzing-Nr. 130; Böcking I, S. 355–356
Kat.-Nr. 4.42

Am 4. Juni 1520 brach Hutten von Mainz nach Brüssel auf. Am dortigen Hof des Erzherzogs Ferdinand von Österreich wollte er wegen einer Anstellung vorsprechen, die ihm in Aussicht gestellt worden war. Er hoffte auf den Fürsten – und über ihn auf seinen Bruder Karl V. – im Sinn der Kirchenreform und der Anweisung einwirken zu können. Am Tag seiner Abreise schrieb er seinen ersten Brief an Martin Luther. Er bezeichnet sich darin als seinen Anhänger und sieht sich und ihn in dem Bemühen vereint, die von päpstlichen Satzungen verdunkelte Lehre Christi wieder ans Licht zu bringen. Er wirbt um sein Vertrauen und um gemeinschaftliches Handeln. Er habe gehört, daß Luther in den Bann getan worden sei – was in Wirklichkeit erst später geschah. Er faßt die Exkommunizierung als Beweis für seine Größe und Bedeutung auf. Er bittet ihn, nur ja vorsichtig zu sein, da sein Fall der allgemeinen Sache schaden würde und übermittelt ihm ein Schutzangebot Franz von Sickingens, das aber von Luther nicht wahrgenommen wurde.

Hutten kehrte Anfang August 1520 unverrichteter Dinge aus Brüssel zurück. Es ist möglich, daß ihm Ferdinand nicht einmal eine Audienz gewährte. Der von Hutten unterschätzte Einfluß des römischen Hofes hatte sich ausgewirkt, wo man seine offene publizistische Kampfansage an die Kirche („Vadiscus", „Inspicientes" – s. Nr. 41) zur Kenntnis genommen und seine inquisitorische Verfolgung in die Wege geleitet hatte.

## Nr. 46

Bvlla Decimi Leonis, contra errores Martini Lutheri, & sequacium. (Bulle Papst Leos X. gegen die Irrtümer Martin Luthers und seiner Gefolgschaft). (Straßburg: Johann Schott vor 8. Nov. 1520).
Benzing-Nr. 222; Böcking V, S. 301–333 (Text der Bulle samt der Glossen Huttens)
Kat.-Nr. 4.41

Am 15. 6. 1520 erließ das päpstliche Konsistorium in Rom die Bannandrohungsbulle „Exsurge Domine" („Erhebe Dich, o Herr") gegen Luther. An dem Verdammungsgericht waren Cajetan und Eck maßgeblich beteiligt; letzterer wurde ob seiner „Verdienste" zum päpstlichen Nuntius ernannt. Die beiden ließen im September 1520 die Bulle an den Kirchen verschiedener deutscher Städte, z. B. Brandenburg, Meißen und Merseburg anschlagen. Diese Aktion wurde mit gemischten Gefühlen von der Bevölkerung aufgenommen. Auch Opposition regte sich. In Erfurt wurde die Bulle zerrissen. Man belagerte Eck in seiner Wohnung.

Hutten blieb nicht untätig. Er ließ die Bannandrohungsbulle, versehen mit dem päpstlichen Wappen auf dem Titelblatt, Glossen sowie einer Vorrede an die Leser und, als Abschluß, einem Sendschreiben an Leo X. vor dem 8. 11. 1520 in Straßburg drucken. Sein Anteil an der Ausgabe entstand September/Oktober auf der Ebernburg und in Straßburg.

In der Bulle werden 41 Sätze von Luthers Lehre teils als ketzerisch, teils als anstößig und falsch eingestuft. Diejenigen Schriften Luthers, in denen sie begegnen, sollen verbrannt werden (s. Nr. 49, 51). Jegliche Predigttätigkeit wird ihm untersagt. Der Bann gegen ihn und seine Anhänger, darunter Hutten, wird für den Fall angedroht, daß er seine Lehre 60 Tage nach Anschlag der Bulle nicht widerrufen haben sollte. Hutten sucht mit seinen Glossen, die sich teils am Rand des Textes befinden, teils diesen unterbrechen, den Inhalt der Bulle zu entkräften und zu demaskieren.

Mit der Bulle, so Hutten in der Vorrede an die Deutschen (Böcking I, S. 420–431), soll das Wiederstarken der Freiheit unterdrückt werden. Er stellt Luthers Angelegenheit und die seine, ohne zu differenzieren, als eine Sache der ganzen deutschen Nation hin.

Der sarkastisch kommentierten Bannandrohungsbulle schließt sich ein Schreiben Huttens an Leo X. an (Böcking I, S. 431–432), worin er ihm erklärt, daß man seiner Bullen und des Ablaßhandels bis zum Ekel überdrüssig sei und ihn auffordert, Luther und seine Anhänger in Ruhe zu lassen.

## Nr. 47

Hoc in libello haec continentur! Vlrichi De Hutten, Equitis Germani, ad Carolum Imperatorē, aduersus intentatam sibi a Romanistis vim & iniuriam, Conquestio. (...). (In dieser Streitschrift ist Folgendes enthalten: Eine Klage des deutschen Ritters Ulrich von Hutten an Kaiser Karl über die Gewalt und das Unrecht, die ihm von den Romanisten angedroht worden sind [...]). (Straßburg: Johann Schott nach 28. Sept. 1520).
Benzing-Nr. 132; Böcking I, S. 371–419
Kat.-Nr. 4.23

Huttens „Conquaestio", September 1520 auf der Ebernburg verfaßt und nach dem 8. September 1520 in Straßburg gedruckt, besteht aus offenen Briefen an fünf verschiedene Adressaten: Karl V., alle Stände deutscher Nation, Albrecht von Mainz, Friedrich den Weisen von Sachsen und Sebastian von Rotenhan (Huttens Schwager am Mainzer Hof). Anlaß ihrer Abfassung ist die Lebensgefahr, in der Hutten sich fühlte.

Am Hof des Erzherzogs Ferdinand in Brüssel hatte Hutten im Sommer 1520 erfahren, daß der Papst, erzürnt über Kampfschriften wie „Vadiscus", von Kaiser und Fürsten seine Auslieferung an das apostolische Tribunal in Rom verlangt habe. Auch seien Mordgedungene ausgeschickt worden, ihn mit Gift oder Eisen umzubringen. Hutten stellt in seiner „Conquaestio" klar, daß für ihn als deutschen Adligen der Papst juristisch nicht zuständig sei. Ihm gebühre ein Prozeß in Deutschland, ein Verhör vor dem Kaiser.

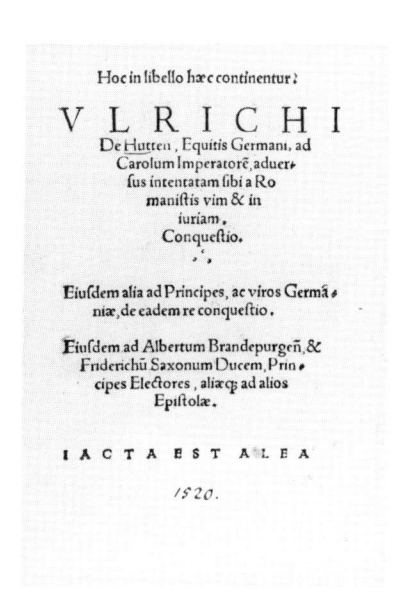

Hutten versichert unschuldig zu sein. Mit seinen Büchern habe er der Wahrheit, der Freiheit des Vaterlandes und der Macht des Kaisers gedient. Zugleich erneuert er seine Anklage gegen Rom. Im Klageschreiben an alle Stände deutscher Nation bittet er die Deutschen um Schutz, nachdem er mit Hilfe seiner Schriften soviel für sie und ihre Freiheit getan habe. Wirkungsvoll entdeckt er ihnen, was mit den z. B. durch Ablaßkrämer dem Volk abgelockten Geldern geschehe: Sie dienten der Finanzierung der Mißwirtschaft des römischen Hofes.

Albrecht von Mainz, vom Papst aufgefordert, Hutten nach Rom zu überantworten, ist ein weiterer Adressat eines Klagschreibens, das eine Art Appell zur Neutralität darstellt. Der Fürst, aus dessen Dienst Hutten August 1519 ausgeschieden war, wird vor der Bosheit und Heuchelei Roms gewarnt. Hutten bedauert, nun Höfe und Städte, darunter das goldene Mainz, meiden zu müssen. Im Brief an Friedrich den Weisen von Sachsen (1463–1525) ruft er ihn zum Kampf gegen die Papstkirche auf. Er gemahnt ihn an den Stolz und Freiheitssinn der alten Sachsen. Was würde ein Arminius dazu sagen, daß die Deutschen heute weichen Pfaffen und weibischen Bischöfen unterworfen seien? Er selbst, Hutten, wolle nicht die Zerstörung der Kirche, aber den Ersatz des verweltlichten Klerus durch wahrhaft fromme und gelehrte Geistliche. Es ist unüberhörbar, daß Hutten nicht viel Hoffnung in die deutschen Fürsten setzt.

### Nr. 48

Clag vnd vormanũg gegen den übermässigen vnchristlichen gewalt des Bapsts zů Rom (...). (Straßburg: Johann Schott Okt./Nov. 1520).
Benzing-Nr. 144; Böcking III, S. 473–526
Kat.-Nr. 4.24

Huttens „Conquaestio" (s. Nr. 47) vom September 1520 hatten beim Publikum, besonders aus den Reihen des Klerus, Aufregung und Mißdeutung hervorgerufen. Mit der vorliegenden „Volksausgabe" wichtiger Anklagepunkte versuchte Hutten, seine Auffassung jedermann klarzumachen. Er wählte deshalb erstmals die deutsche Sprache.

Das Werk entstand im Herbst 1520 auf der Ebernburg und wurde Oktober/November 1520 in Straßburg gedruckt. Mit seinem agitatorischen Reimgedicht propagiert Hutten einen Krieg gegen die verweltlichten Vertreter Roms in Deutschland, der vom Kaiser an der Spitze der Reichsritter und Landsknechte geführt werden soll. Er sieht sich selbst als Beispiel dafür an, wie die Wahrheit durch die „Romanisten" verfolgt wird. Der Grund, weshalb vom Papst gesandte Häscher nach ihm fahndeten, um ihn gefangen dem Apostolischen Tribunal, und das heißt dem sicheren Tod zu überantworten, seien seine papstfeindlichen Schriften, worin jedoch die Wahrheit stehe. Er begreift sich selbst und Luther an exponierter, gefährdeter Stellung in der antirömischen Front und in einer von Hus und Hieronymus von Prag ausgehenden Tradition.

Hutten führt den Lesern einmal mehr vor Augen, wie die Deutschen durch Rom beraubt und arm gemacht werden, wobei das Geld zur Finanzierung der weltlichen Gelüste der ungeistlichen Geistlichen aufgebracht werde. Doch gebe es auch im christlichen Sinn vorbildliche Kleriker.

Die Zwischenüberschriften am Rand stammen vermutlich von Martin Butzer, Huttens Mit-Flüchtling auf der Ebernburg.

### Nr. 49

Vlrichi ab Hutten, Equitis Germ. Exclamatio, in incendium Lutheranum. (Empörungsschrei des Ritters Ulrich [von] Hutten gegen die Verbrennung Lutherischer Bücher). (Wittenberg: Johann Rhau-Grunenberg 1521).
Benzing-Nr. 149; Böcking III, S. 451–455
Kat.-Nr. 4.43

Dieses Gedicht, eins der letzten lateinischen Gedichte Huttens, entstand zwischen dem 15. und 25. 11. 1520 auf der Ebernburg und wurde 1521 in Wittenberg veröffentlicht. Thema des Flugblattes ist die Verbrennung lutherischer Schriften am 12. 11. 1520 in Köln, veranlaßt unter Einverständnis Karls V. vom päpstlichen Nuntius Hieronymus Aleander, der damit einer Forderung in der Bannandrohungshalle „Exsurge Domine" (s. Nr. 46) genügte. Die 64 Hexameter des heroischen Gedichts sind die äußere Form von Huttens „Aufschrei" zu Gott, dem er die Untat der Bücherverbrennung klagt. Die so vernichteten Werke Luthers hätten das göttliche Wort, die Wahrheit enthalten. Das Feuer bedeute Empörung gegen Gott und sein Gesetz. Die Rache solle Aleander und Leo X. treffen. Das eindrucksvolle Gedicht schließt mit Huttens Wahlspruch „Jacta est alea".

### Nr. 50

Dialogi Hvttenici noui, perquam festiui. (Neue, ungemein witzige Huttensche Gespräche). (Straßburg: Johann Schott nach 13. Jan. 1521).
Benzing-Nr. 161; Böcking IV, S. 309–406
Kat.-Nr. 4.70

Huttens „Dialogi novi" sind eine szenische Bilderfolge zur jüngsten reformatorischen Entwicklung. Überdies spiegelt sich in ihnen die Situation der Ritter, die an politischer Macht verloren hatten und um

Geldmittel und Bündnispartner verlegen waren. Sie entstanden zwischen Februar 1520 und Januar 1521 auf der Ebernburg und erschienen Anfang 1521 in Straßburg. Die Gesprächssammlung, eines der bedeutendsten Werke Huttens, enthält eine kurze Zueignung vom 13. 1. 1521 an Sickingens Nachbarn, den Pfalzgrafen Johann II. von Simmern-Sponheim (Böcking II, S. 3; IV, S. 310).

Als Verteidiger der deutschen Freiheit stellt Hutten sich im ersten Dialog „Bulla vel Bullicida" vor, einer possenhaften Szene. Die deutsche Freiheit und die Bannbulle gegen Luther treten als Personen auf. Die „libertas", von der „bulla" mißhandelt, findet in Hutten, dem „bullicida" (Bullentöter), ihren Retter. Er bekundet seine Verachtung für die unchristlichen Papisten und seinen Respekt für die Ebernburg Franz von Sickingens, der „Herberge der Gerechtigkeit". Scharen von Kurtisanen eilen der Bulle zu Hilfe. An der Spitze eines Heeres taucht Sickingen auf. Die Höflinge entfliehen. Die mit bösen Eigenschaften und Lastern prall gefüllte Bulle zerplatzt. Hutten bedient sich hier der Bedeutung von „bulla" als „Blase".

Ein Mahner oder Warner („Monitor I") begründet in einer Unterredung mit Luther seine Absicht, sich von ihm loszusagen. Der Versuch seines Gesprächspartners, ihn durch Darlegung seiner Lehre und der Beweggründe der Reformation umzustimmen, scheitert, weil der Monitor, wie er zuletzt verrät, Aussicht hat, Kardinal zu werden. Das aber bedeutet, so glaubt Luther, daß seine Seele nicht mehr gerettet werden kann – er habe sie verkauft.

In „Monitor II" wird Sickingen von einem Warner darüber unterrichtet, daß er, Sickingen, auf dem Wormser Reichstag wegen seines Eintretens für Luther und Hutten ins Gerede gekommen sei und der Ketzerei verdächtigt werde. Der Ritter vermag jedoch den „Monitor" von der Richtigkeit seiner reformatorischen Haltung zu überzeugen. Karl V. sei von päpstlich gesonnenen Ratgebern verblendet. Sickingen will auf eigene Faust den „Pfaffenkrieg" – den Krieg gegen die geistlichen Fürsten – beginnen. Er läßt offen, ob er notfalls sogar zur Rebellion gegen den Kaiser bereit ist. Hutten empfiehlt mit diesem Dialog Sickingen als Anführer eines Krieges gegen Rom und charakterisiert Luther als schutzbedürftigen Erneuerer des Evangeliums.

In „Praedones" (Die Räuber), dem monumentalen Hauptstück der Sammlung, sind Hutten, Sickingen und ein Kaufmann Unterredner. Im Gespräch entfaltet sich ein Gemälde des Ständestaates Deutschland unter dem Gesichtspunkt der Räuberei.

Huttens Propaganda geht hier auf ein Bündnis zwischen der Ritterschaft und den finanzstarken freien Städten, gerichtet gegen Roms Herrschaft in Deutschland. Der Kaufmann bietet Hutten und Sickingen zunächst Paroli und beschuldigt die Ritterschaft der Räuberei, ohne dabei seine leicht bedrohlichen Gesprächspartner auszunehmen, erliegt dann aber ihrer demagogischen Überzeugungskunst und wird zum bloßen Beipflichter. Hutten und Sickingen, nachdem sie das Raubrittertum verharmlost haben, richten ihren eigentlichen Angriff gegen die übrigen „Klassen" von Räubern, einmal die Kaufleute (besonders die Fugger), dann die bei den Fürsten einflußreichen Schreiber und Juristen und schließlich gegen den Klerus, dem neben materieller Ausbeutung des Volkes auch vorgeworfen wird, die echte Frömmigkeit, ja das Seelenheil Einzelner zu gefährden.

Die Gesprächspartner reichen sich zuletzt die Hand – literarischer Ausdruck eines Wunschtraumes von Versöhnung und Bündnis der Ritterschaft mit den freien Städten, der nicht in Erfüllung gehen sollte.

### Nr. 51
Eyn Klag über den Luterischen Brandt zu Mētz durch herr Vlrich vonn Hutten. (Worms: Hans [Werlich] von Erfurt Anfang 1521).
Benzing-Nr. 152; Böcking III, S. 455–459
Kat.-Nr. 4.44

Eine weitere Verbrennung von Schriften Luthers nach der Aktion vom 12. 11. 1520 (s. Nr. 49) erfolgte am 29. 11. 1520 in Mainz, wiederum auf Betreiben Aleanders. Abermals reagierte Hutten mit einem politisch-religiösen Protestgedicht. Es entstand zwischen dem 30. 11. und 9. 12. 1520 auf der Ebernburg und wurde Anfang 1521 in Worms gedruckt. Das Werk ist, bei manchen inhaltlichen Berührungspunkten, keine Übersetzung der lateinischen Behandlung des Themas. Da Hutten jetzt das Volk und nicht nur Latein-Kundige aufrütteln wollte, wählte er die deutsche Sprache. In ihr bringt er zum Ausdruck, daß er in der Verbrennung von Luther-Drucken eine Ermordung der göttlichen Wahrheit sieht. Er klagt zu Gott über den unchristlichen Zustand auf der Erde und legt die Pervertierung der ewigen Wertmaßstäbe dem Papsttum zur Last. Dem wahren Gottesknecht Luther bietet er seine Hilfe an, er wolle an Gut und Blut nicht sparen. Das volksliedhafte Gedicht schließt mit dem Ausdruck der Zuversicht, daß Gott die Gerechten nicht verlasse und der deutschen Variante seines „Jacta-est-alea"-Wahlspruchs: „Ich habs gewagt".

### Nr. 52
Enndtschüldigung Vlrichs von Hutten Wyder etlicher vnwarhafftiger außgaben von ym als solt er wider alle geystlichkeit vnd priesterschafft sein mit erklǟrūg etlicher seiner geschrifften. (Worms: Hans [Werlich] von Erfurt 1521).

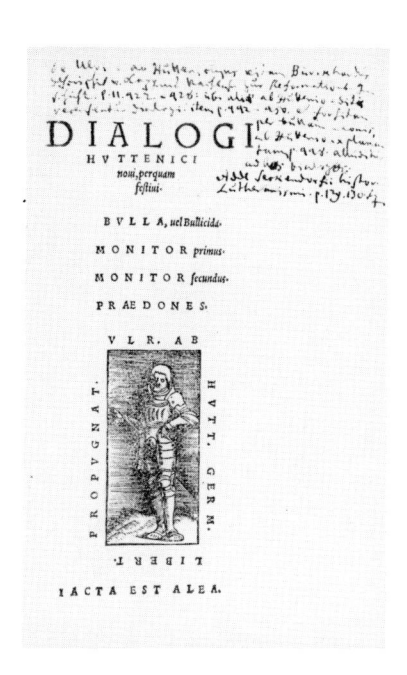

Benzing-Nr. 159; Böcking II, S. 130–149
Kat.-Nr. 4.75

Die im Dezember 1520 auf der Ebernburg geschriebene und Anfang 1521 in Worms gedruckte „Entschuldigung" ist Huttens direkte Prosaentgegnung auf Polemik gegen ihn, die durch die Veröffentlichung seiner „Clag und Vormanung" (s. Nr. 48) unter der Geistlichkeit ausgelöst worden war. Hutten versucht darin, die Schuldvorwürfe zu entkräften (er entschuldigt sich also nicht im landläufigen Sinn) – zum Teil, indem er Belegstellen aus der „Clag und Vormanung" zitiert. Er verwahrt sich dagegen, ein Pfaffenfeind zu sein, greife er doch nur den ungeistlichen Teil der Geistlichkeit an, nicht aber die „würdige", d. h. gottesfürchtige, gelehrte, weltlichem Besitz abholde Priesterschaft. Ihr sei er von Herzen geneigt. Ausdrücklich, ja inständig bittet er sie, ihn nicht mehr als Feind anzusehen. Die Frage nach seinem Verhältnis zur Obrigkeit beantwortet er dahin, daß er mit seinen Klagschriften die Fürsten aufzurütteln versucht habe. Bleibe die Obrigkeit passiv, sei der Aufruhr des „unsinnigen Volks" zu befürchten. Autobiographisch aufschlußreich ist Huttens Reaktion auf die Behauptung, er sei selber Mönch. Er bestreitet sie, habe er doch das Kloster Fulda, dem er von seinen Eltern in „andächtiger guter Meinung" im Alter von elf Jahren anvertraut worden sei, wieder verlassen, ohne dort Mönch geworden zu sein. Indessen haben ihre Urheber, von Hutten „Winkelschelter" und „Speyvögel" genannt, vielleicht nicht Unrecht gehabt – neuere Forschung deutet darauf hin.

Nr. 53
Gespräch büchlin herr Vlrichs von Hutten. Feber das Erst. Feber das Ander. Wadiscus. Oder die Römische dreyfaltigkeit. Die Anschawenden. (Straßburg: Johann Schott Anfang 1521).
Benzing-Nr. 125; Böcking IV, S. 27–41 (Feber I: lat.-dt. Synopse); S. 101–308 (die übrigen Gespräche: lat.-dt. Synopse)
Kat.-Nr. 4.22

Nach dem Erscheinen der ersten lateinischen Fassung seiner Dialoge im April 1520 (s. Nr. 41) war für Hutten am Hof des Erzbischofs Albrecht von Mainz kein Bleiben mehr. Trotz der Hilfe Sickingens, mit dem er seit dem Feldzug gegen Ulrich von Württemberg (1519) befreundet war, gelang es ihm nicht, am Hof des Erzherzogs Ferdinand von Österreich eine Anstellung zu erhalten. Seit September 1520 im Schutz der Ebernburg, verdeutschte er dort bis Ende Dezember 1520 einige seiner „Dialogi", die Anfang 1521 in Straßburg erschienen.
Die Prosa-„Vorred" des „Gesprächsbüchleins" (Böcking I, S. 447–449) ist an Franz von Sickingen gerichtet. Dieser wird von Hutten gepriesen, weil er ihm auf der Ebernburg, der „Herberge der Gerechtigkeit", Schutz und Gastfreundschaft gewährt.
In einem lyrischen Vorspruch an den Leser (Böcking I, S. 450) heißt es, die Wahrheit sei wiedergeboren, und er werde ihr weiterdienen, trotz Bann und Acht und des Weinens seiner frommen Mutter. Neu, im Vergleich zu den „Dialogi", ist ferner die „Beschlußred" (Böcking Bd. I, S. 451–452), worin Hutten sich als im Dienst Gottes, des Vaterlandes und der Wahrheit begreift.

Nr. 54
Gesprechbiechlin Neüw Karsthans. (Straßburg: Matthias Schürer 1521).
Nicht bei Benzing; Böcking IV, 649–681
Kat.-Nr. 4.28

Handlungs-, Entstehungs- und Erscheinungsjahr ist 1521. Aus Anspielungen im Dialog ergibt sich der zeitgeschichtliche Hintergrund: Der 2. Wormser Reichstag (1521) sowie Sickingens bevorstehender Feldzug gegen Frankreich im Auftrag Karls V.
Die Verfasserschaft bezüglich des „Gesprächsbiechlin Neüw Karsthaus" („neu" im Hinblick auf eine frühere Flugschrift mit einem gleichnamigen Helden) ist nicht gänzlich geklärt: Vermutlich ist der Reformator und Sickingen-Verehrer Martin Butzer der Autor, Hutten hingegen der sprachliche Bearbeiter und Verfasser des Vorspruches an den Leser. Hutten, Butzer und andere Luther-Anhänger weilten damals als Gäste Sickingens im Schutz der Ebernburg.
Protagonisten des Gesprächs sind Franz von Sickingen und Karsthaus. Auch in anderen Flugschriften wurden Bauern mit diesem Namen bedacht. Er ist von „Karst" abgeleitet, der Bezeichnung für eine zweizinkige Erdhacke, mit welcher die Bauern arbeiteten.
In dem Dialog bittet der arme Bauer Karsthaus, aus nichtigem Grund von seinem Offizial mit Ablaß und, als er diesen nicht ganz zahlen kann, mit dem Bann gedemütigt, Franz von Sickingen um Hilfe, der zu seinen Gunsten an den Bischof einen Brief schreiben will.
Über die Situation Deutschlands und der Kirche Christi besorgt, sind sich Sickingen und Karsthaus in ihrer Ablehnung des derzeitigen Papsttums und in der Parteinahme für Luther und seine Sache einig. Sie bringen mancherlei Gründe dafür vor und entwerfen ein Bild der Geistlichkeit, wie sie sein sollte. Wiclif,

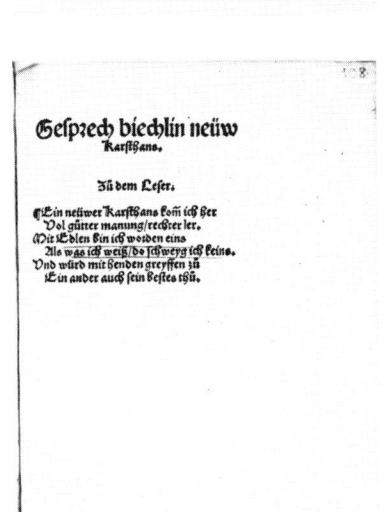

Hus, Ziska werden mit Achtung genannt. Über die Frage einer Erhebung gegen die römische Geistlichkeit wird unterschiedlich geurteilt. Karsthaus meint, man solle mit „pflegeln und Kärsten" „drayn schlagen". Sickingen mahnt jedoch zur Geduld und verweist auf die Obrigkeit. Karl V. solle den Anfang machen. Über Hutten erfahren wir aus Sickingens Mund, daß er auf der Ebernburg vielfältig beschäftigt ist, z. B. mit der Übersetzung einer Bulle und der Abfassung von Schriften gegen die Päpstlichen. Was Hutten bisher gesagt, sei die lautere Wahrheit. Sickingen beruft sich auf ihn als auf einen gelehrten Gewährsmann.

### Nr. 55

Ulrich vom Hutten entbeüt allen christlicher Freyheit liebhaberen, alles gůts. In: Concilia wie man die halten sol. (...). (Straßburg: Johann Schott nach 20. Feb. 1521).
Benzing-Nr. 225; Böcking II, S. 78–79
Kat.-Nr. 4.71

Im Jahr 1521 gab Hutten diese Schrift heraus. Sie stammt aus dem 15. Jahrhundert, der Zeit des Basler Konzils. Ihr Verfasser ist unbekannt, war aber, seinem Werk nach zu schließen, ein Anhänger der Partei des am 5. 11. 1439 zum Papst gewählten Felix V. – des letzten Gegenpapstes –, nachdem am 25. 6. 1439 Eugen IV. abgesetzt worden war. Sie erklärte die Oberhoheit des Konzils über den Papst, der als Glaubenssatz von dem „Concilia"-Verfasser anhand von Zitaten aus der Bibel und den Kirchenvätern untermauert wird. Der Autor vertritt die Ansicht, daß Konzilien regelmäßig, alle zehn Jahre, stattfinden sollen, und zwar an Orten außerhalb des Zuständigkeitsbereiches von Papst und Kardinälen, unter Beteiligung des Kaisers und mit Themen nicht nur kirchlicher sondern auch weltlicher Art. Für die Ausführung der Beschlüsse solle der Kaiser sorgen.

Mit der Herausgabe dieses Dokumentes bekannte sich Hutten zu der darin vertretenen Auffassung des Konziliarismus und damit zu einer im Vergleich mit Luthers Glaubensradikalismus gemäßigten, älteren Reformationsrichtung, der weder die Reichsregierung noch die Fürsten abgeneigt waren. Er bot die Schrift zu einer Zeit der Öffentlichkeit an, als der Ruf nach einem Konzil, von dem man sich die Beseitigung der Gefahr der Glaubensspaltung versprach, allgemein in Deutschland zu vernehmen war. Hutten, der überhaupt gern in alten „Libereyen" stöberte, hatte das Werk in der Bibliothek seines Freundes Franz von Sickingen auf der Ebernburg gefunden. Er veröffentlichte es zusammen mit einer „Ermahnung..." des Bamberger Vikars Konrad Zärtlin, gen. Playnbacher, in welcher dieser einer Reformation im Sinn von Umkehr anstelle von Erneuerung und Aufruhr das Wort redet. Von Hutten stammt das Vorwort an die Leser als an „Liebhaber der christlichen Wahrheit". Die Schuld für das Schwanken von „sant Peters schiff" gibt er der Kurie und schließt mit dem Kraftspruch „glaub mir, der Haß im Pfeffer leyht".

### Nr. 56

Vlrichi ab Hvtten Eq. Germani In Hieronymum Aleandrum & Marinum Caracciolum Oratores Leonis X. apud Vormaciā Inuectiuae singulae. (Des deutschen Ritters Ulrich von Hutten einzelne Schmähschriften gegen Hieronymus Aleander und Marinus Caracciola, Sprecher Papst Leos X. in Worms). (Paris: Pierre Vidoué für Konrad Resch nach 27. März 1521).
Benzing-Nr. 173; Böcking II, 12–34 u. 38–46
Kat.-Nr. 4.46

Die Invektiven (= Schmähungen) entstanden Februar bis März 1521 auf der Ebernburg zur Zeit des 2. Wormser Reichstages und erschien 1521 in Paris. Sie lassen den Einfluß der Lektüre der Anklagereden Ciceros erkennen.

Aleander und Caraccioli nahmen als Abgesandte Leos X. am Reichstag teil. Huttens erste Schmähschrift gegen Hieronymus Aleander (1480–1542) ist die Reaktion auf eine Rede des Nuntius, die den jugendlichen Kaiser bewegen sollte, Luther ohne Verhör als Ketzer verurteilen zu lassen; der kirchliche Bann gegen den Reformator war Januar 1521 in Kraft getreten. Bereits am Morgen nach dieser Rede war Hutten über sie unterrichtet worden. In seiner Invektive erklärt er Aleander, den er direkt anredet, daß die nationale Opposition gegen die Kurie wachse. Hutten droht Aleander, daß man ihn auf seiner Rückreise nach Rom durch Deutschland erschlagen werde.

In der zweiten Schmähschrift wirft Hutten Marino Caracciolo (1468–1538) den Handel mit Ablaß, Indulgenzien und Distributionen vor, indes auf dem Reichstag Fragen nationalen Interesses zur Debatte stünden. Er spielt damit auf die „Gravamina" der deutschen Nation gegen den römischen Hof an, die von den Ständen dem Kaiser vorgelegt wurden – d. h. Klagen über die päpstliche Verwaltungs- und Besteuerungspraxis sowie das kirchliche Prozeßverfahren, wie sie seit dem Konstanzer Konzil immer wieder erhoben worden waren.

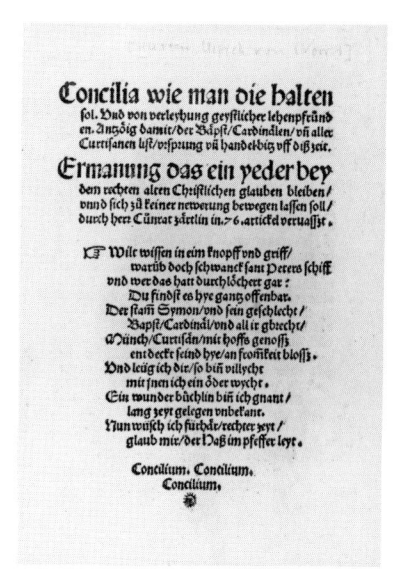

In der dritten Schrift prangert Hutten das Wirken der Geistlichkeit in Deutschland an. Zu ihren Untaten rechnet er das Bannen, das Bücherverbrennen, die Angriffe auf die Wissenschaft. Er wirft ihr weltliches Machtstreben, Unchristlichkeit und Sittenlosigkeit vor und vergleicht ihre Vertreter mit unreinen Säuen. Er sieht in Luther, ihrem großen Gegner, einen Vorboten des christlichen Lichts. Falls sie beide – Hutten und Luther – getötet würden, werde ihr Werk von anderen fortgesetzt werden.

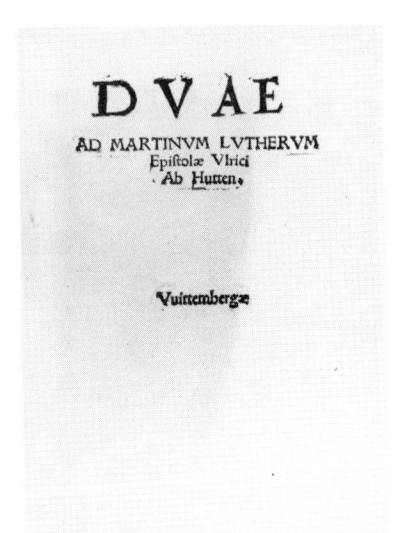

### Nr. 57

Herr Wlrichs von Hutten anzöig Wie allwegen sich die Römischen Bischöff od' Bâpst gegen die teütschen Kayßeren gehalten haben (…). (Straßburg: Johann Schott vor 9. April 1521).
Benzing-Nr. 162; Böcking V, 363–384
Kat.-Nr. 4.27

Zwischen Dezember 1520 und März 1521 entstand auf der Ebernburg Huttens „Anzöig". Sie wurde vor dem 9. 4. 1521 in Straßburg gedruckt. Der auch historiographisch begabte Hutten skizziert in seinem an alte Chroniken gemahnenden Geschichtsabriß die Auseinandersetzung zwischen Kaiser- und Papsttum als Ausdruck einer Art von Urfeindschaft. Er stützt sich dabei, wie er sagt, auf alle möglichen Quellen, Historien usw. So kündigt er an einer Stelle an, demnächst eine in seinem Besitz befindliche Briefsammlung Friedrichs II., eines Gegenspielers mehrerer Päpste, publizieren zu lassen; über eine Ausführung dieses Plans ist nichts bekannt.

Adressat der „Anzöig" ist Karl V., der in der dritten Person Einzahl („Ihre Majestät") angeredet wird. Hutten will mit dem tendenziös antirömischen Abriß dem Kaiser, der ihm allzusehr von päpstlichen Abgesandten umlagert und beeinflußt erscheint, im Sinn der nationalen und kirchlichen Reformbewegung umstimmen. Seine Skizze mündet in eine Warnung Karls V. vor Papst Leo X., dem er nicht vertrauen dürfe. Er solle aus den bösen Erfahrungen seiner Vorgänger, von Otto I. bis Maximilian I., lernen. Huttens „Anzöig" und das Schreiben „Dr. Luthers" (welches gemeint ist, wird nicht gesagt) seien gedacht, „Ihrer Majestät" und der ganzen deutschen Nation zu Nutz und Frommen zu gereichen. Er ruft den Kaiser dazu auf, diejenigen zu unterstützen und nicht zu verfolgen, die ohne Furcht vor der päpstlichen Tyrannei die Wahrheit aussprechen.

### Nr. 58

Dvae ad Martinvm Lvthervm Epistolae Vlrici Ab Hutten. Vuittenbergae. (Zwei Briefe Ulrichs von Hutten an Martin Luther. Wittenberg). (Wittenberg: Johann Rhau-Grunenberg nach 20. April 1521).
Benzing-Nr. 177; Böcking II, S. 55–56, 58
Kat.-Nr. 4.45

Von den fünf Briefen Huttens an Luther sind diese beiden in einem Band vereinigten Schreiben, die nach dem 20. 4. 1521 in Wittenberg erschienen, Ausdruck leidenschaftlicher Anteilnahme am Schicksal des Reformators zu der Zeit, als dieser auf dem Wormser Reichstag am 17. und 18. April 1521 verhört wurde. Allen Warnungen zum Trotz war Luther, der eine offizielle Vorladung erhalten hatte, um seine Lehre zu widerrufen, am 16. 4. 1521 in Worms eingetroffen.

Martin Butzer, als Sendbote von der etwa 50 km entfernten Ebernburg gekommen, übergab am 7. 4. 1521 Martin Luther einen Brief Huttens mit gleichem Datum. Dieser beschwört darin den Reformator, standhaft zu bleiben und spricht ihm Mut zu. Er empfindet ihn als einer höheren religiösen Sphäre zugehörig.

Huttens zweiter Brief an Luther stammt vom 20. 4. 1521. Sein Hintergrund ist dessen zweites Verhör vor dem Reichstag am 18. 4. 1521. Luther hatte den Widerruf seiner Lehre abgelehnt. Hutten empört sich in seinem Brief über Luthers Feinde. Er sagt ihm, daß er gegenüber Freunden, die seine, Luthers, Standhaftigkeit skeptisch beurteilt hätten, recht behalten habe und versichert ihm, daß die Zahl seiner Verteidiger wachse und die Besten sich auf seine Seite schlügen. Seine Gegner betreffend, rät er zur Waffengewalt. Er kündigt an, bald selbst in diesem Sinn aktiv zu werden.

### Nr. 59

Ain new lied her Vlrichs von Hutten (Schlettstadt: Nikolaus Küffer Sommer 1521).
Benzing-Nr. 179; Böcking II, S. 92–94
Kat.-Nr. 4.92

Im Sommer 1521, in der Zeit, da Hutten auf eigene Faust seinen „Pfaffenkrieg" führte, als er auf Schloß Diemstein (bei Kaiserslautern) „Ein neu Lied" schrieb, eines der schönsten Gedichte in deutscher Sprache, das, nachdem es als Einblattdruck in Schlettstadt wenig später erschienen war, große Beliebtheit errang und nach einer vertrauten Melodie gesungen wurde.

Hutten, nach dem Wagnis seiner Agitation gegen Rom von der Inquisition bedroht und in isolierter Lage, fängt in seinem Neuen Lied sein damaliges Lebensgefühl ein. Die Würfel seien gefallen, es gebe kein Zurück mehr. Er glaubt zu wissen, daß er jetzt, nach publizistischem Beginn, die faustrechtsartige

Tat auf Leben und Tod zur Durchsetzung seines Ziels, der Unabhängigkeit Deutschlands von der römischen Kirche, wagen muß. Er zieht Resumee und bereut nichts. Was er getan hat, geschah dem Land, dem Vaterland zugute – nicht um des eigenen Vorteils willen, und auch nicht „aim allain" – vermutlich ist Karl V. gemeint, von dem, wie Hutten jetzt wußte, Aktionen gegen Rom nicht zu erwarten waren. Der Ausgang des Wormser Reichstages hatte dies offenbart.

### Nr. 60

Hoc in libello haec continentvr Helli Eobani Hessi, ad Hulderichum Huttenum (...), Exhortatorium. (...) Hulderichi Hutteni ad Helium Eobanum Hessum (...) responsorium (...). (In diesem Büchlein sind enthalten: Die Ermahnung des H. E. Hessus an Ulrich [von] Hutten. (...) Antwort des Ulrich von Hutten an H. E. Hessus (...). (Straßburg: Johann Schott Sommer 1521).
Benzing-Nr. 178; Böcking II, S. 71–75
Kat.-Nr. 4.93

Der Luther-Anhänger und Freund Huttens, Eobanus Hessus, schrieb im Mai 1521 aus Erfurt eine gereimte Aufmahnung an den Ritter, die einen ähnlichen Tenor hat wie ein Prosa-Brief Hermanns von dem Busche an Hutten aus dem selben Monat. Hessus ruft darin Hutten zu den Waffen – um der Sache Luthers, der christlichen Wahrheit und der deutschen Freiheit willen. Huttens Anklagen hätten nichts gefruchtet, Bücher und Gedichte nützten nichts, der Ritter solle das Schwert ergreifen – führe er doch doppelte Waffen, Schwert und Feder, und werde nicht nur als Dichter, sondern auch als Krieger in Deutschland bewundert und sei als solcher im Bilde dargestellt worden. Er selbst, Eobanus, sei leider nicht so waffentüchtig, doch wolle er immerhin in die Kriegstrompete stoßen. Hutten werde viele Tausende an seiner Seite finden, darunter den unbesiegten Sickingen.

Huttens Antwort auf des Freundes Ruf zu den Waffen ist sein letztes Gedicht in lateinischer Sprache „Hulderichi Hutteni ad praecedens Helii Eobani Hessi carmen responsorium". Es entstand im Juli 1521 auf Sickingens Burg Diemstein (bei Kaiserslautern) und wurde im Sommer 1521 in Straßburg zusammen mit Eobanus' Aufmahnungsgedicht gedruckt. Hutten, der von Ende Mai bis Ende Juli 1521 einen erfolglosen „Pfaffenkrieg" nach Raubritter-Manier geführt hatte, weist in seiner Antwort an Eoban auf die mangelnde Kampfbereitschaft möglicher Bundesgenossen hin. Er teilt mit, daß er den päpstlichen Nuntien Marino Caracciolo und Hieronymus Aleander auf ihrer Rückreise von Worms nach Rom vergeblich einen Hinterhalt gelegt habe. Er versichert, weiterhin für Luthers Sache und die deutsche Freiheit kämpfen zu wollen.

### Nr. 61

(N)Ach dem sich Vlrich vom Hutten Zum Stöckelberg aus beweglichen notgetranckten vrsachen: auch gemeiner Christenheit (...). Vhoedts brief d. Vlrici Hutten contra die zuhandt lossen Curtisanen. (Worms: Hans [Werlich] von Erfurt nach 4. April 1522).
Benzing-Nr. 180; nicht bei Böcking (Abdr. in: Zeitschr. f. Kirchengesch. 14 (1894) S: 128–129)
Kat.-Nr. 4.91

Am 23. 5. 1521 gab Hutten seinen Dienst bei Karl V. auf, nachdem das Wormser Edikt, das Luther und seine Anhänger ächtete, am 8. 5. 1521 vom kaiserlichen Kabinett zur Ausfertigung genehmigt worden war und trennte sich auch von Sickingen. Ende Mai 1521 ging Hutten in den „Untergrund" und begann den sog. „Pfaffenkrieg", eine Fehde gegen die Kurtisanen, d. h. Höflinge, die über die Kurie zu einer deutschen Pfründe gelangt waren. Er wurde von reisigen Knechten unterstützt. Er wollte, daß sich aus seinen Aktionen eine nationale Bewegung gegen die Statthalter der Kurien-Herrschaft in Deutschland entwickle. Gewaltmaßnahmen lagen zumindest in seiner Absicht. Davon kündet sein „Fehdebrief an die Kurtisanen". Mit diesem nach dem 4. April 1522 in Worms erschienenen Rundschreiben, dessen Einzelexemplare in deutschen Städten ausgehängt wurden, wird dem „ehrlosen, schandhaftigen, verdampten Haufen der Kurtisanen" gleichsam der Fehde-Handschuh hingeworfen. Hutten droht ihnen mit Beraubung, Brand und Totschlag und erklärt auch ihnen verbundene Nichtgeistliche zu seinen Feinden, falls sie sich nicht distanzierten.

Das Flugblatt fand nicht das gewünschte Echo. Die Städte waren während des 14. und 15. Jahrhunderts allzuoft von der (Raub-)Ritterschaft überfallen und gebrandschatzt worden. Nunmehr wünschten ihre Repräsentanten nichts weniger als eine Wiederbelebung des Faustrechts.

### Nr. 62

Zv wyssen sey Jederman. Nach dem ich Vlrich vom Hutten zum Stöckelberg.... dem ganntzen Prediger Orden abgesagt... (Worms: Hans [Werlich] von Erfurt nach 7. April 1522).
Nicht bei Benzing; nicht bei Böcking
Kat.-Nr. 4.91a

In seinem unmittelbar nach dem Fehdebrief an die Kurtisanen (s. Nr. 61) verfaßten Fehdebrief an die

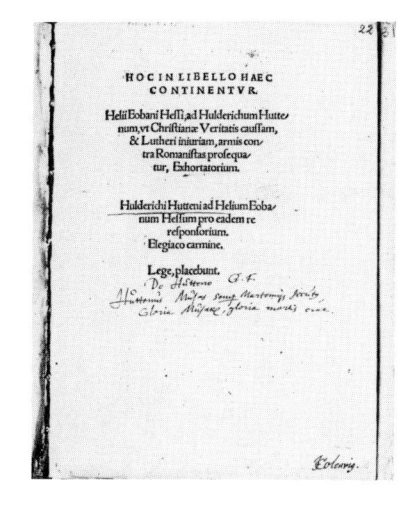

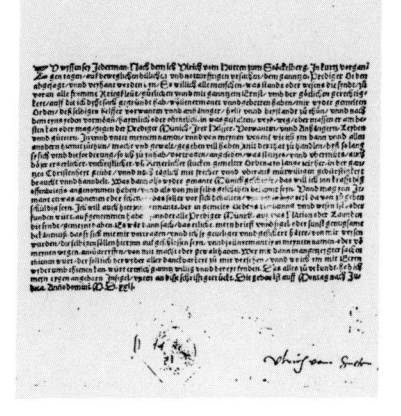

„Prediger Münich" ruft Ulrich von Hutten dazu auf, den Dominikanern und ihrem Anhang in seinem Namen Schaden zuzufügen. Gleichzeitig sollen sich diejenigen, die dies unternehmen, ihm anschließen, wofür ihnen Ulrich von Hutten seine Dankbarkeit verspricht.

Nr. 63

Vormanung an die freien vnd reich Stette teuscher nation (Straßburg: Johann Knobloch Sommer 1522).
Benzing-Nr. 181; Böcking III, S. 527–537
Kat.-Nr. 4.73

Auf einer der Burgen Sickingens, der Ebernburg oder der Veste Landstuhl, entstand im Juni 1522 (nach anderer Vermutung zwischen dem 26. 5. und 13. 8. 1522) Huttens Reimgedicht, das im Sommer 1522 in Straßburg veröffentlicht wurde und im Herbst des gleichen Jahres in Erfurt einen durch Zusätze und Umstellungen veränderten Nachdruck im Gefolge hatte, mit dem neuen Titel „Beklagung der Freistette deutscher nation".
Es ist Huttens letztes Gedicht – obzwar nicht sein letztes Werk – in deutscher Sprache. Als ein Herold seines Gastgebers und Beschützers Franz von Sickingen wendet er sich darin an die Freien Reichsstädte, um ihnen die Bündnisfreundschaft des niederen Adels anzutragen. Er sieht im Territorialfürstentum den gemeinsamen Gegner vor allem bei der Abwesenheit Karls V., der wegen des Ausbruchs von Unruhen im Mai 1522 nach Spanien übergesetzt war. Vom Macht- und Besitzstreben der Potentaten wird die Existenz des Rittertums sowie die Freiheit der Städte und der Nation bedroht. Hutten betont auch die schwindende Rechtssicherheit. Bestechliche Juristen „zu Nürenberg im Regiment" (gemeint ist das 2. Reichsregiment, das während der Abwesenheit des Kaisers regierte) machen es besonders den Armen schwer, zu ihrem Recht zu gelangen. Hutten sieht überdies antilutherische Tendenzen auf seiten der Fürsten. Im Sinn der politischen wie religiösen Reform des Reiches sei es, sie in die Schranken zu verweisen. Ein Bund zwischen den Reichsstädten und der Ritterschaft soll dies zuwege bringen.

Nr. 64

Ein demütige ermanung an ein gemeyne statt Wormbß von Vlrich von Hutten zůgeschriben. (Speyer: Jakob Schmidt nach 27. Juli 1522).
Benzing-Nr. 183; Böcking II, S. 124–130
Kat.-Nr. 4.74

Um 1522 hatte die evangelische Lehre in Worms Einlaß gefunden. Sie wurde von einem Priester namens Ulrich verkündet. Auf diesen weist Hutten in seiner Ermahnung, entstanden Juli 1522 und wohl September 1522 in Speyer veröffentlicht, lobend hin. Der Lehre Christi, wie Ulrich sie verkünde, sollen die Bürger anhängen. Als Gegenspieler, Vertreter der alten Richtung, erscheint ein Pfarrer Dr. Daniel. Hutten fordert in seinem an den Wormser Bürgermeister und Rat gerichteten Flugblatt die Einwohner zum Ausharren in der neuen Lehre auf. Er selbst werde ebenfalls fest bis an sein Lebensende auf dem Weg der Wahrheit bleiben. Er spricht sich für das Recht der Gemeinden auf die Wahl der Bischöfe aus. Der damalige Bischof von Worms, Reinhard von Ripper, war ein erklärter Feind der Reformation. Huttens Angriffe auf die „Romanisten" sind in dieser Schrift nicht so häufig und heftig wie sonst bei ihm üblich. In seiner „demütigen" Ermahnung, die einen predigerhaften Sprachduktus hat und etwas von seiner ursprünglichen, kindhaften Frömmigkeit durchscheinen läßt, beruft er sich oft auf die Bibel. Luthers Auftreten und seine Bibel-Auslegungen mögen ihn die Heilige Schrift neuentdecken gelehrt haben. Hutten verfaßte das Sendschreiben auf Sickingens Veste Landstuhl. Im Mai 1522 hatte er sich ihm nach kurzer Trennung wieder angeschlossen.

Nr. 65

Vlrichi ab Hvtten cum Erasmo Roterodamo, Presbytero, Theologo, Expostvlatio. (Beschwerde Ulrichs von Hutten über Erasmus [von] Rotterdam, den Priester und Theologen). (Straßburg: Johann Schott Anfang Juni 1523).
Benzing-Nr. 186; Böcking II, S. 180–248 (synoptisch mit dt. Text)
Kat.-Nr. 4.94

Im Augustinerkloster von Mühlhausen (bei Basel), einem der Zufluchtsorte seines Schweizer „Exils", schrieb Hutten im Frühjahr 1523 die „Beschwerde über Erasmus", die Anfang Juni 1523 in Straßburg gedruckt wurde. In dieser Streitschrift vermutet Hutten, daß Erasmus im Begriff sei, sich in das Lager der Romanisten und Luther-Gegner zu begeben. Ihm war bekannt, daß der Papst in Briefen vom 1. 12. 1522 bzw. 23. 1. 1523 Erasmus zur publizistischen Kritik an Luther aufgefordert hatte. Hutten redet Erasmus direkt an. Er gibt ihm zu bedenken, daß, falls er sich zu einem Widerlegungsversuch der Lehre Luthers bewegen lassen sollte, er sich nicht nur mit den Argumenten der Lutheraner, sondern auch mit den eigenen, kirchenreformprogrammatischen Werken auseinanderzusetzen habe, von deren

Richtigkeit er im Grunde immer noch überzeugt sei. Als Grund für die drohende Wendung des Humanisten gegen Luther nimmt Hutten nicht einen Wandel der religiösen Gesinnung, sondern Charakterschwäche an. Besonders heftig entrüstet er sich über Erasmus' Ansicht, daß man nicht immer die Wahrheit sagen dürfe. Huttens Schrift ist jedoch nicht nur Pamphlet. Nicht alle Türen werden zugeschlagen. Sie ist auch ein verzweifelter Versuch, Erasmus doch noch auf die Seite der Lutheraner zu ziehen. Ihre überaus gereizte Ausdrucksweise hat mit dem Umstand zu tun, daß im November 1522 in Basel Huttens Besuchswunsch von Erasmus über einen Mittelsmann abgelehnt worden war. Wahrscheinlich wollte Erasmus durch den Umgang mit dem Gebannten und Geächteten nicht in Verruf geraten. Als Antwort auf Huttens „Expostulatio" verfaßte er seine Selbstverteidigungsschrift mit dem Titel S p o n g i a   a d v e r s u s   a s p e r g i n e s   H u t t e n i " (Böcking II, S. 265–324). Er wollte gleichsam mit einem „Schwamm" die „Anspritzungen" Huttens wegwischen. Als sie erschien (Basel, August 1523), war Hutten bereits gestorben.

### Nr. 66

(H)Er Ulrichs vonn Huttē mit Erasmo von Roterdam Priester vnd theologo hādlung allermeist die Lutherische sach betreffend. (Halberstadt: Lorenz Stuchs 1523).
Benzing-Nr. 190; Böcking II, S. 180–248 (synoptisch mit lat. Text)
Kat.-Nr. 4.95

Die Ausgabe enthält eine Übertragung von Huttens „Expostulatio" (s. Nr. 64) ins Deutsche. Von wem sie stammt, ist unbekannt. Ihr Deutsch ist gröber als dasjenige bekannter Hutten-Übersetzer, wie Butzer oder Murner. Manche Stellen des Urtextes sind ausgelassen. Umgekehrt fehlt es nicht an Hinzufügungen. Das die Wildheit der Huttenschen Anklagen verstärkende übersetzte Pamphlet wirkte sich im Rahmen der Anti-Erasmus-Propaganda der Lutheraner aus und vermittelte weiten Bevölkerungskreisen ein verzerrtes Bild des Humanisten, der übrigens grundsätzliche Bedenken gegen die Popularisierung von Polemik durch Übertragung in die Volkssprache hatte.

### Nr. 67

Vlrichi Hvtteni Equitis Germani opera poetica, ex diuersis illius monumentis in unum collecta (…) Herausgeber: Helius Eobanus Hessus (Die poetischen Werke des deutschen Ritters Ulrich von Hutten, aus verschiedenen Werken jenes in einer einzigen Sammlung vereint […]). (Straßburg: Crato Mylius 1538).
Benzing-Nr. 1
Kat.-Nr. 5.1

Die erste und für beinah zweihundert Jahre einzige Sammlung von Schriften Huttens erschien 1538 in Straßburg. Ihr Herausgeber ist vermutlich Eobanus Hessus. Es handelt sich um eine Auswahl von vierzehn Werken aus den in Latein und in Versform geschriebenen Arbeiten Huttens aus seiner frühen, humanistischen Phase. Publikationen mit der Italien-Thematik überwiegen. Auf Seite 55 begegnet der Holzschnitt „Vir Bonus" von Hans Sebald-Beham(?) (vgl. Nr. 7). Die Ausgabe enthält einen Vorspruch, der vielleicht von Eobanus Hessus stammt.

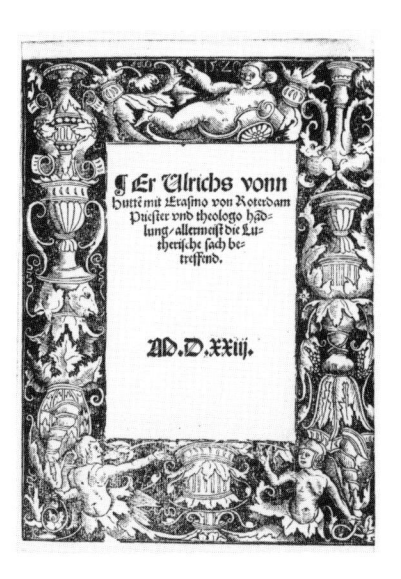

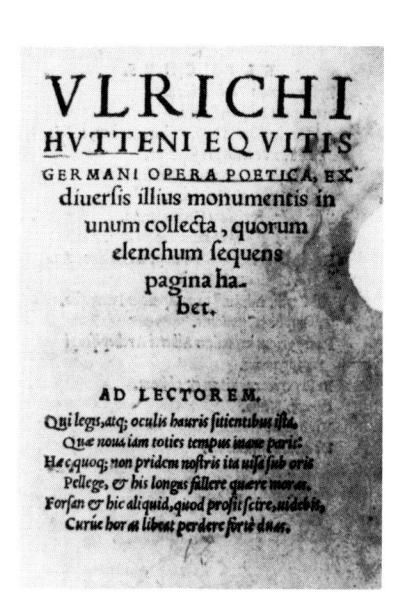

# Katalog

## A. KIRCHE – KAISER – REICH

### Formen der Frömmigkeit

**1.1**
Auferstehungschristus

Fränkisch, 16. Jh.
Holz, gefaßt, H. 120,0 cm
Schlüchtern, Ludwig Steinfeld

**1.2**
Trauernde Maria

Mainfränkisch, um 1500, Fragment
Lindenholz, nicht ausgehöhlt, H. 49,5;
B. 19,5; T. 15,0 cm
Darmstadt, Hessisches Landesmuseum
Inv.-Nr. Pl. 01:34

**1.3**
Hl. Jacobus

Mittelrheinisch, um 1520
Lindenholz, lasiert, mit Resten alten Kreidegrundes, nicht ausgehöhlt, H. 107,0 (mit Sokkel); B. 37,0; T. 31,0 cm
Darmstadt, Hessisches Landesmuseum
Inv.-Nr. Pl. 27:6

**1.4**
Johannes der Täufer

Riemenschneider-Schule, um 1510
Lindenholz, mit Spuren alter Fassung,
H. 71,5; B. 28,0; T. 14,0 cm
Darmstadt, Hessisches Landesmuseum
Inv.-Nr. Pl. 07:3

**1.5**
Christuskopf

Holzschnitt, 37,2 × 30,9 cm
Nürnberg, Germanisches Nationalmuseum
Inv.-Nr. H. 4960 (Kaps. 1235)

**1.6**
15 Heilige

Erhard Schön
Holzschnitte, je 6,3 × 5,4 cm
Nürnberg, Germanisches Nationalmuseum
Inv.-Nr. H 7220 (1–15) (Kaps. 53)

**1.7**
„Ein schön Betrachtung Deß H. Bernhardi von dem heiligen bittern Leyden"

Augsburg: Matthäus Schmid
Holzschnitt mit Typendruck, 36,6 × 29,6 cm
Nürnberg, Germanisches Nationalmuseum
Inv.-Nr. HB 18638 (Kaps. 1235a)

**1.8**
Salvator mundi

aus: Hartmann Schedel, Buch der Chroniken,
Nürnberg: Anton Koberger 1493
Holzschnitt, koloriert, 42,0 × 28,9 cm
Nürnberg, Germanisches Nationalmuseum
Inv.-Nr. H 7181 (Kaps. 1)

**1.9**
Weltgericht

aus: Hartmann Schedel, Buch der Chroniken,
Nürnberg: Anton Koberger 1493
Holzschnitt, koloriert, 36,2 × 22,7 cm
Nürnberg, Germanisches Nationalmuseum
Inv.-Nr. H 599 (Kaps. 1)
(s. Farbabb. 1)

**1.10**
Totentanz

aus: Hartmann Schedel, Buch der Chroniken,
Nürnberg: Anton Koberger 1493
Holzschnitt, koloriert, 20,2 × 23,2 cm
Nürnberg, Germanisches Nationalmuseum
Inv.-Nr. H 2023 (Kaps. 1)

**1.11**
Mirakelbuch: „Wunderberliche czaychē..."

Titelholzschnitt: Michael Ostendorfer
Regensburg: Paul Kohl 1522
8° 40 Bll., 16,6 × 11,7 cm
Regensburg, Museen der Stadt Regensburg
Inv.-Nr. AB 314

**1.12**
Wallfahrt zur „Schönen Maria" von Regensburg

Michael Ostendorfer, 1519, Nachdruck 1610
Holzschnitt, 55,2 × 39,3 cm
Coburg, Kupferstichkabinett der Kunstsammlungen der Veste Coburg
Inv.-Nr. I, 100, 146

**1.13**
Wallfahrtszeichen zur „Schönen Maria" von Regensburg (Kopie)

Entwurf: Albrecht Altdorfer (?), 1519
Silberguß, 5,8 × 4,0 cm
Original: Regensburg, Museen der Stadt Regensburg

### Kirche als Institution

**1.14**
Das Schiff des Heils

Holzschnitt, um 1512, 21,9 × 30,8 cm
Nürnberg, Germanisches Nationalmuseum
Inv.-Nr. HB 14595 (Kaps. 1335)

**1.15**
Das sinkende Schiff der katholischen Geistlichkeit

Hans von Kulmbach, Holzschnitt
in: Joseph Grünpeck, „Speculum naturalis Coelestis & propheticae visionis...",
Nürnberg 1508
Buchband, 18,2 × 26,6 cm
Hamburg, Hamburger Kunsthalle, Bibliothek
Inv.-Nr. III XVI Nürnberg 1508 8°

**1.16**
Bildnis Papst Julius II.

Holzschnitt, 12,5 × 10,9 cm
Nürnberg, Germanisches Nationalmuseum
Inv.-Nr. P 19524 (Kaps. 856)

**1.17**
Bildnis Papst Leo X. und sein Bruder Giulio de' Medici

Daniel Hopfer
Radierung (Nachdruck), 14,9 × 22,4 cm
Nürnberg, Germanisches Nationalmuseum
Inv.-Nr. K 721a (Kaps. 127)

**1.18**
Bildnis Papst Hadrian VI.

Daniel Hopfer, nach 1513
Eisenradierung, 22,6 × 15,9 cm
Nürnberg, Germanisches Nationalmuseum
Inv.-Nr. K 12229 (Kaps. 127)

**1.19**
Bildnis Julius II. (Foto)
(s. 1.16)

**1.20**
Bildnis Leo X. (Foto)
(s. 1.17)

**1.21**
Bildnis Hadrian VI. (Foto)
(s. 1.18)

1.22
Leo X. Bulla plenissimae remissionis omnium peccatorum (= Bulla „Sacrosanctis salvatoris et redemtoris")

Rom 1515, 2° 4 Bll. (Titelblatt)
München Universitätsbibliothek
Inv.-Nr. W 2° H. eccl. 859

1.23
Päpstlicher Ablaßbrief

Typendruck, 1516, 16,5 × 28,5 cm
Nürnberg, Germanisches Nationalmuseum
Inv.-Nr. HB 14637 (Kaps. 1246)

1.24
Peterskirche zu Rom im Bau

Natal Bonifacio de Sebenco Tece, 1586
Holzschnitt, koloriert
Frankfurt/M., Kunstgeschichtliches Institut der Johann Wolfgang Goethe-Universität

1.25
Bußpredigt des Johannes von Capestrano

Titelholzschnitt zu: Berhardinus, „Vita Johannis Capistrani"
Augsburg: Johann Miller 1519, 4° 21 ungez. Bll.
Nürnberg, Germanisches Nationalmuseum
Inv.-Nr. 8° Bg. 1915 Postinc.

1.26
Beschwerde über die Zustände in den Klöstern

Landgraf Wilhelm d. J. von Hessen an Papst Alexander VI., Konzept 6. 2. 1493, 1° 1 Bl.
Marburg, Hessisches Staatsarchiv
Inv.-Nr. Samtarchiv Akten, Schubl. 6, Nr. I 57

## Kaiser Maximilian I.

1.27
Ehrenpforte Kaiser Maximilians I. (Faksimile)

Albrecht Dürer u. a., vollendet 1517/18
Holzschnitt von 192 Stöcken,
357,0 × 295,0 cm

1.28
Reichskrone (Kopie)

Nachbildung für die Stadt Frankfurt/M. 1913
H. 25,0; Dm. 25,0 cm
Frankfurt/M., Historisches Museum
Inv.-Nr. X 26454

1.29
Reichsszepter (Kopie)

Nachbildung für die Stadt Frankfurt/M. 1913
L. 55,0 cm
Frankfurt/M., Historisches Museum
Inv.-Nr. X 26455

1.30
Reichsapfel (Kopie)

Nachbildung für die Stadt Frankfurt/M. 1913
H. 20,0; Dm. 10,0 cm
Frankfurt/M., Historisches Museum
Inv.-Nr. X 26456

1.31
Bildnis Kaiser Maximilian I.

Daniel Hopfer, 1518
Eisenradierung, 22,8 × 15,6 cm
Nürnberg, Germanisches Nationalmuseum
Inv.-Nr. K 719 (Kaps. 127)

1.32
Theuerdank

Prachtdruck mit 118 Holzschnitten von Leonhard Beck, Hans Schäuffelein, Hans Burgkmair, 1517
Buchband, 33,5 × 21,5 cm
Fulda, Hessische Landesbibliothek
Inv.-Nr. Spr. Cb 320 Ausg., 1519

1.33
Weiskunig

Buchdruck mit Holzschnitten von Hans Burgkmair, Leonhard Beck u. a. (Nachdruck von den Originalstöcken 1775)
Buchband, 33,0 × 22,0 cm
Fulda, Hessische Landesbibliothek
Inv.-Nr. 4° Spr. Cb 320/3

1.34
Gebetbuch Kaiser Maximilians I. (Faksimile)

Buchdruck mit Miniaturen von Albrecht Dürer, Lucas Cranach, Hans Baldung gen. Grien u. a.
(Lichtdruck-Faksimile Wien 1907)
Buchband 40,5 × 29,5 cm
Schlüchtern, Ludwig Steinfeld

## Reichsreformbestrebungen

1.35
Reformation so der allerdurchleuchtigest groszmechtigest Fürst vñ herrherr Sigmund Römischer Kayser...

Titelholzschnitt: Vision Sigmunds. Reformation Kaiser Sigismunds, 1439
Neudruck: Augsburg: Jörg Nadler 1522, 4° 35 Bll.
Nürnberg, Germanisches Nationalmuseum
Inv.-Nr. 8° Rl. 1553$^m$ Postinc.

1.36
„Disz büchlin sagt von dem landtfryde, Cammergericht Gemeynen pfening unnd von der handhabung des frydens rechts unnd ordnung..."

Basel: Michael Furter 1495, 8° 20 Bll.
Nürnberg, Germanisches Nationalmuseum
Inv.-Nr. Inc. 8° 5941

1.37
Reichsmatrikel von Worms

Abschrift 1521, 23,0 × 32,0 cm
Esslingen, Stadtarchiv
Inv.-Nr. Fasc. 301

1.38
Unterschrift unter dem RA 1518
(Reichstag zu Augsburg 1518)

Abschrift, 2° 64 Bll.
Marburg, Hessisches Staatsarchiv
Inv.-Nr. Best. 3, 181, fol 33$^v$ und 34$^r$

## Italienpolitik

1.39
Graphik: Die politische Gestalt Europas um 1550

1.40
Ad divum Maximilianum... Exhortatio (Ermahnung an Maximilian)

Ulrich von Hutten, Wien: Hieronymus Vietor u. Johann Singriener 1512 (Spelsberg-Nr. 14)
Buchband, 21,5 × 14,5 cm
Fulda, Hessische Landesbibliothek
Inv.-Nr. Hutten Benz 37

1.41
Epistola ad Maximilianum (Brief an Maximilian)

Ulrich von Hutten, Straßburg: Matthias Schürer 1516 (Spelsberg-Nr. 23)
Buchband, 19,5 × 14,0 cm
Fulda, Hessische Landesbibliothek
Inv.-Nr. Hutten Benz 50

1.42
Augsburger Sammlung der Epigramme

Ulrich von Hutten, Augsburg: Johann Miller 1519 (Spelsberg-Nr. 15)
Buchband, 21,0 × 14,5 cm
Fulda, Hessische Landesbibliothek
Inv.-Nr. Hutten Benz 89

## B. DIE STÄNDE DES REICHES

### Ständeorganisation

1.43
Reichsadler mit Wappen der Kurfürsten und Quaternionen (2. Zust.)

Hans Burgkmair, 1510 (1511)
Holzschnitt, 28,3 × 38,4 cm
Erlangen, Universitätsbibliothek Erlangen-Nürnberg, Graphische Sammlung der Universität
Inv.-Nr. AH 216

1.44
Ständeordnung

aus: Hartmann Schedel, Buch der Chroniken, Nürnberg: Anton Koberger 1493
Holzschnitt, koloriert, 36,4 × 26,8 cm und 36,4 × 26,3 cm
Nürnberg, Germanisches Nationalmuseum
Inv.-Nr. H 2039 u. H 628 (Kaps. 1)
(s. Farbabb. 3)

1.45
Ständebaum

Petrarca Meister, aus: Francesco Petrarca, Von der Artzney bayder Glück..., 1519/20
(dt. Ausgabe Straßburg: Herinrich Steiner 1532),
Holzschnitt, 15,7 × 10,0 cm
Stuttgart, Staatsgalerie, Graphische Sammlung
Inv.-Nr. A 2457

1.46
Der deutsche Herold

Michael Ostendorfer, Nürnberg um 1530
(Verlag Goldenmundt)
Holzschnitt, koloriert, 29,6 × 18,8 cm
Nürnberg, Germanisches Nationalmuseum
Inv.-Nr. H 513 (Kaps. 46)

### Weltliche und geistliche Fürsten als Reichsvasallen

1.47
Graphik: Territorien im Deutschen Reich um 1547

1.48
Bildnis Landgraf Philipp von Hessen

Hans Brosamer, um 1546
Holzschnitt 36,2 × 25,7 cm
München, Staatliche Graphische Sammlung
Inv.-Nr. 119067/H. 598

1.49
Bildnis Landgräfin Christine von Hessen

Hans Brosamer
Holzschnitt, 32,4 × 26,6 cm
Nürnberg, Germanisches Nationalmuseum
Inv.-Nr. H 4714 (Kaps. 29)

1.50
Bildnis Herzog Ulrich von Württemberg

Erhard Schön, 1520
Holzschnitt, 22,7 × 14,2 cm
Nürnberg, Germanisches Nationalmuseum
Inv.-Nr. H 4681 (Kaps. 53)

1.51
Bildnis Kurfürst Albrecht von Brandenburg

Albrecht Dürer, 1523
Kupferstich, 17,4 × 12,0 cm
Nürnberg, Germanisches Nationalmuseum
Inv.-Nr. K 22186 (Kaps. 122)

1.52
Bildnismedaille Leonhard von Eck (Foto)

Matthes Gebel, 1543
Bronze, gegossen, Dm. 5,4 cm
München, Staatliche Münzsammlung
Inv.-Nr. Habich I, 2, Nr. 1239

1.53
Bildnismedaille Sebastian von Rotenhan (Foto)

Hans Schwarz, 1518
Bronze, gegossen, durchbohrt, Dm. 7,15 cm
München, Staatliche Münzsammlung
Inv.-Nr. Habich I, 1, Nr. 132

1.54
Fürstenpaar

Hans Sebald Beham, um 1531
Holzschnitt, koloriert, 26,2 × 18,2 cm
Nürnberg, Germanisches Nationalmuseum
Inv.-Nr. H 574 (Kaps. 26)
(s. Farbabb. 4)

1.55
Aula. Dialogus (Dialog über das Hofleben)

Ulrich von Hutten, Augsburg: Sigmund Grimm und Marx Wirsung 1519 (Spelsberg-Nr. 33)
Buchband, 21,0 × 15,0 cm
Fulda, Hessische Landesbibliothek
Inv.-Nr. Hutten Benz 75

### Die Stadt

1.56
Stadtansicht Nürnberg von Süden

(nach H. Schedels Buch der Chroniken), 1502
Radierung, 19,3 × 28,8 cm
Nürnberg, Germanisches Nationalmuseum
Inv.-Nr. SP 2405 (Kaps. 1057)

1.57
Lagergewölbe eines Kaufmanns

Petrarca Meister, aus: Francesco Petrarca, Von der Artzney bayder Glück..., 1519/20
(dt. Ausgabe Augsburg: Heinrich Steiner 1532)
Holzschnitt, 14,7 × 15,6 cm
Nürnberg, Germanisches Nationalmuseum
Inv.-Nr. H 7412 (Kaps. 45)

1.58
Vom Überfluß der Reichtümer

Petrarca Meister (Hans Weiditz)
Holzschnitt, 9,9 × 15,9 cm
Nürnberg, Germanisches Nationalmuseum
Inv.-Nr. H 7938 (Kaps. 45)

1.59
Handelsallegorie (Neudruck)

Jost Amann, 1572 (verlegt bei Wilhelm Peter Zimmermann, Augsburg)
Holzschnitt von 6 Stöcken, 85,0 × 59,0 cm
Nürnberg, Germanisches Nationalmuseum
Inv.-Nr. H 3261–66 (Kaps. 1045)

1.60
Bildnis Jakob Fugger der Reiche (Foto)

Hans Burgkmair, um 1511
Holzschnitt von 2 Platten, koloriert,
20,6 × 13,9 cm
Augsburg, Städtische Kunstsammlungen
Inv.-Nr. G 2102

### Das Land

1.61.a
Stangenglas

16. Jhdt., H. 32,0 cm
Lohr am Main, Spessart Museum

1.61.b
Flöte

16. Jh., H. 30,0 cm
Lohr am Main, Spessart Museum

1.61.c
Kleine Stange

16. Jh., H. 12,0 cm
Lohr am Main, Spessart Museum

1.61.d
Becherschraube und Römer

16. Jh., H. 27,0 cm
Lohr am Main, Spessart Museum

1.61.e
Teller

16. Jh., Dm. 18,0 cm
Lohr am Main, Spessart Museum

1.61.f
Stülpflasche

16. Jh., H. 17,0 cm
Lohr am Main, Spessart Museum

1.61.g
Spechter

16. Jh., H. 19,0 cm
Lohr am Main, Spessart Museum

1.61.h
Rippenbecher

15. Jh., H. 8,0 cm
Lohr am Main, Spessart Museum

1.61.i
Römer

16. Jh., H. 20,0 cm
Lohr am Main, Spessart Museum

1.61.k
Römer

16. Jh., H. 11,0 cm
Lohr am Main, Spessart Museum

1.61.l
Römer

16. Jh., H. 9,0 cm
Lohr am Main, Spessart Museum

1.61.m
Berkemeier

16. Jh., H. 8,0 cm
Lohr am Main, Spessart Museum

1.62
Das Kirchweihfest in Mögeldorf

Barthel Beham
Derschau Druck ohne Text von 3 Blöcken, 1806 (Falsche Reihenfolge)
Holzschnitt, 16. Jh., 2 Teile je 50,5 × 42,8 cm
Schlüchtern, Bergwinkelmuseum
Inv.-Nr. SB 56 u. SB 57

1.63
Bauernpaar auf dem Weg zum Tanz

(Kopie nach) Hans Weiditz
Holzschnitt, 30,2 × 24,0 cm
Nürnberg, Germanisches Nationalmuseum
Inv.-Nr. H 678 (Kaps. 45)

1.64
Bauern umzingeln einen Ritter (Foto)

Petrarca Meister, aus: Francesco Petrarca, Von der Artzney bayder Glück..., 1519/20 (dt. Ausgabe Augsburg: Heinrich Steiner 1532)
Holzschnitt
Augsburg, Staats- und Stadtbibliothek
Inv.-Nr. 2° Phil. 57


## Die Ritterschaft

1.65
Bauern schwören auf die Bundschuhfahne (Foto)

Titelholzschnitt zu: Pamphilius Gengenbach, Der Bundtschu..., Basel 1514
Göttingen, Niedersächsische Staats- und Universitätsbibliothek
Inv.-Nr. H ger. un VII 2548

1.66
Raubritter überfallen einen Kaufmann

Petrarca Meister, aus: Francesco Petrarca, Von der Artzney bayder Glück..., 1519/20 (dt. Ausgabe Augsburg: Heinrich Steiner 1532)
Holzschnitt
Stuttgart, Staatsgalerie, Graphische Sammlung
Inv.-Nr. A 2679

1.67
Dem Landfrieden ist nicht zu trauen... (Foto)

Fehde des Mangold von Eberstein zu Brandenstein gegen die Reichsstadt Nürnberg 1516–1522
Nürnberg, Staatsarchiv
Inv.-Nr. RSt. Nbg., Amts- und Standbuch Nr. 148

1.68
Kopf eines Ritters

16. Jh.
Sandstein, H. ca. 40,0 cm
Arnstein, Katholische Kirchenstiftung

1.69
Kopf eines Ritters

16. Jh.
Sandstein, H. ca. 40,0 cm
Arnstein, Katholische Kirchenstiftung

1.70
Geschützfeuer einer festen Stadt

Leonhard Beck, aus: Theuerdank
Holzschnitt, 16,0 × 13,9 cm
Nürnberg, Germanisches Nationalmuseum
Inv.-Nr. H 6035 (Kaps. 29)

1.71
Kanone mit Hutten-Wappen

1694
Bronze, L. 162,0 cm
Privatbesitz

1.72
Drei Landsknechte

Hans Schäuffelein
Holzschnitt, 20,8 × 16,3 cm
Germanisches Nationalmuseum
Inv.-Nr. H 569 (Kaps 49)

1.73
Zug der Landsknechte mit Troß (Nachdruck 1816)

Hans Sebald Beham
Holzschnitt, 40,0 × 153,0 cm
Schlüchtern, Bergwinkelmuseum
Inv.-Nr. SB 58

1.74
Rüstung

16. Jh.
Eisen, unpoliert, auf Ständer: H. 186,0; B. 80,0; T. 50,0 cm
Privatbesitz
(s. Farbabb. 5)

1.75
Bihänder

16. Jh.
Eisen, Holz, Leder, H. 180,0; B. 52,0 cm
Privatbesitz
(s. Farbabb. 5)

1.76
Mauerbüchse

16. Jh.
Eisen, Holz, L. 152,0 cm
Lauterbach, Hohaus-Museum
Inv.-Nr. 2956

1.77
Hakenbüchse

16. Jh.
Eisen, Holz, L. 126,0 cm
Lauterbach, Hohaus-Museum
Inv.-Nr. 2957

1.78
Brief an Willibald Pirckheimer

Ulrich von Hutten, Augsburg: Sigmund Grimm und Marx Wirsung 1518 (Spelsberg-Nr. 36)
Buchband, 21,0 × 15,3 cm
Fulda, Hessische Landesbibliothek
Inv.-Nr. Hutten Benz 83

## Die von Hutten als reichsritterschaftliches Geschlecht

1.79
Ersterwähnung des Dorfes Hutten (Foto)

Codex Eberhardi, um 1160, Bd. 2., fol. 178$^r$
Pergament, 196 Bll., 39,0 × 20,5 cm

Marburg, Hessisches Staatsarchiv
Inv.-Nr. K 426

1.80
Ersterwähnung der von Hutten zu Steckelberg

Urkunde des Herold, Bischof zu Würzburg
um 1167
ca. 60,0 × 50,0 cm
Marburg, Hessisches Staatsarchiv
Inv.-Nr. Urk. O II e Hanau Fremde Archive Klöster
(s. Farbabb. 6)

1.81
Eintritt des Ulrich von Hutten (Vater) in die Dienste des Pfalzgrafen Ruprecht

1 Heft, 2° 6 Bll.
Marburg, Hessisches Staatsarchiv
Inv.-Nr. Best. 17d Hutten Nr. 5

1.82
Jost Fugs als Ganerbe auf Burg Steckelberg an Bischof Rudolf von Würzburg, 1466; daneben: Ulrich von Hutten (Vater) an Bischof Lorenz von Würzburg über Baumaßnahmen an Burg Steckelberg 1509

1 Bd., 2° 56 Bll., fol. 22$^v$ und 23$^r$
Marburg, Hessisches Staatsarchiv
Inv.-Nr. Kopiare K. 390 (Huttensches Kopiar)

1.83
Ludwig von Hutten an Frowin von Hutten, 23. April 1496

4° 1 Bl.
Marburg, Hessisches Staatsarchiv
Inv.-Nr. Best. 2 Ausw. Beziehungen Hutten

1.84
Frowin von Hutten an Hermann Riedesel, 15. Juni 1500

Kanzleiausf., 2° 2 Bll.
Marburg, Hessisches Staatsarchiv
Inv.-Nr. Best. 2 Ausw. Beziehungen Hutten

## C. DIE VON HUTTEN UND IHR TERRITORIALES UMFELD

2.1
Burg Steckelberg (Foto)

Handzeichnung, 2. Hälfte 17. Jh.
(Original verschollen)

2.2
Burgruine Steckelberg

Foto 1988

2.3
Fuldakarte

Antwerpen: Ortelius 1570
Kupferstich, 45,5 × 29,5 cm
Schlüchtern, Ludwig Steinfeld

2.4
Franciae Orientalis (Vulgo Franckenlant)

(Entwurf Sebastian von Rotenhan)
Antwerpen: Ortelius 1570
Kupferstich, koloriert, 36,2 × 25,0 cm
Schlüchtern, Ludwig Steinfeld

2.5
Graphik: Hessen um 1550

2.6
Graphik: Franken um 1500

2.7
Bildnis Johann II. von Henneberg, Fuldaer Fürstbischof von 1472–1513

Kopie des 18. Jh.
Öl auf Leinwand, 15,5 × 12,0 cm
Fulda, Vonderau-Museum
Inv.-Nr. II ca. 70

2.8
Bildnis Hartmann II. von Kirchberg, Fuldaer Fürstbischof von 1513–1529

Kopie des 18. Jh.
Öl auf Leinwand, 15,5 × 12,0 cm
Fulda, Vonderau-Museum
Inv.-Nr. II ca. 70

2.11
Bildnis Albrecht von Brandenburg, Mainzer Fürstbischof von 1514–1545 (Foto)
(s. 1.51)

2.12
Kostümblatt

aus: Ysenburger Schneiderrechnung, 1532
loses Blatt, Handzeichnung, koloriert,
29,5 × 19,5 cm
Büdingen, Fürstlich Ysenburg- und Büdingensche Archivverwaltung

2.13
Kostümblatt

in: Ysenburger Schneiderrechnung, 1539
Handzeichnung, koloriert, 20,0 × 14,0 cm
Büdingen, Fürstlich Ysenburg- und Büdingensche Archivverwaltung

2.14
Kostümblatt

in: Ysenburger Schneiderrechnung, 1548
Handzeichnung, koloriert, 29,0 × 18,0 cm
Büdingen, Fürstlich Ysenburg- und Büdingensche Archivverwaltung

2.15
Kostümblatt

in: Ysenburger Schneiderrechnung, 1550
Handzeichnung, koloriert, 29,0 × 18,0 cm
Büdingen, Fürstlich Ysenburg- und Büdingensche Archivverwaltung

2.16
Huttensches Urkunden-Kopiar

um 1530
Papier, Ledereinband (die ersten 58 Bll. fehlen)
fol. 59–195, 32,0 × 22,0 cm
Büdingen, Fürstlich Ysenburg- und Büdingensche Archivverwaltung

Inv.-Nr. Allerhand A, Kopiar 5
(s. Farbabb. 7)

**2.17**
Karte des Grenzverlaufs zwischen dem Gräflich-Wächtersbachischen und dem Freiherrlich von Huttenschen (zu Stolzenberg) Gebiet

Grund- und Situationsriß 1776/77
Handzeichnung, koloriert, 44,0 × 56,0 cm
Büdingen, Fürstlich Ysenburg- und Büdingensche Archivverwaltung

**2.18**
Grenzkarte Hutten – Hanau

Jakob Laßmann, 2. Hälfte 16. Jh.
Handzeichnung, koloriert, 61,0 × 128,0 cm
Marburg, Hessisches Staatsarchiv
Inv.-Nr. Karten P II Nr. 14.874

**2.19**
Karte der Grenze Hanau-Kurmainz zwischen Steinau und Hausen

1556
Papier, 51,0 × 104,0 cm
Marburg, Hessisches Staatsarchiv
Inv.-Nr. Karten P II Nr. 15.581

**2.20**
Vertrag über Güter und Schulden zwischen Hutten und Hattstein, 9. September 1528

Pergament, 6 Siegel, 4 davon in Ledersäckchen
32,5 × 58,0 cm
Marburg, Hessisches Staatsarchiv
Inv.-Nr. Urk. O II e Hanau – Fremde Archive – Adel: 1528 Sept. 9

**2.21**
Graf Philipp von Hanau nimmt Ulrich von Hutten (Vater) als Diener an, 14. November 1483

Papier, Siegel aufgedr., 25,0 × 21,5 cm
Marburg, Hessisches Staatsarchiv
Inv.-Nr. Urk. O II e Hanau – Fremde Archive – Adel: 1483 Nov. 14

## Die Bildnisse Ulrichs von Hutten

**2.23**
Bildnis Ulrich von Hutten als Edelmann unter Baldachin

Holzschnitt (13,5 × 9,8 cm) in: Ulrich von Hutten, Phalarismus, Mainz: Johann Schöffer 1517
Buchband, 13,3 × 9,8 cm (Spelsberg-Nr. 28)
Fulda, Hessische Landesbibliothek
Inv.-Nr. Hutten Benz 52

**2.24**
Bildnis Ulrich von Hutten in ganzer Figur als Edelmann

Holzschnitt (10,2 × 9,0 cm) in: Ulrich von Hutten, Augsburger Sammlung der Epigramme, Augsburg: Johann Miller 1519 (Spelsberg-Nr. 15)
Buchband, 21,0 × 14,5 cm
Fulda, Hessische Landesbibliothek
Inv.-Nr. Hutten Benz 89

**2.25**
Bildnis Ulrich von Hutten im Lorbeerkranz

Holzschnitt (11,0 × 11,7 cm) in: Ulrich von Hutten, Conquestio, Straßburg: Johann Schott 1520 (Spelsberg-Nr. 47)
Buchband, 11,0 × 11,7 cm
Fulda, Hessische Landesbibliothek
Inv.-Nr. Hutten Benz 132

**2.26**
Bildnis Ulrich von Hutten in Nische

Holzschnitt (15,7 × 11,5 cm) in: Ulrich von Hutten, Invectivae..., Straßburg: Johann Schott 1521 (Spelsberg-Nr. 56)
Buchband, 15,7 × 11,5 cm
Fulda, Hessische Landesbibliothek
Inv.-Nr. Hutten Benz 174

**2.27**
Bildnis Ulrich von Hutten in ganzer Figur als Ritter

Holzschnitt (6,2 × 3,1 cm) in: Ulrich von Hutten, Gesprächbüchlein, Straßburg: Johann Schott 1521 (Spelsberg-Nr. 53)
Buchband, 20,5 × 14,0 cm
Fulda, Hessische Landesbibliothek
Inv.-Nr. Hutten Benz 125 a

**2.28**
Bildnis Ulrich von Hutten mit Szepter und vier Wappen in Nische

Erhard Schön (?), 1521 (?)
Einblattdruck (?), Holzschnitt, koloriert mit Typendruck, 23,5 × 12,5 cm (mit Text)
Nürnberg, Germanisches Nationalmuseum
Inv.-Nr. MP 11712, Mappe 199 (Merkel) (als Depositum im GNM)
(s. Farbabb. 8)

**2.29**
Bildnis Ulrich von Hutten im Medaillon

Holzschnitt (Dm. 4,3 cm) in: Ulrich von Hutten, Expostulatio cum Erasmo, Straßburg: Johann Schott 1523 (Spelsberg-Nr. 66)
Buchband, 19,0 × 14,5 cm
Fulda, Hessische Landesbibliothek
Inv.-Nr. Hutten Benz 186

**2.30**
Bildnis Ulrich von Hutten (Faksimile)

(Nachschnitt nach 2.26), Holzschnitt in: Ulrich von Hutten, Beklagunge der Freistette deutscher nation, Erfurt: Michel Buchfürer 1522 (Faksimile) (Spelsberg-Nr. 64)
Schlüchtern, Ludwig Steinfeld (Faks.)

**2.31**
Doppelbildnis Martin Luther und Ulrich von Hutten als Vorkämpfer christlicher Freiheit (Foto)

(Nachschnitt nach 2.26), Einblattdruck (?), Straßburg od. Basel 1521 (?)
Holzschnitt
Verbleib unbekannt

**2.32**
Bildnisplakette Ulrich von Hutten (Foto)

1. Viertel 16. Jh.
Eisenguß, 9,4 × 7,4 cm
Verbleib unbek. (Foto: Familienbesitz Frhr. von Hutten)

# D. HUMANISMUS

## Geistige Grundlegung des Humanismus

**3.1**
Roswitha von Gandersheim, Werke, lat.

Conrad Celtis (Hrsg.), Nürnberg 1501
Buchband, 28,5 × 19,5 cm
Fulda, Hessische Landesbibliothek
Inv.-Nr. Spr Bd 15/5

**3.2**
Lukian von Samosata, Der Fischer

Willibald Pirckheimer (Übers. + Widmungsvorrede), Nürnberg: Friedrich Peypus 1517
8° 26 Bll. (A1–F4), Block gebunden,
20,5 × 14,5 cm
Nürnberg, Germanisches Nationalmuseum
Inv.-Nr. 8° L. 2475 Postinc.

**3.3**
Collectanea Adagiorum veterum (Sammlung antiker Sprichwörter und Redensarten)

Erasmus von Rotterdam, Straßburg: Matthias Schürer 1509
4° (12) + LVIII (d. h. LXIIII) Bll.
Gießen, Universitätsbibliothek, Handschriftenabteilung
Inv.-Nr. Ink. B 2270 (3)

**3.4**
C. Salustii et Q. Curtii Flores (Auszüge aus Sallust und Curtius)

Ulrich von Hutten, Straßburg: Johann Herwagen 1528 (entst. 1516) (Spelsberg-Nr. 19)
Buchband, 16,0 × 10,0 cm
Fulda, Hessische Landesbibliothek
Inv.-Nr. Hutten Benz 191

**3.5**
Praefatio in Livium (Vorwort zu Livius)

Ulrich von Hutten, in: Nikolaus Carbach / Wolfgang Angst (Hrsg.), Zwei Bücher des Livius, Mainz: Johannes Schöffer 1519 (Spelsberg-Nr. 39)
Buchband, 29,5 × 18,0 cm
Fulda, Hessische Landesbibliothek
Inv.-Nr. Hutten Benz 236

**3.6**
Cicero, Des hochberu̇mpten Marci Tulli Ciceronis bu̇chlein vō dem Alter

Johann Neuber / Johann von Schwarzenberg (Übers.), Überarbeitung: Ulrich von Hutten, Augsburg: Sigmund Grimm 1522 (Spelsberg-Nr. 29)
Buchband, 29,5 × 20,6 cm
Privatbesitz

**3.7**
Vir bonus (Der rechtschaffene Mann) (Foto)

Ulrich von Hutten, Erfurt: Hans Knappe 1513 (Spelsberg-Nr. 7)
Mühlhausen, Stadt- und Kreisarchiv
Inv.-Nr. 80/539.7

**3.8**
Ritter, Tod und Teufel (Foto)

Albrecht Dürer, 1513
Kupferstich, 24,6 × 19 cm
Nürnberg, Germanisches Nationalmuseum
Inv.-Nr. StN 2197 K 670 (Kaps. 121a)

## Huttens Studienjahre

**3.9**
Graphik: Universitäten im Deutschen Reich und in Italien bis 1530

**3.10**
Stadtansicht Fulda

nach Hans Brosamer, aus: Sebastian Münster, Cosmographia, Basel 1578
Fulda, Vonderau-Museum

**3.11**
Margarita philosophica

Gregor Reisch, Straßburg: Johann Schott 1504
Buchdruck mit Holzschnitten, 8° 329 u. II Bll.
21,3 × 15,5 cm
Nürnberg, Germanisches Nationalmuseum
Inv.-Nr. 8° Ph. 61 Postinc.

**3.12**
Summa universae theologiae, Pars I

Alexander of Hales OFM, Nürnberg: Anton Koberger 1482, Bd. 1
Ledereinband über Holzdeckeln mit Blindenpressung aus der Augsburger Werkstatt des Jörg Schapf, 2° (ca. 42,0 × 30,0 cm)
Heilbronn, Stadtarchiv
Inv.-Nr. RB 7,1

**3.13**
Stadtansicht Köln

aus: Hartmann Schedel, Buch der Chroniken, Nürnberg: Anton Koberger 1493
Holzschnitt, koloriert, 19,6 × 52,9 cm
Nürnberg, Germanisches Nationalmuseum
Inv.-Nr. SP 1621 (Kaps. 1102)

**3.14**
Bambergische Halsgerichtsordnung

Johann von Schwarzenberg, Bamberg: Hans Pfeil 1507
Buchband
Bamberg, Staatsbibliothek
Inv.-Nr. R. B. Inc. typ. D.2

**3.14.a**
Gericht und Folter

Hans Weiditz,
Holzschnitt, 14,4 × 15,6 cm
Nürnberg, Germanisches Nationalmuseum
Inv.-Nr. H 2699 (Kaps. 45)

**3.15**
Stadtansicht Erfurt

aus: Hartmann Schedel, Buch der Chroniken, Nürnberg: Anton Koberger 1493
Holzschnitt, koloriert, 22,9 × 53,3 cm
Nürnberg, Germanisches Nationalmuseum
Inv.-Nr. SP 716 (Kaps. 1084)

**3.16**
Baccalaureatsnachweis Ulrichs von Hutten der Universität Frankfurt (Oder), 14. 9. 1506 (Foto)

In: Promotionsregister der artistischen Fakultät der Alma mater Viadrina, 1506–1596, Bl. 2
Potsdam, Staatsarchiv
Inv.-Nr. Pr. Br. Rep. 86 Univ. Frankfurt, Nr. 26

**3.18**
Matrikeleintragung Ulrichs von Hutten der Universität Greifswald, 1509 (Foto)

In: Matrikel der Universität Greifswald, Bd. 1 (1456–1598), Bl. 113b.
Greifswald, Ernst-Moritz-Arndt-Universität

**3.18a**
Stadtansicht Rom

aus: Hartmann Schedel, Buch der Chroniken, Nürnberg: Anton Koberger 1493
Holzschnitt, 23,4 × 53,9 cm
Nürnberg, Germanisches Nationalmuseum
Inv.-Nr. SP 2933 (Kaps. 1124b)

**3.19**
De arte versificandi (Über die Verskunst)

Ulrich von Hutten, Leipzig: Wolfgang Stöckel 1513 (Spelsberg-Nr. 12)
Buchband, 18,0 × 14,0 cm
Fulda, Hessische Landesbibliothek
Inv.-Nr. Hutten Benz 13

3.20
Das Narrenschiff (Faksimile)

Sebastian Brant, Basel 1494
Darmstadt, Landes- und Hochschulbibliothek

3.21
Lob der Torheit

Erasmus von Rotterdam, Basel: Johann Froben 1515
Erlangen, Universitätsbibliothek Erlangen-Nürnberg
Inv.-Nr. 4° Phl. A IX, 22

## Humanismus als „Bewegung"

3.24
In Laudem... Alberthi Archepiscopi (Lobgedicht auf Erzbischof Albrecht [von Brandenburg])

Ulrich von Hutten, Tübingen: Thomas Anshelm 1515 (Spelsberg-Nr. 18)
Buchband, 21,0 × 16,0 cm
Fulda, Hessische Landesbibliothek
Inv.-Nr. Hutten Benz 47

3.25
Beglaubigungsschreiben Albrechts von Brandenburg für den diplomatischen Auftrag Ulrichs von Hutten für Franz I. vom 12. Okt. 1517 (Foto)

Paris, Staatsarchiv

3.26
Sog. Humanistenblatt aus der Matrikel der Universität Erfurt (Foto)

Erfurt, 1520/21
Handzeichnung, aquarelliert
Erfurt, Stadtarchiv

3.27
Bildnis Eobanus Hessus

Hans Brosamer
Holzschnitt, 17,0 × 10,0 cm
Nürnberg, Germanisches Nationalmuseum
Inv.-Nr. Mp 10679 (Mappe 180)

3.28
Bildnis Willibald Pirckheimer

Albrecht Dürer, 1524
Radierung, 18,4 × 11,6 cm
Nürnberg, Germanisches Nationalmuseum
Inv.-Nr. K 682 (Kaps. 122)

3.29
Bildnis Desiderius Erasmus von Rotterdam

Albrecht Dürer, 1526
Radierung, 25,1 × 19,4 cm
Nürnberg, Germanisches Nationalmuseum
Inv.-Nr. K 684 (Kaps. 122)

3.30
Bildnis Thomas Morus

(nach Hans Holbein) Radierung, 17. Jh.
22,5 × 17,2 cm (Plattenrand)
Schlüchtern, Ludwig Steinfeld

3.31
Brief an Willibald Pirckheimer

Ulrich von Hutten, Augsburg: Sigmund Grimm und Marx Wirsung 1518 (Spelsberg-Nr. 36)
Buchband, 21,0 × 16,0 cm
Fulda, Hessische Landesbibliothek
Inv.-Nr. Hutten Benz 83

3.33
Bildnis Johannes Reuchlin

Radierung, 1821, 14,5 × 9,5 cm
Schlüchtern, Bergwinkelmuseum
Inv.-Nr. SB 27

3.34
De arte cabalistica libri tres (Drei Bücher über die Kunst der Kabbala)

Johannes Reuchlin, Hagenau: Thomas Anshelm 1517
Pforzheim, Stadtarchiv

3.35
De rudimentis hebraicis (Grundbegriffe des Hebräischen)

Johannes Reuchlin, Hagenau: Thomas Anshelm 1506
Pforzheim, Stadtarchiv

3.36
Der Handspiegel

Johannes Pfefferkorn, Mainz 1511
Papier Halblederband, 21,5 × 15,0 cm
Mainz, Stadtbibliothek
Inv.-Nr. Ink 610

3.37
...warhafftige entschuldigung gegen und wider ains getaufften iuden genant Pfefferkorn (Augenspiegel)

Johannes Reuchlin, Tübingen: Thomas Anshelm 1511
Tübingen, Universitätsbibliothek
Inv.-Nr. Ci VII 28 4° R

3.38
Brantspiegel. Abzotraiben und aus zulesehen eines vngegrimmten laster buechleyn mit namen Augenspiegel...

Johannes Pfefferkorn, Köln: Hermann Gutschaiff 1512
Nürnberg, Germanisches Nationalmuseum
Inv.-Nr. 8° G. 12404$^h$ Postinc.

3.39
Epistolae trium illustrium virorum ad Hermannum ... Nuenarium (...) (Briefe dreier berühmter Männer an Hermann [von] Neuenar)

Hermann Neuenar et al., Hagenau: Thomas Anshelm 1518
Wolfenbüttel, Herzog August Bibliothek
Inv.-Nr. 107.8 Theol. (12)

3.40
Epistola ad illustrem virum Hermannum de Neuenar (Brief an den berühmten Hermann von Neuenar)

Ulrich von Hutten, Mainz: Johann Schöffer 1518 (Spelsberg-Nr. 30)
Buchband, 20,0 × 14,5 cm
Fulda, Hessische Landesbibliothek
Inv.-Nr. Hutten Benz 58

3.41
Epistolae obscurorum virorum (Briefe der Dunkelmänner)

Ulrich von Hutten et al., Speyer: Jakob Schmidt 1516 (Spelsberg-Nr. 24)
Fulda, Hessische Landesbibliothek
Inv.-Nr. Hutten Benz 241

3.42
Epistolae obscurorum virorum (Briefe der Dunkelmänner)

Ulrich von Hutten et al., Speyer: Jakob Schmidt 1517 (Spelsberg-Nr. 25)
Buchband, 8° 88 Bll.
Nürnberg, Germanisches Nationalmuseum
Inv.-Nr. 8° L. 1951$^r$ Postinc.

3.43
Defensio Johannis Pepericorni, contra famosas et criminales obscurorum virorum epistolas (Verteidigung Johannes Pfefferkorns gegen die ehrenrührigen und verbrecherischen Dunkelmännerbriefe)

Johannes Pfefferkorn, Köln: Heinrich Quentels Erben 1516
Nürnberg, Germanisches Nationalmuseum
Inv.-Nr. 8° L. 1951$^m$ Postinc.

3.44
Triumphus Capnionis (Faksimile)

Einblattdruck, Holzschnitt 1518
Wittenberg, Staatliche Lutherhalle
Schlüchtern, Bergwinkelmuseum
Inv.-Nr. SB 69 (Faks.)

3.45
Triumphus Doc. Reuchlini

Ulrich von Hutten, Hagenau: Thomas Anshelm 1518 (Spelsberg-Nr. 16)
Buchband, 21,0 × 15,0 cm
Fulda, Hessische Landesbibliothek
Inv.-Nr. Hutten Benz 87

## Ulrich von Hutten als Poet

3.46
In Eobanum Hessum Elegia (Elegie an Eobanus Hessus) (Foto)

Ulrich von Hutten, in: E. Hessus, De laudib. et praeconiis incliti atque tocius Germaniae, Erfurt: Wolf Stürmer 1507 (Spelsberg-Nr. 1)
Jena, Universitätsbibliothek
Inv.-Nr. 4 Bud. Op. 50 (8)

3.47
Laus Marchiae (Lob der Mark Brandenburg) (Foto)

Ulrich von Hutten, in: Vigilantius Axungia, Descriptio..., Frankfurt (Oder): Konrad Baumgarten 1507 (Spelsberg-Nr. 2)
Wrzław, Stadt- und Stadtbibliothek

3.48
De virtute exhortatio (Ermahnung über die Tugend)

Ulrich von Hutten, in: Tabula Cebetis..., Frankfurt (Oder): Nikolaus Lamparter und Balthasar Murrer 1507 (Spelsberg-Nr. 5)
Buchband, 19,0 × 14,0 cm
Augsburg, Staats- und Stadtbibliothek
Inv.-Nr. 4° LG 97

3.49
Carmen commendaticium (Empfehlungsgedicht) (Foto)

Ulrich von Hutten, in: J. Aesticampianus (Hrsg.), Hieronymus, Septem... epistole, Leipzig: Melchior Lotter 1508 (Spelsberg-Nr. 9)
London, British Library

3.50
Ulricus Huttenus Hermanno Trebelio...
(Ulrich [von] Hutten an Hermann Trebelius) (Foto)

Ulrich von Hutten, in: Trebelius, Epigrāmaton, Frankfurt (Oder): Johann Hanau 1509 (Spelsberg-Nr. 6)
Freiburg/Br., Universitätsbibliothek

3.51
Elegia ad Johannem Murmellium (Elegie an Johannes Murmellius)

Ulrich von Hutten, in: Murmellius,... epistolarum moralium liber..., Deventer: Albertus Paffraet 1512 (Spelsberg-Nr. 8)
Köln, Universitäts- und Stadtbibliothek
Inv.-Nr. ADs 402

3.52
Nemo (Niemand)

Ulrich von Hutten, Erfurt 1510 (Spelsberg-Nr. 10)
Buchband, 20,0 × 15,0 cm
Fulda, Hessische Landesbibliothek
Inv.-Nr. Hutten Benz 5

3.53
ΟΥΤΙΣ. Nemo (Niemand)

Ulrich von Hutten, Augsburg: Johann Miller 1518 (Spelsberg-Nr. 21)
Buchband, 20,0 × 15,0 cm
Fulda, Hessische Landesbibliothek
Inv.-Nr. Hutten Benz 62

3.54
In Wedegum Loetz... et... Hennigum...: Querelarum libri duo (Zwei Anklagebücher gegen Wedeg und Henning Loetz) (Foto)

Ulrich von Hutten, Frankfurt (Oder): Johann Hanau 1510 (Spelsberg-Nr. 11)
Göttingen, Niedersächsische Staats- und Universitätsbibliothek

3.55
De arte versificandi carmen Heroicum (Heroisches Gedicht über die Verskunst)

Ulrich von Hutten, Nürnberg: Johann Petreius 1547 (Spelsberg-Nr. 13)
Buchband, 16,0 × 10,5 cm
Fulda, Hessische Landesbibliothek
Inv.-Nr. Hutten Benz 26

3.56
Baptisati cuiusdam iudaei Ioannis Pepericorni... historia (Geschichte eines getauften Juden namens Johannes Pfefferkorn)

Ulrich von Hutten, Köln: Kornelius von Zirickzee 1514 (Spelsberg-Nr. 17)
Köln, Universitäts- und Stadtbibliothek
Inv.-Nr. ADs 429

3.57
Flosculi ex Sallustio (Wortregister zu Sallust)

Ulrich von Hutten, in: Sallustius, Catilinae coniuratio, Bellum Iugurthinum..., 1530 (Spelsberg-Nr. 27)
s'Gravenhage, Koninklijke Bibliotheek
Inv.-Nr. 228 H 11

3.58
Ad Lectorem (An den Leser)

Ulrich von Hutten, in: J. Stöffler, Calendarium Romanum Magnum, Oppenheim: Jakob Köbel 1518 (Spelsberg-Nr. 37)
Buchband, Papier in Pergament, 30,5 × 20,0 cm Fulda, Hessische Landesbibliothek
Inv.-Nr. Hutten Benz 235

3.59
Huttens Epigramme an den Altar des Corycius

Ulrich von Hutten, in: Palladius Blossois (Hrsg.), Coryciana, Rom: Lud. Vicentinus und Lautitius Perusinus 1524 (Spelsberg-Nr. 22)
Wolfenbüttel, Herzog August Bibliothek
Inv.-Nr. 26.14 Poet.

3.60
Huttenus

Ulrich von Hutten, in: Petrus Aegidius, Lamentatio..., Straßburg: Johann Schoff 1519
München, Bayerische Staatsbibliothek

3.61
Stadtansicht Augsburg aus der Vogelschau

1550, Kupferstich, koloriert, 33,0 × 47,5 cm
Nürnberg, Germanisches Nationalmuseum
Inv.-Nr. SP 6198 (Kaps. 1073 a)
(s. Farbabb. 9)

3.62
Insignien der Dichterkrönung

Hans Burgkmair, 1504
Holzschnitt, koloriert, 18,9 × 25,8 cm
Nürnberg, Germanisches Nationalmuseum
Inv.-Nr. H 7652 (Kaps. 31)
(s. Farbabb. 10)

3.63
Diplom der Dichterkrönung Ulrichs von Hutten durch Maximilian I. in Augsburg am 12. 7. 1517 (Foto)

Ehem. Berlin, Archiv für Kunst und Geschichte
Original nach dem 2. Weltkrieg verschollen

# E. ULRICH VON HUTTENS TEILNAHME AN POLITISCHEN UND RELIGIÖSEN EREIGNISSEN

## Reformation

4.1
Bildnis Martin Luther als Augustinermönch (Foto)

Titelholzschnitt zu: Martin Luther, Von der Babylonischen gefengknuß der Kirchen (s. 4.5)

4.2
Amore et studio elucidande veritatis: hec subscripta disputabuntur Wittenberge (95 Thesen) (Foto)

Martin Luther, Nürnberg: Hieronymus Höltzel 1517, 2°
London, British Library
Inv.-Nr. C. 18 d. 12

4.3
Ein Sermon von dem Ablaß vnd gnade

Martin Luther, Augsburg: Jörg Nadler 1520
Buchband, 20,0 × 15,0 cm
Augsburg, Staats- und Stadtbibliothek
Inv.-Nr. 4° Th H 1700,18

4.4
On Aplas von Rom kan man wol selig werden

Flugschrift, Augsburg: Melchior Ramminger 1520
4°, 20,0 × 15,0 cm
Augsburg, Staats- und Stadtbibliothek
Inv.-Nr. 4° Th H 1700,1

4.5
Von der Babylonischen gefengknuß der Kirchen

Martin Luther, Straßburg 1520
Frankfurt/M., Stadt- und Universitätsbibliothek
Inv.-Nr. Flugschriftensammlung Gustav Freytag H. 2344

4.6
An den christlichen Adel teutscher Nation

Martin Luther, Wittenberg 1520
Frankfurt/M., Stadt- und Universitätsbibliothek
Inv.-Nr. Flugschriftensammlung Gustav Freytag H. 2318

4.7
Von der Freiheit eines Christenmenschen

Martin Luther, Leipzig: Melchior Lotter 1520
Nürnberg, Germanisches Nationalmuseum
Inv.-Nr. 8° Rl. 2451 Postinc.

4.8
Von der Beycht (mit Widmung an Sickingen und Gruß an Hutten)

Martin Luther
Buchband, 8,5 × 14,0 cm
Fulda, Hessische Landesbibliothek
Inv.-Nr. Hutten C 210

4.9
Doppelbildnis Martin Luther – Ulrich von Hutten (Foto)

Einblattdruck (?), Straßburg od. Basel 1521 (?)
Verbleib unbek.

4.10
Georg Spalatin betend vor dem Gekreuzigten

Lucas Cranach d. Ä., 1515
Holzschnitt mit Typendruck, 16,5 × 11,1 cm
Berlin, Staatliche Museen Preußischer Kulturbesitz, Kupferstichkabinett
Inv.-Nr. 978–11

4.11
Bildnis Philipp Melanchton

Albrecht Dürer, 1526
Kupferstich, 17,0 × 12,0 cm
Germanisches Nationalmuseum
Inv.-Nr. H 681 (Kaps. 122)

4.12
Ad reverendissimum Moguntinensium praesulem atque illustrissimum principem epistola (Brief an den höchst ehrenvollen, herausragenden und hochberühmten Mainzer Fürsten [Albrecht von Brandenburg])

Erasmus von Rotterdam, Augsburg: Sigmund Grimm und Marx Wirsung (1520)
Buchband, 21,0 × 16 cm
Augsburg, Staats- und Stadtbibliothek
Inv.-Nr. 4° Th. H 966

4.13
Biblia deutsch

Nürnberg: Anton Koberger 1483
Buchband, 29,0 × 35,0 cm
Fulda, Hessische Landesbibliothek
Inv.-Nr. 4° Ink A 22 a

4.14
Das Newe Testament deutzsch

Übers. v. Martin Luther, Wittenberg: Melchior Lotter d. J. 1522 (mit Holzschnitten von Lucas Cranach d. Ä.)
Frankfurt/M., Stadt- und Universitätsbibliothek
Inv.-Nr. Ausst. 233

4.15
Klagrede der armen verfolgten Götzen und Tempelbilder...

Erhard Schön (zugeschr.), um 1530
Holzschnitt (o. Text), 12,8 × 34,7 cm
Nürnberg, Germanisches Nationalmuseum
Inv.-Nr. 7404 (Kaps. 53)

4.16
Von abtuhung der Bylder, undt das keyn Bedtler vnther Christen seyn soll

Andreas Bodenstein, gen. Karlstadt, Wittenberg: Nickel Schirlentz 1522
Berlin, Staatliche Museen Preußischer Kulturbesitz, Kunstbibliothek

## Politik und Publizistik

4.17
Graphik: Ausbreitung des Druck- und Verlagswesens

4.19
Febris (Fieber)

Ulrich von Hutten, Mainz: Johann Schöffer 1519 (Spelsberg-Nr. 38)
Buchband, 20,5 × 15,0 cm
Fulda, Hessische Landesbibliothek
Inv.-Nr. Hutten Benz 91

4.20
Dialogi (Dialoge)

Ulrich von Hutten, Mainz: Johann Schöffer 1520 (Spelsberg-Nr. 41)
Buchband, 17,5 × 12,5 cm
Fulda, Hessische Landesbibliothek
Inv.-Nr. Hutten Benz 122

4.21
Ulrich von Hutten, ... Vadiscus oder die Rhŏmisch Dreyfaltigkeit...

Übers. v. Ulrich Varnbühler d. J., Straßburg: Balthasar Beck 1544 (in Spelsberg-Nr. 41 und 53)
Buchband, 19,5 × 14,5 cm
Fulda, Hessische Landesbibliothek
Inv.-Nr. Hutten Benz 129

4.22
Gespräch bu̇chlin

4.22

Ulrich von Hutten, Straßburg: Johann Schott 1521 (Spelsberg-Nr. 53)
Buchband, 20,5 × 14,0 cm
Fulda, Hessische Landesbibliothek
Inv.-Nr. Hutten Benz 125b
(s. Farbabb. 11)

4.23
Ulrichi de Hutten... ad Carolum Imperatorē adversus intentatam sibi a Romanistis vim & iniuriam, Conquestio... (Klage an Kaiser Karl über die Gewalt und das Unrecht, die ihm von den Romanisten angedroht worden sind)
Ulrich von Hutten, Straßburg: Johann Schott 1520 (Spelsberg-Nr. 47)
Buchband, 11,0 × 11,7 cm
Fulda, Hessische Landesbibliothek
Inv.-Nr. Hutten Benz 132

4.24
Clag und vormanūg gegen den übermāssigen unchristlichen gewalt des Bapsts zů Rom und der ungeistlichē geistlichen
Ulrich von Hutten (übers. v. 4.23), Straßburg: Johann Schott 1520 (Spelsberg-Nr. 48)
Buchband, 18,0 × 14,5 cm
Fulda, Hessische Landesbibliothek
Inv.-Nr. Hutten Benz 144

4.25
Ulrichi Hutteni in libellum Laurentii contra effictam et emenditam Constantini Donationem ad Leonem X. pontificem maximum praefatio (Ein Papst Leo X. gewidmetes Vorwort Ulrichs von Hutten zur Streitschrifts Lorenzo [Vallas] gegen die vorgebliche und erdichtete Konstantinische Schenkung)
Ulrich von Hutten, in: ders. (Hrsg.), De Donatione Constantini..., Basel: Andreas Cratander 1519/20 (Spelsberg-Nr. 43)
Buchband, 21,5 × 14,5 cm
Fulda, Hessische Landesbibliothek
Inv.-Nr. Hutten Benz 121

4.26
Hulderichus de Hutten liberis in Germania omnibus salutem (Ulrich von Hutten entbietet allen Freien in Deutschland seinen Gruß)
Ulrich von Hutten, in: ders. (Hrsg.), De schismate extinguendo, Hagenau: Thomas Anshelm 1520 (Spelsberg-Nr. 44)
Buchband, 19,0 × 14,5 cm
Fulda, Hessische Landesbibliothek
Inv.-Nr. Hutten Benz 221

4.27
Herr Wlrichs von Hutten anzöig Wie allwegen sich die Rŏmischen Bischoff od' Bǎpst gegen den teütschen Kaÿßeren gehalten haben
Ulrich von Hutten, Straßburg: Johann Schott 1521 (Spelsberg-Nr. 57)
Pergament, 20,0 × 14,8 cm
Privatbesitz

4.28
Gesprechbiechlin Neüw Karsthans (Foto)
Martin Butzer (?) (Bearb. Ulrich von Hutten?) Straßburg: Matthias Schürer 1521 (Spelsberg-Nr. 54)
Wolfenbüttel, Herzog August Bibliothek
Inv.-Nr. H 64 Helmst. 4° (108)

4.29
Allegorie auf das Mönchtum
Hans Sebald Beham, 1521
Holzschnitt, 9,5 × 16,4 cm
München, Staatliche Graphische Sammlung
Inv.-Nr. 819400 / P. 1117

4.30
Der geistliche Schafstall. Spottbild auf das Papsttum
Holzschnitt, um 1540/50, 19,4 × 29,0 cm
Nürnberg, Germanisches Nationalmuseum
Inv.-Nr. HB 24 (Kaps. 1335)

4.31
Satire auf die katholische Geistlichkeit
Holzschnitt, vor 1536, 29,5 × 22,5 cm
Nürnberg, Germanisches Nationalmuseum
Inv.-Nr. HB 24458 (Kaps. 1335)

4.32
Drei Spottbilder auf das Papsttum
aus der lat. Ausgabe von: Abbildung des Papsttums, Wittenberg 1545
Holzschnitte, je 26,1 × 14,7 cm
Nürnberg, Germanisches Nationalmuseum
Inv.-Nr. HB 13669, HB 13672, HB 13675 (Kaps. 1335)

4.33
Spottbild auf die kampflustige Geistlichkeit
Aquarell, 2. Hälfte 16. Jh., 15,2 × 8,9 cm
Nürnberg, Germanisches Nationalmuseum
Inv.-Nr. HB 2025 (Kaps. 1335)
(s. Farbabb. 12)

4.34
Der Sturz des Papsttums
Hans Sebald Beham, 1524/25
Flugblatt mit Holzschnitt und Typendruck
34,3 × 47,0 cm
Berlin, Staatliche Museen Preußischer Kulturbesitz, Staatsbibliothek
Inv.-Nr. 2° YA 273 gr

4.35
Der Papstesel zu Rom / Die Herrschaft des Antichristen
aus der lat. Ausgabe von: Abbildung des Papsttums, Wittenberg 1545
Holzschnitte, je 33,5 × 19,6 cm
Nürnberg, Germanisches Nationalmuseum
Inv.-Nr. HB 24747 1 u. 2 (Kaps. 1335)

4.36
Triumphus Veritatis
Holzschnitt, Zürich 1524 (?), 18,6 × 42,5 cm
Nürnberg, Germanisches Nationalmuseum
Inv.-Nr. HB 10931 (Kaps. 1335)

4.37
Doctori Martini Lutheri Triumph
Holzschnitt, koloriert, mit Typendruck, 1569/70, 116,5 × 33,7 cm
Nürnberg, Germanisches Nationalmuseum
Inv.-Nr. HB 24855 (Kaps. 1335)
(s. Farbabb. 13)

4.38
Von der fier ketzren Prediger ordens der obseruantz (Jetzer-Handel)
Thomas Murner, München: Hans Schobser um 1509
Nürnberg, Germanisches Nationalmuseum
Inv.-Nr. 8°, Rl. 1423 Postinc.

4.39
Johannes Reuchlin, Ulrich von Hutten und Martin Luther als Patrone der Freiheit
Titelholzschnitt zu: Thomas Murner, History Von den fier ketzren Prediger ordens (Jetzer-Handel) Straßburg: Johann Prüss 1521
Nürnberg, Germanisches Nationalmuseum
Inv.-Nr. 8° L. 462 Postinc.

4.40
Ketzerbulle Leos X. „Exsurge domine" (Foto)
Erste Seite des Textes im Registerband
Vatikan, Archivio Segreto Vaticano
Inv.-Nr. Reg. Vat. 1160, fol. 251ʳ

4.41
Bulla Decimi Leonis, contra errores Martini Lutheri, & sequaciuɱ (Bulle Leos X. gegen die Irrtümer Martin Luthers und seiner Gefolgschaft)
Ulrich von Hutten, Straßburg: Johann Schott 1520 (Spelsberg-Nr. 46)
Buchband, 19,0 × 14,0 cm
Fulda, Hessische Landesbibliothek
Inv.-Nr. Hutten Benz 222

**4.42**

Epistola… Ad D. Lutherum (Brief an Dr. Luther)

Ulrich von Hutten, Wittenberg: Melchior Lotter 1520 (Spelsberg-Nr. 45)
Buchband, 19,0 × 14,5 cm
Fulda, Hessische Landesbibliothek
Inv.-Nr. Hutten Benz 130

**4.43**

In incendivm Lvtheranvm exclamatio (Empörungsschrei gegen die Verbrennung Lutherischer Bücher)

Ulrich von Hutten, Straßburg: Johann Schott 1521 (Spelsberg-Nr. 49)
Buchband, 20,0 × 14,5 cm
Fulda, Hessische Landesbibliothek
Inv.-Nr. Hutten Benz 151

**4.44**

Eyn Klag über den Luterischen Brandt zu Mētz

Ulrich von Hutten, Worms: Hans (Werlich) von Erfurt 1521 (Spelsberg-Nr. 51)
Buchband, 20,0 × 14,0 cm
Fulda, Hessische Landesbibliothek
Inv.-Nr. Hutten Benz 152

**4.45**

Duae ad Martinum Lutherum Epistolae (Zwei Briefe an Martin Luther)

Ulrich von Hutten, Wittenberg: Johann Rhau-Grunenberg, 1521 (Spelsberg-Nr. 58)
Buchband, 15,5 × 10,5 cm
Fulda, Hessische Landesbibliothek
Inv.-Nr. Hutten Benz 177

**4.46**

In Hieronymum Aleandrum & Marinum Caracciolum Oratores Leonis… Invectivae (Schmähschriften gegen H. Aleander und M. Caraccioli, Sprecher des Papstes Leos X.)

Ulrich von Hutten, Paris: Pierre Vidoué für Konrad Resch 1521 (Spelsberg-Nr. 56)
Buchband, 19,0 × 13,5 cm
Fulda, Hessische Landesbibliothek
Inv.-Nr. Hutten Benz 173

**4.47**

Arminius

Ulrich von Hutten, Hagenau: Johann Setzer 1529 (entst. 1516–19) (Spelsberg-Nr. 26)
Buchband, 4,5 × 9,0 cm
Fulda, Hessische Landesbibliothek
Inv.-Nr. Hutten Benz 206

**4.48**

… ad principes Germaniae, ut bellum Turcis inuehant. Exhortatoria (Ermahnung an die deutschen Fürsten, den Türkenkrieg zu beginnen) – Mit eigenhändiger Widmung des Autors an den Bamberger Fürstbischof Georg Schenk III. von Limpurg

Ulrich von Hutten, Augsburg: Sigmund Grimm und Marx Wirsung 1518 (Spelsberg-Nr. 35)
Buchband, 20,5 × 15,5 cm
Bamberg, Staatsbibliothek
Inv.-Nr. Inc. typ. M. VII 23[a]

**4.49**

Ad principes germanos ut bellum Turcis inferant Exhortatoria (Ermahnung an die deutschen Fürsten, den Türkenkrieg zu führen)

Ulrich von Hutten, Augsburg: Johann Schöffer 1519 (Spelsberg-Nr. 31)
Buchband, 14,5 × 9,5 cm
Fulda, Hessische Landesbibliothek
Inv.-Nr. Hutten Benz 86

**4.50**

Die Ermordung Hans von Huttens durch Herzog Ulrich von Württemberg

Titelholzschnitt zu: Ulrich von Hutten, Phalarismus, Mainz: Johann Schöffer 1517 (Spelsberg-Nr. 28)
Buchband, 13,3 × 9,4 cm
Fulda, Hessische Landesbibliothek
Inv.-Nr. Hutten Benz 52

**4.51**

Bildnis Herzog Ulrich von Württemberg

Hans Brosamer, um 1545
Holzschnitt, 32,3 × 25,4 cm
Nürnberg, Germanisches Nationalmuseum
Inv.-Nr. H 4706 (Kaps. 1452)

**4.52**

Bildnis Ursula Thumb

Kopie des 20. Jh., Öl auf Sperrholz, 29,0 × 23,0 cm
Familienbesitz Frhr. v. Hutten

**4.53**

Ulrichi Hutteni Equ. Super interfectione propinqui Ioannis Hutteni Equ. Deploratio (Ulrich von Huttens Klage über die Ermordung seines Verwandten, des Ritters Hans von Hutten) (= Steckelberger Sammlung)

Ulrich von Hutten, Mainz: Johann Schöffer 1519 (Spelsberg-Nr. 20)
Buchband, 19,5 × 14,5 cm
Fulda, Hessische Landesbibliothek
Inv.-Nr. Hutten Benz 120

## Kaiser Karl V. und der Wormser Reichstag

**4.54**

Bildnis Kaiser Maximilian I.

Holzschnitt, 16. Jh., 8,1 × 8,4 cm
Nürnberg, Germanisches Nationalmuseum
Inv.-Nr. P 16144 (Kaps. 853)

**4.55**

Bildnis Franz von Sickingen

Hieronymus Hopfer, um 1520
Holzschnitt, 14,7 × 9,2 cm
Nürnberg, Germanisches Nationalmuseum
Inv.-Nr. P 23575 (Kaps. 895)

**4.56**

Münzbildnis Friedrich III. der Weise, Kurfürst von Sachsen

Reichsstatthalter-Taler (2 Guldengroschen)
Silber geprägt, Dm. 4,45 cm, gehenkelt
Nürnberg, Germanisches Nationalmuseum
Inv.-Nr. Mü 1500

**4.57**

Bildnismedaille Hermann von Wied, Erzbischof von Köln

Friedrich Hagenauer, 1537
Nachschlag vergoldet, Dm. 4,1–4,3 cm
Köln, Kölnisches Stadtmuseum
Inv.-Nr. Platte 117.696

**4.58**

Bildnismedaille Richard von Greiffenclau, Erzbischof von Trier

1522
Messing gegossen, Dm. 2,7 cm
Trier, Rheinisches Landesmuseum
Inv.-Nr. 00,364

**4.59**

Bildnismedaille Albrecht von Brandenburg, Erzbischof von Mainz und Magdeburg

Peter Vischer, 1515
Bronze gegossen, Dm. 5,0 cm
Nürnberg, Germanisches Nationalmuseum
Inv.-Nr. Med. 6966
(s. Farbabb. 14)

**4.60**

Bildnismedaille Joachim I., Kurfürst von Brandenburg

Friedrich Hagenauer, 1530
Bronze gegossen, Dm. 7,1 cm
Nürnberg, Germanisches Nationalmuseum
Inv.-Nr. Med. 1 297

4.61
Münzbildnis Ludwig V., Kurfürst von der Pfalz

Guldiner 1525
Nürnberg, Germanisches Nationalmuseum
Inv.-Nr. Mü 1 404

4.62
Bildnis Kaiser Karl V.

Monogrammist M. R.,
Holzschnitt, 34,2 × 24,4 cm
Nürnberg, Germanisches Nationalmuseum
Inv.-Nr. H 651 (Kaps. 42)

4.63
Bildnis Erzherzog Ferdinand I. von Österreich

(nach) Erhard Schön
Holzschnitt, 17,0 × 16,0 cm
Nürnberg, Germanisches Nationalmuseum
Inv.-Nr. P 26896 (Kaps. 851)

4.64
Wahlkostenabrechnung für die Wahl Karls V. zum Römischen König am 28. 6. 1519, Augsburg 1520

Handschriftenband, 32,0 × 22,0 cm
Augsburg, Staats- und Stadtbibliothek
Inv.-Nr. 2° Cod. Aug. 126

4.65
Stadtansicht Worms

Monogrammist HSD, aus: Sebastian Münster, Cosmographia, um 1550
Holzschnitt, 29,0 × 71,5 cm
Worms, Stadtarchiv
Inv.-Nr. 6 / 23 d

4.66
Bildnis Hieronymus Aleander

Agostino dei Mesi (Musi), gen. Veneziano, 1536
Kupferstich, 32,9 × 22,3 cm
Berlin, Staatliche Museen Preußischer Kulturbesitz, Kupferstichkabinett
Inv.-Nr. 6028–1877

4.67
Martin Luther vor dem Reichstag zu Worms 1521

Titelholzschnitt zu: Doctor Martini Lutheris offentliche Verhőr, 1521
Erlangen, Universitätsbibliothek Erlangen-Nürnberg
Inv.-Nr. Thl. V. 4–10

4.68
Ein klägliche klag an den christlichen Römischen Keyser Karolū von wegen Doctor Luters und Ulrich vō Huttē...

Johannes Eberlin, Speyer: Johannes Eckhart 1521
Nürnberg, Germanisches Nationalmuseum
Inv.-Nr. 8° Rl. 1710 Postinc.

4.70
Dialogi Huttenici novi, perquam festiui (Neue, ungemein witzige Huttensche Dialoge)

Ulrich von Hutten, Straßburg: Johann Schott 1521 (Spelsberg-Nr. 50)
Buchband, 21,5 × 15,0 cm
Fulda, Hessische Landesbibliothek
Inv.-Nr. Hutten Benz 161

4.71
Ulrich von Hutten entbeüt allen christlicher Freiheit liebhaberen, alles gůts

Ulrich von Hutten, in; Ders. (Hrsg.), Concilia wie man die halten sol. (...) Straßburg: Johann Schott 1521 (Spelsberg-Nr. 55)
Buchband, 20,0 × 15,0 cm
Fulda, Hessische Landesbibliothek
Inv.-Nr. Hutten Benz 225

4.72
Ad illustris. principem dominum Ferdinandum Austriae archiducem in sequentem librum praefatio (Dem hochberühmten Fürsten und Herren Erzherzog Ferdinand gewidmetes Vorwort zu dem folgenden Buch)

Ulrich von Hutten, in: ders. (Hrsg.), De unitate ecclesiae conservanda, et schismate..., Mainz: Johann Schöffer 1520 (Spelsberg-Nr. 42)
Buchband, 10,0 × 14,5 cm
Fulda, Hessische Landesbibliothek
Inv.-Nr. Hutten Benz 219

4.73
Vormanung an die freien und reich Stette teutscher Nation

Ulrich von Hutten, Straßburg: Johann Knobloch 1522 (Spelsberg-Nr. 63)
Buchband, 19,7 × 14,9 cm
München, Bayerische Staatsbibliothek
Inv.-Nr. Rar. 1660

4.74
Ein demütige Ermanung an ein gemeyne statt Wormbß (Foto)

Ulrich von Hutten, Speyer: Jakob Schmidt 1522 (Spelsberg-Nr. 64)
Straßburg, Universitätsbibliothek

4.75
Enndtschuldigung Ulrichs von Hutten Wyder etlicher unwarhafftiger außgeben von ym als solt er wider alle geystlichkeit und priesterschafft sein mit erklärung etlicher seiner geschrifften

Ulrich von Hutten, Worms: Hans (Werlich) von Erfurt um 1521 (Spelsberg-Nr. 52)
Buchband, 20,5 × 15,2 cm
Nürnberg, Germanisches Nationalmuseum
Inv.-Nr. 8° Rl. 1573ᵉ Postinc.

## Ulrich von Hutten und die Syphilis

4.76
De Guaiaci medicina et morbo gallico liber unus

Ulrich von Hutten, Mainz: Johann Schöffer 1519 (Spelsberg-Nr. 34)
Buchband, 18,5 × 14,0 cm
Fulda, Hessische Landesbibliothek
Inv.-Nr. Hutten Benz 103

4.77
Ulrichen vō hutten eins teutschen ritters von der wunderbarlichē artzney des holtz Guaiacū genant...

Thomas Murner (Übers.), Straßburg: Johann Grüninger 1519
Buchband, 19,0 × 13,5 cm
Fulda, Hessische Landesbibliothek
Inv.-Nr. Hutten Benz 111

4.78
Experiēce approbation Ulrich de Hutem notable cheualier Touchant la medecine du Boys dict Guaiacum

(Französische Übers.), Paris: Jean Trepperel um 1520
Buchband, 18,0 × 13,5 cm
Fulda, Hessische Landesbibliothek
Inv.-Nr. Hutten Benz 114

4.79
Of the VVood called Guaiacum

(Englische Übers.), London: Thomas Berthelet 1539
Buchband, 13,5 × 8,5 cm
Fulda, Hessische Landesbibliothek
Inv.-Nr. Hutten Benz 118

4.80
Durch den hochgelerten Theophrastum von hochenheym beyder Artzeney Doctorem. vom holtz Guaiaco gründlicher heylung...

Theophrastus Paracelsus, 1529

München, Bayerische Staatsbibliothek
Inv.-Nr. 4° Mat. med. 295/31

4.81
Tractatus de pestilentiali scorra sive mala de Franzos.

Josephus Grünpeck, Augsburg 1496
Buchband, 19,0 × 14,0 cm
Augsburg, Staats- und Stadtbibliothek
Inv.-Nr. 4° Ink. 104

4.82
Frauenbad

nach Hans Sebald Beham
Holzschnitt, 22,2 × 25,8 cm
Nürnberg, Germanisches Nationalmuseum
Inv.-Nr. H 5746 (Kaps. 27)

4.83
Herbarium (3 Bde. in einem Bd.)

Otto Brunfels, 1536, 1539, 1540
Ganzpergament d. Zt., 31,5 × 21,5 cm
Schlüchtern, Ludwig Steinfeld

## Die politische Isolierung Ulrichs von Hutten

4.84
Ansicht der Ebernburg

Holzschnitt in: C. Julius Caesar, Vom Gallier Krieg, Mainz 1530
Blindgeprägter Scheinslederbd. d. Zt., 30,5 × 21,0 × 10,5 cm
Schlüchtern, Ludwig Steinfeld

4.85
Bildnis Franz von Sickingen (Foto)
s. 4.55

4.86
Schandbrief Sickingens gegen die hessische Ritterschaft

1520, 1° 1 Bl.
Marburg, Hessisches Staatsarchiv
Inv.-Nr. Aus Best. 3. Nr. 85 fol. 36 (= Ausst. C 125)

4.87
Contra iniustam infamationem... (Verteidigungsschrift der hessischen Ritter gegen Sickingen)

1520, Druckschrift, 4° 8 Bll.
Marburg, Hessisches Staatsarchiv
Inv. Druckschr.-Abt.

4.88
Ußschryben der Stat worms wider Franciscum von Sickingen

Flugschrift, 24. April 1515
Frankfurt/M., Stadt- und Universitätsbibliothek
Inv.-Nr. Flugschriftensammlung Gustav Freytag H. 1858

4.91
... Vhoedts brief d. Ulrici Hutten contra die zuhandt lossen Curtisanen

Ulrich von Hutten, Worms: Hans (Werlich) von Erfurt 1522 (Spelsberg-Nr. 61)
Straßburg, Archives municipales
Inv.-Nr. Serie IV, 105 B

4.91a
Zv wyssen sey Jederman. Nach dem ich Vlrich vom Hutten zum Stöckelberg (...) dem ganzen Prediger orden abgesagt (= Fehdebrief an die Dominikaner) (Foto)

Ulrich von Hutten, Worms: Hans (Werlich) von Erfurt 1522 (Spelsberg-Nr. 62)
Straßburg, Archives municipales

4.92
Ain new lied (Foto)

Ulrich von Hutten, Schlettstadt: Nikolaus Küffer 1521 (Spelsberg-Nr. 59)
(Berlin [Ost], Deutsche Staatsbibliothek)
Inv.-Nr. 2° Yd 7803, Nr. 23

4.93
Helii Eobani Hessi, ad Hulderichum Huttenum (...), Exhortatorium. (...) Hulderichi Hutteni ad Helium Eobanum Hessum responsorium (...) (Ermahnung des H. E. Hessus an Ulrich von Hutten. (...) Antwort des Ulrich von Hutten an H. E. Hessus) (Foto)

Ulrich von Hutten, Straßburg: Johann Schott 1521 (Spelsberg-Nr. 60)
Göttingen, Niedersächsische Staats- und Universitätsbibliothek

4.94
Ulrichi ab Hutten cum Erasmo Roterodamo... Expostulatio (Beschwerde Ulrichs von Hutten über Erasmus von Rotterdam)

Ulrich von Hutten, Straßburg: Johann Schott 1523 (Spelsberg-Nr. 65)
Buchband, 19,0 × 14,5 cm
Fulda, Hessische Landesbibliothek
Inv.-Nr. Hutten Benz 186

4.95
(H)Er Ulrichs vonn hutte͂ mit Erasmo von Roterdam Priester und theologo hādlung allermeist die Lutherische sach betreffend

Ulrich von Hutten (dt. Übers. v. 4.94), Halberstadt: Lorenz Stuchs 1523 (Spelsberg-Nr. 66)
Wolfenbüttel, Herzog August Bibliothek
Inv.-Nr. Yv 727.8° Helmst.

4.96
Spongia Erasmi adversus aspergines Hutteni (Schwamm des Erasmus gegen die Huttenschen Anspritzungen)

Erasmus von Rotterdam, Basel: Johann Froben 1523
Buchband, 20,0 × 15,0 cm
Fulda, Hessische Landesbibliothek
Inv.-Nr. Hutten C 98

4.97
Bildnis Huldreich Zwingli

Holzschnitt nach Hans Asper, 18,7 × 13,6 cm
Nürnberg, Germanisches Nationalmuseum
Inv.-Nr. P 1531 (Kaps. 928a)

4.98
Das Grab Ulrichs von Hutten auf der Insel Ufenau im Zürichsee
Foto 1985

# F. NACHLEBEN UND REZEPTION

5.1
Ulrich von Hutten, Opera poetica

hrsg. v. Helius Eobanus Hessus, Straßburg: Crato Mylius 1538 (Spelsperg-Nr. 67)
Buchband, 15,5 × 9,5 cm
Fulda, Hessische Landesbibliothek
Inv.-Nr. Hutten Benz 1

5.2
Bildnis Ulrich von Hutten

Tobias Stimmer (?), 16,0 × 10 cm
Holzschnitt aus: Nicolaus von Reusner, Contrafacturbuch, Straßburg 1587
Schlüchtern, Bergwinkelmuseum
Inv.-Nr. SB 37.4

5.3
Bildnis Sebastian Wiprechts als Ulrich von Hutten

Holzschnitt in: Historia Martisbvrgica (Merseburger Chronik), Leipzig 1606
Schlüchtern, Ludwig Steinfeld

5.4
Bildnis Ulrich von Hutten (gest. 1534) mit Harnisch

16./18. Jh. (?)
Öl auf Leinwand, 70,0 × 59,0 cm (m. Rahmen)
Würzburg, Mainfränkisches Museum

5.5
Huttens Grab (Foto)

Caspar David Friedrich, 1823/24
Weimar, Kunstsammlungen
(s. Farbabb. 16)

5.6
Huttens Dichterkrönung in Augsburg (Foto)

F. W. Martersteig, 1868
Köln, Wallraff-Richartz-Museum

5.7
Ulrich von Hutten in Viterbo (Foto)

W. Lindenschmitt, 1869
Leipzig, Museum der Bildenden Künste

5.8
Ulrich von Hutten unterm Kreuz (Foto)

L. Herterich, 1900
Dresden, Gemäldegalerie Neue Meister

5.9
Denkmal Hutten – Sickingen am Fuße der Ebernburg

Prof. Cauer
Foto 1986

5.10
De Ulrici de Hutten fatis ac meritis commentarius (Foto)

Jacob Burckhardt, 3 Bde., Wolfenbüttel 1717–1723
Buchband, 8°
Fulda, Hessische Landesbibliothek
Inv.-Nr. Hutten B3

5.13
Nachricht von Ulrich von Hutten (Foto)

Christoph Martin Wieland, in: Der Teutsche Merkur (1776), H. 1, S. 174–185
Buchband, 8°
Fulda, Hessische Landesbibliothek
Inv.-Nr. AWK 17/16 (1776)

5.14
Denkmal Ulrichs von Hutten (Foto)

Johann Gottfried Herder, in: J. W. Go̊thens. Schriften. Hrsg. v. Chr. F. Himburg, Reutlingen ³1779f., Bd. 3 (1784), S. 51–94
Buchband, 8°
Fulda, Hessische Landesbibliothek
Inv.-Nr. Hutten B / 4 / 80

5.15
Darstellung Ulrichs von Hutten (Foto)

Christian Jacob Wagenseil, in: Pantheon der Deutschen, Th. 3, Leipzig 1800
Kassel, Gesamthochschule, Bibliothek
Inv.-Nr. Hist. Wiss. 5869

5.16
Des Teutschen Ritters Ulrich von Hutten, Auserlesene Werke (Foto)

Ernst Münch (Hrsg.), 3 Bde., Leipzig 1822–23
Mainz, Universitätsbibliothek
Inv.-Nr. D 5177 – 1.2.

5.17
Ulrich von Hutten, der Streiter für deutsche Freiheit (Foto)

Ernst von Brunnow, 3 Bde., Leipzig 1842/43
Buchbände, 8°
Fulda, Hessische Landesbibliothek
Inv.-Nr. Hutten B 15

5.18
Ulrich von Hutten oder Revolution und Reformation. Trauerspiel in 5 Akten (Foto)

Ernst Ulrich, Erlangen 1851
Buchband, 8°
Fulda, Hessische Landesbibliothek
Inv.-Nr. Hutten F 357

5.19
Ulrich von Hutten (Foto)

David Friedrich Strauß, Leipzig 1858–1860
Fulda, Hessische Landesbibliothek
Inv.-Nr. Hutten B 22

5.20
Ulrichi Hutteni, equitis Germani, opera quae reperiri potuerent omnia (Foto)

Eduard Böcking (Hrsg.), 5 Bde, Leipzig 1859–61
Buchbände, 8°
Fulda, Hessische Landesbibliothek
Inv.-Nr. Spr. Cb 634/6

5.21
Huttens letzte Tage (Foto)

Conrad Ferdinand Meyer, Leipzig 1872
Zürich, Zentralbibliothek

5.22
Dialoge im Geiste Huttens (Foto)

Oskar Panizza, Zürich 1897
Buchband, 8°
Fulda, Hessische Landesbibliothek
Inv.-Nr. Hutten G 282

5.23
Ulrich von Hutten und die Reformation (Foto)

Paul Kalkoff, Leipzig 1920
Buchband, broschiert, 16,5 × 24,0 cm
Schlüchtern, Bergwinkelmuseum
Inv.-Nr. HU 32

5.24
Die Wanderung des Herrn Ulrich von Hutten (Foto)

Will Vesper, 1922
Bochum, Universitätsbibliothek
Inv.-Nr. ER 1736

5.25
Huttens Vagantenzeit und Untergang (Foto)

Paul Kalkoff, Weimar 1925
Buchband, 8°
Fulda, Hessische Landesbibliothek
Inv.-Nr. Hutten B 230

5.26
Ulrich von Hutten (Foto)

Otto Flake, Berlin 1929
Buchband, 8°
Fulda, Hessische Landesbibliothek
Inv.-Nr. Hutten B 104/100

5.27
Ulrich von Hutten (Foto)

Hajo Holborn, Leipzig 1929
Buchband, 8°
Fulda, Hessische Landesbibliothek
Inv.-Nr. Hutten B 100

5.28
Hutten. Roman eines Deutschen (Foto)

Kurt Eggers, Berlin 1934
Buchband, 20,0 × 13,0 cm
Schlüchtern, Bergwinkelmuseum
Inv.-Nr. HU 18

5.29
Laßt Hutten nicht verderben. Festspiel geschrieben für die Freilichtaufführung auf der Steckelburg (Foto)

Erich Bauer, Gießen 1938
Buchband, 8°
Fulda, Hessische Landesbibliothek
Inv.-Nr. Hutten F 211

5.30
Ulrich von Hutten. Rede anläßlich der 450. Wiederkehr des Geburtstages Ulrich von Huttens (Foto)

Alfred Rosenberg, in: Freilichtspiele 1939
Buchband, 20,5 × 14,5 cm
Schlüchtern, Bergwinkelmuseum

5.31
Ulrich von Hutten und seine Drucker (Foto)

Josef Benzing, Wiesbaden 1956
Buchband, 8°
Fulda, Hessische Landesbibliothek
Inv.-Nr. Hutten B 285

5.32
Ulrich von Hutten. Wille und Schicksal (Foto)

Heinrich Grimm, Göttingen – Zürich – Frankfurt 1971
Buchband, broschiert, 18,4 × 12,5 cm

5.33
Die Deutschen und Ulrich von Hutten. Rezeption von Autor und Werk seit dem 16. Jahrhundert (Foto)

Wilhelm Kreutz, München 1984
Buchband, 23,8 × 16,0 cm

5.34
Ulrich von Hutten (1488–1523) als Kranker und als medizinischer Schriftsteller (Foto)

Michael Peschke, Köln 1985
Buchband, broschiert, 20,8 × 14,8 cm

5.35
Ulrich von Hutten (Foto)

Eckhard Bernstein, Reinbek b. Hamburg 1988
Buchband, broschiert, 19,0 × 11,5 cm

5.36
Der hinkende Schmiedegott Vulkan. Ulrich von Hutten. 1488–1523 (Foto)

Franz Rueb, Zürich 1988
Buchband, 21,0 × 13,2 cm

5.37
Ulrich von Hutten. Mit Feder und Schwert (Foto)
Katalog zur Ausstellung anläßlich seines 500. Geburtstages 1988

Ralf-Rüdiger Targiel (Hrsg.), Frankfurt (Oder) 1988
Buchband, broschiert, 22,9 × 17,2 cm

5.38
Poet, Strauchritter und Nationalheld. Ulrich von Hutten und die Deutschen – Zu seinem 500. Geburtstag

Wolfgang Hardtwig, in: Frankfurter Allgemeine Zeitung (Bilder u. Zeiten), Nr. 89 (16. 4. 1988)

5.39
Der Mann, der die Freiheit wagte. Wende zur Neuzeit mit Satiren herbeigeschrieben: zum 500. Geburtstag Ulrich von Huttens

Margaret Kassajep, in: Nürnberger Zeitung, Nr. 88 (16. 4. 1988)

5.40
Der mit der Klinge schrieb

Rolf Michaelis in: DIE ZEIT, Nr. 17 (22. 4. 1988)

5.41
Internationales Ulrich von Hutten-Symposion vom 15. bis 17. Juli 1988 in Schlüchtern

Plakat der Willibald-Pirckheimer-Gesellschaft zur Erforschung von Renaissance und Humanismus e.V. Nürnberg, 1988

## Autorenverzeichnis

*Klaus Arnold* — Dr. phil., Dr. phil. habil., geb. 1942, Professor für Mittlere und Neuere Geschichte an der Universität Hamburg. Forschungsschwerpunkte: Geschichte des deutschen Humanismus, Sozialgeschichte des Spätmittelalters, fränkische Landesgeschichte.

*Eckhard Bernstein* — Prof. Dr., geb. 1938, studierte Englisch, Latein, Deutsch und Vergleichende Literaturwissenschaft in Deutschland, Großbritannien und den USA. Ist Professor für Germanistik am College of the Holy Cross in Worcester, Massachusetts, USA, wo er seit 1970 lehrt. Forschungsschwerpunkt ist die Literatur des deutschen Humanismus.

*Artur Brall* — Dr. phil., geb. 1936, studierte Germanistik, Geschichte und Politik. Seit 1964 im Bibliotheksdienst. Ltd. Bibliotheksdirektor an der Hessischen Landesbibliothek Fulda. Publikationen: Die Sachkatalogisierungsmethode Eppelsheimer an deutschen Bibliotheken, 1968; Vergangenheit und Vergänglichkeit. Zur Zeiterfahrung im Werk Annettes von Droste-Hülshoff, 1975; Von der Klosterbibliothek zur Landesbibliothek (Hrsg.), 1978; Künstlerbücher, Artist's Books, Book as Art, 1986; versch. Aufsätze.

*Fritz Büsser* — Prof. Dr., geb. 1923, studierte (neben Musik) Geschichte und Theologie. Er war 1955–1966 Pfarrer in Bülach und ist seit 1968 Ordinarius für Kirchen- und Dogmengeschichte an der Universität Zürich. Bei seiner persönlichen wissenschaftlichen Tätigkeit stehen Editionen im Vordergrund, u. a. die Mitwirkung bei der Ausgabe „Huldreich Zwingli sämtliche Werke" und „Heinrich Bullinger Werke".

*Klaus Peter Decker* — Dr. phil., geb. 1939. Leiter der Fürstlich Ysenburgischen Archiv- und Bibliotheksverwaltung Büdingen und des Fürst von Ysenburgischen Archivs Birstein. Arbeiten zur Geschichte des Hauses Ysenburg und zur Territorial- und Sozialgeschichte der ehemaligen Grafschaft Ysenburg-Büdingen.

*Winfried Frey* — Prof. Dr., geb. 1940. 1960–1966 Studium der Geschichte, Germanistik und Politologie in Heidelberg und Freiburg i. Br., 1971 Dr. phil. in Frankfurt am Main. 1972 Professor für Ältere Deutsche Philologie an der J. W. Goethe-Universität in Frankfurt am Main. Publikationen über mittelhochdeutsche Lyrik und Epik, didaktische Dichtung und antijüdische Literatur des hohen und späten Mittelalters.

*Heinz Holeczek* — Prof. Dr., geb. 1930, Professor für Neuere und Neueste Geschichte an der Universität Freiburg i. Br. Schwerpunkte seiner Forschungsarbeiten sind Renaissance und Reformation, Liberalismus und Minderheiten (v. a. Juden). Wissenschaftliche Mitarbeit an der Erasmus-Ausstellung in Basel 1986. Forschungsprojekte der DFG: Erasmus-Rezeption im 16. Jahrhundert; derzeit Arbeit am Handbuch der historischen Buchbestände in deutschen Bibliotheken an der Universitätsbibliothek Freiburg i. Br.

*Berthold Jäger* — Dr. phil., geb. 1948, studierte von 1969–1974 in Gießen Geschichte, Politikwissenschaft und Erziehungswissenschaft und war von 1977–1982 Wissenschaftlicher Mitarbeiter am Historischen Institut, Neuere Geschichte II., ebenda. 1982 Promotion. 1983/84 Ausbildung zum Wissenschaftlichen Bibliothekar. Seit 1984 ist er Leiter der Bibliotheken des Bischöflichen Priesterseminares und der Theologischen Fakultät Fulda.

*Barbara Könneker* — Prof. Dr., geb. 1935. Seit 1971 Professorin für deutsche Philologie an der J. W. Goethe-Universität Frankfurt/Main. Lehrgebiet: Deutsche Sprache und Literatur des Mittelalters und der frühen Neuzeit. Hauptforschungsgebiet: Deutsche Literatur der frühen Neuzeit (Humanismus und Reformation).

*Hans Körner* — Dr. phil., geb. 1923, Generalredaktor der Neuen Deutschen Biographie (Histor. Kommission bei der Bayer. Akademie der Wissenschaften, München). Wahlmitglied der Gesellschaft für Fränk. Landesgeschichte. Arbeiten zu Biographien zur Fränkischen Landesgeschichte, zur Heraldik, Genealogie und Ordenskunde; Mitarbeiter an den Genealogischen Handbüchern des Adels.

*Wilhelm Kreutz* — Dr. phil., Hochschulassistent am Seminar für Neuere Geschichte der Universität Mannheim; Forschungsschwerpunkte: Bayern in der Regierungszeit Maximilians II., Geschichte der Historiographie, Literatur und Gesellschaft, Deutschland und die Französische Revolution.

*Peter Laub* — geb. 1957, studierte Kunstgeschichte, Soziologie und Mittlere Geschichte an der Universität Erlangen-Nürnberg. Währenddessen arbeitete er als Museumspädagoge und Musiker. Er ist am Germanischen Nationalmuseum in Nürnberg beschäftigt. Seine Aufmerksamkeit gilt vor allem der Geschichte der Kunsttheorie, der historischen Soziologie der frühen Neuzeit und der Geschichte der Sexualität und ihrer Widerspiegelung in der Kunst.

*Josef Leinweber* — Prof. Dr., geb. 1940, Domkapitular und Professor für Kirchengeschichte und Patristische Theologie an der Theologischen Fakultät Fulda. Forschungsschwerpunkte sind Konziliengeschichte und Geschichte der Abtei und des Bistums Fulda.

Prof. Dr., geb. 1937, ist Ordinarius für Neuere deutsche Literatur an der Universität Zürich. *Peter von Matt*
Forschungsschwerpunkte sind Romantik und Realismus einerseits, Gegenwartsliteratur und allgemein
literatur- und kulturtheoretische Fragen andererseits.

Dr. phil., geb. 1938, gest. 1984. Studium der Geschichte und Germanistik an der Karl-Marx-Universität *Manfred Meyer*
Leipzig, wo er 1965 promovierte und bis 1973 auch in der Lehre tätig war. Danach am Zentralinstitut für
deutsche Geschichte – WB Feudalismus der Akademie der Wissenschaften der DDR und anschließend,
wieder in Verbindung mit umfangreichen Aufgaben in der Lehre, an der Fachschule für Museologen
Leipzig. Er beschäftigte sich vor allem mit Problemen der frühbürgerlichen Revolution. Sein Vorhaben,
eine Hutten-Biographie zu schreiben, konnte er nicht mehr verwirklichen.

geb. 1961, Doktorand an der Universität Paris – IV Sorbonne, wo er vorher Unterrichtsbeauftragter war *Joseph Morsel*
sowie zur Zeit auch an der Bundesuniversität Belem (Brasilien). Sein Hauptforschungsgebiet ist das
Thema der Macht des deutschen Adels im Mittelalter.

geb. 1950, Ausbildung im graphischen Gewerbe. Studium der mittleren und neueren Kunstgeschichte, *Renate Nettner-Reinsel*
der klassischen Archäologie und der Soziologie in Frankfurt/Main. 1984 Magister Artium mit einer
Arbeit über Architektur der Zwanziger Jahre. Studienschwerpunkte: Denkmalpflege, Malerei des
17. Jahrhunderts, minoische Paläste. Beschäftigung in der Frankfurter Westend Galerie für moderne
Kunst; seit 1986 zur Vorbereitung des Ulrich von Hutten-Jahres und der Ausstellung in Schlüchtern
beschäftigt.

Dr. med. Dipl. psych., geb. 1951, Studium der Psychologie und Medizin in Köln und Bonn. Z. Z. *Michael Peschke*
Mitarbeiter im Betriebsärztlichen Dienst der Freien und Hansestadt Hamburg. Arbeitsschwerpunkte:
Geschichte der Medizin, psychosoziale Probleme bei chronischen Erkrankungen, Psychosomatik.

Prof. Dr., geb. 1939, wurde 1966 in München promoviert und lehrte nach Assistentenjahren in Frankfurt *Volker Press*
und Kiel als o. Professor für Mittlere und Neuere Geschichte seit 1971 in Gießen, seit 1980 in Tübingen.
Sein Forschungsschwerpunkt liegt auf der Sozial- und Verfassungsgeschichte des Alten Reiches.

Prof. Dr., geb. 1936, Ordinarius für Deutsche Philologie und Volkskunde an der Bergischen Universität *Heinz Rölleke*
Wuppertal. Forschungsschwerpunkte: Wechselbeziehungen zwischen Volks- und Kunstdichtung im
19. Jahrhundert, Literatur der Romantik, des Expressionismus. Herausgeber der Hofmannsthal-
Ausgabe und der Zeitschrift Wirkendes Wort.

geb. 1933, politischer und kulturpolitischer Journalist, dann Theater- und Filmkritiker. 1970 bis 1974 *Franz Rueb*
dramaturgischer Mitarbeiter an der Schaubühne am Halleschen Ufer in Berlin West. Seit 1975
freischaffender Publizist und Schriftsteller: Fernseh- und Theaterdramaturgie; Features, Filmdrehbü-
cher, Hörspiele; Historische Monographien und Biographien.

Prof. Dr., geb. 1937, studierte in Berlin, Göttingen und Rom, wurde 1962 mit einer Arbeit aus dem *Paul Gerhard Schmidt*
Bereich der neulateinischen Philologie promoviert. Habilitation 1970. Seit 1978 Professor für Lateinische
Philologie des Mittelalters und der Neuzeit in Marburg, Publikationen über die lateinische Literatur des
11. bis 13. Jahrhunderts und der Neuzeit.

Dr. phil., geb. 1952, Studium der Geschichte, Germanistik und Geographie in Würzburg und Erlangen, *Richard Schmitt*
als Studienrat am Reichsstadt-Gymnasium Rothenburg o. T. tätig. 1986 Promotion in Würzburg mit
einer Arbeit über die Ritterherrschaft Frankenberg. Forschungsschwerpunkt: Wirtschafts- und Sozialgeschichte Frankens in der frühen Neuzeit.

Dr. phil., geb. 1937, Studium der Anglistik und Germanistik in Marburg/L. Von 1966–1974 Bibliothekar *Helmut Spelsberg*
an der Staatsbibliothek Preußischer Kulturbesitz in Marburg/L. und Berlin. Seit 1976 Stellvertretender
Direktor an der Hessischen Landesbibliothek Fulda. Veröffentlichungen: „Thomas Manns Durchbruch
zum Politischen in seinem kleinepischen Werk", Marburg/L. 1972; „Hrabanus Maurus. Bibliographie",
Fulda 1984.

OA., geb. 1953. Nach dem Studium der Archivwissenschaft an der Humboldt-Universität zu Berlin und *Ralf-Rüdiger Targiel*
Abschluß als Diplom-Archivar seit 1976 Direktor des Stadtarchivs Frankfurt (Oder), 1985 Vorsitzender
des Bezirkskomitees der Historiker-Gesellschaft der DDR. Forschungsschwerpunkt: Geschichte der
Universität und der Stadt Frankfurt (Oder).

Dr., geb. 1932, Prom. 1959, Habil. 1967, ist Dozent für Mittellateinische Philologie an der Sektion *Winfried Trillitzsch*
Altertumswissenschaften der Friedrich-Schiller-Universität Jena. Seine Forschungs- und Arbeitsgebiete
betreffen sowohl die klassische Latinistik und das Mittellatein wie auch die Nachwirkung der Antike im
Mittelalter und besonders die lateinische Literatur des deutschen Renaissancehumanismus.

geb. 1960. Zur Zeit beschäftigt als Assistent an der Universität Mainz im Seminar für Kirchengeschichte *Heiko Wulfert*
des Fachbereichs für evangelische Theologie. Promoviert gerade unter dem Arbeitsthema „Religiosität
und Christentum Ulrichs von Hutten".

## Ausgewählte Literatur*

| | |
|---|---|
| *Amelung P. (Hrsg.)* | Briefe der Dunkelmänner. Vollst. Ausgabe, übers. v. W. Binder, revidiert, m. Anm. und einem Nachwort versehen v. P. A., München 1964 |
| *Ausst.-Kat.* | Ulrich von Hutten. Mit Feder und Schwert, Katalog zur Ausstellung anläßlich seines 500. Geburtstages 1988, Frankfurt (Oder) 1988 |
| *Bauer A.* | Der Einfluß Lukians von Samosata auf Ulrich von Hutten, in: Philologus 55 (1918), S. 432–462 und 56 (1920), S. 192–207 |
| *Baumann K.* | Franz von Sickingen (1481–1523), in: Pfälzer Lebensbilder, Bd. 1, 1964, S. 23–42 |
| *Benzing J.* | Ulrich von Hutten und der Druck seiner Schriften in der Schweiz, in: Stultifera navis. Mitteilungsblatt der Schweizerischen Bibliophilen-Gesellschaft 11 (1954), S. 68–72 |
| *Benzing J.* | Ulrich von Hutten und seine Drucker (Beiträge zum Buch- und Bibliothekswesen, Bd. 6), Wiesbaden 1956 |
| *Bernstein E.* | Ulrich von Hutten (Rowohlts Monographien), Reinbek bei Hamburg 1988 |
| *Böck J. G. et al.* | Geschichte der deutschen Literatur von 1480–1600 (Geschichte der deutschen Literatur von den Anfängen bis zur Gegenwart, Bd. 4), Berlin (Ost) 1983 |
| *Böcking E. (Hrsg.)* | Ulrichi Hutteni, equitis Germani, opera quae reperiri potuerent omnia, 5 Bde., Leipzig 1859–61, 2 Suppl. bde., Leipzig 1964 |
| *Brandi K.* | Kaiser Karl V., München 1937 |
| *Büchner K.* | Die Freundschaft zwischen Hutten und Erasmus. Der Brief des Erasmus an Ulrich von Hutten über Thomas More, München 1948 |
| *Cauer P.* | Die Familie Ulrichs von Hutten, in: Unsere Heimat 15, Schlüchtern 1923 |
| *Deegen A.* | Die Hutten-Bildnisse der Herzog August Bibliothek, in: Daphnis 2 (1973), S. 158–166 |
| *Diltey W.* | Ulrich von Huttens Lebensideale, in: Internationale Monatsschrift für Wissenschaft, Kunst und Technik VIII, 1913 |
| *Entner H.* | Ulrich von Hutten. Sein Aufenthalt an der Viadrina im Zusammenhang mit seiner Jugendgeschichte, in: Die Oder-Universität Frankfurt. Beiträge zu ihrer Geschichte, Weimar 1983, S. 232–238 |
| *Flake O.* | Ulrich von Hutten, Berlin 1929 |
| *Frenzel E.* | Ulrich von Hutten, in: Stoffe der Weltliteratur, Stuttgart 1963, S. 158–166 |
| *Fretz D.* | Johannes Klarer, genannt Schnegg, der letzte Gastgeber Huttens, Zürich 1927 |
| *Gräter C.* | Ulrich von Hutten. Ein Lebensbild, Stuttgart 1988 |
| *Grimm H.* | Ulrich von Hutten, Artikel in: Neue Deutsche Biographie, Bd. 10, Berlin 1974 |
| *Grimm H.* | Ulrich von Hutten und seine Drucker, in: Festschrift für Josef Benzing, Wiesbaden 1964 |
| *Grimm H.* | Ulrichs von Hutten Lehrjahre an der Universität Frankfurt (Oder) und Jugenddichtungen, Frankfurt (Oder) – Berlin 1938 |
| *Grimm H.* | Ulrich von Hutten und die Pfefferkorn-Drucke, in: Zeitschr. f. Religions- und Geistesgeschichte 8, 1956, S. 241–250 |
| *Grimm H.* | Ulrich von Hutten. Wille und Schicksal, Göttingen 1971 |
| *Hardtwig W.* | Ulrich von Hutten, Überlegungen zum Verhältnis von Individuum, Staat und Nation in der Reformationszeit, in: Gesch. in Wissenschaft und Unterricht 35, 1984, S. 191–206 |
| *Harnack O.* | Ulrich von Hutten, in: J. v. Pflugk-Harttung, Im Morgenrot der Reformation, Basel 1921 |
| *Held P.* | Ulrich von Hutten. Seine religiös-geistige Auseinandersetzung mit Katholizismus, Humanismus und Reformation (Schriften des Vereins für Reformationsgeschichte 144), Leipzig 1928 |

| | |
|---|---|
| Ulrich von Hutten, Leipzig 1929 | *Holborn H.* |
| Die Odyssee der Gebeine des Ulrich von Hutten. Aufsehenerregende Untersuchungen der Medizinischen Fakultät der Universität Zürich, in: Buchenblätter 42 (1969), S. 21–22 | *Jung H.* |
| Hutten und Erasmus. Ihre Freundschaft und ihr Streit, in: Histor. Vierteljahresschrift 22 (1924–1925), S. 199–206 | *Kägi W.* |
| Der geschichtliche Ulrich von Hutten in seinem Verhältnis zu Luther, in: Luther-Jahrbuch (Jb. d. Luther-Gesellschaft) 5, 1923, S. 22–55 | *Kalkoff P.* |
| (übers. u. erläutert), Die Depeschen des Nuntius Aleander vom Wormser Reichstage 1521, Halle 1886 | *Kalkoff P.* |
| Huttens Vagantenzeit und Untergang. Der geschichtliche Ulrich von Hutten und seine Umwelt, Weimar 1925 | *Kalkoff P.* |
| Ulrich von Hutten und die Reformation, Eine kritische Geschichte seiner wichtigsten Lebenszeit und der Entscheidungsjahre der Reformation (1517–1523) (Quellen und Forschungen zur Reformationsgeschichte IV), Leipzig 1920 | *Kalkoff P.* |
| Ulrichs von Hutten humanistisch-politische Gedankenwelt, Phil. Diss., Heidelberg 1923 (Masch.) | *Kaufmann-Bühler W. E.* |
| Der deutsche Hutten. Einzelbilder geschichtlicher Dichtung, Dresden 1910 | *Kelber K.* |
| Huttens Tod, in: Arch. d. Hist. Vereins des Kantons Bern 39, 1948 | *Keller H.-G.* |
| Hutten und Zwingli (Berner Untersuchungen zur allgemeinen Geschichte. Hrsg. v. W. Näf, Heft 16), Aarau 1952 | *Keller H.-G.* |
| Ulrich von Hutten. Ritter, Humanist und Patriot, Berlin (Ost) 1955 | *Kleinschmidt K.* |
| Die deutsche Literatur der Reformationszeit. Kommentar zu einer Epoche, München 1975 | *Könneker B.* |
| Vom „Poeta laureatus" zum Propagandisten: Die Entwicklung Huttens als Schriftsteller in seinen Dialogen von 1518–1521, in: L'humanisme Allemand (1480–1540). XVIII<sup>e</sup> Colloque International de Tours, München – Paris 1979, S. 303–319 | *Könneker B.* |
| Die Theologie des Erasmus, Basel 1966 | *Kohls E.-W.* |
| Ulrich von Hutten in deutscher Dichtung, Wissen und Leben 5 (1911), S. 27–41 | *Korrodi E.* |
| Die Deutschen und Ulrich von Hutten, München 1984 | *Kreutz W.* |
| Ulrich von Hutten in der französischen und angloamerikanischen Literatur. Ein Beitrag zur Rezeptionsgeschichte des deutschen Humanismus und der lutherischen Reformation, in: Francia 12, 1984, S. 614–639 | *Kreutz W.* |
| Ulrich von Hutten, in: Die Reformationszeit I. Hrsg. v. M. Greschat, Stuttgart – Berlin – Köln – Mainz 1981, S. 271–287 | *Kroon M. de* |
| Arminius or the Rise of a National Symbol in Literature, New York 1966 | *Kuehnemund R.* |
| Illustrierte Geschichte der frühbürgerlichen Revolution, Köln 1982 | *Laube A., Steinmetz M., Vogler G.* |
| Ulrich von Hutten – ein Fuldaer Mönch? in: Würzburger Diözesangeschichtsblätter 37/38 (1975) | *Leinweber J.* |
| Briefe, Auswahl, Übersetzung und Erläuterung von R. Buchwald, Stuttgart 1956 | *Luthers* |
| Der Huttische Grund, in: Die Heimat, Gelnhausen 1927, Nr. 5 u. 8 | *Maldfeld G.* |
| Sickingen, Hutten und die reichsritterschaftlichen Bewegungen in der deutschen frühbürgerlichen Revolution, Jahrbuch zur Geschichte des Feudalismus 7, 1983 | *Meyer M.* |
| Forschungs- und Gedenkstätte d. klass. dt. Lit., Weimar (Hrsg.), Hutten. Müntzer. Luther, 2 Bde., Berlin (Ost) – Weimar 1982 | *Nationale* |
| Ulrich von Hutten (1488–1523) als Kranker und als medizinischer Schriftsteller (Kölner medizinhistorische Beiträge Bd. 33), Köln 1985 | *Peschke M.* |
| Bergwinkel Chronik. Zeittafel und Bildband zur Geschichte des Kreises Schlüchtern, Schlüchtern ²1968 | *Praesent W.* |
| Ein Ritter zwischen Rebellion und Reformation – Franz von Sickingen (1481–1523), in: Ebernburg-Hefte 17, 1983, S. 7–33 | *Press V.* |

| | |
|---:|:---|
| *Press V.* | Herzog Ulrich (1498–1518), in: R. Uhland (Hrsg.), 900 Jahre Haus Württemberg. Leben und Leistung für Land und Volk ³1985, S. 110–135 |
| *Press V.* | Kaiser Karl V., König Ferdinand und die Entstehung der Reichsritterschaft (= Institut für Europäische Geschichte Mainz, Vorträge Nr. 60, Wiesbaden 1976) |
| *Press V.* | Landgraf Philipp der Großmütige von Hessen, in: H. Scholder/D. Kleinmann (Hrsg.), Protestantische Profile, 1983, S. 66–77 |
| *Press V.* | Ulrich von Hutten, Reichsritter und Humanist. 1488–1523, in: Nassauische Annalen 85, 1974, S. 71–86 |
| *Richter G.* | Ulrich von Hutten und das Kloster Fulda, in: Fuldaer Geschichtsblätter 7 (1908) |
| *Ridé J.* | Ulrich von Hutten contre Rome, in: Recherches Germanique 9 (1979), S. 3–17 |
| *Ritter G.* | Die geschichtliche Bedeutung des deutschen Humanismus, in: Histor. Zeitschr. 127, 1923 |
| *Röhr H.* | Ulrich von Hutten und das Werden eines deutschen Nationalbewußtseins, Hamburg 1936 |
| *Roesgen M. von* | Kardinal Albrecht von Brandenburg. Ein Renaissancefürst auf dem Mainzer Bischofsthron, 1980 |
| *Romeick K.* | Ulrich von Hutten und Erfurt, in: Aus der Vergangenheit der Stadt Erfurt, Bd. 1, Heft 4, Erfurt 1955 |
| *Rudolph G.* | Ulrich von Huttens sozialökonomische Anschauungen, in: Deutsche Zeitschr. f. Philosophie 20 (1972), S. 1474–1493 |
| *Rueb F.* | Ulrich von Hutten. Der hinkende Schmiedegott Vulkan, 1488–1523, Zürich 1988 |
| *Rueb F.* | Ulrich von Hutten. Ein radikaler Intellektueller im 16. Jahrhundert, Berlin 1981 |
| *Seidlmayer M.* | Ulrich von Hutten, in: Ders., Wege und Wandlungen des Humanismus. Studien zu seinen politischen, ethischen, religiösen Problemen, Göttingen 1965, S. 197–214 |
| *Scheuer H.* | Ulrich von Hutten. Kaisertum und deutsche Nation, in: Daphnis 2 (1973), S. 133–157 |
| *Schottenloher* | Flugschriften zur Ritterschaftsbewegung des Jahres 1523 (Reformationsgeschichtliche Studien und Texte, 53), Münster 1929 |
| *Sommer E.* | Das Leben ist die Fülle, nicht die Zeit. Eine Portrait-Studie Ulrich von Huttens, Berlin (Ost) 1955 |
| *Stolberg-Wernigerode O. Graf zu* | Ulrich von Hutten, Lübeck 1934 |
| *Strauß D. F.* | (übers. u. erläutert), Gespräche mit Ulrich von Hutten, Leipzig 1860 |
| *Strauß D. F.* | Ulrich von Hutten, Leipzig 1858/60 u. ö. |
| *Szamatolski S.* | Ulrichs von Hutten Deutsche Schriften, Straßburg 1891 |
| *Trillitzsch W.* | (Abr. u. Ausw.), Der deutsche Renaissancehumanismus, Leipzig – Frankfurt/M. 1981 |
| *Ukena F., Uliarczyk K.* | Deutschsprachige populäre Hutten-Literatur im 19. und 20. Jahrhundert. Eine bibliographische Übersicht, in: Daphnis 2, Heft 2 (1973) |
| *Ukena P. (Hrsg.)* | Ulrich von Hutten: Deutsche Schriften, München 1970 |
| *Walser F.* | Die politische Entwicklung Ulrichs von Hutten während der Entscheidungsjahre der Reformation, München 1929 |
| *Weimann R. (Hrsg.)* | Realismus in der Renaissance. Aneignung der Welt in der erzählenden Prosa. Berlin – Weimar 1977 |
| *Werner C. A.* | Studien über Huttens deutschen Stil, Greifswald 1922 |
| *Wiesflecker H.* | Kaiser Maximilian I., das Reich, Österreich und Europa an der Wende der Neuzeit, 5 Bde., 1971/86 |
| *Zimmermann E.* | Ulrich von Huttens literarische Fehde gegen Herzog Ulrich von Württemberg, Diss. Greifswald 1922 |

*In das Literaturverzeichnis wurde nur eine Auswahl der wichtigsten Titel aufgenommen. Weiterführende Literatur findet sich in den Anmerkungsapparaten und Literaturverzeichnissen der einzelnen Beiträge sowie in den Bibliographien der angegebenen Werke.

# Personenregister

In das Register wurden nur Personen aus dem näheren zeitlichen Umfeld Ulrichs von Hutten aufgenommen. Seine Familie ist nur mit den wichtigsten Mitgliedern vertreten.

| | |
|---|---|
| Absberg, Hans Thomas von: | 105 |
| Acciaiuoli, Nicolo: | 239 |
| Aegidius, Petrus: | Spelsberg-Nr. 40 |
| Aesticampianus, Johannes Rhagius: | 167ff., 176, 197, 231, Spelsberg-Nrn. 2, 3, 4, 5, 8, 9, 14, 24 |
| Agricola, Kaspar: | 41 |
| Alberti, Leone Battista: | 163 |
| Albrecht von Brandenburg: | 28, 32, 168, 171, 175ff., 200, 211, 216ff., 231, 234, 244, 253, 262, 279, 294, 302, 313f., 321, 323ff., Spelsberg-Nrn. 18, 30, 32, 34, 35, 36, 38, 39, 47, 53 |
| Aleander, Hieronymus: | 38, 187, 190f., 267, Spelsberg-Nrn. 49, 51, 56, 60 |
| Alfonso von Aragon: | 240 |
| Angst, Wolfgang: | 169, 325, Spelsberg-Nr. 39 |
| dell'Anguillara, Graf Orso: | 238 |
| Anton von Lothringen: | 294 |
| Aquila, Kaspar: | 300, 302 |
| Aurispa, Giovanni: | 240 |
| Axungia, Publius Vigilantius Bacillarius (Schmerlin): | 168ff., 231, Spelsberg-Nr. 2 |
| Baldung, Hans gen. Grien: | 251 |
| Banisis, Jakob von: | 227, Spelsberg-Nr. 30 |
| Bebel, Heinrich: | 197, 242, 283, Spelsberg-Nrn. 12, 14 |
| Beccadelli, Antonio gen. Panormita: | 240 |
| Bembo, Pietro: | Spelsberg-Nr. 22 |
| Benigni, Giorgio: | Spelsberg-Nr. 30 |
| Benincasa, Francesco Cinzio: | 240 |
| Berlichingen, Götz von: | 105 |
| Beroaldo, Filippo: | Spelsberg-Nr. 39 |
| Bibra, Jörg von: | 110 |
| Boccaccio, Giovanni: | 239 |
| Bodenstein, Andreas gen. Karlstadt: | 229, 278 |
| Brandenstein, Ottilie von: | 60, 93. Spelsberg-Nr. 11 |
| Brant, Sebastian: | 197, Spelsberg-Nrn. 11, 24 |
| Brassicanus, Johannes Alexander: | 242 |
| Brumann, Heinrich: | 169 |
| Bruni, Leonardo: | 240 |
| Budäus, Wilhelm (Budé): | 181, 212, 229, Spelsberg-Nr. 30 |
| Bülow, Dietrich von: | 167f., 170f., 176 |
| Bülow, Joachim von: | 169 |
| Busche, Hermann von dem (Buschius): | 202, 323, Spelsberg-Nrn. 8, 16, 24, 25, 60 |
| Butzer, Martin: | 41, 274, 300, 302, 315, 330, Spelsberg-Nrn. 48, 54, 58, 65 |
| Caesarius: | Spelsberg-Nr. 16 |
| Cajetan (Thomas de Vio von Gaeta): | 226, 251, 279, 280, Spelsberg-Nrn. 38, 46 |
| Canter Frisius, Jacobus: | 241 |
| Canter Frisius, Johannes: | 241 |
| Capito, Wolfgang Fabritius: | 41, 185, 188ff., 254 |
| Caracciolo, Marino: | 187, 191, Spelsberg-Nrn. 56, 60 |
| Carbach, Nikolaus: | Spelsberg-Nr. 39 |
| Carben, Viktor von: | 200 |
| Castiglione, Baldassare: | Spelsberg-Nr. 22 |
| Celtis, Conrad: | 170, 216, 231f., 241f., 282ff., Spelsberg-Nrn. 12, 14, 36 |
| Cochläus, Johann: | 182, 267, Spelsberg-Nr. 43 |
| Combiatore, Tomaso: | 240 |
| Cop, Guillaume (Copus): | 182, 212, 229 |
| Corvinus, Laurentius: | 232 |
| Corvinus, Matthias: | 240 |
| Crocus, Richard (Croke): | 202, Spelsberg-Nr. 25 |
| Cuspinianus, Johannes (Speißheimer): | 241f., Spelsberg-Nr. 30 |
| Dante Alighieri: | 237 |
| Daripinus, Georgius Sibutus: | 242 |
| Dürer, Albrecht: | 133, 157f., 162, 164, 216, Spelsberg-Nr. 36 |
| Eberbach, Peter: | 185, 253 |
| Eberlin, Johannes von Günzburg: | 273, 282 |
| Eberstein, Mangold von: | 105 |
| Eck, Johannes: | 187, 229, 327, 332, Spelsberg-Nr. 46 |
| Egbert von Haarlem: | 171 |
| Eitelwolf vom Stein: | 168, 175, 177f., 211, 216, 313, 323, Spelsberg-Nr. 18 |
| Engelbrecht, Philipp: | Spelsberg-Nr. 12 |
| Eppendorf, Heinrich von: | 132, 322, 330f., 333 |
| Erasmus von Rotterdam: | 26, 28, 30, 38, 43, 44, 131f., 158, 180, 182f., 184f., 189, 198, 206, 211, 215, 228f., 242, 244, 254f., 258, 262, 276, 300, 312f., 315, 321ff., 401ff., Spelsberg-Nrn. 9, 10, 16, 21, 24, 25, 28, 36, 39, 40, 65, 66 |
| Fabri, Johannes: | 328 |
| Ferdinand I. von Österreich: | 39, 72, 140, 186f., 329, Spelsberg-Nrn. 42, 45, 53 |
| Filelfo, Francesco: | 240 |
| Flersheim, Hedwig von: | 293 |
| Flersheim, Philipp von: | 293, 304 |
| Foeniseca, Johannes (Mader): | 228 |
| Foroinlensis, Richardus Sbrulius: | 242 |
| Franz I., König von Frankreich: | 122, 180, 294, 296f., 327, Spelsberg-Nr. 23 |
| Friedrich III., König: | 240 |
| Friedrich III. der Weise v. Sachsen: | 125, 190, 241, 259, 263, 288, 290, 300, 327f., Spelsberg-Nrn. 6, 47 |
| Froben, Johannes: | 198, 229 |
| Frundsberg, Georg von: | 296, Spelsberg-Nr. 20 |
| Fuchs, Andreas: | 227 |
| Fuchs, Jakob: | 175, 178, 227, Spelsberg-Nr. 25 |
| Fürstenberg, Philipp von: | 186, 254 |
| Gandersheim, Hrosvith von: | 284 |
| Geiler von Kaisersberg, Johann: | Spelsberg-Nr. 40 |
| Gerbel, Nicolaus: | 125, 272, Spelsberg-Nr. 23 |
| Geyer, Florian: | Spelsberg-Nr. 20 |
| Glapion, Johann: | 37, 300, 332 |
| Glareanus, Heinrich Loriti: | 242 |
| Glauburg, Arnold: | 169 |
| Glauburg, Kunigunde: | Spelsberg-Nr. 41 |
| Goclenius: | 323 |

| | |
|---|---|
| *Goritz, Johann (Corycius):* | Spelsberg-Nr. 22 |
| *Gratius, Ortvinus:* | 198, 202, Spelsberg-Nrn. 16, 24, 25 |
| *Greiffenclau, Richard von:* | 41, 265, 290, 302, 330 |
| *Grimani, Domenico:* | 323 |
| *Gros, Georg:* | 227 |
| *Grünpeck, Joseph:* | 241 |
| *Grumbach, Wilhelm von:* | 110 |
| *Gürtler, Fabian (Zonarius):* | 82, 169 |
| *Hadelinus, Johannes Hadus:* | 242 |
| *Hattstein, Marquard von:* | 184, Spelsberg-Nr. 39 |
| *Heinrich VIII., König von England:* | 327, Spelsberg-Nr. 23 |
| *Heinrich von Nassau:* | 296 |
| *Helfenstein, Ulrich von:* | 227 |
| *Henneberg II., Johann von:* | 93 |
| *Henneberg III., Johann von:* | 81, 84 |
| *Herberstein, Sigmund von:* | 211, 228 |
| *Hessus, Eobanus:* | 28, 119, 131, 133, 167f., 171, 176, 185, 197, 231, 234, 253, Spelsberg-Nrn. 1, 6, 8, 11, 13, 60, 67 |
| *Hochstraten, Jakob von:* | 183, 199f., 206, 274, Spelsberg-Nrn. 16, 25, 30 |
| *Hundertmarck, Stephan:* | 168 |
| *Hus, Johannes:* | Spelsberg-Nr. 54 |
| *Hutten, Christoph Franz von:* | 103 |
| *Hutten, Franz Christoph von:* | 103 |
| *Hutten, Frowin von (Bruder Ulrichs):* | 96 |
| *Hutten, Frowin von:* | 72, 103, 107, 116, 121, 167, 177, 180, 182, 313 |
| *Hutten, Hans von (Bruder Ulrichs):* | 93, 96, 104 |
| *Hutten, Hans von:* | 28, 63ff., 106, 110, 120, 129, 180, 298, Spelsberg-Nrn. 20, 28 |
| *Hutten, Johannes von:* | 96 |
| *Hutten, Konrad von:* | 93f. |
| *Hutten, Lorenz von:* | 95 |
| *Hutten, Ludwig von:* | 64, 103, 107, 109f., 121, Spelsberg-Nr. 11 |
| *Hutten, Moritz von:* | 111 |
| *Hutten, Moritz von (Bf. v. Eichstätt):* | 69, 103, 111 |
| *Hutten, Philipp von:* | 111 |
| *Hutten, Ulrich von (Vater):* | 26f., 82, 84, 92f., 95, 97, 103, 105, 115, 140, 310, 312 |
| *Huttich, Johann:* | 169 |
| *Ilow, Matthias von:* | 169 |
| *Jakob von Trier:* | 240 |
| *Joachim I. von Brandenburg:* | 167f., 175f., 231, Spelsberg-Nr. 2 |
| *Johann Cicero von Brandenburg:* | 168 |
| *Johann II. von Simmern-Sponheim:* | Spelsberg-Nr. 50 |
| *Johann von Würzburg:* | 60 |
| *Jonas, Justus:* | 327f. |
| *Julius II., Papst:* | 256, Spelsberg-Nr. 15 |
| *Karl IV., Kaiser:* | 239 |
| *Karl V., Kaiser:* | 38f., 41, 69, 72, 129, 140, 184f., 189f., 260, 263f., 296ff., 300, 304, 328, Spelsberg-Nrn. 42, 45, 47, 49, 50, 54, 57, 59, 61, 63 |
| *Karl VIII., König v. Frankreich:* | 309 |
| *Kirchberg, Hartmann von:* | 81, 84, 95 |
| *Klarer, Hans gen. Schnegg:* | 315, 333, 338 |
| *Knöttel, Johann:* | 81 |
| *Kreuzer, Sigismund:* | 241 |
| *Lang, Johannes:* | 328 |
| *Langen, Rudolf von:* | Spelsberg-Nr. 8 |
| *Laurinus, Markus:* | 331f. |
| *Lee, Eduard:* | 186, 321, 325 |
| *Leffel, Conz:* | 274 |
| *Leo X., Papst:* | 182, 184, 187f., 323, 332, Spelsberg-Nrn. 32, 33, 39, 43, 49, 56, 57 |
| *Leonardo da Vinci:* | 163 |
| *Lindholtz, Johannes:* | 169f., 176 |
| *Locher Philomusis, Jakob:* | 241 |
| *Loetz, Henning:* | 170, 232, Spelsberg-Nr. 11 |
| *Loetz, Wedeg:* | 170, 232, Spelsberg-Nr. 11 |
| *Longinus Eleutherius, Vincentius (Lang):* | 241f. |
| *Luder, Peter:* | 284 |
| *Ludwig V. von der Pfalz:* | 296f., 302, 304, 330, 331 |
| *Luther, Martin:* | 28, 32, 34f., 37f., 41, 49, 125, 129, 131, 141, 164, 182, 185ff., 189, 200, 229, 232, 235, 251ff., 271ff., 287f., 298, 300, 327ff., 331ff., 401, Spelsberg-Nrn. 22, 30, 43, 44, 46, 48, 49, 50, 51, 54, 55, 56, 57, 58, 60, 61, 64, 65, 66 |
| *Machiavelli, Niccolo:* | Spelsberg-Nr. 26 |
| *Maltzan, Dietrich von:* | 169 |
| *Margarete von Österreich:* | 296 |
| *Marsuppini, Carlo:* | 241 |
| *Massys, Quentin:* | 131 |
| *Maximilian I., Kaiser:* | 27, 28, 32, 41, 60, 64, 72, 104, 121f., 180, 184, 200, 233f., 240ff., 244, 256, 260, 294ff., 309, 323f., Spelsberg-Nrn. 14, 15, 18, 20, 23, 35, 40 |
| *Melanchton, Philipp:* | 131, 186, 189, 197, 253, 259, 276, 322, 329, Spelsberg-Nr. 37 |
| *Meyer, Petrus:* | 170, Spelsberg-Nr. 30 |
| *Montanus:* | Spelsberg-Nr. 8 |
| *Morus, Thomas:* | 321, 326f., 402, Spelsberg-Nr. 40 |
| *Mosellanus, Petrus:* | 185 |
| *Müntzer, Thomas:* | 287, 401 |
| *Münzthaler, Gabriel:* | 241 |
| *Murmellius, Johannes:* | Spelsberg-Nr. 8 |
| *Murner, Thomas:* | 198, 242, 273f., 316, Spelsberg-Nrn. 16, 66 |
| *Mussato, Albertino:* | 237 |
| *Neuber, Johann:* | Spelsberg-Nr. 29 |
| *Neuenar, Hermann von:* | 182f., 214, 226, 251, Spelsberg-Nrn. 16, 30 |
| *Oekolampad, Johannes:* | 41, 229, 253, 300, 330 |
| *Osten, Alexander von der:* | 170f., Spelsberg-Nr. 12 |
| *Osten, Johannes von der:* | 170f., Spelsberg-Nr. 12 |
| *Pace, Richard:* | 327 |
| *Palladius, Blosius:* | Spelsberg-Nr. 22 |
| *Paracelsus, Theophrastus:* | 317 |
| *Perotti, Nicolà:* | 240 |
| *Perusinus, Riccardus Bartholinus:* | 242 |
| *Petrarca, Francesco:* | 237ff., 242 |
| *Peutinger, Konrad:* | 180, 227, 242f., 414, Spelsberg-Nrn. 30, 35 |
| *Peutinger, Konstanze:* | 243 |

| | | | |
|---|---|---|---|
| Pfefferkorn, Johannes: | 176, 183, 199, 206, 208, 215, Spelsberg-Nrn. 16, 17, 24, 30 | Silvester von Chiemsee: | 240 |
| Pfefferkorn, Johannes (Rapp, in Halle hinger.): | 176, 207, Spelsberg-Nr. 17 | Silvio Piccolomini, Enea (Papst Pius II.): | 240, 282, 289, Spelsberg-Nr. 32 |
| Pflug, Julius: | 184f. | Spalatin, Georg: | 259, 264, 271, Spelsberg-Nrn. 6, 8 |
| Philipp von Hessen: | 60, 72, 296, 301f., 330 | Spiegel, Jakob: | 180, 198, 227, 242, Spelsberg-Nrn. 30, 40 |
| Pighinutius, Fridianus: | 241 | Stabius, Johannes: | 180, 242, Spelsberg-Nr. 30 |
| Pinturicchio, Bernardino: | 240 | Stapulensis, Faber (d'Etaples): | 181, 212, 229, 332 |
| Pirckheimer, Willibald: | 34, 44, 60, 197, 211, 251, 253, 289, 309, 328, Spelsberg-Nrn. 30, 36 | Stefano, Emilio Giovanni: | 240 |
| | | Stöffler, Johannes: | Spelsberg-Nr. 37 |
| Pisani, Ugolino: | 240 | Stojentin, Valentin von: | 169, 171 |
| Porcelli, Jacobus Antonius Pandanus: | 240 | Strada, Zanobi da: | 239 |
| | | Streitberg, Georg von: | 227 |
| Prierias: | 332 | Stromer von Auerbach, Heinrich: | 182ff., 226, 314, Spelsberg-Nrn. 32, 33 |
| Questenberg, Jacobius de: | Spelsberg-Nr. 25 | | |
| Regiomontanus, Johannes: | 216 | Stürtzel, Konrad: | 241 |
| Remus, Edigius (Rehm): | 227 | Tetleben, Valentin von: | 187 |
| Reuchlin, Johannes (Capnio): | 30, 176, 183f., 186, 190, 197, 200, 206, 208, 215, 231, 254, 274, 276, 299, 300, 323, 325ff., 332, Spelsberg-Nrn. 11, 16, 21, 24, 25, 30, 36, 37 | Theobald von Geroldseck: | 337 |
| | | von Thüngen: | 143ff. |
| | | Tongern, Arnold von: | Spelsberg-Nr. 16 |
| | | Torrentinus, Hermann: | Spelsberg-Nr. 8 |
| | | Trebelius, Hermann: | 170f., Spelsberg-Nr. 6 |
| | | Trithemius, Johannes: | 168 |
| Rhegius, Urbanus: | 242 | Truchseß, Lorenz: | 184, Spelsberg-Nr. 39 |
| Rhenanus, Beatus: | 198, 316, 330 | Uriel von Gemmingen: | 72 |
| Riario, Raffaelo: | 323 | Ulrich von Württemberg: | 28, 63f., 104, 110f., 120ff., 129, 244, 180, 184, 200, 295f., 298, Spelsberg-Nrn. 20, 28, 53 |
| Ricius, Paul: | 314 | | |
| Ripper, Reinhard von: | Spelsberg-Nr. 64 | | |
| Robert von der Mark: | 294, 296 | | |
| Robert von Neapel: | 242 | Vadianus, Joachim: | 242f., Spelsberg-Nr. 14 |
| Rosenberg, Jörg von: | 110 | Valla, Lorenzo: | 32, 182, 259, Spelsberg-Nr. 43 |
| Rotenhan, Sebastian von: | 103, 186, Spelsberg-Nr. 47 | Velius, Kaspar Ursinus: | 242 |
| Rubeanus, Crotus: | 26, 30, 81f., 85, 167, 171, 176, 197, 202, 254, 271, Spelsberg-Nrn. 8, 13, 15, 21, 24, 25 | Vereander, Paulus: | 197 |
| | | Vicentius, Trebatius: | 228 |
| | | Vilbel, Apollo von: | 83f. |
| | | Wich, Johann von der: | Spelsberg-Nr. 25 |
| Ruellius, Joachim: | 181, 212, 229 | Wimpheling, Jacob: | 198, 283, 323, Spelsberg-Nrn. 12, 40 |
| Rufus, Mutianus: | 30, 176, 197, 202, Spelsberg-Nrn. 1, 8, 13 | | |
| | | Wimpina, Konrad: | 168, 170 |
| Russinger, Johann Jakob: | 338 | Wirsberg, Johannes von: | 227 |
| Sabina von Württemberg: | Spelsberg-Nr. 20, 28 | Wyclif, John: | Spelsberg-Nr. 54 |
| Salutati, Coluccio: | 240 | Zärtlin, Konrad gen. Playnbacher: | Spelsberg-Nr. 55 |
| Sonsovino, Andrea: | Spelsberg-Nr. 22 | Zehender, Bartholomäus: | Spelsberg-Nr. 30 |
| Satoris von Görlitz, Ludwig: | 170 | Žižka, Jan: | 260, Spelsberg-Nr. 54 |
| Schalbe, G.: | 328 | Zobel, Dietrich: | 184, Spelsberg-Nr. 39 |
| Schaumburg, Sylvester von: | 259 | Zwingli, Huldreich: | 43, 276, 315, 333, 337ff., 400f. |
| Scherenberg, Rudolf von: | 106 | | |
| Schlegel, Mathias: | 264 | | |
| Schmerleib, Peter: | 79, 81 | | |
| Schöffer, Johann: | 127, 189, Spelsberg-Nr. 39 | | |
| Schott, Johann: | 127, 132 | | |
| Schrenck, Dr.: | 241 | | |
| Schwarzenberg, Friedrich von: | 109 | | |
| Schwarzenberg, Johann von: | Spelsberg-Nr. 29 | | |
| Schweinsberg, Philipp Schenk zu: | 80f., 84, 92 | | |
| Selesstadiensis, Johann Maius: | Spelsberg-Nr. 19 | | |
| Selim I., türk. Sultan: | Spelsberg-Nr. 35 | | |
| Sforza, Bianca Maria: | 241 | | |
| Sickingen, Franz von: | 30, 35f., 41, 44, 49, 72, 105, 108, 125, 132, 140, 150, 186, 190, 251, 254f., 259, 264ff., 271, 274, 290, 293ff., 326f., 329f., Spelsberg-Nrn. 20, 45, 50, 53, 54, 55, 60, 61, 63, 64 | | |
| Sickingen, Schweickart von: | 293, 298 | | |
| Sigismund, Kaiser: | 240 | | |

Fotonachweis

Die Reproduktionsvorlagen für Ausstellung und Katalog stammen mit folgenden Ausnahmen von den angegebenen Leihgebern oder Eigentümern:

Alle aus Fulda, Hessische Landesbibliothek, sowie aus Schlüchtern, Bergwinkelmuseum und Ludwig Steinfeld stammenden Vorlagen, wie auch die Katalog-Nummern 1.74/75 (= Farbabb. 5), 2.16 (= Farbabb. 7), und 4.82: Ed Restle, Kassel.

Kat.-Nr. 3.40, 3.41, 3.58, 4.19, 4.22 (= Farbabb. 11), 5.7, Spelsberg-Nr. 32: Peter Laub, Nürnberg

Kat.-Nr. 1.27: Germanisches Nationalmuseum (Inv.-Nr. K 179 [Kaps. 1454])

Kat.-Nr. 2.2, 5.9: Renate Nettner-Reinsel, Schlüchtern

Kat.-Nr. 2.31: entnommen: A. Laube et al., Illustrierte Geschichte d. frühbürgerl. Rev., Köln 1982

Kat.-Nr. 2.32: Foto Chodura

Kat.-Nr. 3.7: entnommen: H. Grimm, Ulrichs v. Hutten Lehrjahre, Frankf. (Oder) – Berlin 1938

Kat.-Nr. 3.44: entnommen: D. F. Strauß, U. v. Hutten, Leipzig 1927

Kat.-Nr. 3.63: Archiv für Kunst und Geschichte (1-H109-E2)

Kat.-Nr. 4.98: Ernst Liniger, Zürich

Kat.-Nr. 5.6: Rheinisches Bildarchiv, Köln (Platten-Nr. 109926)

Kat.-Nr. 5.8: Dresden, Sächsische Landesbibliothek, Abt. Deutsche Fotothek

---

**KAUT**

**Kälte- und Klimatechnik
Luftbefeuchtungstechnik
Luftentfeuchtungstechnik
Wasseraufbereitung**

**Alfred Kaut GmbH + Co.
Elektrizitätsgesellschaft
Tannenbergstraße 33–35
5600 Wuppertal-Elberfeld**

für Wohnräume, Industriehallen, Schwimmbäder, Büroräume, Geschäftsräume, Kellerräume, Druckereien usw.

Wenn Sie Probleme dieser Art zu lösen haben, rufen Sie uns.
Wir beraten Sie kostenlos.

| **Stammhaus Wuppertal** | **Niederlassung Hamburg** | **Niederlassung Kassel** | **Niederlassung Düsseldorf** | **Niederlassung Essen** |
|---|---|---|---|---|
| 5600 Wuppertal-Elberfeld | 2000 Hamburg 1 | 3507 Baunatal 2 | 4000 Düsseldorf | 4300 Essen |
| Tannenbergstraße 33–35 | Amsinckstraße 2–10 | Krauthöfe 12 | Am Wehrhahn 86 | Gutenbergstraße 17–19 |
| Telefon (02 02) 3 89 06-0 | Telefon (0 40) 23 24 91 | Telefon (05 61) 49 39 10 | Telefon (02 11) 36 30 31-32 | Telefon (02 01) 23 91 72 |
| Telefax (02 02) 3 89 06-36 | Telefax (0 40) 23 42 74 | Telefax (05 61) 49 27 64 | Telefax (02 11) 35 82 19 | |
| Telex 8 591 453 | | | | |

*...wir sind spezialisiert für den Aufbau von Ausstellungen –*

*„Auch die Hütten-Ausstellung ist von uns gebaut worden!"*

*Ausstellungs-Architektur – Interimsbauten ...sprechen Sie mit uns!*

# Sippel
**Ing.-Holzbau** **GmbH**
Zimmerei · Treppenbau · Innenausbau

**3503 Lohfelden 1 · Waldauer Weg 60 · Tel. 05 61 / 51 24 18**

*Burgruine Steckelberg, Innenhof
(Kat.-Nr. 2.2)*